QUELLEN ZUR GESCHICHTE
DES PARLAMENTARISMUS UND DER
POLITISCHEN PARTEIEN

Vierte Reihe
Deutschland seit 1945

*Im Auftrag der
Kommission für Geschichte des Parlamentarismus
und der politischen Parteien
herausgegeben von*

*Karl Dietrich Bracher, Rudolf Morsey
und Hans-Peter Schwarz*

Band 10

Politischer Liberalismus
in der britischen Besatzungszone
1946–1948

Führungsorgane
und Politik der FDP

DROSTE VERLAG DÜSSELDORF

Politischer Liberalismus in der britischen Besatzungszone 1946–1948

Führungsorgane und Politik der FDP

Eingeleitet von
Lothar Albertin

Bearbeitet von
Hans F. W. Gringmuth

in Verbindung mit
Lothar Albertin

DROSTE VERLAG DÜSSELDORF

Die Kommission für Geschichte des Parlamentarismus
und der politischen Parteien e. V., Bonn, wird institutionell gefördert
durch das Ministerium für Wissenschaft und Forschung
des Landes Nordrhein-Westfalen.

Copyright © 1995 by
Kommission für Geschichte des Parlamentarismus
und der politischen Parteien e. V., Bonn
Droste Verlag GmbH, Düsseldorf 1995
ISBN 3-7700-5184-X

VORWORT

Die Edition umfaßt in ihrem Kernbestand von 1946 bis 1948 die Protokolle der Sitzungen des Zonenvorstandes und des Zentralausschusses des FDP-Zonenverbandes in der britischen Besatzungszone. Da dieser Bestand lückenhaft ist, wird er durch eine Reihe weiterer kommentierter Dokumente ergänzt. Ihre Auswahl soll einerseits die für die Edition wichtigen Fragen der Wirtschafts- und Agrarpolitik sowie der Sozialpolitik vertiefen, andererseits die im Kernbestand vernachlässigten Themenkomplexe, wie Verfassung, Wahlen und Koalitionsbildung, Gewerkschaften, Beamte, Jugend, Frauen, Vertriebene, berücksichtigen. Es sind vor allem Dokumente aus zonalen Gremien und Tagungen herangezogen worden – wo dies nicht möglich war, überwiegend aus dem Landesverband Nordrhein-Westfalen, dem im Zonenverband eine besondere Bedeutung zukam. Soweit die Dokumente aus dem Jahre 1945 stammen, verdeutlichen sie zusätzlich, wie auch das Opladener Gründungsprotokoll vom Januar 1946, die Entstehungsgeschichte des Zonenverbandes. Der Zonenverband war eine einheitliche Partei, die sich in Landes-, Bezirks- und Kreisverbände gliederte. Sein Parteitag wählte die Mitglieder des Zonenvorstandes, dem seit Juni 1947 die Landesvorsitzenden kraft Amtes angehörten. Der Zentralausschuß wurde nach den Mitgliederzahlen der Landesverbände beschickt. Die Aktivitäten von Zonenvorstand und Zentralausschuß bezogen sich – in Beratungen und Beschlüssen – auf verschiedene Bereiche. Die Leitungsorgane der FDP widmeten sich einer Vielfalt von Aufgaben zur Programmatik und Organisation. Sie setzten sich mit der Führungskompetenz und dem Führungsstil der Parteivorsitzenden auseinander. Sie behandelten immer wieder die finanzielle Lage der Partei und die Schwierigkeiten und Konflikte in einzelnen Landesverbänden. Mehrmals auf der Tagesordnung stand das Verhältnis der lizenzierten FDP-nahen Presse zur Partei. Die zwischenparteilichen Probleme betrafen Abgrenzungen, Wahlbündnisse und Fusionsbestrebungen. Außerdem ging es um Kontakte zur „Liberal-Demokratischen Partei" der Sowjetischen Besatzungszone im Rahmen eines zonenübergreifenden Zusammenschlusses aller liberalen Parteien. Kommunal- und Landtagswahlen machten es notwendig, die Wahlergebnisse und den Wahlkampf der Partei zu erörtern und politische Konsequenzen daraus zu ziehen. Das schloß auch Vorschläge zur Änderung des Wahlrechts ein. Die Führungsgremien befaßten sich schließlich mit der Rolle der FDP in Parlamenten und Landesregierungen. Sie diskutierten Koalitionsbildungen und das Abstimmungsverhalten ihrer Fraktionen zu Grundsatzentscheidungen, insbesondere im Landtag Nordrhein-Westfalen, in der Bürgerschaft zu Hamburg und im Wirtschaftsrat, darüber hinaus im Zonenbeirat.

Das Projekt verdankt der Universitätsbibliothek Bielefeld, hier vor allem Frau Oberbibliotheksrätin Gabriele *Crusius*, mannigfache Hilfen. Alle Archive, unter denen das Bundesarchiv in Koblenz und das Archiv des Deutschen Liberalismus in Gummersbach am meisten besucht wurden, haben dem Projekt ihre kundige Aufmerksamkeit geschenkt. In einer ersten längeren Arbeitsphase lagen die Erschließung und die – teils letztgültige – Kommentierung der Quellen bei Karsten *Schröder*, M.A. (Bonn). Er hat die Aufgabe kenntnisreich und energisch wahrgenommen. Die Arbeiten an der Edition sind hauptsächlich durch die Volkswagen-Stiftung gefördert worden. Dank gilt den Herausgebern der Kommission für Geschichte des Parlamentarismus und der politischen Parteien sowie dem Generalsekretär der Kommission, Dr. Martin *Schumacher.*

Bielefeld, im Juni 1994   Lothar Albertin
                                                             Hans F.W. Gringmuth

Inhalt

Vorwort V

Einleitung

   I. Die ungünstigen Startchancen der Liberalen nach 1945 XI

   II. Die Gründung des Zonenverbandes
      1. Erste Initiativen XIII
      2. Gründungstagung in Opladen am 7. und 8. Januar 1946. . . . XIV

   III. Die politische und organisatorische Leitung des Zonenverbandes
      1. Der Vorstand XVII
         a) Zusammensetzung XVII
         b) Kompetenzen und Aufgaben XVIII
      2. Das Politische Büro XIX
      3. Die Hauptgeschäftsstelle XX
      4. Finanzierung XXII

   IV. Verhältnis zu anderen Parteien und zu den Gewerkschaften
      1. SPD XXIII
      2. Gewerkschaften XXIV
      3. CDU XXV
      4. Niedersächsische Landespartei XXVII

   V. Programmarbeit und praktische Politik XXIX

   VI. Die Rolle des Zonenverbandes in der „Reichspartei" XXXII

   VII. Der Weg zur Bundespartei XXXV

Einrichtung der Edition

   A. Zur Edition XXXVIII
   B. Verzeichnis der Archivalien XL
   C. Verzeichnis der abgekürzt zitierten Literatur XLI
   D. Verzeichnis der Abkürzungen XLVIII
   E. Verzeichnis der Dokumente IL

Dokumente 1–56 1

Register 367

Eintrag anläßlich der Gründung der Freien Demokratischen Partei am 8. Januar 1946
Der Text wurde von Wilhelm Heile verfaßt und weiter von Theodor J. Tantzen, Dr. Walther Hasemann, Ludwig Hartenfels, Erich Stolberg sowie Dr. Otto Heinrich Greve unterschrieben. Die weiteren Namen sind in dem nur als Kopie überlieferten Blatt nicht lesbar.
Quelle: Freie Demokratische Partei, Landesverband Nordrhein-Westfalen, Düsseldorf

Politischer Liberalismus
in der britischen Besatzungszone
1946–1948

Führungsorgane
und Politik der FDP

Einleitung
von Lothar Albertin

Plakat zur Landtagswahl in Nordrhein-Westfalen 1947

Nur freie Wirtschaft bricht Not!

Wählt FDP

Freie Demokratische Partei

Quelle: Nordrhein-Westfälisches Hauptstaatsarchiv, Düsseldorf

I. Die ungünstigen Startchancen der Liberalen nach 1945

Liberale Politiker haben ab 1945 einen Neuanfang als politische Partei gewagt, obwohl die Aussichten für den Liberalismus wenig günstig waren. Sein historisches Ansehen war gering. In der öffentlichen Diskussion über die Weimarer Republik stand die Frage im Vordergrund, inwieweit die politischen Parteien ihrem Scheitern Vorschub geleistet oder es nicht hatten verhindern können. Als diskreditiert galt die Deutsche Volkspartei (DVP). Sie hatte nie einmütig die Außenpolitik Gustav *Stresemanns* gestützt und immer wieder obstruktive Rollen in der „nationalen Opposition" übernommen. Das Gros ihrer Mitglieder und Wähler war in den Sog der extremistischen Rechten geraten, die Führung der Partei hatte schließlich dem verbliebenen Anhang den Übertritt zur NSDAP empfohlen. Die Deutsche Demokratische Partei, die 1918/19 mit den Wahlerfolgen einer Massenpartei begonnen hatte, war auch in der Form der Deutschen Staatspartei seit 1930 nicht imstande gewesen, den Niedergang des linksliberalen Bürgertums aufzuhalten. Sie war am Ende zu verlorenen Restgruppen im Lande geschmolzen und dem allgemeinen Auflösungszwang gefolgt. Soweit liberale Politiker gegen das nationalsozialistische Regime opponiert hatten[1], waren ihre Haltungen und Handlungen öffentlich kaum bekannt geworden.

Die damaligen Initiatoren zur Gründung einer liberalen Partei standen vor der schwierigen Frage, in welchen Gruppen der Bevölkerung die Mitglieder- und Wählerwerbung Erfolg versprach. Nur in einigen kleineren Räumen des Reichs, den ehemaligen Hochburgen vornehmlich der Deutschen Demokratischen Partei/ Deutschen Staatspartei (DDP/DStP), hatten Reste eines liberalen „sozialmoralischen Milieus" (Lepsius) den Nationalsozialismus überlebt. Unter der Diktatur zum Schweigen in der Öffentlichkeit verurteilt, waren hier Auffassungen und Gesinnungen tradiert worden, die sich durch die historische Erinnerung und den privaten Austausch bewahrt hatten. Sie hatten sich auch mancherorts in dem Maße gefestigt, in dem die eigene und fremde Betroffenheit durch die Wirkungen des Krieges und den verbrecherischen Charakter des Regimes wahrgenommen wurde. Einige Gründungsinitiativen gingen aus verborgenen oppositionellen Diskussionskreisen unter dem Nationalsozialismus hervor.

Die ansonsten langwährende Erosion liberaler Milieus, die der Nationalsozialismus auf seine Weise beschleunigt hatte, hatten nur kleinere Gruppen ehemaligen Führungspersonals überdauert. Sie hatten in der Regel 1933 ihre Ämter in Staat und kommunaler Verwaltung verloren, konnten aber noch mit einem gewissen Bekanntheitsgrad bei ehemaligen Parteifreunden und älteren Bürgern rechnen. Soweit sie sich 1945 zu einem erneuten politischen Engagement entschlossen, gingen man-

---
1 Vgl. Rainer ERKENS/Horst R. SASSIN, Dokumente zur Geschichte des Liberalismus in Deutschland 1930–1945, Sankt Augustin 1989.

che zu einer der großen Parteien, der CDU oder SPD. Das Gros beteiligte sich an den Gründungsversuchen für eine eigene Partei.

Die Hoffnung der Initiatoren, früheren Anhang wieder ansprechen und weitere Gruppen neu politisieren zu können, war von vornherein gedämpft durch die rasch etablierte CDU, die bis Ende 1945 noch Christlich-Demokratische Partei hieß. Ihre interkonfessionelle Gründungsidee band größere Kontingente des nichtsozialistischen, evangelischen Wählerpotentials. Sie zog auch ehemalige Angehörige von DDP/DStP und DVP an. Einige Initiativgruppen, die über die organisatorische Vertretung liberaler Ideen und Interessen nachdachten, sympathisierten zunächst mit Modellen einer großen bürgerlichen Partei neben der Sozialdemokratie. Solche Bestrebungen kamen sowohl in Südwestdeutschland als auch mancherorts in der britischen Zone auf. Sie fanden hier noch nach der überregionalen Konstituierung von CDU und FDP in den eigenwilligen Aktivitäten des FDP-Vorsitzenden Wilhelm *Heile* ihre Fortsetzung. Faktisch hatten diese Erwartungen der Liberalen zur Folge, daß sie von den zielstrebigen, auf flächendeckende Ausbreitung gerichteten Gründungen der Christlichen Demokraten überflügelt wurden und sich genötigt sahen, manche eigene Gründung verspätet und hastig in Gang zu bringen.

Der organisatorische Beginn fiel umso schwerer, als Hoffnungen auf eine starke Beitrittsbewegung nicht gerechtfertigt waren. Die traditionelle Wählerschaft des politischen Liberalismus hatte, von flüchtigen Phasen abgesehen, weder Eignung noch Neigung gezeigt, sich durch Mitgliedschaft aktivieren zu lassen. Anders als CDU, SPD und KPD konnten die Liberalen zudem nicht auf die Gunst einer Kirche, der Gewerkschaften und Arbeitervertretungen, Verbände und anderer Einrichtungen rechnen, die ihnen Stimmen zuführen würden. Zur Verspätung liberaler Parteigründungen trug in der britischen Zone auch die Besatzungsmacht selbst bei. Für die Briten war es zwar problemlos, für leitende Verwaltungspositionen auch integre ehemalige Politiker liberaler Observanz zu ernennen, beispielsweise den ehemaligen Ministerpräsidenten von Oldenburg, *Tantzen*; sie beeilten sich aber oft nicht, wenn sie Lizenzierungsanträge für kleinere Parteien bearbeiten sollten. Unter den Besatzungsbehörden kursierten Studien über die Weimarer Republik[2], deren Quintessenz lautete, daß die Zersplitterung der Parteien zum Scheitern der Weimarer Republik beigetragen hätte.

---

2 Vgl. REUSCH, 1985, S. 73 f.; Lothar KETTENACKER, Krieg zur Friedenssicherung. Die Deutschlandplanung der britischen Regierung während des Zweiten Weltkrieges, Göttingen 1989, S. 533.

II. Die Gründung des Zonenverbandes

1. Erste Initiativen

Die Idee, sich auf Zonenebene zusammenzuschließen, wurde an verschiedenen Gründungsschwerpunkten erwogen. Im späteren Nordrhein-Westfalen wurde sie – zunächst von konkurrierender Position aus – effektiv betrieben und durchgesetzt. Dieser anfängliche Erfolg dürfte dazu beigetragen haben, daß die FDP Nordrhein-Westfalens, zu dem ab 1947 noch das bisherige Land Lippe gehörte, in der Gesamtpartei auf Dauer eine der einflußreichsten Rollen spielen sollte.

Im Raum Hagen war früh der Fabrikant Gustav *Altenhain* aktiv. Ehemals Kommunalpolitiker und Abgeordneter der Deutschen Staatspartei im Provinziallandtag, war er nach dem Kriege im Ennepe-Ruhr-Kreis als Landrat eingesetzt worden. Er wurde Vorsitzender der am 9. November gegründeten „Liberaldemokratischen Partei, Landesverband Westfalen". In Dortmund hatte sich eine Mitte August zugelassene „Demokratische Partei" konstituiert, die ausdrücklich an die ehemaligen Deutschen Demokraten angeknüpft hatte. In ihr gewann der Kaufmann Clemens *Bender*, der vor 1933 im Reichsbanner mitgearbeitet hatte, die Oberhand und konnte schon die Gründungsversammlung am 30. September für die Umbenennung in „Liberal-Demokratische Partei" und die folgliche Anlehnung an die „Reichsparteileitung" in Berlin gewinnen.[1] Als *Altenhain* am 13. Oktober in Hagen eine Zusammenkunft zur Vorbereitung eines Landesverbandes arrangiert hatte und zum Vorsitzenden eines vorläufigen Präsidiums bestellt worden war, war *Bender* einer seiner Stellvertreter und der geschäftsführende Leiter der Partei geworden.[2] Hatte die Wahl des Parteinamens noch seinen Vorstellungen entsprochen, so mißglückten ihm zwei Anläufe, den Zusammenschluß auf der Zonenebene zu organisieren: der Versuch, am 20. November, dem in Dortmund konstituierten Landesverband diese territoriale Ausweitung zuzuschreiben, und am 16. Dezember, mit Schützenhilfe aus Oldenburg und Hannover, einen „demokratischen Zentralausschuß" zu inaugurieren. Der zeitweilig so agile und ambitiöse *Bender* verschwand bald darauf unter den Akteuren der Partei.

Die Führung auf dem Wege zu einem Zonenverband war inzwischen an den am 4. Dezember gegründeten „Landesverband Nordrheinprovinz der Demokratischen Partei Deutschlands" übergegangen. Sein Vorsitzender, der Buchhändler und Druckereibesitzer Friedrich *Middelhauve*, kam aus der Deutschen Staatspartei, hatte in ihr einen Kreisverein geleitet und 1932 für den Reichstag kandidiert. Seine Gesprächskontakte über eine Parteigründung begannen im April, bald nach der Besetzung durch die Amerikaner. Sie bezogen auch CDU-Politiker wie Leo *Schwe-*

---
1 Vgl. HEIN, 1985, S. 137.
2 Vgl. HEIN, 1985, S. 139.

ring (Köln) ein. An ein frühes Zehnpunkte-Programm schlossen sich weitere programmatische Diskussionen an. *Middelhauve* war aus Kenntnis der Wählerbewegung in den letzten Jahren der Weimarer Republik davon überzeugt, über das alte Wählerpotential der Deutschen Demokraten hinausgehen und Wähler „nach rechts bis in die Reihen der gemäßigten Deutsch-Nationalen" gewinnen zu müssen.³

Die rheinischen Organisationen einigten sich am 9. November in Düsseldorf auf einen fünfköpfigen Arbeitsausschuß unter „Federführung" *Middelhauves*. Es blieb dabei, als Franz *Blücher* am folgenden Tage nach Essen eingeladen worden war und vergeblich, gemeinsam mit dem aus Dortmund angereisten *Bender*, für den Namen LDP geworben hatte. Die Gründungsversammlung in Düsseldorf am 4. Dezember beschloß politische Richtlinien, nach einer Vorlage aus dem Opladener „Aufruf der Deutschen Aufbaupartei" vom Oktober 1945 und der Präambel der „Sozialliberalen Partei Deutschlands" in Mönchengladbach. Die Versammlung wählte einen Geschäftsführenden Vorstand aus *Middelhauve, Hermes* und dem aus der Demokratischen Partei Moers stammenden *Heinsch*. Aus der Namensdiskussion ging am Ende der „Landesverband Nordrheinprovinz der Demokratischen Partei Deutschlands" gegen die Alternative einer „Freien Demokratischen Partei" hervor. Die lokalen Organisationen sollten vorläufig ihren eigenen Namen daneben weiterführen. Die Verhandlungen mit der starken Hamburger Organisation ergaben Einverständnis über eine Zonengründung und den Sitz der Partei in Hamburg, die Besetzung eines Generalsekretariats durch Wilhelm *Hermes* und die Vorbereitung des Programms durch die rheinischen Liberalen. Auf ihrem Namen „Partei der Freien Demokraten" bestanden die Hamburger weiterhin. In Niedersachsen war auch die prinzipielle Zustimmung Wilhelm *Heiles* eingeholt worden.

2. Gründungstagung in Opladen am 7. und 8. Januar 1946

Die Gründung des Zonenverbandes erschien unter mehreren Aspekten dringend geboten. Die Briten erwarteten von den politischen Parteien Nominationen für den in Aussicht genommenen Zonenbeirat. Auf der anderen Seite wünschte die Partei, sich auch bei Ernennungen für Provinzial- und Landesräte einzufädeln. Die Zonengründung sollte ihr Erscheinungsbild und ihre Durchsetzungsfähigkeit gegenüber der Besatzungsmacht erhöhen. Mehr als die SPD, CDU und KPD hatte die Partei ihren Anfang bei originär lokalen, gegeneinander unabhängigen Gründungsinitiativen genommen. Räumlich verstreut, ungleichzeitig und – insgesamt genommen – eher verspätet, wurde sie seitens der Briten den kleinen, zersplitterten und wegen der Vielfalt ihrer Namen schwer klassifizierbaren Parteien zugerechnet. Aufbau, Selbstdarstellung und Politik der Partei brachten aber eine Fülle von Problemen mit sich, bei denen die Besatzungsmacht auf allen Ebenen involviert war. Die Besetzung von Positionen in Verwaltungen und Beiräten sowie die Lizenzierung von Zeitungen gehörten nur zu den vorrangigsten Angelegenheiten. Für eine organisatorische und programmatische Zusammenfassung der Kräfte sprach auch die Vermutung, daß die öffentliche Meinung und die künftige Wählerschaft eine Partei mit

---

3 Vgl. Dok. Nr. 7.

klarem Profil und geschlossenem Auftreten eher honorieren würden. Der Zonenverband erschien zudem als das probate Mittel, die diffuse Abhängigkeit lokaler Organisationen von der Berliner Gründung einer Reichspartei zu beenden, zumal deren Einbindung in die spezifische Parteienentwicklung in der SBZ sich bereits abzeichnete.

Nach Opladen eingeladen hatte der nordrheinische Verband. Die Zusammenkunft am 7. Januar zählte rund 60 Teilnehmer. Am folgenden Tage waren rund 200 Personen aus den Landesverbänden Hamburg, Oldenburg, Braunschweig, Hannover, Westfalen und Nordrheinprovinz versammelt. Mit Beobachterstatus nahm die „Demokratische Union" für Schleswig-Holstein teil, bei der noch offen war, ob sie sich für die FDP oder CDU entschließen würde.[4] Arthur *Lieutenant* von der LDP in Berlin demonstrierte durch seine Präsenz den dortigen Anspruch, als „Reichspartei" angetreten zu sein.

Die meisten Organisationen, die Teilnehmer entsandt hatten, waren erst wenige Wochen alt und hatten personell, organisatorisch und programmatisch noch nicht den Stand erreicht, der es erlaubt hätte, ihre Delegierten förmlich zu autorisieren und inhaltlich zu instruieren. Nur wenige Punkte schienen so entschieden vorgeklärt wie die Haltung der Hamburger in der Frage des Parteinamens. Die Gründung in Opladen war ein Vorgang, den die Protagonisten lokaler und regionaler Organisationen zu steuern suchten. Verfahrensgemäß kaum vorbereitet und von ungleichen Erfahrungen getragen, bot er ihnen Gelegenheit zu Richtungskämpfen aufgrund lockerer Vorabsprachen, bei denen einige Kontrahenten noch mit großer Unbefangenheit Sachfragen durch persönliche Ambitionen und Empfindlichkeiten belasteten. Ein Motiv für die Gründung des Zonenverbandes übte gleichwohl gehörigen Einigungsdruck aus und beschäftigte die Anwesenden gleich zu Anfang: der Wunsch nämlich, von den Briten als „vierte große Partei" wahrgenommen zu werden.

Auf der Opladener Tagesordnung standen vier Punkte: Verbandsgründung, Programm, Parteiname und Führungswahl. Über den Zonenverband wurde ohne Mühe entschieden. Er war in Gesprächen vorbereitet worden; man war gekommen, um ihn zu beschließen, von Schleswig-Holstein abgesehen. Schon die Beratung über das Procedere der Programmdiskussion zeigte dann, wie heterogen die Auffassungen und Erfahrungen unter den Rednern waren. Es ging um die effiziente Größe eines Beratungsgremiums für diesen Zweck, um seine repräsentative Zusammensetzung, die Rolle des Parteitags, die innerparteiliche Rückkoppelung im Verfahren, die Rücksichtnahme auf lokale Abweichungen, schließlich auch die zulässige Verwendung einer Vorlage aus dem Kreisverband „Wesermarsch". Was blieb, war die Wahl eines kleinen Programmausschusses, der sachliche Gründlichkeit und Zeitgewinn gewährleisten sollte. *Heiles* Vortrag, mit dem er sich zugleich für die Vorstandswahl vorstellte, scheint in seinen emotionellen Passagen einen Stimmungsbedarf erfüllt zu haben, der dem Charakter dieser Erstversammlung entsprach, in der viele einander nicht kannten. Die inhaltlich vagen bis abstrusen Exkurse über die historische Bedeutung des deutschen Volkes und andere Globalthemen scheinen die Zuhörer nicht gestört zu haben.

---

4 Vgl. HEIN, 1985, S. 99f.

Offenbar waren die Delegierten unsicher und uneins, für welchen Parteinamen sie sich entscheiden sollten. Historisch orientierte Überlegungen wiesen auf organisatorische Traditionen und Namen, die vermieden werden sollten. Empfohlen wurde die Distanzierung von den früheren liberalen Parteien, von der Deutschen Volkspartei mit unerwähnter Selbstverständlichkeit, von der Deutschen Demokratischen Partei/Deutschen Staatspartei mit ausdrücklicher Darlegung. Gewarnt wurde auch vor dem Attribut „liberal"; es schien geeignet, Arbeiter und Angestellte an die Vernachlässigung sozialer Fragen durch liberale Parteien oder die katholische Bevölkerung an deren anti-klerikale Politik zu erinnern. Diese Debatte litt nicht zuletzt unter dem Mangel an historischer Reflexion. Beide liberalen Parteien hatten in den letzten Jahren der Weimarer Republik kaum noch Zeit und Kraft gefunden, die Ursachen ihres rasanten Mitglieder- und Wählerschwundes zu analysieren. Auch ihre engagiertesten Repräsentanten hatten das neuartige Phänomen des Nationalsozialismus, an den schließlich die meisten der verlorenen Stimmen gegangen waren, in den Ursachen seiner Anziehungskraft nur unzureichend erfaßt. Unter der zwölfjährigen Diktatur mußte historisches Nachdenken über die Schwächen des Liberalismus von vornherein als regimefeindlich erscheinen. Es wäre auch technisch unmöglich und praktisch gefährlich gewesen.

Die Auseinandersetzung, die in Opladen zunächst zu einer mehrheitlichen Entscheidung für „Demokratische Partei" führte, um dann erneut aufzuflammen, als Widersprüche (aus Oldenburg) den Zusammenschluß als solchen zu gefährden schienen, wurde mit aufschiebender Wirkung unterbrochen, vermutlich in der Hoffnung auf informelle Gespräche am Abend. Die Delegierten wurden mit der Alternative „Demokratische Partei" oder „Freie Demokratische Partei" in eine neuerliche Abstimmung des nächsten Tages entlassen. Sie ergab am Ende eine „erhebliche Mehrheit" für den Namen „Freie Demokratische Partei".

Am zweiten Tag wurde Wilhelm *Heile* als Vorsitzender der Partei gewählt. Die Gründungsversammlung bestellte sechs weitere Personen für den Vorstand. Aus der Nordrheinprovinz kamen Franz *Blücher* und Friedrich *Middelhauve*, aus Westfalen Gustav *Altenhain* und aus Hamburg Eduard *Wilkening*. Theodor *Tantzen* jun. aus Oldenburg schied bereits im März wegen Verhaftung durch die Amerikaner aus. Walther *Hasemann* durfte sein Amt nicht wahrnehmen; seine politische Vergangenheit entsprach nicht den Vorstellungen der Briten. An seine Stelle trat im Februar Otto Heinrich *Greve*.

III. Die politische und organisatorische Leitung des Zonenverbandes

1. Der Vorstand

a) Zusammensetzung

Bereits im Januar hatte der Vorsitzende von seiner in Opladen erhaltenen Vollmacht Gebrauch gemacht und Otto Heinrich *Greve* sowie Wilhelm *Hermes* zu Generalsekretären mit Teilnahmerecht an den Vorstandssitzungen bestellt. Ersterer sollte die „politischen Aufgaben des Generalsekretariats" übernehmen, letzterer die Organisation leiten.

Der Vorstand beschloß am 22. Februar seine Ergänzung um je einen Vertreter der Landesverbände Hannover, Braunschweig, Oldenburg und Schleswig-Holstein. Dieser „Syker Vorstand", der mehrmals in Syke tagte, am 20. März in Wolfenbüttel, am 1. April in Münster, hielt seine letzte Sitzung mit 11 Personen zu Beginn des ersten Parteitages in Bad Pyrmont (18.–20. Mai) ab. Am 10. Mai 1946 erklärte sich der Vorstand dafür, daß seine Mitglieder im Falle ihrer Unabkömmlichkeit berechtigt sein sollten, stimmberechtigte Stellvertreter zu entsenden.

Dem Parteitag in Bad Pyrmont hatte der amtierende Vorstand seine eigene Wiederwahl, ergänzt um ein Hamburger Mitglied, vorschlagen wollen. Dem widersprach der anwesende britische Offizier ebenso wie einer En-bloc-Abstimmung. Nach der einstimmigen Wahl Wilhelm *Heiles* zum „Präsidenten" wurden dann aus fünfzehn Nominierungen elf Kandidaten gewählt: Franz *Blücher*, Eduard *Wilkening*, Gustav *Altenhain*, Friedrich *Middelhauve*, Wilhelm *Hermes*, Otto Heinrich *Greve*, Emil *Behnke*, Ludwig *Hartenfels*, Herbert *Kauffmann*, Otto *Friedrichs* und Oscar *Dieling*.

Der Vorstand beschloß am 20. Oktober 1946 seine Erweiterung um mindestens je ein Mitglied der Frauen und der Jugend. Er reagierte damit insbesondere auf die Forderung der Jugendgruppen der Landesverbände der FDP in der britischen Zone vom 28. September 1946. In den Jahren 1947 und 1948 haben die Jungen Demokraten immer wieder versucht, auf allen Ebenen der Partei ein stärkeres organisatorisches und programmatisches Eigengewicht zu gewinnen. Spannungen und Konflikte mit den Parteiorganen blieben dabei nicht aus.[1]

Als Wilhelm *Heile* nach längeren Spannungen wegen seiner eigenmächtigen Aktivitäten Ende Januar 1947 den Vorstand verlassen mußte, wurde *Blücher* wieder Vorsitzender. Anfang 1947 schied *Hermes* aus Vorstand und Partei, weil die Zusammenarbeit mit ihm immer schwieriger geworden war.[2] Der Unterschied der Tem-

---

[1] Vgl. Dok. Nr. 21 b, Anm. 3.
[2] Vgl. SCHRÖDER, 1985, S. 50–53.

peramente, Erfahrungen, politischen Auffassungen und persönlichen Ambitionen trug offenbar dazu bei, daß dieser Vorstand nur begrenzt konsensfähig war. Soweit aus den überlieferten Protokollen erkennbar ist, hielt er seine ersten drei Sitzungen in Bad Pyrmont, ging nach Hannover und nach Hasslinghausen, wechselte zweimal zwischen Bremen und Hamburg, um dann mehrmals in Bielefeld zu tagen. Drei der in der Regel gut besuchten dreizehn Sitzungen wurden gemeinsam mit dem Zentralausschuß gehalten.

Im Zonenvorstand, der aus dem Bielefelder Parteitag (5.–8. 6. 1947) hervorging und bis zum Dezember 1948 bestehen bleiben sollte, erschienen nur noch drei der alten Mitglieder, unter ihnen der Vorsitzende *Blücher*. Seine Stellvertreter kamen aus Hamburg und Nordrhein-Westfalen: Hermann *Schäfer* und Friedrich *Middelhauve*. Beide Landesverbände waren auch unter den zehn Beisitzern am stärksten vertreten, außerdem gehörten zwei Junge Demokraten und fünf weitere Vorsitzende von Landesverbänden kraft ihres Amtes dazu.[3] Aus den anderthalb Jahren seiner Amtsdauer sind nur die Protokolle über sechs Sitzungen erhalten, von denen fünf in Bielefeld, die sechste Anfang Januar 1948 auf der Insel Wangerooge stattfanden.

b) Kompetenzen und Aufgaben

Erst die Satzung vom 20. Mai 1946 ersetzte die provisorische Aufgabenbestimmung des Vorstands in der Satzung vom 19. Januar 1946 durch die klassische Fassung, seine Aufgabe sei „die Führung der Partei nach den politischen und organisatorischen Richtlinien der FDP und den Beschlüssen des Parteitages". Die Satzung, die in einer Fassung vom Februar 1948 vorliegt, und der bis zum Ende gültigen Satzung wohl am nächsten kommt, bestimmte, daß zwischen den Parteitagen die Kompetenz für die Richtlinien beim Zentralausschuß liegen sollte. Dieses Gremium umfaßte (nach der obengenannten Satzung) den gesamten Vorstand, die Vorsitzenden der Arbeitsgemeinschaften, die Fraktionsvorsitzenden der Landesparlamente, die Mitglieder der Länderregierungen, des Zonenbeirates und des Wirtschaftsrates sowie die von den Landesverbänden nach einem Quorum hinzugewählten Vertreter. Formal sollte der Zentralausschuß bei der „Entscheidung politischer Fragen von grundsätzlicher Bedeutung" mitwirken. Tatsächlich hat der Vorstand diese vage Kompetenzbeschreibung zu seinen eigenen Gunsten genutzt. Karsten Schröder, der die Tätigkeitsmerkmale dieses Organs nach den verfügbaren Belegen beschreibt, konstatiert, daß sein Zusammentritt „in der Zeit des Bestehens des Zonenverbandes ... überhaupt nur fünfmal aktenkundig erfaßt"[4] sei.

Mehr als in normalen Phasen einer Parteiengeschichte besaß der Vorstand eine prinzipiell unbegrenzte Aufgabenfülle. War der in Opladen bestellte Geschäftsführende Vorstand mit der Gründung und Konstituierung des eigenen Verbandes befaßt, so hatte der in Bad Pyrmont gewählte Vorstand viel damit zu tun, sich einen vollständigen Überblick über die Organisationen zu verschaffen, die er leiten sollte. Dazu genügten nicht die informativen Erhebungen bei den Landesverbänden mit

---

3 Vgl. SCHRÖDER, 1985, S. 56f.
4 Vgl. SCHRÖDER, 1985, S. 62.

Hilfe des Generalsekretärs und eines Organisationsausschusses. Der dafür bestellte Generalsekretär und der Ausschuß intervenierten, wo Aufbau oder Konsolidierung nachgeordneter Organisationen wegen technischer, formaler oder persönlicher Schwierigkeiten ins Stocken gerieten. Aus dem Vorstand erhielten die Landesorganisationen ein Satzungsmuster für die Orts- und Kreisvereine.

Die beiden von den Parteitagen in Bad Pyrmont und Bielefeld gewählten Vorstände erbten aus dem „Syker" Provisorium die zwei traditionellen Probleme liberaler Parteien: die korrekte Feststellung der Mitgliederzahlen, nach denen sich der Verteilerschlüssel für stimmberechtigte Delegierte der Landesverbände auf den Zonenparteitagen bemaß, und die Eintreibung des vom Parteitag festzulegenden „Kopfgeldes", das die Landesverbände, die über Eintrittsgelder und Beiträge selbst entschieden, an den Vorstand weiterzugeben hatten.

Zur laufenden Agenda des Vorstands gehörten Wahlrechtsfragen, Kandidaturen, Listenbündnisse, inhaltliche Hilfen und personelle Arrangements für den Wahlkampf. Die dürftige apparative Ausstattung und die schmale Personaldecke auf Zonen- und Landesebene setzten solchen Aktivitäten früh Grenzen. Nach Gründung der Länder zogen deren Parteiorganisationen naturgemäß immer mehr Funktionen an sich. Das galt auch für die Pressearbeit. Schließlich lag beim Vorstand die Vorbereitung der Parteitage: Themen und Referentenwahl, Bearbeitung von Anträgen und sonstigen Eingängen aus den Landesverbänden, Vorschläge für die Vorstandswahlen.

2. Das Politische Büro

Das Politische Büro sollte dem ambitionierten Theodor *Tantzen* jr. eine institutionelle Möglichkeit bieten, auf der Leitungsebene mit eigenem Spielraum mitzuwirken.[5] Anfangs in Oldenburg etabliert, befaßte es sich mit konzeptionellen und technischen Aufgaben politischer Werbung und arrangierte (im April 1947) einen Rednerkurs.

Als der Zentralausschuß am 20. März 1946 *Greve* zum neuen Leiter bestellte, trug er ihm u. a. die rasche Ausarbeitung einheitlicher Satzungen für die Landesverbände sowie die Kreis- und Ortsorganisationen auf. *Greve,* der das Büro nach Hannover holte, wollte diesem eine ausgreifende Arbeitsperspektive geben. Politische Bildung durch Informationen und Rednerschulung sollten den Mangel an politischen Begabungen in der Partei beheben; von den Sachthemen sollten die der Frauen und der Jugend organisatorisch und inhaltlich mit besonderer Aufmerksamkeit behandelt werden. Durch sonstige Funktionen wie die Mitgliedschaft im Zonenbeirat und Koordinierungsausschuß stark beansprucht, wollte *Greve* in der Zusammenlegung des Politischen Büros und der Hauptgeschäftsstelle eine ihn entlastende apparative Hilfe durch die letztere sehen.

Was im Zonenvorstand unter dem Druck akuter materieller und organisatorischer Erfordernisse des Parteiaufbaus unterblieb, wollte *Greve* mit seinem Büro leisten.

---

5 Vgl. SCHRÖDER, 1985, S. 78.

Er trieb die programmatische Diskussion durch eigene Ideen an und erwarb sich den Ruf eines „Chefdenkers".[6] Sein Büro erhielt im Mai den Auftrag, die „Arbeitsgemeinschaft Presse und Organisation" in Gang zu bringen und jedenfalls die Untergliederungen über Ziele und Arbeit des Vorstands zu informieren.

Was das Büro leistete und plante, trug er im Juni 1946 dem Vorstand vor. Demnach blieb es nicht bei Satzungsarbeiten, Wahlrechtsvorschlägen und der Mitarbeit am agrarpolitischen Programm. Der Konflikt mit dem Vorstand, dessen satzungsmäßige Kompetenzen mehr und mehr tangiert wurden, war damit angelegt. *Greves* Interventionen in der unmittelbar politischen Frage des Verhältnisses zur Niedersächsischen Landespartei bot Grund und Anlaß genug, die Kritiker im Vorstand zu mobilisieren. Dem Vorschlag *Middelhauves* im September 1946, die Ausgaben für das Politische Büro zu streichen, folgte im Oktober *Blüchers* Empfehlung zur Gründung eines Politischen Ausschusses aus vier Personen. Dieser sollte die Behandlung eminent politischer Fragen, die Stellung zu anderen Parteien eingeschlossen, straffen und nicht mehr dem individuellen Zugriff überlassen. Anfang Mai 1947 beschloß der Zonenvorstand, das Politische Büro nicht mehr fortzuführen.

3. Die Hauptgeschäftsstelle

Die Einrichtung und Ausstattung einer Hauptgeschäftsstelle wurde seit dem Sommer 1946 mit Nachdruck betrieben. Mit Sitz in Bad Pyrmont, sollte sie die Beschlüsse des Vorstands ausführen und administrative Aufgaben erfüllen. Sie wurde bis Ende 1946 von Adolf *Kahlen,* bis Sommer 1948 von Wilhelm *Falk* geleitet. Der organisatorische Zustand der Partei machte ihre Aufgabe wenig beneidenswert. Es gelang ihr erst im Herbst des Jahres 1946, genügend Informationen einzuholen, um dem Vorstand ein Bild von den vorhandenen und fehlenden Kreisorganisationen in allen Landesverbänden zu geben.[7] Die Wahlresultate bestätigten, was alle mit organisatorischen Fragen Befaßten befürchtet hatten: Schlechte Ergebnisse hingen mit schwachem Organisationsgrad zusammen.[8]

Die Hauptgeschäftsstelle wollte Adressat für Anfragen und Probleme aller Gliederungen sein, ihrerseits aber in Landesverbänden, Kreis- und Ortsgruppen nur intervenieren, „wenn diese versagen".[9] Die letztere Eventualität unterstellt, hätte sie unentwegt tätig sein müssen. Aber auch eine engere Fassung ihres Auftrags war nicht problemlos. Die Inhalte aus politischen Beratungen und Entscheidungen der Führungsgremien und ihre Verbreitung zu Zwecken der Information und Werbung in der Partei und darüber hinaus waren nicht trennscharf auseinanderzuhalten. Die positionelle Lösung, den Leiter der Hauptgeschäftsstelle und seine Kollegen in den Landesverbänden mit Sitz und Stimme in den Vorstand aufzunehmen, wurde mehrfach gefordert und diskutiert. Zugestanden wurde ihnen nur die Teilnahme

---

6 SCHRÖDER, 1985, S. 81.
7 Vgl. SCHRÖDER, 1985, S. 86.
8 Vgl. SCHRÖDER, 1985, S. 87.
9 „Organisationsplan für den Aufbau der FDP" (gez.: „*Kahlen*"), 19. 10. 1946, AdL-4, zit. nach: SCHRÖDER, 1985, S. 86.

mit beratender Stimme. Es war kein Zufall, daß *Blücher* ausgerechnet in der Sitzung (am 4. 5. 1947), in der über das Ende des Politischen Büros befunden wurde, die Hauptgeschäftsstelle ermahnte, sich auf „reine Verwaltungsfunktionen" zu beschränken.[10]

Das Ziel, in allen Landesverbänden und Kreisgruppen eine Geschäftsstelle zu haben, war Mitte 1946 nicht einmal für erstere erreicht. So blieb auch die Absicht dreiwöchiger Treffen des Hauptgeschäftsführers mit seinen Kollegen aus den Landesverbänden vorläufig Wunschdenken.[11] Solche apparativen und personellen Ausstattungspläne scheiterten schon an den finanziellen Ressourcen. (Bis Mitte 1946 gab es Landesgeschäftsstellen nur in der Nordrheinprovinz, in Westfalen, Hamburg und Hannover.) Technisch lösbar wurde schließlich das Problem der räumlichen Entfernung zwischen dem Vorsitzenden *Blücher* und der Hauptgeschäftsstelle. Aus Hamburg kam der Vorschlag einer arbeitsteiligen Lokalisierung und die Finanzierungsofferte. Das Politische Büro und der persönliche Pressereferent *Blüchers* wechselten nach Essen, das Statistische Büro und das Pressereferat nach Hamburg.[12]

Die in Bad Pyrmont geschaffene „Arbeitsgemeinschaft für die Parteiorganisation" unter Leitung des bis dahin amtierenden Generalsekretärs sollte der Partei zu einer flächendeckenden Ausbreitung verhelfen und die Beziehungen zwischen den Landesverbänden und ihren Untergliederungen verbessern.[13] Dazu gehörten die Suche nach geeigneten lokalen Gründungsinitiatoren und die Vermittlung von Rednern und Werbematerial. Die personelle Hilfe kam aus der Hauptgeschäftsstelle.

Wie ein Organisationsbericht gegen Ende 1946 nachwies, waren die Erfolge gering. Sie wurden noch gemindert durch persönliche Querelen zwischen den Leitern des Politischen Büros und der Arbeitsgemeinschaft. Der Vorstand sah mit Neid auf die vergleichsweise effiziente Vorbereitung der Gemeinde- und Kreistagswahlen im Herbst durch die „Großparteien". Das „klägliche Ergebnis" der Gemeindewahlen veranlaßte *Hermes,* in einem Rundschreiben die Verantwortung den führenden Persönlichkeiten der Landesverbände und dem „gesamten Zentralvorstand" zuzuschreiben.[14]

Sowohl zwischen den Landesverbänden als auch zwischen ihren lokalen Organisationen zeichneten sich im Jahre 1946 Disparitäten ihres Organisationsstandes, ihrer Mitglieder- und Wählerstärke ab. Sie führten zu einer Verteilung von Gewicht und Einfluß, die sich bis zum Ende der Zonengliederung der Partei kaum verändern sollte. In dem Maße, in dem sich die Länder konstituierten und politisch agierten, wurde es auch für den Zonenvorstand schwieriger, den Gesamtverband zu steuern.

---

10 Vgl. Dok. Nr. 32.
11 Vgl. Dok. Nr. 21 a.
12 Vgl. SCHRÖDER, 1985, S. 91.
13 Vgl. Dok. Nr. 14.
14 Vgl. SCHRÖDER, 1985, S. 95.

4. Finanzierung

Aus der Geschichte liberaler Parteien ist bekannt, daß sie beharrlich die Absicht proklamierten, ihre politische Handlungsfähigkeit durch Selbstfinanzierung aus Mitgliedsbeiträgen zu gewährleisten. Keine von ihnen hat dies durchhalten können. Die DDP – aus der 1945 die meisten derjenigen Gründungsinitiatoren kamen, die in der Weimarer Republik Parteien zugehört hatten – hatte diese Erfahrung früh gemacht. Mit Kenntnis weniger Vorstandsmitglieder hatte sie bereits ihre Kampagne für die Wahlen zur Nationalversammlung unter Verwendung beträchtlicher Gelder aus Wirtschaftskreisen bestritten.[15]

Solche Quellen waren danach in dem Maße versiegt, wie die Partei Vorgaben oder Bedingungen ihrer Sponsoren politisch nicht genügend durchzusetzen vermochte oder mit Rücksicht auf andere Wählergruppen ignorierte. Es kam hinzu, daß die Spender der Partei ihre Gunst entzogen, seit sie mit ihren Wählerverlusten Macht und Einfluß verloren hatte.

In den Gründungsjahren 1945 und 1946 erreichten die meisten lokalen und regionalen Parteien liberaler Observanz einen derart schwachen Mitglieder- und Wählerstand, daß ihnen die politisch interessierten Wirtschaftskreise kaum Aufmerksamkeit schenkten. Andererseits suchten sie diese zunächst auch gar nicht in finanzieller Hinsicht. Punktuelle Förderungen waren die Ausnahme und ergaben sich aus biographischen Zufällen beruflicher Herkunft oder Verbindung von Gründungsakteuren. Zum Neubeginn vieler Organisationen gehörte der erklärte Wunsch, über die traditionelle Klientel hinauszugehen und dies mittels sozialreformerischer Ideen und wirtschaftsprogrammatischer Offenheit zu tun. Die Finanzierung durch den Mitgliedsbeitrag (der auch im Lizenzierungsantrag genannt werden mußte) galt unter diesen Umständen als eine Selbstverständlichkeit; Spenden – die bei bestimmten Anlässen auf Naturalien ausgedehnt wurden – entsprachen einer spontanen Bereitschaft zur notwendigen Improvisation und waren, soweit erkennbar, von vorsorglicher Interessenwahrung nicht geleitet. Die Protokolle des Zonenvorstands und die einschlägigen Korrespondenzen zeigen, daß er seine Arbeit ohne jede Festlegung oder Hoffnung auf Spender bestimmter Richtungen begann. In seiner ersten Sitzung nach der Opladener Gründungsversammlung wählte er den historisch geläufigen Weg und verpflichtete die Landesverbände zur Abgabe eines bestimmten Anteils aus den Mitgliedsbeiträgen.

---

15 Vgl. ALBERTIN, 1972, Kap. III.

IV. Verhältnis zu anderen Parteien und zu den Gewerkschaften

1. SPD

Das Verhältnis zu anderen Parteien ist in den Führungsgremien immer wieder diskutiert worden. Sie mußten dazu die unterschiedlichen Koalitionen in den Ländern und Stadtstaaten in Rechnung stellen. Solange die FDP in Nordrhein-Westfalen als einzige Partei die Opposition und die SPD den Wirtschaftsminister stellte, war der Konflikt hier vorgegeben, zumal unter dem wachsenden Einfluß des industriellen Flügels unter *Rechenberg*. Anders dachte die FDP aus Hamburg, die sich auf ihre „traditionelle" Koalitionserfahrung mit der SPD berief und beanspruchte, „sozialistische Übertreibungen" abgewehrt zu haben.[1] Gegen einen harten Konfrontationskurs gegenüber der SPD sprach auch die Sorge, „leicht zum willkürlichen Werkzeug der CDU" zu werden.[2]

Die Meinungen variierten zwischen rigorosen und flexiblen Abgrenzungen zur SPD bei den jeweiligen Sachfragen. Dazu gehörten das Gesetz des Wirtschaftsrates über die „allmähliche Befreiung" von zwangswirtschaftlichen Maßnahmen in der Landwirtschaft[3], die Stellung der SPD zu den „föderalistischen Tendenzen", die Bodenreform und andere agrarpolitische Fragen, die Sozialisierung ohnehin.

Nach den Landtagswahlen in der britischen Zone am 20. April 1947, bei denen sie nur knapp 6 % der Stimmen erreichte, hoffte die FDP zunächst auf ein „Arbeitsnotkabinett" aller Parteien zur Bewältigung der dringendsten Aufgaben. Die Verhandlungen wurden aber zwischen den Parteien unter programmatischen Aspekten geführt. Die FDP blieb in diesen Beratungen mit ihrer schon im Wahlkampf vertretenen Ablehnung von Sozialisierungsplänen allein. Im Zonenvorstand war das Meinungsbild zur Frage der Regierungsbeteiligung gespalten.[4] Eine Überlegung, die in dieser Phase auch bei ähnlichen Anlässen ins Spiel kam, war der Wunsch, „die Hände frei zu haben für die Partei-Aufbauarbeit". Die FDP versagte sich am Ende dem Vorschlag Karl *Arnolds, Blücher,* der schon Finanzminister in beiden Kabinetten *Amelunxen* gewesen war, als „Fachminister" ins Kabinett zu berufen.

Beriet der Zonenvorstand Fragen der Regierungsbildung in Nordrhein-Westfalen, so versuchte er damit zugleich, den Freien Demokraten in Niedersachsen „gewisse Richtlinien" zu geben. Einen Anlaß bot die geplante Regierungserklärung Hinrich Wilhelm *Kopfs,* die die Überführung von Unternehmen monopolartigen Charakters in „Gemeineigentum" ankündigte.[5] Die dortige Partei, deren Zusammenschluß

---

1 Vgl. Dok. Nr. 46 b.
2 Vgl. Dok. Nr. 46 a.
3 Vgl. Dok. Nr. 46 a.
4 Vgl. Dok. Nr. 32.
5 Vgl. Dok. Nr. 34 b.

aus den Landesverbänden Oldenburg, Braunschweig und Hannover am 8. Mai beschlossen worden war, war – nach den Irritationen durch die Fusionsgespräche mit der NLP – auf weitere Profilierung bedacht. In den langwierigen Verhandlungen zur Regierungsbildung sperrte sich die FDP den Plänen zur „Sozialisierung" und Agrarreform. Sie akzeptierte aber den Wunsch des Oldenburger Abgeordneten Johann *Albers,* als Minister ohne Geschäftsbereich ins Kabinett zu gehen.

2. Gewerkschaften

Die Werbung um Arbeiter gehörte nicht nur zur traditionellen Routine. Die mäßigen Mitgliedergewinne in vielen Orts- und Kreisverbänden konnten nach den Weimarer Erfahrungen nicht überraschen. Indessen gab es auch lokale Verbände, in denen Arbeiter stark vertreten waren, und wenige, in denen sie sogar dominierten. Es ist nicht erkennbar, ob sich diese Varianz unter Fragen nach Milieuresten, etwa aus der Geschichte der Gewerkvereine, nach Qualifikationsgraden (Facharbeiter) oder nach örtlichen Zufallsmerkmalen erklären läßt. Jedenfalls spiegelte sich darin die Tatsache, daß in der Zeit nach 1945 einerseits langfristige Parteiidentifikationen bei Teilen der Bevölkerung entfielen und andererseits die FDP den Eindruck reformerischen Elans machte.

Im Oktober 1947 beschloß der Zonenvorstand, das Arbeiterreferat in Hamburg mit Arbeitnehmerfragen für die gesamte britische Zone zu betrauen[6], jedem Landesverband die Errichtung eines „Arbeitersekretariats" zu empfehlen (es fehlte bis dahin in Bremen, Niedersachsen und Schleswig-Holstein) und jedem Kreisverband die Bestellung eines Referenten für Arbeitnehmerfragen aufzuerlegen. Der neue, auf Zonebene eingesetzte „Arbeiter- und Gewerkschaftsausschuß" gehörte zu den in der Satzung (von 1948) aufgeführten 13 Arbeitsausschüssen. Sein Aufgabenfeld schloß Angestelltenfragen ein.

Nicht zuletzt sah sich die Zonenpartei auch durch die Entwicklung in der westdeutschen Gewerkschaftsbewegung gedrängt, ihren Untergliederungen eine Orientierungshilfe zu geben. Nach längerem Sträuben hatten der Zonenausschuß und -vorstand des DGB in der britischen Besatzungszone im August 1947 gegenüber ihren Kollegen aus der amerikanischen Zone in die Errichtung eines gemeinsamen Sekretariats und eines Gewerkschaftsrats für das einheitliche Wirtschaftsgebiet der Bizone eingewilligt.[7] Am 25./26. Mai 1948 wurde dann der bizonale Zusammenschluß der Gewerkschaften beschlossen.[8] Die Beziehungen der Gewerkschaften in den Westzonen zum FDGB der sowjetisch besetzten Zone hatten sich seit 1947 deutlich verschlechtert (wozu der Marshall-Plan seit Mitte 1948 beitrug). Eine möglichst einheitliche Linie brauchte die Zonenpartei insbesondere angesichts der sich zuspitzenden organisatorischen Fragen der Angestellten. Die Spannungen zwischen der DAG und dem DGB der britischen

---

6 Vgl. Dok. Nr. 40.
7 Vgl. MIELKE (Bearb.), 1987, S. 49.
8 Vgl. MIELKE (Bearb.), 1987, S. 56.

Zone begannen mit ihren ersten örtlichen Gründungen in Hamburg und ihrer dortigen Zonenkonferenz im Mai 1946 und dauerten bis zum offiziellen Bruch im Juli 1948.

Aus der Partei war gelegentlich Kritik an der Politik des DGB geäußert worden. Der Zentralausschuß befaßte sich am 28. Februar 1948 zum erstenmal mit Gewerkschaftsfragen. *Blüchers* einleitende Bemerkung, die Gewerkschaften seien die „legitimierten und alleinigen Vertreter" der Arbeiterschaft, und *Schäfers* Hinweis auf den „Gedanken der Einheitsgewerkschaft", beschrieben den fortgeschrittenen Stand des gewerkschaftlichen Prozesses. Vorherrschend war damals – auch in den Landesverbänden – die Befürchtung, die Entwicklung könne an der Partei vorbeilaufen, und die Folgerung, FDP-Mitgliedern den Eintritt und die aktive Mitarbeit empfehlen zu sollen. Aussichten auf Einfluß waren nach niedersächsischen Erfahrungen in der DAG gegeben. Wie in dieser Sitzung deutlich wurde, gingen manche Pläne, angeregt von parteiinternen Überlegungen in der CDU über eine Wiedergründung der Christlichen Gewerkschaften, über dieses Nahziel hinaus. Die Hamburger, die den „Arbeiter- und Gewerkschaftsausschuß" für die Zonenpartei leiten sollten, wollten darin auch über die Zweckmäßigkeit einer eigenen Gewerkschaftsgründung nachdenken.[9] Bestärkt durch die Spannungen zwischen DGB und DAG, beschloß der Zonenvorstand am 7. August „Richtlinien", in denen die Mitglieder ermuntert wurden, in den DGB, „vor allem aber in die DAG und die Beamtengewerkschaften" einzutreten. Er nahm sich darin ferner publizistische und personelle Maßnahmen zur Werbung unter Arbeitnehmern vor.

3. CDU

Die politische Nähe zur CDU, in der die FDP während ihrer Gründungs- und Konsolidierungsphase operierte, erschwerte ihre späteren Bemühungen, sich von ihr sichtbar abzugrenzen. In einigen Städten und Kreisen hatten sich die Gründungsvorgänge verzögert, weil die Initiatoren zunächst auf die Möglichkeit gesetzt hatten, mit den Christlichen Demokraten gemeinsam eine große bürgerliche Partei zu gründen. Fusionsideen beschäftigten dann die Parteispitzen bis ins Frühjahr 1946 hinein.

Gespräche mit der CDU auf Zonenebene über „einen Zusammenschluß aller demokratischen Gruppen" hatte Wilhelm *Heile* in seinem Brief vom 2.2.1946 an *Adenauer* angeregt. Beigefügt waren der Entwurf einiger Richtlinien sowie Kopien seiner Briefe an den oldenburgischen Ministerpräsidenten *Tantzen*, den Oberpräsidenten von Schleswig-Holstein Theodor *Steltzer* und den Bischof von Osnabrück Wilhelm *Berning*. *Heile* nahm offenbar die Lage in der CDU falsch wahr und überschätzte seine eigene Rolle. Er hielt innere Spaltungen und Abwanderungen zur FDP in Schleswig-Holstein und Nordrhein-Westfalen im Falle des Scheiterns für möglich. *Adenauers* Antwort Mitte Februar erkannte „nur in sehr wenigen Punkten verschiedene Auffassungen", versäumte aber nicht, sie zur Vorbereitung einer

---
9 Vgl. Dok. Nr. 46 b.

Besprechung zu skizzieren.[10] Er sah Differenzen in der Frage Einheitsstaat – Bundesstaat, in der Schulpolitik und trat unmißverständlich für den Fall eines positiven Ausgangs für die Bewahrung des eigenen Parteinamens ein.[11] Eine beigefügte Abschrift seines Briefes an *Schlange-Schöningen,* der eine eindeutige Absage an jeden Gedanken einer „Sammelpartei" enthielt, sollte wohl *Heiles* vage und weitreichende Erwartungen vorsorglich korrigieren.[12] Den Vorstandsmitgliedern ließ *Heile* nun Informationen über seine Korrespondenz und eine überschwengliche Darstellung der Möglichkeiten eines Zusammenschlusses zukommen. Franz *Blücher,* den er schon früher unterrichtet hatte, empfahl, den Zentralausschuß damit zu befassen. An der Besprechung *Heiles* mit *Adenauer* am 2. März in Rhöndorf nahm aus dem Vorstand noch *Middelhauve* teil.[13] Auch weitere Gespräche *Adenauers* mit *Heile* in Hamburg[14] änderten nichts an der Tatsache, daß ersterer am Parteinamen festhielt.

Der Zonenverband hörte am 21. März die Berichte der beiden Beteiligten und erklärte sich gegen jede weitere Fortsetzung der Verhandlungen. Als *Adenauer* davon erfuhr, schrieb er (am 29. März) *Heile* sein Bedauern, sprach aber nunmehr von einem Beitritt der FDP-Politiker in die CDU und bot *Heile* einen „leitenden Posten" in der CDU an.[15] Nachdem der Zonenvorstand am 1. April noch einmal, zur Information an alle Landesverbände und Kreisgruppen, die Verhandlungen für „endgültig gescheitert" erklärt hatte, meldeten die Liberalen in Ostfriesland Widerspruch und den Wunsch nach Fusion auch unter *Adenauers* Bedingungen an. Die CDU hat ihrerseits im norddeutschen Raum für die Gemeinde- und Kreistagswahlen Listenbündnisse mit NLP und FDP gesucht. So empfahl es auch ihr Zonenausschuß Anfang August.[16]

Für die CDU blieb die FDP ein umworbener Partner. Suchten die Freien Demokraten in Hamburg, Bremen und Schleswig-Holstein die koalitionspolitische Nähe der SPD, so meinte *Adenauer* von ihren Parteifreunden in Nordrhein-Westfalen (im Zonenausschuß Dezember 1946), sie seien so orientiert, „daß sie ungefähr in unsere Partei aufgenommen werden könnten"[17], und er sagte voraus, daß sie „manchmal das Zünglein an der Waage sein"[18] könnten. Mit der Vorbereitung von Absprachen über die Landtagswahlen 1947 begann der CDU-Vorsitzende bereits am ersten Tag des Jahres. Seine Anfrage bei *Middelhauve* eröffnete Gesprächskontakte, in die auch *Blücher* einbezogen wurde und an denen in Niedersachsen auch die NLP teilnahm.

---

10 Vgl. SCHRÖDER, 1985, S. 112.
11 Vgl. HEITZER, 1988, S. 663 f.
12 Vgl. SCHRÖDER, 1985, S. 113.
13 Vgl. SCHRÖDER, 1985, S. 114.
14 Vgl. HEITZER, 1988, S. 664.
15 Vgl. ebd.
16 Vgl. HEITZER, 1988, S. 665.
17 Zit. nach: HEITZER, 1988, S. 665.
18 Zit. nach: HEITZER, 1988, S. 666.

4. Niedersächsische Landespartei

In Niedersachsen baute sich zeitweilig eine Dreiecksbeziehung zwischen Niedersächsischer Landespartei, FDP und CDU auf, die in Gesprächen und Verhandlungen Möglichkeiten der Zusammenarbeit oder des Zusammenschlusses sondierten. Vorherrschender Konsens war die Frontstellung gegen die Sozialdemokratie. Der Dissens sollte sich zwischen den Parteien und auch innerhalb der FDP nach und nach herauskristallisieren. In dem Maße, in dem der Zonenvorstand sich genötigt sah, in diesen Prozeß einzugreifen, spitzten sich die Kontroversen über politische Inhalte und Strategien zu einem persönlichen Konflikt mit dem Parteivorsitzenden *Heile* zu. Karsten Schröder hat diesen Ablauf, der schließlich zum Bruch mit *Heile* führte, eingehend aus verschiedenen Quellen ermittelt; sie erläutern die Beratungen und Entscheidungen der Führungsgremien, soweit sie in der Edition dokumentiert sind.

Vermutlich hatte *Heile* erste Kontakte mit der NLP bald nach ihrer Gründung in größeren Städten. Seine Gespräche begannen im Februar 1946. Nachdem er auch auf öffentlichen Parteiveranstaltungen für eine engere Beziehung zur NLP plädiert hatte, reagierte deren Vorsitzender Heinrich *Hellwege* rasch und positiv. Schon im März trafen sich Vertreter der drei Parteien auf Einladung der britischen Militärregierung, um Fragen programmatischen und möglichenfalls institutionellen Zusammengehens zu erörtern. Was nicht zwischen den drei Parteien zustande kam, erschien machbar zwischen FDP und NLP.[19] Für die FDP agierte *Heile* oft im Alleingang; der Beschluß des Zonenvorstandes am 1. April 1946, er solle künftige Verhandlungen gemeinsam mit einem Vertreter des Landesverbandes führen, fand nicht seine dauernde Beachtung. Er hat auch die Warnungen und Proteste aus der Partei, insbesondere aus dem Kreisverband Harburg-Land, der schwere Mitgliederverluste für den Fall einer Parteienfusion fürchtete, bagatellisiert oder überspielt. So erklärten am 17. Mai sogar, unter dem Drängen *Heiles*, die Landesverbände der FDP und der NLP in Niedersachsen, sich zur „Niedersächsischen Landespartei" zusammenzuschließen. In einem zweiten Schritt waren weitere Fusionen mit gleichgerichteten Landesparteien im niederdeutschen Raum zu einer „Niederdeutschen Union" in Aussicht genommen. Die Mißstimmung, die dieser Schritt auf dem Pyrmonter Parteitag erregte, verhinderte nicht, daß *Heile* dort zum „Präsidenten" der Partei gewählt wurde. Gedacht war wohl, ihn dadurch auf repräsentative Funktionen zu beschränken.[20] Nichtsdestoweniger sprach er wenige Tage später sogar auf einem Delegiertentreffen der NLP in Celle.

Als sich endlich die Repräsentanten beider Parteien, für die NLP u. a. *Seebohm* und zeitweilig auch *Hellwege*, am 12. Juni zu einem grundsätzlichen Gespräch trafen, für die FDP aus dem Vorstand Greve, sowie Siemann und der Oberbürgermeister Henkel, distanzierte sich zunächst die NLP von den weitgehenden Vereinbarungen vom 17. Mai. Der programmatische Test auf die Fusionsfähigkeit wurde dann durch acht Sachfragen seitens der FDP vollzogen: Sie ergaben, daß die NLP in Fragen der Reichseinheit den „Sonderinteressen" Niedersachsens Priorität einräumte

---

19 Vgl. SCHRÖDER, 1985, S. 122f.
20 Vgl. SCHRÖDER, 1985, S. 129f.

und im Falle einer Abstimmung über Republik oder Monarchie – die zwar nicht aktuell sei – für die letztere optieren würde. Sie lehnte ferner die Gemeinschaftsschule ab. Andere Punkte erbrachten keinen oder nur geringen Dissens. Vorschläge für eine Dachorganisation beider Parteien lehnte der Vorstand in Bad Pyrmont ab. Er beschloß zudem, „daß keinerlei Fusionsverhandlungen mit einer anderen Partei oder Parteigruppe in der britischen Zone geführt werden"[21] sollten. Er überließ es den Landesverbänden, darüber zu befinden, ob bei den Gemeinde- und Kreistagswahlen im Herbst Wahlbündnisse mit anderen Parteien eingegangen werden sollten.

Beide Parteien blieben interessiert, örtliche Arbeitsgemeinschaften für die Gemeinde- und Kreistagswahlen im Herbst zu ermöglichen. *Heile* erregte dann weiteren Unwillen in der Partei, als er im Oktober die Reserveliste einer Wahlgemeinschaft aus FDP, CDU und NLP unter dem Namen der letzteren anführte. Der Vorstand der FDP faßte am 20. Oktober 1946 Beschlüsse, die mit dem Bekenntnis zur Reichseinheit, der Ablehnung von Zusammenschlüssen zwischen Parteien und dem Verbot von Wahlbündnissen (ohne ausdrückliche Genehmigung des Vorstands) die deutliche Distanzierung von den Aktivitäten *Heiles* ausdrückten. Der Zentralausschuß entzog ihm am 16. November das Vertrauen. Das angerufene Schiedsgericht bestätigte diese Entscheidung am 17. Januar 1947.

---

21 Dok. Nr. 16.

V. Programmarbeit und praktische Politik

In einem Monatsbericht des britischen Militärgouverneurs für Westfalen wurde der FDP bescheinigt, die einzige Partei zu sein, „die der Anordnung der Militärregierung gefolgt sei, wonach Parteien von dem untersten Level beginnen und sich hocharbeiten sollten". Diese Beobachtung entsprach einem Merkmal der meisten Gründungen der Liberalen seit dem Frühsommer 1945: Sie beruhten auf einer Vielfalt lokaler Aktivitäten. Wie sporadisch erschlossene Quellen zeigen, hatten ihre Gründungskreise durchaus Teil an der reformerischen Grundstimmung der unmittelbaren Nachkriegszeit. In ihren wirtschafts- und sozialpolitischen Konzepten wurden das Prinzip unternehmerischer Handlungsfreiheit und das Bekenntnis zum Privateigentum ergänzt durch Forderungen nach Verstaatlichung einiger Grundstoffindustrien, nach Regelung und Ausbau der Rechte auf betriebliche Mitbestimmung und soziale Sicherung für Arbeitnehmer, nach Bodenreform und ausgleichender Verteilung der Kriegsfolgelasten. Inwieweit solche lokalen Impulse in die Programmatik der Landesverbände eingingen, hing von personellen und organisatorischen Zufällen bei deren Konstituierung ab. Der Ideentransfer von dort auf die Zonenebene bewahrte, soweit er verfolgt werden kann, Elemente dieser Stimmung des Neubeginns.

Zonenvorstand und Zentralausschuß haben sich seit ihrer Konstituierung immer wieder mit Programmarbeit befaßt. Sie diente der internen Selbstverständigung, der Werbung nach außen, dem Wahlkampf, der Information und Instruktion für Mandatsträger. Eng verbunden war damit die Diskussion aktueller Fragen der Politik, in der Mitglieder der Führungsgremien oder andere Repräsentanten der Partei tätig waren. Die beiden Gremien kommunizierten mit dem Zonenbeirat, dem Wirtschaftsrat, den Fraktionen in den Landtagen und der Bürgerschaft in Hamburg und Bremen sowie mit den wenigen Mitgliedern von Landesregierungen. Fallweise Kontroversen über Sachfragen und Abstimmungsverhalten blieben nicht aus. So befaßte sich der Zentralausschuß im Juli 1947 mit einem Antrag des Landesverbandes Nordrhein-Westfalen (vom 24. 7. 1947), in dem den beiden FDP-Vertretern im Zonenbeirat (Hermann *Schäfer* und Hugo *Knoop*) vorgeworfen wurde, sich beim Bodenreform-Antrag der Stimme enthalten und in der Sache gegen die „allgemeinen Grundsätze der Partei" und ihr Agrarprogramm verstoßen zu haben. Zur geforderten Niederlegung aller Parteiämter kam es jedoch nicht. Der Zentralausschuß folgte aber mit großer Mehrheit *Blüchers* Antrag, der Inhaber politischer Ämter und Mandate an die Grundsätze der Partei band und andernfalls deren Niederlegung verlangte.[1]

Zu den Richtlinien des Alliierten Kontrollrates für den Entwurf eines Sozialversicherungsgesetzes formulierte *Blücher* (am 29. 11. 1946) im Zonenbeirat eine kriti-

---
1 Vgl. Dok. Nr. 37.

sche Position, die in der FDP auch sonst, etwa in der französischen Zone[2], vertreten wurde. Er bemängelte vor allem die übermäßige Zentralisierung und nahezu völlige Ausschaltung der Selbstverwaltung. Er bejahte aber auch eine dauernde Gewährung von Staatszuschüssen und verwarf damit indirekt die Absicht, die Sozialversicherung ausschließlich durch Beiträge zu sichern. Bei der zweiten und dritten Lesung des Gesetzentwurfs über die „Selbstverwaltung in der Sozialversicherung" am 24. Mai 1949 im Wirtschaftsrat wurden die Anträge der FDP, die „Organe der Versicherungsträger" in der Krankenversicherung und in den Rentenversicherungen der Arbeiter und Angestellten paritätisch zu besetzen, mit knappen Mehrheiten angenommen.[3]

Zwei Wochen später berief sich bereits der Vorsitzende des nordrhein-westfälischen Landesverbandes auf den Bielefelder Beschluß zum parlamentarischen Abstimmungsverhalten, als er die einheitliche Ablehnung der Düsseldorfer Fraktion bei der Abstimmung über die (veränderte) „Verordnung über die Unterzeichnung von Industrie- und Produktionsmeldungen" (durch die Betriebsräte) vermißte. Dies erschien ihm umso gravierender, als sowohl Zentralausschuß als auch Landesverband zuvor ihre Vorbehalte in der Sache angemeldet hatten. Die britische Militärregierung lehnte diese Verordnung dann Anfang Januar 1948 ab.

Die hauptsächliche Zusammensetzung des Zentralausschusses aus den Vorstandsmitgliedern und Repräsentanten der Landesverbände sowie seine satzungsmäßige Aufgabe, als „ständiger Ausschuß" die Politik der FDP zu „überwachen", übertrugen ihm in der praktischen Programm- und Politikdiskussion vor allem zwei Erfordernisse: Er mußte versuchen, die Interessen der Landesverbände miteinander auszutarieren sowie innerhalb derselben Konflikte zu lösen, unter denen der Dissens zwischen Vorstand und (parlamentsrechtlich selbständiger) Fraktion am häufigsten war. Der Zentralausschuß war dieser Aufgabe nicht gewachsen. Am deutlichsten erwies sich dies bei dem Versuch, das Wirtschaftsprogramm vom Februar 1947 für die gesamte Zonenpartei als verbindlich zu erklären.

In Fragen eines Wirtschaftsprogramms hatte *Blücher* Ende 1946 die Initiative ergriffen. Er lud einen kleineren Arbeitskreis von Parteifreunden aus den beiden, mit den anstehenden Problemen täglich konfrontierten Landesverbänden Nordrhein und Westfalen-Lippe nach Essen ein. Noch vor Ende des Jahres entstand aus diesem Kreis ein Programmentwurf, der Mitte Februar 1947 im Zonenvorstand beraten und gebilligt wurde. Mitte März veröffentlichten ihn die „FDP-Nachrichten" als „Wirtschaftspolitische Richtlinien".[4] Die „Richtlinien" bewahrten noch den Grundtenor scharfer Kapitalismuskritik aus den frühen lokalen Programmen, insbesondere an den „monopolistischen Machtgebilden" der Schwerindustrie, nannten ausdrücklich deren Mitwirkung an der „Machtbefestigung des Nationalsozialismus" und verlangten die „Auflösung der Konzerne und der volkswirtschaftlich nicht unbedingt notwendigen Kartelle". „Arbeitnehmer" und „Unternehmer" sollten „gleiche Rechte in der Ordnung der deutschen Wirtschaft übernehmen". Ge-

---

2 Vgl. HUDEMANN, 1988, S. 327.
3 Vgl. Dok. Nr. 27., Anm. 39.
4 Vgl. Dok. Nr. 24.

dacht war an einen „Wirtschaftsrat", dem *Blücher* in seinen Reden vor den Wahlen im Herbst 1946 auch Planungs- und Lenkungsbefugnisse zugedacht hatte. Neben dieser überbetrieblichen Regelung der Mitbestimmung durch Selbstverwaltungskörper wurde ein neues Betriebsrätegesetz gefordert. In seiner Februar-Sitzung beriet der Zonenvorstand auch Regelungen für den Bergbau. Er folgte der Auffassung des Bergwerkdirektors *Pickert* (der *Blücher* schon bei den Vorarbeiten geholfen hatte), daß hier „das Prinzip der unbedingt freien Wirtschaft nicht angewandt werden" könne.[5] Die Sozialisierungsforderung wurde indessen strikt abgelehnt. Die Resultate der Beratungen wurden dann an die Landtagsfraktion von Nordrhein-Westfalen weitergeleitet.

Im Frühjahr und Sommer verschoben sich die Gewichte. Eine Gruppe mittlerer Unternehmer, zu deren Exponenten der Kölner Freiherr *von Rechenberg* gehörte, gewann die Oberhand. Er wurde auch nach Vereinigung der Landesverbände Nordrhein und Westfalen-Lippe zu einem der stellvertretenden Landesvorsitzenden gewählt. Das alternative Wirtschaftsprogramm des Landesverbandes schränkte den reformerischen Elan deutlich ein. Es erschien unter dem Namen „Wirtschaftspolitische Richtlinien" Mitte April 1947. Der Einfluß dieser nordrhein-westfälischen Gruppierung, die in den Zonenvorstand vor allem über *Middelhauve* hineinwirkte, war schließlich auch maßgebend, als Anfang Januar 1948 das betont marktwirtschaftlich gefaßte Wangerooger Wirtschaftsprogramm der FDP der britischen Zone entstand.

Von der einseitigen Verfestigung wirtschaftspolitischer Auffassungen blieben die verheißungsvollen Arbeiten des Zonenvorstandes für ein Sozialprogramm[6] nicht unberührt. Er wollte es als wesentliche Ergänzung des Wirtschaftsprogramms im Sinne einer „sozialen Marktwirtschaft" verstanden wissen.[7] So begriff er auch sein „Vertriebenenprogramm"[8], das die neuen Problemgruppen der Flüchtlinge und Vertriebenen in die Aufnahmegesellschaft integrieren sollte.

Die zonalen Führungsgremien haben diese Linie nur in mühevoller Auseinandersetzung durchhalten können; sie sind von der industriellen Gruppierung in Nordrhein-Westfalen heftig befehdet worden. Der dortige Landesverband verabschiedete am 12. Januar 1948 sein eigenes Sozialprogramm („Unsere Sozialforderungen"), das die aktuellen Gesichtspunkte detailliert aufzählte und in Teilen in die gesetzgeberische Arbeit einging. Die geistigen Antriebe zu einer großen Sozialreform verlor es allerdings aus den Augen. Alle Bemühungen zur Durchsetzung dieser oder jener Position – etwa in Fragen der Sozialversicherung oder des Lastenausgleichs – hingen damals freilich auch von den deutschlandpolitischen Intentionen und Interventionen der Besatzungsmächte ab.

---

5 Vgl. Dok. Nr. 25.
6 Vgl. Dok. Nr. 42.
7 Vgl. Dok. Nr. 37.
8 Vgl. Dok. Nr. 38.

VI. Die Rolle des Zonenverbandes in der „Reichspartei"

Von den liberalen Organisationen der drei Westzonen hat der britische Zonenverband am frühesten die Idee einer engen Zusammenarbeit mit der LDP der Sowjetischen Besatzungszone aufgenommen und betrieben. Seine eigene Gründung aber machte bereits die Absicht der geographisch begünstigten Berliner LDP-Führung zunichte, die Steuerung der Landesverbände in den westlichen Zonen zu übernehmen.[1] Die Besuchsaktivitäten seitens der Berliner LDP-Zentrale begannen mit der Teilnahme ihres Hauptgeschäftsführers Arthur *Lieutenant* an der Opladener Gründungstagung. Sie führten ihn und Wilhelm *Külz*, den Vorsitzenden der LDP, im Frühjahr in die amerikanische Zone, in der letzterer für die Gründung zonaler Arbeitsgemeinschaften warb, denen die „Reichspartei" als Dachorganisation dienen sollte.[2] Dieter *Hein* hat den weiteren Prozeß verfolgt und aus den verschiedensten Quellen rekonstruiert. Es genügt hier, einige Stationen in Erinnerung zu rufen, mit denen der britische Zonenverband eng und aktiv verbunden war.

Auf dem Parteitag des Zonenverbandes in Bad Pyrmont waren neben der LDP aus der sowjetischen Zone die Liberalen aus Bayern und die LDP aus Hessen vertreten. Von den Liberalen aus Württemberg-Baden hatte *Hermes*, der sich seitens der britischen Zonenpartei früh um ein Gesamtkonzept bemüht hatte, die prinzipielle Bereitschaft zur Zusammenarbeit und zum späteren Zusammenschluß der Parteien der drei Westzonen mitgebracht.[3] Die Versammelten erklärten ihren „Willen, sich zu einer demokratischen Partei für ganz Deutschland zusammenzuschließen", und gründeten einen Koordinierungsausschuß, in den der britische Zonenvorstand *Blücher, Greve, Hermes* und *Middelhauve* entsandte.[4] Es folgten weitere Reisekontakte, die institutionelle Fragen betrafen. Der Erfurter Parteitag sollte nach dem Willen der Veranstalter dem Prozeß einen weiteren Schub geben. Insbesondere der britische Zonenverband war prominent vertreten (durch *Heile, Blücher, Hermes* und *Greve*).[5] Im Anschluß wechselte die LDP mit den Gästen (außer *Heile*) nach Berlin, um dort eine „Reichspartei", die „Liberal-Demokratische Partei Deutschlands", zu gründen und vier Vorsitzende zu benennen, unter denen die bekannten Namen *Blücher* und *Külz* waren.[6] *Heile*, der auf dem Erfurter Parteitag eine Rede gehalten hatte, die schwerlich die Zustimmung der Sowjetischen Militäradministration gefunden haben konnte, war in Berlin nicht mehr dabei.[7] Im Zonenvorstand sprach dann *Blücher* von der „Reichspartei der liberalen und freien Demokratie",

---

1 Vgl. HEIN, 1985, S. 279.
2 Vgl. HEIN, 1985, S. 280.
3 Vgl. HEIN, 1985, S. 282.
4 Vgl. Dok. Nr. 14.
5 Vgl. HEIN, 1985, S. 285.
6 Vgl. Dok. Nr. 17.
7 Vgl. Dok. Nr. 16.

für die der Lizenzantrag schon beim Kontrollrat liege. Er hatte an den zweitägigen Verhandlungen – auch mit der Sowjetischen Militäradministration – teilgenommen.

Die DVP Württemberg-Badens nahm diese Aktion mit Zurückhaltung auf. Die Gründung des amerikanischen Zonenverbandes, die sie nunmehr mit den Liberalen Hessens und Bayerns Ende September 1946 in Stuttgart betrieb, war auch als Gegengewicht zu dem aus Berlin gesteuerten Vorhaben gedacht. Sie mußte aber der herrschenden Tendenz so weit folgen, daß sie in Stuttgart mit *Külz* und dem Vorstand aus der britischen Zone übereinkam, den Koordinierungsausschuß zu bestätigen.[8] Dieses Gremium beschloß am 8. und 9. November 1946 in Coburg seine Umwandlung in eine paritätisch zusammengesetzte Arbeitsgemeinschaft. Das Berliner Übergewicht schien damit aufgehoben zu sein. Zugleich war dem Einspruch der französischen Besatzungsbehörde Rechnung getragen. Der Koordinierungsausschuß verschärfte aber die alten Spannungen, indem er – in Abwesenheit der DVP und der Liberalen aus der französischen Zone – in eine knappe programmatische Empfehlung für die Zonenparteien die Forderung nach einer Reichseinheit aufnahm, in der das Reich „alleiniger Träger der Souveränität" und die Länder „Glieder des Reiches ohne Staatscharakter" sein sollten.[9] Die Vorlage dazu kam aus dem britischen Zonenverband[10], der sich mit diesem staatsorganisatorischen Konzept der LDP – zunächst noch – am engsten verbunden sah.

In Rothenburg ob der Tauber waren schließlich, am 17. März 1947, alle Zonen- und Landesorganisationen vertreten. Dem französischen Veto im Kontrollrat entsprach der Beobachterstatus der Liberalen aus der französischen Zone. Hatten die Süddeutschen bereits einige Tage zuvor Theodor *Heuss* für den Vorsitz der gesamtdeutschen Arbeitsgemeinschaft nominiert, so blieb dem Treffen selbst nur noch die Lösung eines gemeinsamen Vorsitzes mit *Külz*, als die Teilnehmer ihre „Einheit in der ‚Demokratischen Partei Deutschlands'" beschlossen.[11]

Offenbar enthielt dieser Zusammenschluß unter einer Doppelspitze bereits die realistische Wahrnehmung der Spaltung zwischen den Westzonen und der sowjetisch besetzten Zone. Seine Koinzidenz mit der Moskauer Außenministerkonferenz zeigte an, wie abhängig gesamtdeutsche Aktivitäten der Parteien von den Rahmenbedingungen geworden waren, die die Siegermächte durch den inzwischen eingeläuteten Kalten Krieg vorgaben. Als der „vorläufige" Vorstand am 9. Juli 1947 (anläßlich des Erfurter Parteitages) in Berlin seine nächste Sitzung hielt, war die gesamtdeutsche Initiative der Münchener Ministerpräsidentenkonferenz bereits gescheitert. Die Auseinandersetzung darüber konnte nicht ausbleiben. In der Frankfurter Sitzung am 3. November 1947, in der nur noch die südbadischen Liberalen fehlten, stand die Diskussion der deutschen Frage unausweichlich im Vordergrund.[12] Die Veränderungen der Großwetterlage hatten die Wahrnehmungen und Festlegungen aller Teilnehmer geprägt. Die praktische Politik der Liberalen der

---

8 Vgl. HEIN, 1985, S. 289.
9 Vgl. SCHRÖDER, 1985, S. 289.
10 Vgl. Dok. Nr. 21 b.
11 Vgl. SCHRÖDER, 1985, S. 290.
12 Vgl. HEIN, 1985, S. 294 f.

Westzonen war ihrerseits in die fortschreitende institutionelle und ökonomische Sonderentwicklung eingebunden, in der der Marshallplan die stärkste Schubkraft zu entfalten begann. In ihrer politischen Rhetorik suchten die liberalen Repräsentanten – mit unterschiedlicher Beharrlichkeit – an der Einheit Deutschlands festzuhalten oder den tatsächlichen Staatswerdungsprozeß in den Westzonen durch verschiedene Deutungen für eine spätere Realisierung der gesamtdeutschen Idee offenzuhalten.

Mit der Zusage der LDP zum „Volkskongreß für Einheit und gerechten Frieden" zerbrachen die Beziehungen. Erläuterungen, die der britische Zonenverband noch bei der LDP einholte, bestärkten ihn auf seiner Wangerooger Tagung Anfang Januar 1948 in seinem Entschluß zu klarer Abgrenzung. Nicht anders konnte die Forderung an die LDP verstanden werden, die Mitarbeit im „Volkskongreß" aufzukündigen.[13] Wenige Tage später trennte sich nach längeren Spannungen der Berliner Landesverband von der Zonenpartei[14]; die von den Sowjets erzwungene Folge war die Gründung einer Ostberliner Gegenorganisation. In der Frankfurter Sitzung des gesamtdeutschen Parteivorstandes am 18. Januar wurde der Konflikt noch einmal mit aller Schärfe ausgetragen; letzte personelle und organisatorische Vermittlungsvorschläge schlugen fehl. Sie endete mit einem Kommuniqué aus der Feder von Theodor *Heuss*, dessen Annahme zum Auszug der LDP der sowjetischen Zone führte.[15]

---

13 Vgl. HEIN, 1985, S. 307.
14 Vgl. HEIN, 1985, S. 311.
15 Vgl. HEIN, 1985, S. 312f.

VII. Der Weg zur Bundespartei

Danach ergriff *Blücher* die Initiative, um die neue Situation noch in der Sitzung zu nutzen. Er empfahl, nunmehr den Zusammenschluß der Verbände der drei Westzonen zügig vorzubereiten, sich auf einen einheitlichen Parteinamen zu einigen, die nötigen Rechtsfragen zu klären, einen vorläufigen Vorstand zu wählen und den Konsens in programmatischen Grundfragen zu suchen. Die Einwände, die sich vor allem auf die unterschiedliche Lage in den Zonen bezogen, zeigten bald, daß dieser (von *Middelhauve* unterstützte) Vorschlag der Mehrheit übereilt erschien.

Ihr Zögern in dieser Sitzung verwandelte die DVP zwei Monate später in eine eigene Initiative, die offenbar die Belange des südwestdeutschen Liberalismus im weiteren Prozeß begünstigen sollte. Als Geschäftsführer der formal weiterbestehenden „Demokratischen Partei Deutschlands" amtierte von Stuttgart aus Ernst *Mayer* weiter. Er begann im März mit dem Versand von Rundschreiben, die – meistens auch von *Heuss* unterzeichnet – durch programmatische und organisatorische Informationen aus den Zonen sowie durch eigene Anregungen und Kommentare die Entwicklung vorantreiben sollten.

Der Vorstand des britischen Zonenverbandes hatte im Februar nach kontroverser Diskussion für die eigene Fortexistenz und für die ausstehenden Satzungsberatungen votiert, um mit diesem Rückhalt den Prozeß beeinflussen zu können.[1] Schließlich hatte es *Blüchers* Stellung als Zonenvorsitzender (nach Meinung des Zentralausschußmitglieds Fritz *Oellers*) ermöglicht, „ihn zum Fraktionsvorsitzenden im Wirtschaftsrat zu machen". Der Frankfurter Wirtschaftsrat wurde zu einer öffentlichkeitswirksamen Plattform für einen weiteren, vom Zonenverband initiierten Anschub auf dem Wege zu einer Bundespartei. Die dort versammelten Liberalen wählten für ihre Zusammenarbeit die Bezeichnung „FDP-Fraktion im Wirtschaftsrat".[2]

Ende August konstituierte sich auch die FDP-Fraktion des Parlamentarischen Rates, deren Vorsitzender Theodor *Heuss* wurde. Der Parteiname war praktisch – gegen andere Vorschläge – präjudiziert. Zur Fraktion gehörten außerdem Thomas *Dehler*, Max *Becker* (anstelle des durch Unfall verhinderten hessischen LDP-Vorsitzenden August Martin *Euler*), Hans *Reif* aus Berlin; aus der britischen Zone Hermann *Höpker-Aschoff* und der stellvertretende Vorsitzende des Zonenverbandes Hermann *Schäfer*, der auf Wunsch des Zonenvorstands von der niedersächsischen Landtagsfraktion nominiert worden war.[3] Hatte die neue Fraktion in ihrer konstituierenden Sitzung mit den anwesenden Vorsitzenden oder anderen Vertre-

---

1 Vgl. Dok. Nr. 46 a.
2 Vgl. SCHRÖDER, 1985, S. 299.
3 Vgl. HEIN, 1985, S. 328.

tern der Landesverbände Grundfragen der Verfassungsberatung diskutiert, so war dies ohne Festlegung geschehen. In den Parteiverbänden hielt der verfassungspolitische Streit noch an, in dem sich eine starke Mehrheit insbesondere gegen die föderalistischen Vorgaben der „Frankfurter Dokumente" gebildet hatte. Die Liberalen Nordrhein-Westfalens führten die Proteststimmung an, zumal das Land unter dem Eindruck des von der Londoner Sechs-Mächte-Konferenz beschlossenen Vorhabens einer internationalen Ruhrkontrolle stand. Soweit sie aber, wie auch in Niedersachsen und Hessen, die Diskussion über den Zusammenschluß durch eigene nationale Akzente zu lenken suchten, verschärften sie die älteren Kontroversen mit den südwestdeutschen Verbänden über den programmatischen Standort des Liberalismus im Nachkriegsdeutschland.

Die heftigste Kritik formulierte Ernst *Mayer,* der Geschäftsführer der „Demokratischen Partei Deutschlands". Er war auf einem informellen Treffen süddeutscher und hessischer Politiker mit *Blücher, Middelhauve* und H. *Schäfer* in Frankfurt am 28. Juni ausdrücklich beauftragt worden, die Gründung der Bundespartei vorzubereiten.[4] Die Chance, dabei für die Stuttgarter Position zu werben, hatte er bei seinen zahlreichen Reise- und Korrespondenzaktivitäten genutzt. Nachdem er im Oktober mit *Heuss* und *Blücher* das Programm für den Vertretertag in Heppenheim am 11. und 12. Dezember aufgesetzt hatte, versäumte er nicht, noch im November in seinen Rundbriefen nationalistische Tendenzen in einigen Landesverbänden anzuprangern und für eine innenpolitische Rolle der Gesamtpartei zu plädieren, die „eine liberale, aber nicht manchesterliche oder katheder-liberalistische, soziale, entschieden demokratische (im Sinne der Dezentralisierung und Teilung der Gewalten) Linie verfolgt und sich dabei absolute Handlungsfreiheit bewahrt, ihre vermittelnde Aufgabe einmal mit der Rechten und einmal mit der Linken zu lösen" (27. 11. 1948).[5]

Auf der Heppenheimer Gründungstagung wurden die beherrschenden Vorträge von Franz *Blücher* über die Wirtschaftspolitik und von Hermann *Höpker-Aschoff* über die Tätigkeit des Parlamentarischen Rates gehalten. Zu einer grundsätzlichen Austragung der Richtungskonflikte blieb keine Zeit. Sie gingen als Altlast in die neue Bundespartei ein und sollten die Beziehungen zwischen den Landesverbänden noch lange beeinflussen. Nach heftigem Streit über verschiedene Vorschläge setzte sich am zweiten Tage der Parteiname FDP durch. Aus den Vorstandswahlen ging Theodor *Heuss* mit 72 Stimmen (bei 15 Enthaltungen) als Vorsitzender hervor. Sein Stellvertreter wurde Franz *Blücher* mit 81 Stimmen; er hatte sein Interesse an dieser Führungsposition, als Vertreter der Liberalen der britischen Zone, schon früh bekundet.

Bereits am 18. Dezember beriet der Landesausschuß des nordrhein-westfälischen Landesverbandes über die Auflösung des Zonenverbandes. Bei einer Gegenstimme wurde *Middelhauves* Antrag angenommen: „Mit dem Zusammenschluß der Freien Demokratischen Parteien der drei Westzonen und Berlins auf der Gesamtdelegiertentagung in Heppenheim am 11. und 12. Dezember erübrigt sich die Zonenorgani-

---

4 Vgl. HEIN, 1985, S. 325; SCHRÖDER, 1985, S. 300.
5 Zit. nach: SCHRÖDER, 1985, S. 305.

sation der Landesverbände der FDP in der britischen Zone." Der Geschäftsführende Landesvorstand wurde beauftragt, die formelle Auflösung „anläßlich des ersten Reichsparteitages der FDP in Bremen zu veranlassen".[6] Mit der Bildung der Bundespartei traten die Führungsgremien des Zonenverbandes nicht mehr zusammen.

---

6 Vgl. SCHRÖDER, 1985, S. 308.

Einrichtung der Edition

A. Zur Edition

Der Zentralbestand der Edition umfaßt die Protokolle der Sitzungen des Zonenvorstandes und des Zentralausschusses des FDP-Zonenverbandes in der britischen Besatzungszone. Neben den Dokumenten zur Gründungstagung der Liberalen in Opladen am 7./8. 1. 1946 wurden die vorhandenen 28 Protokolle von 19 ein- oder mehrtägigen Tagungen des Zonenvorstandes aufgenommen. Der Bestand ist lückenhaft. Über die Vorstandssitzung am 20. 3. 1946 in Wolfenbüttel liegt nur noch die Tagesordnung vor[1], über die für den 17. 5. 1946 in Bad Pyrmont geplante[2] fehlen weitere Hinweise. Laut Vorstandsbeschluß vom 6. 1. 1948 sollten alle vier Wochen in Hamburg Sitzungen des Zonenvorstandes stattfinden. Ein Telegramm[3] des Hamburger FDP-Landesvorsitzenden Willy Max *Rademacher* vom 22. 3. 1948 an den Zonenvorstand erwähnt zumindest eine weitere Vorstandssitzung. Von den Sitzungen des Zentralausschusses sind nur Protokolle zu fünf Tagungen überliefert. Unterlagen über die für den 16./17. 5. 1948 geplante Zusammenkunft fehlen.[4] Es konnte nicht ermittelt werden, wie oft beide Organe, gemeinsam oder getrennt, getagt haben.

Die Protokolle sind eingehend kommentiert worden. Dies gilt nicht nur für Personalangaben, sondern auch für Sachverhalte und Zusammenhänge. Der aktuelle Forschungsstand ist nach Möglichkeit einbezogen worden.

Den vorliegenden Zentralbestand ergänzt eine Reihe weiterer kommentierter Dokumente, die durch Verweisungen mit diesem verknüpft werden. Soweit sie aus dem Jahre 1945 stammen, erhellen sie zusätzlich die Entstehungsgeschichte des Zonenverbandes. Ihre Auswahl für die Jahre 1946 bis 1948 soll einerseits die Information zu den zentralen Fragen der Wirtschafts- und Agrarpolitik sowie der Sozialpolitik vermehren, andererseits die im Zentralbestand vernachlässigten Themen, wie Verfassung, Wahlen und Koalitionsbildung, Gewerkschaften, Beamte, Jugend, Frauen, Vertriebene, berücksichtigen. Hauptsächlich sind Dokumente aus zonalen Gremien und Tagungen herangezogen worden, wo dies nicht möglich war, überwiegend aus dem Landesverband Nordrhein-Westfalen, dem im Zonenverband eine besondere Bedeutung zukam. Die Auswahl soll schließlich die sehr lückenhafte Quellenlage des Zentralbestandes für das Jahr 1948 ersatzweise wettmachen.

Die Einbeziehung aller überlieferten Satzungen des FDP-Zonenverbandes in den Editionsbestand ermöglicht einen Vergleich des immer umfangreicher werdenden formalen Regelwerks. Die Satzung vom 19. 1. 1946 war bisher nicht bekannt.

---

1 Vgl. SCHRÖDER, 1985, S. 46.
2 Vgl. Dok. Nr. 13, Anm. 19.
3 StA Hamburg, FDP-Landesverband, Akte A 121.
4 Vgl. SCHRÖDER, 1985, S. 63.

Zur Edition

Die editionstechnischen Grundzüge folgen der Gestaltung der in der Reihe „Quellen zur Geschichte des Parlamentarismus und der politischen Parteien" erschienenen Bände. Die Dokumente sind chronologisch angeordnet, durchgehend numeriert und mit ihrem Datum versehen. Die Überschriften, z.B. „Protokoll" oder „Niederschrift", folgen in der Regel dem Original. Es fällt im Zentralbestand der Edition auf, daß die Protokolle vom 23.7. und 16.11.1946 Zonenvorstand und Zentralausschuß ausnahmsweise gesondert aufführen, obwohl die Mitglieder des Zonenvorstandes dem Zentralausschuß ohnehin satzungsgemäß angehörten.

Das Kopfregest enthält – mit Ausnahme der Nachlässe Blücher und Heile im Bundesarchiv Koblenz – in der Regel den Archivfundort und die Bestandsbezeichnung. Zusätzliche Angaben können sich auf folgende Punkte beziehen: Art der Überlieferung („Abschrift"), Unterzeichner, Beginn (der Sitzung), Ende (der Sitzung), Ort (der Tagung des Gremiums oder der Veröffentlichung); gelegentlich werden der Protokollführer und derjenige genannt, der den Vorsitz innegehabt hat.

Die Anwesenheitslisten der Sitzungen des Zentralausschusses sind standardisiert worden nach dem Protokoll vom 16.11.1946. Die Mitglieder des Vorstandes und des Zentralausschusses werden jeweils unter die Rubrik „anwesend" eingeordnet, alle anderen unter die Rubrik „außerdem". Im Protokoll vom 23.7.1946 wird Reichsminister a. D. Külz als „Gast" aufgeführt. Sofern das Original nicht zwischen den regulären Mitgliedern dieses Gremiums und sonstigen Anwesenden unterscheidet, wird auf eine besondere Kennzeichnung verzichtet, da über das Register die Teilnehmer der Sitzung biographisch identifiziert werden können. Manche „Anlagen", die in den Protokollen erwähnt sind, fehlen, weil sie nicht auffindbar sind.

Handschriftliche Verbesserungen im Original werden z.T. vermerkt (wie im Protokoll vom 3.1.1948), orthographische Fehler stillschweigend korrigiert. Ergänzungen und Berichtigungen des edierten Textes stehen – wenn es sich nicht um rein mechanische, den Sinn nicht berührende Korrekturen handelt – in eckigen Klammern. Fehlerhafte Auslassungen im Original stehen ebenfalls in eckigen Klammern. Das Fehlen oder die unzutreffende Verwendung des Konjunktivs in der indirekten Rede werden nicht korrigiert.

Die Namen der Sprecher werden durch Kapitälchen hervorgehoben, alle übrigen Namen und die Titel von Zeitungen in der Regel durch Kursivdruck gekennzeichnet. Zahlen ab zwei aufwärts werden in arabischen Ziffern belassen.

B. Verzeichnis der Archivalien

Archiv des Deutschen Liberalismus, Gummersbach
AdL – 1, 2, 3, 4, 6, 7, 8, 9, 10, 11, 12, 14, 23, 28, 41, 66, 67;
AdL – D 1 – 95, 96, 120; D 2 – 891, 892, 893, 894
FDP-Landesgeschäftsstelle NRW, Düsseldorf
Akten und Protokolle des FDP-Landesverbandes Nordrhein-Westfalen

Hauptstaatsarchiv Düsseldorf
RW 62/137, RWN 172, Nr. 485, RWV 4, Nr. 40, RWV 49, Nr. 159, Nr. 197

Staatsarchiv Bremen
Akten der US-Militärregierung (OMGUS)

Staatsarchiv Hamburg
Akten des FDP-Landesverbandes Hamburg

Historisches Archiv der Stadt Köln
905, Nr. 119

Public Record Office, London
Akten der britischen Militärregierung

Nachlässe
NL Altenhain (HStA Düsseldorf)
NL Blücher (BA Koblenz)
NL Dehler (AdL Gummersbach)
NL Fischer (AdL Gummersbach)
NL O. Funcke (AdL Gummersbach)
NL Heile (BA Koblenz)
NL Heuss (BA Koblenz)
NL Krekeler (StA Detmold)
NL Krekeler (AdL Gummersbach)
NL Rapp (AdL Gummersbach)

Dokumente in Privatbesitz
Liselotte Funcke, Hagen
Otto Schumacher-Hellmold, Bonn
Theodor Tantzen jr., Düsseldorf

C. Verzeichnis der abgekürzt zitierten Literatur

Abelshauser, Werner: Der Ruhrkohlenbergbau seit 1945. Wiederaufbau, Krise, Anpassung, München 1984.

Adamietz, Horst: Das erste Kapitel. Bremer Parlamentarier 1945–1950, Bremen 1975.

Akten zur Vorgeschichte: Akten zur Vorgeschichte der Bundesrepublik Deutschland 1945–1949. Herausgegeben vom Bundesarchiv und Institut für Zeitgeschichte.

Akten zur Vorgeschichte 1: Band 1: September 1945–Dezember 1946. Bearbeitet von Walter Vogel und Christoph Weisz, München 1976.

Akten zur Vorgeschichte 2: Band 2: Januar 1947–Juni 1947. Bearbeitet von Wolfram Werner, München 1979.

Akten zur Vorgeschichte 3: Band 3: Juni 1947–Dezember 1947. Bearbeitet von Günter Plum, München 1982.

Akten zur Vorgeschichte 4: Band 4: Januar 1948–Dezember 1948. Bearbeitet von Christoph Weisz, Hans-Dieter Kreikamp und Bernd Steger, München 1983.

Albertin, Lothar: Liberalismus und Demokratie am Anfang der Weimarer Republik. Eine vergleichende Analyse der Deutschen Demokratischen Partei und der Deutschen Volkspartei, Düsseldorf 1972.

Albertin, Lothar: Die FDP in Nordrhein-Westfalen. Porträt einer fleißigen Partei, in: Ulrich von Alemann (Hrsg.), Parteien und Wahlen in Nordrhein-Westfalen, Köln 1985, S. 121–145.

Albertin, Lothar: Jugendarbeit 1945. Neuanfänge der Kommunen, Kirchen und politischen Parteien in Ostwestfalen-Lippe. In Verbindung mit Freia Anders, Petra Gödecke, Hans-Jörg Kühne und Helmut Mehl, Weinheim u. München 1992.

Albertin, Lothar: Das theoriearme Jahrzehnt der Liberalen, in: Axel Schildt/Arnold Sywottek (Hrsg.), Modernisierung im Wiederaufbau. Die westdeutsche Gesellschaft der 50er Jahre, Bonn 1993, S. 659–676.

Albertin, Lothar/Wegner, Konstanze: Linksliberalismus in der Weimarer Republik. Die Führungsgremien der Deutschen Demokratischen Partei und der Deutschen Staatspartei 1918–1933. Eingeleitet von Lothar Albertin. Bearbeitet von Konstanze Wegner in Verbindung mit Lothar Albertin, Düsseldorf 1980.

Benz, Wolfgang: Von der Besatzungsherrschaft zur Bundesrepublik. Stationen einer Staatsgründung 1946–1949, Frankfurt a. M. 1984.

Bernhardt, Rudolf: 50 Jahre Landkreis Wesermarsch 1933–1983. Eine zeitkritische Betrachtung, Oldenburg 1986.

Blum, Dieter Johannes: Das passive Wahlrecht der Angehörigen des öffentlichen Dienstes in Deutschland nach 1945 im Widerstreit britisch-amerikanischer und deutscher Vorstellungen und Interessen. Ein alliierter Versuch zur Reform des deutschen Beamtenwesens, Göppingen 1972.

Boyer, Christoph: „Deutsche Handwerksordnung" oder „zügellose Gewerbefreiheit", in: Broszat/Henke/Woller (Hrsg.), 1988, S. 365–467.

Broszat, Martin/Henke, Klaus-Dietmar/Woller, Hans (Hrsg.): Von Stalingrad zur Währungsreform. Zur Sozialgeschichte des Umbruchs in Deutschland, München 1988.

Broszat, Martin/Weber, Hermann (Hrsg.): SBZ-Handbuch. Staatliche Verwaltungen, Parteien, gesellschaftliche Organisationen und ihre Führungskräfte in der Sowjetischen Besatzungszone Deutschlands 1945–1949, München 1990.

Bucher, Peter (Bearb.): Der Parlamentarische Rat. Akten und Protokolle, Bd. 2: Der Verfassungskonvent auf Herrenchiemsee, Boppard a. Rhein 1981.

Buchheim, Christoph: Die Währungsreform 1948 in Westdeutschland, in: VfZG, 36 (1988), S. 189–231.

Büttner, Ursula/Voß-Louis, Angelika (Hrsg.): Neuanfang auf Trümmern. Die Tagebücher des Bremer Bürgermeisters Theodor Spitta 1945–1947. Mit einer Einleitung von Werner Jochmann, München 1992

Dorendorf, Anneliese: Der Zonenbeirat der britisch besetzten Zone. Ein Rückblick auf seine Tätigkeit, Göttingen 1953.

Fischer, Heinz-Dietrich: Parteien und Presse in Deutschland seit 1945, Bremen 1971.

Foelz-Schroeter, Marie-Elise: Föderalistische Politik und nationale Repräsentation 1945–1947. Westdeutsche Länderregierungen, zonale Bürokratien und politische Parteien im Widerstreit, Stuttgart 1974.

Foschepoth, Josef/Steininger, Rolf (Hrsg.): Die britische Deutschland- und Besatzungspolitik 1945–1949. Eine Veröffentlichung des Deutschen Historischen Instituts London, Paderborn 1985.

Grundmann, Karl-Heinz/Hein, Dieter: Zwischen Verständigungsbereitschaft, Anpassung und Widerstand: Die Liberal-Demokratische Partei Deutschlands in Berlin und der Sowjetischen Besatzungszone 1945–1949. Eine Dokumentation zur Sonderausstellung der F.D.P.-Bundestagsfraktion im Reichstagsgebäude. Hrsg.: Bundesgeschäftsstelle der Freien Demokratischen Partei, Bonn, August 1978.

Hein, Dieter: Zwischen liberaler Milieupartei und nationaler Sammlungsbewegung. Gründung, Entwicklung und Struktur der Freien Demokratischen Partei 1945–1949, Düsseldorf 1985.

Heitzer, Horstwalter: Die CDU in der britischen Zone 1945–1949. Gründung, Organisation, Programm und Politik, Düsseldorf 1988.

Henning, Friedrich (Hrsg.): Theodor Heuss: Lieber Dehler! Briefwechsel mit Thomas Dehler, München 1983.

Hockerts, Hans G.: Sozialpolitische Entscheidungen im Nachkriegsdeutschland. Alliierte und deutsche Sozialversicherungspolitik 1945 bis 1957, Stuttgart 1980.

Hölscher, Wolfgang (Bearb.): Nordrhein-Westfalen. Deutsche Quellen zur Entstehungsgeschichte des Landes 1945/46, Düsseldorf 1988.

Hudemann, Rainer: Sozialpolitik im deutschen Südwesten zwischen Tradition und Neuordnung 1945–1953. Sozialversicherung und Kriegsopferversorgung im Rahmen französischer Besatzungspolitik, Mainz 1988.

Hügen, Ludwig: Das Gesetz „für die Wolfsschlucht". Bodenreformpolitik in Nordrhein-Westfalen 1945–1949, Essen 1991.

Hüttenberger, Peter: Nordrhein-Westfalen und die Entstehung seiner parlamentarischen Demokratie, Siegburg 1973.

Jeserich, Kurt G. A., u.a. (Hrsg.): Deutsche Verwaltungsgeschichte. Bd. 5: Die Bundesrepublik Deutschland, Stuttgart 1987.

Jochmann, Werner/Loose, Hans-Dieter (Hrsg.): Hamburg. Geschichte der Stadt und ihrer Bewohner. Bd. 2: Vom Kaiserreich zur Gegenwart, hrsg. von Werner Jochmann, Hamburg 1986.

Juling, Peter: Programmatische Entwicklung der FDP 1946 bis 1969. Einführung und Dokumente, Meisenheim a. Glan 1977.

Kaff, Brigitte (Bearb.): Die Unionsparteien 1946–1950. Protokolle der Arbeitsgemeinschaft der CDU/CSU Deutschlands und der Konferenzen der Landesvorsitzenden, Düsseldorf 1991.

Kanther, Michael Alfred (Bearb.): Die Kabinettsprotokolle der Landesregierung von Nordrhein-Westfalen 1946 bis 1950 (Ernennungsperiode und erste Wahlperiode). Teil 1, Siegburg 1992.

Koszyk, Kurt: Pressepolitik für Deutsche 1945–1949. Geschichte der deutschen Presse. Teil IV, Berlin 1986.

Kringe, Wolfgang: Machtfragen. Die Entstehung der Verfassung für das Land Nordrhein-Westfalen 1946–1950, Frankfurt a. Main 1988.

Krippendorff, Ekkehart: Die Gründung der Liberal-Demokratischen Partei in der Sowjetischen Besatzungszone 1945, in: VfZG, 8 (1960), S. 290–309.

Krippendorff, Ekkehart: Die Liberal-Demokratische Partei Deutschlands in der Sowjetischen Besatzungszone 1945–1948. Entstehung, Struktur, Politik, Düsseldorf 1961.

Krüger, Wolfgang: Entnazifiziert! Zur Praxis der politischen Säuberung in Nordrhein-Westfalen, Wuppertal 1982.

Laitenberger, Volkhard: Auf dem Weg zur Währungs- und Wirtschaftsreform. Ludwig Erhards Wirtschaftspolitik im Frühjahr 1948, in: Aus Politik und Zeitgeschichte, Bd. 23/88 (3.6.1988), S. 29–44.

Lange, Erhard H. M.: Wahlrecht und Innenpolitik. Entstehungsgeschichte und Analyse der Wahlgesetzgebung und Wahlrechtsdiskussion im westlichen Nachkriegsdeutschland 1945–1956, Meisenheim a. Glan 1975.

Lange, Erhard H. M.: Mehrheitsbildung oder Proporz. Zur Wahlrechtsdiskussion und Wahlrechtsentwicklung in der Britischen Zone, in: Zeitschrift für Parlamentsfragen, 6 (1975), S. 351–363.

Lange, Erhard H. M.: Vom Wahlrechtsstreit zur Regierungskrise. Die Wahlrechtsentwicklung Nordrhein-Westfalens bis 1956, Köln 1980.

Lange, Erhard H. M.: Politischer Liberalismus und verfassungspolitische Grundentscheidungen nach dem Kriege, in: Lothar Albertin (Hrsg.): Politischer Liberalismus in der Bundesrepublik, Göttingen 1980, S. 48–91.

Lange, Erhard H. M.: Hermann Höpker-Aschoff, in: Walter Först (Hrsg.): Land und Bund, Köln 1981, S. 210–254.

Marten, Heinz-Georg: Die FDP in Niedersachsen. Demokratie der Ersten Stunde, Hannover 1972.

Matz, Klaus-Jürgen: Reinhold Maier (1889–1971). Eine politische Biographie, Düsseldorf 1989.

Mauch, Bertold: Die bayerische FDP. Portrait einer Landespartei 1945–1949, (Diss. Erlangen 1965), München 1981.

Mende, Erich: Die neue Freiheit, 1945–1961, München 1984.

Mielke, Siegfried (Bearb.): Organisatorischer Aufbau der Gewerkschaften 1945–1949, Köln 1987.

Mielke, Siegfried (Bearb.): Die Gewerkschaften und die Angestelltenfrage 1945–1949, Köln 1989.

Mielke, Siegfried,/Rütters, Peter/Becker, Michael (Bearb.): Gewerkschaften in Politik, Wirtschaft und Gesellschaft 1945–1949, Köln 1991.

Mohrmann, Günter: Liberale in Bremen. Die F.D.P.-Fraktion in der Bremer Bürgerschaft 1951–1991, Bremen 1991.

Mühlhausen, Walter: Hessen 1945–1950. Zur politischen Geschichte eines Landes in der Besatzungszeit, Frankfurt a. Main 1985.

Müller, Georg: Die Grundlegung der westdeutschen Wirtschaftsordnung im Frankfurter Wirtschaftsrat 1947–1949, Frankfurt a. Main 1982.

Müller, Gloria: Mitbestimmung in der Nachkriegszeit. Britische Besatzungsmacht – Unternehmer – Gewerkschaften, Düsseldorf 1987.

Müller-List, Gabriele (Bearb.): Neubeginn bei Eisen und Stahl im Ruhrgebiet. Die Beziehungen zwischen Arbeitgebern und Arbeitnehmern in der nordrhein-westfälischen Eisen- und Stahlindustrie 1945–1948, Düsseldorf 1990.

Olligs, Christiane: Die Entwicklung der Landtags- und Kommunalwahlgesetze in den Ländern der Britischen Zone 1946–1958, München 1990, Diss.

Parlamentarischer Rat: Stenographische Berichte über die Plenarsitzungen, Bonn 1948/49.

Peters, Fritz: Zwölf Jahre Bremen, 1945–1956. Eine Chronik, Bremen 1976.

Pfetsch, Frank R.: Ursprünge der zweiten Republik. Prozesse der Verfassungsgebung in den Westzonen und in der Bundesrepublik. Unter Mitarbeit von Werner Breunig und Wolfgang Kringe, Opladen 1990.

Piehl, Christiane: Die FDP in Schleswig-Holstein. Gründung und Anfangsphase bis 1952, Kiel 1979, Staatsexamensarbeit.

Plumpe, Werner: Vom Plan zum Markt. Wirtschaftsverwaltung und Unternehmerverbände in der britischen Zone, Düsseldorf 1987.

Portner, Ernst: Die Verfassungspolitik der Liberalen – 1919. Ein Beitrag zur Deutung der Weimarer Reichsverfassung, Bonn 1973.

Pünder, Tilman: Das bizonale Interregnum. Die Geschichte des Vereinigten Wirtschaftsgebietes 1946–1949, Waiblingen 1966.

Reusch, Ulrich: Deutsches Berufsbeamtentum und britische Besatzung. Planung und Politik 1943–1947, Stuttgart 1985.

Roth, Reinhold: Parteien und Wahlen in Bremen 1945–1975, in: Reinhold Roth/Peter Seibt (Hrsg.): Etablierte Parteien im Wahlkampf. Studien zur Bremer Bürgerschaftswahl 1975, Meisenheim a. Glan 1979, S. 9–64.

Ruck, Michael (Bearb.): Die Gewerkschaften in den Anfangsjahren der Republik 1919–1923, Köln 1985.

Rüther, Martin: Zwischen Zusammenbruch und Wirtschaftswunder. Betriebsratstätigkeit und Arbeiterverhalten in Köln 1945 bis 1952, Bonn 1991.

Rütten, Theo: Deutschland- und Gesellschaftspolitik der ost- und westdeutschen Liberalen in der Entstehungsphase der beiden deutschen Staaten, Bonn 1984, Diss.

Rütten, Theo: Der deutsche Liberalismus 1945 bis 1955. Deutschland- und Gesellschaftspolitik der ost- und westdeutschen Liberalen in der Entstehungsphase der beiden deutschen Staaten, Baden-Baden 1984.

Salzmann, Rainer (Bearb.): Die CDU/CSU im Parlamentarischen Rat. Sitzungsprotokolle der Unionsfraktion, Stuttgart 1981.

Salzmann, Rainer (Bearb.): Die CDU/CSU im Frankfurter Wirtschaftsrat. Protokolle der Unionsfraktion 1947–1949, Düsseldorf 1988.

Sartor, Lutz: Arbeiter und Liberalismus. Arbeitnehmer in der nordrhein-westfälischen FDP von 1946 bis 1957, in: Historische Mitteilungen. Kieler Seminar, 2 (1989), S. 55–77.

Sassin, Horst R.: Liberale im Widerstand. Die Robinsohn-Strassmann-Gruppe 1934–1942, Hamburg 1993.

Schachtner, Richard: Die deutschen Nachkriegswahlen, München 1956.

Schillinger, Reinhold: Der Entscheidungsprozeß beim Lastenausgleich 1945–1952, St. Katharinen 1985.

Schlange-Schöningen, Hans (Hrsg.): Im Schatten des Hungers. Dokumentarisches zur Ernährungspolitik und Ernährungswirtschaft in den Jahren 1945–1949. Bearbeitet von Justus Rohrbach, Hamburg 1955.

Schröder, Karsten: Die FDP in der britischen Besatzungszone 1946–1948. Ein Beitrag zur Organisationsstruktur der Liberalen im Nachkriegsdeutschland, Düsseldorf 1985.

Schumacher, Martin (Hrsg.): M.d.R. Die Reichstagsabgeordneten der Weimarer Republik in der Zeit des Nationalsozialismus. Politische Verfolgung, Emigration und Ausbürgerung 1933–1945. Eine biographische Dokumentation. 2. unveränderte Auflage, Düsseldorf 1992 (^{1}1991).

Schwarz, Hans-Peter: Vom Reich zur Bundesrepublik. Deutschland im Widerstreit der außenpolitischen Konzeptionen in den Jahren der Besatzungsherrschaft 1945–1949. 2. erweiterte Auflage, Stuttgart 1980.

Schwarze, Gisela: Eine Region im demokratischen Aufbau. Der Regierungsbezirk Münster 1945/46, Düsseldorf 1984.

Serfas, Günther: „Lieber Freiheit ohne Einheit als Einheit ohne Freiheit". Der Neubeginn der Demokratischen Volkspartei in Württemberg-Baden 1945/46, Heidelberg 1986.

Soergel, Werner: Konsensus und Interessen. Eine Studie zur Entstehung des Grundgesetzes für die Bundesrepublik Deutschland, Opladen 1985 (^{1}1961).

Steinert, Johannes-Dieter: Vertriebenenverbände in Nordrhein-Westfalen 1945–1954, Düsseldorf 1986.

Steininger, Rolf (Bearb.): Die Ruhrfrage 1945/46 und die Entstehung des Landes Nordrhein-Westfalen. Britische, französische und amerikanische Akten, Düsseldorf 1988.

Stöss, Richard (Hrsg.): Parteien-Handbuch. Die Parteien der Bundesrepublik Deutschland 1945–1980. 4 Bde., Sonderausgabe, Opladen 1986.

Stubbe-da Luz, Helmut: Union der Christen – Splittergruppen – Integrationspartei. Wurzeln und Anfänge der Hamburger CDU bis 1946, Hamburg 1989, Diss.

Stüber, Gabriele: Der Kampf gegen den Hunger 1945–1950. Die Ernährungslage in der britischen Zone Deutschlands, insbesondere in Schleswig-Holstein und Hamburg, Neumünster 1984.

Stüber, Gabriele: Zonales Provisorium und demokratisches Experiment. Der Zonenbeirat der britischen Besatzungszone 1946–1948. Erster Teil, in: Geschichte im Westen, 5 (1990), S. 162–187.

Stüber, Gabriele: Zonales Provisorium und demokratisches Experiment. Der Zonenbeirat der britischen Besatzungszone 1946–1948. Zweiter Teil, in: Geschichte im Westen, 6 (1991), S. 30–61.

Trittel, Günter J.: Die Bodenreform in der Britischen Zone 1945–1949, Stuttgart 1975.

Trittel, Günter J.: Hunger und Politik. Die Ernährungskrise in der Bizone (1945–1949), Frankfurt a. Main 1990.

Ungeheuer, Hans-Jürg: Die Wirtschaftsprogrammatik und Wirtschaftspolitik der liberalen Parteien Deutschlands (1945–1948) unter besonderer Berücksichtigung der Entwicklungen in der SBZ und der Britischen Zone, Bonn-Bad Godesberg 1982, Magisterarbeit.

Vogel, Walter: Westdeutschland 1945–1950. Der Aufbau von Verfassungs- und Verwaltungseinrichtungen über den Ländern der drei westlichen Besatzungszonen. Teil I, Koblenz 1956.

Vogel, Walter: Westdeutschland 1945–1950. Der Aufbau von Verfassungs- und Verwaltungseinrichtungen über den Ländern der drei westlichen Besatzungszonen. Teil II, Boppard a. Rhein 1964.

Wagner, Johannes Volker (Bearb.): Der Parlamentarische Rat 1948–1949. Akten und Protokolle. Bd. 1: Vorgeschichte, Boppard a. Rhein 1975.

Walker, Terry Gene: Die Entstehung der Freien Demokratischen Partei in Hamburg und ihre Entwicklung bis in die ersten Jahre der Bundesrepublik, Hamburg 1981, Magisterarbeit (Historisches Seminar der Universität).

Wengst, Udo: Beamtentum zwischen Reform und Tradition. Beamtengesetzgebung in der Gründungsphase der Bundesrepublik Deutschland 1948–1953, Düsseldorf 1988.

Wengst, Udo (Bearb.): FDP-Bundesvorstand. Die Liberalen unter dem Vorsitz von Theodor Heuss und Franz Blücher. Sitzungsprotokolle 1949–1954. Erster Halbband: 1.–26. Sitzung, 1949–1952. Zweiter Halbband: 27.–43. Sitzung, 1953/54, Düsseldorf 1990.

Winkler, Heinrich August: Von der Revolution zur Stabilisierung. Arbeiter und Arbeiterbewegung in der Weimarer Republik 1918 bis 1924, Berlin 1984.

Wirtschaftsrat: Wörtliche Berichte und Drucksachen des Wirtschaftsrates des Vereinigten Wirtschaftsgebietes 1947–1949. Herausgegeben vom Institut für Zeitgeschichte und dem Deutschen Bundestag, Wissenschaftliche Dienste. Bearbeiter: Christoph Weisz und Hans Woller, München 1977.

Wirtschaftsrat 2: Bd. 2: 1.–22. Vollversammlung.

Wirtschaftsrat 3: Bd. 3: 23.–40. Vollversammlung.

Wirtschaftsrat 4: Bd. 4: Drucksachen Nr. 1–637.

Wirtschaftsrat 5: Bd. 5: Drucksachen Nr. 638–1182.

Wirtschaftsrat 6: Bd. 6: Drucksachen Nr. 1183–1672.

Gesetz- und Verordnungsblätter (mehrfach zitiert)

Amtsblatt der Militärregierung Deutschland, Britisches Kontrollgebiet

Gesetz- und Verordnungsblatt des Wirtschaftsrates des Vereinigten Wirtschaftsgebietes

Gesetzblatt der Verwaltung des Vereinigten Wirtschaftsgebietes

Gesetz- und Verordnungsblatt für das Land Nordrhein-Westfalen

Parteizeitungen (mehrfach zitiert)

Schnelldienst. Was sagt die FDP dazu? Offizielle Stellungnahme zu Tagesfragen! Herausgegeben vom Organisations-Ausschuß der FDP in der britischen Zone, Hamburg

FDP-Nachrichten [NRW]

Die Freie Stadt. Hamburger Monatsschrift der Freien Demokratischen Partei

D. Verzeichnis der Abkürzungen

AdL	Archiv des Deutschen Liberalismus
BA	Bundesarchiv
BDV	Bremer Demokratische Volkspartei
CDU	Christlich Demokratische Union Deutschlands
DDP/DStP	Deutsche Demokratische Partei/Deutsche Staatspartei (ab 1930)
DVP	Deutsche Volkspartei
FDP	Freie Demokratische Partei
HStA	Hauptstaatsarchiv
LDP	Liberal-Demokratische Partei
LT NRW, Sten. Ber.	Landtag Nordrhein-Westfalen, Stenographischer Bericht
LT NRW, Drucks. Nr.	Landtag Nordrhein-Westfalen, Drucksache Nr.
Md Bürgerschaft	Mitglied der Bürgerschaft
MdL	Mitglied des Landtages
MdR	Mitglied des Reichstages
NL	Nachlaß
NLP	Niedersächsische Landespartei
RGBl	Reichsgesetzblatt
SPD	Sozialdemokratische Partei Deutschlands
StA	Staatsarchiv

E. Verzeichnis der Dokumente

Nr.	Datum	Dokumente und Bestandsnachweis	Seite
1	16. 6. 1945	Aufruf der Deutschen Demokratischen Bewegung *Hauptstaatsarchiv Düsseldorf*	3
2	27. 9. 1945	Programm der Partei Freier Demokraten *Nachlaß Heile*	5
3	Okt. 1945	Aufruf der Deutschen Aufbaupartei *Ebd.*	6
4	Nov. 1945	Aufruf und Programm der Liberaldemokratischen Partei Essen *Ebd.*	9
5	9. 11. 1945	Programm der Sozialliberalen Partei Deutschlands *Hauptstaatsarchiv Düsseldorf*	15
6	Nov./Dez. 1945	Grundforderungen der Demokratischen Union Deutschlands (ausgearbeitet von der Kreisorganisationsgruppe Wesermarsch) *Nachlaß Rapp*	19
7	18. 12. 1945	Protokoll über die Besprechung der Kreisgruppen des „Landesverbandes der Nordrheinprovinz der Demokratischen Partei Deutschlands" *Archiv des Deutschen Liberalismus*	21
8a	7. 1. 1946	Aktennotiz über die Tagung der Demokraten (1. Tag) *Ebd.*	26
8b	8. 1. 1946	Aktennotiz über die Tagung der Demokraten (2. Tag) *Ebd.*	40
9	5. 2. 1946	Protokoll über die Sitzung des Zonenvorstandes *Ebd.*	51
10	22. 2. 1946	Beschluß des Zonenvorstandes *Nachlaß Heile*	54
11	1. 4. 1946	Beschluß des Zonenvorstandes *Ebd.*	54
12	23. 4. 1946	Protokoll über die Sitzung des Zonenvorstandes *Nachlaß Altenhain*	56

Verzeichnis der Dokumente

Nr.	Datum	Dokumente und Bestandsnachweis	Seite
13	10. 5. 1946	Protokoll über die Sitzung des Zonenvorstandes *Nachlaß Blücher*	61
14	30. 5. 1946	Protokoll über die Sitzung des Zonenvorstandes *Ebd.*	66
15	8. 6. 1946	Die Jungen Demokraten der Freien Demokratischen Partei, Landesverband Hamburg, an das Sekretariat des Zonenbeirates für die britische Besatzungszone Deutschlands in Hamburg *Archiv des Deutschen Liberalismus*	69
16	18. 6. 1946	Protokoll über die Sitzung des Zonenvorstandes *Nachlaß Blücher*	71
17	23. 7. 1946	Protokoll über die gemeinsame Sitzung des Zonenvorstandes und des Zentralausschusses *Ebd.*	76
18	4. 9. 1946	Protokoll über die Sitzung des Zonenvorstandes *Ebd.*	80
19	9. 9. 1946	Das agrarpolitische Programm der FDP *Archiv des Deutschen Liberalismus*	85
20	28. 9. 1946	Protokoll über die Sitzung der Jugendgruppen der Landesverbände der Freien Demokratischen Partei in der britischen Zone *Nachlaß Blücher*	87
21a	19. 10. 1946	Niederschrift über die Sitzung des Zonenvorstandes (1. Tag) *Archiv des Deutschen Liberalismus*	90
21b	20. 10. 1946	Niederschrift über die Sitzung des Zonenvorstandes (2. Tag) *Ebd.*	97
22	16. 11. 1946	Niederschrift über die Sitzung des Zonenvorstandes und des Zentralausschusses *Nachlaß Blücher*	105
23	12. 1. 1947	Protokoll über die erweiterte Sitzung des Zonenvorstandes *Ebd.*	121
24	Febr. 1947	Wirtschaftspolitische Richtlinien der FDP *Archiv des Deutschen Liberalismus*	131
25	15./16. 2. 1947	Protokoll über die Sitzung des Zonenvorstandes *Staatsarchiv Bremen*	136

Verzeichnis der Dokumente

Nr.	Datum	Dokumente und Bestandsnachweis	Seite
26	15./16. 2. 1947	Ergänzungsprotokoll zur Sitzung des Zonenvorstandes *Nachlaß Blücher*	143
27	22. 2. 1947	Auszug aus der Delegiertentagung *Ebd.*	145
28	15. 4. 1947	Wirtschaftspolitische Richtlinien der Freien Demokratischen Partei [FDP-Landesverbände Nordrhein und Westfalen] *Archiv des Deutschen Liberalismus*	158
29	28. 4. 1947	Protokoll über die Sitzung des Landesausschusses des Landesverbandes Nordrhein *Nachlaß Blücher*	161
30	28. 4. 1947	Protokoll über die Sitzung des Zonenvorstandes *Ebd.*	172
31	3. 5. 1947	Protokoll über die Sitzung des Zonenvorstandes *Ebd.*	175
32	4. 5. 1947	Protokoll über die Sitzung des Zentralausschusses *Ebd.*	180
33	10. 5. 1947	Protokoll über die Informationstagung für Kreisvorstände und Jungdemokraten des FDP-Landesverbandes Nordrhein-Westfalen *Archiv des FDP-Landesverbandes Nordrhein-Westfalen*	186
34a	17. 5. 1947	Protokoll über die Sitzung des Zonenvorstandes *Nachlaß Blücher*	190
34b	17. 5. 1947	Protokoll über die Sitzung des Zonenvorstandes (2. Teil) *Ebd.*	193
35	31. 5. 1947	Protokoll über die Sitzung des Zonenvorstandes *Ebd.*	197
36	30. 6. 1947	Protokoll über die Sitzung des Zonenvorstandes *Ebd.*	200
37	26./27. 7. 1947	Protokoll über die Sitzung des Zentralausschusses *Ebd.*	207
38	3. 8. 1947	Vertriebenenprogramm der Freien Demokratischen Partei *Archiv des Deutschen Liberalismus*	216

Verzeichnis der Dokumente

Nr.	Datum	Dokumente und Bestandsnachweis	Seite
39	27./28. 9. 1947	Bericht über die Arbeitstagung der Frauengruppen der FDP *Privatbesitz Liselotte Funcke*	222
40	12. 10. 1947	Protokoll über die Sitzung des Zonenvorstandes *Nachlaß Blücher*	229
41	23. 10. 1947	Der stellvertretende Vorsitzende des FDP-Landesverbandes Nordrhein-Westfalen, v. Rechenberg (Köln), an den Vorsitzenden des FDP-Zonenverbandes in der britischen Zone, Blücher (Essen) *Nachlaß Dr. Erika Fischer*	238
42	29. 10. 1947	Die Sozialordnung der freien Demokratie. Die sozialwirtschaftlichen Leitsätze der Freien Demokratischen Partei *Archiv des Deutschen Liberalismus*	241
43	4. 11. 1947	Der Leiter des Arbeitersekretariats des FDP-Landesverbandes Nordrhein-Westfalen, Guntermann (Opladen), an den Vorsitzenden des Landesverbandes Middelhauve (Opladen) *Hauptstaatsarchiv Düsseldorf*	246
44a	3. 1. 1948	Protokoll über die Tagung des Zonenvorstandes (1. Tag) *Nachlaß Blücher*	248
44b	4. 1. 1948	Protokoll über die Tagung des Zonenvorstandes (2. Tag) *Ebd.*	249
44c	5. 1. 1948	Protokoll über die Tagung des Zonenvorstandes (3. Tag) *Ebd.*	252
44d	6. 1. 1948	Protokoll über die Tagung des Zonenvorstandes (4. Tag) *Ebd.*	253
44e	6. 1. 1948	Stellungnahme der FDP zur Bodenreform und Siedlung *Archiv des Deutschen Liberalismus*	255
44f	7. 1. 1948	Protokoll über die Tagung des Zonenvorstandes (5. Tag) *Nachlaß Blücher*	257
44g	4.–9. 1. 1948	Memorandum über die wichtigsten Ereignisse der Tagung des Zonenvorstandes *Ebd.*	261

Verzeichnis der Dokumente

Nr.	Datum	Dokumente und Bestandsnachweis	Seite
44h	4.–9. 1. 1948	Wirtschaftsprogramm der Freien Demokratischen Partei *Ebd.*	266
44i	9. 1. 1948	Aufruf des Zonenvorstandes *Ebd.*	273
44j	9. 1. 1948	Konzentration der Arbeit. Ein Aufruf des Zonenvorstandes *Archiv des Deutschen Liberalismus*	274
45	12. 1. 1948	Unsere Sozialforderungen [FDP-Landesverband Nordrhein-Westfalen] *Ebd.*	275
46a	27. 2. 1948	Protokoll über die Sitzung des Zentralausschusses (1. Tag) *Nachlaß Blücher*	277
46b	28. 2. 1948	Protokoll über die Sitzung des Zentralausschusses (2. Tag) *Ebd.*	288
47	24./25. 4. 1948	Protokoll über die Tagung des Zonen-Frauenbeirats der FDP *Privatbesitz Liselotte Funcke*	300
48	20. 6. 1948	Betr.: Stellungnahme der FDP zur Beamtenschaft und den Beamtenproblemen *Archiv des Deutschen Liberalismus*	302
49a	6. 8. 1948	Protokoll über die Sitzung des Zonenvorstandes (1. Tag) *Nachlaß Blücher*	304
49b	7. 8. 1948	Protokoll über die Sitzung des Zonenvorstandes (2. Tag) *Ebd.*	307
50a	27. 9. 1948	Protokoll über die Sitzung des Arbeiter- und Gewerkschaftsausschusses der Zone (1. Tag) *Archiv des FDP-Landesverbandes Nordrhein-Westfalen*	317
50b	28. 9. 1948	Protokoll über die Sitzung des Arbeiter- und Gewerkschaftsausschusses der Zone (2. Tag) *Ebd.*	325
51	30. 10. 1948	Protokoll über die Sitzung des Landesausschusses [des FDP-Landesverbandes Nordrhein-Westfalen] *Ebd.*	337
52	30. 10. 1948	Entschließung des Landesausschusses [des FDP-Landesverbandes Nordrhein-Westfalen] *Ebd.*	348

Verzeichnis der Dokumente

Nr.	Datum	Dokumente und Bestandsnachweis	Seite
53a	19. 1. 1946	Satzungsentwurf des FDP-Zonenverbandes *Public Record Office*	351
53b	5. 2. 1946	Satzung des FDP-Zonenverbandes *Archiv des Deutschen Liberalismus*	353
53c	20. 5. 1946	Satzung des FDP-Zonenverbandes *Nachlaß Rapp*	354
53d	Februar 1948	Satzungsentwurf des FDP-Zonenverbandes *Archiv des Deutschen Liberalismus*	357

Politischer Liberalismus
in der britischen Besatzungszone
1946–1948

Führungsorgane
und Politik der FDP

Dokumente

FDP-Parteitag in Bad Pyrmont am 20. Mai 1946

Franz Blücher, Vorsitzender des FDP-Zonenverbandes, links sein Vorgänger Wilhelm Heile, weiterhin der Generalsekretär Wilhelm Hermes (rechts), im Hintergrund ein Bild von Friedrich Naumann.
Quelle: Archiv des Deutschen Liberalismus, Gummersbach

1.

16.6.1945: Aufruf der Deutschen Demokratischen Bewegung

HStA Düsseldorf, RWN 172, Nr. 485. Ort: Gummersbach.

Aufruf!

Alle aufbauwilligen deutschen Männer und Frauen werden ohne Unterschied der Rasse, des Berufsstandes und religiösen Bekenntnisses zum Zusammenschluß in der

Deutschen Demokratischen Bewegung (D.D.B.)[1]

aufgerufen. Das Werk des Wiederaufbaues eines lebensfähigen demokratischen und föderalistischen Staatswesens muß durch einsatzbereite Mitarbeit aller geschaffen werden.

Überbleibsel aus der Zeit der nationalsozialistischen Gewaltherrschaft und militaristischen Gesinnung, die den zielbewußten Aufbau von Staat und Wirtschaft stören könnten, werden beseitigt. Für die Erreichung unserer Ziele sollen die folgenden Richtlinien maßgebend sein:

---

1 Gründer war Otto *Schumacher-Hellmold* (geb. 1912), 1948–1977 Redakteur beim NWDR bzw. WDR; vor 1933 Zentrumsanhänger; 1934 als Bonner Nachwuchsreporter für Sport und Lokales Ablehnung des Angebots, als „Gebietsführer" der Hitlerjugend beizutreten; 1935 Student in Köln (Volkswirtschaft und Publizistik), November 1936 als Hauptamtsleiter des Amtes V (Presse) der Kölner Studentenschaft durch den NS-Studentenbund abgesetzt; 1937 in Bonn Gründer der antinazistischen „Deutschen Demokratischen Bewegung" (DDB) unter dem Tarnnamen „Die Dauernden Bekannten" (DDB), 1942 deren Ausbau vor allem in Gummersbach; am 25.4.1945 Anerkennung als „Chef der Deutschen Demokratischen Bewegung" durch das amerikanische Hauptquartier des Oberbefehlshabers der 12. Armeegruppe in Gummersbach, General *Bradley*. (Der englische Text des am 25. April ausgestellten Dokuments lautet: „The bearer Mr. Otto *Schumacher*, born 2.6.1912 in Bonn, is chief of the German Democratic movement. He has been entrusted by the CIC with special missions and has conferences about politics with the highest allied Military Government. [–] The military- und administrative departments are requested to support Mr. Otto *Schumacher* in fulfilling his mission, and to give him protection and aid in case of emergency. [–] By order Mil. Gov. [–] Allied Expeditionary Force – Military Government Office [–]..." (Privatbesitz Otto Schumacher-Hellmold); am 7./8.1.1946 in Opladen Vertretung der von der britischen Militärregierung zugelassenen Kreisgruppen der „Deutschen Demokratischen Bewegung": Bonn-Stadt, Sieg-Kreis, Rheinisch-Bergischer Kreis; 16.1.–29.6.1946 Vorstandsmitglied des FDP-Landesverbandes Nordrheinprovinz, 15.2.–31.12.1946 Landesgeschäftsführer („Landesverbandssekretär"), zusammen mit Erich *Mende;* 1946–1952 Stadtverordneter und Fraktionsvorsitzender der FDP in Bonn; 1948 Erster Bürgermeister, d.h. Stellvertreter des (CDU-)Oberbürgermeisters der Stadt Bonn, 1949–1950 zeitweise Leiter der Amtsgeschäfte des Oberbürgermeisters der Bundeshauptstadt Bonn; 1951–1952 2. Bürgermeister, dann Abschied von der Kommunalpolitik; 1946 Mitglied des zentralen Gründungsausschusses der Europaunion in Deutschland. Vgl. HEIN, 1985, S. 143.

1. 16. 6. 1945   Aufruf der Deutschen Demokratischen Bewegung

1. Entschiedene Erneuerung der politischen Kräfte und Bestrebungen des deutschen Volkes im Geiste demokratischer Gesinnung, die jede Diktatur oder Vorherrschaft einer Schicht verhindert. Einordnung des Staates in die Völkergemeinschaft.

2. Begründung der Staatsgewalt auf eine vom Willen des Volkes getragene Verfassung. Beteiligung der Staatsbürger an der Gestaltung des politischen Lebens durch allgemeines, gleiches und geheimes Wahlrecht. Überwachung des Einsatzes der Staatsgewalt durch demokratische Aufsichtsorgane. Schutz der öffentlichen Sicherheit durch ein volkstümliches Polizeiwesen.

3. Aufbau einer Selbstverwaltung von unten her, die in demokratischer Verantwortlichkeit von dem Selbstbestimmungsrecht der Staatsbürger lebendigen Auftrieb und maßgebende praktische Zielsetzung erfährt.

4. Schutz und Förderung der Rechte und Würde der menschlichen Persönlichkeit. Freiheit der Betätigung in Wort und Schrift, in Verein und Versammlung. Freiheit der Religionsverkündung und Religionsausübung.

5. Gleiches Recht bei gleichen Pflichten für alle in einem geordneten Rechtsstaat. Wiedereinsetzung unabhängiger Gesetz und Wahrheit dienender Gerichtshöfe und Richter. Trennung von Gesetzgebung, Rechtsprechung und Verwaltung.

6. Aufbau des Wirtschaftslebens durch Ausschöpfung aller produktiven Kräfte persönlicher und sachlicher Art nach dem Grundsatz von Leistung und Gegenleistung und unter Achtung des Privateigentums. Verhinderung der Zusammenballung übergroßer Kapital- und Bodenmacht in Privathand. Der Schutz der Arbeit und die Sicherung des Arbeitsertrages begründet die Pflicht zum unbedingten Einsatz für das Gemeinwohl nach Vorbildung und beruflichem Können. Wiederherstellung geordneter Geld- und Kreditverhältnisse.

7. Sicherung der Volksernährung durch ein leistungsfähiges Bauerntum. Schutz der allgemeinen Volksgesundheit. Förderung der Familie. Beschaffung ausreichender Wohnungen. Fürsorge für Krankheit und Alter.

8. Gerechte Verteilung der Steuern und sonstigen öffentlichen Lasten. Größte Sparsamkeit im Haushalt der öffentlichen Verwaltungen.

9. Förderung aller Kulturarbeit auf der Grundlage abendländischer, christlicher Entwicklung. Aufbau eines hinreichend gegliederten Schulwesens unter Achtung des Erziehungsrechtes der Eltern. Aufstieg und Förderung der Begabten aus öffentlichen Mitteln. Wiedereinrichtung des Religionsunterrichtes als ordentliches Lehrfach. Jugenderziehung zur Wiedererweckung des Verantwortungsbewußtseins gegenüber Familie, Volk und Staat.

2.

27. 9. 1945: Programm der Partei Freier Demokraten

NL Heile 101. Ort: Hamburg.

Die Partei Freier Demokraten[1] will die Männer und Frauen zusammenschließen, die unter Ablehnung doktrinärer Bindungen und gesellschaftlicher Vorurteile, auf dem Boden demokratischer Gesinnung stehend, sich zu folgenden programmatischen Grundsätzen bekennen:

Neuaufbau der Freien und Hansestadt Hamburg.

Wiederherstellung der Gewissensfreiheit, Pressefreiheit, Redefreiheit, Versammlungsfreiheit, Bekenntnisfreiheit, Freiheit der Lehre, Forschung und Wissenschaft.

Austilgung jeglichen militärischen Geistes aus dem Leben, aus Lehre, Schrift und Bild.

Ablehnung jeder Diktatur.

Wiederherstellung der Gleichheit vor dem Gesetz und der Unverletzlichkeit der Person und ihr Schutz gegen Willkür staatlicher Organe.

Ordnung der Finanzen auf anständige und ehrliche Art unter Berücksichtigung der Tatsache des völligen Zusammenbruchs des Reiches. Gründliche Finanzreform und unbedingte Vermeidung einer Inflation.

Verwaltungsreform in Staat und Gemeinde. Unter Aufrechterhaltung des Berufsbeamtentums ist strengste Sparsamkeit und Beschränkung auf die notwendigsten Aufgaben Pflicht der Verwaltung. Durch ehrenamtliche Mitarbeit (Beiräte) ist die Durchführung dieser Grundsätze zu gewährleisten.

Beseitigung aller ehemaligen führenden und aktiven Nationalsozialisten aus ihren Stellungen in Staat, Verwaltung und Wirtschaft.

Persönliche Verantwortlichkeit aller aktiven Politiker für die Folgen ihres Handelns, deshalb Bestrafung aller führenden Nationalsozialisten.

---

1 Vorsitzender der am 20. 9. 1945 in Hamburg gegründeten „Partei Freier Demokraten" war Christian *Koch* (1878–1955), seit 1920 Direktor des hamburgischen Strafvollzugswesens; 1908–1933 Md Hamburger Bürgerschaft (Vereinigte Liberale/DDP/DStP); 1919–1920 DDP-Abgeordneter in der Weimarer Nationalversammlung; 1931 Präsident des Strafvollzugsamtes für die Länder Hamburg, Lübeck, Bremen, Braunschweig und Oldenburg, 1933 Entlassung aus dem Staatsdienst; acht Wochen KZ-Haft; 30. 11. 1945–8. 4. 1946 Senator für Gefängnisverwaltung; bis Juli 1946 Vorsitzender des FDP-Landesverbandes Hamburg, danach Landesvorstandsmitglied; Februar–Oktober 1946 Md Hamburger Bürgerschaft; 22. 11. 1946–28. 2. 1950 2. Hamburger Bürgermeister; Oktober 1948 Ausschluß aus dem Landesverband wegen Kritik am Wahlabkommen der FDP mit der CDU, seit 1955 wieder FDP. Vgl. HEIN, 1985, S. 89f. und S. 97; STUBBE-DA LUZ, 1989, S. 195.

Wiederherstellung der freien Wirtschaft, soweit dadurch Staat und Volk nicht geschädigt werden.

Überführung des Grund und Bodens zugunsten der Bauern und Siedler.

Sicherstellung der Versorgung der Bevölkerung mit Lebensmitteln und lebensnotwendigen Gegenständen des täglichen Bedarfs und Schutz der Verbraucher gegen Ausbeutung.

Beseitigung der Wohnungsnot.

Schaffung sozialer Einrichtungen, die den schaffenden Menschen von der Sorge vor Arbeitslosigkeit, Krankheit und Alter freihält und sich tatkräftig der Kriegsopfer bis zur Grenze der Leistungsfähigkeit des Staates annehmen.

Erziehung aller Staatsbürger im demokratischen Staat zu höchster Leistungsfähigkeit und voller sittlicher Verantwortung.

Aufbau des gesamten öffentlichen Bildungswesens in der Art, daß zur Befähigung und Neigung über die Zulassung zu den höheren und mittleren Schulen entschieden wird.

Eine freie deutsche Jugend, die sich ihrer Verantwortung der Allgemeinheit und sich selbst gegenüber bewußt ist; sie soll sich freihalten von militärischem Geist und bereit sein, freiwillig an dem Aufbau des Staates mitzuarbeiten. Ehrfurcht vor dem Alter und Achtung vor dem Elternhaus sollen wieder Gemeingut deutscher Menschen sein. Der Jugend soll der sittliche Wert der religiösen Glaubensbekenntnisse wieder nahegebracht werden.

Das Ansehen des deutschen Volkes muß wiederhergestellt werden. Das wird erreicht durch die Erkenntnis, daß wir von den Verbrechen der vergangenen 12 Jahre abrücken und den ernsten Willen haben, alles zu tun, was in unserer Macht liegt, in der Zukunft wieder gutzumachen, was in der Vergangenheit unter Mißbrauch des Namens des deutschen Volkes gesündigt worden ist.

Das letzte, höchste Ziel der *Partei Freier Demokraten* ist:

Deutschland muß im Geiste der Völkerversöhnung wieder eingegliedert werden in die Gemeinschaft der Nationen, um es wieder teilnehmen zu lassen an dem internationalen Austausch wirtschaftlicher und kultureller Güter.

3.

Oktober 1945: Aufruf der Deutschen Aufbaupartei

NL Heile 101. Ort: Opladen.

Alle aufbauwilligen deutschen Männer und Frauen werden aufgerufen zum Zusammenschluß in der

Aufruf der Deutschen Aufbaupartei   Oktober 1945 **3.**

Deutschen Aufbaupartei[1]

(im Verbande der Deutschen Demokratischen Bewegung)

Das Werk des Wiederaufbaues eines gesunden Staatswesens muß durch tatbereite Mitarbeit aller geschaffen werden. Hemmende Überbleibsel aus der Zeit nationalsozialistischer Gewaltherrschaft werden beseitigt. Ein neues Deutschland soll entstehen, das auf Frieden und Arbeit begründet ist. Durchdrungen von der Erkenntnis, daß eine politische Partei sich im Dienste am Volksganzen zu bewähren hat, wird die *Deutsche Aufbaupartei* in ihren Reihen eigensüchtige Parteiziele nicht zulassen und sie in ehrlichem Wettbewerb mit anderen Parteien nachdrücklich bekämpfen.

Die Arbeit der Partei wird durch die folgenden allgemeinen Richtlinien bestimmt:

Mensch und Staat

1. Entschiedene Erneuerung der politischen Gestaltungskräfte in christlichem Geiste und demokratischer Gesinnung.

2. Schutz der Würde und Förderung der Rechte der menschlichen Persönlichkeit. Verantwortungsbewußte Freiheit in Wort und Schrift, in Verein und Versammlung. Unbeschränkte Freiheit der Religionsverkündung und Religionsausübung. Achtung der religiösen Überzeugung der Mitmenschen.

3. Begründung der Staatsgewalt auf eine vom Willen des Volkes getragene Verfassung. Entschiedener Widerstand gegen jede Art von Diktatur und gegen jeden Versuch geistiger und politischer Gewalttätigkeit.

4. Erstrebt wird der deutsche Einheitsstaat. Er soll unter gewissenhafter Kontrolle eines nach dem Vorbild des Zweikammersystems eingerichteten Parlaments regiert

---

1 Hauptinitiator der Gründung am 6.10. 1945 war Dr. Friedrich *Middelhauve* (1896–1966), Buchhändler, Druckereibesitzer und Verleger; 1932 als Mitglied der Deutschen Staatspartei im Wahlkreis Düsseldorf-Ost für den Reichstag kandidiert; nach 1933 Unternehmer in Opladen, Verlegung des Wohnsitzes nach Leverkusen, um der Beobachtung durch die NSDAP in Opladen auszuweichen; 1938 Papierverarbeitungswerk in Köln erworben; Mitglied der Deutschen Arbeitsfront, der Nationalsozialistischen Volksfürsorge und des Reichskolonialbundes; 16.1. 1946–26.5. 1947 Vorsitzender des FDP-Landesverbandes Nordrheinprovinz; 16./17.8. 1947–1956 Vorsitzender der FDP in Nordrhein-Westfalen; Januar 1946–Dezember 1948 Mitglied des FDP-Zonenvorstandes in der britischen Zone, seit Juni 1947 – zusammen mit Dr. Hermann *Schäfer* – Stellvertreter des Vorsitzenden des FDP-Zonenverbandes, Franz *Blücher*; seit Oktober 1946 ernanntes, dann von April 1947 bis 1958 gewähltes Mitglied des Nordrhein-Westfälischen Landtages (Wahlkreis: Unterer Rhein-Wupper-Kreis), 1946–1954 Vorsitzender der FDP-Fraktion; 1952–1956 stellvertretender Bundesvorsitzender der FDP; Juli 1954–Februar 1956 stellvertretender Ministerpräsident und Wirtschafts- und Verkehrsminister von Nordrhein-Westfalen; 1949–17.10. 1950 und 1953–10.9. 1954 MdB; Vizepräsident der deutschen Gruppe der „Liberalen Weltunion". Vgl. HEIN, 1985, S. 143–147; SCHRÖDER, 1985, S. 156; Wolf BIERBACH, Friedrich MIDDELHAUVE, in: Walter Först (Hrsg.), Beiderseits der Grenzen, Köln 1987, S. 190 u. S. 194; WENGST (Bearb.), FDP-Bundesvorstand, 1990, S. XVI f.

werden. An der Spitze des Staates steht der vom Volke gewählte Präsident. Alle separatistischen Tendenzen werden abgelehnt.

5. Entwicklung des allgemeinen, gleichen und geheimen Wahlrechts auf der Grundlage der Persönlichkeitswahl, die durch Leistung bewährte und vom Vertrauen getragene Männer und Frauen zur Vertretung des Volkes beruft.

Forderungen der Innenpolitik

6. Schaffung einer Selbstverwaltung, die in stufenweiser Gliederung von unten nach oben aufzubauen ist und von dem Selbstbestimmungsrecht der Staatsbürger maßgebende Zielsetzung erfährt. Wiederherstellung eines unpolitischen Berufsbeamtentums, das ausschließlich dem Gemeinwohl, nicht Parteiinteressen zu dienen hat und bei dem nur Befähigung und Bewährung über Einstellung und Beförderung entscheiden.

7. Gleiche Rechte und gleiche Pflichten aller in einem sozial geordneten Rechtsstaat. Wiedereinsetzung unabhängiger Gerichte und unabsetzbarer Richter, die nur den Gesetzen und der Wahrheit verpflichtet sind. Trennung von Gesetzgebung, Rechtsprechung und Verwaltung.

8. Äußerste Sparsamkeit im Haushalt des Staates wie in allen öffentlichen Verwaltungen. Gerechte soziale Verteilung der Steuern und öffentlichen Lasten.

9. Aufbau des Wirtschaftslebens durch freie Entfaltung aller schöpferischen und produktiven Kräfte nach dem Grundsatz von Leistung und Gegenleistung und unter Achtung des Privateigentums. Schutz der Arbeit und Sicherung des Arbeitsertrages. Verpflichtung zur Arbeitsleistung für das Gemeinwohl nach Vorbildung und beruflichem Können. Einschaltung der Gewerkschaften, Genossenschaften und Berufsvertretungen zur Förderung des Gemeinwohls. Bergbau, Energie- und Verkehrswirtschaft sind zu verstaatlichen, soweit das öffentliche Interesse es erfordert.

10. Fürsorge für Kriegsopfer und Kriegsteilnehmer. Ausgleichende Maßnahmen zur Linderung und Tilgung der Kriegsschäden. Förderung der Volksernährung durch Steigerung landwirtschaftlicher Leistungsfähigkeit, Schutz und Förderung der allgemeinen Volksgesundheit. Beschaffung gesunder Wohnungen. Ausbau der Sozialversicherung.

11. Ausgestaltung der Kulturarbeit auf der verpflichtenden Grundlage abendländisch-christlicher Tradition. Im Mittelpunkt eines ausreichend gegliederten öffentlichen Schul- und Bildungswesens steht die christliche Gemeinschaftsschule mit konfessionellem Religionsunterricht als ordentlichem Lehrfach. Entsprechend dem Erziehungsrecht der Eltern können private Schulen unter staatlicher Aufsicht als gleichberechtigt zugelassen werden. Förderung der Begabten aus öffentlichen Mitteln. Erziehung der Jugend zu politischer und sozialer Verantwortlichkeit gegenüber Familie, Volk und Menschheit. Entwicklung eines freiwilligen Bildungswesens für Erwachsene.

Der Grundsatz der Außenpolitik

12. Beteiligung an der politischen, kulturellen und wirtschaftlichen Zusammenarbeit unter den Völkern mit dem Ziele einer dem Weltfrieden und der Wohlfahrt dienenden überstaatlichen Ordnung.

„Das deutsche Volk, das so fleißig, treu und tapfer ist, dem es aber leider an dem richtigen Geist für bürgerliche Unabhängigkeit mangelt, dieses deutsche Volk wird, wenn es erst einmal von dem gegenwärtigen Alpdruck befreit sein wird, seinen ehrenvollen Platz in der Vorhut der menschlichen Gesellschaft einnehmen." (Winston Churchill in seiner Rundfunkrede an Amerika am 16. 10. 1938.)

Wer in diesem Sinne am äußeren und inneren Aufbau unseres Vaterlandes mitarbeiten, wer unseren Zielen dienen will, reihe sich ein! Vorwärts zur Tat!

4.

November 1945: Aufruf und Programm der Liberaldemokratischen Partei Essen[1]

NL Heile 93. Ort: Essen.

An unsere Mitbürger

richten wir in entscheidender Stunde den Ruf:

Gebt unserem Land und Volk Eure Mitarbeit beim Wiederaufbau auch auf dem Gebiet der Politik!

Niemand darf sagen: „Ich will mit Politik nichts mehr zu tun haben." Denn: Niemand kann der Politik und ihren Auswirkungen entgehen. Sie greift, wie wir jetzt erlebt haben, unabwendbar und unerbittlich in das Schicksal des Volkes und jedes einzelnen ein.

Nur eine Wahl gibt es:

Entweder die Politik mit stumpfer Ergebenheit über sich ergehen zu lassen oder bei der Gestaltung der Politik seine Überzeugungen mit zur Geltung bringen. Dazu ist nun wieder die Möglichkeit gegeben. Schon jetzt werden immer größere Teile der Verwaltung in deutsche Hände zurückgegeben, beginnt ein allmählicher Wiederaufbau des deutschen Lebens und Staates. Über die Art des Wiederaufbaues, über das Tun und Lassen der Verwaltungen bestimmen im Zeichen der Demokratie die gewählten Vertreter des Volkes und die Parteien, die den Willen des Volkes repräsentieren.

So zwingen vernünftige Überlegungen jeden, seine staatsbürgerlichen Rechte mit Gewissenhaftigkeit auszuüben. Aber auch das Pflichtgefühl muß uns sagen: Soll Deutschland wieder aufgerichtet werden, dann kann dies nur geschehen, wenn

---
1 Gründungen in Mülheim/Ruhr und Remscheid bezeichneten sich ebenfalls als „Liberal-Demokratische Partei". Vgl. HEIN, 1985, S. 142; zum Programm vgl. SCHRÖDER, 1985, S. 15.

auch auf politischem, sozialem, wirtschaftlichem und kulturellem Gebiet die verantwortungsbewußten und klardenkenden Staatsbürger mitwirken, jeder Deutsche, der sein Land liebt und der weiß: Auch von mir und meinem politischen Tun hängt mein eigenes Schicksal ab, wie das meiner Familie und meines Volkes.

Wer jetzt untätig abseits bleibt, hat später nicht das Recht zur Klage, wenn die Entwicklung über ihn, seine Gedanken, ja seine Existenz hinweggeht.

Wir haben die Lage unseres Volkes auf Grund unserer politischen und wirtschaftlichen Erfahrungen geprüft und sind trotz der klar erkannten ungeheuren Schwierigkeiten der festen Überzeugung, daß für Verzweiflung kein Raum ist. So haben wir in einem wohlbegründeten Glauben an die Zukunft unser politisches Programm aufgestellt. Wir bitten Sie, unser Programm mit Ernst zu prüfen. Wer danach zu der Überzeugung kommt, daß er in seiner Grundeinstellung und in den wesentlichen Punkten mit uns übereinstimmt, der möge gemeinsam mit uns den Weg in die neue Zeit antreten.

Der vorbereitende Ausschuß: Justizrat Dr. *V. Niemeyer*[2]; Dr. *H.W. Beutler*[3]; Franz *Blücher*[4]; Dr. H. *Girardet*[5]; E. *Leimkugel*[6]; Heinz *Ries*[7]; H. W. *Rubin*.[8]

---

2 Dr. Viktor *Niemeyer*, 1918 Mitgründer der DDP in Essen, vor 1933 Ratsherr für die Liberalen; seit Juni 1945 Mitglied des Bürgerbeirats beim Oberbürgermeister in Essen.
3 Dr. Hans Wilhelm *Beutler* (1897–1966), Verbandsgeschäftsführer; vor 1933 vermutlich Mitglied der Volkskonservativen Vereinigung; 16.1.–28.6. 1946 3. Vorsitzender des FDP-Landesverbandes Nordrheinprovinz; 2.10. 1946–19.4. 1947 Mitglied des ernannten Landtages von Nordrhein-Westfalen; nach 1945 Hauptgeschäftsführer der Wirtschaftsvereinigung Ziehereien und Kaltwalzwerke; 1950–1957 Hauptgeschäftsführer des Bundesverbandes der Deutschen Industrie, seit 1957 geschäftsführendes Präsidialmitglied.
4 Franz *Blücher* (1896–1959), seit 1938 Bankdirektor in Essen; vor 1933 parteilos; 20.5. 1946–Dezember 1948 Vorsitzender des FDP-Zonenverbandes in der britischen Zone; März 1947–Januar 1948 Vorstandsmitglied der „Demokratischen Partei Deutschlands"; seit 11./12. 12. 1948 stellvertretender FDP-Bundesvorsitzender, Oktober 1949 (Wahl auf dem Bundesparteitag im April 1950) – März 1954 Bundesvorsitzender; September 1946–Juni 1947 in Nordrhein-Westfalen Finanzminister im Kabinett *Amelunxen;* April– –Juni 1947 MdL NRW; 20.2. 1947–30.4. 1947 Vorsitzender des 1. Zonenbeirats; 11.6. 1947–15.10. 1947 Vorsitzender des 2. Zonenbeirats; Juni 1947–August 1949 im 1. und 2. Wirtschaftsrat in Frankfurt Vorsitzender des Ausschusses für Finanz- und Steuerwesen und Fraktionsvorsitzender der FDP (Fraktionsgemeinschaft der FDP mit der DP ab Mitte Oktober 1948); September 1949–Oktober 1957 Vizekanzler und Bundesminister für Angelegenheiten des Marshallplanes bzw. Bundesminister für wirtschaftliche Zusammenarbeit (seit 1953); 1949–Februar 1958 MdB; Februar 1956 Austritt aus der FDP; 1956 Mitgründer der „Freien Volkspartei"; 1958–1959 deutscher Vertreter bei der Hohen Behörde der Europäischen Gemeinschaft für Kohle und Stahl. Vgl. WENGST (Bearb.), FDP-Bundesvorstand, 1990, S. XIV f.
5 Verleger.
6 Biographische Angaben konnten nicht ermittelt werden.
7 Buchprüfer.
8 Hans Wolfgang *Rubin* (1912–1986), Prokurist bei der Eisen und Metall AG Gelsenkirchen, 1952–1978 Vorstandsmitglied; 1950–1956 Schatzmeister des FDP-Landesverbandes Nordrhein-Westfalen; 1952–1974 FDP-Bundesschatzmeister, in dieser Funktion

Programm der Liberaldemokratischen Partei Essen — Nov. 1945 — **4.**

Unsere Geschäftsstelle befindet sich vorläufig im Büro des Herrn Heinz *Ries,* Essen, Pelmannstr. 37. Dort kann jede Auskunft eingeholt werden. Beitrittserklärungen und sonstige Zuschriften bitten wir dorthin zu richten.

Programm der Liberaldemokratischen Partei

Das Ende des Krieges und der nationalsozialistischen Machthaber hat uns als das Ergebnis ihrer Politik ein furchtbares Erbe hinterlassen:

Deutschland und sein Volk vom leiblichen und seelischen Tod bedroht. Der deutsche Name von seinen Machthabern mit Schmach und Schande bedeckt. Um uns eine Welt, die Rechenschaft und Sühne fordert für den von den Nationalsozialisten heraufbeschworenen und ins Sinnlose verlängerten Krieg.

In dieser Schicksalsstunde darf trotz allem das deutsche Volk sich nicht in Hoffnungslosigkeit und Verzweiflung verlieren. Für Sein oder Nichtsein ist mitentscheidend, daß wir uns die Zuversicht auf eine würdige Wiederaufrichtung und den unerschütterlichen Willen zum Wiederaufbau bewahren.

In diesem Glauben haben wir uns zur

Liberaldemokratischen Partei

zusammengeschlossen, weil wir es als eine Notwendigkeit und Verpflichtung ansehen, daß auch die Menschen und Ideen, die in unseren Reihen gesammelt sind, mitwirken bei der Gestaltung eines freien, sozialen und gerechten Staates und bei der Bewahrung *Deutschlands als politische und wirtschaftliche Einheit.* Die *Liberaldemokratische Partei* will dabei die besten Traditionen der alten deutschen Demokratie fortführen und die unvergänglichen Ideale der Freiheit des Menschen und der Menschenrechte zur Geltung bringen gegenüber Strömungen, die auf Diktatur, Unduldsamkeit und Staatsallmacht hinauslaufen.

Wir sehen die Schwere der vor uns liegenden Aufgaben mit nüchterner Klarheit. Wir sind aber fest überzeugt, daß sie gemeistert werden können, wenn das deutsche Volk sich besinnt auf die wahren Werte unseres Volkes und unserer Geschichte, die in den schöpferischen Werken des Friedens, der Arbeit und der Kultur bestehen. Auf diese Werke und nicht auf die Politik von Blut und Eisen kann die Hoffnung auf die Zukunft, die Achtung vor uns selbst und die Achtung der Welt gegründet werden.

Deutschland muß wieder zu Ehren gebracht werden durch schwere und gewissenhafte Arbeit, durch Ehrenhaftigkeit bei der Erfüllung aller Verpflichtungen und durch materielle und moralische Wiedergutmachung der Schäden, die der Krieg bei anderen Völkern und beim eigenen Volke angerichtet hat.

Die *Liberaldemokratische Partei* bejaht die positive Zusammenarbeit mit den anderen demokratischen Parteien als ein Grundgebot echter Demokratie, weil auch deren Bestrebungen als Ausdruck des freien Volkswillens zu achten sind und den gebührenden Anteil an der Gestaltung unseres Lebens haben müssen.

---

auch Mitglied des Parteipräsidiums; 1970–1982 Vorstandsvorsitzender der Friedrich-Naumann-Stiftung.

4. Nov. 1945 — Programm der Liberaldemokratischen Partei Essen

Von diesen Überzeugungen und Absichten beseelt, verficht die *Liberaldemokratische Partei* das folgende

Programm

1. Grundlage des staatlichen Zusammenlebens ist die Freiheit und Würde der menschlichen Persönlichkeit. Wir bekennen uns daher zu den menschlichen Grundrechten: *Freiheit der Person und des Geistes, Freiheit der Religion, Freiheit der Meinungsäußerung in Wort und Schrift, Versammlungs- und Pressefreiheit.*

Wir lehnen ab: Gewaltpolitik, Unduldsamkeit, Klassenkampf und Rassenhaß, die das Ansehen Deutschlands schädigen und Volk und Jugend vergiften.

Demgegenüber gilt es, den Geist zu wecken und zu stärken, der der Welt den politischen, wirtschaftlichen und sozialen Frieden wiedergibt. Daher bekennen wir uns zu einer Politik des Friedens und der Verständigung unter den Völkern und verwerfen den Krieg.

Die politischen, wirtschaftlichen und sozialen Probleme der Zeit sind in Wahrheit Gemeinschaftsprobleme der ganzen Welt und können nur durch Zusammenarbeit aller Völker gelöst werden.

2. Entsprechend dieser demokratischen Grundhaltung kann unsere Staatsform nur die des *parlamentarischen Volksstaates* sein. Die politische Willensbildung erfolgt auf der Grundlage einer demokratischen Verfassung mit *freien und geheimen Wahlen*. Wir fordern ein Wahlrecht, welches die enge Verbindung zwischen Wählern und Gewählten gewährleistet. Die demokratische Verfassung ist gegen Feinde der Demokratie durch verfassungsmäßige Einrichtungen zu schützen.

3. Der Staat muß ein Rechtsstaat sein, dessen Gesetze die staatsbürgerliche Gleichheit, die *Gleichheit aller vor dem Gesetz* und die Rechtssicherheit gewährleisten. Deshalb fordern wir die *Wiederherstellung eines unabhängigen Richterstandes, der nur an das Recht gebunden ist.*

4. Zur Durchführung der staatlichen Funktionen brauchen wir ein *fähiges und angesehenes Beamtentum*, welches sich dem Staat innerlich verbunden fühlt und Träger einer sauberen, sparsamen und der Gesamtheit dienenden Verwaltung sein soll. Es muß aus allen Schichten des Volkes nach dem Maßstab der Tüchtigkeit und nicht der Parteizugehörigkeit ausgewählt und ausreichend besoldet werden.

5. *Alle religiösen Bekenntnisse sind frei und stehen in ihrer Betätigung unter dem Schutz des Staates*. Sie haben, wie der Staat und alle Staatsbürger, den Grundsatz der *Toleranz* einzuhalten, wie sie ihn auch für sich in Anspruch zu nehmen berechtigt sind.

6. *Die Erziehung der Kinder erfolgt grundsätzlich nach dem Willen der Eltern;* angestrebt wird die Gemeinschaftsschule mit konfessionellem Religionsunterricht.

7. Die Bildung des Charakters, die Erziehung zu selbständigem Denken und die Vermittlung eines soliden Wissens sind gleichwertige Erziehungsziele.

Die neue Formung der Jugend muß von der Erkenntnis ausgehen, daß eine Erziehung verfehlt ist, die unter Verachtung sittlicher und geistiger Werte und durch Verfälschung der geschichtlichen Wahrheit einem überheblichen Nationalismus und der Verherrlichung der Gewalt dient.

Daher muß die deutsche Jugend durch Elternhaus und Schule neu erzogen werden im Glauben an die Ideale des Rechtes, der Freiheit und der Menschlichkeit, in der Achtung und dem Verständnis für den Mitmenschen und die Gemeinschaft.

Das deutsche Bildungswesen darf nicht von einzelnen Gesellschaftsschichten oder Gruppen einseitig bestimmt werden. *Die Bildungsanstalten aller Stufen stehen jedem Befähigten ohne Rücksicht auf Herkommen oder Besitz offen.*

8. Auf der Grundlage des kulturellen Erbes, das uns durch die deutsche und europäische Überlieferung gegeben ist, soll sich ein freies Geistesleben entfalten, das vom Staate geschützt und gefördert wird.

Alle Not der Zeit entbindet uns nicht von der Verpflichtung, der deutschen Wissenschaft und Kunst die Mittel zu geben, die notwendig sind, um ihre Aufgaben zu erfüllen.

Die Wiederaufnahme der kulturellen Beziehungen zu den freien Völkern der Welt soll dem gegenseitigen Verstehen der Völker dienen.

9. Die Wirtschaft ist für den Menschen da und nicht der Mensch für die Wirtschaft. Sie muß ihm die freie Entfaltung seiner Kräfte auf der Grundlage einer gesicherten Existenz gestatten.

Die zentrale Planung ist unerläßlich, um Produktion und Güterbedarf miteinander in Einklang zu bringen. Sie muß von einem Organ demokratischer Selbstverwaltung ausgehen.

Die private Initiative und der Wettbewerb steigern die wirtschaftliche Leistung. Sie bedürfen daher der freien Auswirkung. Die Rücksicht auf das Gemeinwohl bestimmt ihre Grenzen. Diese soll das Gesetz ziehen.

Wir bejahen das Privateigentum. Sein unsozialer Mißbrauch soll durch die Rechtsordnung verhindert werden.

Einzelne Wirtschaftszweige jedoch, z.B. der Bergbau, sind nach ihrem Entwicklungsstand und ihrer besonderen Bedeutung für das Gemeinwohl reif für die Überführung in das Gemeineigentum.

Der Mißbrauch wirtschaftlicher Machtstellung durch private Personen oder Gesellschaften, insbesondere wenn damit Monopole errichtet oder angestrebt werden, verstößt gegen das Gemeinwohl und vernünftige wirtschaftliche Grundsätze.

Klein- und Mittelbetriebe sowie der Handel sind in besonderem Maße Träger von Verantwortung, Initiative und leistungssteigerndem Wettbewerb. Sie sind daher bevorzugt zu schützen und zu fördern.

10. Die Bedeutung der Landwirtschaft für die Ernährung des Volkes gebietet die Unterstützung aller Maßnahmen, die auf der Grundlage eines gesunden Bauernstandes höchste Erzeugungsleistungen sichern. Vor allem sind notwendig:

Unterstützung der landwirtschaftlichen Forschung und großzügige Auswertung ihrer Ergebnisse;

Meliorationen großen Ausmaßes als Gemeinschaftsleistung auf Grund einer Gesamtplanung;

verstärkter Einsatz der Maschinentechnik;

Ausbau der Veredelungswirtschaft;

Förderung des Genossenschaftswesens;

Erhaltung und Neuerrichtung kleinerer und mittlerer Betriebe.

Dem deutschen Walde haben die letzten 30 Jahre schwere Wunden geschlagen. Sein ideeller Wert und seine materielle Bedeutung für die Landwirtschaft und die Gesundheit des Volkes machen seinen Wiederaufbau und seine dauernde Pflege zur besonderen Gemeinschaftsaufgabe.

11. Die Sicherung der Existenzgrundlage des Menschen ist die allen anderen Aufgaben vorgehende Verpflichtung der Wirtschaft.

Dieses Ziel ist nur zu erreichen durch den *sozialen Frieden*. Dieser Friede wird gewährleistet durch die Errichtung eines verfassungsmäßigen Organs, in welchem *alle gewerkschaftlichen und beruflichen Organisationen gleichberechtigt zusammenarbeiten*.

Vor allem ist dieses Zusammenarbeiten erforderlich bei der Schaffung gerechter Arbeitsverträge und -bedingungen.

Eine solche Gemeinschaftsarbeit im Verein mit einer zentralen Wirtschaftsplanung hat zum Ziel:

die Vollbeschäftigung,

die Aufstiegsmöglichkeit für alle,

die Bildung von Eigentum,

ein umfassendes System sich selbst verwaltender Sozialversicherungen, die ausreichende Leistungen nicht als Almosen, sondern als wohlerworbene Rechte geben.

Diese Sozialpolitik bedingt wegen der innigen Verflechtung der Wirtschaften der einzelnen Länder die Schaffung internationaler Abmachungen und Einrichtungen.

12. Das höchste Ziel der Völkerpolitik, die Erhaltung des Friedens, ist nur durch eine mit ausreichenden Machtmitteln ausgestattete Rechtsordnung möglich, an der alle Völker verantwortlich beteiligt sind. Ziel der deutschen Außenpolitik muß es sein, dem deutschen Volke auf Grund seiner inneren und äußeren Haltung sobald wie möglich den Eintritt in den Kreis der freien Nationen zu erwirken, die Träger des Internationalen Rechts- und Sicherheitssystems sind.

5.

9.11.1945: Programm der Sozialliberalen Partei Deutschlands

HASt Köln, 905, Nr. 119. Ort: M.-Gladbach.

Politisches Programm

Präambel

Die *Sozialliberale Partei Deutschlands*[1] will den Wiederaufbau Deutschlands innerhalb der ihm nach der Niederlage gesetzten Staatsgrenze auf demokratischer Grundlage im friedlichen Einvernehmen mit allen Ländern der Welt, insbesondere mit den europäischen Anliegerstaaten. Sie ist entschlossen, die jüngste Vergangenheit vollständig zu liquidieren, und sagt sich deshalb ausdrücklich los von allen nationalsozialistischen, militaristischen und diktatorischen Bestrebungen. Sie strebt im letzten Ziel die Vereinigung im Sinne eines kosmopolitischen Weltordnungsprinzips an. Sie wendet sich gegen alle offenen oder getarnten Tendenzen zur Kollektivwirtschaft. Sie lehnt es ab, religiöse Probleme zum Gegenstand ihres politischen Programms zu machen. Sie ist bestrebt, alle die Kräfte parteipolitisch zu erfassen, die nach diesen Grundsätzen eine endgültige Befriedung der Menschen erreichen wollen. Im einzelnen sollen folgende Ziele in naher und ferner Zukunft Verwirklichung finden:

§ 1

Ausdrückliche Abwendung und Lossagung von jenem militaristischen Preußengeist, der den deutschen Ländern und Provinzen bisher nur Unglück gebracht hat. Unter der Voraussetzung, daß die kommenden Friedensbestimmungen keine wesentlichen Veränderungen im Zustand der augenblicklichen Grenzziehungen in den deutschen Ländern und Provinzen in staatsrechtlich-gebietlicher Hinsicht herbeiführen, wird eine Volksabstimmung darüber angestrebt, ob diese beim Reich verbleiben, föderalistische Bundesstaaten, selbständige Staaten werden oder sich an andere Staaten anlehnen bzw. in ihnen aufgehen sollen. Es wird betont, daß die *Sozialliberale Partei Deutschlands* in dieser Fragestellung die Entscheidung vom Mehrheitswillen der Bevölkerung abhängig gemacht wissen will.

---

1 Vorsitzender war Wilhelm *Hermes* (1910–1981), Inhaber eines Getränke- und Textilbetriebes; Mitbegründer der „Sozialliberalen Partei Deutschland" in M.-Gladbach, seit Februar 1946 ehrenamtlicher Generalsekretär und Mitglied des FDP-Zonenvorstandes in der britischen Zone, seit Juni 1946 als Mitglied des Vorstandes „Leiter der Arbeitsgemeinschaft für die Parteiorganisation"; Frühjahr 1947 Austritt aus der FDP. Vgl. HEIN, 1985, S. 142f.; SCHRÖDER, 1985, S. 77f. Eine Minderheit in der SLP beteiligte sich später an der Gründung der Rheinischen Volkspartei, teilweise schloß sie sich ihr im Mai 1946 an. Vgl. hierzu Klaus REIMER, Die Rheinische Volkspartei/Rheinisch-Westfälische Volkspartei, in: STÖSS (Hrsg.), 1986, S. 2012f.

§ 2

Förderung aller Bestrebungen, die zur Aufnahme Deutschlands in den Weltfriedensbund der Vereinten Nationen führen.

§ 3

Nie wieder Krieg! Nie wieder Diktatur in Deutschland, weder nationaler noch internationaler Prägung.

§ 4

Ehrliche Bemühungen zur Erfüllung der Reparationsverpflichtungen.

§ 5

Um die Ausrottung jeder militaristischen und nationalsozialistischen Mentalität auch innerlich für die Dauer zu gewährleisten, soll eine Umstellung und Reorganisation des gesamten Verwaltungsapparates erfolgen. Daher soll jeder Parteiführer vom Blockleiter aufwärts und weiterhin jeder *gesinnungsmäßige* Parteigenosse der ehemaligen NSDAP aus der Verwaltung und allen Unternehmungen der Wirtschaft entfernt werden. Um alle solche Elemente fernzuhalten, sollen örtliche politische Bürgergerichte eingesetzt werden, die die Frage der *gesinnungsmäßigen* Parteizugehörigkeit zur ehemaligen NSDAP mit $\frac{2}{3}$ Mehrheit entscheiden sollen. Den vorstehend Genannten soll es nicht gestattet sein, eine Neuanstellung in der öffentlichen Verwaltung oder eine verantwortungsvolle Stelle einflußreicher Art im Handel und in der Industrie zu erhalten. Die Zulassung zu freien Berufen soll ihnen für die Dauer ihrer Mitgliedschaft zur ehemaligen NSDAP bzw. ihrer *gesinnungsmäßigen* Zugehörigkeit zur nationalsozialistischen Weltanschauung versagt bleiben.

§ 6

Abschaffung der allgemeinen Wehrpflicht und der allgemeinen Arbeitsdienstpflicht. Für Notzeiten soll jedoch ein Arbeitsnotprogramm durch befristete Arbeitsdienstverpflichtungen durchgeführt werden können.

§ 7

Beibehaltung des Listenwahlsystems nach den Grundsätzen einer direkten, freien, gleichen und geheimen Wahl.

§ 8

Ausbau und Unterstützung aller kulturellen Bestrebungen. Neuaufbau des Theater- und Konzertwesens. Förderung und öffentliche, finanzielle Unterstützung aller Begabungen durch Gewährung von Stipendien. Auslese der zu Fördernden lediglich nach ihrer Begabung. Wiedereinführung der neunjährigen Ausbildungszeit in höheren Schulen bis zur Ableistung des Abiturs. Größte Anforderung an Studenten auf den Universitäten und Hochschulen. Gewährleistung der akademi-

Programm der Sozialliberalen Partei 9.11.1945 **5.**

schen Freiheit. Förderung des Nachwuchses auf allen Gebieten der Kunst und Wissenschaft im vorstehenden Sinne unter Bereitstellung angemessener öffentlicher Mittel.

§ 9

Ablehnung konfessioneller Schulen und ausdrückliche Forderung von Simultanschulen.

§ 10

Wahrung des Grundsatzes des Selbstbestimmungsrechts der Völker durch Gewährleistung der politischen und wirtschaftlichen Unabhängigkeit.

§ 11

Unbedingte Unterstützung und Wahrung der sogenannten Grundrechte des Individuums, insbesondere Freiheit des religiösen Bekenntnisses, Koalitionsfreiheit, sowie Freiheit für Kunst, Wissenschaft und Handel. Volle Rede- und Lehrfreiheit der Dozentenschaft an den Hochschulen. Weitgehender Schutz des einzelnen im Polizei- und Strafrecht unter Zubilligung des vollen Schadenersatzes für unschuldig erlittene Untersuchungshaft und Strafverbüßung. Gleiches Recht für alle unter Abschaffung von Sonder- und Standesgerichten. Unabhängige und unabsetzbare Richter, die nur der staatlichen Gesetzgebung und ihrem inneren Gerechtigkeitsempfinden unterworfen sein sollen. Wiedereinsetzung eines fachlich vorgebildeten, unbestechlichen Beamtentums.

§ 12

Auf wirtschaftlichem Gebiet Anstrebung einer paneuropäischen Politik durch Förderung des zollfreien Handels. Bestrebungen zur Belebung des Güterverkehrs und zum Ausbau eines nach einheitlichen Normen gelenkten Verkehrswesens.

§ 13

Sicherung aller privaten Vermögenswerte; insbesondere volle Garantie für die Unantastbarkeit des Privateigentums im Sinne des BGB, jedoch betrachten wir bei einer vom Parlament erklärten Notwendigkeit das Eigentum als sozial belastet.

§ 14

Stabile und einheitliche Währungs- und Kreditpolitik. Zollfreiheit innerhalb des deutschen Staates.

§ 15

Unterstützung aller sozialen Ausgleichsbemühungen in soziologischer und wirtschaftlicher Hinsicht.

§ 16

Umlegung der gesamten Kriegsschäden auf die Allgemeinheit.

§ 17

Förderung einer bodenständigen Arbeiterschaft unter besonderer Berücksichtigung ihrer sozialen Interessen. Ganz besonderer Schutz der arbeitenden Jugend. Überwachung des Vorhandenseins ausreichender sanitärer Anlagen in den Betrieben. Unbedingte Einhaltung der für gewerbliche Betriebe erlassenen Unfallverhütungsvorschriften und ihre Kontrolle durch Gewerbeaufsichtsämter.

§ 18

Weitgehendster Schutz und Unterstützung der werdenden Mütter und Wöchnerinnen, notfalls durch öffentliche Mittel.

§ 19

Sicherstellung der Volksernährung durch Beschaffung landwirtschaftlicher Maschinen und Ankauf von Düngemitteln. Einsatz der Jugend für die Durchführung der Aufgaben der Landwirtschaft. Zollfreier Import von Nahrungsmitteln im Rahmen der gegebenen Notwendigkeiten und Möglichkeiten.

§ 20

Gewährung von Steuervergünstigungen für alle landwirtschaftlichen Klein- und Mittelbetriebe.

§ 21

Verbesserung des Verkehrs- und Transportwesens und die Ausgestaltung der Verkehrsanlagen und -mittel auf den Grad modernster Technik. Unterstützung aller technischen Bestrebungen, insbesondere derjenigen der Forschungsinstitute der technischen Hochschulen, um die Entwicklung auf diesem Gebiete für alle Länder zu beschleunigen.

§ 22

Aufbau der Privatindustrie, des Handels und Handwerks. Beschaffung von Materialien, insbesondere für das Bauhandwerk als Schlüsselindustrie. Verteilung der Baumaterialien nach Billigkeits- und Notwendigkeitsgrundsätzen durch die öffentliche Hand.

§ 23

Wiederaufbau nach einheitlichem Plan. Zunächst Beschleunigung des Wohnungsbaues. Erstellung von Kleinsiedlungen in möglichst großem Rahmen. Neubeschaffung von Wohnraum durch Teilung von Räumen ab 25 qm. Hiernach auch Schaffung der notwendigen öffentlichen Bauten.

§ 24

Die Arbeitsämter sollen nur eine vermittelnde Tätigkeit ausüben.

§ 25

Sicherung der Arbeitskräfte durch Förderung der Versicherungen. Staatliche Kontrolle der privaten Versicherungsunternehmungen. Zwangsunfallversicherung für den gesamten Verkehr und staatliche Kontrolle ihrer Einhaltung.

6.

November/Dezember 1945: Grundforderungen der Demokratischen Union Deutschlands (ausgearbeitet von der Kreisorganisationsgruppe Wesermarsch)[1]

Abgedruckt in: Demokratische Union Deutschlands. Bericht der Kreisorganisationsgruppe Wesermarsch, Brake (Oldb.), o.J. NL Rapp, N 28 (13).

Innerhalb eines Menschenalters ist Deutschland zweimal militärisch vernichtend geschlagen worden. Der Zusammenbruch des Deutschen Reiches und seiner sozialen Ordnung ist vollständig. Das deutsche Volk hatte falschen Führern ein Ohr geliehen und die Lehren der Demokratie mißachtet.

Es gibt nur einen Weg zur Rettung des deutschen Volkes:

die Demokratie.

Sie allein gewährleistet Selbstbehauptung des Volkes als Gemeinschaft und für den einzelnen Volksangehörigen.

Die Demokratische Union Deutschlands betrachtet deshalb die nachstehenden *Grundforderungen* als Leitsätze für ihre politische Arbeit:

---

1 Führend bei der Gründung der „Demokratischen Union Deutschlands" war der Landrat Theodor *Tantzen* jr. (geb. 1905), Sohn des oldenburgischen Ministerpräsidenten (1945/46) Theodor *Tantzen;* Mitglied der DDP, Vorsitzender des Demokratischen Studentenbundes in Göttingen von 1927 bis 1929, von der Universität relegiert wegen Verletzung der demokratischen Ordnung im Zusammenhang mit Auseinandersetzungen mit nationalsozialistischen Studenten (Körperverletzung eines Korpsstudenten); Juni–Dezember 1945 Landrat des Kreises Wesermarsch; Gründer der „Demokratischen Union Deutschlands" (DUD) in Nordenham (am 7.9.1945 Antrag auf Zulassung an die amerikanische Militärregierung in Brake), Geschäftsstelle der Partei in Brake; Gründungen der DUD in Oldenburg, Hannover und Braunschweig, kleinere Gruppierungen entstanden in Hamburg, Bremen, Kiel, Dortmund und Münster; am 5.2.1946 zum stellvertretenden Vorsitzenden des FDP-Zonenverbandes gewählt und zum Leiter des Politischen Büros bestellt. Die Angaben beruhen teilweise auf einem Gespräch mit Theodor J. *Tantzen* am 27.2.1989 in Düsseldorf und auf Unterlagen, die von *Tantzen* zur Verfügung gestellt wurden. Vgl. Dok. Nr. 9, Anm. 3; Dok. Nr. 12, Anm. 16; Dok. Nr. 23, Anm. 6. Vgl. BERNHARDT, 1986, S. 144–159; HEIN, 1985, S. 110f.; SCHRÖDER, 1985, S. 158.

6. Nov./Dez. 1945 — Grundforderungen der Demokratischen Union Deutschlands

1. *Rückgabe des Reiches.* Das deutsche Volk glaubt daran, daß ihm das Deutsche Reich innerhalb international garantierter Grenzen zurückgegeben wird. Wir erstreben die internationale Zusammenarbeit aller demokratischen Völker.

2. *Einheitsstaat.* Wir glauben an den Einheitsstaat auf stammesmäßiger Grundlage und lehnen jede Vormachtstellung eines Landes ab.

3. *Einheitliches Recht* und *einheitliche Verwaltung* nach den Weisungen der Reichsregierung.

4. *Allgemeines, gleiches, geheimes und direktes Wahlrecht* für alle deutschen Männer und Frauen vom 21. Lebensjahr ab. Passives Wahlrecht mit der Vollendung des 30. Lebensjahres. Aufgrund dieses Wahlrechts müssen alle politischen Volksvertretungen gewählt werden.

5. *Einzelwahlkreise.* Nur in Einzelwahlkreisen kann das Selbstbestimmungsrecht des Volkes und die Sicherung echten demokratischen Lebens gewährleistet werden. Die politischen Führer sollen nicht mehr den Parteien, sondern den Wählern verantwortlich sein.

6. *Persönlichkeitswahl* mit Einzelkandidatur in kleinen Wahlkreisen, wobei die einfache Mehrheit der abgegebenen Stimmen entscheidet.

7. *Gleichheit aller vor dem Gesetz,* Wiederherstellung der persönlichen und politischen Freiheitsrechte.

8. *Freiheit der politischen Arbeit* durch unbedingte Ablehnung aller politischen Bindungen an Weltanschauungsgemeinschaften.

9. *Organisationsfreiheit* für alle Weltanschauungs- und Kulturgemeinschaften.

10. *Ablehnung des Klassenkampfes als politisches Machtmittel,* da wir darin eine Gefahr methodischer Zersetzung des Volkes erblicken.

11. *Recht auf Arbeit,* unbedingte Daseinssicherung, ausreichende Erholung, angemessene gesetzliche Mindestlöhne und Höchstarbeitszeit.

12. *Freie Gewerkschaften* zur wirksamen Vertretung der Arbeitnehmerinteressen, organische Zusammenfassung und Sicherung ihrer Aufgaben und Rechte durch Schaffung eines besonderen Gewerkschaftsrechts.

13. *Ausbau des Betriebsrätewesens.* Mitbestimmungsrecht der Arbeitnehmer und ihrer Organisationen in der Verwaltung und Gestaltung der Volkswirtschaft.

14. *Wiederaufbau der Sozialversicherung* einschließlich der Arbeitslosenversicherung und aller Einrichtungen zur planmäßigen Förderung der Volksgesundheit.

15. *Selbstverwaltung aller sozialen Einrichtungen* aufgrund ihrer Anerkennung als Körperschaften des öffentlichen Rechts.

16. *Ausschaltung aller kirchlichen Machtansprüche als politisches Dogma.* – Befreiung des religiösen Lebens von parteipolitischen Fesseln.

17. *Selbstverwaltung der Kirchen,* überhaupt aller Religionsgemeinschaften, ohne staatliche Bevormundung.

18. *Recht der Eltern* auf die Erziehung der Kinder, auf die Wahl der Religions- und Bildungsgemeinschaften.

19. *Freies deutsches Geistesleben*, gegen die Politisierung nationalbildender Bekenntnisse, Förderung der Völkerverständigung.

20. *Neuaufbau des staatspolitischen Erziehungswesens* unter Ausschluß jeder Unduldsamkeit gegenüber parteipolitischen Meinungsunterschieden.

21. *Kultur- und Bildungsstätten* zur Förderung aller Veranlagten.

22. *Entgiftung des politischen Lebens* durch Bekämpfung jeder Partei, die irgendein religiöses, soziales oder nationales Bekenntnis als machtpolitisches Programm aufstellt und damit das politische Leben belastet.

23. *Wiedergutmachung des nationalsozialistischen Unrechts* und der Kriegsschäden durch Heranziehung der Schuldigen und Besteuerung der weniger Geschädigten mit entsprechenden laufenden Abgaben. *Wir fordern die Herstellung eines sozialen, gerechten Ausgleiches.*

24. *Wiederaufbau der Volkswirtschaft* nach sorgfältiger Planung entsprechend den Bedürfnissen der breiten Massen, mit Anschluß an eine unteilbare Weltwirtschaft, unter Berücksichtigung des Grundsatzes der Wirtschaftsfreiheit.

25. *Staatliche Kontrolle* aller Verkehrs- und Produktionsmittel der Großwirtschaft und ihre Überführung in Gemeinbesitz, soweit das öffentliche Interesse dies erfordert.

26. *Genossenschaftliche Betriebsformen* für alle in die Gemeinschaft übergeführten Betriebe. Ausbau des allgemeinen Genossenschaftswesens.

27. *Sicherung des Privateigentums*. Aufrechterhaltung des bäuerlichen, gewerblichen und persönlichen Privateigentums und das Recht, dieses zu erwerben. Schutz des Staates für die Rechte des Einzelnen und der Familie sowie für die vertriebenen Deutschen.

28. *Die Einordnung aller in echter Solidarität durch Beseitigung des Kasten-, Rassen- und Klassenkampfes*, aufgrund der politischen Erziehung zu dem Ordnungsgedanken der Demokratischen Union Deutschlands.

7.

18.12.1945: Protokoll über die Besprechung der Kreisgruppen des „Landesverbandes Nordrheinprovinz der Demokratischen Partei Deutschlands"

AdL-28. Gezeichnet: »Hermes«. Ort: Düsseldorf.

Wie in den Besprechungen vom 4.12. vereinbart worden war, trafen sich am 18.12., vormittags 10 Uhr, die nachstehenden Vertreter der betreffenden Kreisgruppen zu einer Besprechung in den Räumen der Commerzbank in Düsseldorf. Der Zweck der Besprechung war die Vorbereitung der für nachmittags, 2 Uhr, vor-

7. 18.12.1945 Besprechung der Kreisgruppen des „Landesverbandes"

gesehenen Verhandlung mit einem Teil der im „Landesverband Nordrheinprovinz" zusammengeschlossenen Kreisgruppen, die in den Räumen von Bettermanns' Weinstuben in Düsseldorf stattfand. In der Vormittagsbesprechung waren anwesend die Herren: Dr. *Middelhauve* (Aufbaupartei Opladen), Carl *Wirths*[1] (Demokratische Partei Wuppertal), Dr. *Heinsch*[2] (Demokratische Partei im Kreise Moers), Dr. *Fratzscher*[3], Dr. *Tiggeler*[4], Gerd *Köchlin*[5] (Sozialliberale Partei Deutschlands).

Herr Dr. MIDDELHAUVE berichtete zunächst über seine inzwischen weiterhin getätigten Verhandlungen mit den einzelnen Kreisgruppen und betonte dabei, daß er dadurch besonders in der Ansicht gestärkt worden sei, daß die große demokratische Partei, die aus den Zusammenschlüssen der Landesverbände hervorgehen solle, ihren Rahmen nach rechts ziemlich weit verstricken müsse.[6] Er brachte zum Ausdruck, daß wir uns in diesem Bestreben von der Sozialdemokratie absetzen und nach rechts bis in die Reihen der gemäßigten Deutsch-Nationalen gehen müßten. Es wurde weiterhin über den Namen debattiert, wobei insbesondere berücksichtigt wurde, daß die Hamburger „Partei Freier Demokraten" auf die Erhaltung ihrer Sonderbezeichnung großen Wert legte. Herr Dr. BEUTLER plädierte dafür, daß man die Bezeichnung „Liberale Demokraten" in den Parteinamen aufnehmen sollte, was aber von der Mehrheit der versammelten Vertreter abgelehnt wurde. Herr Oberregierungsrat Dr. FRATZSCHER führte hierzu aus, daß der Name einer Partei schon gewissermaßen das Gesamtprogramm umfassen müsse und hielt es für wichtig, daß darin außer der Bezeichnung der Demokratie auch der Hamburger Wunsch bezüglich der Bezeichnung „frei" aufgenommen würde. Außerdem wäre es zweckmäßig, darin die Forderung nach der Aufrechterhaltung der Reichseinheit zum Ausdruck zu bringen, und schlug vor, der Gesamtpartei den Namen „Frei-Demokratische

---

1 Carl *Wirths* (1897–1955), Bauunternehmer, seit Mai 1946 Mitlizenzträger der „Westdeutschen Rundschau"; vor 1933 Mitglied des Jungdeutschen Ordens und der Deutschen Staatspartei; seit 16.1.1946 Mitglied des Vorstandes des FDP-Landesverbandes Nordrheinprovinz; 2.10.1946–19.4.1947 ernanntes, dann von 1947 bis 1949 gewähltes Mitglied des Nordrhein-Westfälischen Landtages, Mitglied des Wiederaufbau-Ausschusses; 1946–1949 Stadtverordneter in Wuppertal, Leiter des Bauausschusses der Wuppertaler Stadtvertretung; 1949–1955 MdB.
2 Dr. Franz Josef *Heinsch* (1886–1965), Rechtsanwalt; Mitgründer der im Herbst 1945 entstandenen „Demokratischen Partei im Kreise Moers"; Mitglied des aus drei Personen bestehenden Geschäftsführenden Vorstandes des am 4.12.1945 gegründeten „Landesverbandes Nordrheinprovinz der Demokratischen Partei Deutschlands".
3 Dr. Alfred *Fratzscher,* früher Regierungsrat im Reichswirtschaftsministerium; 16.1. 1946–28.6.1946 stellvertretender Vorsitzender des FDP-Landesverbandes Nordrheinprovinz.
4 Dr. Hermann *Tiggeler,* Fabrikant.
5 Biographische Angaben waren nicht zu ermitteln.
6 *Middelhauve* hatte Gespräche in Dortmund und mit Kreisgruppen in Düsseldorf und Wuppertal geführt und dabei den zu engen, auf die Tradition der Deutschen Demokratischen Partei bezogenen Rahmen der politischen Arbeit kritisiert. Vgl. das Schreiben *Middelhauves* an den Landesverband Westfalen der Liberal-Demokratischen Partei, Dortmund, vom 8.12.1945, Archiv des Landesverbandes Nordrhein-Westfalen in Düsseldorf, Handakten des Verwaltungsreferats, 110. Vgl. auch Dok. Nr. 51, Anm. 10. Vgl. HEIN, 1985, S. 145f.

Besprechung der Kreisgruppen des „Landesverbandes" 18.12.1945 **7.**

Reichspartei" zu geben. Aus der weiteren Debatte ergab sich, daß dieser Name von der großen Mehrheit begrüßt wurde und daß damit zum Ausdruck gebracht wurde, ihn den künftigen Programmbesprechungen zugrunde zu legen. Man kam überein, daß in der Nachmittagsbesprechung hierüber ein weiterer Gedankenaustausch herbeigeführt werden sollte. Über die übrigen Fragen, die sich aus dem Besuch der M.-Gladbacher Herren in Hamburg und Syke ergaben, referierte Herr Dr. TIGGELER in großen Zügen, wobei ebenfalls eine eingehende Besprechung für die Nachmittagssitzung vorgesehen wurde.

Die Nachmittagsverhandlung selbst wurde um 2 Uhr von Herrn Dr. MIDDELHAUVE eröffnet, der hierbei feststellen konnte, daß außer den bereits am Vormittag anwesenden Herren noch die folgenden Vertreter hinzugekommen waren:

Herr Max *Dominicus*[7] (Liberal-Demokratische Partei Remscheid), Herr Dr. *Beutler* (Liberal-Demokratische Partei Essen), Herr *Durlak*[8] und ein weiterer Herr (Demokratische Partei Krefeld), so daß insgesamt zehn Vertreter aus dem „Landesverband Nordrheinprovinz" versammelt waren. Herr Dr. MIDDELHAUVE gab einen kurzen Bericht über die Vormittagsbesprechungen und teilte mit, daß seit der Gründung im Auftrage des „Landesverbandes Nordrheinprovinz" vom 4. d. M. die Herren *Hermes* und Dr. *Tiggeler* von der „Sozialliberalen Partei Deutschlands", M.-Gladbach, eine mehrtägige Reise nach Hamburg unternommen hatten, um sowohl dort als auch in einem Teil Niedersachsens mit mehreren demokratischen Gruppen Fühlung zu nehmen. Er bemerkte hierüber, daß diese Reise von einem grundsätzlichen Erfolg begleitet gewesen sei, und zwar insofern, als eine grundsätzliche Einigung über den Zusammenschluß des „Landesverbandes Nordrheinprovinz" mit den norddeutschen demokratischen Gruppen erfolgt sei. Es bleibe dann einem weiteren Schritt vorbehalten, den Zusammenschluß dieser Verbände mit den westfälischen und Berliner Gruppen durchzuführen, über den in einer für den 8. Januar 1946 vorgesehenen Tagung noch ein Beschluß gefaßt werden sollte. Aus dem dann folgenden Bericht des Herrn Dr. TIGGELER über die Hamburger Besprechungen ergab sich, daß vor allem die Hamburger Gruppe[9] in ihrer organischen Entwicklung bereits weiter fortgeschritten sei als diejenige der Nordrheinprovinz und weiterhin, daß ein Zusammenschluß mit dem rheinischen Landesverband dort allseits begrüßt wurde. Diese Bereitwilligkeit verdichtete sich alsdann soweit, als durch einen sofort herbeigeführten Beschluß des Vorstandes der Hamburger

---

7 Max *Dominicus* (1896–1964), Geschäftsführer einer Metallwarenfabrik; 1945 Gründer der „Liberal-Demokratischen Partei" in Remscheid; seit Mai 1946 Mitglied des Ausschusses für Wirtschaftspolitik des FDP-Zonenverbandes in der britischen Zone.

8 Stefan *Durlak*, Bauhandwerker und Inhaber eines Baugeschäfts; Mitglied der im Frühsommer 1945 gegründeten „Demokratischen Partei Krefeld"; seit 16.1.1946 Vorstandsmitglied des Landesverbandes Nordrheinprovinz der FDP; Leiter des Referats „soziale Fragen" im Landesverband (laut Protokoll über die Sitzung des Geschäftsführenden Vorstandes der Freien Demokratischen Partei in der Nordrheinprovinz vom 3.7.1946 in Düsseldorf, S. 1: „Herr *Durlak* wird in seinem Referat insbesondere die Flüchtlinge, Kriegsversehrten sowie solche Personen, die durch den Krieg geschädigt worden sind, berücksichtigen". NL Blücher 247).

9 Die Hamburger „Partei Freier Demokraten" war bereits am 20.9.1945 gegründet worden.

7. 18.12.1945 Besprechung der Kreisgruppen des „Landesverbandes"

Gruppe der Zusammenschluß mit dem „Landesverband Nordrheinprovinz" grundsätzlich vollzogen und weiterhin gebeten wurde, daß das Einverständnis des „Landesverbandes Nordrheinprovinz" mit diesem Zusammenschluß durch den vorläufigen Vorstand des letzteren alsbald bestätigt wurde. Herr Dr. *Tiggeler* berichtete in diesem Zusammenhang weiter, daß die Hamburger Gruppe auf die Beibehaltung ihres Namens „Partei Freier Demokraten" in dem späteren Reichsverband entscheidenden Wert legt und weiterhin auch darauf, daß das Zentralorgan der Presse und der Zentralsitz der Partei nach Hamburg, als der größten Stadt der britischen Besatzungszone, verlegt werden sollte. Diese Forderungen haben die Herren *Hermes* und Dr. *Tiggeler* im Hinblick auf die Bedeutung der Hamburger Gruppe innerhalb des Gesamtverbandes zugestanden. Die Hamburger Gruppe ihrerseits, vertreten durch die Herren Senator *Koch* und Professor Dr. Paul *Heile*[10], hat daraufhin erklärt, daß sie einen rheinischen Vorschlag, wonach das Generalsekretariat der Partei Herrn *Hermes,* als den derzeitigen Verhandlungsführer und für diesen Posten als besonders geeignet, zu übertragen, gern unterstützen würde. Auch die Aufstellung des Programms könne dem rheinischen Landesverband übertragen werden. Herr Dr. TIGGELER wandte sich dann in seinem Bericht den Besprechungen in Syke zu, wo mit dem Landrat des dortigen Kreises, Herrn Prof. Dr. Wilhelm *Heile*[11], über den Anschluß des „Landesverbandes Niedersachsen" (Friesland, Oldenburg, Hannover und Braunschweig) an den Interzonenverband Hamburg/Nordrheinprovinz verhandelt wurde. Die Hamburger Vereinbarungen wurden auch in Syke begrüßt und als verbindlich anerkannt. Der Vertreter des „Landesverbandes Niedersachsen" hielt es für besonders wichtig, daß eine größere Anzahl von Vertretern der Kreisgruppen und Landesverbände zu einer Programmauf-

---

10 Prof. Dr. Paul *Heile* (1884–1958), Wirtschaftswissenschaftler; 1913–1933 am Hamburger Weltwirtschaftsarchiv tätig, zuletzt als Abteilungsleiter mit dem Titel Professor; 1933 entlassen; 1945–1949 kommissarischer Leiter des Weltwirtschaftsarchivs; seit April 1946 Lizenzträger und Herausgeber der „Hamburger Freien Presse"; 1947–1949 Md Hamburger Bürgerschaft.

11 Wilhelm *Heile* (1881–1969), Redakteur und späterer Herausgeber der „Hilfe", enger Mitarbeiter Friedrich *Naumanns;* 1919–1920 DDP-Abgeordneter in der Weimarer Nationalversammlung, bis 1924 im Reichstag (Wahlkreis Süd-Hannover-Braunschweig); 1933–1936 Landwirt (Verlust des Ritterguts Tzscheeren/Nieder-Lausitz durch Zwangsversteigerung); Dezember 1936–1.12. 1941 Übersetzer (Reichsbank), Verlagslektor in Berlin; Gestapo-Überwachung (Haussuchungen, Vorladungen, polizeiliche Meldepflicht), zeitweise inhaftiert und gefoltert; Ende 1941 Übersiedlung nach Colnrade/Syke (b. Bremen), dort weiter unter Gestapo-Aufsicht; 1945–1948 Landrat des Kreises Grafschaft Hoya (b. Bremen); 8.1. 1946–19.5. 1946 Vorsitzender des FDP-Zonenverbandes in der britischen Zone, danach „Präsident", am 16.11. 1946 amtsenthoben durch Beschluß des Vorstandes und des Zentralausschusses, bestätigt durch die Entscheidung eines Schiedsgerichts vom 27.1. 1947; seit 6.3. 1946 Mitglied des Zonenbeirats – vom 11.6. 1947 bis zum 29.6. 1948 stellvertretendes Mitglied (für die Deutsche Partei); 23.8.-8.12. 1946 MdL Hannover (ernannt), 9.12. 1946–19.4. 1947 MdL Niedersachsen (ernannt), danach bis 1951 MdL Niedersachsen (gewählt), zuerst Abgeordneter der NLP, seit Juni 1947 der „Deutschen Partei"; 23.8. 1946–9.12. 1946 stellvertretender Ministerpräsident, seit dem 21. September auch Verkehrsminister im Land Hannover; 1948/49 Mitglied des Parlamentarischen Rates; Dezember 1946 Mitbegründer der Europa-Union. Für die Zeit von 1933 bis 1945 vgl. SCHUMACHER (Hrsg.), 1992, S. 482.

Besprechung der Kreisgruppen des „Landesverbandes" 18.12.1945 **7.**

stellung¹² zusammentreten, und schlug zu diesem Zwecke vor, daß diese Kommission in Syke Mitte Januar 1946 tagen sollte, wobei Unterkunft für die Zeit der Tagung gerne zur Verfügung gestellt würde.

Herr Dr. MIDDELHAUVE dankte für den gegebenen Bericht und die damit im Gesamtinteresse geleistete Arbeit und stellte den Bericht zur Besprechung.

Es ergab sich keinerlei Widerspruch zu den mitgeteilten Beschlüssen und Vereinbarungen, so daß der Vorsitzende hieraus die allgemeine Zustimmung der anwesenden Vertreter feststellen konnte. Es wurde damit zugleich weiterhin festgestellt, daß infolge der Einladung zur Programmgestaltung nach Syke eine Aussprache über das Programm sich zur Zeit erübrige. Es wurde allen Vertretern jedoch anheim gestellt, entsprechende Vorschläge für das Programm auszuarbeiten bzw. an Herrn Dr. *Middelhauve* einzureichen. Ein Vorschlag des Herrn Dr. HEINSCH, in dem künftigen Programm auch den Frauen und der Landwirtschaft einen besonderen Programmpunkt zu widmen¹³, wurde hierbei zugestimmt, ebenso einer Anregung der Herren DOMINICUS und Dr. BEUTLER auf Aufstellung eines sofort durchzuführenden Teilprogramms, das unter der Bezeichnung „Sofortprogramm" aufgestellt werden sollte. Die M.-Gladbacher Herren hatten, wie aus dem Bericht ebenfalls ersichtlich war, die Herren aus Hamburg und Niedersachsen für den 8. Januar 1946 nach Düsseldorf eingeladen, wobei sie in M.-Gladbach übernachten sollten. Mit Rücksicht darauf jedoch, daß für die Verhandlungen die vorgesehenen Räume in Düsseldorf nicht mehr zur Verfügung gestellt werden können und inzwischen die Düsseldorfer Rheinbrücke zum linksrheinischen Gebiet zerstört worden ist, wurde diese Vereinbarung dahingehend abgeändert, daß die Versammlung am 8.1. 1946 nicht in Düsseldorf, sondern in Opladen („Hotel zur Post") stattfinden soll, wobei auch für die Unterkunft aller Teilnehmer in Opladen Sorge getragen wird. Die Vorbesprechungen zu der Tagung sollen bereits am 7.1. in Opladen beginnen.

Herr Dr. MIDDELHAUVE schloß alsdann die Versammlung mit Worten des Dankes an alle Teilnehmer und gab der Hoffnung Ausdruck, daß durch die nunmehr weiterhin vollzogene Vergrößerung der Partei ein weiterer Schritt zu der erstrebten großen deutschen demokratischen Partei getan worden sei.

---

12 Programmatische Richtlinien wurden vom Vorstand des FDP-Zonenverbandes in der britischen Zone am 5.2.1946 in Syke beschlossen. Vgl. Dok. Nr. 9, Anm. 3. Vgl. SCHRÖDER, 1985, S. 159f.
13 Nur der „Landwirtschaft" wurde ein besonderer Programmpunkt gewidmet.

8a. 7. 1. 1946 Tagung der Demokraten

8a.

7. 1. 1946: Aktennotiz[1] über die Tagung der Demokraten (1. Tag)

AdL-3. Beginn: 14.45 Uhr. Ort: Opladen, Hotel Post.

Eröffnung der Sitzung durch Herrn Dr. MIDDELHAUVE. Begrüßung der Anwesenden[2], insbesondere des Berliner Vertreters der Demokraten, Herrn *Lieutenant*[3],

---

1 Über die Tagung in Opladen liegt ein zweites, abweichendes Protokoll im Umfang von sieben Seiten vor. Es wurde von Wilhelm *Hermes*, dem späteren Generalsekretär des Gesamtverbandes der FDP in der britischen Zone, verfaßt und ist vom 10. Januar 1946 datiert. Die wichtigste Abweichung betrifft den Zeitpunkt der Wahl Wilhelm *Heiles* zum 1. Vorsitzenden des FDP-Zonenverbandes. In der „Aktennotiz" wird der 7. 1. 1946 angegeben. Nach dem Protokoll von *Hermes* fand die Wahl am 8. 1. 1946 statt. Dort wird auch erwähnt, daß am 7. 1. 1946 eine „Vorbesprechung" der am 8. 1. 1946 um 10 Uhr beginnenden „Haupttagung" stattfand. Vgl. das Protokoll von *Hermes*, NL Altenhain, RWN 203, Bd. 4. Vgl. SCHRÖDER, 1985, S. 24. Zum Ablauf der Tagung vgl. MENDE, 1984, S. 33–35.

2 Im Protokoll von Wilhelm *Hermes*, a. a. O., wird darüber folgendes mitgeteilt: „Die Einladungen zu dieser Delegiertentagung waren vom ‚Landesverband Nordrheinprovinz der Demokratischen Partei Deutschlands' ausgegangen, und zwar für die Stadt- und Kreisgruppen selbst von Herrn Dr. *Middelhauve* (Opladen) und für die übrigen Landesverbände in der britischen Besatzungszone sowie für die Gäste aus der russisch und amerikanisch besetzten Zone von Herrn Wilhelm *Hermes* (M.-Gladbach)."
Vertreten waren die Landesverbände Hamburg, Oldenburg, Braunschweig, Hannover, Westfalen und Nordrheinprovinz. Die „Demokratische Union" in Schleswig-Holstein konnte nur „Beobachter" entsenden, da zu diesem Zeitpunkt noch nicht entschieden war, ob die neue Partei sich auf zonaler Ebene der FDP anschließen würde. Vgl. das Protokoll von *Hermes* a. a. O.; HEIN, 1985, S. 89, 99f., 107, 110, 115f., 139, 141–143 und 147. In der vorliegenden „Aktennotiz" wird noch darauf hingewiesen, daß drei „Demokraten" die Einladung zu der Tagung zu spät erhalten hatten und daher nicht vertreten waren. MENDE, 1984, S. 33, gibt an, daß am ersten Tag mindestens etwa 60 Personen anwesend waren.

3 Arthur *Lieutenant* (1884–1968), Ökonom; DVP, dann DDP; 1919 Stadtrat in Glogau, 1931–1933 Bürgermeister in Glogau; 1933 kurzzeitige Inhaftierung; seit Juli 1945 Geschäftsführer der für Berlin und die sowjetische Zone zugelassenen „Liberaldemokratischen Partei Deutschlands" (mit dem Anspruch einer „Reichspartei" und dem Anspruch des Vorstandes, „Reichsparteileitung" zu sein); engster Mitarbeiter von Wilhelm *Külz*; seit Juli 1946 geschäftsführender Vorsitzender einer auf Initiative von Wilhelm *Külz* konstituierten „Liberal-Demokratischen Partei Deutschlands" (mit der Funktion eines Koordinierungsausschusses) und – nach der Erklärung der vollzogenen Einigung liberaler Parteien zur „Demokratischen Partei Deutschlands" (DPD) – von März 1947 bis Januar 1948 Geschäftsführer der DPD; Oktober 1948–Oktober 1949 Finanzminister in Brandenburg; 1949 Ausschluß aus der LDP, Übersiedlung nach Westberlin.
Lieutenant war ordentlicher Delegierter der LDP. Die Opladener Gründungsversammlung bezog sich – ohne offizielle Zustimmung der britischen Militärregierung – nicht nur auf die britische Zone, sondern auch auf Berlin, da die Bildung einer überzonalen liberalen „Reichspartei" erhofft wurde. „Starker Widerspruch" erhob sich später, als Theodor *Tantzen* jun. die Berliner LDP als nicht maßgebend für die FDP in der britischen Zone hinstellte. Vgl. SCHWARZE, 1984, S. 161f. Zum Versuch einer frühzeitigen Zonenverbandsgründung auf der Linie der Berliner „Reichsparteileitung" durch die westfälischen

Tagung der Demokraten 7.1.1946 **8a.**

sowie des Vertreters der Militärregierung⁴, Leutnant *Forster*.

Tagesordnung:

Zu Punkt 1: Zusammenschluß zu einem Gesamtverband der britischen Zone

Dr. MIDDELHAUVE verliest ein Schreiben des Oberpräsidenten⁵ der Nordrheinprovinz, wonach der Vertreter des interalliierten Kontrollrats⁶ u. a. sinngemäß erklärt: Man betrachtet zunächst die Parteien KPD, SPD und CDU als Träger des politischen Lebens⁷, sie werden in ihrem Aufbau in jeder Hinsicht von der Militärregie-

---

Liberalen in Dortmund am 20.11.1945 (v. a. durch die Initiative von Clemens *Bender*) vgl. HEIN, 1985, S. 253f., 256 (Anm. 15), 279; SCHRÖDER, 1985, S. 23. Vgl. auch Dok. Nr. 17, Punkt 1 der Tagesordnung.

4 Der Sitz der regionalen britischen Militärregierung war Iserlohn. Dem dortigen Oberkommandierenden des 1. Korps, der zugleich Militärgouverneur war, unterstand das Gebiet von Nordrhein und Westfalen.

5 Dr. Robert *Lehr*, Düsseldorf.

6 Bernhard L. *Montgomery*, Oberbefehlshaber der britischen Besatzungsarmee in Deutschland und Militärgouverneur der britischen Zone von Mai 1945 bis April 1946.

7 Bei einer Pressekonferenz am 12.11.1945 hatte *Montgomery* geäußert, in der britischen Zone stünden drei politische Parteien im Vordergrund: die Sozialdemokraten, die christlichen Demokraten und die Kommunisten. Vgl. KEESING'S ARCHIV DER GEGENWART, 15 (1945), S. 518 H. Vgl. HEIN, 1985, S. 207f. u. S. 256f. Ebenso äußerte sich der Vertreter der britischen Militärregierung („British Control Commission", Politische Abteilung), Lieutenant-Colonel *Annan*, im Januar 1946 in einer Rede vor führenden deutschen Politikern: „I have asked you, as the outstanding and the most active political leaders in this Provinz, to come here so that we can discuss the problems which face political parties in this British Zone [...].
Three main parties have received widespread support throughout the British Zone: the Social Democrat Party, The Communist Party and the Christian Democrat Party. These three parties ar accordingly invited to form Central Committees for the British Zone. [...].
Up to date no other party can, in our opinion, claim to have similar support throughout our Zone. Should, however, any united Democrat Party or Liberal Democrat Party or Free Democrat Party emerge throughout the Zone, we should consider giving it similar privileges. Similarly if any party with a strong regional appeal can convince us that it has widespread support any particular region and can point out to the fact that it has set up party organizations in many Kreise, we shall consider its claims to regional or Zonal recognition." Public Record Office, FO 445/2764230. Zu Noel ANNANS Memorandum vom Dezember 1945 über die „Entwicklung politischer Parteien in Deutschland" vgl. Ullrich SCHNEIDER, Nach dem Sieg: Besatzungspolitik und Militärregierung 1945, in: FOSCHEPOTH/STEININGER (Hrsg.), 1985, S. 52f. Zusammenfassung und Schlußfolgerungen des Memorandums sind abgedruckt in: Documents on British Policy Overseas, hrsg. von M. E. PELLY und H. J. YASAMEE. Series I, Volume V: Germany und Western Europe, 11. August-31. Dezember 1945. Her Majesty's Stationery Office, London 1990, S. 473-476. Zur Haltung der britischen Militärregierung gegenüber den deutschen Parteien vgl. auch Barbara MARSHALL, British Democratisation Policy in Germany, in: Ian D. TURNER (ed.), Reconstruction in Post-War Germany. British Occupation Policy and the Western Zones, 1945-55, Oxford 1989, S. 210, Anm. 44 (mit einem Hinweis auf ein Interview mit Lord ANNAN im Jahre 1985).
Zu den „Schwierigkeiten der liberalen Partei in der britischen Zone" vgl. den Bericht des

rung unterstützt, erhalten Bewegungsfreiheit und werden von allen Beschränkungen befreit. Die anderen Parteien werden geduldet und als Absplitterungen betrachtet und können die Unterstützung nicht erhalten.[8]

Aus diesem Grunde ist es notwendig, alle kleinen Bedenken beiseite zu stellen und als Ziel den Zusammenschluß aller demokratischen Kräfte zu sehen, um als einheitliches Gebilde dazustehen.

Prof. HEILE: nimmt Stellung zum Schreiben des Oberpräsidenten der Nordrheinprovinz und erklärt, daß nach seinen Unterredungen und den Mitteilungen der Militärregierung die drei Parteien vorläufig anerkannt seien, daß aber darüber hinaus eine weitere Partei Anerkennung finden könne, wenn nachgewiesen werde, daß sie über genügend Resonanz bei der Bevölkerung verfüge.[9]

Dr. HASEMANN[10] (Hannover): bestätigte aufgrund der ihm zugegangenen Mitteilung der Militärregierung die Ausführungen Prof. *Heiles*.

Oberbürgermeister ALTENHAIN[11] (Haßlinghausen): Die Parteien müssen von unten gebildet werden. KPD und SPD in Berlin haben gegründet und Befehl nach unten gegeben. Wir haben von unten angefangen zu gründen. Unser Weg ist der richtige. Im Ruhrkreis werden wir nicht die vierte, sondern die zweite Partei sein. Die Auffassung des Oberpräsidenten ist meines Erachtens falsch. Wir gehen demokratisch vor, indem wir allen Gruppen die Möglichkeit gegeben haben, von unten anzufangen zu arbeiten.

LIEUTENANT (Berlin): Wir haben in Berlin den Vorzug, mit vier Regierungen in Verbindung zu stehen. In der britischen Zone hatten wir Gelegenheit, mit dem Hauptquartier[12] zu sprechen, und hier wurden wir davon unterrichtet, daß eine

---

Geschäftsführers des FDP-Landesverbandes Niedersachsen, Helmut EISELE, vom 10.3. 1948, abgedruckt in: MARTEN, 1972, S. 30–32.
8 Zur Frage der parteipolitischen Präferenz der britischen Militärregierung vgl. HEIN, 1985, S. 207f.; LANGE, 1975, S. 111–113.
9 In der „Verordnung Nr. 12 (Erste Abänderung)" der britischen Militärregierung vom 8.1. 1946 zur „Bildung von politischen Parteien" heißt es: „Erklärt die Militärregierung sich davon überzeugt zu haben, daß eine politische Partei innerhalb des Britischen Kontrollgebietes in weiten Kreisen Anhänger besitzt, so kann diese Partei Ausschüsse für das Kontrollgebiet und für einzelne Landesteile bilden." Amtsblatt der Militärregierung Deutschland, Britisches Kontrollgebiet, No. 6, S. 85, Art. I Abs. 2.
10 Dr. Walther *Hasemann* (1900–1976), Fabrikant; 1946/47 wegen früherer NSDAP-Mitgliedschaft von den Briten mehrfach von führenden Parteiämtern suspendiert; 1949–1953 MdB.
11 Gustav *Altenhain* (1891–1968), Druckereibesitzer; seit 1918 Mitglied der DDP, Kreisvorsitzender und Vorsitzender des Wahlkreisverbandes Westfalen-Süd (Stand: 1926); November 1945 bis Mai 1947 Vorsitzender des Landesverbandes Westfalen, dann bis August 1947 Vorsitzender der FDP in Nordrhein-Westfalen; Januar 1946 bis August 1947 Mitglied des FDP-Zonenvorstandes in der britischen Zone, danach Mitglied mit beratender Stimme; 1946–1948 für die FDP stellvertretendes Mitglied im Zonenbeirat; 2.10. 1946–12. 4. 1947 Mitglied des ernannten Nordrhein-Westfälischen Landtages, 1947–1958 MdL NRW, 1947–1954 stellvertretender Fraktionsvorsitzender, 1954/55 Beisitzer im Fraktionsvorstand; 1950–1954 2. Vizepräsident des Landtags.
12 Gemeint ist offenbar das Zonenhauptquartier der Militärregierung, deren Dienststellen in Ostwestfalen lagen: in Bad Oeynhausen, Herford, Minden, Lübbecke und Bünde.

Tagung der Demokraten 7.1.1946 **8a.**

Partei nur zugelassen werden kann, wenn sich die Ortsgruppen zusammenfinden, ohne von Namensgebung und Personen abhängig zu sein.[13] Unser Ziel ist: Zusammenschluß der demokratischen Parteien im ganzen Reich, wir sind ja ein deutsches Volk. Die CDU hat ein eigenartiges Spiel getrieben (wie der Fall des früheren Reichsministers *Külz*[14] beweist), daher der jetzige Name „Liberaldemokratische Partei", um den Gegensatz zur „Christlich-Demokratischen Union" herauszustellen.[15] Christlich sind wir alle. Notwendig ist die engste Fühlungnahme der demokratischen Parteien aller Besatzungszonen im Reich. Das Wort „Reich" scheint nicht angenehm in den Ohren der Besatzungsmächte zu klingen, daher wollen wir auch von „Deutschland" sprechen. Die Hauptsache ist, daß wir ein einiges Volk bleiben und die schweren Lasten tragen, die uns die Nazis hinterlassen haben.

BENDER[16] (Dortmund): Es besteht durchaus die Möglichkeit einer Anerkennung durch die Militärregierung. Bei einem an die Militärregierung gestellten Antrag, eine Zeitung zu erhalten, wurde nur dann eine Genehmigung in Aussicht gestellt, wenn wir uns einheitlich ausrichten.[17] Dieser Beweis muß gestellt werden. Presse ist für uns unbedingt erforderlich. Der Name der Partei spielt für uns keine Rolle.

---

13 In der „Verordnung Nr. 12 (Erste Abänderung)" vom 8.1.1946 zur „Bildung von politischen Parteien" heißt es: „Politische Parteien können anfänglich auf einer Kreisgrundlage gemäß den nachstehenden Bestimmungen gebildet werden." Amtsblatt der Militärregierung Deutschland, Britisches Kontrollgebiet, No. 6, S. 85, Art. I Abs. 1.

14 Dr. Wilhelm *Külz* (1875–1948), Reichsminister a.D.; 1904–1912 Oberbürgermeister von Bückeburg; 1912–1923 Oberbürgermeister von Zittau; 1919–1922 Mitglied des Parteiausschusses der DDP; 1920–1933 Vorsitzender des DDP-Landesverbandes Sachsen; 1919–1920 Mitglied der Weimarer Nationalversammlung; Januar 1920–Juli 1932 MdR (DDP/DStP); 1923–1926 Bürgermeister in Dresden; Januar 1926–Januar 1927 Reichsminister des Innern; 1931–1933 Oberbürgermeister von Dresden; 1933 Zwangspensionierung mit gekürzten Bezügen; Mitarbeiter der Zeitschrift „Die Hilfe"; Post- und Telefonüberwachung; 2./3.12.1934 in Schutzhaft; Ende März 1935 Umzug nach Berlin-Wilmersdorf; Geschäftsführung der Firma „Beratung und Vertretung von Kommunen GmbH", Sommer 1938 Leiter dieses Unternehmens; 20.7.1944: Carl *Goerdeler* kurzfristig Unterkunft gewährt; November 1945–April 1948 Vorsitzender der „Liberal-Demokratischen Partei Deutschlands"; März 1947 bis Januar 1948 mit Theodor *Heuss* zusammen gleichberechtigter Vorsitzender der „Demokratischen Partei Deutschlands" für alle vier Besatzungszonen. Für die Zeit von 1933 bis 1945 vgl. SCHUMACHER (Hrsg.), 1992, S. 748f.

15 Laut *Külz* war zuerst beabsichtigt, die neu gegründete Partei „Deutsche Demokratische Partei" zu nennen. Vgl. Wilhelm *Külz* in einem Brief an Johannes *Dieckmann* vom 25.7.1945, abgedruckt in: KRIPPENDORF, 1960, S. 293f.; vgl. HEIN, 1985, S. 28–30 sowie Siegfried SUCKUT, Blockpolitik in der SBZ/DDR 1945–1949, Köln 1986, S. 15f.

16 Clemens *Bender* (geb. 1907), Kaufmann; vor 1933 Mitglied der SPD und des „Reichsbanners-Schwarz-Rot-Gold"; 1932 Mitbegründer einer „Sozialrepublikanischen Partei"; am 30.9.1945 Mitgründer der „Liberal-Demokratischen Partei" in Dortmund; 13.10.1945–4.5.1946 stellvertretender Landesvorsitzender des Landesverbandes Westfalen, seit 4.5.1946 Geschäftsführer; Februar 1947 Austritt aus der FDP.

17 Wilhelm *Hermes*, Leiter des Generalsekretariats des FDP-Zonenverbandes, beklagte noch im Mai 1946 die Behinderung durch die britische Besatzungsmacht bezüglich der Lizenzierung von Zeitungen. Vgl. SCHRÖDER, 1985, S. 67f. und S. 206f. Zur Lizenzierungspolitik der Briten vgl. KOSZYK, 1986, S. 134–142 und S. 477–483.

Dr. MIDDELHAUVE: Ist eine Gruppe vertreten, die sich nicht dem Zonenverband anschließen könnte?

(Es meldet sich keine Stimme.)

Dr. MIDDELHAUVE verliest einen Brief aus Hannover, sinngemäß folgendes: Wir bringen den Wunsch zum Ausdruck, einen Zusammenschluß aller genannten Verbände der britisch besetzten Zone in einem Verband schnellstens herbeizuführen.

Der Zusammenschluß der demokratischen Parteien ist damit gefunden worden. Wir haben wertvollste Arbeit, uns mit einzusetzen für den Aufbau unseres Vaterlandes als vierte große Partei.

Prof. HEILE: Wir bilden jetzt eine Gemeinschaft. Bei den christlichen Demokraten ist in der britisch besetzten Zone noch kein Zusammenschluß gekommen bis heute.[18]

Zu Punkt 2: Einheitliche Namensgebung

Auf Antrag hin wird Punkt 2 der Tagesordnung im Anschluß an Punkt 3 besprochen.

Zu Punkt 3: Einheitliche Programmausrichtung

Landrat Dr. HEILE (Herr Prof. Dr. Wilhelm *Heile* bittet, bei seiner Benennung die Titel fortzulassen): Bei der damaligen Gründung war es selbstverständlich, daß der Name „Demokratische Partei" sein mußte. An die Stelle des Obrigkeitsstaates mußte der Volksstaat treten. Nie zuvor in der Geschichte haben wir einen Gegensatz zu einem Volksstaat[19] erlebt wie in den letzten zwölf Jahren. Das war kein Obrigkeitsstaat, das war ein asiatischer Despotismus. Die Ursache des Zusammenbruchs dieses asiatischen Despotismus war die Schwäche dieses Staates. Wie soll der Staat aussehen, den wir jetzt schaffen?

Jede Unwahrhaftigkeit muß verschwinden, restlose Ehrlichkeit bei jedem politischen Bekenntnis, und die ist nur da möglich, wo vollkommene Freiheit besteht und die nur da, wo echte Duldsamkeit ist. Nur dann kann die Freudigkeit der Hingebung an das Ganze gedeihen, die einen Staat einig und groß macht. Warum hat unser Volk sich diese zwölf Jahre hindurch einen solchen Zustand gefallen lassen, werden wir immer gefragt, insbesondere von denen, die als Sieger jetzt in unserem Land sind. Ja, wer das nicht selber miterlebt hat, wer die Qualen nicht miterlebt hat, der kann sich das gar nicht vorstellen, wie es menschenmöglich war, daß wir, freies Volk, zu den elendsten Knechten geworden sind. Es ist nicht so, wie man uns es vorhält, daß wir untertan seien. Kein anderes Volk hat so wenig Untertanensinn wie die Deutschen.

Der Wille einer im tiefsten Grund wahren und aufrichtigen demokratischen Staatsführung ist in dem ganzen deutschen Volk lebendig, aber nach so viel Schrecken ist der Glaube verschwunden, daß das so leicht wieder aufzubauen sei. Die Menschen

---

18 Der Zonenverband der CDU in der britischen Zone ist am 5. 2. 1946 gebildet worden.
19 Vgl. Dok. Nr. 42, Anm. 3.

haben so viel Mißtrauen gegen jeden, der aufsteht und etwas Besseres schaffen will. Es glaubt niemand, daß ein Politiker Idealist sein kann. Nicht nur die Staatsführung war brutal despotisch, sondern griff über die Zweige des menschlichen Lebens, in die Wirtschaft und in das Persönliche wie in das Religiöse des menschlichen Daseins ein. Wo war die freie Wirtschaft, wo stand ein Mensch noch auf zwei Beinen, wo konnte ein Mensch nach seiner eigenen Überzeugung leben, nach seinem eigenen Gewissen leiten? Alles war kommandiert, alles war geregelt, alles Zwang. Das nannte man Sozialismus. Diese Art Sozialismus ist Vergewaltigung der menschlichen Persönlichkeit und ist deswegen durch und durch unsozial. Der soziale Gedanke will gerade die Freiheit des Menschlichen sichern. Der Sozialismus unterdrückt die menschliche Seele, die menschliche Freiheit und hat uns die Zwangswirtschaft gebracht. Soll Deutschland die Möglichkeit haben, wieder ein wirklicher Staat zu werden, und das deutsche Volk wieder ein einheitliches und freies Volk, dann müssen wir uns von allen diesen Zwangsmaßnahmen befreien und zu einer Sozialwirtschaft entwickeln und fort von dieser Zwangswirtschaft. Das ist der große und entscheidende Kampf der nächsten Jahre nicht bloß, sondern der nächsten Jahrzehnte und Jahrhunderte. Wir dürfen keine tote Maschine sein. In der Wirtschaft wie im Staat kommt es auf die Persönlichkeit an. Man hat uns in der Vergangenheit immer und immer wieder gesagt, der Staat muß frei sein, wir müssen den alten deutschen Gedanken wieder lebendig machen, der durch ein Jahrtausend fast die Menschheitsgeschichte bestimmt hat, weil die Deutschen die treuesten und die freiesten von allen waren, haben sie in diesem Sinne zusammengearbeitet, bis es in dem Hitlerismus endete. Wir wollen nichts Neues schaffen, sondern etwas ganz Altes. Wir wollen die deutsche Wiedergeburt, den deutschen Staat verwirklichen. Es gibt im Grunde nur zwei Parteien: diejenigen, die für das Vergötzen des Staates sind, und diejenigen, die den Staat und die Organisation nur zu dem einen Mittel brauchen wollen, die Menschen in Freiheit dahin zu führen, die besten Kräfte, die Gott ihnen mitgegeben hat, auszunützen zum Wohl der ganzen Menschheit.

Dr. MIDDELHAUVE: Es ist vorgeschlagen worden, einen Programmausschuß zu bilden (von allen Landesgruppen 2 Herren). Die Arbeit muß in Ruhe und mit Bedacht geleistet werden, eventuell auf einem Landsitz in der Nähe Bremens.

Dr. GREVE[20] (Hannover): Wir haben alle ein und dieselbe politische Geisteshaltung. Nicht von jedem Landesverband Personen entsenden. Die Qualifikation ist ausschlaggebend.

Dr. MIDDELHAUVE: In jeder Landesgruppe werden diese Personen vorhanden sein, und es ist das Herzensbedürfnis einer jeden geeigneten Persönlichkeit, an dem Programm mitzuarbeiten.

ALTENHAIN schlägt vor, sich heute und morgen grundsätzlich mit diesen Punkten zu befassen.

---

20 Dr. Otto Heinrich *Greve* (1908–1968), Rechtsanwalt; vor 1933 Mitglied der Deutschen Jungdemokraten, der DDP/DStP und des „Reichsbanners-Schwarz-Rot-Gold"; Februar 1946–Juni 1947 Vorstandsmitglied des Zonenverbandes der FDP in der britischen Zone; 1947–1951 MdL Niedersachsen; im Mai 1948 Übertritt zur SPD. Zu den Gründen des Austritts vgl. HEIN, 1985, S. 131 f.

Dr. HASEMANN: Programmbesprechungen können nicht im Rahmen einer großen Tagung durchgeführt werden. Ich mache den Vorschlag, sich jetzt interimistisch auf ein Programm zu stellen und danach zu arbeiten. Kleine Unterschiede dürfen uns jetzt nicht stören. Vorläufig auf ein Programm einigen. Die Kommission wird dann beauftragt, das endgültige Programm und endgültige Statuten zu formulieren.

Dr. HERTZ[21] (Bonn): Ich schlage vor, die Richtlinien[22] der Gruppe Wesermarsch als Anhaltspunkt zu nehmen. Den Ausdruck „Einheitsstaat" erachte ich als für uns im Westen etwas gefährlich.

Prof. GRESSLER[23] (Wuppertal): Festlegung auf ein Programm kann jetzt nicht in diesem großen Kreis vorgenommen werden. Die Ausarbeitung muß in die Hände einiger vertrauenswürdiger Herren gegeben werden. 4 bis 5 Herren in einen Programmausschuß hineinnehmen und von Zeit zu Zeit aus jedem Bezirk zwei Herren hinzuziehen.

BENDER (Dortmund): Ich bin mit dem Vorschlag des Herrn Dr. *Hertz* einverstanden, da immer wieder Anfragen nach Programmen gestellt werden. Landrat TANTZEN (Brake): Was die Schaffung eines Programms anbetrifft, so ist das nur auf einem generellen Parteitag möglich, Beschlüsse können wir zwar jetzt schon fassen.

BLÜCHER (Essen): Zunächst verhandlungsmäßig so vorgehen, daß Namensgebung besprochen wird und in der Pause den Bericht der Kreisgruppe Wesermarsch durchsehen.

Dr. GREVE: Richtlinien können heute und morgen ausgearbeitet werden. Allerdings ein Programm bedarf einer ganz gründlichen Arbeit, es muß staatsrechtlich und verwaltungsrechtlich genau abgefeilt und abgestimmt sein.

Dr. MIDDELHAUVE: Jeder wird bis morgen das Programm einmal durchgelesen haben.

HERMES: Ich schlage vor, über die Anregung des Herrn Dr. *Greve* abzustimmen und 5 bis 6 Herren zu bestimmen, die die Richtlinien aufstellen. Dr. HASEMANN: Das vorliegende Programm muß durchgearbeitet, abgeändert und gekürzt werden. Es soll nur als Grundlage dienen. Morgen oder übermorgen Antrag an die Militärregierung.

---

21 Prof. Dr. Rudolf *Hertz* (1897–1965), Philologe; 1930 Privatdozent an der Universität Bonn, 1938 entlassen, 1945 wieder eingesetzt; 16.1.1946–27.5.1947 Beisitzer im Vorstand des Landesverbandes „Nordrheinprovinz"; Vertreter des Landesverbandes im Zentralausschuß des FDP-Zonenverbandes; 2.10.1946–19.4.1947 ernanntes Mitglied des Nordrhein-Westfälischen Landtags.
22 Gemeint sind offenbar die „Grundforderungen der Demokratischen Union Deutschlands" vom November/Dezember 1945. Vgl. Dok. Nr. 6.
23 Julius *Greßler* (1877–1946), Lehrer; seit 1919 Dezernent für Schulwesen (in Wuppertal-Barmen); 1925–1932 Mitglied des Preußischen Landtags (DDP/DStP), zuletzt für den Wahlkreis Düsseldorf-Ost; Tätigkeit im Kommunalpolitischen Ausschuß der Partei; nach 1945 vom FDP-Vorstand des Landesverbandes Nordrheinprovinz als Mitglied des Provinzialrates (Düsseldorf) vorgeschlagen.

Tagung der Demokraten 7.1.1946 **8a.**

BENDER: Das abgeänderte Programm muß auch erst wieder genehmigt werden, und das könnte 4 Wochen dauern.

WIRTHS (Wuppertal): Ich schlage vor, daß Vertreter von Rheinland und Westfalen das Programm durchsehen, abändern, kürzen und einreichen.

Prof. HEILE: Die Richtlinien müssen aus wenigen, klaren Grundsätzen bestehen.

LIEUTENANT: Einheitliche Richtlinien müssen eingereicht werden, Programm später.

FRIEDRICH[24] (Münster): Anhand von einem oder zwei Programmen müssen sich die verschiedenen Gruppen aussprechen, Richtlinien ausarbeiten und morgen vorlegen. Diese Richtlinien sollen dann unserem Programm als Grundlage dienen. Besonders zu beachten sind folgende Punkte: Einheitsstaat, Schulfrage, Wiederaufbau der Volkswirtschaft, Kollektivschuld.

Für die Aufstellung der Richtlinien werden folgende Herren in Vorschlag gebracht: Landrat *Heile* (Bremen); *Friedrich* (Münster); *Schumacher-Hellmold* (Bonn); *Hermes* (M.-Gladbach); Prof. *Greßler* (Wuppertal); Landrat *Tantzen* (Brake); *Bender* (Dortmund); *Blücher* (Essen); Dr. *Middelhauve* (Opladen); ferner: *Lieutenant* (Dortmund); *Dietrich*[25] (Marburg).

Dr. GREVE: Kollektivschuld ist kein Programmpunkt.

Prof. GRESSLER: Für die propagandistische Tätigkeit ist ein Programm notwendig. Schon heute die Herren und den Termin für den Programmaustausch festlegen.

FRIEDRICH: Die britische Zone arbeitet nach den morgen herausgehenden Richtlinien.

BLÜCHER: Ich unterstütze den Antrag des Herrn Prof. *Greßler*. Wir müssen fordern ein mindestens auf die Ausführung aller herausgestellten Richtlinien eingestelltes Kurzprogramm.

HERMES: Morgen durch ein größeres Gremium die Vertreter für Programmausschuß bestimmen.

---

24 Helmut *Friedrich* (1909–1974), Kaufmann; vor 1933 parteilos; 1945 Mitbegründer der „Demokratischen Partei (Berufsständische Union)" in Münster; Oktober 1945 bis März 1946 stellvertretender Vorsitzender im Präsidium der „Liberal-Demokratischen Partei, Landesverband Westfalen" (seit Januar 1946 als Freie Demokratische Partei), Vorsitzender der Bezirksgruppe Westfalen-Nord; am 1.4.1946 aufgrund eines Beschlusses des Zonenvorstandes von sämtlichen Parteiämtern entbunden bis zur „vollständigen Klärung" der von *Friedrich* beantragten Wiederaufnahme eines gegen ihn „im Jahre 1932 eingeleiteten Strafverfahrens". Schreiben von Wilhelm *Hermes* an *Friedrich* vom 2.4.1946, NL Altenhain, RWN 203, Bd. 2.

25 Es handelt sich hier nicht um Hermann *Dietrich*, den früheren Reichsminister der Weimarer Zeit und Vorsitzenden der Deutschen Staatspartei. Hermann *Dietrich* war vor 1933 langjähriger Vorsitzender der Demokratischen Partei in Baden und wohnte 1945 in Allensbach am Bodensee.

Dr. HASEMANN: Jetzt Vorschläge für das nun auszuarbeitende Programm.

Landrat TANTZEN: Für den 19. und 20. ist eine Tagung in Oldenburg vorgesehen. Die Kommission muß vorher zusammentreten.

Prof. HEILE: Bestimmte Programmpunkte werden in verschiedenen Gegenden nicht passen. Wir müssen uns überlegen, ob gewisse wirtschaftliche Punkte in einem Programm für alle Zonen festgelegt werden können. Zeitpunkt nicht zu kurzfristig wählen.

Dr. MIDDELHAUVE schließt sich den Ausführungen des Herrn Prof. *Heile* an. Der Rahmen darf nicht zu eng gezogen werden. Ist es möglich, daß bis Ende Januar ein Programm fertiggestellt ist?

Prof. HEILE: Das Programm muß in die einzelnen Bezirke zurückgegeben werden können zur Überprüfung. Spielraum für lokale Interessen muß bleiben. Um den Wünschen des Herrn *Tantzen* entgegenzukommen, kann das Programm als vorläufiges Programm ohne vorherige Überprüfung in Oldenburg herausgegeben werden.

Landrat TANTZEN: Tagung kann verschoben werden. Treffpunkt Hannover.

FRIEDRICH: Richtlinien ausarbeiten für sofort. Programm wird später ausgearbeitet für die Reichszone. Kommission aus allen Zonen. Wir wollen einem Reichsprogramm nicht vorgreifen.

Prof. GRESSLER: Morgen die Richtlinien ausarbeiten. Ab übermorgen Werbung in den einzelnen Orten und dazu ist ein ausgefeilteres Programm erforderlich, als heute von 11 Personen ausgearbeitet werden kann. Wir können noch kein Reichsprogramm ausarbeiten. Zunächst müssen wir an die nächstliegende Aufgabe denken, daß wir in der britischen Zone stark werden.

LIEUTENANT: Am 3. und 4. Parteitag in Weimar. Dazu sind Einladungen ergangen.[26]

Dr. MIDDELHAUVE bittet die Herren, sich kurz zu fassen. Es haben sich zu viele zu Wort gemeldet.

Landrat TANTZEN: Was in Berlin geschieht, ist für uns vollkommen uninteressant. (Starker Widerspruch.) Es können in Berlin keine Programme für Deutschland gemacht werden.

Prof. GRESSLER: Wir können nicht beurteilen, unter welchen Einflüssen diese Menschen in Berlin arbeiten. Wir müssen damit rechnen, daß wir reinen Herzens demnächst wieder mit diesen Deutschen zusammenarbeiten können.

---

26 Am 3./4. Februar 1946 fand in Weimar die erste Delegiertenkonferenz der „Liberal-Demokratischen Partei Deutschlands" statt. Delegierte aus den westlichen Zonen nahmen nicht teil.

Tagung der Demokraten 7.1.1946 **8a.**

Dr. MIDDELHAUVE stellt Antrag auf Schluß der Debatte. Abstimmung über die Arbeit der Kommission.[27] Antrag mehrstimmig angenommen.[28]

Zu Punkt 2: Einheitliche Namensgebung

BENDER: Vorschlag: „Liberal-Demokratische Partei". In anderen Zonen befinden sich ebenfalls „Liberal-Demokratische Parteien".

DURLAK (Krefeld): Warum an das Wort „Demokratie" ein Anhängsel anbringen? Vorschlag: „Demokratische Partei Deutschlands".

HERMES plädiert für den Hamburger Namen „Freie Demokratische Partei".

Dr. MÜLLER-USING[29]: „Deutsche Aufbaupartei".

Dr. GREVE: Man hat uns gesagt, die Worte „Liberalismus" und „Demokratie" seien madig geworden, man hat uns aber nicht gesagt, was „liberal" und „demokratisch" ist, es kommt darauf an, was wir aus diesen Worten machen. Vorschläge: „Liberal-Demokratische Partei". Wie ist die Wirkung in der Propaganda?

Dr. KOCH[30]: Vorschlag: „Liberal-Demokratische Partei".

Dr. HASEMANN: Es ist ein sehr bedauerlicher Umstand, daß einige kleine Dinge die Arbeit erschweren. Wir sind Demokraten der Demokratie wegen, wir wollen nicht für eine Klasse oder Religion etwas erreichen. Nach diesem Kriege ist keine politische Frage zu lösen, wenn nicht die soziale Frage gelöst wird, aber wir werden uns bei weitem nicht „Sozialdemokraten" nennen. Wir wollen uns nicht mit den alten demokratischen Parteien identifizieren. Vorschlag: „Demokratische Union Deutschlands".

Prof. GRESSLER: Ich warne vor dem Namen „liberal". Dieses Wort wird in Kreisen der Arbeiter und Angestellten falsch aufgefaßt. Wir wollen außerdem bei dem schönen Wort „Partei" bleiben.

SCHUMACHER-HELLMOLD: Es ist für uns nicht von entscheidender Bedeutung, daß in der russischen Zone sich eine „Liberal-Demokratische Partei" gebildet hat. Das

---

27 Der Programmkommission für die Aufstellung von Richtlinien gehörten außer den oben genannten Personen noch Stefan *Durlak* und Paul *Heile* an. Vgl. das Protokoll von *Hermes*, a.a.O.
28 Es wurde beschlossen, das Oldenburger Programm (vgl. Anm. 22) als Kurzprogramm – im Sinne von Richtlinien – für den Zonenverband zu übernehmen und bis zum nächsten Verhandlungstag von der Programmkommission „überprüfen" und „notfalls" stilistisch ändern zu lassen. Vgl. das Protokoll von *Hermes*, a.a.O. Dies scheiterte jedoch aus Zeitgründen.
29 Dr. phil. habil. Detlev *Müller-Using* (1907–1975), Biologe; 1945 Mitglied der „Aufbaupartei" in Hannoversch-Münden (nach der Opladener Zonenverbandsgründung und einem Beschluß der Kreisgruppe Umbenennung in „FDP (Aufbaupartei)". Vgl. das Schreiben von *Müller-Using* an Wilhelm *Heile* vom 12.1.1946, NL Heile 78).
30 Vermutlich Dr. Walter *Koch*, Buchhändler; Gründungsmitglied der FDP in Mülheim/Ruhr; später Übertritt zur Deutschen Rechtspartei (DRP). (Im Protokoll von *Hermes*, a.a.O., wird ein Dr. *Koch* aus Oberhausen erwähnt.)

Epitheton ornans „liberal" birgt für uns hier im Westen bei der konfessionell gebundenen Bevölkerung eine gewisse Gefahr. Allzugern werden mit ihm liberalistische und darüber hinaus ausgesprochen antichristliche und kirchenfeindliche Tendenzen verbunden. Bedürfen wir überhaupt eines schmückenden Beiworts? Sehen wir nicht in dem Zusatz „sozial" oder „christlich" eine Minderung des demokratischen Gedankens? Eine Verbindung mit der alten „Demokratischen Partei" vor 1933 müssen wir selbstverständlich auch in der Namensgebung meiden. Ich schlage daher den schlichten Namen „Demokratische Partei Deutschlands" vor.

BLÜCHER: „Freie Demokratische Partei".

Landrat TANTZEN: „Union Freier Demokraten Deutschlands".

WIRTHS: Der Vorschlag „liberal" kommt aus vorwiegend katholischen Gegenden und kann nicht für die ganze britische Zone gewählt werden. (Frage über die Abstimmung des Namens der Partei.)

Landrat Dr. HEILE: Alle Politik will werben, um sich durchzusetzen. Wir wollen uns nicht durchsetzen, um für uns etwas herauszuholen. Alles was edel im Menschen, ist liberal. Liberal ist der Kampf Luthers, liberal ist ..., liberal ist das, was uns einst im Kampf gegen die Tyrannei vereinte. Ich sage das, weil es mir ein Herzensbedürfnis ist, um diesem verzerrten Namen seine Ehre wiederzugeben. Diese Frage, ob man mit dem Namen in den Wahlkampf gehen kann, ist keine Frage. Sind die Herzen stark genug, um diesen Kampf aufzunehmen? Die Republik ist geschlagen worden, weil die Anhänger keinen rechten Glauben mehr hatten.

Ich streite nicht um Worte, es kommt mir auf die Sache an. Welchen Namen wir auch wählen, es kommt nur darauf an, mit welcher Gesinnung, mit welchem Glauben wir an unsere Arbeit herangehen. Sind wir überzeugt, daß wir recht haben, sind wir überzeugt, daß unser Volk der gerechten Sache dienen will, dann können wir uns durchsetzen. „Ist sie eine Bewegung von Gott, so könnt ihr sie nicht dämpfen, ist sie nicht von Gott, so wird sie zugrunde gehen", und ich glaube, daß unsere Sache von Gott ist. Wenn nun hier die Namen vorgeschlagen sind, so möchte ich sagen, jeder dieser einzelnen Namen ist lokal der beste, der bequemste für den Kampf, aber wahrscheinlich für unseren großen Bezirk nicht. Wollen wir das Wort „liberal" nicht gebrauchen, so wollen wir sagen „Demokratische Partei" und nicht mit dem Zusatz „Deutschland". Kein Engländer würde zu dem Namen der Partei den des Landes hinzufügen. Die damalige „Deutsche Demokratische Partei" nannte sich später „Staatspartei"[31], mit der man keinen Staat machen konnte. Man hatte nicht mehr den Mut, mit dem eigentlichen ehrlichen Namen in den Kampf zu gehen. Wir wissen, daß weitaus der größte Teil unseres Volkes unseren Gedanken teilt. Die, die abseits stehen, ahnen nicht, was wir wirklich denken. Der Glaube ist eine Kraft, die Berge versetzen kann. Unser Glaube wird Hindernisse überwinden, alles andere kommt dann von selbst.

Dr. MIDDELHAUVE: Ich hoffe, daß es zu keiner Diskussion kommt und wir uns darüber einig werden, unter diesem Namen zu gehen.

---

31 Der Gründungsaufruf der „Deutschen Staatspartei" erfolgte am 28. 7. 1930. Vgl. ALBERTIN/WEGNER, 1980, S. XLIV.

Tagung der Demokraten 7.1.1946 **8a.**

HERMES: Jeder Bezirk kann ja vorläufig noch seinen bisherigen Namen hinzufügen.

WIRTHS: Es ist eine Erklärung der Militärregierung gegenüber erforderlich, daß wir um Genehmigung des Zusammenschlusses aller demokratischen Kräfte in der „Demokratischen Partei" bitten.[32]

Dr. HASEMANN: Der Antrag kann ohne weiteres gestellt werden. Wir können der Militärregierung nur Eindruck damit machen.

Dr. MIDDELHAUVE: Wir wollen und dürfen keine halbe Arbeit leisten und wollen uns einheitlich „Demokratische Partei" nennen. Wir haben einen Namen gefunden, der Raum hat für alle.

Prof. HEILE: Ich habe von Hamburg nicht die Vollmacht, den Namen zu ändern.

Landrat HEILE beantragt Beschluß für den Gesamtnamen „Demokratische Partei" für die britische Zone.[33]

Landrat TANTZEN: Ich halte es für möglich, daß es für Oldenburg und Braunschweig durchgesetzt werden kann. Für Schleswig-Holstein werden wir in eine schwierige Situation geraten.

Dr. HASEMANN: Wir müssen die Militärregierung um Zusammenschluß nachsuchen und dürfen sie nicht vor die Tatsache stellen.

WIRTHS schlägt vor, 1 oder 2 Herren ins Hauptquartier zu schicken, um Zonenverband mit Untergliederungen anzumelden und gleichzeitig sämtliche Unterlagen zu überreichen.

HERMES: Wir bitten den anwesenden Vertreter der Militärregierung, unserem Antrag die Wege zu ebnen.

---

32 In einem vom 19.1.1946 datierten Brief an Lt. Col. *Annan* (Political Division, Control Commission) in Lübbecke beantragte Wilhelm *Heile* die Zulassung der „Freien Demokratischen Partei" als Zonenpartei. Der Zulassungsantrag war außerdem unterzeichnet von Bruno *Schröder* für die „Demokratische Union für Hannover und Braunschweig", von Eduard *Wilkening* für die „Partei Freier Demokraten Hamburg", von Theodor *Tantzen* jun. für die „Demokratische Union Oldenburg-Wesermarsch" und von Dr. Friedrich *Middelhauve* für den „Landesverband Nordrheinprovinz der Demokratischen Partei Deutschlands". Andere „Parteien und Gruppen" des Zusammenschlusses wurden einzeln aufgeführt: „Liberal-Demokratische Partei" Münster, Bielefeld, Hagen, Dortmund, Essen, Remscheid; „Demokratische Partei" Wuppertal, Düsseldorf, Haan (Rhld.), Solingen, Moers, Krefeld, Neuss, Kempen (Rhld.), „Partei der aktiven Volksdemokraten" in Duisburg-Hamborn; „Deutsche Aufbau-Partei" in Opladen; „Deutsch-Demokratische Bewegung" in Bonn und Siegburg; „Sozialliberale Partei Deutschlands" in Rheydt, M.-Gladbach und Aachen; „Deutsch-Demokratische Bewegung" in Gummersbach; „Demokratische Volkspartei" in Bremen. Public Record Office, FO 1014/557. Vgl. Dok. Nr. 8b, Anm. 13. Vgl. SCHWARZE, 1984, S. 314, Anm. 31. Die Genehmigung zur Bildung einer Zonenpartei wurde am 14.2.1946 erteilt. Vgl. SCHRÖDER, 1985, S. 34f.
33 Nach Wilhelm *Hermes* entschieden sich die Delegierten unter dem Einfluß von Wilhelm *Heile* in einer „Suggestivabstimmung" mit „deutlicher Mehrheit" zunächst für den Namen „Demokratische Partei". Ungeachtet dessen kam es anschließend zu einer „langen Debatte" über die Namen. Vgl. das Protokoll von *Hermes*, a.a.O.

(Weitere Diskussionen über den Namen.)

Vorschläge für die morgige Tagung: „Demokratische Partei" und „Partei Freier Demokraten".

Zu Punkt 4: Organisation des Zonenverbandes

Hermes verliest seinen aufgestellten Organisationsplan.[34]

Dr. Middelhauve bittet um Vorschläge für vorläufige Organisation.

Durlak: Das Schwergewicht liegt in den Kreis- und Ortsgruppen.[35]

Prof. Heile: Wir haben heute nicht viel Zeit für diese Frage. Vorstand auf die Dauer eines Jahres wählen. Es ist unsere Aufgabe, einen Vorstand für die Zone zu schaffen.

Dr. Middelhauve: 25 Herren für den Zonenvorstand wählen, davon 5 Herren für den Geschäftsführenden Vorstand entnehmen. Zunächst aktionsfähig sein.

Prof. Heile: Der Geschäftsführende Vorstand soll Vollmachten erhalten zur Ausarbeitung von Spezialbroschüren. Es sind nach freier Wahl geeignete Persönlichkeiten hinzuzuziehen.

Landrat Tantzen: Ich bin mit den bisherigen Beschlüssen keineswegs einverstanden. In einer „Demokratischen Partei" mache ich nicht mit. Mein Vater ist aus dieser Partei seinerzeit ausgetreten[36], ich selbst bin auch ausgetreten.

Landrat Dr. Heile: Nein, Ihr Vater ist nicht aus der „Demokratischen Partei" ausgetreten, sondern aus der „Staatspartei".

(Landrat Tantzen lehnt es ab, weiter in der Partei mitzuarbeiten, und ist im Begriff, die Versammlung zu verlassen.)

Kaiser[37] (Siegburg): (Ist über das Verhalten des Herrn Landrat *Tantzen* empört und sagt ihm offen seine Meinung, um daraufhin die Versammlung zu verlassen. Später beteiligt er sich wieder an der Besprechung.)

---

34 Wilhelm *Hermes* ging vom Reichsparteikongreß als oberster Spitze der Partei aus. Der Reichsverband sollte die vier Zonenverbände umfassen, die in ihrem räumlichen Umfang den einzelnen Besatzungszonen entsprachen. In die Zonenverbände sollten die einzelnen Landesverbände eingegliedert sein, in die Landesverbände die Bezirksgruppen und in die Bezirksgruppen die Ortsgruppen. Vgl. das Protokoll von *Hermes*, a.a.O.
35 *Durlak* wollte im Gegensatz zu *Hermes* die Organisation „nicht von oben nach unten, sondern von unten nach oben" aufbauen. Protokoll von *Hermes*, a.a.O.
36 Theodor *Tantzen* sen. hatte am 26. 4. 1930 seinen Austritt aus der DDP erklärt.
37 *Kaiser* sen., Bäckermeister und Konditor; Mitglied der „Deutschen Demokratischen Bewegung" in Siegburg, trat im Oktober 1946 von seinem Amt als Vorsitzender des Sieg-Kreises zurück. Die Anschuldigungen betrafen die Ausübung seines Amtes; außerdem wurde ihm denunziatorisches Verhalten kurz vor dem Kriegsende vorgeworfen. Vgl. die „Notizen zu der am 17.10. 1946 [...] in Siegburg stattgefundenen außerordentlichen Sitzung des Vorstandes der Kreisgruppe der FDP" und die „Aktennotiz zur Delegiertentagung in Siegburg am 27. 10. 1946", AdL-NL Rapp, N 28-6.

Tagung der Demokraten 7.1.1946 **8a.**

(Landrat *Tantzen* verläßt ebenfalls die Versammlung.)

BLÜCHER: Das Verhalten des Herrn *Tantzen* ist unglaublich. (Äußert sich über die sture Haltung des Herrn *Tantzen* als Landrat [der ihm] unterstellten norddeutschen Gebiete uns Rheinländern gegenüber bezüglich der Verpflegung.)[38] Seinerzeit war es unmöglich, 50000 Ztr. Kartoffeln zu beziehen, doch später konnte bei einem Tausch gegen eine entsprechende Menge Thomas-Mehl geliefert werden. Wir hier im Westen wissen nicht, was künftig mit uns geschieht, eines Tages steht man vielleicht wieder mit französischen Bajonetten hier. Im Interesse des Zusammenschlusses stellen wir keine Ansprüche und erwarten auch von den Herren dieser Gebiete ein entsprechendes Entgegenkommen.

Landrat Dr. HEILE: Ich werde mit Herrn *Tantzen* sprechen. Ich werde selbst in die Kreise gehen, mit einflußreichen Persönlichkeiten und seinem Vater sprechen. Konsequenzen müssen, wenn alle Bemühungen vergebens, nicht hier, sondern in Oldenburg gezogen werden.

Dr. MIDDELHAUVE spricht Herrn Landrat Dr. *Heile* den Dank aller Anwesenden aus.

BLÜCHER: Unabhängig von der Ernennung des Landesverbandes soll die Gründung des fünfköpfigen Geschäftsführenden Vorstandes sein.

Dr. MIDDELHAUVE: Landrat *Tantzen* war bereit, sich als Geschäftsführer zu betätigen.

BLÜCHER: Auf keinen Fall einen unbequemen Mann als Geschäftsführer, sondern in den Vorstand. Wir brauchen einen Generalsekretär und keinen Generaldiktator.

Prof. HEILE stimmt dem Vorschlag des Herrn *Blücher* zu.

BLÜCHER: Ich schlage Herrn Landrat Dr. *Heile* als 1. Vorsitzenden und Herrn Dr. *Hasemann* als weiteres Vorstandsmitglied vor.

Landrat Dr. HEILE: Ja, der Entschluß war bei mir schon gefaßt, als die Frage in Hannover auch an mich gerichtet wurde. Im normalen Verlauf meines Lebens wäre es für mich eine Selbstverständlichkeit gewesen, da ich über 40 Jahre ausschließlich meine Arbeit dem politischen Leben gewidmet habe. Im Augenblick fällt es mir nicht so leicht, weil ich vor einigen Monaten mich dazu bereit erklärt hatte, die Leitung meines Heimatkreises zu übernehmen. Früher hatte ein Landrat nicht mehr zu tun als jeder andere Beamte auch. Was in diesen 6–7 Monaten zu leisten war, ging fast über die Kraft; von 6.00 Uhr früh bis nachts um 2.00 Uhr, einen anderen Tag dazwischen gab es nicht. Die englische Regierung[39] hat uns das Amt aufgezwungen,

---

38 Es gab keine zentralen Instanzen, die die Nahrungsmittelversorgung im Sinne einer überregionalen, auf Ausgleich ausgerichteten Verteilung geregelt hätten. Die Zonen zerfielen in „Überschußgebiete" und „Zuschußgebiete". Vgl. Ullrich SCHNEIDER, Niedersachsen 1945/46. Kontinuität und Wandel unter britischer Besatzung, Hannover 1984, S. 89; TRITTEL, 1990, S. 75.

39 Die von der britischen Militärregierung 1945 ernannten Landräte trugen zunächst – in Abstimmung mit dem Kreis-Militärkommandanten – die alleinige Verantwortung für ihren Kreis. Vgl. Hans-Georg WORMIT (Hrsg.), Die Landkreisordnungen in der Bundesrepublik Deutschland, Köln 1960, S. 35; Hermann BECKSTEIN, Selbstverwaltung und Selbstorganisation in der Besatzungszeit. Die Landkreise in Nordrhein-Westfalen in den

und jetzt habe ich mir einen Oberkreisdirektor gesucht, der nun diese Arbeit bereits übernommen hat. Für die nächsten Wochen ist das für mich keine Entlastung; denn ich muß ihn einführen. Dann wird eine Erleichterung kommen. Mein Heimatkreis hat wohl am meisten gelitten; 1/3 der Häuser liegt am Boden, in den Städten und in den Dörfern. Es ist doppelt schwer, die selbstverständliche Pflicht zu erfüllen, da trotz des guten Willens der englischen Offiziere – die unsere Regierung darstellen – die Arbeit durch eine erhöhte Bürokratie erschwert ist. Innerlich schamrot läuft man durch die Häuserreihen, daß man so wenig geschafft hat, da wir die Machtmittel nicht haben. Es drückt auf mein Gewissen, wenn ich mich nun nicht mehr dieser Arbeit in dem bisherigen Maße widmen kann. Ich bin dort beheimatet. Wenn man so mit der Heimat verwachsen ist (ein reiner Bauernkreis), kann man nicht so leichten Herzens diese Arbeit liegen lassen. Nachdem ich Jahrzehnte hindurch immer in einer hoffnungslosen Opposition gestanden habe und man im Überfluß an Klugheit vor lauter Klugheit nicht zum Tun kam, kann ich jetzt nicht sagen "nein". Ich verspreche Ihnen, wenn man mir dieses Amt anvertraut, daß ich es führen werde mit aller Energie, und hoffe, daß ich auch die Kraft finden werde, die Arbeit, die von mir erwartet wird, zu leisten. (Beifall.)

Dr. *Middelhauve* reicht Herrn Landrat Dr. *Heile* in Dankbarkeit die Hand.

Nachkriegsjahren, in: Geschichte im Westen, 6 (1991), S. 177. Zur Frage der späteren rechtlichen Regelungen durch die britische Militärregierung vgl. Edzard SCHMIDT-JORTZIG, Die Entwicklung des Verfassungsrechts der Kreise, in: Landkreistag Nordrhein-Westfalen (Hrsg.), Hundert Jahre Kreisordnung in Nordrhein-Westfalen, München 1988, S. 105, Anm. 66.

8b.

8.1.1946: Aktennotiz über die Tagung der Demokraten (2. Tag)

AdL-3. Beginn: 10.30 Uhr. Ort: Opladen, „Hotel Post".[1]

Eröffnung der Tagung durch Herrn Dr. MIDDELHAUVE. Begrüßung der Anwesenden[2], insbesondere der Herren aus anderen besetzten Zonen: Herrn *Dietrich* (Mar-

---

[1] Nach dem Protokoll von Wilhelm *Hermes* vom 10.1.1946 fand am 8.1.1946 um 8 Uhr die geplante Besprechung der Kommission zur Fertigstellung des Kurzprogramms statt. Laut Protokoll waren anwesend: *Bender, Blücher, Durlak, Friedrich, Greßler, Heile, Heinsch, Hermes, Lieutenant, Middelhauve, Schumacher-Hellmold,* ein Vertreter des Landesverbandes Oldenburg. Themen waren: die Bildung eines Geschäftsführenden Vorstandes, der Sitz des Generalsekretariats, die Aufteilung der Geschäftsführung sowie die Höhe des Mitgliederbeitrages. Abschließend wurde das Oldenburger Programm „eingehend durchgesprochen und bearbeitet". Aus zeitlichen Gründen konnte die Überarbeitung nicht beendet werden. Deshalb sollte der „Vollversammlung" vorgeschlagen werden, Wilhelm *Heile* mit der Überarbeitung des Kurzprogramms zu beauftragen.

[2] Anwesend waren: „Etwa 200 Delegierte vieler Kreis- und Stadtgruppen der Landesverbände Schleswig-Holstein, Ostfriesland, Oldenburg, Hamburg, Bremen, Hannover, Braunschweig, Westfalen und Nordrheinprovinz der freien und liberalen Demokraten; außerdem Gäste aus Berlin und der russischen Zone [...] Als Vertreter der Presse war

Tagung der Demokraten 8. 1. 1946 **8 b.**

burg); Herrn *Lieutenant* (Berlin); Vertreter der Militärregierung, Herrn Leutnant *Forster*.

Dr. MIDDELHAUVE bittet den 1. Vorsitzenden der Partei, zu den Anwesenden zu sprechen.

Landrat Dr. HEILE: Der Antrag, den mir Ihr Vorsitzender erteilt hat, ist bestimmt der Auftrag, den ich gerne erfüllen möchte. Ob es gelingt, das zu sagen, was in Ihrer aller Herzen jetzt lebendig ist, kann ich nicht wissen. Aber ich will mich bemühen, es zu tun; denn in meinem Herzen brennt dasselbe Leid und die Hoffnung wie in Ihrer aller Herzen. Wir kommen aus einem Jahrzwölft, das grausiger war als bloße Finsternis. Unser Volk ist niedergefahren zur Hölle und hat alle Qualen, wie sie Dante nicht zu schildern vermocht hat, erlebt und muß wieder auferstehen und muß das deutsche Volk selber werden. 12 Jahre lang sind wir nicht das deutsche Volk gewesen, sondern eine zusammengezwungene Herde von Untertanen, die gehorchen mußte, soweit nicht der einzelne bereit war, den Weg des Märtyrers zu gehen. Wir wissen, daß draußen in der Welt gesagt wird, daß wir ein erbärmliches Volk seien, das sich so hat knechten lassen. Die, die so selbstgerecht über uns urteilen, möchten einmal nach hier kommen und sich erzählen lassen, wie das wirklich gewesen und gekommen ist, dann würden sie die Nase nicht so hoch nehmen. Die Terrorbanden sind über unser Volk hinausmarschiert, und die anderen Völker haben unter dieser Knute genauso reagiert wie wir. Ich erhebe keine Anklage gegen sie ... (gekürzt im Text).

Das deutsche Volk steht in Menschenwürde und Stolz keinem anderen Volk nach. All das, was uns jetzt auf der Seele brennt, dessen wir uns schämen, war nicht deutsch, das ist fremdes Blut, fremder Geist.

Wenn dieser Geist zur Macht kommen konnte, so ist das das bittere, traurige Schicksal unseres Volkes, das unter dem Druck der ganzen Menschheit lebte, nach dem Ausgang des Krieges 1914/18 unten lag und dann erst wieder seine Rechte erlangen mußte. Viele gingen dann einen Weg, den sie bestimmt nicht gegangen wären, wenn sie gewußt hätten, was sie taten. Ich will nichts entschuldigen. Für das, was auf uns lastet, tragen wir nun die Verantwortung. Und wenn die nächste Folge davon ist, daß wir neben der unerhörten Last des Wiederaufbaus unserer zerstörten Städte und Dörfer, des Volkslebens und des Wirtschaftsdaseins auch noch den Hauptteil des Aufbaus in den anderen Ländern zu tragen haben, so wollen wir das nicht als von den anderen Aufgezwungenes entgegennehmen, sondern es ist unser Recht, es zu tun. Wir wollen rein sein vor unserem Gewissen; die Blutschuld der Menschen, die deutschen Namen trugen, werden wir nun auf uns nehmen. Wir lehnen es ab, dafür seelisch und moralisch verantwortlich gemacht zu werden. Unser Volk ist nicht schlechter als die anderen. Ich habe viel unter anderen Völkern gelebt, und mein Weg hat es mit sich gebracht, daß ich wirtschaftlich und politisch mit fast allen Ländern Europas viel zusammengearbeitet habe. Mein Eindruck war: Die Besten in den anderen Ländern sind nicht anders als die Besten bei uns, und die anderen sind auch nicht anders als wir. Und wenn auch etwas Wahres daran ist, daß

Herr *Rademacher* von der ‚Neuen Rheinischen Zeitung' anwesend." Protokoll von Wilhelm *Hermes*, NL Altenhain, RWN 203, Bd. 4.

der Mensch durch seine Geburt die Farbe seines ganzen Lebens erhält. Es ist Theorie, Völker zu einer einheitlichen Rasse zu erziehen, es ist kein erhebliches Glück, alle Völker einheitlich zu machen. Unser Volk ist kein rein germanisches Volk, und es hat auch wohl nie eines gegeben. Selbst wenn Tacitus sagte, wir seien eine einheitliche Rasse, so war das die elegante Schreibweise eines römischen Journalisten. Das, was unsere Nazis aus dem Rassegedanken von der Reinheit des Blutes gemacht haben, und was sie daraus haben machen wollen – als ob es sich um Viehzucht gehandelt hätte – war besonders töricht. Aus allen Völkern ist etwas zu uns gekommen und vielleicht gerade durch die Mischung erhält man etwas Starkes. Es ist töricht, sich ein Ideal zurechtzumachen, was kein Ideal sein kann. Wir leben im Herzen Europas, und daher grenzen wir an all die anderen um uns herum und werden immer mit ihnen verbunden sein. Was Tatsache ist, das muß man auch wollen. Und das ist es, was das deutsche Volk in einzigartiger Größe gewollt und geleistet hat.

Es hatte den Ehrgeiz, Träger der Menschheit zu sein. Man wollte das römische Reich deutscher Nation ... (gekürzt im Text). Es ist eine Zeit gekommen, in der unserem deutschen Volk immer wieder von außen her und dann von innen her nahegebracht wurde: Was ist das ein lächerlicher Haufen von Einzelstaaten! Ihr müßt nach Macht streben. Macht ist alles! Dieser Machtstaat setzte sich durch unter dem Vorwand, es sei ein Krieg der Glaubensrichtungen, mit dem 30jährigen Krieg vergleichbar, der nichts anderes war als ein Machtkrieg gegen die deutsche Einheit. (Es folgen Beispiele aus der deutschen Geschichte.)

Der staatliche Machtwille zerstörte das Reich. Wir hatten nicht den rechten Glauben daran, daß das Herz und nicht der Geist der Völker allein entscheidet. Der glühende, leidende Nationalsinn eines Mannes wie Friedrich Schiller hat es uns ganz deutlich und stark gesagt, daß das gerade die Vaterlandsliebe der Deutschen sein müsse, Diener der Menschen zu sein. Ich denke an einen Gedichtentwurf aus dem letzten Jahre seines Lebens (1805), als die Heere der französischen Revolution unter Napoleon gegen die deutsche Kaisermacht kämpften. Auch hier versagte der Machtstaat Preußens durch Verrat der Deutschen. Da schrieb Schiller sein schönstes Gedicht: Wir Deutschen haben eine andere Aufgabe als die anderen Völker, wir haben nicht nur an uns zu denken, da wir im Herzen Europas wohnen. Führen heißt dienen und nicht herrschen. Es entspricht deutschem Wesen und deutschem Charakter. Mögen andere Völker anders erleben, mag der Brite diesen Weg gegangen sein. Mag der Franke (Franzose) den anderen Weg gegangen sein. Dem Deutschen ist anderes beschieden. Jedes Volk hat seinen Tag in der Geschichte, doch die Arbeit der Deutschen ist die Ernte in dieser Zeit. An dieses Wort Schillers knüpfe ich an, indem ich Ihnen ans Herz legen möchte, sich durchdringen zu lassen von dieser Leidenschaft, in der das nationale Empfinden das Menschheitsempfinden wird. Wir können unser eigenes Wesen nicht erfüllen, wenn wir nicht Diener der Menschheit sind. Das ist, was uns stolz machen kann auch im Unglück. Stolz in dem Bewußtsein, daß wir Deutsche eine große Aufgabe haben, die uns vom Schicksal gestellt ist, und daß wir die Kraft in uns fühlen, die Aufgabe zu leisten. Wollen wir sie leisten, so müssen wir dafür sorgen, daß unser deutsches Volk in seinem Wesen und auch in seinem Staatsaufbau zunächst einmal wieder deutsch wird. Deutsch ist demokratisch. Deutsch ist nicht die eiserne Disziplin und die Unter-

Tagung der Demokraten   8. 1. 1946   **8 b.**

ordnung, das können andere Völker auch, deutsch ist das Demokratische. Auf einem anderen Erdteil ist einmal eine Debatte gewesen, wo die größte politische Freiheit gewesen sei. George Washington erklärte dazu: „Die Freiheit der Welt ist in den Urwäldern der Germanen geboren." Auch Wittekind war Bauer wie jeder andere auch und hatte kein Führerrecht. Er trug keine Krone und Purpurmantel. (Andere Beispiele aus der deutschen Geschichte folgten.)

Die englische Regierung hat uns auferlegt, von unten nach oben demokratisch zu schaffen. Wir wollen unseren eigenen Staatsgedanken selbst ausführen, und er soll uns nicht Zwang sein. Wir haben es oft erlebt, daß man von Demokratie sprach und Macht meinte. Demokratie heißt: freier Zusammenschluß, weil sie sich freudig zusammenschließen. Während der vergangenen zwölf Jahre hat niemand Freude am Staat gehabt. Im tiefsten Unglück empfinden wir es als Dankbarkeit, daß nun endlich einmal Schluß ist mit dieser Unterdrückung, daß wir uns frei unser Staatsleben aufbauen können. Wir müssen unsere Demokratie aufbauen im Geiste der Freiheit und Duldsamkeit; wenn man nur das tun will, was einem alleine paßt, gehört man nicht in einen demokratischen Staat. Die Freiheit des einzelnen hört da auf, wo die Freiheit des anderen beginnt. Alle, die duldsam sind, alle, denen Freiheit nicht das ist, was man will, sondern was edel und einem vom Schicksal auferlegt ist, die müssen sich zusammenschließen. Wir haben leider nicht die Möglichkeit, sie aufzubauen, wie wir es eigentlich wünschen. Jeder einzelne Bezirk begann mit seiner Arbeit, daher die vielen Gruppierungen. Mit lauter verschiedenen Ausdrücken meinen sie alle dasselbe. Es ist der Wunsch, daß wir uns dazu bekennen mögen, daß wir hier eine Gemeinschaft bilden wollen zu einem großen Bunde, zu einer großen Partei. Was soll der Geist dieser Partei sein? Unser Geist ist der, der vollkommen fern sich hält von all dem, was jetzt gewesen war: Gewalt, Druck und Macht. Wir wollen mit tiefster Achtung all die religiösen Bestreben unseres Vaterlandes beobachten. Wir wollen, daß die großen moralischen Anstalten, die auf deutschem Boden durch Tradition der Kirche entstanden sind, sich frei entfalten. Wir wünschen, daß ein religiöses starkes Dröhnen durch unser Volk geht. Freiheit für jedes echte religiöse Bekenntnis ist die Freiheit jedes anständigen und ehrlichen Menschen. Wenn ich den Glauben nicht hätte, daß die Menschen im Innern gut sind, hätte all unser Tun keinen Sinn. Wir vertreten keine persönlichen Interessen. Politik ist beinahe dasselbe wie Religion... „Ist sie eine Bewegung von Gott, so könnt Ihr sie nicht dämpfen, ist sie nicht von Gott, so wird sie zugrunde gehen", und ich glaube, sie ist eine Bewegung von Gott. Und wenn sie sind, wie ich wünschen möchte, wie sie wären, so werden wir zum Ziele gelangen...

Hinter solchen Gedanken steht das ganze deutsche Volk, und diejenigen, die abseits von uns stehen, wissen nicht, daß sie hierher gehören. Sie haben es noch nicht erkannt.

(Landrat Dr. *Heile* sprach in der Folge von den alten Parteien, von denen er sich und die neue Partei distanzierte. Auch sei sie nicht die Fortsetzung der alten „Demokratischen Partei" und fuhr fort:) Füllt man jungen Wein in alte Schläuche oder gar gärenden Most? Lasset die Toten ihre Toten begraben, und laßt die Menschen, die mit alten Schablonen arbeiten wollen, das Schicksal derer teilen, die die Toten begraben müssen... Man ist dann tot und muß zu den Toten geworfen werden. Es

43

gibt kein bürgerliches und arbeitendes Volk, wir müssen *ein* Volk sein. Alles kommt dann darauf an, wie stark unser politischer Glaube, unser politischer Wille ist. Dann sind wir die Partei des deutschen Volkes schlechthin, denn die große Masse denkt wie wir. Wir müssen uns bemühen, die anderen zu gewinnen. Wir dürfen nicht auf sie schlagen, sondern wir müssen hineingehen in die anderen Reihen und ihnen sagen: „Ihr seid genau wie wir, laßt uns zusammenarbeiten." Ich bin der felsenfesten Überzeugung, daß das, was vielleicht an Schwäche und Halbheiten der Staatsmänner vorhanden ist, noch überwunden wird und in aktiven Tatwillen sich umwandelt, wenn die Führer der anderen Staaten glauben lernen, daß wir Deutschen wieder die alten Deutschen sind, und daß unser deutsches Volk von diesem einen Gedanken des friedlichen und freundschaftlichen Zusammenlebens der Völker durchdrungen ist. Ich habe mehrere Jahrzehnte hindurch mit den Staatsmännern in London, Paris, Stockholm, Den Haag und vielen anderen Städten über solche Probleme diskutiert, warum wir uns nicht die Vereinigten Staaten von Europa nennen wollen.[3]

Wenn wir, zusammengeschlossen jetzt zu einer einheitlichen Partei in der englischen Zone, diesen Geist zum Volksgeist machen, und wenn ganz Deutschland von diesem Geist durchdrungen wird, werden wir das lindern, was jetzt auf uns lastet... Wir wünschen die Freiheit in der Gemeinschaft der Völker auf Erden.

Dr. MIDDELHAUVE dankt Landrat Dr. *Heile* für seine Worte.

Dr. MIDDELHAUVE verliest folgende Anträge:

---

[3] *Heile* hatte in der Weimarer Republik vielfältige Kontakte zu Politikern im Ausland, da er in vielen proeuropäischen Organisationen Mitglied war. Schon während seiner Zeit als Reichstagsabgeordneter gehörte er als Schriftführer der deutschen Gruppe der „Interparlamentarischen Union" an (auch nach seinem Ausscheiden aus dem Reichstag 1924), war Vizepräsident der „Entente Internationale des Partis Radicaux et des Partis Démocratiques similaires", Mitglied des „Internationalen demokratischen Werbeausschusses für den Frieden" und hatte Verbindungen zum „Komitee für Interessengemeinschaft der europäischen Völker". Seit Juli 1926 war *Heile* geschäftsführender Vorsitzender des „Deutschen Verbandes für europäische Verständigung" (1928 umbenannt in: „Deutsches Comitee für europäische Cooperation"), November 1928 wurde *Heile* Generalsekretär des in Paris gegründeten Bundes der Nationalkomitees für europäische Kooperation („Fédération des Comités Nationaux de Coopération Européenne") und war für Kontakte zwischen den nationalen Komitees zuständig. Vgl. Karl HOLL, Europapolitik im Vorfeld der deutschen Regierungspolitik. Zur Tätigkeit proeuropäischer Organisationen in der Weimarer Republik, HZ 219 (1974), S. 35f., 62–65, 83–85; Jürgen C. HESS, Europagedanke und nationaler Revisionismus. Überlegungen zu ihrer Verknüpfung in der Weimarer Republik am Beispiel Wilhelm *Heiles*, HZ 225 (1977), S. 573; HEIN, 1985, S. 120. *Heile* selbst hob besonders seine Kontakte zu französischen Politikern hervor. Er nannte die früheren Ministerpräsidenten und Außenminister *Poincaré* und *Herriot*, die früheren Minister *Daladier* und *Painlevé* sowie die früheren Abgeordneten *Borel, François-Poncet und Sangnier*. Vgl. Wilhelm HEILE, Abschied von der FDP, Syke (b. Bremen) 1947, S. 86.

Tagung der Demokraten 8.1.1946 **8b.**

1. Antrag Hamburg betr. Namen der Partei und Vorschlag über den Geschäftsführenden Vorstand.

2. Antrag Landesverband Nordrheinprovinz betr. Namen der Partei und Vorschlag über den Geschäftsführenden Vorstand.

1. Zusammenschluß zu einem Gesamtverband der britischen Zone.

WILKENING (Hamburg): Anläßlich des Besuchs eines britischen Vertreters aus Berlin äußerte sich dieser, daß man in Berlin den Eindruck habe, hier in der britischen Zone bestünden nur drei Parteien: KPD, SPD und CDP.[4] Ich möchte die Versammlung nicht verlassen, ohne der britischen Regierung in Hamburg sagen zu können, daß wir uns zu einer, also der vierten Partei, zusammengeschlossen haben.

Antrag auf Akklamation zum Zusammenschluß.

BENDER: Name der Partei muß reichseinheitlich sein.

Dr. MIDDELHAUVE: Ich mahne an die Reihenfolge der Tagesordnung.

JÜNEMANN[5] (Deutsche Aufbaupartei des Rhein-Wupper-Kreises): Ich bin für den Zusammenschluß und schlage vor, sich für den Namen noch Zeit zu lassen. (Widerspruch.)

Bürgermeister ALTENHAIN (Haßlinghausen): Dem Vortrag des Herrn Landrat Dr. *Heile* ist zugestimmt worden. Dem Zusammenschluß steht damit nichts im Wege.

Dr. MIDDELHAUVE (läßt abstimmen und stellt fest): Der Zusammenschluß ist hiermit vollzogen. (Beifall.)

2. Einheitliche Namensgebung

Dr. MIDDELHAUVE: Vorgeschlagen wurde „Partei Freier Demokraten".

Prof. HEILE: Von seiten Westfalens wird gegen „Partei Freier Demokraten" Einspruch erhoben. Hamburg erklärt sich bereit für „Freie Demokratische Partei". Einspruch könnte kommen von der Gruppe Oldenburg.

Landrat TANTZEN: Ich schlage vor „Freie Demokratische Partei".

JÜNEMANN: Ich habe Bedenken und nehme Stellung gegen „Partei".

FRIEDRICH: Es kommen nur 2 in Vorschlag gebrachte Namen zur Diskussion. (Er wünscht Abschluß und Abstimmung über dieses Thema.) Die vorliegenden Vorschläge umfassen 3/4 der britisch besetzten Zone, und der kleinere Teil sollte nicht in engere Diskussion eintreten.

JÜNEMANN: Ich habe vorhin keinen Antrag gestellt, sondern nur einen Vorschlag gemacht.

---
4 Dies ist die Abkürzung für „Christlich-Demokratische Partei".
5 Theodor *Jünemann* (1888–1975), Makler; vor 1933 DVP; Mitglied der im Oktober 1945 in Opladen gegründeten „Deutschen Aufbaupartei"; 1946–1961 Ratsherr in Opladen.

GUNTERMANN[6]: Ich schlage vor „Freie Demokratische Partei".

HERMES: Ich ebenfalls „Freie Demokratische Partei".

Prof. LUCHTENBERG[7]: Vorschlag „Demokratische Partei Deutschland".

Dr. PREIN[8] (Altena): Vorschlag „Freie Demokratische Vereinigung".

Dr. MIDDELHAUVE nimmt Abstimmung über „Freie Demokratische Partei" vor.

Von erheblicher Mehrheit wird der Antrag angenommen.

Dr. MIDDELHAUVE: M.-Gladbach hat Antrag[9] gestellt, einen Geschäftsführenden Vorstand zu bilden, bestehend aus:

1. Vorsitzender: Dr. Wilhelm *Heile*	(Syke b. Bremen)
Landrat *Tantzen* (Brake)	Oldenburg
(evtl. Austausch)	Braunschweig
	Schleswig-Holstein
Wilkening (Hamburg)	Hamburg
Dr. *Hasemann*[10]	Hannover
Bürgermeister *Altenhain*	Westfalen
Blücher (Essen)	Ruhrgebiet
Dr. *Middelhauve* (Opladen)	Nordrheinprovinz

Landrat TANTZEN: Der Vorstand ist zu groß. Ich schlage vor, 3 Herren zu wählen.

---

6 Friedrich *Guntermann* (1902–1961), Feilenschmied; vor 1933 Mitglied der Hirsch-Dunckerschen Gewerkschaft; 1945 Mitbegründer der „Liberal-Demokratischen Partei" in Remscheid; 16.1.1946–16.1.1947 Mitglied des Vorstandes des FDP-Landesverbandes Nordrheinprovinz, seit dem 29.6.1946 2. stellvertretender Vorsitzender, seit Juli 1946 Leiter des Referats „Gewerkschaftsfragen" im Landesverband Nordrheinprovinz. Protokoll der Sitzung des Geschäftsführenden Vorstandes der Freien Demokratischen Partei in der Nordrheinprovinz am 3.7.1946 in Düsseldorf, NL Blücher 247; seit Mai 1946 Mitglied des Sozialpolitischen Ausschusses des Zonenverbandes der FDP in der britischen Zone; 1946–1948 Stadtverordneter in Remscheid.

7 Prof. Dr. Paul *Luchtenberg* (1890–1973), Erziehungswissenschaftler; vor 1945 ohne politische Tätigkeit; seit 1930 Direktor des Instituts für Pädagogik und Berufspädagogik an der TH Dresden, 1936 Amtsentlassung; seit August 1947 Vorsitzender des Kulturpolitischen Ausschusses des FDP-Landesverbandes Nordrhein-Westfalen, später auch des FDP-Zonenverbandes in der britischen Zone (Stand Juni 1948); 1946–1952 Stadtverordneter in Remscheid und Kreistagsabgeordneter des Rhein-Wupper-Kreises; 1950–1956 MdB; 1956–1958 Kultusminister von Nordrhein-Westfalen, 1958–1966 MdL.

8 Dr. Rudolf *Prein* (1878–1949), Apotheker; Gründer der FDP in Altena; 22.8.1945 Mitglied des Bürgerausschusses, 29.8.–11.12.1945 Beigeordneter in Altena.

9 Diesem Antrag der „Sozialliberalen Partei", M.-Gladbach, wurde nach der Wahl Wilhelm *Heiles* zum Vorsitzenden entsprochen. Vgl. das Protokoll von *Hermes*, a.a.O. Der Geschäftsführende Vorstand war bis zum ersten Zonenparteitag in Bad Pyrmont am 18.–20.5.1946 im Amt. Zur Erweiterung des Zonenvorstandes vgl. Dok. Nr. 10.

10 Dr. *Hasemann* wurde von der britischen Militärregierung nicht in seinem Amt bestätigt. Statt dessen bestellte der Zonenvorstand Dr. *Greve* in den Vorstand. Vgl. Dok. Nr. 10.

Tagung der Demokraten	8.1.1946 **8 b.**

BENDER: Westfalen ist zu wenig vertreten. Eignung der Persönlichkeiten ist wichtig.

Dr. HASEMANN: Eignung der Persönlichkeiten ist ausschlaggebend. Ich trete zurück, um die Zahl des Vorstandes zu vermindern.

Landrat TANTZEN: Ich ebenfalls.

Dr. HASEMANN: Ich betone, daß ich nicht zurücktrete, weil ich nicht mitarbeiten will, sondern um die Sache zu erleichtern.

Prof. GRESSLER: Vorerst abstimmen, daß Landrat Dr. *Heile* den Vorsitz übernimmt.

Abstimmung.

Vorschlag einstimmig angenommen.

Landrat Dr. HEILE: Ich will nun versuchen, mit ganzer Kraft wieder in die politische Arbeit zu treten. Ich will sie führen, nicht in dem berüchtigten Sinne, sondern führen in der Idee, die uns gemeinsam geworden ist.

(Herr Landrat *Tantzen* wird gebeten, in dem Vorstand zu bleiben.)

Landrat TANTZEN: Kommt nicht in Frage.

Prof. Dr. HEILE: Wir wählen einen dreiköpfigen Ausschuß.

Landrat TANTZEN lehnt ab, da sein Vorschlag nicht berücksichtigt wird.

MACKENSTEIN: Antrag des Herrn *Tantzen* berücksichtigen.

BLÜCHER: Ich bin jederzeit bereit, auf die Nennung meines Namens im Vorstand zu verzichten. Dreiköpfiger Vorstand ist, was die Arbeit anbelangt, zu klein. Ausschüsse müssen zu oft herangezogen werden.

Dr. MIDDELHAUVE will ebenfalls auf den Vorstandsposten verzichten.

Landrat Dr. HEILE: Der Führer, der nun einmal gewählt ist, muß nun auch sein Amt übernehmen. Wer ist nun der Geschäftsführer, mit dem ich jeden Tag zusammenarbeiten muß? Wahl des Geschäftsführers[11] bitte nicht mir allein überlassen. 7 Personen im Vorstand ist mir ganz recht. 3 davon müssen konzentriert arbeiten und in meiner Nähe sein. Wenn es erforderlich ist, mache ich mich persönlich auf den Weg von Landesgruppe zu Landesgruppe.

Dr. MIDDELHAUVE beantragt vorläufigen Vorstand von 7 Personen.

Dr. HASEMANN: Ich beantrage einen vorläufigen Geschäftsvorstand von 3 Personen.

---

11 *Heile* wurde ermächtigt, von sich aus die Frage der personellen Besetzung der Geschäftsführung zu entscheiden. Vgl. das Protokoll von *Hermes*, a.a.O. Auf der Zonenvorstandssitzung am 5.2.1946 wurde zum Leiter des Generalsekretariats Wilhelm *Hermes* gewählt, gleichrangig als Leiter des „Politischen Büros" Theodor *Tantzen* jun. Zu den Hintergründen der Wahl vgl. SCHRÖDER, 1985, S. 20 u. S. 71–73.

WILKENING: Unsere Aufgabe ist, politischer Kreuzträger zu sein. Man opfert sich nicht, indem man von der Arbeit zurücktritt. Ich schlage Herrn *Tantzen* vor, daß er uns beweist, welch organisatorisches Talent in ihm steckt.

Landrat TANTZEN: Ich trete zurück und will einen Arbeiter vorschlagen, damit nicht nur Akademiker im Vorstand sind.

[Name fehlt]: Debatte ist überflüssig.

Finanzierung des Zonenverbandes

Vorschläge: Zonenverband erhält von jedem eingetragenen Mitglied monatlich RM 0,10 pro Kopf. Landesverband ebenfalls monatlich RM 0,10.

Bürgermeister ALTENHAIN: Mitgliederbeitrag monatlich RM 0,50, Eintritt RM 3,–.

Landrat TANTZEN: Es muß nach einem strategischen Plan verfahren werden. Beanstandungen der Bezeichnung „Geschäftsführer". In der Partei werden keine Geschäfte gemacht; dafür Aktionsausschuß, der Leiter davon: Generalsekretär der Partei. Wer will der Partei hauptamtlich dienen? Beiträge können erst endgültig festgelegt werden, wenn wir wissen, mit welchen währungsmäßigen Einheiten wir rechnen können. Augenblicklich stehen uns genügend Mittel zur Verfügung. Aufbaufonds ist sehr hoch. (Einmal Kaffeetrinken kostet bei mir RM 3 000,–.)

[Name fehlt]: Freiwillige Beiträge werden vorgeschlagen.

Dr. MIDDELHAUVE: Mindestbeitrag festsetzen. Nach oben kann freiwillig gezahlt werden.

GUNTERMANN (Remscheid): Rücksicht auf arbeitende Bevölkerung nehmen. Pflichtbeitrag RM 3,– pro Jahr. Beiträge nach Einkommen gestaffelt ist nicht ratsam.

Dr. MÜLLER-USING: Vorläufig keine Festsetzung. Bis zum Währungsentscheid den einzelnen Gruppen überlassen.

BENDER: Minimalsatz festlegen, um disponieren zu können.

Dr. HEINSCH: Örtlicher Leitung überlassen. Als Richtsatz RM 0,50.

Dr. HASEMANN: Landesverband kann sich mit RM 0,10 pro Mitglied finanzieren. Stelle Antrag.

Landrat TANTZEN: Ist es notwendig, daß ein bestimmter Prozentsatz der Einnahmen der Partei den Landesverbänden zur Verfügung gestellt wird, ein geringerer der Zentrale? Landesverbände haben ein gewisses Soll aufzubringen für den Zonenverband.

Dr. MIDDELHAUVE: Beschluß: RM 0,10 monatlich an Zonenverband über Landesverband. Es ist Sache der Landesverbände, es den einzelnen Kreisgruppen zu überlassen, was abgeführt werden soll.[12]

---

12 Im Protokoll von Wilhelm *Hermes* heißt es: „Hinsichtlich der Finanzierung wurde eingebrachten Anträgen stattgegeben, wonach monatlich RM 0,10 von jedem Mitglied an

Tagung der Demokraten 8.1.1946 **8 b.**

Dr. MIDDELHAUVE: Richtlinien kurz abgefaßt für die britische Militärregierung. Programmausschuß.

Landrat Dr. HEILE: Der Versuch, während der Tagung die Richtlinien kurz abzufassen, scheiterte an der Zeit. Schenken Sie mir das Vertrauen, daß ich die Richtlinien entwerfe und sie Ihnen zur Kenntnis zugehen lasse. Die sofortige Anmeldung des Zusammenschlusses soll die Ankündigung erhalten, daß die Richtlinien folgen.[13] Ich bin der Überzeugung, daß der Programmausschuß nicht mehr zusammenzukommen braucht. Sollte es doch der Fall sein, werde ich vorerst den Siebenerausschuß zusammenrufen.

DURLAK: Es war doch ein Programmausschuß vorgesehen zur sorgfältigen Ausarbeitung.

Prof. HEILE: Es handelt sich hier jetzt nur um Richtlinien.

Dr. MIDDELHAUVE: Der Zentralvorstand wird Landesverbände um Heranziehung geeigneter Persönlichkeiten für den Programmausschuß bitten.

LIEUTENANT (Berlin): Ich danke herzlich, daß ich nach hier eingeladen wurde, und gebe meiner Freude Ausdruck, daß es so schnell zu einer Einigung gekommen ist. Die Parteiarbeit in Berlin ist keine positive, den Eindruck hat die Bevölkerung hier. In der Ausführung ist leider manches anders, als sie in den Parteigrundsätzen stehen mögen. Wir wollen Schaden verhindern. Wir werden erst dann eine echte Demokratie haben, wenn wir frei sind. Die Besatzungsmächte sagen uns: „Es liegt an Ihnen, den Tag zu bestimmen, wann ihr wieder frei sein werdet." Unser Ziel ist ein glückliches Deutschland. Ich wünsche Ihrer Arbeit den besten Erfolg.

Dr. HEINSCH: Wir sind auf die Frauen bei den Wahlen angewiesen. Die Mitarbeit der Frauen in weitgehendem Maße muß herbeigeführt werden.

NEUROTH[14]: Werbung. Über Landesverbände den Ortsgruppen Herren bekanntgeben, die in Form von Vorträgen für die Sache werben.

JACOB[15] (Hannover): Spricht den Herren den Dank aus, die den Erfolg des Zusammenschlusses herbeigeführt haben.

---

    den Zonenvorstand und RM 0,10 von jedem Mitglied an die entsprechenden Landesverbände abzuführen sind."
13 Nach der Verordnung Nr. 12 der britischen Militärregierung vom 15.9.1945 wie auch in der abgeänderten Fassung dieser Verordnung vom 8.1.1946 mußte dem Antrag zur Bildung einer politischen Partei ein „Entwurf der Satzungen und Richtlinien für die vorgeschlagene politische Partei" beigefügt werden. Vgl. das Amtsblatt der Militärregierung Deutschland, Britisches Kontrollgebiet, No. 4, S. 12, Art. II Abs. 4a u. No. 6, S. 85. Ein Satzungsentwurf war dem Zulassungsantrag vom 19.1.1946 (vgl. Dok. Nr. 8a, Anm. 32) beigefügt. Vgl. Dok. Nr. 53a. Der Antrag enthielt die Ankündigung, daß Satzung und Programm folgen würden. Dies geschah auf der Vorstandssitzung am 5.2.1946. Vgl. Dok. Nr. 9, Anm. 4.
14 Vermutlich: Otto *Neuroth*, Vorsitzender der Kreisgruppe Remscheid (Stand: Januar 1947).
15 Ernst *Jacob* (geb. 1886), Kaufmann; seit 1946 im FDP-Vorstand des Kreisverbandes Hannover, 26.7.1946–28.5.1947 1. stellvertretender Vorsitzender des FDP-Landesver-

8 b. 8. 1. 1946   Tagung der Demokraten

FUNK[16] (Iserlohn): Wie stehen wir zur Christlich-Demokratischen Partei?

Landrat Dr. HEILE: In der CDP sind Menschen, die sich aus ehrlichem und gutem Herzen zusammengeschlossen haben wie wir. Wir müssen alles tun, solange wir in getrennten Formationen gehen, daß wir in entscheidenden Augenblicken an einem Strang ziehen. Ich glaube, daß es uns gelingen wird, den großen, sogar den größten Teil zu uns herüberzuziehen. Es wird uns in dem Maße gelingen, in dem wir mit wahrem Herzen und gutem Willen herangehen. Den Kampf nicht mit Feinden, sondern mit Gesinnungsgenossen führen.

MACKENSTEIN[17] (Krefeld): Rundschreiben[18], das an die „Christlichen Demokraten" gerichtet ist, liegt vor.

MAASS[19]: Der englische Rundfunk sagte gestern abend: In Opladen haben sich die 4 demokratischen Rechtsparteien zusammengefunden, um einen Zonenverband zu bilden und sich einen einheitlichen Namen zu geben. Ich habe die Genugtuung, daß wir nach den vorzüglichen Ausführungen unseres Vorsitzenden bei der Anwesenheit eines englischen Vertreters sagen können: Wir kennen weder links noch rechts, keine bürgerliche und keine Arbeiterpartei, sondern das ganze deutsche Volk.

Dr. MIDDELHAUVE: Abschließende Worte.

(Anmerkung: Die Rede des Herrn Landrat *Heile* ist nicht ganz wörtlich wiedergegeben. Dies gilt auch für den ersten Bericht des Verfassers.)

---

     bandes Hannover; 28. 5. 1947–28. 5. 1949 stellvertretender Vorsitzender des FDP-Landesverbandes Niedersachsen; 1947–1951 MdL Niedersachsen.
16 Ludwig *Funk* (1874–1959), Industrievertreter; vor 1933 DDP/DStP; spätestens im November oder Anfang Dezember Gründung der „Demokratischen Partei" in Iserlohn; seit 12. 12. 1945 1. Vorsitzender; 1945 Mitglied des Iserlohner Bürgerausschusses; am 20. 6. 1946 Rücktritt von seinen Ämtern (Fraktions- und Kreisverbandsvorsitz), im Juni 1946 Wechsel im Rat der Stadt Iserlohn zur „Fraktion der Parteilosen", im gleichen Jahr Übertritt zur SPD.
17 *Mackenstein* (geb. 1895), Arbeiter und Gewerkschaftler; im Februar 1946 vom FDP-Vorstand der Nordrheinprovinz für den nicht-exekutiven Provinzialrat, dessen Mitglieder nach parteipolitischen und berufsständischen Gesichtspunkten benannt wurden, vorgeschlagen. *Mackenstein* sollte für die FDP Arbeiter und Angestellte vertreten. Protokoll der Sitzung des erweiterten FDP-Vorstandes der Nordrheinprovinz vom 26. 2. 1946, Archiv des FDP-Landesverbandes Nordrhein-Westfalen in Düsseldorf, Akte Vorstandsprotokolle. Mitglied im Stadtrat von Krefeld vom Dezember 1945 bis Juli 1946.
18 Das „Rundschreiben" war nicht aufzufinden.
19 Bruno *Maaß* (geb. 1888), Geschäftsführer, vor 1933 SPD, Gewerkschafts- und Parteisekretär, seit 1930 Geschäftsführer einer gemeinnützigen Wohnungsbaugesellschaft; 1945 Gründer der „Partei der aktiven Volksdemokraten, Ortsgruppe Duisburg-Hamborn"; seit 16. 1. 1946 Mitglied des Vorstandes, vom 29. 6. 1946–27. 3. 1947 stellvertretender Vorsitzender des FDP-Landesverbandes Nordrheinprovinz; seit 1946 Ratsherr in Duisburg; 1947–1950 MdL NRW.

9.

5.2.1946: Protokoll über die Sitzung des Zonenvorstandes

AdL-14. Gezeichnet: „Hermes". Ort: Syke.

Anwesend: *Altenhain, Greve, Hasemann, P. Heile, W. Heile, Hermes, Middelhauve, Tantzen, Wilkening*[1]

Herr Landrat HEILE konnte den Anwesenden mitteilen, daß inzwischen die oberste britische Militärbehörde in Deutschland den Zonenverband der „Freien Demokratischen Partei" als vierte Großpartei anerkannt habe.[2]

Die von Herrn Landrat *Heile* zwischenzeitlich ausgearbeiteten programmatischen Richtlinien[3] der Partei wurden eingehend durchgesprochen, teilweise geändert, neu formuliert und schließlich durch Herrn Landrat *Heile* in endgültiger Fassung den Anwesenden vorgelesen und einspruchslos genehmigt.

Anschließend wurde ein auf Vorschlag des Herrn *Tantzen* von Herrn *Hermes* angefertigter Satzungsentwurf in Anlehnung an die von Herrn *Wilkening* ausgearbeitete Satzung eingehend durchgesprochen, abgewandelt und neu formuliert. Der endgültige Text wurde alsdann durch Beschluß zur Satzung des Zonenverbandes der „Freien Demokratischen Partei" erklärt.[4]

Herrn Landrat *Heile* wurde durch Beschluß des Vorstandes ein monatlicher Dispositionsfonds von RM 1 000,– zugebilligt, dem Generalsekretär der Partei sowie dem Leiter des Politischen Büros wurden durch Beschluß Vertrauensspesen eingeräumt.

---

1 Eduard *Wilkening* (1889–1959), selbständiger Exportkaufmann, vor allem im Papierexport; Reisen in den Fernen Osten und nach Südamerika; vor 1933 parteilos; 1933 Nationalsozialistisches Kraftfahrkorps, Austritt nach drei Monaten; 1933–1935 leitende Mitarbeit im Hansa-Bund für Handel, Gewerbe und Industrie; Mitte der dreißiger Jahre Anschluß an die Ablaß-Gruppe „Verein der Hafenfreunde" und Mitglied der Widerstandsgruppe Q; im Zweiten Weltkrieg in der Leitungsebene der Hamburger Widerstandsgruppe; Mai 1945 Mitbegründer und Vorsitzender des Bundes Freies Hamburg; im September 1945 Mitbegründer der Partei Freier Demokraten; seit Juli 1946 Mitglied des Hamburger FDP-Landesvorstandes; Januar 1946–Juni 1947 Mitglied des FDP-Zonenvorstandes, Mai 1946–Juni 1947 Leiter des Ausschusses für Wirtschaftspolitik des FDP-Zonenverbandes; Februar 1946–1949 Fraktionsvorsitzender der FDP in der Hamburger Bürgerschaft; Parteiaustritt vor der Bürgerschaftswahl im Oktober 1949 wegen des Wahlbündnisses der FDP mit der CDU. Vgl. Sassin, 1993, S. 387f.; Hein, 1985, S. 97.
2 Vgl. Dok. Nr. 8 a, Anm. 32.
3 Grundlage für die Ausarbeitung dieser „Richtlinien" war das Oldenburger Kurzprogramm. Vgl. Dok. Nr. 6 u. Dok. Nr. 8b, Anm. 1. Vgl. SCHRÖDER, 1985, S. 26 u. S. 30. Die endgültige Fassung der „Richtlinien" ist abgedruckt in: JULING, 1977, S. 70–72. Vgl. SCHRÖDER, 1985, S. 159f., HEIN, 1985, S. 260. Der Leitbegriff dieses Programms ist „Freiheit". Vgl. Wolfgang BERGSDORF, Herrschaft und Sprache. Studie zur politischen Terminologie der Bundesrepublik Deutschland, Pfullingen 1983, S. 101f. Vgl. auch ALBERTIN, 1985, S. 123f.; *Pfetsch*, 1990, S. 110–112.
4 Vgl. Dok. Nr. 53b. Diese Zonensatzung ist vom Generalsekretariat als Sonderdruck im Frühjahr 1946 in Umlauf gebracht worden. Vgl. SCHRÖDER, 1985, S. 40.

Dieser Beschluß wurde in folgender Formulierung von den anwesenden Vorstandsmitgliedern unterzeichnet.

Beschluß

In der Vorstandssitzung des Zonenverbandes der Freien Demokratischen Partei wurde heute folgendes beschlossen:

1. Dem Vorsitzenden der Partei wird ein besonderer Dispositionsfonds von monatlich RM 1 000,– zur Verfügung gestellt.

2. Der Generalsekretär der Partei sowie der Leiter des Politischen Büros sind berechtigt, Vertrauensspesen nach ihrer eigenen Maßgabe in Anrechnung zu setzen.

3. Für die Stellung des Generalsekretärs ist grundsätzlich ein Gehalt von monatlich RM 750,– festgelegt.

Dieser Beschluß ist wirksam bis zum ersten Parteitag.

Syke, den 5. Februar 1946 *Freie Demokratische Partei*
Der Vorstand des Zonenverbandes.

Herr *Hermes* wurde einstimmig zum Generalsekretär des Zonenverbandes gewählt; es wurde ihm ein Gehalt von monatlich RM 750,– zugebilligt, auf das er jedoch vorläufig verzichten will. Es wurde beschlossen, Herrn Theodor *Tantzen* die Leitung eines zu errichtenden Politischen Büros zu übertragen.

Das Generalsekretariat soll vorerst seinen Sitz in M.-Gladbach haben, das Politische Büro in Oldenburg i. O.

Zum Schatzmeister der Partei wurde einstimmig Herr Franz *Blücher* (Essen) gewählt.[5]

Über die Finanzierung des Zonenverbandes schlossen sich eingehende Erörterungen an. Es wurde schließlich folgender Beschluß gefaßt:

Beschluß

Vorbehaltlich der Zustimmung der Landesverbände wurde auf der Sitzung des Zonenverbandes beschlossen:

Jeder Landesverband zahlt an die Kasse der Zonenpartei bis zum 30. März 1946 RM 5 000,–, bis zum 30. Mai 1946 RM 2 500,–, außer dem gemäß Absatz 10 der Statuten zu zahlenden regelmäßigen Beitrag.[6]

Syke, den 5. Februar 1946 *Freie Demokratische Partei*
Der Vorstand des Zonenverbandes

---

5 Der nicht anwesende *Blücher* hat seine Wahl zum Schatzmeister nicht angenommen. Bis zum Parteitag in Bad Pyrmont im Mai 1946 übernahm *Hermes* die Leitung der Zonenkasse. Auf dem Parteitag wurde dann Eduard *Wilkening* zum ersten Schatzmeister der FDP gewählt. Vgl. SCHRÖDER, 1985, S. 230.

6 Da die Zahlungen der Landesverbände lange auf sich warten ließen, zögerte der Hamburger Landesverband, den gesamten Gründungsbeitrag an die Zonenkasse zu überweisen.

Sitzung des Zonenvorstandes 5. 2. 1946 **9.**

Herr TANTZEN beantragte, ihn zum stellvertretenden Vorsitzenden zu bestellen. Dem Antrag wurde entsprochen. Dem Generalsekretär der Partei wurde folgende Vollmacht ausgestellt:

Vollmacht

Inhaber dieses, Herr Wilhelm *Hermes*, M.-Gladbach, Hermannstr. 6, ist Generalsekretär der „Freien Demokratischen Partei" für die britisch besetzte Zone Deutschlands. Der vorläufige Sitz des Generalsekretariats ist M.-Gladbach. Der Generalsekretär ist beauftragt und bevollmächtigt, die Geschäfte der Partei wahrzunehmen. Herr *Hermes* zeichnet rechtsverbindlich für die Partei wie folgt:

„Freie Demokratische Partei
Der Generalsekretär"
Freie Demokratische Partei
Der Vorstand des Zonenverbandes.

Dem Leiter des Politischen Büros, Herrn *Tantzen*, wurde nachstehende Vollmacht erteilt:

Vollmacht

Inhaber dieses, Herr Theodor *Tantzen*, Brake i. O., Lindenstr. 4, ist der Leiter des Politischen Büros der „Freien Demokratischen Partei" für die britisch besetzte Zone Deutschlands und als solcher beauftragt und bevollmächtigt, die Partei zu vertreten. Herr *Tantzen* ist stellvertretender Vorsitzender des Zonenverbandes.
Freie Demokratische Partei
Der Vorstand des Zonenverbandes.

Im Verlaufe der Sitzung wurde noch eine Ausarbeitung des Herrn Landrat HEILE über „Persönlichkeitswahl oder Listenwahl" von demselben verlesen.[7] Die Vorstandssitzungen des Zonenverbandes sollen in Zukunft an jedem ersten Dienstag im Monat in Syke stattfinden.

Willy Max *Rademacher* teilte dem Generalsekretariat im April 1946 mit: „Wir haben Ihnen inzwischen einen Betrag von RM 2 500 überwiesen und werden voraussichtlich nach einem noch vorzunehmenden Vorstandsbeschluß im Laufe dieses Monats einen weiteren Betrag von RM 1 250 überweisen, so daß wir damit die Hälfte des angeforderten Betrages überwiesen hätten. Die Zahlung des Restbetrages werden wir zur Debatte stellen, sobald die Tagung in Pyrmont stattgefunden hat." *Rademacher* an das Generalsekretariat, 11. 4. 1946, NL Heile 92. Vgl. SCHRÖDER, 1985, S. 229 f.

7 Im Januar 1946 wurde *Heile* von den Briten gebeten, „[...] eine kurze Darstellung meiner Gedanken über das zweckmäßigste Wahlrecht [...]" anzufertigen. Er bat Eduard *Wilkening* um die Übersetzung ins Englische. In seiner Stellungnahme lehnte *Heile* ein „Proportionalwahlsystem" ab. Im Hinblick auf die innerparteiliche Willensbildung sagte er: „Die vielen Gruppen, die sich in Opladen zu der sie alle umfassenden ,Freien Demokratischen Partei' zusammengeschlossen haben, haben in ihren eigenen Programmformulierungen fast ausnahmslos das Bekenntnis zur Persönlichkeitswahl und die Ablehnung des Listenwahlsystems und des Proporzes mit Nachdruck betont." *Heile* an *Wilkening*, 24. 1. 1946, NL Heile 93. Vgl. auch die „Programmatischen Richtlinien der Freien Demokratischen Partei", Punkt 3, abgedruckt in: JULING, 1977, S. 71. Vgl. SCHRÖDER, 1985, S. 257 f.

10.

22. 2. 1946: Beschluß des Zonenvorstandes

NL Heile 78. Gezeichnet: „Heile, Tantzen, Wilkening, Altenhain, Middelhauve". Ort: Syke.

Nachdem durch Anordnung der britischen Militärregierung Herr Dr. Walther *Hasemann* (Hannover) aus dem Zonenvorstand ausscheiden mußte[1], sind durch einen außerordentlichen Beschluß des Zonenvorstandes die Herren Dr. *Greve* (Wagenfeld) als Partei-Syndikus und Wilhelm *Hermes* (M.-Gladbach) als Generalsekretär in den Zonenvorstand bestellt worden. Weiterhin soll je ein Vertreter der Landesverbände Hannover[2], Braunschweig[3] und Schleswig-Holstein[4] auf Vorschlag der entsprechenden Landesverbände dem Zonenvorstand angehören.[5]

Dieser außerordentliche Beschluß bedarf der Bestätigung des ersten Parteitages.

---

1 In Ihrem Zulassungsschreiben vom 14. 2. 1946 hatten die Briten *Heile* aufgefordert, das Vorstandsmitglied *Hasemann* aus dem Vorstand zu entlassen. Zur Begründung hieß es: „Dr. *Hasemann* has been a member of the Nazi Party since 1932. British Military Government will not tolerate any such man being a member of the Central Committee of a Party with zonal recognition." German Political Branch, Political Division, Lt. col. *Annan*, Lübbecke, an *Heile*, 14. 2. 1946, NL Heile 90. SCHRÖDER, 1985, S. 35.
2 Aus dem Landesverband Hannover kam Oscar *Dieling*, Redakteur.
3 Der Landesverband Braunschweig entsandte Otto *Friedrichs*, Lebensmittelhändler („Lebensmittel und Feinkost/Landesprodukte").
4 Der Landesverband Schleswig-Holstein nominierte Emil *Behnke*, Stadtrat in Kiel.
5 Außerdem wurde Adolf *Essich*, Landesgeschäftsführer des FDP-Landesverbandes Oldenburg, in den Zonenvorstand delegiert.

11.

1. 4. 1946: Beschluß des Zonenvorstandes

NL Heile 90. Gezeichnet: „Hermes". Ort: Münster.

Beschluß!

I. Der Zentralvorstand der FDP stellt fest, daß die mit der CDU geführten Verhandlungen über ein Zusammengehen der beiden Parteien endgültig gescheitert sind[1];

---

1 Den Kontakt zur CDU stellte Wilhelm *Heile* Anfang Februar 1946 durch einen Briefwechsel her. In einem Schreiben an den Vorsitzenden der CDU der britischen Zone, Konrad *Adenauer*, bat er ihn um eine „Aussprache", da er sich „[...] um einen Zusammenschluß aller demokratischen Gruppen" bemühe. *Heile* an *Adenauer*, 2. 2. 1946, NL Heile 39. *Adenauer* ging in seinem Antwortschreiben auf *Heiles* Initiative ein und bekannte: „Zwischen uns bestehen m.E. nur in sehr wenigen Punkten verschiedene Auffassungen. Ich glaube aber, daß auch hier eine mündliche Besprechung Übereinstimmung ergeben wird, ein Ergebnis, das ich sehr wünsche und sehnlichst erhoffe." *Adenauer* an *Heile*, 14. 2. 1946, NL Heile 39. Am 2. 3. 1946 fand in *Adenauers* Haus in Rhöndorf eine Besprechung

Beschluß des Zonenvorstandes 1.4.1946 **11.**

er gibt den Landesverbänden und Kreisgruppen nunmehr die Bekanntgabe dieses Ergebnisses frei.²

II. Der Zentralvorstand beschließt hinsichtlich der Verhandlungen mit der Niedersächsischen Landespartei:
  a) Die Verhandlungen müssen mindestens bis zum 30. April 1946 zu einem Abschluß gebracht werden.³
  b) Es ist verhandlungs- und arbeitsmäßig notwendig, daß von seiten der FDP außer Herrn Landrat *Heile* ein weiteres Vorstandsmitglied aus dem Landesverband Hannover an den Verhandlungen mit der Niedersächsischen Landespartei teilnimmt.⁴
  c) Die Verhandlungen können nur von der Eingliederung der Niedersächsischen Landespartei in die FDP ausgehen. Jedes programmatische Zugeständnis der FDP bedarf eines vorherigen Beschlusses des Zentralvorstandes; der Eintritt von Mitgliedern der Niedersächsischen Landespartei in die Leitung der FDP bleibt selbstverständlich den Verhandlungen überlassen.⁵
  d) Sollten die Verhandlungen nicht zu einer Eingliederung der Niedersächsischen Landespartei in die FDP führen, so soll das Ziel nicht vernachlässigt werden, den Weg für ein Wahlabkommen offen zu halten.⁶

III. Der Zentralvorstand der FDP wählt als Vertreter der FDP für den Verkehr mit der englischen Militärregierung im Sinne der Genehmigungsurkunde der englischen Militärregierung vom 14.2.1946 neben Herrn Landrat *Heile* Herrn Dr. Otto-Heinrich *Greve*.

---

statt, an der außer *Heile* auch das Zonenvorstandsmitglied *Middelhauve* teilnahm. In keinem der Nachlässe der drei Politiker fanden sich Unterlagen über dieses Treffen. Friedrich *Middelhauve* berichtete am 8.3.1946 auf einer Sitzung des Geschäftsführenden Landesvorstandes über diese Zusammenkunft: „Die Besprechung trug informativen Charakter und brachte keine praktischen Beschlüsse." Protokoll des Geschäftsführenden Landesvorstandes, Archiv des FDP-Landesverbandes Nordrhein-Westfalen in Düsseldorf, Akte Vorstandsprotokolle. Vgl. SCHRÖDER, 1985, S. 110–115; HEIN, 1985, S. 121f.; HEITZER, 1988, S. 663f. In der Parteipresse erschien erst im Juli 1946 eine Notiz über diese Begegnung. Vgl. Friedrich *Middelhauve*, Der Fall Petersen, in: FDP-Nachrichten, 1.7.1946, Nr. 2.

2 Das Politische Büro unter der Leitung von Dr. *Greve* teilte dem Landesverbandsvorsitzenden folgende Beurteilung der neuen Lage mit: „Nach dem Scheitern der Vereinigungsverhandlungen mit der CDU ist der Weg offen für eine Politik frei von jeder Bindung an Klassen und Kasten." Schreiben des Politischen Büros, Anfang April 1946, NL Heile 78. Vgl. SCHRÖDER, 1985, S. 115.

3 Dieser Termin wurde nicht eingehalten. Die entscheidende Zusammenkunft mit Vertretern der NLP und der FDP fand am 12.6.1946 in Hannover statt. Vgl. SCHRÖDER, 1985, S. 133–136; HEIN, 1985, S. 124f.

4 An den späteren Verhandlungen mit der NLP nahmen Otto Heinrich *Greve*, Franz *Henkel* und Johannes *Siemann* teil. Vgl. HEIN, 1985, S. 125.

5 Von einer Eingliederung der NLP in die FDP ist *Heile* nicht ausgegangen. Er strebte eine Fusion beider Parteien an. Vgl. SCHRÖDER, 1985, S. 132f.

6 Vgl. Dok. Nr. 17, Anm. 15.

IV. Herr Landrat *Heile* wird vom Zentralvorstand dringend gebeten, für die Zeit zwischen dem 7. und 14. April eine Besprechung mit Herrn Oberstleutnant *Annan* in Lübbecke zu vereinbaren, deren Gegenstand die Klage der FDP über eine unparitätische Behandlung im Vergleich mit den anderen Parteien sein soll. Als Begleiter von Herrn *Heile* wurde Herr Franz *Blücher* gewählt.[7]

V. Der Zentralvorstand hat die Bitte, im Interesse der einheitlichen Ausrichtung der Arbeit der Partei und mit Rücksicht auf eine ausreichende Vorsorge für die Kontinuität der Parteiführung, auf allen Gebieten alle Verhandlungen durch zwei Vorstandsmitglieder für die Zukunft führen zu lassen. Ihre Auswahl wird sich im allgemeinen aus den Sachgebieten ergeben.[8]

---

7 Ein Treffen mit Lieutenant-Colonel *Annan* ist für diesen Zeitraum nicht belegbar.
8 Dieser Beschluß bedeutete eine Mißbilligung der Verhandlungsführung, die *Heile* quasi im Alleingang, am Zonenvorstand vorbei, geführt hatte. *Heile* reagierte auf diesen Beschluß mit Empörung: „Als Herrn *Heile* dieser Beschluß mitgeteilt worden war, fühlte er sich veranlaßt, die Mitglieder des Vorstandes auf das Gröblichste zu beschimpfen und zu erklären, er dächte nicht daran, sich an einen derartigen Beschluß zu halten. Tatsächlich verhandelte Herr *Heile* auch allein weiter, ohne daß es zunächst zu irgendeinem positiven Ergebnis seiner Verhandlungen kam." Bericht „Betr.: Schiedsgericht in Sachen *Heile*/ Zentralausschuß", NL Heile 90.

12.

23. 4. 1946: Protokoll über die Sitzung des Zonenvorstandes

NL Altenhain RWN 203. Gezeichnet: „Kauffmann". Beginn: 14 Uhr. Ende: 24 Uhr. Ort: Syke bei Bremen. Anwesend: 10.

Als wesentlichster Punkt stand die erste große Tagung der Freien Demokratischen Partei für die gesamte britische Zone zur Erörterung. Die Tagung wird vom 18. bis 20. Mai im Konzerthaus in Bad Pyrmont stattfinden.[1] Unterbringung und Verpflegung der etwa 200 Tagungsteilnehmer sind sichergestellt. Folgende Tagesordnung wurde nach eingehender Beratung festgelegt:

---

1 Nach Angaben des Generalsekretärs waren noch andere Tagungsorte im Gespräch: „Hierfür in Aussicht genommen waren außer Bad Pyrmont die Städte Düsseldorf, Hannover, Münster und Bonn. Wie das Sekretariat des Landesverbandes Hannover mitteilt, gibt es in Hannover-Stadt jedoch keine Unterbringungsmöglichkeit für die vorgesehenen 200 Delegierten. Auch die Stadtverwaltung Düsseldorf gab der Unmöglichkeit Ausdruck, 200 Personen zu beherbergen. In Münster würde der Kongreß stattfinden können, jedoch ist die Wahl auf Bad Pyrmont gefallen, weil hier die Teilnehmer zentral untergebracht werden können." Generalsekretariat, Informationsschreiben, 16. 3. 1946, Nr. 113, NL Heile 91.

Sitzung des Zonenvorstandes 23. 4. 1946 **12.**

Sonnabend, den 18. 5. 46:

10.00 Uhr Sozialpolitisches Referat (*Demel*)²
Referat über Flüchtlings- und Heimatlosen-Frage³
Aussprache. Schluß 13.30 Uhr
14.30 Uhr Wirtschaftspolitisches Referat (*Wilkening*)⁴
Finanz- und währungspolitisches Referat (*Blücher*)⁵
Agrarpolitisches Referat⁶
Aussprache. Schluß 19.00 Uhr.

Sonntag, den 19. 5. 46:

8.30 Uhr Konstituierung der Arbeitsgemeinschaften
10.30 Uhr Öffentliche Kundgebung mit allgemeinpolitischem Referat
(Landrat *Heile*)⁷
14.30 Uhr Kulturpolitisches Referat (Dr. *Middelhauve*)⁸
Referat über Frauenfragen (*Mosolf*⁹ oder Frau Dr. *Kiep*)¹⁰

---

2 Hermann *Demel*, ehemals Geschäftsführer einer Angestelltenorganisation, sprach über „Die Grundforderungen demokratischer Sozialpolitik". Zonenparteitag Bad Pyrmont, Stenographische Niederschrift, 18. 5. 1946, S. 11–19, AdL-1.
3 Oscar *Dieling*, „Wie helfen wir den Heimatlosen und Flüchtlingen". Zonenparteitag Bad Pyrmont, Stenographische Niederschrift, 18. 5. 1946, S. 21–29, AdL-1.
4 Eduard *Wilkening*, „Der Weg der deutschen Wirtschaft in Gegenwart und Zukunft", in: „Unsere Aufgabe heute". Vier Vorträge gehalten auf dem 1. Parteitag der Freien Demokratischen Partei. Im Auftrage des Politischen Büros der FDP. Hrsg. von Otto Heinrich GREVE (September 1946), S. 17–22, AdL-D1–120.
5 Franz *Blücher*, „Die finanziellen und währungspolitischen Grundlagen des deutschen Wiederaufbaues", abgedruckt in: „Unsere Aufgabe heute", a. a. O., S. 22–32.
6 Hugo *Knoop*, Pastor aus Oerel bei Bremerförde, 11. 6. 1947–29. 6. 1948 Vertreter der FDP im Zonenbeirat; seit Mai 1946 Leiter des Agrarpolitischen Ausschusses des FDP-Zonenverbandes, seit Mai 1947 des FDP-Landesverbandes Niedersachsen. *Knoop* sprach über „Agrarpolitik – gesamt-deutsches Problem". Die Niederschrift dieses Referats fehlt im Parteitagsprotokoll.
7 Rede von Wilhelm *Heile*. Zonenparteitag Bad Pyrmont, Stenographische Niederschrift, 19. 5. 1946, S. K 2–K 20, AdL-1.
8 Friedrich *Middelhauve*, „Kulturfragen in der Demokratie". Zonenparteitag Bad Pyrmont, Stenographische Niederschrift, 19. 5. 1946, S. 110–123, AdL-1.
9 Frau *Mosolf,* Hannover.
10 Dr. Emilie *Kiep-Altenloh* (geb. 1888–1985), 1930 MdR (DDP); 1934 auf Veranlassung der NSDAP aus der Leitung des Paritätischen Wohlfahrtsverbands für Schleswig-Holstein entfernt; 1941–1946 Leiterin des Instituts für Umweltforschung der Universität Hamburg; seit Mai 1946 Mitglied des Sozialpolitischen Ausschusses des FDP-Zonenverbandes; seit 1949 Md Hamburger Bürgerschaft; März 1954–November 1957 Senatorin der Sozialbehörde; 1957–1961 Senatorin der Gesundheitsbehörde und der Behörde für Ernährung und Landwirtschaft; 1961–1965 MdB. Auf dem Parteitag hielt sie ein Referat mit dem Titel: „Die Frau im demokratischen Staat". Zonenparteitag Bad Pyrmont, Stenographische Niederschrift, S. 126–134a, AdL 1. Vgl. die autobiographischen Aufzeichnungen von Emilie *Kiep-Altenloh* „Politik als Aufgabe", in: Abgeordnete des Deutschen Bundestages: Aufzeichnungen und Erinnerungen, hrsg. vom Deutschen Bundestag, Wissenschaftliche Dienste, Abt. Wissenschaftliche Dokumentation, Boppard am Rhein 1982, S. 321–344.

12. 23. 4. 1946   Sitzung des Zonenvorstandes

         Referat über Jugendfragen (*Mende*)[11]
         Aussprache. Schluß 19.00 Uhr.
         – Konzert –

Montag, den 20. 5. 46:

(Versammlungsleiter: *Blücher*)
 9.00 Uhr Referat über die Aufgaben des Politischen Büros (Dr. *Greve*)[12]
            Referat über Organisationsfragen (*Hermes*)[13]
           Aussprache
           Wahlen.

Eine genaue Formulierung der Themen wird noch vorgenommen. Auf Einspruch der norddeutschen Landesgruppen wurden die Schlüsselzahlen für die teilnahmeberechtigten Delegierten der einzelnen Landesverbände wie folgt festgelegt[14]:

Rheinland	36	Westfalen	32
Hannover	30	Schleswig-Holstein	12
Hamburg	15	Braunschweig	8
		Oldenburg	7

Hinsichtlich des Abstimmungsverfahrens wurde ein Beschluß dahingehend gefaßt, daß ein Fraktionszwang für die abstimmenden Landesverbände nicht bestehen soll. Die einzelnen Delegierten, die von den Landesverbänden für je 100 Parteimitglieder zu benennen sind, sind in ihrer Entscheidung frei. Die Landesverbände haben ihre Mitgliederziffern noch vor Beginn der Tagung dem Generalsekretariat zu melden, wobei als Stichtag der 30. April zugrunde gelegt wird.

---

11 Dr. Erich *Mende* (geb. 1916), 1945–1948 Studium der Rechtswissenschaft; Februar 1946 bis etwa Mai/Juni 1947 Landesgeschäftsführer und Landesjugendsekretär des FDP-Landesverbandes Nordrheinprovinz, gleichzeitig (abwechselnd mit Willy *Weyer*) Landesvorsitzender der Jungdemokraten; seit Mai 1947 Mitglied des Landesvorstandes des FDP-Landesverbandes Nordrhein-Westfalen; seit Juni 1947 Mitglied des FDP-Zonenvorstandes in der britischen Besatzungszone; seit Juni 1949 Mitglied des Bundesvorstandes; 1960 bis Januar 1968 FDP-Bundesvorsitzender; 1949–1980 MdB; 1963–1966 Bundesminister für gesamtdeutsche Fragen und Stellvertreter des Bundeskanzlers; Anfang Oktober 1970 Austritt aus der FDP, seit Mitte November 1970 CDU-Mitglied. *Mende* hielt ein Referat über: „Die Jugend von heute." Zonenparteitag Bad Pyrmont, Stenographische Niederschrift, 19. 5. 1946, S. 155–159, AdL-1. Vgl. MENDE, 1984, S. 41–43.
12 Otto Heinrich *Greve*, „Demokratische Politik – Wesen und Verpflichtung". Zonenparteitag Bad Pyrmont, Stenographische Niederschrift, 20. 5. 1946, S. 201–214, AdL-1.
13 Wilhelm *Hermes*, „Die Organisation der Freien Demokratischen Partei", a. a. O., S. 232–237.
14 Ursprünglich war vom Generalsekretariat beabsichtigt, nur insgesamt 136 Delegierte am Parteitag teilnehmen zu lassen, die sich auf die einzelnen Landesverbände im Verhältnis zu ihrer Einwohnerzahl errechneten. So waren zunächst folgende Delegiertenzahlen für die Landesverbände mitgeteilt worden: Nordrheinprovinz 44, Westfalen 36, Hannover 24, Schleswig-Holstein 10, Hamburg 10, Oldenburg mit Bremen 7, Braunschweig 5. Generalsekretariat, Informationsschreiben, 16. 3. 1946, Nr. 113, NL Heile 91. Vgl. SCHRÖDER, 1985, S. 47.

Sitzung des Zonenvorstandes 23. 4. 1946 **12.**

Der Zentralvorstand wird dem Delegiertentag einen Wahlvorschlag unterbreiten, über den abgestimmt werden soll.[15] Ein auf dem Parteitag zu benennender Wahlausschuß soll für die nächstjährige Wahl Vorschläge unterbreiten und einen Modus formulieren, der künftighin dem Grundgedanken demokratischer Wahl besser gerecht wird, als dies jetzt bei den bestehenden Schwierigkeiten möglich sein kann.
Bis spätestens zum 7. Mai sollen die Landesgruppen dem Generalsekretariat nach ihren Möglichkeiten Vorsitzende und Mitglieder folgender 13 Arbeitsgemeinschaften bzw. Ausschüsse benennen:

1. Organisationsausschuß
2. Wirtschaftspolitischer Ausschuß
3. Finanz- und steuerpolitischer Ausschuß
4. Sozialpolitischer Ausschuß
5. Agrarpolitischer Ausschuß
6. Kommunalpolitischer Ausschuß
7. Rechtspolitischer Ausschuß
8. Kulturpolitischer Ausschuß
9. Presse-Ausschuß
10. Ausschuß für Frauenarbeit
11. Ausschuß für Junge Demokraten
12. Ausschuß für die Betreuung der Kriegsversehrten und Kriegshinterbliebenen
13. Ausschuß für die Betreuung der Flüchtlinge, Heimatlosen und Evakuierten.

Auf Anregung von Herrn Dr. MIDDELHAUVE wurde beschlossen, über alle Sitzungen des Zentralvorstandes Protokolle anzufertigen.
Der Fall *Tantzen*[16] mit seinen unliebsamen Weiterungen bzw. den sich aus der Amtsführung des Herrn *Tantzen* ergebenden etwaigen Verpflichtungen der FDP

---

15 Zu dem geplanten Wahlvorschlag des Zonenvorstandes ist es jedoch im Laufe des Parteitages nicht gekommen. Durch Einspruch des anwesenden Vertreters der Militärregierung mußten die Delegierten 12 der insgesamt 15 vorgeschlagenen Vorstandskandidaten auf ihren Stimmzettel notieren. Zonenparteitag Bad Pyrmont, Stenographische Niederschrift, 20. 5. 1946, S. 287–290, AdL-1.
16 Theodor J. *Tantzen,* Sohn des oldenburgischen Ministerpräsidenten, war am 15. 3. 1946 von den Amerikanern verhaftet worden. Am 22. 5. 1946 verurteilte ihn ein unteres amerikanisches Militärgericht in Bremen wegen wissentlich falscher Angaben im Entnazifizierungsfragebogen zu einem Jahr Gefängnis und 10000 RM Geldstrafe. Gegen dieses Urteil gab es keine Revisionsinstanz. Das Gericht vertrat den Standpunkt, *Tantzen* habe sein Einkommen vor 1945 zu niedrig angegeben, um gegenüber der Militärregierung seine Angaben über seine politische Einstellung und die damit verbundenen Verfolgungen zu bekräftigen. Die frühere, seit 1943 bei *Tantzen* jun. beschäftigte Buchhalterin, Berta *Bock,* hatte am 16. 5. 1946 in einer eidesstattlichen Erklärung versichert, für Theodor J. *Tantzen* sei es unmöglich gewesen, „[...] ohne jede Unterstützung, ohne seine Bücher und Unterstützung präzise Angaben über seine Einkommens- und Vermögensverhältnisse zu machen". Das Gericht schenkte der entsprechenden Argumentation *Tantzens* keinen Glauben. Zum Urteil vergleiche den Bericht im „Weser Kurier", 25. 5. 1946; die eidesstattliche Erklärung befindet sich im Privatbesitz von Theodor J. *Tantzen.* Vgl. BERNHARDT, 1986, S. 149. Unzutreffend ist die Darstellung des Grundes der Verhaftung bei MENDE, 1984, S. 38f. und SCHRÖDER, 1985, S. 45, Anm. 2. Die Erlaubnis zur politischen Betätigung erhielt *Tantzen* erst im Herbst 1947. Vgl. SCHRÖDER, a.a.O.

gab den bei der Sitzung des Zentralvorstandes versammelten Herren Veranlassung zu einer grundsätzlichen Stellungnahme. Alle Verträge arbeitsrechtlicher und finanzieller Natur sind künftighin nur im Einverständnis mit dem Vorstand zu tätigen. Der Vorstand stellt klar, daß die FDP grundsätzlich nichts mit den Verpflichtungen zu tun hat, die Herr *Tantzen* als Vorstandsmitglied der Demokratischen Union Deutschlands übernommen hat. Um aber im Interesse einiger hauptberuflicher Mitarbeiter einen gerechten Ausgleich zu ermöglichen, ermächtigt der Vorstand Herrn Dr. *Greve,* zur Abdeckung dieser alten Verpflichtungen einen Höchstbetrag von RM 1 250,– zu verausgaben. Herr Landrat HEILE und Herr Dr. GREVE wollen sich zur restlosen Bereinigung der Angelegenheit *Tantzen,* soweit die FDP noch berührt wird, mit dem Herrn Ministerpräsidenten *Tantzen* persönlich in Verbindung setzen.

Zur Entlastung des 1. Vorsitzenden soll eine befähigte und selbständig arbeitende Persönlichkeit eingestellt werden. Im Etat werden hierfür RM 500,– Gehalt und RM 200,– Spesen vorgesehen.

Herr HERMES erstattete dann eingehend Bericht[17] über seine erfolgreichen Verhandlungen mit den gleichgerichteten Verbänden und Parteien in der amerikanischen und französischen Zone. In Bayern haben diese Besprechungen schon zu einer Einigung und Festlegung der bayerischen Gruppen auf den Namen „Freie Demokratische Partei" geführt.[18] Sie bedürfen zu ihrer formalen Rechtsgültigkeit nur noch der Bestätigung des Zentralvorstandes für die britische Zone. Die Besprechungen in Württemberg und Baden führten ebenfalls bis unmittelbar vor den Abschluß der Vereinigung beider Parteigruppen.[19] Weitere erfolgversprechende Verhandlungen hat Herr *Hermes* eingeleitet. Die bei der Sitzung anwesenden Herren sprachen Herrn *Hermes* für den außerordentlich wertvollen Beitrag, den er für die schnelle Schaffung einer geschlossenen Bewegung aller Freien Demokraten geleistet hat, ihren besonderen Dank aus. Es wurde beschlossen, daß die süddeutschen Parteifreunde vier bis acht Vertreter in den zu erweiternden Zentralvorstand entsenden sollen.[20] Herr HERMES versprach auf Wunsch von Herrn Dr. *Middelhauve,* allen Vorstandsmitgliedern eingehenden schriftlichen Bericht zu erstatten.

Zu längeren Erörterungen kam es bei der Festsetzung des Etats für den Zonenvorstand. Angesichts der Notwendigkeit, größere Mittel für die Bildung eines Wahlfonds anzusammeln, wurde beschlossen, daß folgende Maximalbeträge nicht überschritten werden sollen:

---

17 Vgl. den „Bericht des Generalsekretärs der FDP der britischen Zone, Wilhelm *Hermes,* über seine Reise in die amerikanische und französische Zone". Informationsschreiben, 19. 4. 1946, Nr. 122, zit. nach HEIN, 1985, S. 269, Anm. 29.
18 Der Linzenzantrag wurde im März 1946 unter dem Namen „FDP" eingereicht. Vgl. HEIN, 1985, S. 70f.
19 Es kam zu keinem institutionalisierten Zusammenschluß der Liberalen in der französischen Besatzungszone. Vgl. a.a.O., S. 277f.
20 Dieser Beschluß wurde nicht verwirklicht.

Sitzung des Zonenvorstandes · 10. 5. 1946 · **13.**

Unkosten für General-Sekretariat	RM 3 500
Dispositionsfonds *Heile*	RM 1 000
Politisches Büro	RM 2 500
Sonstiges	RM 1 000
insgesamt	RM 8 000

Die vom Politischen Büro entworfenen Satzungen der Kreis- und Landesverbände werden für verbindlich erklärt. Eine Modifizierung ist nur dann statthaft, wenn anders gelagerte örtliche oder regionale Voraussetzungen es geboten sein lassen.

Entsprechend der allgemeinen Ansicht, daß vor der Delegierten-Tagung in Pyrmont noch eine Sitzung des Zentralvorstandes stattfinden solle, wurde als Termin für die nächste Zusammenkunft der 10. Mai 11 Uhr vormittags in Bad Pyrmont festgelegt.

13.

10. 5. 1946: Protokoll über die Sitzung des Zonenvorstandes

NL Blücher 230. Gezeichnet: „Hermes". Vorsitz: Wilkening. Beginn: 11 Uhr. Ort: Bad Pyrmont, Haus „Zur Saar".

Anwesend: *Altenhain, Behnke[1], Blücher, Dieling[2], Friedrichs, Greve, Hermes, Heile, Wilkening.* Gäste: *Hartenfels[3], P. Heile, Landgrebe[4], Rinne[5].*

---

1 Emil *Behnke* (geb. 1882), März 1946–April 1948 1. stellvertretender Vorsitzender des FDP-Landesverbandes Schleswig-Holstein; seit Mai 1946 Mitglied des Sozialpolitischen Ausschusses des FDP-Zonenverbandes.
2 Oscar *Dieling*, Redakteur; 23. 8.–8. 12. 1946 Vorsitzender des Flüchtlingsausschusses des ernannten Hannoverschen Landtages; seit 19. 10. 1946 Mitglied des Organisationsausschusses des FDP-Zonenverbandes; Md Provinzial-Landtag Hannover (Stand: Januar 1946).
3 Ludwig *Hartenfels* (1894–1955), Kaufmann; vor 1933 DDP/DStP; seit Juli 1946 Mitglied des Vorstandes des FDP-Landesverbandes Hamburg; 22. 11. 1946–1. 11. 1949 Kultursenator.
4 Ernst *Landgrebe* (1878–1955), Mittelschulrektor; vor 1933 Vorsitzender der DVP-Stadtverordnetenfraktion in Frankfurt und der DVP in Hessen-Nassau; seit November 1945 Mitglied der „Liberal-Demokratischen Partei" in Frankfurt; 1. 12. 1946–30. 11. 1954 MdL Hessen, seit 1950 Vorsitzender des Kulturpolitischen Ausschusses, 9. 10. 1951–30. 11. 1954 Vorsitzender der FDP-Landtagsfraktion.
5 Willi *Rinne*, Chefredakteur der Neuen Hannoverschen Zeitung.

13. 10. 5. 1946   Sitzung des Zonenvorstandes

Feste Programmpunkte lagen nicht vor. (Parteikongreß.)

Zu Beginn der Sitzung wurde durch Brief an Herrn Oberbürgermeister *Henkel*[6] bzw. Herrn Oscar *Dieling* und Herrn *Hermes* dem Vorstand die Mitteilung gemacht, daß Herr *Mogk*[7] – 1. Vorsitzender der Kreisgruppe Hameln-Pyrmont – seine Ämter in der Partei niederlegte. Da im Hinblick auf den bevorstehenden Kongreß von Wichtigkeit, wurde eine Rücksprache mit Herrn *Mogk* für den Nachmittag vereinbart. (Rücksprache ergab: offiziell von der Führung vorläufig zurückgetreten, setzt sich aber weiter für die Partei und vor allem für den Kongreß ein.)

Lt. Mitteilung von Herrn DIELING:

Sonderzuweisung für den Kongreß 600 Ltr. Benzin vom Wirtschaftsamt Hannover zur Verfügung gestellt, wovon 200 Ltr. dem Landesverband Hannover reserviert bleiben, 400 Ltr. für die Kongreßteilnehmer.

Stiftung eines von Herrn Dr. Dr. *Bergmann*[8] geschossenen Wildschweines von ca. 120 Pfund für den Parteikongreß. Zusatzverpflegung für den Kongreß wird nochmals von Herrn *Dieling* beim Ernährungsamt Hannover beantragt, nachdem der erste Antrag dieserhalb abgelehnt wurde.

Gemüsekonserven werden durch Herrn Wilhelm *Keune*[9] (Wolfenbüttel) lt. Mitteilung Herrn HERMES zur Verfügung gestellt.

Zum Kongreß selbst:

Nach vorausgegangener Debatte wurde festgelegt: Herr Wilhelm *Heile* eröffnet den Parteikongreß, begrüßt die Teilnehmer und überträgt die Leitung des Kongresses auf Herrn Franz *Blücher;* ihm ist es dann überlassen, von sich aus jeweils seinen Vertreter zu benennen.

---

6 Franz *Henkel* (1882–1959), Fabrikant; vor 1933 Mitglied der DDP/DStP und der Deutschen Friedensgesellschaft; nach 1933 mehrmals verhaftet; seit April 1945 Präsident der Industrie- und Handelskammer Hannover; Hauptinitiator der im Oktober 1945 in Hannover gegründeten „Demokratischen Partei", seit 1946 Oberbürgermeister von Hannover; 26. 7. 1946–27. 5. 1947 Vorsitzender des FDP-Landesverbandes Hannover („Demokratische Union"), danach bis zum 12./13. 6. 1948 Vorsitzender des FDP-Landesverbandes Niedersachsen, seitdem Beisitzer im Landesvorstand bis zum Dezember 1949; seit Juni 1947 Mitglied des FDP-Zonenvorstandes in der britischen Zone; 1947–1951 MdL Niedersachsen.

7 Heinrich *Mogk*, Architekt; Bürgermeister in Bad Pyrmont; seit Juli 1946 Mitglied des Vorstandes des FDP-Landesverbandes Hannover, zuständig für „Finanzen"; seit 26. 9. 1947 1. Schatzmeister des FDP-Landesverbandes Niedersachsen.

8 Biographische Angaben waren nicht zu ermitteln.

9 Wilhelm *Keune* (geb. 1905), Konservenfabrikant; vor 1933 parteilos; 1933/34 Mitglied der NSDAP, 1934 Ausschluß aus der Partei, 1944 aus politischen Gründen verhaftet, im Dezember zum Tode verurteilt, 1945 befreit; seit 20. 4. 1947 MdL Niedersachsen.

Sitzung des Zonenvorstandes 10. 5. 1946 **13.**

Es wurde beschlossen:

die Referate auf 30 Minuten Dauer zu beschränken, drei Abschriften der Referate sind der Kongreßleitung zu hinterlegen.[10] Jeder ist angehalten, sich in engster Anlehnung an die Niederschrift zu seinem Thema zu äußern, eventuell sogar abzulesen.

Grund hierzu: Angriffspunkte für die Gegner zu vermeiden, was bei freier Rede nur allzu leicht gegeben sein könnte.

Herr *Mende* ist anzuweisen, *vor* dem Parteitag sein Referat Herrn *Heile* zur Einsicht vorzulegen.

Das Referat „Agrarpolitik – ein gesamt-deutsches Problem" wird entgegen dem Programm von Herrn Pastor *Knoop* gehalten werden und nicht von Herrn *Hünninghaus*.[11] Die Regelung dieser Angelegenheit hat Herr *Altenhain* mit Herrn *Dieling* übernommen.

Den Gästen aus den übrigen Zonen ist lediglich die Überbringung von Grüßen unserer Parteifreunde jenseits unserer Zone zugestanden. Keine politische Aussprache statthaft (dies innerhalb der vorgesehenen Aussprachen).

Der Kongreß beginnt und endet auf die Minute. Die Begrüßungsansprache wird anstelle von Herrn *Mogk* voraussichtlich Herr Dr. *Tappe* als stellvertretender Vorsitzender der örtlichen Kreisgruppen übernehmen.

Die Heranziehung des Rundfunks zu unserem Kongreß wurde von Herrn Prof. Dr. *Heile* übernommen.

Zwischen den Tagungen sind gemeinsame Besprechungen mit einigen Vertretern aus den anderen Zonen vorgesehen (Samstagabend eventuell je nach Möglichkeit und Notwendigkeit).

Samstagabend – Koordinierungssitzung vorgesehen:

Zu diesem Koordinierungsausschuß wird auf dem Parteitag der Vorstand ermächtigt werden (innerhalb der Samstagssitzung), von sich aus drei Vertreter für diesen Ausschuß zu benennen.[12]

---

10 Zur Veröffentlichung der Referate vgl. Dok. Nr. 14, Anm. 12–14.
11 Max *Hünninghaus* (1885–1974), Landwirt; 2. 10. 1946–19. 4. 1947 Mitglied des ernannten Landtages von Nordrhein-Westfalen.
12 Im Verlauf des ersten Zonenparteitages der FDP in der britischen Zone im Mai 1946 in Bad Pyrmont kam es auf Initiative von Wilhelm *Hermes* zu einer Absprache mit den anwesenden LDP-Vertretern Wilhelm *Külz* und Arthur *Lieutenant* über die Vorbereitung zur Gründung einer liberalen Reichspartei. Ein Koordinierungsausschuß sollte den organisatorischen Zusammenschluß aller 4 liberalen Zonenparteien vorbereiten. Entgegen dem auf dieser Sitzung gefällten Beschluß berief der Zonenvorstand 4 Mitglieder in den Koordinierungsausschuß: *Blücher*, *Greve*, *Hermes* und *Middelhauve*. Vgl. Dok. Nr. 14, Anm. 17. Widerstand gegen diesen Koordinierungsausschuß meldete sich kurze Zeit nach diesem Parteitag aus Stuttgart. Ernst *Mayer* von der Demokratischen Volkspartei in Württemberg-Baden bestritt den in Bad Pyrmont versammelten Liberalen das „Recht, [...] solche Fusionsbeschlüsse zu fassen". Schreiben der DVP Württemberg-Baden an die

13. 10. 5. 1946   Sitzung des Zonenvorstandes

Von den erschienenen Delegierten der britischen Zone ist auf 100 Mitglieder nur 1 Delegierter stimmberechtigt.[13]

Zur Debatte über den Vorstand an sich wurden folgende Vorschläge eingebracht:

1. Vorschlag:

Der bisherige Vorstand, die Herren, *Heile, Altenhain, Blücher, Behnke, Dieling, Essich, Friedrichs,* Dr. *Greve, Hermes,* Dr. *Middelhauve, Wilkening* unter Hinzuziehung eines zweiten Mitglieds des Landesverbandes Hamburg, Herrn *Hartenfels,* was nach lebhafter Debatte von allen Anwesenden gutgeheißen wurde, ist auf ein Jahr weiter zu bestellen.

2. Vorschlag:

von Herrn *Wilkening* vorgebracht – je Landesverband ein Mitglied für den Zonenvorstand und zwei Sekretäre.

Hierfür Stellvertreter, in Abwesenheit des Vorstandsmitgliedes stimmberechtigt.

Erweiterungsvorschlag zu 1:

Die Zonenvorstandsmitglieder sind berechtigt, wenn selbst verhindert, einen Vertreter zu benennen, der abstimmungsberechtigt ist.

Erster Vorschlag wurde *einstimmig* angenommen.

Erweiterungsvorschlag: mit 5 : 4 Stimmen angenommen.

Die Vorstandswahl soll in die Tagung des Samstags eingeschoben werden und durch Herrn *Heile* vorgetragen werden.[14]

Finanzausschuß: Es wurden aus dem Vorstand hierzu bestellt: die Herren *Blücher, Altenhain* und *Dieling,* je Landesverband noch 1 Delegierter hierfür zu benennen. Tagung Samstagvormittag vorzubringen.

Bis Freitag ist für die Parteibüros der Zone ein Haushaltsplan einzubringen.[15]

Über die Finanzlage des Generalsekretariats gab Herr *Hermes* einen kurz zusammengefaßten Überblick.

    LDP Hessen, die FDP Bayern, die FDP der britischen Zone und die LDP der SBZ, 27. 5. 1946, NL Altenhain Fs. 5, zit. nach: HEIN, 1985, S. 283. Vgl. SCHRÖDER, 1985, S. 285 f.; SERFAS, 1986, S. 117–120.

13 Vgl. Dok. Nr. 12, Anm. 14.

14 Die Vorstandswahl leitete auf dem Parteitag der Alterspräsident Jann *Berghaus* (1870–1954). Vgl. das Protokoll des FDP-Zonenparteitages von Bad Pyrmont vom 20. 5. 1946, AdL-1. *Berghaus* war von 1919 bis 1921 DDP-Abgeordneter im Preußischen Landtag; 1922–1932 Regierungspräsident von Aurich; 23. 8.–8. 12. 1946 Mitglied des Hannoverschen Landtages; 9. 12. 1946–19. 4. 1947 Mitglied des ernannten Niedersächsischen Landtages.

15 Dieser Haushaltsplan ist erst nach dem Parteitag in Bad Pyrmont aufgestellt worden. Vgl. SCHRÖDER, 1985, S. 231 f.

Fall *Tantzen:* Inzwischen aufgelaufene Verbindlichkeiten betragen rund etwa RM 8 000,– (*Rinne, Möller, Chauffeur, Osberg* etc.)[16] Lebhafte Debatte – Klärung bis zur nächsten Vorstandssitzung zurückgestellt.

In Aussicht genommen – in diesem Zusammenhang – per 31. 5. 1946 einen Abschluß zu machen und dann im Rahmen des aufgestellten Haushaltsplans zu wirtschaften.

Zusammenlegung des Politischen Büros und des Generalsekretärs: Lebhafte Debatte in Abwesenheit des Herrn *Hermes*. Angelegenheit zurückgestellt bis zur nächsten Vorstandssitzung. Eventuell vorher Aussprache zwischen Herrn *Heile*, *Wilkening*, *Hermes* und Dr. *Greve*.

Zonenbeirat[17]

Außer Herrn *Heile* ist ein weiteres Mitglied unserer Partei in den Zonenbeirat zu entsenden und für beide Mitglieder die Vertreter zu benennen.

Aufgestellt wurden die Herren: *Altenhain, Blücher, Wilkening.*

In geheimer Wahl wurde gewählt:

2. Deligierter – Herr *Blücher* mit 6 zu 3 (*Wilkening*) und 1 (*Altenhain*) Stimmen;

Vertreter für Herrn *Heile*: – Herr *Wilkening* mit 4 zu 4 (*Blücher*), 1 (*Altenhain*) und 1 (Prof. *Heile*);

Vertreter für Herrn *Blücher*: – Herr *Altenhain* mit 8 zu 2 (*Wilkening*).

Debatte über Satzungen und programmatische Richtlinien: Die von Herrn Dr. *Greve* ausgearbeiteten Landesverbands- und Kreisgruppensatzungen[18] wurden *einstimmig* von dem Vorstand angenommen. Eine Änderung hierin kann jedoch noch der Parteitag erbringen.

Zonensatzungen: Richtlinien stehen zur nächsten Vorstandssitzung zur Debatte.

Nächste Vorstandssitzung des Zonenverbandes findet Freitag, 17. Mai 1946, abends 20 Uhr – Haus zur Saar – statt in Bad Pyrmont.[19]

---

16 Über die Regelungen der Verbindlichkeiten, die unter *Tantzen* bzw. dem Politischen Büro entstanden waren, konnte ebensowenig etwas in Erfahrung gebracht werden wie über die genannten Personen.
17 Die erste Sitzung des Zonenbeirats hatte am 6. 3. 1946 in Hamburg stattgefunden. Vgl. STÜBER, 1990, S. 170–177.
18 Diese Satzungsentwürfe lagen nicht vor.
19 Zur Vorstandssitzung am 17. 5. 1946 gibt es kein Protokoll.

14.

30. 5. 1946: Protokoll über die Sitzung des Zonenvorstandes

NL Blücher 230. Abschrift.

Herr BLÜCHER eröffnet die Sitzung mit der Offenlegung der im Vorstand zeitweilig aufgetauchten Differenzen und bat, das Gewesene zu vergessen und im Interesse des großen Ganzen zusammenzuarbeiten. Die pressemäßige Bearbeitung des Parteitages sei denkbar schlecht gewesen. Die „*Westdeutsche Rundschau*" habe z. B. einen Auszug aus der Rede über die Finanz- und Steuerpolitik gebracht, der geradezu entstellend gewesen ist. An Herrn Dr. *Greve* wurde die Bitte gerichtet, die Arbeitsgemeinschaft für Presse bevorzugt an die Arbeit zu bringen.[1]

Ebenfalls soll die Arbeitsgemeinschaft für Organisation sofort ihre Arbeiten aufnehmen.[2] Insbesondere ist es notwendig, an alle diejenigen Gebiete zu gehen, in denen wir bisher noch nicht vertreten sind. Weiter soll sich die Arbeitsgemeinschaft für Organisation um das Verhältnis von Zone zu Landesverband zu Kreisgruppe kümmern. Der Landesverband Hamburg soll aufgefordert werden, einen Entwurf auszuarbeiten und dem Vorstand einzureichen, aus dem die Stellung des Vorstandes der Partei und seine besonderen Aufgaben ersichtlich sind.[3]

Sofern die Partei offiziell aufgefordert wird, Redner über den Rundfunk zu Worte kommen zu lassen, sollen diese ausschließlich nach Person und Reihenfolge vom Vorstand bestimmt werden.

Für die Leitung der Hauptgeschäftsstelle in Bad Pyrmont ist ein Hauptgeschäftsführer in Aussicht genommen worden. Der Vorstand beschloß, dem zuzustimmen.

Zum Fall *Tantzen* wurde beschlossen, Herrn Rechtsanwalt *Siemann*[4] zu beauftragen, anhand von Herrn Dr. *Greve* und Herrn *Essich* zur Verfügung gestellten Unterlagen zu erklären, welche Ansprüche geltend gemacht werden können und diese gegebenenfalls geltend zu machen. Auf Anfrage von Herrn Dr. MIDDELHAUVE über Aufgaben der Arbeitsgemeinschaft für Presse wurde von Herrn Dr. GREVE mitgeteilt, daß diese in der Beobachtung der gesamten Presse aller Zonen bestehe, da die

---

1 Die erste Sitzung des Presseausschusses des FDP-Zonenverbandes fand unter dem Vorsitz von Heinz *Krekeler* am 28. 7. 1947 in Bielefeld statt. Vgl. SCHRÖDER, 1985, S. 211.
2 Nach der Auflösung des Generalsekretariats, die im Verlauf des Pyrmonter Parteitages beschlossen wurde, sollte Wilhelm *Hermes* die Arbeitsgemeinschaft für Organisation leiten. Vgl. SCHRÖDER, 1985, S. 76f.
3 Von einem ausgearbeiteten Entwurf ist nichts bekannt.
4 Johannes *Siemann* (1893–1960), Rechtsanwalt und Notar; 1945 Mitbegründer der „Demokratischen Partei" in Hannover; Vorsitzender der „Deutschen Friedensgesellschaft" in Hannover; seit Anfang 1947 Mitlizenzträger der „Abendpost" in Hannover; Vorsitzender des Verfassungsausschusses des FDP-Zonenverbandes, Mitglied des Zonenpresseausschusses; August 1946–Dezember 1946 MdL Hannover; 9. 12. 1946–19. 4. 1947 Mitglied des ersten ernannten Niedersächsischen Landtages; Juni 1947–Juni 1948 stellvertretendes Mitglied der FDP-Fraktion im zweiten Zonenbeirat; 7. 3. 1949 FDP-Austritt.

Sitzung des Zonenvorstandes   30. 5. 1946 **14.**

Arbeitsgemeinschaft für Presse weiter sämtliche Aufgaben zu erfüllen habe, die die Beziehungen unserer Partei zur Presse betreffen.

Es wurde beschlossen, sämtliche Angelegenheiten, die die gesamte FDP betreffen, ausschließlich von der hierfür beim Politischen Büro eingerichteten Stelle bearbeiten zu lassen.[5]

Auf Anregung von Herrn ALTENHAIN sollen die Landesverbände ihre Erfahrungen mit den Mitteilungsblättern austauschen. Die Landesverbände sollen von der Hauptgeschäftsstelle aufgefordert werden, den Vertreter für den Finanzausschuß[6] zu benennen.

Auf Anforderung des Rundfunks[7] sind 12 Redner zu benennen, die der Vorstand wie folgt bestimmt hat: *Altenhain*, Dr. *Beutler*, *Blücher*, Dr. *Greve*, Frau Dr. *Kiep*, *Mende*, Dr. *Middelhauve*, Dr. *Oberberg*[8], Frau *Sehlmeyer*[9], *Siemann*, *Thiessen*[10], *Wilkening*.

Reihenfolge der Redner wird vom Vorstand jeweils bestimmt werden.

Herr DIELING gab Kenntnis von einer Berichtigung, die Herr *Heile* ihm für den „*Neuen Hannoverschen Kurier*" übergeben habe. Da es sich um eine abermalige Aufrollung des Zusammenschlusses der FDP mit der NLP handelt, wurde beschlossen, die von Herrn *Heile* vorgesehene Berichtigung nicht an die Presse weiterzuleiten.[11] Herr Dr. *Greve* wurde beauftragt, Herrn *Heile* die Berichtigung zurückzugeben und ihm gegenüber den Beschluß des Vorstandes zu begründen.

---

5 Die Kompetenzen des Politischen Büros wurden im Oktober 1946 erheblich eingeschränkt. Vgl. Dok. Nr. 21 a. Vgl. SCHRÖDER, 1985, S. 82.

6 Dem Finanzausschuß des FDP-Zonenverbandes gehörten die Schatzmeister der Landesverbände an.

7 Der Nordwestdeutsche Rundfunk bat um die Nennung von Rednern der politischen Parteien.

8 Arthur *Oberberg*, Bankdirektor in Itzehoe; 1946–1947 Mitglied des zweiten ernannten Landtages von Schleswig-Holstein.

9 Grete *Sehlmeyer* (geb. 1891), Dipl.-Musiklehrerin; vor 1933 DDP/DStP, Mitarbeit in der Frauenbewegung; nach 1945 Ratsherrin in Hannover; nach der Gründung des FDP-Landesverbandes Niedersachsen am 28. 5. 1947 Leiterin des Frauenausschusses; seit 27./28. 9. 1947 Mitglied des Frauenbeirats des FDP-Zonenverbandes; 1947–1955 MdL Niedersachsen; ab 21. 6. 1954 Mitglied des „Liberalen Bundes".

10 Hans *Thiessen*, vor 1933 DDP/DStP; seit 28. 3. 1946 2. stellvertretender Vorsitzender des FDP-Landesverbandes Schleswig-Holstein. In einem Brief vom Juli 1946 vom „Intelligence Office" in Schleswig-Holstein an das „Intelligence Bureau" in Lübbecke heißt es: „*Thiessen*, well-meaning but slowwitted, has now been debarred from political activity because of his earlier dealings with the Nazis." Public Record Office, FO 1006/331.

11 Der „Neue Hannoversche Kurier" hatte am 24./5. 1946 von dem NLP-Parteitag in Celle berichtet, auf dem *Heile* eine Fusionsrede gehalten und seine Absicht, FDP und NLP zusammenzuschließen, begründet hatte. Wenige Tage zuvor, am 17. 5. 1946, hatten sich *Heile* und der Vorsitzende der NLP, Heinrich *Hellwege*, in Hannover getroffen und eine Vereinbarung unterzeichnet, die einen Zusammenschluß des FDP-Landesverbandes Nie-

Es wurde beschlossen, die Parteitagsreferate von Herrn *Blücher,* Herrn *Wilkening,* Herrn *Middelhauve* und Herrn Dr. *Greve* in einer Broschüre[12] zu veröffentlichen, diese in einer Auflage von 50 000 Stück erscheinen zu lassen und sie zum Preise von RM 2,- abzusetzen. Weiter sollen das Referat von der Kundgebung des Parteitages von Herrn *Heile*[13] und dasjenige von Herrn *Dieling*[14] nach Überarbeitung einzeln als Broschüre herausgebracht werden.

Zur Frage der Einstellung des Hauptgeschäftsführers[15] wurde beschlossen, daß hierzu Herr *Blücher,* Herr Dr. *Greve* und Herr *Hermes* gemeinsam berechtigt sein sollen.

Zum Zweck einer ordnungsgemäßen Geschäftsführung und eines geregelten Ablaufes aller Parteiangelegenheiten steht Herrn *Blücher* auf Beschluß des Vorstandes in allen politischen und organisatorischen Dingen ein Weisungsrecht auch gegenüber jedem Vorstandsmitglied zu.

Zur Führung der weiteren Verhandlungen mit der NLP wurden auf Beschluß des Vorstandes Herr Dr. *Greve,* Herr **Wilkening** und Herr Rechtsanwalt *Siemann* gemeinsam bevollmächtigt.[16]

In den Koordinierungsausschuß sämtlicher gleichgerichteter Demokratischer Parteien in Deutschland wurden die Herren *Blücher,* Dr. *Greve, Hermes* und *Middelhauve* gewählt.[17]

---

dersachsen mit der NLP vorsah. Abschrift des Abkommens in NL Heile 84. Unmittelbar nach dem NLP-Parteitag dementierte der FDP-Landesverband Hannover die Fusionsmeldung: „Ein Zusammenschluß der beiden Parteien ist *nicht* erfolgt. Es haben bisher lediglich unverbindliche Vorbesprechungen der beiden Parteiführer *Hellwege* und *Heile* stattgefunden." LV Hannover, Rundschreiben L. V. 46/6, 25. 5. 1946, NL Heile 52. Vgl. Schröder, 1985, S. 128f. und 131f.

12 Unsere Aufgabe heute. Vier Vorträge gehalten auf dem 1. Parteitag der Freien Demokratischen Partei. Im Auftrage des Politischen Büros der FDP. Hrsg. von Otto Heinrich *Greve,* Hannover (September 1946). AdL-D1-120.

13 Die Rede *Heiles* ist nie gedruckt worden, wohl auf Veranlassung von *Blücher* und *Greve. Heile* hat sich über die Verhinderung der Publikation seiner Pyrmonter Rede später mehrfach beklagt, so in seiner Schrift „Abschied von der FDP", S. 29: „So oft ich nachfragte, warum die Rede noch nicht gedruckt sei, hatte Herr Dr. *Greve* jedesmal eine andere Ausrede, und schließlich behauptete er wiederholt, [...] daß es leider nicht möglich wäre, diese Rede zu publizieren, weil die englische Regierung das verboten habe." Vgl. Schröder, 1985, S. 150.

14 Ob die Rede *Dielings* gedruckt wurde, ist nicht bekannt.

15 Leiter der Hauptgeschäftsstelle in Bad Pyrmont vom 20. 6. 1946 bis Dezember 1946 war Adolf *Kahlen* (geb. 1892), Textilkaufmann, bis 1933 in der freiheitlich-nationalen Angestelltenbewegung tätig.

16 Die bislang von *Heile* geführten Verhandlungen mit der NLP sollten nun ohne ihn fortgesetzt werden, weil der Vorstand dessen eigenwilligen Verhandlungsstil ebenso kritisierte wie seine Begründung einer Fusion beider Parteien. Eine offizielle Verhandlung des Zonenvorstandes mit der NLP wurde für den 12. 6. 1946 in Hannover vereinbart. Vgl. Schröder, 1985, S. 132f.

17 Mit der Geschäftsführung des Koordinierungsausschusses war Arthur *Lieutenant* beauftragt worden. Obwohl *Heile* nicht in den Koordinierungsausschuß gewählt worden war,

Junge Demokraten an Zonenbeirat   8. 6. 1946 **15.**

Auf Anregung von Herrn ALTENHAIN wird Herrn Dr. *Greve* die Einrichtung der Freunde der FDP als eine besondere Form der Förderung unserer Partei zur Bearbeitung übergeben.¹⁸

---

nahm er doch als Parteipräsident an dessen Besprechungen teil. Vgl. SCHRÖDER, 1985, S. 285.

18 Diese Einrichtung sollte dazu dienen, Spenden für die Partei zu sammeln. Sie wird in den Unterlagen nicht mehr erwähnt. Erst nach der Bundestagswahl am 5. 9. 1949 kam es zur Bildung einer parteieigenen Fördergesellschaft, der „Wirtschafts- und Sozialpolitischen Vereinigung e.V.". Vgl. HEIN, 1985, S. 246 f.

15.

8. 6. 1946: Die Jungen Demokraten der Freien Demokratischen Partei, Landesverband Hamburg, an das Sekretariat des Zonenbeirats für die britische Besatzungszone Deutschlands in Hamburg

AdL-11. Abschrift. Gezeichnet unten links: „Dr. Stübler", unten rechts: „H. L. Waiblinger".

Nachstehend geben wir Ihnen Punkt 8 der von unserem Beisitzerrat am 15. 5. 1946 einstimmig angenommenen Entschließung zur Kenntnis.

„Wir Deutschen müssen eine Brücke zueinander finden: Das, was man uns unter dem wenig sympathischen Wort „Denazifizierung" demonstriert, ist nicht geeignet, das Vertrauen in den Gerechtigkeitssinn zu stärken. Der Sinn der „Denazifizierung" sollte mehr auf die Zukunft gerichtet sein, als nur ausschließlich über die Vergangenheit zu richten. Unbelehrbare, politische Asoziale und Vorfaschisten haben abzutreten. Der Jugend aber darf die Aussicht auf Existenz und Gleichberechtigung nicht genommen werden. Man kann sie unmöglich denazifizieren und gleichzeitig ein Bekenntnis zur Demokratie von ihr verlangen.

Wir fordern daher – ausgenommen extreme Fälle – daß Menschen, die bei den letzten demokratischen Wahlen im März 1933 noch nicht wahlberechtigt waren, auch nicht für das Geschehen verantwortlich gemacht werden können.

Wir bitten höflichst, dies als einen Antrag der Jungen Demokraten in der Freien Demokratischen Partei, Landesverband Hamburg, zu betrachten und den Herren des Zonenbeirats auf der nächsten Sitzung vorzulegen. Wir halten die Angelegenheit für ebenso wichtig wie dringend und begründen dies wie folgt:

Es kann nicht sein, daß Menschen einerseits vor Vollendung des 21. Lebensjahres juristisch für nicht voll verantwortlich gehalten werden, andererseits aber für Geschehnisse und Entwicklungen auf politischem Gebiet, auf das sie selbst keinerlei Einfluß nehmen konnten, einstehen sollen. Wer bei den letzten freien Wahlen, d. h. am 5. März 1933, noch nicht wahlberechtigt war, hatte seither keine Möglichkeit zu einer wirklich politischen Willenserklärung. Da 1937 die Hitler-Jugend zur Staatsjugend erklärt wurde, war jeder gezwungen, dort einzutreten, so daß er auch hier-

15. 8. 6. 1946 Junge Demokraten an Zonenbeirat

für nicht verantwortlich gemacht werden kann. Darüber hinaus sind wir der Ansicht, daß auch der normale HJ-Führer nie als „belastet" betrachtet werden darf; denn die Beförderungen erfolgten dort genau wie bei der Wehrmacht.

Wir bitten daher den Zonenbeirat[1], den zuständigen britischen Behörden[2] folgenden Vorschlag zu unterbreiten:

Für alle Menschen, die nach dem 5. März 1913 geboren sind, finden die Gesetze der Denazifizierung keine Anwendung.

Die Anwendung findet statt, wenn der Nachweis von Verbrechen gegen die Menschlichkeit erbracht worden ist.[3]

Wir sind überzeugt, daß Sie in Erkenntnis der Wichtigkeit eines solchen Antrages in der Übermittlung keine Verzögerung eintreten lassen werden, und begrüßen Sie

mit vorzüglicher Hochachtung [...]

---

1 Am 10./11. 7. 1946 wurde folgender Antrag vom Hauptausschuß des Zonenbeirats einstimmig angenommen: „Alle jungen Menschen, die am 30. Januar 1933 das 18. Lebensjahr noch nicht vollendet hatten, sollen wegen ihrer Zugehörigkeit zur Hitlerjugend oder einer anderen Nazi-Organisation grundsätzlich als schuldlos betrachtet werden, es sei denn, daß der zuständige Bereinigungsausschuß ihnen ernsthafte Verstöße gegen Anstand und Menschlichkeit nachweist."... Abgedruckt in: AKTEN ZUR VORGESCHICHTE I, 1976, S. 609. Eine Stellungnahme der britischen Kontrollkommission war nicht zu ermitteln. Vgl. a. a. O., S. 610, Anm. 46. Zur Frage der Jugendamnestie vgl. auch ALBERTIN, 1992, S. 62 f.
2 Nach der Zonen-Exekutiv-Anweisung Nr. 3 (endgültige Fassung) der britischen Kontrollkommission vom 7. 3. 1947 mußten Jugendliche, die am oder nach dem 1. 1. 1919 geboren waren, in Kategorie V (Entlastete Personen) eingereiht werden. Nur wenn sie erwiesenermaßen politisch besonders gefährlich waren, durfte eine Einreihung in Kategorie III (Minderbelastete) erfolgen. Vgl. Irmgard LANGE, Entnazifizierung in Nordrhein-Westfalen. Richtlinien, Anweisungen, Organisationen, Siegburg 1976, S. 33 f. u. S. 309; KRÜGER, 1982, S. 49 u. S. 52; ferner: AKTEN ZUR VORGESCHICHTE I, S. 610, Anm. 46.
3 Die erste Reichstagung der Deutschen Jungdemokraten am 21./22. 6. 1947 in Heidelberg bat in einer Entschließung die Besatzungsmächte, „[...] die Jugendamnestie in ihrer jetzigen Form und mit den derzeitigen Einschränkungen auch auf die Jahrgänge bis 1913 auszudehnen, da auch diese Jahrgänge an der Wahl im März 1933 nicht teilgenommen haben und so von der verantwortlichen Mitbestimmung ausgeschlossen waren". Bei allen Bewerbungen sollte anstelle des Fragebogens eine eidesstattliche Erklärung treten, daß der Betreffende nicht unter die einschränkenden Bestimmungen der Amnestieverfügung fällt. Vgl. den Bericht über die „Erste Reichstagung der Deutschen Jungdemokraten in Heidelberg", Archiv des FDP-Landesverbandes Nordrhein-Westfalen in Düsseldorf, Akte: DJD, 1947/48, Ib/12. Vgl. ALBERTIN, 1992, S. 142 f.

16.

18. 6. 1946: Protokoll über die Sitzung des Zonenvorstandes

NL Blücher 230. Abschrift. Gezeichnet: „Unterschriften". Ort: Bad Pyrmont.

Obwohl als einziger Punkt der Tagesordnung lediglich die Verhandlungen zwischen der NLP und der FDP zu besprechen waren, beantragte Herr BLÜCHER die Ergänzung der Tagesordnung um die Aussprache über die Arbeit innerhalb unserer Partei.

Das etwas verspätete Eintreffen von Herrn *Heile* gab Veranlassung zu einer Klarstellung der Aussprache innerhalb des Vorstandes auf seiner Sitzung vom 30. Mai 1946. Herr *Heile* glaubte, in seinen Bemühungen, die Politik der FDP gegenüber ihrer Darstellung im *„Neuen Hannoverschen Kurier"*, wie er sie in seiner Berichtigung gefordert hat, zu rechtfertigen, vom Vorstand sabotiert zu werden. In dieser Auffassung fühlte er sich bestärkt durch die Ablehnung der *„Westdeutschen Rundschau"*, einen Artikel, den diese von ihm angefordert habe, dann noch zu bringen.

Dr. MIDDELHAUVE betonte, daß er sich bemüht habe, den Artikel von Herrn *Heile* in der *„Westdeutschen Rundschau"* durchzusetzen, jedoch sei ihm dies nicht gelungen. Bedauerlicherweise sei es versäumt worden, Herrn *Heile* seinen Artikel zurückzugeben oder ihn von diesem Ergebnis in Kenntnis zu setzen.

Herr BLÜCHER gab Herrn *Heile* davon Kenntnis, daß es gerade seinem Bemühen in der Sitzung des Vorstandes vom 30. Mai 1946 gelungen sei, die Verhandlungen, die Herr *Heile* bisher allein mit der NLP geführt habe, nicht durch einen sofortigen Abbruch zum Abschluß zu bringen, wie dies von der überwiegenden Mehrheit der Vorstandsmitglieder, der Vorsitzenden der Landesverbände und den Vorsitzenden der niedersächsischen Kreisgruppen gefordert wurde.[1]

---

[1] *Blücher* schrieb nach der Sitzung an *Heile*: „Der Inhalt unserer Vorstandssitzung vom vorigen Dienstag, den 18. ds. Mts., hat mich unablässig beschäftigt, ja erschüttert. Ich wende mich nun heute mit großem Vertrauen und aus dem Bewußtsein unserer gemeinsamen Verpflichtung mit einer Bitte an Sie: Bei den langen Ausführungen, die Sie machten, wurde zum ersten Mal Ihr eigentliches Bestreben klar. Die von Ihnen ausgesprochenen Gedanken *müssen* von uns irgendwie, und zwar ohne innere Vorbehalte, unterstützt, und es muß für Sie eine Auswirkung gefunden werden. Daß dies bisher nicht geschah, scheint mir so begründet zu sein, wie ich dies nachstehend niederschreibe. Es ist von Ihnen in den bösen 13 Jahren und auch schon vorher, als Sie den Niedergang der von ihnen mitbegründeten Partei sahen, eine sehr große schöpferische Gedankenarbeit in Vorbereitung auf Ihr jetziges Handeln geleistet worden. Sie sahen und sehen ein sehr großes Übel darin, daß wir hinter einem unerfüllbaren Wunsche, nämlich der völligen Gleichheit aller Anschauungen, bei uns irgendwie nahestehenden Parteien nachlaufen, und Sie befürchten, daß dies unreif, weltunklug oder sogar rechthaberisch sei und daß wir darüber das größere Ziel der Einheit vergessen. Sie andererseits fühlen, und ich gebrauche dieses aus anderen Bereichen stammende Wort bewußt, das Gewicht der aus sich Kraft schöpfenden Masse und streben zu ihr hin, um dieses Gewicht im Interesse des deutschen Schicksals zu nützen. Es wäre nun unsere Aufgabe, die beiden nur scheinbar gänzlich auseinanderstrebenden Tendenzen zu vereinen. Ich weiß, und gerade die letzten Tage haben mich mehr als bisher wissend gemacht, wie stark Ihre Bestrebungen bei uns zu den herrschenden gemacht werden müssen.

16. 18. 6. 1946   Sitzung des Zonenvorstandes

Nach eingehender Aussprache über das Vergangene wurde zu dem Protokoll über die Besprechung der NLP mit der FDP vom 12. Juni dieses Jahres eingehend Stellung genommen.[2]

Folgende Anträge von Herrn Dr. MIDDELHAUVE wurden angenommen:

1. Der Vorstand beschließt, daß keinerlei Fusionsverhandlungen mit einer anderen Partei oder Parteigruppe in der britischen Zone geführt werden (Stimmenverhältnis: 9 Stimmen für den Antrag, 2 Enthaltungen).

2. Der Vorstand lehnt die Bildung einer Dachorganisation mit der NLP ab (11 Stimmen für den Antrag).[3]

Folgender Antrag von Herrn Dr. GREVE wurde einstimmig angenommen. Die Entscheidung darüber, ob es zweckmäßig ist, für die September-Oktober 1946 stattfindenden Gemeinde- und Kreiswahlen Wahlbündnisse mit anderen Parteien einzugehen oder mit anderen Parteien gemeinsame Kandidaten aufzustellen, wird der Entscheidung der Landesverbände überlassen.

Die Verhandlungen mit der NLP sollen mit der am 19. Juni 1946 in Hannover stattfindenden Besprechung ihren Abschluß finden. Für die Verhandlungen auf Seiten der FDP wurden die Herren Dr. *Greve* und *Siemann* bevollmächtigt. Der Vorschlag der NLP, eine gemeinsame Erklärung über den Abschluß der Verhandlungen herauszugeben, wurde angenommen. Für den Fall, daß die Einigung auf eine gemeinsame Erklärung nicht zustande kommt, soll der ergebnislose Abschluß der Verhandlung durch die FDP allein bekanntgegeben werden.

    Aber nehmen Sie mir, da es nur um der Sache willen geschieht, eine Bitte nicht übel: Geben Sie den Glauben auf, daß wir alle gerade Ihr Erleben geteilt hätten und daher ohne Vorbereitung jeden Ihrer Gedanken nun auch sogleich verständen. Hätten Sie uns vor der Aufnahme der Besprechungen mit der CDU und den anderen Parteien so eindrucksvoll, wie Ihnen dies gegeben ist, Ihre Ausführungen und die Gründe Ihres Handelns dargelegt und dann an unsere Mitarbeit in dem Sinne appelliert, daß wir Sie durch taktische Kleinarbeit unterstützen, dann wäre sicherlich alles bisher Geschehene besser, vielleicht sogar glücklicher verlaufen. Es ist wirklich in dieser Beziehung zu wenig geredet worden [...]." *Blücher* an *Heile*, 24. 6. 1946, NL Heile 77. Vgl. SCHRÖDER, 1985, S. 143; HEIN, 1985, S. 126.

2 Vgl. das Protokoll der Besprechung zwischen der NLP und der FDP in Hannover am 12. 6. 1946. NL Heile 93. Vgl. SCHRÖDER, 1985, S. 133–135.

3 Bei der Zusammenkunft zwischen *Heile* und *Hellwege* (NLP) am 17. 5. 1946 wurde der Beschluß gefaßt, den Landesverband Niedersachsen der FDP mit der NLP „[...] zur Niedersächsischen Landespartei zusammenzuschließen". Von dem Vorhaben, eine gemeinsame Dachorganisation zu gründen, ist nichts bekannt. Beschluß vom 17. 5. 1946, NL Heile 84. Vgl. SCHRÖDER, 1985, S. 128f. Wenige Tage später wurde ein weiterer gleichlautender Beschluß unterzeichnet: „Die Unterzeichneten beschließen die Gründung eines Kreisverbandes der (als Zonenpartei von der Militärregierung genehmigten) Freien Demokratischen Partei. Sie begrüßen die Bestrebungen des Präsidenten der FDP, die FDP und die Niedersächsische Landespartei zu einer Partei zusammenzuschließen. Bis zum Erfolg dieser Bestrebungen aber beschließen sie, die FDP zunächst zu konstituieren und mit der Führung der NLP auf der Basis zu verhandeln: Die beiden Parteien vereinigen sich zu einer Partei unter dem Namen „Niedersächsische Landespartei. Kreisgruppe der Freien Demokratischen Partei." Beschluß vom 25. 5. 1946, NL Heile 78.

Sitzung des Zonenvorstandes 18.6.1946 **16.**

Zur Frage der Arbeit innerhalb der Partei führte Herr BLÜCHER aus, daß es ihm in den letzten Wochen offenkundig geworden sei, daß die Arbeit der Geschäftsstelle nicht zufriedenstellend sei, und führte hierfür eine Reihe von Beispielen an. Herr BLÜCHER bemängelte insbesondere, daß es bisher nicht gelungen sei, die Geschäftsstelle von M.-Gladbach nach Pyrmont zu verlegen, wie dies bereits dreimal vom Vorstand beschlossen und angeordnet worden sei.[4] Um die Organisation der Partei schlagkräftig zu machen, verlangte er einen nochmaligen Beschluß des Vorstandes, die Hauptgeschäftsstelle in Bad Pyrmont sofort einzurichten, sie unter die Leitung eines hauptamtlichen Geschäftsführers zu stellen und sämtliche anderen zentralen Dienststellen außer der Hauptgeschäftsstelle sofort aufzulösen.[5] Sämtliche Vorstandsmitglieder, einschließlich Herrn Dr. *Greve* als Leiter des Politischen Büros, werden sich für die Lösung ihrer Aufgaben für die Partei, falls sie nicht persönlich anderweitig dazu in der Lage seien, der Hauptgeschäftsstelle und ihres Personals bedienen.

Als Herr Dr. GREVE Herrn *Blücher* bat, seine Ausführungen dahingehend zu ergänzen, daß der Hauptgeschäftsführer für den Dienst der Hauptgeschäftsstelle dem Vorstand gegenüber allein verantwortlich sei und auch ihm allein das Personal dienstmäßig unterstehen müsse, erhob sich Herr HERMES und erklärte mit gehobener Stimme, daß er nunmehr wisse, was gespielt würde, erklärte, er lege hiermit seine gesamten Ämter in der Partei nieder, legte Herrn *Wilkening* in dessen Abwesenheit mit einer entsprechenden Bemerkung die Kassenabrechnung auf dessen Platz und verließ die Sitzung, ohne wieder zurückzukehren.[6]

---

4 Von einem mehrmaligen Beschluß, die Geschäftsstelle von M.-Gladbach nach Bad Pyrmont zu verlegen, ist nichts bekannt. Eine organisatorische Umbildung der Parteidienststellen war auf dem Zonenparteitag in Bad Pyrmont beschlossen worden. Die bisher vom Generalsekretariat betreuten Bereiche sollten von der Hauptgeschäftsstelle wahrgenommen werden. Vgl. SCHRÖDER, 1985, S. 76f.
5 Vgl. Dok. Nr. 14.
6 Die Betonung der Verantwortlichkeit allein gegenüber dem Vorstand war ein nachträgliches Mißtrauensvotum gegen *Hermes*, der sich in erster Linie dem Parteipräsidenten verantwortlich fühlte. Trotz seiner spontanen Ämterniederlegung blieb *Hermes* weiter im Vorstand und nahm, entgegen seiner Ankündigung, weitere Aufgaben wahr. In einem Rundschreiben *Blüchers* heißt es: „Herr *Hermes* wird wie bisher als Mitglied des Vorstandes die Leitung der Arbeitsgemeinschaft für die Parteiorganisation innehaben. Sein Amt als Organisationsleiter hat er niedergelegt. Dieses Amt gibt es nicht mehr." Rundschreiben *Blüchers* vom 26.6.1946, NL Altenhain RWN 203, Bd. 5, Bl. 73. Gegen eine Rundfunkmeldung, die dieses Ergebnis der Sitzung mitteilte, protestierte *Hermes*. Er beklagte die tendenziöse Berichterstattung über seine Person, denn „diese Meldung ist in hohem Maße dazu geeignet, mich zu diffamieren und zu diskreditieren. [...] Aus der Verlautbarung im Nordwestdeutschen Rundfunk ist für jeden Außenstehenden die Tatsache erkennbar, daß das Generalsekretariat in M.-Gladbach aufgelöst, d.h. der bisherige Leiter dieser Abteilung ausgebootet worden ist". Und als Urheber vermutet *Hermes*, nicht ganz zu Unrecht, „unzweifelhaft Herrn Dr. *Greve*". *Hermes* an *Altenhain*, 1.7.1946, NL Altenhain, a.a.O. Vgl. SCHRÖDER, 1985, S. 77. *Blücher* hatte unmittelbar nach der Vorstandssitzung an *Hermes* einen Brief geschrieben: „Der gestrige Tag war für mich sicher nicht weniger erschütternd als für Sie. Wäre die Auseinandersetzung in einer anderen Form gekommen, so hätte ich sie als erfrischendes Gewitter bezeichnet. Daß sie

16. 18.6.1946   Sitzung des Zonenvorstandes

Herr *Blücher* nahm für den Vorstand die Erklärung des Herrn *Hermes* entgegen.

Im Zuge der Neuorganisation der Partei und der Einrichtung der Hauptgeschäftsstelle in Bad Pyrmont beschloß der Vorstand, das sogenannte Amt des Leiters der Parteiorganisation mit sofortiger Wirkung abzuschaffen. Die Ausführung der vom Vorstand angeregten Maßnahmen ist nunmehr allein Aufgabe der Hauptgeschäftsstelle unter der Leitung des Hauptgeschäftsführers.[7]

Herr Dr. GREVE gab als nächste Maßnahme des Politischen Büros die Herausgabe folgender Informationen bekannt:

1. Demokratische Briefe, die einen Leitartikel mit Pressestimmen, Material zur Schulung der Redner und für Diskussionen sowie Werbebriefe enthalten sollen. Erscheinungsweise freitags jeder Woche.

2. Demokratischer Wirtschaftsdienst mit der Behandlung eines aktuellen Wirtschaftsproblems. Informationen aus der Wirtschaft des In- und Auslandes in ausgiebiger und zuverlässiger Weise. Erscheinungsweise montags jeder Woche.[8]

3. Demokratischer Pressedienst mit Informationen aus dem Parteileben und wichtigen politischen und sonstigen Nachrichten. Erscheinungsweise montags jeder Woche.

Die Aussprache über die Höhe der Auflage und den Preis gab Herrn Dr. GREVE Veranlassung, hierüber nochmals genaue Erhebungen anstellen zu lassen.

Herr HEILE gab Kenntnis von Verhandlungen mit Herrn *Lieutenant* von der LDP Berlin über die Bildung einer Reichspartei mit gemeinsamem Vorstand usw. aus Anlaß des Erfurter Parteitages.[9] Von seiten mehrerer Vorstandsmitglieder wurden

---

    kommen mußte, war klar, aber nicht in dieser Form." *Blücher* an *Hermes*, 19.6.1946, NL Altenhain, RWN 203, Bd. 4, Bl. 1.

7 Die Bezeichnung „Leiter der Parteiorganisation" war nicht sehr geläufig; es war das Generalsekretariat gemeint.

8 Über die angekündigten Parteipublikationen waren genaue Angaben nicht zu ermitteln. Mitte Juni 1946 erschienen von den „Demokratischen Briefen" lediglich zwei Ausgaben. Die „FDP-Nachrichten", der geplante Demokratische Pressedienst, erschien erst Anfang Februar 1947.

9 Im Mai/Juni 1946 stand fast der gesamte Zonenvorstand hinter den Bemühungen um einen Zusammenschluß mit der LDP. So reisten einige Vorstandsmitglieder zum Erfurter Parteitag der LDP (6.–8.7.1946) und bekundeten durch ihre Teilnahme das ernsthafte Interesse an einer gemeinsamen Reichspartei. Vgl. SCHRÖDER, 1985, S. 286. *Heile* hielt in Erfurt eine Rede mit dem Titel „Die Sendung der Demokratie". Ein Teilnehmer aus der britischen Zone berichtete darüber: „Die Rede des Herrn *Heile* war ein Bekenntnis zum Pazifismus und wahrer Demokratie, sie war ausschließlich von Idealen getragen und wich in ihrem ganzen Aufbau von den realen Dingen unserer Zeit ab. Herr *Heile* fand deshalb auch nicht ganz die Zustimmung der Besatzungsbehörde, und es erwies sich zu einem späteren Zeitpunkt, daß man ihm die Verwirklichung politischer Ziele abzustreiten bereit ist." Kurt *Boddin*, Kurzer Bericht: Tagung in Erfurt, 15.7.1946, AdL-NL Thomas Dehler, Nr. 1. Wilhelm *Heile* dagegen interpretierte seinen Erfurter Auftritt mit folgenden Worten: „Als *Külz* [...] Gedanken vortrug, die in einer mich peinlich berührenden Weise den Gedanken ähnelten, die *Molotow* einige Tage später in Paris vorgetragen hat, habe ich mich genötigt gesehen – natürlich ohne jede Polemik gegen *Külz* –, das zu sagen, was

Sitzung des Zonenvorstandes 18.6.1946 **16.**

im Hinblick auf die Entwicklung der Politik im allgemeinen wie auch der Politik in der russischen Besatzungszone im besonderen ernste Bedenken über ein allzu enges Zusammengehen mit der LDP geäußert. Demgegenüber wurde von anderen Vorstandsmitgliedern betont, daß gerade der Zusammenschluß aller gleichgerichteten demokratischen Parteien, einschließlich der LDP in der russischen Besatzungszone, dem Reichseinheitsgedanken einen gewaltigen Auftrieb gebe oder zu geben vermöchte.

Nach einer kurzen Darlegung der staatsrechtlichen Verhältnisse unter Bezugnahme auf die Verhandlungen des Rechts- und Verfassungsausschusses des Zonenbeirats[10] wurde noch zu der staatlichen Neugestaltung Deutschlands bzw. der einzelnen Zonen Stellung genommen.

---

dort in der östlichen Zone bisher leider niemand gesagt hat. Die 1 200 Delegierten und das übrige Publikum hatten mich mit wahren Orkanen begeisterten Beifalls überschüttet und damit bewiesen, daß meine Gedanken und Empfindungen auch im Osten von unserer Anhängerschaft geteilt werden. Als aber die russische Besatzungsmacht unseren Freunden drüben erklärte, daß ich infolge meiner Rede für sie politisch untragbar und daß ein Pressebericht über meine Rede deswegen verboten sei und den Liberal-Demokraten der russischen Zone der von ihnen gewünschte und bisher von der russischen Regierung nachdrücklichst unterstützte Zusammenschluß der demokratischen Parteien aller deutschen Zonen verboten werden würde, wenn ich dem Vorstand angehören solle, haben nicht bloß unsere Herren der russischen Zone, sondern sogar die dort anwesenden Herren der englischen Zone anscheinend gerne die Gelegenheit benutzt, einen Reichsvorstand ohne mich zu beschließen." *Heile* an Karl *Vetter*, 25.7.1946, NL Heile 60. Nachdem *Heile* durch seine Rede der russischen Besatzungsmacht auf diese Weise aufgefallen war und folglich als eine führende Person in einer Reichspartei nicht mehr zur Verfügung stand, war der Versuch von *Külz*, den Erfurter Parteitag zu einem „Reichsparteitag" zu gestalten, gescheitert. Enttäuscht über diesen Ausgang nutzte *Külz* aber die Gelegenheit, einige Vertreter der FDP zu überreden, mit ihm gemeinsam nach Berlin zu fahren, um dort, „[...] fußend auf die Vorarbeit des Koordinierungsausschusses, die Zusammenlegung der Parteigruppen aus allen vier Zonen zu verwirklichen". Kurt *Boddin*, a.a.O. Ohne daß dazu eine Legitimation seitens der Delegierten vorlag, wurde die Gründung der Reichspartei beschlossen. Vgl. SCHRÖDER, 1985, S. 287; SERFAS, 1986, S. 121–124. Nach dieser offensichtlichen Überrumpelungstaktik von *Külz* war nicht nur *Heile* der Ansicht, „[...] daß dieser Schildbürgerstreich hier keine Zustimmung findet und infolgedessen der Zusammenschluß einstweilen wieder einmal vertagt werden mußte". *Heile* an Wilhelm *Struve*, 30.7.1946, NL Heile 60. Vgl. SCHRÖDER, 1985, a.a.O.

10 Auf Vorschlag des Vorsitzenden des Rechts- und Verfassungsausschusses des Zonenbeirats, Wilhelm *Heile*, fand eine Sondersitzung dieses Ausschusses am 13.6.1946 in Bad Godesberg statt. Dort wurden Probleme behandelt, die mit dem Verwaltungsaufbau innerhalb der britischen Zone zusammenhingen. Vgl. AKTEN ZUR VORGESCHICHTE I, S. 459f. u. S. 558.

75

17.

23. 7. 1946: Protokoll über die gemeinsame Sitzung des Zonenvorstandes und des Zentralausschusses

NL Blücher 230. Gezeichnet unten links: „Blücher", unten rechts: „Kahlen". Beginn: 11 Uhr. Ende: 18.30 Uhr. Ort.: Bad Pyrmont, Lesesaal der Kurverwaltung.

Anwesend vom Vorstand:
Altenhain, Behnke, Blücher, Essich, Greve, Hartenfels, Heile, Hermes, Frau *Hoffmeier*[1], *Middelhauve, Wilkening.* Anwesend vom Zentralausschuß: *Adrian*[2,] *Beber*[3], *Benkwitz*[4], *Boddin*[5], *Evers*[6], *Henkel, Kauffmann, Krekeler*[7], *Lehr*[8], *Maaß,*

---

1 Elisabeth *Hoffmeier,* Bad Pyrmont; Mitglied im Vorstand des DDP-Wahlkreisverbandes Süd-Hannover-Braunschweig, „Hauptvertrauensfrau" der Partei in diesem Wahlkreis (Stand: 1926), 1921–1922 u. 1925–1930 Mitglied des Reichsparteiausschusses der DDP; seit 26. 7. 1946 Mitglied im Vorstand des FDP-Landesverbandes Hannover.
2 Über *Adrian* (Oldenburg) waren keine biographischen Angaben zu ermitteln.
3 Dr. Oskar *Beber* (geb. 1873), Lehrer; 1912–1933 Stadtverordneter von Marne, lange Jahre Kreistagsabgeordneter im Kreise Süderdithmarschen; Vorsitzender der DDP in Süderdithmarschen; bis 28. 5. 1947 Vorsitzender des FDP-Landesverbandes Braunschweig.
4 Walther *Benkwitz* (Münster), Mitlizenzträger des „Westdeutschen Tageblatts"; seit Juli 1947 Mitglied des Presseausschusses des FDP-Zonenverbandes.
5 Über *Boddin* (Oelde) waren keine biographischen Angaben zu ermitteln.
6 Über *Evers* (Wilhelmshaven) waren keine biographischen Angaben zu ermitteln.
7 Dr. Heinz *Krekeler* (geb. 1906), Chemiker; Mitinhaber einer Verlagsgesellschaft; vor 1933 politisch nicht aktiv; seit 1945 FDP; 1945–1946 Mitglied des ernannten Landtages des Landes Lippe; seit 1946 Bezirksgruppenvorsitzender von Lippe; seit 4. 5. 1946 einer der drei stellvertretenden Vorsitzenden des FDP-Landesverbandes Westfalen; bis August 1947 Vorsitzender des FDP-Bezirksverbandes Bielefeld-Lippe; 16./17. 8. 1947–August 1948 stellvertretender Vorsitzender des FDP-Landesverbandes Nordrhein-Westfalen; seit Juli/August 1947 Vorsitzender des Presseausschusses des FDP-Zonenverbandes in der britischen Zone; seit 17. 3. 1947 Mitglied des Vorstandes der „Demokratischen Partei Deutschlands" (DPD); 1947–1950 MdL NRW; 1950 Deutscher Generalkonsul in New York, 1951 Geschäftsträger, 1953–1958 Botschafter in den USA; 1958–1964 Mitglied der Kommission der Europäischen Atomgemeinschaft.
8 Über *Lehr* (Wolfenbüttel) waren keine biographischen Angaben zu ermitteln.

Sitzung des Zonenvorstandes und des Zentralausschusses 23.7.1946 **17.**

Rademacher[9], *Siemann*, *Unshelm*[10], *Voss*[11], *Wirths*. Gast: Reichsminister a. D. *Külz*.

Außerdem: *Kahlen* als Leiter der Hauptgeschäftsstelle.

Da bei Beginn der Sitzung noch nicht alle Teinehmer anwesend waren, erörterte der 1. Vorsitzende, Herr Franz BLÜCHER, zunächst einige nicht zur Tagesordnung gehörende Angelegenheiten und gab bekannt, daß folgende wichtige Tagungen in der nächsten Zeit vorgesehen seien:

30. Juli 1946, 11 Uhr in Pyrmont, Thema: Flüchtlingsfragen. Dazu sollen die Sachverständigen der Landesverbände gebeten werden.[12]

31. Juli 1946, 11 Uhr in Pyrmont, Thema: Agrarpolitik.

1. August 1946, 11 Uhr in Pyrmont, Thema: Wahlfragen.

Zusammenkunft derjenigen Vertreter, die sich besonders in den Landesverbänden über die Durchführung der Wahlen unterrichten müssen. Es ist beabsichtigt, dazu auch diejenigen Herren in der Kommunalpolitik einzuladen, die in ihrem Gebiet besonders mit den Wahlfragen beschäftigt sind. Herr *Altenhain* hat ein Rundschreiben fertiggestellt, das als Unterlage für die Beratung dienen soll.[13]

12. August 1946, 11 Uhr in Hannover, Thema: Sozialpolitische Fragen. Herr BLÜCHER erwähnte, daß auf jeden Fall außer den Arbeitnehmervertretern auch Vertre-

---

9 Willy Max *Rademacher* (1897–1971), Spediteur; 1918 Beitritt zur DDP; seit 1933 Mitarbeit im liberalen Resistenzzirkel „Freies Hamburg", nach außen hin auch „Verein für Hafenfreunde" genannt (bis 1945); 1946–1958 u. 1966–1969 Vorsitzender des FDP-Landesverbandes Hamburg; seit Juni 1947 Mitglied des FDP-Zonenvorstandes in der britischen Zone; Oktober 1946–Dezember 1947 Vorsitzender des Organisationsausschusses des FDP-Zonenverbandes; seit März 1947 Vorstandsmitglied der „Demokratischen Partei Deutschlands"; seit Dezember 1948 Mitglied des FDP-Bundesvorstandes; 1946–1949 Mitglied der ersten gewählten Hamburger Bürgerschaft, bis zum 26.11.1947 Leiter des Ausschusses „Organisation der Wirtschaftskammern"; 1949–1965 MdB; Vorsitzender des Verkehrsausschusses bis 1953. Vgl. WENGST (Bearb.), FDP-Bundesvorstand, 1990, S. XVIII f.
10 Dr. Erich *Unshelm* (1890–1965), seit 1923 Geschäftsführer wirtschaftlicher Verbände; politisch dem Kreise von Friedrich *Naumann* früh verbunden, vor 1933 DDP/DStP, 1929–1930 Mitglied des Reichsparteiausschusses; 1945 Mitbegründer der „Liberal-Demokratischen Partei" in Dortmund; 1946 Mitglied des Dortmunder Stadtrates, des Westfälischen Provinzialrats und vom 2.10.1946 bis 19.4.1947 des ernannten Landtages von Nordrhein-Westfalen; 1947–1958 MdL NRW.
11 Paul *Voss* (Einfeld b. Neumünster), Bürgermeister; seit Oktober 1946 Mitglied des Organisationsausschusses.
12 Zum Vorsitzenden der „Arbeitsgemeinschaft für Betreuung der Flüchtlinge, Heimatlosen und Evakuierten" war Friedrich *von Köller* auf dem Pyrmonter Parteitag gewählt worden. Zu der Sitzung hatte er keine Einladung erhalten. Es ist ungeklärt, ob die Tagung stattgefunden hat. Vgl. SCHRÖDER, 1985, S. 221 f.
13 Das Rundschreiben, das *Altenhain* zusammengestellt hat, ist nicht auffindbar.

17. 23. 7. 1946 Sitzung des Zonenvorstandes und des Zentralausschusses

ter der Arbeitgeber und Wissenschaftler, die sich besonders mit der Sozialpolitik beschäftigen, eingeladen werden sollen.[14]

Diese Tagungen bilden den Auftakt für die Arbeit der auf dem Parteikongreß gewählten Arbeitsgemeinschaften.

Herr ESSICH (Oldenburg) gab bekannt, daß die britische Militärregierung in Bockholzberg vom 27.–29. Juli 1946 ein Schulungslager über Wahlfragen einrichtet, auf dem alle politischen Parteien vertreten sein sollen. Die vom Politischen Büro bestellten 500 Exemplare der Broschüre über die Durchführung der Wahlen (Herausgeber der Oberpräsident der Nordrheinprovinz, Düsseldorf) sollten durch Herrn *Wirths* beschleunigt an die Landesverbände zur Verteilung gelangen.

Um 11.30 Uhr eröffnete Herr BLÜCHER die mit folgender Tagesordnung vorgesehene gemeinsame Sitzung:

1. Bericht über den Parteitag der LDP in Erfurt und die anschließenden Verhandlungen in Berlin.

2. Reich, Länder, Föderalismus, Partikularismus.

3. Unsere Stellungnahme zur Sozialisierung.

4. Kommunalpolitik.

Herr BLÜCHER gab Kenntnis von einem Bericht, der nicht in der Tagesordnung vorgesehen war, über das Verhältnis der FDP zur NLP und erklärte, daß die Frage: Zusammenschluß FDP/NLP nicht nur eine niedersächsische Frage sei, sondern sie berühre die Gesamtpartei. Infolgedessen habe es der Vorstand für notwendig gehalten, in diese Verhandlungen einzugreifen, und gab Kenntnis von den Verhandlungen, die am 22. Juli von ihm in Gegenwart von Herrn *Heile* mit dem Präsidenten der NLP, Herrn *Hellwege,* und zwei Beauftragten der NLP geführt worden sind. Die Verhandlungen haben dazu geführt, daß über Fusionsbestrebungen nicht mehr gesprochen wird, daß jedoch örtliche Arbeitsgemeinschaften bei der Durchführung der Wahlen möglich sind. Das Verhältnis zwischen FDP und NLP ist ausschließlich das des Friedens und einer guten Nachbarschaft. Zu dieser Einstellung sind beide Teile bereit.[15]

---

14 Auf der eintägigen Sitzung des Sozialpolitischen Ausschusses, der, wie geplant, am 12. 8. 1946 in Hannover stattfand, berieten die Teilnehmer vor allem über Fragen zur Reform der Sozialversicherung. Dazu verabschiedeten sie eine Stellungnahme, die sie auch an die britische Kontrollkommission nach Berlin weiterleiteten. In dem Beschluß des Ausschusses heißt es u.a.: „Die Absicht, sämtliche Versicherungsträger zu einer Zentralversicherungsanstalt zusammenzuschließen, wird grundsätzlich abgelehnt." Beschluß der Sitzung des Sozialpolitischen Ausschusses am 12. 8. 1946, AdL-10. Vgl. Dok. Nr. 27, Anm. 38. Vgl. SCHRÖDER, 1985, S. 188.

15 Nach den beiden FDP-NLP-Treffen am 12. und 19. Juni 1946 wollte *Blücher* eine offene Konfrontation zwischen beiden Parteien so kurz vor den ersten Wahlen vermeiden. Daher teilte er Anfang Juli *Heile* mit, daß er „[...] vorsichtig wieder Fühlung mit der NLP [...]" aufnehmen wolle. „Ich denke an eine Unterredung, und zwar eine baldige, zwischen Ihnen und mir einerseits und einigen Herren der NLP andererseits. Wir werden zunächst wenigstens für die Wahl zu einer Abmachung kommen können und müssen,

Sitzung des Zonenvorstandes und des Zentralausschusses   23. 7. 1946   **17.**

An der anschließenden Aussprache beteiligen sich die Herren Dr. BEBER, SIEMANN, ALTENHAIN, Dr. GREVE, WILKENING und WIRTHS. Es verbleibt dabei, daß Wahlgemeinschaften zwischen FDP und anderen politischen Parteien örtlich oder im Kreisgebiet gestattet sind.

Herr BLÜCHER begrüßte dann den Vorsitzenden der LDP in der sowjetischen Zone, Herrn Reichsminister a. d. *Külz.*

Zu Punkt 1 der Tagesordnung sprach einleitend Herr BLÜCHER. Er ging auf die in Berlin in Verbindung mit dem Parteitag der LDP vom Koordinierungsausschuß beschlossene Bildung einer Reichspartei der liberalen und freien Demokratie ein und berichtete über seine eigenen 2tägigen Verhandlungen mit der LDP und der SMA[16] in Berlin. Im Verlaufe dieser Besprechungen wurde auch die Angelegenheit *Heile* erörtert.[17] Der Antrag auf Gründung der Reichspartei liegt bereits beim Kontrollrat.

Anschließend erstatten die Herren Dr. GREVE und HERMES als Mitglieder des Koordinierungsausschusses Bericht über die Verhandlungen dieses Ausschusses am 9. und 10. Juli 1946 in Berlin.

Herr Dr. KÜLZ nahm zu den aufgeworfenen Fragen Stellung. In der anschließenden, sehr ausgiebigen Aussprache kamen die Herren Dr. BEBER und ESSICH zu Wort. Ein Antrag Dr. BEBERS, Herrn *Heile* das Vertrauen auszusprechen, wurde gegen 2 Stimmen angenommen.[18]

---

und eine faire Zusammenarbeit wird schließlich doch noch zu einer weitergehenden Gemeinsamkeit führen können. Ich mache mir hier ganz bestimmte Gedanken, die von dem größten Maß von gutem Willen bei mir getragen sind." *Blücher an Heile,* 7. 7. 1946, NL Heile 39. Ein Anlaß zu diesem Schreiben war *Blüchers* Besuch bei Parteifreunden in Stade und Cuxhaven, die ihm über den Zustand der NLP berichteten. Den Vorsitzenden des Landesverbandes Hannover, Franz *Henkel,* informierte *Blücher* daraufhin über seine dort gesammelten Eindrücke. So fand *Blücher* seinen „[...] Eindruck bestätigt, [...] daß die NLP offenbar gar nicht einheitlich geleitet ist und infolgedessen heute ratlos vor der Entwicklung steht, die die letzten Verhandlungen mit uns herbeigeführt haben. Ein freundliches aber auch offenes Wort kann anscheinend auch heute noch den Weg für ein wirklich ehrlich gehandhabtes Wahlkartell freimachen. Verstehen wir dann in den Kreisen vor allem auch die Beeinflussung der Jugend, so ergibt sich doch vielleicht noch auf lange Sicht manche Möglichkeit". *Blücher an Henkel,* 15. 7. 1946, NL Blücher 249. Vgl. Dok. Nr. 21a. Vgl. SCHRÖDER, 1985, S. 137–139. Zum Wahlabkommen zwischen FDP und NLP vgl. Heinz-Georg MARTEN, Die unterwanderte FDP, Göttingen 1978, S. 191f.
16 „Sowjetische Militär-Administration".
17 Vgl. Dok. Nr. 16, Anm. 9.
18 In den „Vorstand" der zu bildenden Reichspartei wurde je ein Vertreter der Zonenverbände gewählt; *Külz* für die LDP, *Blücher* für die britische Zone, *Rautenstrauch* für die französische und *Linnert* für die amerikanische Zone. Vgl. „LDP in allen Zonen", in: Der Kurier, 11. 7. 1946, Nr. 24. *Heile* war ebenso empört über die Reichsgründung in Berlin wie über die ihn kränkende Tatsache, daß an seiner Stelle *Blücher* in den gemeinsamen Vorstand gewählt worden war. „Dies habe ich mir nun meinerseits nicht gefallen lassen, sondern [...] in dieser Hinsicht die Vertrauensfrage gestellt und mich damit nach einer wild erregten Debatte auch durchgesetzt, weil die Herren ganz genau wissen, daß mein Austritt, der dann die Konsequenz gewesen wäre, den vollkommenen Zusammenbruch

Es wurde beschlossen, die Frage der Gründung einer Reichspartei bis nach den Wahlen zurückzustellen.

Infolge der vorgeschrittenen Zeit konnten die Punkte 2–4 der Tagesordnung nicht behandelt werden. Sie wurden für einen noch zu bestimmenden Termin vorgesehen.

Zum Schluß wurden noch einige organisatorische und Wahlfragen besprochen.

---

der Partei und das schnelle Entstehen einer großen Partei ohne sie unter meiner Führung bewirkt hätte." *Heile* an Karl *Vetter*, 25. 7. 1946, NL Heile 60. Durch den Vorstandsbeschluß, die Gründung der Reichspartei zu vertagen, war das „Berliner Gründungs-Theater" (Ernst *Mayer* an August Martin *Euler*, 15. 9. 1946, AdL-41) eine Episode geworden. Das Mißtrauen gegenüber der LDP war indessen durch diese Vorgänge erheblich gewachsen. Vgl. SCHRÖDER, 1985, S. 287f.; HEIN, 1985, S. 285–287.

18.

4. 9. 1946: Protokoll über die Sitzung des Zonenvorstandes

NL Blücher 230. Gezeichnet: „Kahlen". Beginn: 13 Uhr. Ende: 18 Uhr. Ort: Hannover, Sitzungssaal der Industrie- und Handelskammer.

Anwesend: *Behnke, Blücher, Dieling, Essich, Friedrichs, Greve, Hartenfels, Heile, Middelhauve, Wilkening.* Außerdem: *Beber, Hollmann, Kahlen, Rademacher, Voss.*

Der 1. Vorsitzende der Partei, Herr Franz BLÜCHER, gab in seiner kurzen Begrüßungsansprache seiner Freude Ausdruck, dem Präsidenten der Partei, Herrn *Heile*, zu seiner Ernennung zum Minister des Landes Hannover die Glückwünsche der Partei aussprechen zu können.[1] Herr *Blücher* gab kurz die Richtlinien für die heutige Sitzung bekannt, die im wesentlichen unter dem Eindruck der bevorstehenden Wahlen und der sich für die Partei daraus ergebenden Notwendigkeiten stehen müsse. Er wies darauf hin, daß in letzter Stunde in einzelnen Kreisen eine Kandidatennot dadurch entstanden sei, daß die Militärregierung die von Entnazifizierungsausschüssen beanstandete Zulassung von ehemaligen Mitgliedern des „Stahlhelms" als Kandidaten anerkannt habe. Verhandlungen mit den Dienststellen der Militärregierung über eine Änderung dieses Standpunktes seien im Gang. Zu der Frage sprachen die Herren Dr. GREVE und DIELING.[2]

Organisation

Herr BLÜCHER kam dann auf die Zusammenarbeit zwischen dem Parteivorstand und den Landesverbänden zu sprechen. Er bemängelte, daß der Parteivorstand und

---

1 Wilhelm *Heile* war seit dem 23. 8. 1946 Minister ohne Geschäftsbereich und stellvertretender Ministerpräsident im Kabinett von Hinrich Wilhelm *Kopf* (SPD).
2 Die Briten sahen keinen Grund zur Änderung und hoben die Wählbarkeit sogenannter „politisch Belasteter" nicht auf. Vgl. LANGE, Wahlrechtsstreit, 1980, S. 40f.

die Hauptgeschäftsstellen von den Landesverbänden nur ungenügend über die Vorgänge, die sich innerhalb der Landesverbände abspielten, unterrichtet würden und erwähnte besonders die Angelegenheit, die sich in den ostfriesischen Kreisen vor kurzem ereignet habe.[3]

Herr *Blücher* hielt es unbedingt für erforderlich, eine bessere Zusammenarbeit herbeizuführen, vor allen Dingen eine bessere Berichterstattung der Landesverbände an die Hauptgeschäftsstelle vorzunehmen. Wichtig und notwendig sei es auch, über alle beabsichtigten Tagungen die Hauptgeschäftsstelle zu unterrichten, die ihrerseits dann die Bekanntgabe an den Parteivorstand vornehmen würde. Der Redner forderte vor allen Dingen [die] Einrichtung von Landesgeschäftsstellen in allen Landesverbänden unter Leitung geeigneter, verantwortungsbewußter Landesgeschäftsführer. Es sei notwendig, daß die Auswahl dieser Persönlichkeiten in Verbindung mit dem Parteivorstand vorgenommen würde. Eine bessere Durchorganisation der Landesverbände könne auf anderem Wege nicht erreicht werden. Es sei unbedingt notwendig, diese Maßnahmen rechtzeitig vor den Landtagswahlen vorzunehmen.[4]

Zu der Frage sprachen die Herren Dr. MIDDELHAUVE, RADEMACHER, Dr. GREVE. Herr Dr. MIDDELHAUVE bat, daß die Protokolle der Vorstandssitzungen den Vorstandsmitgliedern übersandt werden.

Herr BLÜCHER behandelte dann die Arbeit des Vorstandes und die Fragen, die mit der Regierungsbildung im Land Nordrhein-Westfalen zusammenhängen. Herr Dr. *Höpker-Aschoff* ist von der Militärregierung nicht als Finanzminister bestätigt worden.[5] Es muß damit gerechnet werden, daß an seiner Stelle Herr *Blücher* zum Fi-

---

3 Nach den gescheiterten Verhandlungen *Heiles* mit der CDU kam es zu Unruhen unter ostfriesischen Liberalen. Der Bezirksverband Ostfriesland war für eine Fusion und „[...] willens, wenn die Gesamtpartei diesen unausweichlichen Weg nicht gehen" wolle, „ihn allein zu gehen". Der gesamte Bezirksvorstand war sogar dazu, „[...] wenn es sein muß, auch unter den Bedingungen, die damals von Dr. *Adenauer* gestellt worden sind", bereit. Schreiben des Kreisverbandes Emden an *Heile*, 19. 7. 1946, NL Heile 93. Der Bezirksvorstand Ostfriesland hat das Schreiben mit unterzeichnet. Vgl. dazu *Heiles* Angaben in Heile, Abschied von der FDP, Syke (b. Bremen) 1947, S. 8. Vgl. SCHRÖDER, 1985, S. 117.
4 Der Zonenvorstand hatte Mühe, einen Überblick über den Organisationsstand zu bekommen. Wie viele Landesgeschäftsstellen im Zonengebiet bestanden, wußte man im Vorstand lange Zeit nicht. Die Hauptgeschäftsstelle versandte deshalb mehrfach Rundschreiben mit der Bitte um genaue Angaben über den organisatorischen Stand in den einzelnen Landesverbänden und Kreisen. Vgl. das Rundschreiben der Hauptgeschäftsstelle LV 11/46, 27. 7. 1946, AdL-4. Dort heißt es z. B.: „Tatsache ist, daß heute die Hauptgeschäftsstelle nur über die Organisation der Landesverbände Nordrheinprovinz und Hannover einigermaßen im Bilde ist. Dieser Zustand ist unhaltbar." Vgl. SCHRÖDER, 1985, S. 84f.
5 Hermann *Höpker-Aschoff* wurde von den Briten wegen seiner „Bindung während des Krieges an die Haupttreuhandstelle Ost", die für die Verwaltung staatlicher und privater polnischer Vermögenswerte zuständig war, abgelehnt. Die Begründung lautete, es habe sich bei der Tätigkeit der „Haupttreuhandstelle Ost" um eine „legalisierte Plünderung Polens" gehandelt. Vgl. HÜTTENBERGER, 1973, S. 233; LANGE, 1981, S. 219f.; STEININGER, 1988, S. 993.

nanzminister ernannt wird.⁶ Die Frage, ob Herr *Blücher* dann die Führung der Partei weiterhin beibehalten kann, wurde nicht entschieden, jedoch äußerten verschiedene Vorstandsmitglieder, daß sie keine Bedenken hätten.

Kassenverhältnisse

Nach Aufforderung durch Herrn BLÜCHER gab Herr KAHLEN eine Übersicht über die jetzigen Kassenverhältnisse. Er wies darauf hin, daß die Hauptgeschäftsstelle bzw. die Parteileitung zur Zeit angewiesen sei auf Überbrückungen, die sich durch die Einzahlung der Beträge für das Zeitungspapier ergeben. Diese Überbrückung sei nur deshalb möglich, weil der Landesverband Hannover sich freundlicherweise bereit erklärt habe, für die Zahlung des Druckpapiers einen Vorschuß von RM 14 000,- zu leisten. Die Landesverbände, mit Ausnahme des Landesverbandes Hamburg, haben bisher die auf dem Parteikongreß in Bad Pyrmont beschlossenen Beitragsanteile noch nicht abgeführt.⁷ Der Landesverband Braunschweig wird, wie Herr Dr. BEBER vorher erklärte, seine Überweisung sofort vornehmen, während der Landesverband Oldenburg gebeten hatte, sich mit den Überweisungen bis Anfang September zu gedulden. Zu dem Kassenbericht sprach zunächst Herr WILKENING; er betonte, daß er gebeten habe, monatlich eine Übersicht über die Einnahmen und Ausgaben, die in der Hauptgeschäftsstelle geführt werden, zu machen. Herr BLÜCHER wies darauf hin, daß ein Buchprüfer beauftragt sei, die noch in M.-Gladbach vorhandenen Unterlagen und Abrechnungen zu überprüfen, damit ein klarer Überblick über Einnahmen und Ausgaben, die im ehemaligen Generalsekretariat gemacht worden seien, geschaffen werden könne.⁸ Herr HEILE erklärte, daß er bereit sei, auf den ihm von der Partei zustehenden Zuschuß von RM 1 000,- monatlich zu verzichten. Weiter sprachen zu der Frage noch die Herren Dr. MIDDELHAUVE, ESSICH und HARTENFELS. Herr Dr. MIDDELHAUVE brachte zum Ausdruck, daß es angesichts der finanziellen Lage notwendig sei, den Ausgabeposten für das Politische Büro zu streichen. Herr Dr. GREVE wehrte sich dagegen und erklärte, daß er dann nicht in der Lage sei, seine Aufgaben zu erfüllen. Herr Dr. MIDDELHAUVE machte dann den Vorschlag, eine Aufwandsentschädigung für Redner, in der alle Unkosten für Reisen und Aufenthalt enthalten sei, festzusetzen. Diese Aufwandsentschädigung müsse von den Kreisgruppen getragen werden. Zu diesem Vorschlag äußerten sich die Herren BLÜCHER, ESSICH, BEHNKE, Dr. BEBER und DIELING.

Herr DIELING fragte an, ob es stimme, daß Herrn Dr. *Greve* ein Dispositionsfonds von RM 30 000,- zur Verfügung stehe, der angeblich von der Liberal-Demokrati-

---

6 Die britische Militärregierung erteilte die Genehmigung für *Blücher* als Finanzminister am 17.9.1946. Vgl. HÜTTENBERGER, a.a.O.
7 Vgl. den „Bericht des früheren Schatzmeisters Eduard *Wilkening* über die Entwicklung der Finanzlage der Zone", 3.9.1947, AdL-4. Vgl. SCHRÖDER, 1985, S. 230–234.
8 Im Bericht von *Wilkening* heißt es: „Diese Prüfung fand statt am 27. August 1946 und am 2. und 4. September 1946 in M.-Gladbach durch Herrn *Flemming* und ergab, daß die Kassenführung keinen Grund zur Beanstandung bot. Es wurde festgestellt, daß der Gesamtbetrag der Ausgabenbelege die verbuchten Ausgaben überstieg." A.a.O. Vgl. SCHRÖDER, 1985, S. 231.

schen Partei in Berlin geschaffen worden sei. In der Angelegenheit sprachen die Herren BLÜCHER, Dr. MIDDELHAUVE, Dr. GREVE und HOLLMANN. Herr Dr. GREVE erklärte, daß der ihm zur Verfügung stehende Dispositionsfonds nicht von der Liberal-Demokratischen Partei, sondern von einem Mitglied gegeben worden sei.

Der Antrag des Herrn Dr. MIDDELHAUVE wurde angenommen.

Arbeitsgemeinschaften

Herr BLÜCHER leitete die Ausspache über die Arbeit der Arbeitsgemeinschaften ein. Es haben bisher getagt die Sozialpolitische Arbeitsgemeinschaft und die Arbeitsgemeinschaft für Agrarpolitik.[9] Das Programm des Sozialpolitischen Ausschusses wurde zunächst vertagt, um klar zu sehen über die Absichten der Militärregierung.[10] Ein Agrarpolitisches Programm ist vom Agrarpolitischen Ausschuß aufgestellt und dem Vorstand vorgelegt worden.[11] Herr Dr. *Greve* wurde beauftragt, dieses Programm einmal zu überholen und parteipolitische grundsätzliche Fragen gegebenenfalls einer Änderung zu unterziehen. In der Aussprache über das Agrarpolitische Programm wurde darauf hingewiesen, daß es notwendig sei, eine besondere Bauernorganisation ins Leben zu rufen bzw. in eine bestehende Bauernorganisation hineinzugehen. Hingewiesen wurde auf den Bauernbund, der von Herrn *Maier-Bode* in Verbindung mit Herrn *Pernoll*[12] in Braunschweig gegründet werden soll.[13]

Jugendarbeit

Herr BLÜCHER wies kurz darauf hin, daß in der Jugendarbeit der FDP noch zahlreiche ungeklärte Fragen sind. Es ist notwendig, daß die Jugend einheitlich geführt

---

9 Der Sozialpolitische Ausschuß hatte am 12. 8. 1946 in Hannover unter dem Vorsitz von Willy *Langhof* getagt. Vgl. Dok. Nr. 17, Anm. 14. Der Agrarpolitische Ausschuß hatte am 30./31. 7. 1946 in Bad Pyrmont eine Sitzung abgehalten, auf der *Maier-Bode* ein Referat über die Bodenreform hielt. Unterlagen in der Akte „Agrarpolitik", AdL-9.
10 Zu jener Zeit war der Alliierte Kontrollrat in Berlin mit der Neugestaltung der Sozialversicherung beschäftigt und plante die Errichtung einer zentralen Behörde in Berlin, die für alle Besatzungszonen zuständig sein sollte. Im Zonenbeirat der britischen Zone war im Mai 1946 versucht worden, die Frage der Sozialversicherung auf die Tagesordnung setzen zu lassen. Doch konnten sich die Parteienvertreter nicht in den Entscheidungsprozeß einschalten, weil die Briten eine Beratung über diesen Gegenstand mit dem Hinweis auf die Alleinzuständigkeit des Kontrollrates untersagten. Erst auf massiven Druck, auch von seiten der Gewerkschaften, durfte schließlich der Sozialpolitische Ausschuß des Zonenbeirates zu dem Kontrollratsentwurf im September 1946 Stellung nehmen. Vgl. HOCKERTS, 1980, S. 34f. *Blücher* setzte sich, genauso energisch wie *Adenauer*, in der Frage einer gesamtdeutschen Sozialversicherung für eine Verzögerungstaktik ein und wollte auf jeden Fall „[...] die diktatorische Erledigung und die Durchführung der Vorschläge des Kontrollrates ohne vorherige effektive Mitwirkung deutscher Stellen vermeiden". *Blücher* an Hermann *Schäfer*, 26. 8. 1946, AdL-10. Vgl. SCHRÖDER, 1985, S. 189.
11 Vgl. Dok. Nr. 19.
12 Biographische Angaben waren nicht zu ermitteln.
13 Über einen solchen Bauernbund konnten keine Informationen ermittelt werden.

wird. Der Redner hält es nicht für richtig und glaubt, daß der Parteivorstand ihm darin beipflichten wird, daß die Jugendorganisation ein Sonderleben führt und sich damit unter Umständen abseits der Partei stellen kann.[14] Über die beste Form der Jugendarbeit muß in einer der nächsten Vorstandssitzungen abschließend verhandelt werden.[15] Zu der Frage sprachen die Herren WILKENING, Dr. MIDDELHAUVE, RADEMACHER und DIELING.

Koordinierungs-Ausschuß

Zum Schluß wurde die Frage des Koordinierungsausschusses zur Gründung einer Reichspartei der liberalen und freien Demokraten behandelt.[16] Es wurde ausgegangen von der Teilnahme des Herrn Dr. *Greve* an der bevorstehenden Tagung der Freien Demokratischen Partei in Bayern, die in Erlangen stattfindet, und von Besprechungen in Berlin, die Herr Dr. *Greve* geführt hat. Über diesen Punkt ergab sich eine längere Aussprache, an der sich die Herren RADEMACHER, HARTENFELS, ESSICH und BLÜCHER beteiligten. Es wurde festgestellt, daß die Teilnahme des Herrn Dr. *Greve* in Erlangen lediglich seine persönliche Angelegenheit ist.

Verschiedenes

Unter Verschiedenes wurde von Herrn RADEMACHER die Frage der Rundfunkansprachen der FDP angeschnitten.

Eine längere Aussprache ergab sich über die von dem englischen Unterhausabgeordneten *Beveridge*[17] auf seiner Deutschlandreise angeschnittenen sozialen Fragen.[18]

---

14 Während sich die „Jungen Demokraten" der britischen Zone im Laufe des Jahres 1946 in vielen Landesteilen zu Jugendgruppen zusammenschlossen und im Rahmen der Landesverbände eigene Jugendausschüsse bildeten, bemühte sich der Zonenvorstand um die organisatorische Erfassung und Aktivierung jüngerer Parteimitglieder. Dem Zonenvorstand schien es daher notwendig, durch „taktvolles Einspannen der jungen Parteimitglieder in die Parteiarbeit" (Kreisgruppe Verden an *Blücher*, 13. 3. 1946, NL Blücher 252) einerseits eine gewisse Eigenständigkeit zu gewährleisten, andererseits aber eine allzu unabhängige Jugendorganisation abseits der FDP zu verhindern. In dieser Absicht hatte der Zonenvorstand angeregt, auf dem Parteitag in Bad Pyrmont im Mai 1946 auch einen „Ausschuß für Junge Demokraten" zu bilden. Doch dieses Vorhaben ist nicht verwirklicht worden. Vgl. Dok. Nr. 20. Vgl. SCHRÖDER, 1985, S. 244 f.
15 Vgl. Dok. Nr. 21b, Anhang.
16 Vgl. Dok. Nr. 17.
17 Lord William *Beveridge* (1879–1963), Nationalökonom und Statistiker; 1919–1937 Direktor der London School of Economics; 1944–1945 Abgeordneter der Liberal Party; Verfasser einer Denkschrift über Sozialversicherung: Der Beveridgeplan. Sozialversicherung und verwandte Leistungen, Zürich 1943.
18 *Beveridge* hielt in mehreren Städten Vorträge über die neuen Wege der Sozialpolitik, die mit der Durchführung seines Plans, des sog. Beveridge-Plans, eng verbunden waren. Vgl. AKTEN ZUR VORGESCHICHTE 1, 1976, S. 681, Anm. 80. Vgl. SCHRÖDER, 1985, S. 189 f.

19.

9.9.1946: Das agrarpolitische Programm der FDP

Abgedruckt in: Der Freie Demokrat, 9.9.1946, Nr. 16. AdL.

Der Bauer muß frei arbeiten können.

Die *Freie Demokratische Partei*, als neue Partei nach dem Zusammenbruch des nationalsozialistischen Systems entstanden durch den Zusammenschluß aller deutschen Volkskreise, arbeitet und wirbt für die Bildung eines deutschen Reiches, in dem auf demokratischer Grundlage alle Staatsbürger mit gleichen Rechten und Pflichten mitwirken am Neubau des wirtschaftlichen, kulturellen, geistigen und sozialen Lebens. *Eine große Aufgabe hat hierbei das Landvolk zu erfüllen. Wir wenden uns an alle deutschen Bauern, alle Landarbeiter, alle Männer und Frauen, die in der Landwirtschaft schaffen und arbeiten mit dem Ruf um Mitarbeit.*

Der Grund und Boden, das einzige Volksgut, das unvermehrbar, unzerstörbar und unbeweglich ist, bildet die Grundlage für die Ernährung des Volkes. Seine Bestellung gehört zu den schwersten und verantwortungsvollsten Aufgaben der Volkswirtschaft. Die deutsche Agrarpolitik muß das Ziel verfolgen, die landwirtschaftliche Produktion und damit die Grundlage der Ernährung des Volkes zu sichern und die Erträge zu steigern. Die Freie Demokratische Partei erkennt als Grundlage ihrer Agrarpolitik an:[1]

1. Der freie Bauer auf freier Scholle muß bei ordnungsgemäßer Bewirtschaftung seines Betriebes eine gesicherte Existenzgrundlage haben. Im Rahmen der Gesamtwirtschaftsplanung ist dieser Forderung Rechnung zu tragen.

2. Die Freie Demokratische Partei tritt für den Schutz der landwirtschaftlichen Produktion und den Ausbau der bäuerlichen Veredelungswirtschaft ein, d.h. Steigerung der Milchwirtschaft, Fleisch- und Fetterzeugung. Die zur Zeit noch bestehende Zwangsbewirtschaftung der landwirtschaftlichen Produktion darf nur das Ziel haben, die Ernährung des Volkes sicherzustellen. Jeder darüber hinausgehende Eingriff in die wirtschaftliche Freiheit des Landwirtes ist entschieden abzulehnen. Der stufenweise Abbau der Zwangsbewirtschaftung ist erforderlich.

3. Anstelle der landwirtschaftlichen Zwangsgesetze fordert die Freie Demokratische Partei das freie Verfügungsrecht des Landwirtes über sein Eigentum nach landesüblicher Eigenart.

4. Bei Erwerb und Übernahme eines landwirtschaftlichen Betriebes ist ebenso wie in jedem anderen Gewerbe der Nachweis der fachlichen Eignung zu erbringen. Eine gediegene Ausbildung des bäuerlichen Nachwuchses zur Sicherung des Landbesitzes ist mit allen verfügbaren Mitteln anzustreben.

---
1 Vgl. Dok. Nr. 27, Abschnitt „Agrarreform".

5. Zuschüsse für die Landwirtschaft sind grundsätzlich nur zweckgebunden zu gewähren und nur für Maßnahmen, die der Allgemeinheit für die Ernährung zugute kommen.

6. Bei dem Wiederaufbau der Industrie sind bevorzugt die Zweige zu berücksichtigen, die Bedarfsartikel für die Landwirtschaft liefern (Landmaschinen, Düngemittel, Bindegarn und dergl.). Der Ausbau des ländlichen Handwerks ist besonders zu fördern (Zuteilung von Kohle, Eisen, Baumaterialien usw.).

7. Das ländliche Genossenschaftswesen auf den verschiedenen Gebieten z.B. der Maschinenverwendung, des Saatbaues, der Gemeindeweiden, der Vatertierhaltung, des Ein- und Verkaufs, ist zu unterstützen. Dadurch darf die freie Initiative des Landhandels in allen seinen Zweigen nicht eingeengt werden.

8. Jede Bodenreform darf nur mit dem Ziel einer landwirtschaftlichen Mehrerzeugung durchgeführt werden. Sie hat unabhängig von den parteipolitischen Erwägungen zu erfolgen. Wir halten hierfür die Durchführung nachstehender Grundsätze für erforderlich.

a) Rechtmäßig erworbener Besitz darf nicht ohne Entschädigung enteignet werden. Die Höhe der Entschädigung richtet sich nach dem Ertragswert des Objektes und ist durch den Nachbesitzer zu bezahlen oder hypothekarisch sicherzustellen. Für den nachweisbar in der Zeit des nationalsozialistischen Regimes erworbenen Landbesitz hat eine Sonderregelung zu erfolgen.

b) Zur Bodenreform sind unabhängig von der Betriebsgröße diejenigen Betriebe heranzuziehen, deren Inhaber sich an der deutschen Ernährungswirtschaft schwer versündigt haben: Großgrundbesitz in Form mehrerer in einer Hand vereinigter Bauernhöfe, Luxusbetriebe, Staatsdomänen, Truppenübungsplätze, Flugplätze usw. Eine Grenze, etwa die von 100 ha, festzusetzen, ist sinnlos[2], da je nach Boden die Größe ein sehr relativer Maßstab ist. Außerdem sind gutgeführte Großbetriebe zur Saatguterzeugung und für den Getreide- und Hackfruchtbau unerläßlich.

c) Meliorationen zur Gewinnung von Neuland für die Bodenreform sind in jedem möglichen Rahmen durchzuführen. Die Flurbereinigung (Separation) ist überall dort einzuleiten, wo als Folge der Gemengelage der Fluren Höchsterträge wirtschaftlich nicht zu erzielen sind.

d) Die Größe der zu schaffenden Stellen kann nicht genormt werden, sondern hat nach wirtschaftlichen Gesichtspunkten zu erfolgen unter Berücksichtigung der für die Ernährung erforderlichen Bedürfnisse. Auf neu zu schaffende Stellen sind nur solche Personen einzustellen, die den Nachweis erbringen, daß sie in der Lage sind, einen Betrieb sachkundig zu führen. Die Auflassung der übereigneten Wirtschaft erfolgt erst, wenn der Neubesitzer durch Erfüllung seiner Ablieferungsfrist fünf Jahre lang unter Beweis gestellt hat, daß er den Betrieb ordnungsgemäß zu bewirtschaften versteht. Grundsatz bei der Durchführung der Bodenreform muß sein,

---

2 Vgl. Dok. Nr. 37, Anm. 33.

daß der Boden in die Hand des besten Wirtes gelangt. Er muß als freier Bauer auf freier Scholle wirtschaften können.

9. Die Freie Demokratische Partei fordert weiterhin Unterstützung der Kleinsthofsiedlung³ zur Seßhaftmachung von Handwerkern, Landarbeitern, Flüchtlingen, Evakuierten und Heimatlosen auf dem Lande. Für städtische und industrielle Bezirke ist der Ausbau des Kleingartenrechts mit dem Ziel durchzuführen, daß über den Kleingartenbegriff hinaus die Kleinsthofsiedlung geschaffen wird.

3 Vgl. Dok. Nr. 49b, Anlage 2.

20.

28. 9. 1946: Protokoll über die Sitzung der Jugendgruppen der Landesverbände der Freien Demokratischen Partei in der britischen Zone

NL Blücher 247. Gezeichnet unten links: „Rheinhold" (Federführender Landesverband Hannover), unten rechts: „Schulz" (1. Vorsitzender des Jugendausschusses des Landesverbandes Hannover). Sitzungsleiter: „Schulz". Beginn: 10.15 Uhr. Ende: 13.00 Uhr. Ort: Hannover.

Anwesend die Vertreter folgender Landesverbände: Nordrheinprovinz, Westfalen, Schleswig-Holstein und Hannover. Der Landesverband Hamburg hatte telegraphisch abgesagt und die Vertreter des Landesverbandes Schleswig-Holstein gebeten, seine Interessen zu vertreten. Abwesend: die Landesverbände Braunschweig und Oldenburg. Gast: Herr *Kulka* als Vertreter der amerikanischen Zone.

Herr SCHULZ (Landesverband Hannover) eröffnete die Sitzung und übermittelte die Grüße des 1. Vorsitzenden der Freien Demokratischen Partei, Herrn Minister *Blücher*¹, der in einem Schreiben bedauerte, nicht selbst anwesend sein zu können, und der Tagung bestes Gelingen wünschte. Er stellte klar, daß es nötig sei, eine Entscheidung über die Organisationsform der jüngeren Generation in der FDP zu treffen, und wies auf die guten Anfänge hin, die in dieser Richtung auf den Jugendparteitagen der Landesverbände Nordrheinprovinz und Hannover gemacht seien.

Herr MENDE (Landesverband Nordrheinprovinz) betonte dann, daß es sich grundsätzlich um zwei Fragen handele:

1. Ist es nötig, eine besondere Organisation innerhalb der Partei zu schaffen?

2. Wenn ja, in welcher Form und unter welchem Namen?

Anschließend sprach er über seine Erfahrungen in der Nordrheinprovinz und er-

1 Zu *Blüchers* Stellungnahme zur Jugendarbeit vgl. Dok. Nr. 18, Abschnitt „Jugendarbeit".

klärte, daß sich, nachdem als Folge des Landesparteitags in Düsseldorf[2] in der Nordrheinprovinz eine Jugendorganisation unter dem Namen „Junge Demokraten"[3] ins Leben gerufen war, auch in seinem Gebiet schon Meinungsverschiedenheiten und Zwistigkeiten mit den älteren Parteivertretern ergeben hätten, die für die Weiterentwicklung der Partei nur schädlich seien. Er lehne deshalb eine Regelung, wie sie der Landesverband Hannover getroffen habe, als für die Gesamtheit unzweckmäßig ab.

Als nächster äußerte sich Herr BLOME (Landesverband Hannover) zu diesem Punkt. Er sagte, daß zur Zeit die Gegensätze zwischen den jüngeren und älteren Menschen auf Grund der unterschiedlichen Erlebnisse und Erfahrungen zwar nicht unbedeutend seien, daß sie sich im Laufe der Zeit jedoch immer mehr ausgleichen würden. Käme es aber zu einer getrennten Organisation der Jüngeren innerhalb der Partei, so bestehe die große Gefahr, daß aus diesen persönlichen Gegensätzen über kurz oder lang auch sachliche würden. Es müsse daher eine Regelung gefunden werden, die die Jugend fest in den Rahmen der Partei einschließe. Herr BLOME legte dann noch einmal die Form der Lösung dar, die in Hannover[4] gefunden wurde, und machte sie zum Vorschlag für eine einheitliche Regelung in der britischen Zone.

In der nun folgenden Diskussion über dieses Thema äußerten sich die Vertreter aller Landesverbände. Herr MENDE bemerkte, daß die Regelung der Organisation in Hannover und der Nordrheinprovinz ähnlich seien. Er warnte noch einmal vor einer zu großen Selbständigkeit und ihren Folgen (Hamburger Telegramm). Er machte den Vorschlag, die hannoversche Form der Organisation zu wählen, aber den Namen „Junge Demokraten" beizubehalten.

Gegen die Beibehaltung dieses Namens sprachen sich die Vertreter der Landesverbände Westfalen und Hannover aus.

Ein Vertreter des Landesverbandes Schleswig-Holstein betonte dagegen, daß es in Hamburg und Schleswig-Holstein im Augenblick unmöglich sei, den Namen „Junge Demokraten" fortfallen zu lassen.

Nach eingehender Debatte wurde eine Übereinstimmung erzielt und nach Abstimmung (10 gegen 1 Stimme) beiliegende Entschließung[5] gefaßt, die an den Zonenvorstand gerichtet ist (siehe Anlage 1).

---

2 Auf diesem Parteitag des FDP-Landesverbandes Nordrheinprovinz wurde am 29. 6. 1946 beschlossen, innerhalb der nächsten sechs Wochen einen Landesjugendtag abzuhalten, zu dem Vertreter aller Kreisgruppen eingeladen werden sollten. Vgl. das Protokoll des Landesparteitages der Freien Demokratischen Partei, Landesverband Nordrheinprovinz, am 29. 6. 1946 in Düsseldorf, Archiv des FDP-Landesverbandes Nordrhein-Westfalen in Düsseldorf, Akte Vorstandsprotokolle.
3 Der Landesjugendtag am 24. 8. 1946 in Düsseldorf hatte diese Namensgebung beschlossen. Vgl. das Protokoll über den ersten Landesjugendtag der Freien Demokratischen Partei, Landesverband Nordrheinprovinz, am 24. 8. 1946 in Düsseldorf, NL Blücher 247.
4 Dort waren Jugendausschüsse im Landesverband gebildet worden. Vgl. a.a.O.
5 Diese Entschließung wurde von *Blücher* in der Zonenvorstandssitzung am 20. 10. 1946 verlesen. Vgl. Dok. Nr. 21b, Anm. 3 u. Anhang.

Sitzung der Jugendgruppen　　　　　　　　　　　　　　　　28. 9. 1946　**20.**

Als 2. Punkt wurde auf Antrag von Herrn MENDE folgende Frage auf die Tagesordnung gesetzt: Wie stellt sich die FDP zur „Freien Deutschen Jugend"?

Alle anwesenden Jungendvertreter stellten übereinstimmend fest, daß es sich bei der „Freien Deutschen Jugend"[6] zweifellos um eine von der KPD stark protegierte Jugendorganisation handele. Herr TINSCHMANN[7] (Landesverband Westfalen) betonte, daß er in der russischen Besatzungszone die gleiche Erfahrung gemacht habe.

Es wurde beschlossen, alles Material, welches die Abhängigkeit und enge Verbindung der „Freien Deutschen Jugend" zur KPD beweist[8], zu sammeln und in Hannover beim Jugendreferenten niederzulegen. Es wurde außerdem beschlossen, den Rednern nahezulegen, noch nicht zu scharfe Stellung gegen die FDJ zu nehmen, bevor nicht Beweismaterial über ihre kommunistische Zugehörigkeit vorliegt.

Anschließend erfolgte eine Aussprache über die bei den Gemeindewahlen[9] gemachten Erfahrungen. Es bestand allgemein die Ansicht, daß unser nicht sehr bedeutender Wahlerfolg zum großen Teil auf die zu kurze Zeitspanne seit der Gründung der Partei zurückzuführen sei. Außerdem wurde jedoch betont, daß auch die Propagandatätigkeit der örtlichen Gruppen von den Zentralstellen nicht stark genug unterstützt worden sei. Auch die Rundfunkwerbung habe nicht die gleiche Stärke wie die der anderen Parteien gehabt. Es sei besonders wichtig, Werbe- und Propagandamaterial sowie vor allem auch besonders gute und allgemein interessierende Referate zu vervielfältigen und an alle Landesverbände zu schicken, die es dann ihrerseits wieder verwenden könnten.

6　Die FDJ, die sich vom 8. bis 10. 6. 1946 in Brandenburg/Havel konstituierte, erhob den Anspruch, eine überparteiliche, gesamtdeutsche Jugendorganisation zu sein. In Wirklichkeit hatte die SED im „Zentralrat" und im „Sekretariat", den obersten Führungsorganen, die Mehrheit. Der Einfluß der SED wurde noch dadurch gestärkt, daß ihre Vertreter die wichtigsten Zentralrats-Abteilungen (Organisation; Schulung; Presse) leiteten. Da die FDJ im Westen nur eine kleine Gruppierung blieb, versuchte der „Zentralrat", Kontakte mit den großen westdeutschen Jugendverbänden aufzunehmen. Eine gemeinsame Konferenz vom 3. bis 5. 11. 1947 in dem im Rheinisch-Bergischen Kreis gelegenen „Haus Altenberg", seit 1922 Zentralstelle der deutschen katholischen Jugendarbeit, blieb erfolglos. Vgl. Hermann WEBER, Freie Deutsche Jugend (FDJ), in: BROSZAT/WEBER (Hrsg.), 1990, S. 669–674. Zum Altenberger Gespräch um die Bildung eines alle Zonen umfassenden „Deutschen Jugendrings" vgl. Peter KRAHULEC, Die Entwicklung der FDJ, in: Lothar BÖHNISCH/Hans GÄNGLER/Thomas RAUSCHENBACH (Hrsg.), Handbuch Jugendverbände. Eine Ortsbestimmung der Jugendverbandsarbeit in Analysen und Selbstdarstellungen, Weinheim und München 1991, S. 80f.

7　Peter *Tinschmann*, Detmold. Jugendreferent der Bezirksgruppe Ostwestfalen-Lippe der FDP (Stand: April 1947).

8　Nach einer früheren Mitteilung der LDP war festgestellt worden, daß bei einem Schulungslehrgang für Leiter der FDJ 32 Teilnehmer Funktionäre der KPD bzw. der SED und nur 17 „unparteilich" waren. Vgl. das Protokoll über den ersten Landesjugendtag der Freien Demokratischen Partei, Landesverband Nordrheinprovinz, am 24. 8. 1946 in Düsseldorf, NL Blücher 247.

9　Vgl. Dok. Nr. 21a, Anm. 5.

Eine regelmäßige Reihe von Rednermaterial soll unter dem Namen „Das Thema des Monats" herausgebracht werden.

Zum Schluß wurde beschlossen, nach Erledigung der in der anliegenden Entschließung behandelten Fragen möglichst bald zusammenzukommen, um einen *Zonenjugendausschuß* ins Leben zu rufen.

21a.

19. 10. 1946: Niederschrift über die Sitzung des Zonenvorstandes (1. Tag)[1]

AdL-(131)4. Beginn: 16.30 Uhr. Ende: 24 Uhr. Ort: Haßlinghausen/Westfalen, „Hotel Beermannshaus".

Anwesend: *Altenhain, Behnke, Blücher, Dieling, Essich, Greve, Heile, Hermes,* Frau *Hoffmeier, Kauffmann, Middelhauve, Wilkening.* Außerdem: *Hollmann, Kahlen, Mogk, Sternenberg.*[2]

Vor Eintritt in die Tagesordnung machte Herr BLÜCHER Ausführungen über 3 zu bildende Ausschüsse:

1. einen aus 3 Personen unter Leitung von Dr. *Greve* stehenden Ausschuß zur Ausarbeitung einer Wahlordnung für die Wahlen zu den Landtagen[3],

2. einen Ausschuß zur Erledigung politischer Aufgaben,

3. einen Ausschuß für organisatorische und propagandistische Fragen.[4] Hierüber fand eine kurze Erörterung statt.

---

1 Dieses Protokoll ist das Ergebnis einer sachlich korrigierten „Niederschrift". Das im NL Blücher 230 enthaltene Protokoll dieser Vorstandssitzung ist die korrigierte Endfassung (ohne handschriftliche Bemerkungen).
2 Heinrich *Sternenberg*, Fabrikant aus Schwelm; seit Mai 1946 Mitglied der „Arbeitsgemeinschaft" für Finanz- und Steuerpolitik, seit Juni 1947 Mitglied des „Fachausschusses" für Kommunalpolitik des FDP-Zonenverbandes.
3 Näheres über diesen Ausschuß ist nicht bekannt. Bis zur folgenden Vorstandssitzung am 16. 11. 1946 hatte *Greve* einen Wahlrechtsvorschlag ausgearbeitet. Vgl. Dokument Nr. 22, Anm. 8. Vgl. SCHRÖDER, S. 269.
4 Nach dem schlechten Ergebnis der Gemeindewahlen vom 15. 9. 1946 drangen *Hermes* und Herbert *Kauffmann* auf eine Umgestaltung der Organisation. Vgl. das Rundschreiben von *Hermes,* 17.9. 1946, NL Heile 77. *Kauffmann* befürwortete den Vorschlag *Middelhauves,* zur Entlastung des Vorstandes ein drei- oder vierköpfiges Präsidium oder einen Geschäftsführenden Vorstand einzurichten. Dieser Personenkreis sollte nur organisatorische Aufgaben übernehmen und ihre Durchführung sicherstellen. Vgl. das Schreiben *Kauffmanns* an *Middelhauve,* 21.9. 1946, NL Heile 77; vgl. auch Dok. Nr. 37, Anm. 21. Vgl. Schröder, 1985, S. 95 f.

Sitzung des Zonenvorstandes 19.10.1946 **21a.**

Um 16.30 Uhr eröffnet Herr BLÜCHER die ordnungsgemäß einberufene Vorstandssitzung und bittet zunächst um Entschuldigung, daß wegen der Kürze der zur Verfügung stehenden Zeit eine Einberufung des Zentralausschusses nicht möglich gewesen sei.

Der 1. Vorsitzende erklärt, daß das Wahlergebnis des 13. Oktober[5], welches der FDP einen Anteil von 6,7 % der abgegebenen gültigen Stimmen in der britischen Zone erbracht habe, als gut zu bezeichnen sei. Aus vielen Orten seien Anfragen an ihn und wahrscheinlich auch an die anderen Vorstandsmitglieder ergangen, weshalb die FDP in zahlreichen Landkreisen und Städten keine Kandidaten aufgestellt habe. Das Wahlergebnis mache eine Aussprache über den weiteren Ausbau der Partei notwendig. Über die Frage, in welcher Form Wahlkoalitionen zu behandeln seien, müsse eine Klärung erfolgen.

Herr BLÜCHER machte den Vorschlag, einen Wahlrechtsausschuß zu bilden, dessen Leiter Herr Dr. *Greve* sein soll und dem weitere 2 Vertreter der Partei, die nicht dem Vorstand anzugehören brauchen, hinzugewählt werden sollen. Der Ausschuß habe dann auch die Frage zu klären, ob nach der Aufstellung seines Vorschlages mit anderen politischen Parteien Verbindung aufgenommen werden soll, um der Besatzungsbehörde einen gemeinsamen Vorschlag der deutschen politischen Parteien vorzulegen.[6]

Herr Dr. GREVE bemerkt, daß die Arbeiten in Bünde abgeschlossen seien und der dort bisher bestehende Wahlrechtsausschuß mit Abschluß dieser Arbeiten aufgelöst worden wäre.[7] Ihm sei die Mitteilung gemacht worden, daß die politischen Parteien konkrete Wahlvorschläge einreichen sollen. Der Vortragende behandelte sachliche Vorschläge und weist besonders auf das bayerische Wahlsystem hin, das er als Vorbild für die britische Zone empfiehlt.

---

5 In Nordrhein-Westfalen, Niedersachsen und Schleswig-Holstein fanden Landkreis- und Stadtkreiswahlen statt, in Hamburg und Bremen Bürgerschaftswahlen.

6 *Greves* „Vorschlag wurde von der Regierung im wesentlichen übernommen und von allen Parteien des Landtages außer der CDU gebilligt und zu ihrem Vorschlag gegenüber der englischen Militärregierung gemacht". Otto Heinrich GREVE, Unser Vorschlag für ein neues Wahlsystem, in: FDP-Nachrichten, 1.12.1946, Nr. 6.

7 Für die Ausarbeitung der Wahlgesetze wurde auf Anweisung der Briten ein 17 Personen zählender Wahlrechtsausschuß in Bünde/Westfalen eingerichtet, in dem Vertreter der Verwaltung, Parteien, Gewerkschaften und Unternehmer die Wahlgesetzgebung beraten sollten. Die Sitzungen des rein auf gutachterliche Funktionen beschränkten Ausschusses begannen im Januar 1946. Im Wahlrechtsausschuß traten die unterschiedlichen Vorstellungen über ein geeignetes Wahlverfahren rasch zutage, zumal die deutschen Parteien zu jenem Zeitpunkt ihre innerparteiliche Meinungsbildung darüber noch nicht abgeschlossen hatten. Die Mehrheit des Ausschusses favorisierte ein modifiziertes Verhältniswahlrecht mit dem Wunsch nach Bildung kleiner, überschaubarer Wahlkreise. Ohne auf die vom Wahlrechtsausschuß vorgelegten Ratschläge und Bedenken näher einzugehen, erließen die Briten im Frühjahr 1946 insgesamt 11 Verordnungen zur Durchführung der Kommunal- und Kreistagswahlen. Vgl. LANGE, Mehrheitsbildung, 1975, S. 353–357 u. DERS., Wahlrechtsstreit, 1980, S. 30–44.

Herr Dr. MIDDELHAUVE unterstützt die Zuwahl von 2 Sachverständigen neben Herrn Dr. *Greve* und empfiehlt die Milderung der Schärfe des jetzigen Wahlsystems dadurch, daß die Hälfte der zu wählenden Kandidaten aus dem Reservestock genommen werden.

Herr BLÜCHER bittet, nur grundsätzliche Fragen zu behandeln, nicht aber Einzelheiten. Er hält es für richtig, daß Herr Dr. *Greve* sich seine Mitarbeiter selbst aussucht.

Beschluß:

a) Herr Dr. *Greve* wird als Vertreter der Partei bei der Besatzungsbehörde für den Wahlrechtsausschuß bestätigt.

b) Es sollen dazu 2 Parteimitglieder koordiniert werden. Annahme mit 8 Stimmen.

c) In Verbindung mit anderen politischen Parteien soll gegebenenfalls ein gemeinsamer Vorschlag an die Kontroll-Kommission eingereicht werden. Annahme mit 10 Stimmen.

Arbeit des Vorstandes

Der Vorsitzende schlägt die Bildung eines Politischen Ausschusses für politische Entscheidungen, Verhalten gegenüber anderen politischen Parteien, Koalitionen und besondere Fragen vor. Die Sitzung wird auf eine Viertelstunde unterbrochen, um den Teilnehmern Gelegenheit zu geben, sich untereinander auszusprechen und sich klar zu werden über

1. wie groß der Ausschuß sein soll,

2. seine personelle Besetzung.

Nach Wiedereröffnung der Sitzung wird in geheimer Wahl beschlossen, daß der Ausschuß außer dem 1. Vorsitzenden, Herrn *Blücher,* noch aus 4 weiteren Vorstandsmitgliedern bestehen soll.

In geheimer Wahl wurde wie folgt abgestimmt:
Altenhain	11 Stimmen
Dr. *Middelhauve*	11 Stimmen
Wilkening	10 Stimmen
Dr. *Greve*	8 Stimmen
Kauffmann	2 Stimmen
Dieling	1 Stimme
Hermes	1 Stimme

Gewählt sind damit die Herren *Altenhain,* Dr. *Middelhauve, Wilkening,* Dr. *Greve.*

Herr BLÜCHER teilt nach Bekanntgabe des Wahlergebnisses mit, daß sich der Ausschuß seine Geschäftsordnung selbst gibt. Eine Beschlußfassung kann durch mindestens 3 Mitglieder herbeigeführt werden, wobei die Abstimmung auch telegrafisch, telefonisch oder brieflich erfolgen kann. Eine wesentliche Aufgabe des Ausschusses wird die Gestaltung der Frage Länder/Reich sein. Bei den für die Partei verbindlich festzulegenden und schnell zu entscheidenden Fragen, bei deren Beantwortung es nicht möglich ist, den gesamten Vorstand einzuberufen, kann der Ausschuß verbindlich entscheiden.[8]

Herr WILKENING machte eine Anfrage über die grundsätzliche Haltung der Partei in politischen Fragen.

Herr BLÜCHER antwortet, daß die FDP ihren geraden Kurs geht; wer ihn nicht mitmachen kann, muß gehen. Die Notwendigkeit ist mit aller Klarheit durch das Wahlergebnis bewiesen worden.

Herr ALTENHAIN fragt, wie der Vorstand zur Reichseinheit steht.

Herr BLÜCHER macht hierzu Ausführungen, die durch den späteren Beschluß des Vorstandes bestätigt werden, und erörtert dann die Frage der Organisation der Partei. Organisation und politische Aufgaben der Partei sind gleich wichtig. Zur Durchführung einer schlagkräftigen Organisation ist die unbedingte Einstellung von hauptamtlichen Geschäftsführern für jeden Landesverband und im weiteren Ausbau auch in den Kreisgruppen erforderlich. Er hält es für erforderlich, daß die heutige Sitzung klare Entscheidungen über diese Frage trifft.

Herr BEHNKE (Kiel) weist auf die besonderen Verhältnisse im Landesverband Schleswig-Holstein hin, der sich die Einstellung eines hauptamtlichen Landesgeschäftsführers aus finanziellen Gründen nicht leisten kann.

Herr Dr. MIDDELHAUVE gibt Einzelheiten über die Organisation der Partei.

Herr BLÜCHER begrüßt den inzwischen erschienenen Präsidenten der Partei, Herrn Wilhelm *Heile,* und schlägt vor, einen Ausschuß aus 3 Personen für die Überwachung der Geschäftsführung der Partei und ihrer Organisation zu bilden. Der Ausschuß habe keine Richtlinien zu geben, sondern durch seine Arbeit soll die Unterstützung aller Gruppen so erfolgen, daß automatisch ein Zusammenleben in der Partei erfolgt. Männer der Praxis müssen zu Geschäftsführern der Landesverbände gehören. Er schlägt dann Zusammenkünfte der Landesgeschäftsführer in 3wöchigem Turnus vor, wobei der Zusammenkunftsort jeweils gewechselt wird, so daß im Grundsatz für jeden Landesverband etwa die gleiche Entfernung in Frage kommt. Ein starrer Rhythmus der Zusammenkünfte ist unbedingt erforderlich. An diesen Zusammenkünften nimmt 1 Vertreter des zu bildenden Organisationsausschusses und der Hauptgeschäftsführer teil. Wesentliche Aufgaben dieser Besprechungen werden die Behandlung der Termin-Meldungen, Richtlinien für die Werbung, die Besprechung der vom Politischen Ausschuß gefaßten Beschlüsse, Werbung und Werbematerial, Rednerautausch, Nachwuchsfragen usw. sein.

Herr Dr. MIDDELHAUVE schlägt vor, daß alle 3 Mitglieder des Organisationsausschusses an diesen Sitzungen teilnehmen. Aufgabe der Landesgeschäftsführer wird es sein, die Besprechungen mit den Kreisgeschäftsführern etwa in den gleichen Zeiträumen vorzunehmen. Es kommt darauf an, nicht nur zu planen, sondern auch

---

8 Zur Tätigkeit dieses Ausschusses vgl. auch Dok. Nr. 23, Anm. 21.

das Geplante durchzuführen. Die nächsten 3–4 Monate entscheiden über die Existenz der Partei.

Herr STERNENBERG als Gast weist darauf hin, daß die Arbeit in der Partei mit ihren heutigen Aufgaben nicht mehr ehrenamtlich geleitet werden kann, sondern daß es unbedingt notwendig ist, hauptamtliche Kräfte innerhalb der Landesverbände einzuspannen.

Herr BEHNKE weist nochmals auf die besondere Stellung des Landesverbandes Schleswig-Holstein hin.

Herr BLÜCHER macht begreiflich, daß der Opferwille einzelner Mitglieder in Schleswig-Holstein nicht ausgenutzt werden dürfe. Es muß ein Weg gefunden werden, um dem Landesverband Schleswig-Holstein zu helfen.[9]

Herr DIELING weist darauf hin, daß der Landesverband Hannover die Einstellung eines Landesgeschäftsführers abgelehnt habe, dafür aber der 2. Vorsitzende des Landesverbandes Hannover, Herr *Jacob,* als geschäftsführendes Vorstandsmitglied fungiere.

Herr BLÜCHER hält die Einstellung des Landesverbandes Hannover für falsch.

Herr HERMES behandelt besonders die Frage der Besoldung der hauptamtlichen Kräfte.

Herr Dr. MIDDELHAUVE weist nochmals auf die hauptamtlichen Geschäftsführer auch in den Kreisgruppen hin. Er bemerkt, daß die „*Westdeutsche Rundschau*" monatlich 300,– RM für jede Kreisgeschäftsstelle zur Verfügung stellt und bisher mit über 50000,– RM die Partei im Landesverband Nordrheinprovinz unterstützt habe. Diese Art der Flüssigmachung von Geldern aus dem Zeitungsunternehmen muß auf die ganze Zone ausgedehnt werden.[10]

Herr BLÜCHER schlägt vor, die notwendige Besetzung aller Landesgeschäftsstellen mit hauptamtlichen Kräften zu beschließen. Den Landesverbänden ist die Einstellung von Kreisgeschäftsführern zu empfehlen.

Herr ESSICH bittet, von den Geschäftsführertagungen ein Protokoll an jeden Landesverband und jeden Vorsitzenden zu übersenden.

Herr DIELING hält die Überprüfung der jeweils bestehenden Organisation für erforderlich.

---

9 Der Landesverband Schleswig-Holstein bestand aus 21 „Kreisen", nur eine „Kreisgruppe" davon war „organisiert". Vgl. den vom Hauptgeschäftsführer *Kahlen* gezeichneten „Organisationsplan für den Aufbau der FDP", 19.10. 1946, AdL-4. Von den 21 „Kreisen" waren 14 „bestehende Kreisgruppen" „genehmigt", 4 waren bei der britischen Militärregierung „angemeldet". Vgl. den Bericht über die Sitzung des Organisationsausschusses der Zonenpartei mit den Landesgeschäftsführern in Bremen am 17. 11. 1946, Archiv des FDP-Landesverbandes Nordrhein-Westfalen in Düsseldorf, Protokolle: Landesvorstand, Geschäftsführender Vorstand, Landesparteitage, u. a. 1946–1948.
10 Durchgestrichene Stelle. Handschriftliche Randbemerkung: „gehört nicht in das Protokoll."

Sitzung des Zonenvorstandes   19.10.1946   **21a.**

Herr KAUFFMANN weist auf die Notwendigkeit eines gut ausgebauten Meldewesens in den Kreisgruppen hin. Er bemerkt, daß die Finanzierung durch die Presse z.Zt. problematisch ist.[11]

Herr Dr. GREVE schlägt vor, den Organisationsausschuß aus den Herren *Dieling, Rademacher, Benkwitz* und *Garde*[12] (Burscheid) zu bilden. Vorgeschlagen wird noch von Herrn BEHNKE ein Vertreter des Landesverbandes Schleswig-Holstein, und zwar Herr *Voss*. Dem Ausschuß gehört der Vorsitzende ohne weiteres an.

Herr *Altenhain* ist mit den Vorschlägen von Dr. *Greve* und *Behnke* einverstanden.

Es wird wie folgt abgestimmt:
Voss   11 Stimmen
Dieling   10 Stimmen
Benkwitz   10 Stimmen
Rademacher   9 Stimmen
Garde (Burscheid)   9 Stimmen
Hermes   2 Stimmen
Kauffmann   1 Stimme

Gewählt sind die Herren *Voss, Dieling, Benkwitz, Rademacher* und *Garde* (Burscheid).

Frau HOFFMEIER fragt, ob die Angelegenheit „Frauenorganisation" schon jetzt behandelt werden soll.

Herr BLÜCHER bemerkt dazu, daß dies zu gegebener Zeit erfolgen wird.

Finanzierung der Partei

Herr BLÜCHER macht Ausführungen über die Finanzierung der Partei, wobei er darauf hinweist, daß wir stärker die Kräfte der Wirtschaft für die Finanzierungsaufgaben einspannen müßten. Die Partei wird zu einem kleinen Teil durch die Beiträge, im wesentlichen aber durch Spenden erhalten. Dies gilt für die Landesverbände sowohl wie für die Kreisgruppen. Für den Zonenvorstand und für die Hauptgeschäftsstelle sind die Einnahmen aus Spenden bisher ausgefallen. Sie sind angewiesen auf die Beitragsanteile, die von den Landesverbänden gemäß dem Pyrmonter Beschluß überwiesen werden müssen.[13]

Herr ALTENHAIN berichtet über die Finanzierungsfrage im Ennepe-Ruhr-Kreis, der mit gutem Erfolg die Quellen anschlagen konnte, aus denen die Partei im wesentlichen ihre Finanzierung herausholte.

---
11 Gemäß den Lizenzverträgen durften Parteien durch die Presse finanziell nicht unterstützt werden. Vgl. HÜTTENBERGER, 1973, S. 147; HEIN, 1985, S. 235.
12 Über Otto *Garde* waren keine biographischen Angaben zu ermitteln.
13 Auf dem Zonendelegiertentreffen in Opladen war folgende Vereinbarung getroffen worden: Jeder Landesverband sollte monatlich pro Mitglied 0,10 RM an den Zonenverband abführen. Fast 6 Monate später, auf dem Pyrmonter Parteitag, wurde der Beitragssatz auf 0,25 RM erhöht. Vgl. SCHRÖDER, 1985, S. 229.

Herr WILKENING weist nochmals darauf hin, daß bei dem heutigen System für die Zone kein Raum für Sammlungen vorhanden ist. Die Landesverbände müßten jedoch regelmäßig und pünktlich ihre Beiträge abführen.[14]

Herr HERMES weist darauf hin, daß er angeboten habe, der Partei 20 000,- RM zur Verfügung zu stellen. Hierüber entspinnt sich eine längere Auseinandersetzung. Herr *Hermes,* der sich bereits im Aufbruch befand, übergab dem Hauptgeschäftsführer 10 000,- RM in bar, die von Herrn *Kahlen* quittiert wurden.

Nach Abgang des Herrn *Hermes* wurde ein Beschluß über die Annahme oder Ablehnung dieser Spende noch nicht gefaßt.[15]

Herr BLÜCHER wird jedoch, wie im Verlauf der Sitzung am Sonntag festgestellt wurde, in einem besonderen Schreiben an Herrn *Hermes* die Angelegenheit behandeln.

Zwischen Herrn HEILE und Herrn Dr. GREVE , und im weiteren Verlauf auch anderen Vorstandsmitgliedern, entspann sich eine Auseinandersetzung über das Verhalten des Präsidenten der Partei in den abgelaufenen Wahlkämpfen. Es handelt sich um

1. die Frage dezentralisierter Einheitsstaat oder Föderativstaat,

2. die Frage des Zusammenschlusses der NLP und CDU im Wahlkreis Hoya. Hier stand Herr *Heile* an der Spitze der Reserveliste der Wahlgemeinschaft, die unter dem Namen NLP auftrat.[16]

---

14 Regelmäßige Zahlungen der Landesverbände an die Zonenkasse fanden nicht statt, so daß Schatzmeister Eduard *Wilkening* an die Landesverbände schrieb: „Die Finanzlage der Zentrale wird immer unangenehmer, da die Zahlungen seitens der Landesverbände nach wie vor praktisch nicht eingehen. Ich bitte Sie, bei Ihrem Landesverband dahin zu wirken, daß die fälligen Zahlungen an die Zentrale geleistet werden." *Wilkening* an die Mitglieder des Finanzausschusses, 17. 1. 1947, in: „Bericht des früheren Schatzmeisters Eduard *Wilkening* über die Entwicklung der Finanzlage der Zone", 3. 9. 1947, AdL-4.

15 Der Zonenvorstand nahm die Spende an. Im „Bericht *Wilkening*" heißt es: „In den Kassenberichten für Oktober, November und Dezember sind unter den Einnahmen zusammen 10 000,- RM enthalten, die ein Geschenk von Herrn *Hermes* an die Partei waren. Ohne dieses Geschenk wäre damals schon die Zahlung der vereinbarten Gehälter an die Angestellten nicht möglich gewesen." Vgl. SCHRÖDER, 1985, S. 235.

16 Diese Tatsache wurde Ende des Jahres 1946 *Heile* zum Vorwurf parteischädigenden Verhaltens gemacht. In dem Bericht „Schiedsgericht in Sachen *Heile*/Zentralausschuß" heißt es zu diesem Vorgang: „Zu den Wahlen für den Kreistag des Kreises Grafschaft Hoya kandidierte Herr *Heile* dann als erster auf der Liste eines Reserve-Stocks, die den Namen Niedersächsische Landespartei trug und als Wahlblock von FDP, CDU und NLP gebildet worden war. Wenn an dieser Kandidatur des Herrn *Heile* für die Niedersächsische Landespartei Anstoß genommen wird, so insbesondere deswegen, weil Herr *Heile* als Präsident der FDP wenigstens die Verpflichtung hatte, dafür zu sorgen, daß in seinem Kreise die gemeinsame Liste den Namen der FDP trug. Daß hierzu die Möglichkeit vorhanden war, ergibt sich eindeutig aus der Stellungnahme der Kreisgruppe Hoya der FDP selbst, die es zunächst durchgesetzt hatte, daß die Kandidaten aller 3 Parteien unter der Bezeichnung FDP auftraten. Auf Vorstellung eines Mitgliedes der NLP in seiner am 24. 9. 1946 stattgefundenen Sitzung, ob es richtig sei, alle Kandidaten unter der Bezeich-

Sitzung des Zonenvorstandes 20.10.1946 **21 b.**

An der Debatte beteiligten sich außer den genannten Herren noch die Herren ALTENHAIN, BLÜCHER, Dr. MIDDELHAUVE, KAUFFMANN und BEHNKE.

Dr. GREVE schlägt vor, alle Mitglieder der FDP auf den Reichsgedanken zu verpflichten.

Herr ALTENHAIN reicht 3 Geschäftsordnungsanträge ein.[17]

1. Die FDP bleibt selbständig. Jede Verhandlung über den Zusammenschluß mit anderen Parteien ist abzulehnen.

2. Die Partei steht auf dem Standpunkt der Reichseinheit.

3. Keine Wahlbündnisse mit anderen politischen Parteien.

Herr Dr. MIDDELHAUVE, Herr ESSICH und Herr HEILE sprachen sodann noch über den Antrag.

Über die 3 Anträge, die im einzelnen noch genau formuliert werden, ist wie folgt abgestimmt worden:

1. 10 Stimmen gegen 1 Stimme

2. 10 Stimmen gegen 1 Stimme

3. 10 Stimmen gegen 1 Stimme.

---

nung FDP kandidieren zu lassen, desavouierte Herr *Heile* den FDP-Vertreter der Kreisgruppe Hoya, der diese Vereinbarung getroffen hatte, indem er kurzerhand erklärte, ‚es käme ihm absolut nicht darauf an, daß er für die FDP kandidieren müsse, er wäre ebenso gern bereit, unter einer anderen Firma zu segeln'. Unter diesen Umständen war es natürlich, daß die NLP die ihr gegebene Chance ausnutzte und nun nicht mehr die gemeinsame Liste den Namen der FDP, sondern denjenigen der NLP trug." NL Heile 90. Vgl. SCHRÖDER, 1985, S. 140f.

17 Der diesbezügliche Beschluß des Vorstandes vom 20.10. ist im Anhang abgedruckt.

21 b.

20.10.1946: Niederschrift über die Sitzung des Zonenvorstandes (2. Tag)[1]

AdL-(131)4. Gezeichnet unten links: „Blücher", unten rechts: „Kahlen". Beginn: 9.30 Uhr. Ende 17 Uhr. Ort: Haßlinghausen/Westfalen, „Hotel Beermannshaus".

Herr BLÜCHER teilt bei Beginn der Sitzung mit, daß heute nach Möglichkeit bis zum Mittag die Tagung beendet werden müsse. Es stehen noch zur Behandlung an Fragen der Jugend, der Frauen, der Presse, der Koordinierung, die abschließende Aussprache über die Finanzierung.

---

1 Dieses Protokoll ist das Ergebnis einer sachlich korrigierten „Niederschrift". Das im NL Blücher 230 enthaltene Protokoll dieser Vorstandssitzung ist die korrigierte Endfassung (ohne handschriftliche Bemerkungen) und enthält einen „Beschluß" („Zu Seite 6 der Niederschrift") und im Anhang eine „Entschließung".

Zur Jugendfrage[2] weist Herr BLÜCHER auf die bisherigen Bestrebungen hin, die sich zur Erfassung der jugendlichen Parteifreunde im Alter von 18 bis 30 Jahren ergeben haben. Er verliest den Beschluß der Jugendkonferenz, die am 28. September d. Js. in Hannover stattfand.[3]

Entschließung in der Anlage.

Herr BLÜCHER bemerkt, daß die Entschließung den Willen zum Ausdruck bringt, daß die junge Generation nicht die Absicht hat, sich abseits von der Partei zu stellen.

An der Aussprache beteiligen sich die Herren WILKENING, der es nicht für richtig hält, daß ein bestimmter Prozentsatz für die Aufnahme jugendlicher Mitglieder in die Vorstände festgesetzt wird, Dr. GREVE, ALTENHAIN, BEHNKE und DIELING. Es wurde einstimmig folgender Beschluß gefaßt:

„Über die Arbeit der Jugendlichen innerhalb der FDP soll vor endgültiger Regelung eine gemeinsame Sitzung des Politischen Ausschusses des Vorstandes mit je 2 Vertretern der Jugendlichen sämtlicher Landesverbände innerhalb 4 Wochen stattfinden."[4]

Eine längere Aussprache fand noch über die Zusammenfassung der Studenten statt. Hierüber wurde folgender Beschluß gefaßt:

Vorschlag Dr. MIDDELHAUVE:

„An den Hochschulen sind schnellstens demokratische Studentengruppen unserer Partei zu bilden, soweit sie nicht bereits vorhanden sind. Für die Bildung sind die für den Ort der Hochschule zuständigen Kreisgruppen verantwortlich. Die Zusammenfassung dieser Studentengruppen zu einem Demokratischen Studentenbund ist Aufgabe des Vorstandes."

Weiter wurde auf Antrag von Dr. MIDDELHAUVE folgender Beschluß gefaßt: „Der Vorstand beschließt, daß mit sofortiger Wirkung über die satzungsmäßig festgelegte Zahl hinaus in alle Vorstände (Zentralvorstand, Landesverbände, Bezirksverbände, Kreisgruppen, Ortsgruppen) zusätzlich mindestens je 1 Vertreter der Frauen und der Jugend (bis 30 Jahre) delegiert werden müssen, bei Vorständen mit satzungsmäßig mehr als 10 Mitgliedern mindestens je 2 Vertreter, falls in der satzungsmäßig gegebenen Zahl nicht bereits Frauen oder Jugendliche vertreten sind."

---

2 *Blücher* hatte in seiner Wahlrede am 13. 9. 1946 in Detmold unter anderem auch das Thema „Jugend" berührt. Einleitend führte er zu diesem Thema aus: „Eine große, vielleicht die politisch größte Sorge ist die Beschäftigung mit dem Verhältnis zwischen der Jugend, zwischen den Menschen, die heute als 18–35jährige fremd und fassungslos der Lage gegenüberstehen, und den Älteren. [...] Diese Jugend ist durch die Schuld der älteren Generation erbarmungslos dem Nationalsozialismus ausgeliefert worden. Sie konnte nichts anderes sehen, sie konnte nichts anderes hören, sie konnte nichts anderes lesen als nationalsozialistische Propaganda und nationalsozialistische Lehren." NL Blücher 154. Vgl. ALBERTIN, 1992, S. 141–143.
3 Vgl. Anhang u. Dok. Nr. 20, Anm. 5. Vgl. SCHRÖDER, 1985, S. 246–248.
4 Über eine Zusammenkunft konnte nichts ermittelt werden.

Sitzung des Zonenvorstandes　　　　　　　　　　　　20.10.1946　**21b.**

Frauen

Frau HOFFMEIER berichtet über die von ihr als Hauptvertrauensfrau geleistete Arbeit, die noch nicht sehr ergiebig sein konnte. Frauen wollen mitarbeiten, sie sind jedoch zur Zeit stark mit anderen Aufgaben belastet. Leider haben nicht alle Landesverbände Vertrauensfrauen benannt. Frau *Hoffmeier* bedauert, daß es ihr durch die starke Inspruchnahme, die sie als Stadtverordnete der Stadt Bad Pyrmont und als Kreistagsabgeordnete des Kreises Hameln-Pyrmont gehabt habe, nicht möglich gewesen sei, in dem von ihr notwendig erscheinenden Maße bisher für die Partei zu arbeiten. Hinzu kommt, daß sie durch die räumliche Größe der Zone und infolge Fehlens eines Kraftwagens nicht in der Lage sei, sich persönlich mit den Vertrauensfrauen in den Landesverbänden in Verbindung zu setzen. Frau *Hoffmeier* hält es aber für unbedingt notwendig, daß in aller Kürze eine besondere Frauenkonferenz einberufen wird.

Herr BLÜCHER dankt Frau *Hoffmeier* für ihre Ausführungen und unterstützt seinerseits den Vorschlag zur Abhaltung einer Konferenz, die von etwa 20–25 Frauen beschickt sein könnte.[5]

In einer darauf stattfindenden Abstimmung wird der Vorschlag einstimmig angenommen. Nach ausreichender Vorbereitung soll die Konferenz in etwa 4 Wochen in Bad Pyrmont stattfinden. Die Vorstandsmitglieder sollen für ihre Landesverbände Teilnehmerinnen namhaft machen.

Es schlagen vor:[6]

Schleswig-Holstein:

Frau Dr. *Krause* (Kiel, Bergstraße, Reichsbank)
2. Anschrift folgt.

Hannover:

Frau *Hoffmeier* (Bad Pyrmont)

Frau *Sehlmeyer* (Hannover)

Frau *Greve* (Wagenfeld, Bezirk Bremen)

Frau *Mosolf* (Hannover)

Frau *Frickenstein* (Emden)

Frau Dr. *Rhien* (Hannover)

Frau *Kahlen* (Einbeck)

5　Die Tagung fand am 9./10.11. in Bad Pyrmont statt. Unterlagen über diese Zusammenkunft waren in den Archiven nicht zu finden.
6　Über die Mehrzahl der genannten Teilnehmerinnen waren biographische Angaben nicht zu ermitteln.

Oldenburg:

Frau Margarethe *Gramberg*[7] (Oldenburg i. O., Osterstraße)

Frl. Stadtverordnete *Heinen* (Oldenburg i. O., Philosophenweg)

Bremen:

Frl. Hedwig *Zade* (Bremen, Tustherstraße 71)

Frau Erika *Ballewski* (Bremen, St. Paulistraße 31)

Braunschweig muß aufgefordert werden.

Westfalen:

Frau *Löns*, Anschrift über Kreisgruppe Bielefeld

Frl. Gewerbeoberlehrerin *Müller* in Schwelm

Frau *Heinzerling* in Siegen

Nordrheinprovinz:

Frl. Cläre *Blaeser*[8] (Wuppertal)

Frau *Middelhauve* (Leverkusen)

Der Vorschlag wird einstimmig angenommen.

Fragen der Bauernorganisation

Herr BLÜCHER weist auf die Notwendigkeit hin, in Verbindung mit den Vorsitzenden des Agrarausschusses, Herrn Pastor *Knoop* (Oerel) und Herrn *Maier-Bode*[9] (Leverkusen) die baldige Gründung einer Bauernorganisation vorzunehmen, die nicht parteigebunden sein soll.

Herr Dr. MIDDELHAUVE verliest ein Rundschreiben, das von Herrn *Maier-Bode* verfaßt worden ist. Dieses Rundschreiben ruft zur Gründung des „Freien Deutschen Bauernbundes" auf und soll an die Kreisgruppen und Ortsgruppen versandt werden.

Herr HEILE, Herr Dr. GREVE, Herr ALTENHAIN sprachen zu dieser Frage. Eine längere Aussprache findet darüber statt, ob die Bauernorganisation eine reine Organisation der FDP sein soll oder ob es zweckmäßig ist, diese Organisation unab-

---

7 Margarethe *Gramberg* (geb. 1895), Hausfrau; 30.1.–6.11. 1946 MdL Oldenburg; seit Juni 1947 Mitglied des FDP-Zonenvorstandes; seit 27./28.9. 1947 Mitglied des Frauenbeirats der FDP in der britischen Zone; 1955–1959 MdL Niedersachsen.

8 Cläre *Bläser* (geb. 1900), bis Mai 1945 vorwiegend in der Maschinenindustrie als Abteilungs- und Büroleiterin tätig; Dezember 1945–Januar 1946 Übernahme der Geschäftsstelle des Kreises Wuppertal der FDP; 1950–1954 MdL NRW.

9 *Maier-Bode*, Friedrich-Wilhelm (geb. 1900), Dipl.-Landwirt, Berufung zum Ministerialdirigenten und Leiter der Abteilung II (Landwirtschaftliche Erzeugung) im Ministerium für Ernährung und Landwirtschaft des Landes Nordrhein-Westfalen durch Kabinettsbeschluß vom 30.9. 1946; seit Juni 1947 Mitglied des FDP-Zonenvorstandes; 1950 Wechsel ins Bundesministerium für Ernährung, Landwirtschaft und Forsten.

Sitzung des Zonenvorstandes   20. 10. 1946 **21 b.**

hängig von der FDP aufzuziehen. Sie wäre dann stärkstens von der FDP zu beeinflussen.

Es wird folgender Vorschlag gemacht:

1. Die FDP wird durch ihre landwirtschaftlichen Beauftragten beschleunigt sich um die Gründung eines Bauernbundes bemühen.

2. Dieser Bauernbund soll keine Parteiorganisation sein, aber stärkstens von der FDP beeinflußt werden.

Es wird beschlossen:

Der Vorstand der FDP erkennt die Notwendigkeit einer eigenen Organisation der Bauern an. Aus diesem Grunde beauftragt sie die nachstehenden Parteifreunde

1. Herrn Pastor *Knoop* (Oerel)

2. Herrn *Maier-Bode* (Leverkusen),

die Vorarbeiten hierfür unverzüglich aufzunehmen. Der Name der Organisation soll „Deutscher Bauernbund" sein. Die FDP wird die Arbeiten und Bestrebungen des „Deutschen Bauernbundes" unterstützen und dafür Sorge tragen, daß sie mit sämtlichen Mitgliedern des „Deutschen Bauernbundes" in Fühlung bleibt.

Herr Dr. MIDDELHAUVE lehnt den Vorschlag ab. Er will den „Deutschen Bauernbund" als Organisation der FDP.

Der Antrag wird gegen die Stimme des Dr. *Middelhauve* angenommen.

Herr ALTENHAIN benutzt die Gelegenheit zur Behandlung von Fragen der Wirtschaft und der Unternehmer-Organisation. Die Klärung dieser Angelegenheit ist nach seiner Ansicht Aufgabe des Wirtschaftspolitischen Ausschusses.

Herr Dr. MIDDELHAUVE schlägt vor, die Frage der Organisation der Wirtschaft und der Unternehmer in der nächsten Sitzung des Wirtschaftspolitischen Ausschusses zu behandeln. Es wird entsprechend beschlossen.

Flüchtlinge

Herr DIELING berichtet über die Behandlung von Flüchtlingsfragen im Hannoverschen Landtag. Es sprachen zu der Frage die Herren BLÜCHER und Dr. GREVE.

Es wird beschlossen, die Angelegenheit zurückzustellen, bis eine endgültige, allgemeine Klärung erfolgt ist.

Währung und Finanzen

Herr BLÜCHER gibt einen Überblick über die Lage der Währung und der Finanzen und behandelt in diesem Zusammenhang das unrichtige Vorgehen der Zeitung „Handelsblatt" mit der Meldung über die Währungspolitik in der amerikanischen Zone. Diese Meldung in der Zeitung habe einen Run auf die Sparkassen zur Folge gehabt.

Eine Aussprache über diese Ausführungen von Herrn *Blücher* fand nicht statt.

Als sich Herr HEILE verabschiedet, wird er von Dr. GREVE gebeten, seine Erklärung zu den 3 angenommenen Punkten über die Reichseinheit, das Verhandeln mit anderen politischen Parteien und den Abschluß von Wahlbündnissen abzugeben. Es entspinnt sich wiederum eine längere Auseinandersetzung, bei deren Abschluß Herr HEILE erklärt, daß er sich seine baldige schriftliche Stellungnahme vorbehält.

In der Angelegenheit *Hermes* reicht Herr Dr. MIDDELHAUVE einen Antrag ein, der folgenden Wortlaut hat:

„Kritik an der Arbeit des Vorstandes von Vorstandsmitgliedern darf nicht außerhalb des Vorstandes erfolgen. Sollte die Angelegenheit dort nicht zur Zufriedenheit des Antragstellers erledigt werden und er mit dem vom Vorstand gefaßten Beschluß nicht einverstanden sein, dann steht die Berufung an den Zentralausschuß frei. Auf keinen Fall darf aber ein Vorstandsmitglied sich in einem Rundschreiben an die Kreisgruppen und Ortsgruppen wenden."[10]

Der Vorschlag wurde einstimmig angenommen.

Presse

Herr BLÜCHER betont, daß wahrscheinlich nach dem Wahlergebnis eine neue Verteilung der Gesamtauflage in der britischen Zone erfolgen wird. Die FDP ist bisher in der Auflage und in der Zahl der Zeitungen ganz erheblich gegenüber den anderen politischen Parteien benachteiligt worden, die diese Vorteile im Wahlkampf sehr zu ihren Gunsten ausnutzen konnten.[11]

---

10 Anlaß dieses Vorstandsbeschlusses war ein Rundschreiben von *Hermes* an alle Gliederungen der Partei, bis zu den Ortsgruppen, in dem er den Ausgang der Gemeindewahlen kommentierte. Es heißt dort: „Das Resultat der Gemeinderatswahlen vom gestrigen Tage hat meine damaligen schlimmsten Befürchtungen weit übertroffen. Verantwortlich für dieses klägliche Ergebnis, das muß einmal in aller Deutlichkeit gesagt werden, sind weniger die Kreisgruppen als vielmehr mit wenigen Ausnahmen die führenden Persönlichkeiten der Landesverbände und der gesamte Zentralvorstand unserer Partei." Rundschreiben *Hermes*, 17.9.1946, NL Heile 77.

11 Die britische Militärregierung hat bewußt die Bildung einer parteinahen, jedoch nicht parteiabhängigen Presse gefördert. Um aber das Wiederaufleben von Parteizeitungen Weimarer Prägung zu vermeiden, übertrug die Militärregierung die Lizenz nicht an eine Partei, sondern an eine von dieser vorzuschlagenden Persönlichkeit, die durch die Vergangenheit unbelastet und zudem noch möglichst sachkundig sein sollte. Die Lizenzträger hatten sich den Parteien gegenüber zu verpflichten, die politischen Interessen der Parteien im Blatt voll zu berücksichtigen. Zudem mußten sie die von der Militärregierung erlassenen „Anweisungen über die politischen Richtlinien" genau einhalten. Eine Einflußnahme der Parteien auf die lizenzierte Presse wurde zwar formal dadurch unterbunden, daß ihnen verboten war, Weisungen an die Lizenzträger zu erteilen, dies konnte jedoch in der Praxis des Lizenzsystems nie völlig ausgeschlossen werden. Im Rahmen der Lizenzvergabe hatten die Briten stets ein bestimmtes Papierkontingent zur Verfügung gestellt und damit die Auflage limitiert. Obwohl nach Absicht der Militärregierung eine Auflagenzuweisung in etwa das Kräfteverhältnis der Parteien in den einzelnen Regionen widerspiegeln sollte, erfolgten die Papierzuteilungen recht willkürlich und führten vor

Sitzung des Zonenvorstandes 20.10.1946 **21 b.**

In der Aussprache, an der sich die Herren KAUFFMANN, Dr. MIDDELHAUVE, DIELING, Dr. GREVE, BEHNKE und WILKENING beteiligten, kam zum Ausdruck, daß eine Dezentralisierung des Zeitungswesens erforderlich sei.

Herr BLÜCHER empfahl, die Errichtung einer gemeinsamen Pressekorrespondenz für die FDP-Zeitungen. Eine einheitliche Regelung für den Verteilungsplan wird für unbedingt erforderlich gehalten.

Herr BLÜCHER empfahl, die Schriftleiterangebote zu sammeln, die er dann in Verbindung mit Herrn Verlagsdirektor *Schulte* (Essen) im Politischen Ausschuß behandeln würde.

Beschluß:

Der 1. Vorsitzende hat Verhandlungen mit der britischen Besatzungsbehörde über die einheitliche Regelung des Pressewesens aufzunehmen.

Koordinierungsausschuß

Herr Dr. MIDDELHAUVE berichtet über die Stuttgarter Tagung, die den Zusammenschluß der 3 gleich gerichteten Parteien in der amerikanischen Zone zur „Demokratischen Volkspartei" gebracht habe. Gleichzeitig habe sich die Möglichkeit ergeben, mit den Vertretern der Demokratischen Parteien aller Besatzungszonen über die Gründung einer Reichspartei zu sprechen. Der Sitz des Koordinierungsausschusses, dem von jeder Zone 5 Mitglieder angehören, ist Bad Pyrmont. Ende dieses Monats wird eine Sitzung des Koordinierungsausschusses in Coburg stattfinden.[12] Es

---

allem für die FDP-nahen Zeitungen zu einer dauerhaften Benachteiligung. Erst Ende 1946 wurden aufgrund der ersten Wahlergebnisse von den Briten das gewünschte Verhältnis von 1:5, d.h. ein Zeitungsexemplar für 5 Einwohner, als neue Bemessungsgrundlage für eine generelle Stückzahlüberprüfung eingeführt. Vgl. SCHRÖDER, 1985, S. 205. Vgl. auch Arnulf KUTSCH, Neue Zeitungen für Deutsche. Entstehung und Struktur der Lizenzpresse in Nordrhein und Westfalen (1945–1949), in: Geschichte im Westen, 3 (1988), S. 53–56 u. S. 59–62.

12 Nachdem im Juli 1946 im Anschluß an den Erfurter LDP-Parteitag in Berlin die Gründung einer Reichspartei erfolgt, aber von vielen west- und süddeutschen Liberalen nicht anerkannt war, setzten *Külz* und *Lieutenant* ihre Bemühungen um einen Zusammenschluß fort. Vor allem Ernst *Mayer* konnte ihnen, trotz ihres „Berliner Gründungs-Theaters", die Einsicht abgewinnen, „[...] daß der Gründung einer Reichspartei eine Gründung der Zonenpartei vorausgehen müsse". Ernst *Mayer* an A. M. *Euler*, 15.9.1946, AdL-41. Die am 28./29.9.1946 in Stuttgart erfolgte Zonenverbandsgründung der süddeutschen Liberalen in der amerikanischen Zone bedeutete aber für *Külz* keinen sehr großen Fortschritt, weil dort erneut der bereits auf dem FDP-Zonenparteitag in Bad Pyrmont beschlossene Koordinierungsausschuß erneut Gegenstand einer Entschließung werden mußte. So waren die württembergischen Liberalen nach dem vollzogenen Zonenzusammenschluß in Stuttgart bereit, „[...] einen Strich unter das Frühere [...]" zu ziehen und im Koordinierungsausschuß mitzuarbeiten. Der Generalsekretär Ernst *Mayer* teilte in einem Rundschreiben dazu mit: „Das Wesentliche aber war, daß in Verbindung mit dem Parteitag Gelegenheit zu offener Aussprache, insbesondere auch mit Dr. *Külz*, gegeben war. Es wurde eine vollkommene Übereinstimmung erzielt, und es herrscht heute zwischen Herrn Dr. *Külz* und den Freunden hier auch hinsichtlich der augenblicklichen

wurde beschlossen, daß der Koordinierungsausschuß der FDP, bestehend aus den Herren *Blücher, Altenhain,* Dr. *Greve, Wilkening* und Dr. *Middelhauve,* an dieser Tagung in Coburg teilnimmt. Die Tagung soll am 8. und 9. November, beginnend 16.00 Uhr, stattfinden. Der Hauptgeschäftsführer wurde gebeten, sich mit Stuttgart und Berlin telefonisch in Verbindung zu setzen.

Herr KAHLEN macht Mitteilung von der Möglichkeit, in Bad Pyrmont im Haus Rieth II, Altenauplatz, das Erdgeschoß und den 1. Stock zu ermieten. Die Räume sollen für Bürozwecke, Sitzungsräume und Unterbringung benutzt werden. Für ihn selbst bestehe die Möglichkeit, die Wohnräume dort zu erhalten. Der Mietpreis soll einschließlich Heizung, Licht, Reinigung und volle Möblierung RM 700,- betragen. Die Militärregierung Hannover-Region hat Anweisungen an die Kreis-Militärregierung in Hameln gegeben, das Haus nicht zu beschlagnahmen und dafür das Schild „Out of Bounds" zur Verfügung zu stellen.

Die noch anwesenden Vorstandsmitglieder erklären sich mit dem Vorschlag einverstanden. Herr KAHLEN wird sich bemühen, durch weitere Verhandlungen zu einem niedrigeren Mietpreis zu gelangen.

Zu Seite 6 der Niederschrift

Beschluß des Parteivorstandes vom 20. Oktober 1946:

1. Die Freie Demokratische Partei steht rückhaltlos auf dem Boden der Reichseinheit. Das zukünftige Deutsche Reich soll alleiniger Träger der Souveranität sein, die Länder sind Glieder des Reiches ohne Staatsgepräge.

2. Die Freie Demokratische Partei ist und bleibt selbständig. Jede Verhandlung über einen Zusammenschluß mit anderen Parteien ist sämtlichen Organen und Gliederungen der FDP verboten.

3. Wahlbündnisse und Wahlabkommen jeglicher Art mit anderen Parteien einzugehen, ist den Organen und Gliederungen der FDP grundsätzlich verboten. Ausnahmen von dieser Bestimmung bedürfen der ausdrücklichen vorherigen Genehmigung des Vorstandes der Partei.

Entschließung

In den vergangenen Monaten haben sich in den einzelnen Landesverbänden in der britischen Zone Jugendgruppen gebildet und sich mit eigener Initiative tatkräftig für die Ziele unserer Freien Demokratischen Partei eingesetzt. Wir sind uns dar-

---

Unmöglichkeit einer Reichspartei völlig Einigkeit. Der Koordinierungsausschuß, künftig auch von Württemberg-Baden beschickt, wird seine Arbeit in einer Atmosphäre gegenseitigen Vertrauens und ohne Hast und Mißtrauen durchführen." Demokratische Volkspartei, 1. Rundschreiben, 1.10.1946, AdL-41. Obwohl die „Demokratische Volkspartei" ihre Teilnahme zugesagt hatte, war sie dem ersten Treffen des Koordinierungsausschusses am 8./9.11. in Coburg ferngeblieben.
Teilnehmer waren: *Külz, Lieutenant, Moog, Wolf* von der LDP, *Bezold* und [Hans] *Wolf* aus der amerikanischen Zone sowie *Schreiber* (Trier) aus der französischen Zone. Vgl. SCHRÖDER, 1985, S. 286–289. Vgl. auch HEIN, 1985, S. 281–291.

über klar, daß unsere Arbeit zum Wohle der Partei in der Zukunft nur dann erfolgreich sein kann, wenn für die Stellung und Zusammenfassung der jungen Mitglieder bis zum 30. Lebensjahr in der Partei eine einheitliche Basis gefunden wird. Wir wollen keine besondere Organisation, keinen Staat im Staate schaffen, sondern zusammen mit den älteren Parteifreunden ein geschlossenes Ganzes sein. Hierin sehen wir die beste Möglichkeit, Gegensätze zwischen Jung und Alt zu vermeiden und haben uns daher entschieden, die im Landesverband Hannover gefundene Lösung zur Grundlage einer einheitlichen Regelung für die Zusammenfassung aller jungen Parteifreunde innerhalb der britischen Zone zu machen.

Hiernach werden in allen Kreisgruppen Jugendausschüsse gebildet. Diese wählen für den entsprechenden Landesverband einen Landesverbandsjugendausschuß mit einem Ersten, 2 stellvertretenden Vorsitzenden und 6 weiteren Vorstandsmitgliedern und ernennen von diesen einen ehrenamtlichen Schriftführer oder sorgen für die Einstellung eines hauptamtlichen Geschäftsführers. Das gleiche gilt sinngemäß für einen zu wählenden Zonenjugendausschuß.

Diese Regelung setzt eine vollkommene Gleichberechtigung in jeder Beziehung zwischen den Älteren und Jüngeren voraus. Wir fordern deshalb die Besetzung aller Vorstände mit jungen Parteimitgliedern aus den Jugendausschüssen entsprechend der prozentualen Mitgliederstärke, mindestens aber eine Aufnahme eines Jüngeren in die einzelnen Vorstände.

Gleichzeitig haben wir entschieden, uns in Zukunft weder „Deutscher Jugendbund" noch „Junge Demokraten" (vorläufige Ausnahme Hamburg) zu nennen. Wir sind auch in der Öffentlichkeit *nur* Freie Demokraten.

Indem wir von uns aus bemüht sind, jede Zersplitterung innerhalb unserer Partei zu vermeiden, glauben wir, einen wesentlichen Schritt zur Festigung unseres organischen Gefüges getan und weitere Voraussetzungen für das Anwachsen unserer Partei geschaffen zu haben.

22.

16. 11. 1946: Niederschrift über die Sitzung des Zonenvorstandes und des Zentralausschusses

NL Blücher 230. Gezeichnet unten links: „Blücher", unten rechts: „Kahlen". Beginn: 10.30 Uhr. Ende: 17 Uhr. Ort: Bremen, Sitzungssaal der Norddeutschen Kreditbank.

Anwesend vom Vorstand: *Altenhain, Behnke, Blücher, Dieling, Essich, Greve, Hartenfels,* Frau *Hoffmeier, Kauffmann, Middelhauve, Wilkening.* Anwesend vom Zentralausschuß: *Beber, Cornelius*[1], *Grabau,* Frau *Grau*[2], *Hollmann, Keune, Lin-*

---
1 Adolf *Cornelius* vom FDP-Landesverband Oldenburg war Kupferschmied.
2 Paula *Grau,* FDP-Landesverband Hamburg; seit dem 27. 9. 1947 Mitglied des Frauenbeirats der FDP in der britischen Zone.

*demann*³, *Maaß, Meiners*⁴*, Rademacher, Siemann, Voss*. In Vertretung der abwesenden Zentralausschußmitglieder des Landesverbandes Westfalen nimmt Herr *Altenhain* die 2 Stimmen wahr. Außerdem: Frau *Ballewski*⁵*, Kahlen*.

Der Vorsitzende, Herr Minister BLÜCHER, eröffnet um 10.30 Uhr die Sitzung und bittet die Mitglieder des Zentralausschusses zunächst um Entschuldigung, daß die satzungsgemäß im Oktober stattfindende Sitzung des Zentralausschusses erst jetzt einberufen werden konnte. Die Verzögerung ist durch die Wahlen entstanden.

Herr Dr. MIDDELHAUVE weist darauf hin, daß gemäß § 12 der Satzung die Frist zur Einladung des Zentralausschusses 2 Wochen betragen muß. Er bemerkt, daß diese Frist nicht gewahrt worden ist, anerkennt aber die besonderen Gründe, die hierfür vorliegen.⁶

Herr DIELING beantragt, dem Vorstand Entlastung für die nicht fristgemäße Einberufung zu erteilen.

Herr BLÜCHER weist darauf hin, daß seit der letzten Sitzung des Zentralausschusses der Landesverband Bremen neu gegründet worden ist und durch 2 Mitglieder vertreten sein kann. Als Vertreter werden die Herren *Hollmann* und *Grabau* einstimmig anerkannt.

Herr BLÜCHER gibt nunmehr bekannt, daß als einziger Punkt der Tagesordnung die Bestimmung über die Linie der Politik der Partei angesetzt worden ist. Er macht Ausführungen über die Wahlen vom 15. September und 13. Oktober, die die Notwendigkeit des Bestehens der Freien Demokratischen Partei ergeben haben.

Die von ihr vertretene Politik ist durch die Wähler bestätigt worden. Es ist gleichzeitig durch die Zahl von mehr als 2 Millionen Stimmen bei den Wahlen am 13. Oktober zum Ausdruck gekommen, daß die FDP keine Splitterpartei ist.⁷ Nach den Wahlen zeigte die Haltung der maßgebenden Vertreter der SPD und der CDU uns gegenüber, daß sie ihrerseits auch die FDP als maßgebende Partei anerkennen. Die FDP hat klare Aufgaben und Ziele, die festgelegt sind in den Richtlinien der Partei und durch die Beschlüsse des Zentralausschusses und des Parteivorstandes. Der Ausbau der Organisation ist dringend erforderlich.

---

3 Wilhelm H. *Lindemann* (geb. 1888), Kaufmann; Leiter des Groß- und Außenhandels-Ausschusses des FDP-Landesverbandes Hamburg; Mitglied des Landesvorstandes (Stand: 24. 11. 1947); Oktober 1949–Juli 1952 Md Hamburger Bürgerschaft.
4 Heinrich *Meiners* (geb. 1902) aus Westerstede war Schneidermeister; Januar 1946–Oktober/November 1946 Mitglied des ernannten Oldenburger Landtages.
5 Über Erika *Ballewski* (Bremen) waren keine biographischen Angaben zu ermitteln.
6 Wilhelm *Heile* hatte versucht, die Einberufung der Sitzung zu verhindern. Vgl. das Telegramm *Heile* an *Kahlen*, Hauptgeschäftsstelle Bad Pyrmont, 11. 11. 1946, NL Heile 90. Vgl. SCHRÖDER, 1985, S. 143 f.
7 Die Gemeindewahlen am 15. 9. 1946 und die Landkreis- und Stadtkreiswahlen sowie die Bürgerschaftswahlen am 13. 10. 1946 brachten der FDP ein regional unterschiedliches Ergebnis. In Hamburg erreichte die Partei bei der Bürgerschaftswahl mit 18,2 % ihr bestes Ergebnis; in Bremen entfielen auf die FDP/BDV 16,7 % der Stimmen. In Schleswig-Holstein erzielte die FDP 7,2 % bei den Gemeinde- und 6,1 % bei den Kreistagswahlen; in

Eine Änderung des bei den Gemeinde- und Kreistagswahlen angewandten Wahlrechtes ist dringend erforderlich. Herr Dr. *Greve* ist vom Parteivorstand beauftragt, einen neuen Wahlrechtsvorschlag auszuarbeiten. Dieser Auftrag ist inzwischen ausgeführt worden.[8]

Die Regierung des Landes Nordrhein-Westfalen hat unabhängig von uns einen ähnlichen Vorschlag ausgearbeitet, über den am Mittwoch, dem 13. November 1946, der Landtag abgestimmt hat. SPD, KPD und Zentrum haben mit der FDP für diesen Vorschlag gestimmt, während die CDU sich auf den Standpunkt stellte, daß das bisherige Wahlrecht angewandt werden solle, allerdings unter Zugrundelegung dessen, daß 40%, eventuell 50% der Kandidaten aus dem Reservestock genommen werden.[9]

Herr *Blücher* weist im weiteren Verlauf seiner Ausführungen darauf hin, daß, um den Vorstand schlagkräftiger zu machen, ein Politischer Ausschuß und ein Organisations- und Geschäftsführungsausschuß[10] in Haßlinghausen gewählt worden sind. Gleichzeitig macht er darauf aufmerksam, daß beschlossen worden ist, die Vorarbeiten zur Gründung eines Deutschen Bauernbundes unter führender Beteiligung der FDP vorzunehmen.[11] Die Erfassung der Frauen ist dringend notwendig. Über die am 9. und 10. November 1946 in Bad Pyrmont stattgefundene Frauen-Arbeitstagung wird die Hauptvertrauensfrau *Hoffmeier* noch berichten.

Eine der wichtigsten Aufgaben ist die Jugendarbeit. Der Vorstand hat in Haßlinghausen über die Vertretung der Jugend und der Frauen in allen Vorständen Beschlüsse gefaßt, die inzwischen durch Rundschreiben der Hauptgeschäftsstelle den Landesverbänden, Kreis- und Ortsgruppen bekanntgegeben worden sind.

Sehr wichtig ist es in den Orten, in denen sich Hochschulen befinden, die Erfassung der Studierenden vorzunehmen. Auch hier sind die notwendigen Schritte eingeleitet worden. Es kommt darauf an, daß die für diese Arbeit bestimmten Kreisgruppen mit der notwendigen Energie die Organisation der Studierenden in Demokratischen Studentengruppen vornehmen.

Niedersachsen waren es bei den Kreistagswahlen 7,2%; in Nordrhein-Westfalen erhielt die FDP bei den Gemeindewahlen nur 2,3% und bei den Kreistagswahlen nur 4,3% der Stimmen. Vgl. SCHRÖDER, 1985, S. 264.

8 Vgl. Heinrich Otto GREVE, Unser Vorschlag für ein neues Wahlsystem, in: FDP-Nachrichten, 1.12.1946, Nr. 6. Vgl. Dok. Nr. 23, Anm. 14; SCHRÖDER, 1985, S. 269.

9 Das bisherige Kommunalwahlrecht beruhte auf britischen Wahlrechtsvorstellungen. In Nordrhein-Westfalen versuchten im Gegensatz zur CDU die anderen Parteien in stärkerem Maße ein Wahlrecht mit Verhältniswahlelementen durchzusetzen. Vgl. Dok. Nr. 23, Punkt 1 der Tagesordnung. Vgl. LANGE, Wahlrecht und Innenpolitik, 1975, S 95 f. u. DERS., Wahlrechtsstreit, 1980, S. 54 f.

10 Von einem Geschäftsführungsausschuß ist später nicht mehr die Rede.

11 Eine besondere Beteiligung der FDP an der Gründung einzelner regionaler Bauernverbände um die Jahreswende 1946/47 in der britischen Besatzungszone konnte nicht nachgewiesen werden. Zu den einzelnen Bauernverbänden vgl. Hans BÜRGER, Die landwirtschaftliche Interessenvertretung in der Zeit von 1933 bis zur Gegenwart unter besonderer Berücksichtigung der westdeutschen Verhältnisse, Erlangen-Nürnberg 1966, Diss., S. 141.

Von besonderer Wichtigkeit ist die Neuordnung des Pressewesens. Die Besatzungsmacht hat eine Neuaufteilung der Zeitungen und Zeitungsauflagen beschlossen. Die FDP hat die Zuteilung von mindestens 500000 Auflagen der ihr zur Verfügung stehenden Zeitungen gefordert. Es ist bemerkenswert, daß beabsichtigt wird, die im britischen Sektor Berlins erscheinende Zeitung „*Telegraf*" in einer Auflage von 250000 in der britischen Zone gesondert neben anderen SPD-Zeitungen zuzulassen.

Es kommt darauf an, Zusammenarbeit in jeder Form herbeizuführen. Dazu ist es notwendig, das Meldewesen der Landesverbände, Kreis- und Ortsgruppen an die Hauptgeschäftsstelle wesentlich zu verbessern. Die morgen stattfindende Sitzung des Organisationsausschusses mit den Landesverbandsgeschäftsführern wird darüber weiteres ergeben.

Herr BLÜCHER bittet, als seinen ständigen Vertreter in der Leitung des Organisationsausschusses Herrn *Rademacher* zu bestimmen.

In den Landesverbänden muß im allgemeinen eine stärkere Arbeit nach außen hin in Erscheinung treten, denn wir dürfen nach den Wahlen in der Öffentlichkeit nicht verschwinden, sondern haben die Verpflichtung, uns stärker als bisher in der Öffentlichkeit zu melden.

In diese Aufbauarbeit fällt ein bedauerlicher Schatten. In erneuter und ausführlicher Aussprache hat am 19. und 20. Oktober der Vorstand versucht, mit dem Präsidenten der Partei, Herrn *Heile,* zu einem gemeinsamen Kurs zu gelangen. Herr *Heile* ist der Ansicht, daß niemand als er selbst den politischen Weg zu bestimmen habe. Dies sei auf dem Parteikongreß durch die einmütige und begeisterte Zustimmung zu seiner Rede auf der öffentlichen Kundgebung geschehen. Es ist über diese Ausführung die objektive Wahrheit erforderlich. Herr *Heile* hat in einem Telegramm an die Hauptgeschäftsstelle zum Ausdruck gebracht, daß der Vorstand nicht berechtigt sei, die Sitzung einzuberufen. Dieses Telegramm hat folgenden Wortlaut: „16. und 17. November zwingend verhindert. Verbiete als Präsident dem Vorstand Einberufung der Sitzungen ohne vorherige Rücksprache und Einvernehmen mit mir. Bestehe wiederholt auf Entscheidung für oder wider die durch Pyrmonter Parteitag beschlossene Politik durch baldigst einzuberufenden Parteitag, Wilhelm *Heile*."

Herr BLÜCHER stellt demgegenüber fest, daß der Parteikongreß in Pyrmont anerkannt hat, daß das Programm der FDP noch erarbeitet werden soll. Die dort gehaltenen Vorträge sollten lediglich Material zur Erarbeitung des Parteiprogramms sein. Das ist wiederholt zum Ausdruck gebracht worden. Die starke Differenz in der Auffassung des Vorstandes und des Präsidenten sollte durch folgenden Vorschlag geklärt werden:

1. Die Freie Demokratische Partei steht rückhaltlos auf dem Boden der Reichseinheit. Das zukünftige deutsche Reich soll alleiniger Träger der Souveränität sein. Die Länder sind Gliederungen des Reichs ohne Staatsgepräge.

2. Die Freie Demokratische Partei ist und bleibt selbständig. Jede Verhandlung

über einen Zusammenschluß mit anderen Parteien ist sämtlichen Organen und Mitgliedern der FDP verboten.

3. Wahlbündnisse und Wahlabkommen jeglicher Art mit anderen Parteien einzugehen, ist den Organen und Mitgliedern ausdrücklich verboten.

Dieser Vorschlag ist mit 10 Stimmen des Vorstandes gegen die Stimme des Präsidenten angenommen worden. Der Beschluß wurde Herrn *Heile* durch Einschreiben übermittelt. Eine Äußerung, wie sie in Haßlinghausen von Herrn *Heile* versprochen wurde, ist bisher nicht eingegangen.

Aus diesem Verhalten des Präsidenten ergibt sich eine so starke gegensätzliche Auffassung zu der Ansicht des Vorstandes, daß eine Klärung unbedingt erforderlich ist. Auf dem Parteitag in Pyrmont wurde der Vorsitzende mit der Führung der Geschäfte und Leitung der Partei beauftragt.[12] Dazu gehört auch die Einberufung der Sitzungen des Parteivorstandes und des Zentralausschusses. Aufgabe der heutigen Sitzung des Zentralausschusses wird es sein, festzustellen:

1. Gibt es ein Pyrmonter Programm?
2. Werden politische Fragen und politische Richtlinien durch den Vorstand der Partei oder den Präsidenten bestimmt?

Herr BLÜCHER bittet, über diese Punkte sich auszusprechen und zu einem Beschluß zu kommen.

In der Aussprache zu diesen Ausführungen des 1. Vorsitzenden meldet sich zunächst Herr Dr. MIDDELHAUVE, der bekannt gab, daß am 25. November Verhandlungen über die Neufestsetzungen der Zeitungsverteilung und der Auflage stattfinden sollen. Er hält es für erforderlich, daß für jede politische Partei ein Grundstock für die Auflagenziffer festgesetzt wird und dann eine Schlüsselzahl für die Verteilung gefunden wird. Die Entwicklung der Partei bezeichnet der Redner, besonders in den letzten Monaten, als gut und betont, daß die Klarheit der Parteilinie und die Initiative durch Herrn *Blücher* herbeigeführt worden sei. Die Wahl des Herrn *Blücher* als 1. Vorsitzenden der Partei war richtig. Nunmehr kommt es darauf an, durch die Arbeit der Ausschüsse eine klare und schnelle Arbeit der Partei zu ermöglichen. Der Politische Ausschuß hat die Aufgabe, die Linie der Partei vorzuarbeiten. Auf dem Parteitag in Bad Pyrmont ist keine programmatische Festlegung der Partei erfolgt, insbesondere nicht durch die Rede des Herrn *Heile*.

Durch das destruktive Verhalten des Präsidenten ergibt sich leider eine langsame Arbeit des Parteivorstandes und des Zentralausschusses, die immer wieder sich in ihren Sitzungen mit der Haltung des Präsidenten beschäftigen müssen.

---

12 Eduard *Wilkening* trug auf dem Parteitag in Bad Pyrmont den „etwas ungewöhnlichen Vorschlag" vor, Wilhelm *Heile* „[...] in bewußter Durchbrechung der Satzungen [...]" zum Präsidenten wählen zu lassen, der dann „[...] ungefähr die Stellung hat, wie der Reichspräsident sie im Reiche hatte. Der erste Vorsitzende wird daher Reichskanzler". Zonenparteitag Bad Pyrmont, Stenographische Niederschrift, 20. 5. 1946, S. 265, AdL-1. Vgl. SCHRÖDER, S. 129f.

Herr Dr. *Middelhauve* ist damit einverstanden, daß Herr *Rademacher* (Hamburg) in Vertretung von Herrn *Blücher* die Leitung des Organisationsausschusses übernimmt.

Durch die Hauptgeschäftsstelle ist eine stärkere Befruchtung der Parteiorganisationen erforderlich. Ein Versagen von unten her ist mit aller Schärfe zu kritisieren. Notwendig ist eine Zusammenarbeit von unten nach oben und umgekehrt. Die noch bestehenden organisatorischen Lücken müssen vor der Landtagswahl geschlossen werden. Der Redner weist auf die im Landesverband Nordrhein-Westfalen laufenden Rednerkurse von 3 Wochen hin und empfiehlt sie den anderen Landesverbänden als Beispiel.

Die Frage *Heile* muß jetzt gelöst werden. Er schlägt vor, daß Herr *Altenhain* (Westfalen) über die Schwierigkeiten, die sich zwischen dem Präsidenten und dem Vorstand ergeben haben, einen Bericht gibt.

Herr Dr. GREVE bittet zunächst, die Anwesenheit der Teilnehmer auf die Mitglieder des Parteivorstandes, des Zentralausschusses und des Büros zu beschränken.

Herr BLÜCHER weist darauf hin, daß er bereits von den Engländern am Mittwoch nach der Haßlinghauser Tagung über die dortigen Besprechungen unterrichtet wurde.

Herr DIELING gibt die Erklärung ab, daß er am Mittwochabend um 17 Uhr dem Vertreter der FSS[13] eine Aufklärung über den Verlauf der Sitzung gegeben habe. Die im Saal anwesenden Herren *Bartels*[14] (Bremen) und *Sußmann*[15] (Hamburg) verlassen den Sitzungssaal, da sie nicht dem Zentralausschuß und dem Parteivorstand angehören.

Herr ALTENHAIN ist von dem Vorschlag des Herrn Dr. *Middelhauve* überrascht, will sich aber bemühen, in aller Kürze einen Überblick über die Entwicklung des Verhältnisses zwischen Präsident und Parteivorstand zu geben.

Der Präsident, Herr *Heile,* hat sich von vornherein auf den Standpunkt gestellt, daß es notwendig sei, den Zusammenschluß der am 8. Januar 1946 in Opladen gegründeten FDP mit der CDU und NLP herbeizuführen. Er hat in Verfolg dieser Meinung eine Reihe von Verhandlungen geführt. Der Vorstand hat vor dem Parteitag den Beschluß gefaßt, daß weitere Verhandlungen keinen Zweck haben und nicht mehr weitergeführt werden sollen. Herr *Heile* hat trotzdem mit der NLP weiter verhandelt.

Die in Syke stattgefundene Vorstandssitzung wurde von Herrn *Heile* so geleitet, daß irgendwelche fruchtbare Arbeit dabei nicht herauskommen konnte. Daraus ergab sich, daß der Parteitag von Herrn *Heile* nicht geleitet werden konnte, und es wurde beschlossen, daß 3 Herren die Leitung des Parteitages führen sollten. Tat-

---

13 „Field Security Service" – der britische Geheimdienst.
14 Über *Bartels* waren keine biographischen Angaben zu ermitteln.
15 Eduard A. *Sußmann* (1896–1965), Angestellter, Handlungsbevollmächtigter und Prokurist im Lebensmittelgroßhandel u. Gaststättengewerbe in Hamburg; nach 1949 Parteisekretär der FDP; seit 1953 Md Hamburger Bürgerschaft.

sächlich ist der Parteitag dann mit gutem Erfolg von Herrn *Blücher* geleitet worden. Herr *Heile* sprach nachher in Hannover[16] von Intrigen, die gegen ihn geführt worden seien, während in Wirklichkeit es darauf ankam, den Parteitag sachlich zu führen, wie es wahrscheinlich durch Herrn *Heile* nicht möglich gewesen wäre. In Sitzungen in Pyrmont, zuletzt am 23. Juli 1946, befaßte sich der Vorstand und auch der Zentralausschuß mit dem Problem *Heile*. Herr *Heile* hat, obwohl der Vorstand beschlossen hatte, keine weiteren Verhandlungen mit der NLP zu führen, trotzdem auch nach dem 30. März 1946 weitere Verhandlungen geführt, bis letzten Endes am 31. Mai 1946 durch ein dreiköpfiges Gremium diese Verschmelzungsverhandlungen endgültig aufgegeben worden sind.[17] Bei den Kreistagswahlen hat Herr *Heile* sich als Spitzenkandidat einer gemeinsamen Liste, die den Namen NLP trug, aufstellen lassen. Damit hat er ohne Zweifel gegen die Interessen der Partei gehandelt, denn in den gegnerischen politischen Parteien, z. B. SPD und CDU, wurde höhnisch darauf hingewiesen, daß der Präsident der Partei es nicht wage, in seinem Wohnkreis unter dem Namen seiner Partei zu kandidieren. Herr *Heile* hat in Bremen ohne Kenntnis des Vorstandes und des Herrn *Hollmann* Verhandlungen mit der BDV geführt.[18] In den Besprechungen in Stuttgart hat Herr *Heile* sich wiederum auf den Standpunkt gestellt, daß nicht die Reichseinheit, sondern die bundesstaatliche Einheit des Reiches für ihn politisch maßgebend sei.

Im Anschluß an den Bericht des Herrn *Altenhain* äußerte Herr SIEMANN, daß Herr *Heile* nicht daran denkt, sich dem in Haßlinghausen gefaßten Beschluß des Vorstandes zu unterwerfen. Wir sollen die Folgen einer solchen Haltung des Präsidenten der Partei nicht leicht nehmen.

Herr MAASS (Duisburg) beantragt zur Geschäftsordnung die Abgrenzung der Aussprache auf das Problem *Heile*.

---

16 Am 2. 11. 1946 wurde in Hannover eine Delegiertentagung der niedersächsischen FDP-Landesverbände abgehalten. *Heile* wurde von den FDP-Kreisgruppen des Regierungsbezirks Hannover nicht für den ersten ernannten Niedersächsischen Landtag nominiert. *Heile* erklärte u.a.: „Ich stelle fest, daß auf dem Parteitag in Pyrmont auch solche Intrigen gespielt wurden. Der Parteitag hat mit Einstimmigkeit mich zum Präsidenten der Partei gewählt, mit der ausdrücklichen Erklärung, daß das nicht bedeuten soll, mich aus der Geschäftsleitung und -führung fernzuhalten, sondern man wollte mich frei machen für die größeren Führungsaufgaben der Partei. Seitdem dieser Beschluß gefaßt worden ist, hat die kleine Clique nicht geruht, mit allen Mitteln den Kampf fortzusetzen, und alles getan, um mir jede Möglichkeit des Wirkens zu nehmen." Protokoll über die Delegiertentagung der niedersächsischen FDP-Landesverbände am 2./11. 1946 in Hannover, NL Heile 78. Vgl. Anm. 32. Vgl. HEIN, 1985, S. 126, Anm. 102.
17 Erst nach der Sitzung mit NLP-Vertretern am 12. 6. 1946 in Hannover waren die offiziellen Verhandlungen als beendet zu betrachten. Vgl. Dok. Nr. 14, Anm. 16 u. Dok. Nr. 16, Anm. 2.
18 Am 5. 7. 1946 fanden in Bremen zwischen Vertretern der CDU, NLP, FDP und BDV Besprechungen mit dem Ziel eines Wahlbündnisses statt. Für die FDP nahmen Wilhelm *Heile*, Theodor *Tantzen* jun. und Heinrich *Hollmann* an der Sitzung teil. Protokollartige Niederschrift der Besprechung vom 5. 7. 1946 in Bremen, NL Heile 78. Vgl. Anm. 31. Zur FDP in Bremen und ihr Verhältnis zur Bremer Demokratischen Volkspartei vgl. Dok. Nr. 25, Anm. 6. Vgl. SCHRÖDER, 1985, S. 136.

22. 16. 11. 1946   Sitzung des Zonenvorstandes und des Zentralausschusses

Herr BLÜCHER bemerkt zur Geschäftsordnung, daß nach § 12 der Satzung der Zentralausschuß vom Vorsitzenden der Partei einzuberufen ist. Er stellt daher folgenden Antrag:

„Der Zentralausschuß stellt in seiner Sitzung vom 16. 11. in Bremen fest, daß der Vorstand der Partei gemäß § 12 der Satzung berechtigt und verpflichtet ist, Sitzungen des Zentralausschusses einzuberufen."

Der Zentralausschuß beschließt, daß die Sitzung am 16. 11. 46 ordnungsgemäß stattfindet, obwohl die nach § 12 der Satzung vorgeschriebene Einberufungsfrist von 2 Wochen nicht eingehalten worden ist.

Herr WILKENING fragt, ob die Tagesordnung bekanntgegeben würde.

Herr Dr. GREVE weist darauf hin, daß der geschäftsordnungsmäßige Einwand des Herrn *Wilkening* unzutreffend ist, da die Satzung nicht die Mitteilung einer Tagesordnung vorschreibt. Der Redner weist auf ihm bekanntgewordene Telegramme aus Kreisgruppen des Südteiles des Landesverbandes Nordrhein hin, in denen davor gewarnt wird, Beschlüsse gegen Herrn *Heile* zu fassen.[19]

Herr KAUFFMANN ist der Meinung, daß die Tagesordnung bekanntzugeben sei.

Herr BLÜCHER weist darauf hin, daß bisher kein Antrag pro oder kontra Herrn *Heile* gestellt worden ist. Es wurde bisher nur über die Rechtsordnung für die Tagung gesprochen.

Herr WILKENING beantragt, der Zentralausschuß solle beschließen, das Problem *Heile* von der Tagesordnung abzusetzen, da Herr *Heile* nicht anwesend sei. Herr *Heile* soll sich selbst verteidigen. Er bittet, keine Folgerungen gegen Herrn *Heile* zu beschließen.

Herr Dr. MIDDELHAUVE bemerkt, daß eine Aussprache über das, was uns auf den

---

19 Auf einer Landesausschußsitzung des Landesverbandes Nordrhein am 23. 11. 1946 in Düsseldorf ging *Middelhauve* auf die Vorgänge ein. Unmittelbar vor der Bremer Sitzung des Zentralausschusses hatten sich Vertreter der Kreisgruppen Köln, Bonn, Siegburg und Rheinisch-Bergischer Kreis getroffen. „Ziel dieser Besprechung war, einen Bruch innerhalb der Partei zu vermeiden. Die Teilnehmer wandten sich mit folgenden 2 Telegrammen an die Teilnehmer der Zentralvorstandssitzung: 1) ‚Sachlich stehen die Teilnehmer der Besprechung auf dem Boden der Richtlinien, die nach den Vorschlägen Minister *Heiles* auf dem Pyrmonter Parteitag als verbindlich für die Parteipolitik festgelegt wurden. Sie bedauern, daß sie die Gegenseite nicht haben hören können. Ihrerseits vermochten sie eine Abweichung nicht festzustellen.' 2) ‚Warnen vor voreiliger Stellungnahme gegen vom Parteitag gewählten Präsidenten, der unser Vertrauen besitzt. Schwebende Fragen können nur durch Parteitag geklärt werden.' Einige Tage danach fand eine Besprechung zwischen Herrn Dr. *Middelhauve* einerseits und Vertretern oben genannter Kreisgruppen andererseits statt. [...] Auf dieser Besprechung wurde die beste Lösung darin gesehen, Herrn *Heile*, falls er nicht zurücktritt, der Entscheidung eines Schiedsgerichtes zu unterwerfen." Protokoll der Landesvorstandssitzung am 23. 11. 1946, Archiv des FDP-Landesverbandes Nordrhein-Westfalen in Düsseldorf, Akte Vorstandsprotokolle. Vgl. SCHRÖDER, 1985, S. 146f.

Nägeln brennt, unbedingt erfolgen muß. Es sollen nur objektive Tatsachen behandelt werden.

Es erfolgt eine Abstimmung über den Antrag des Herrn *Blücher,* der gegen 2 Stimmen angenommen wird.

Herr CORNELIUS (Wilhelmshaven) begründet, daß er deshalb gegen den Antrag *Blücher* gestimmt habe, weil die Frist zur Einladung der Sitzung nicht eingehalten wurde.

Herr BLÜCHER führt dann aus, daß er als Vorsitzender der Partei sich immer bemüht habe, mit Herrn *Heile* zu einem Übereinkommen zu kommen und Verständnis für die politische Arbeit des Vorstandes zu finden. Er hat noch vor wenigen Tagen einen längeren Brief an Herrn *Heile* geschrieben, dessen Schlußabsatz er verliest. Der Redner bemerkt, daß er von Herrn *Heile* oft in schamloser Weise auch in öffentlichen Versammlungen angegriffen worden ist. Herr BLÜCHER macht darauf aufmerksam, daß es jetzt letzten Endes auch darum geht, wer die Konsequenzen aus dem Verhalten des Herrn *Heile* zu ziehen hat.

Herr HARTENFELS macht darauf aufmerksam, daß die Politik der Partei zur Debatte steht und das Programm endlich ausgearbeitet werden muß. Es kommt darauf an, daß wir eine starke Anziehungskraft gegenüber den Angehörigen anderer Parteien besitzen müssen. Bedenklich ist es, daß Herr *Heile* kein Manuskript seiner Rede in der öffentlichen Kundgebung anläßlich des Parteikongresses zur Verfügung gestellt hat.[20] Er ist davon unterrichtet, daß Herr *Heile* erst kurz vor der Kundgebung sich seine Ausführungen überlegt hat. Dieses Verhalten des Herrn *Heile,* gerade wenn es sich um programmatische Ausführungen, durch die die Partei festgelegt werden sollte, handelt, ist außerordentlich bedenklich und abzulehnen. Er weist auf die straffe Festlegung der Reden in der SPD hin, wodurch eine klare Linie unter allen Umständen geschaffen wird. So muß es bei uns auch sein. Es geht nicht an, daß *Heile* und *Blücher* gegensätzliche Reden halten. Die Partei existiert jetzt fast ein Jahr, und es ist notwendig, daß endlich Ordnung geschaffen wird.

Herr DIELING weist darauf hin, daß kleine Einzelheiten des Berichtes des Herrn *Altenhain* nicht ganz zutreffend sind. Bereits in Pyrmont wurde der Beschluß gefaßt, daß Herr *Heile* nicht mehr allein mit anderen politischen Parteien verhandeln sollte. Trotzdem hat Herr *Heile* am Parteitag der NLP, der 10 Tage nach unserem

---

20 Die Drucklegung der Parteitagsrede von *Heile* war vom Vorstand beschlossen. Sie wurde jedoch nicht, wie vorgesehen, als Sonderdruck veröffentlicht. *Heile* fand dafür später folgende Erklärung: „So oft ich nachfragte, warum die Rede noch nicht gedruckt sei, hatte Herr Dr. *Greve* jedesmal eine andere Ausrede, und schließlich behauptete er wiederholt, u. a. auch in Haßlinghausen, daß es leider nicht möglich wäre, diese Rede zu publizieren, weil die englische Regierung das verboten habe. Ich habe daraufhin bei der englischen Regierung nachgefragt, und diese hat bei allen dafür in Betracht kommenden Einzelstellen Erkundigungen eingezogen und mir dann mitgeteilt, daß keine englische Dienststelle ein solches Verbot ausgesprochen oder auch nur in Erwägung gezogen habe." HEILE, Abschied von der FDP, Syke (b. Bremen) 1947, S. 29f. In dieser Schrift hat *Heile* seine Pyrmonter Parteitagsrede veröffentlicht. Vgl. SCHRÖDER, 1985, S. 150.

Kongreß stattfand, teilgenommen.[21] In Haßlinghausen erklärte Herr *Heile,* daß er im Grunde nichts gegen die dort gefaßte Entschließung einzuwenden habe, aber sie sei gegen ihn gerichtet. Auch dieser Redner hält eine Klärung heute für dringend erforderlich. Sonst arbeitet *Heile* weiter gegen die Partei. Er weist auf die geringe Resonanz hin, die Herr *Heile* auf der Tagung des Landesverbandes Hannover gefunden habe.[22]

Herr Dr. BEBER betont, daß Verhandlungen mit der NLP nutzlos und schädlich sind. Er weist auf eine Äußerung hin, die Herr *Heile* gegenüber einem führenden CDU-Mann getan habe, mit etwa folgendem Wortlaut: Die FDP wäre längst mit der CDU vereinigt, nur ehrgeizige Parteiführer hätten dies verhindert.

Er fragt, was hat Herr *Heile* den anderen Parteien versprochen? In Schleswig-Holstein hat der Redner festgestellt, daß davon gesprochen würde, die FDP habe kein Programm. Dasselbe habe Frau *Kiep* in Wolfenbüttel geäußert.

Er wendet sich mit aller Schärfe gegen den Artikel von Herrn *Heile* vom 30. Oktober 1946 in der „*Hamburger Freien Presse*".[23]

Der Vorstand des Landesverbandes Braunschweig hat eine Entschließung angenommen, deren Wortlaut wie folgt lautet:

„Der in der „*Hamburger Freien Presse*" am Mittwoch, den 30. Oktober 1946 erschienene Artikel unseres Präsidenten, Herrn W. *Heile,* hat unter den Parteifreunden des Landes Braunschweig schwere Bedenken hervorgerufen. Herrn *Heiles* Behauptung, daß nur ein föderalistisches Deutschland Europa und der ganzen Menschheit den Frieden bringen kann, zeigt, daß die FDP bereit ist, die Einheit unseres Volkes dem vorläufig völlig in der Luft schwebenden Gedanken eines föderalistischen Europas zu opfern. Die Braunschweiger Parteifreunde stehen demgegenüber auf dem Standpunkt, daß ein föderalistisches Europa genausogut die Stätte eines deutschen Einheitsstaates sein kann, wie es umgekehrt eine Stätte der übrigen Einheitsvölker unseres Erdteiles zu sein in der Lage ist. Die Preisgabe des Einheitsgedankens des Reiches wird die Stellung unseres Volkes in der Gemeinschaft der Einheitsstaaten Europas schwächen und separatistischen Abmachungen Tür und Tor öffnen.

Gerade ein föderalistisches Europa erfordert auch von einem neuen deutschen Reiche eine einheitliche Willensbildung. Die *Heileschen* Gedanken sind unseres Erachtens nur der Ursprung einer dauernden Schwächung des deutschen Volkes. Sie werden daher von den Braunschweiger Parteifreunden entschieden abgelehnt.

---

21 Drei Tage nach dem Pyrmonter Parteitag der FDP nahm *Heile* am NLP-Parteitag in Celle teil und sprach am 23. 5. 1946 dort vor den Delegierten. „Ich habe in Celle wohl als erster Parteiführer in der deutschen Geschichte, vielleicht sogar in der Menschheitsgeschichte, das Wagnis unternommen, in einer anderen Partei zu sprechen, und damit Erfolg gehabt, der mir die Richtigkeit meiner Überzeugung bewies." Heile an Adolf *Huch,* Kreisgruppe Duderstadt der NLP, 5. 6. 1946, NL Heile 15. Vgl. SCHRÖDER, 1985, S. 131.
22 Vgl. Anm. 16.
23 *Heiles* Artikel „Einheitsstaat oder Bundesstaat" ist in HEILES Schrift „Abschied von der FDP", S. 60, abgedruckt.

Herr *Heile* spricht sich zwar nicht gegen eine zentrale Leitung der föderalistischen Staaten aus, aber durch seine Forderung auf selbständige Gesetzgebung der einzelnen Länder wird diese zentrale Leitung nur zu einem bloßen Schaubild gemacht. Zentrale Leitung und Gesetzgebungsbefugnisse der einzelnen Staaten stehen im Widerspruch zueinander. – Gegen diese widerspruchsvolle Haltung wird seitens der Braunschweiger Parteifreunde, die eine gerade und zielbewußte Linie in dieser schwierigen Frage fordern, entschieden Einspruch erhoben. Der Zonenvorstand wird gebeten, Herrn *Heile* zu verpflichten, seine persönliche Auffassung der Auffassung der Gesamtpartei unterzuordnen, oder Herrn *Heile*, wenn er dies nicht zu tun vermag, nahezulegen, die Führung der Partei abzugeben."

Dann wird von Dr. BEBER noch auf die in Hahnenklee am 9. Oktober 1946 stattgefundene Zusammenkunft hingewiesen, wobei insbesondere die Kreisgruppen Clausthal, Goslar, Restkreis Blankenburg und einige Ortsgruppen vertreten waren.[24] An dieser Tagung wollte Herr *Heile* teilnehmen, ist aber durch Glatteis im Harz daran gehindert worden. Diese Tagung hatte ohne Zweifel die Absicht, gegen die Haßlinghauser Beschlüsse zu operieren.

Mit aller Entschiedenheit betonte der Redner, daß so nicht weitergearbeitet werden kann.

Herr WILKENING erklärt: Die wirtschaftlichen Grundsätze sind im allgemeinen festgelegt. Das ist aber auch alles. Will die Partei endlich ein politisches Gesicht haben? fragt der Redner. Es muß ein Weg zwischen dem Parteivorstand und Herrn *Heile* gefunden werden. Ein Bruch muß sich verhindern lassen. Ein großer Wahlkampf steht bevor. Herr *Heile* hat in Hamburg Besuch von Paneuropäern gehabt. Daraufhin hat er wahrscheinlich den Artikel in der *„Hamburger Freien Presse"* verfaßt. Toleranz wird zu wenig gegen Mitglieder der eigenen Partei angewandt. Er warnt vor einem Beschluß, bei dem die Partei Gegnerin von Herrn *Heile* werden kann. Die Grundlinie der Parteiarbeit wird von Herrn *Heile* geteilt. Er bittet um die Ermächtigung, in aller Offenheit mit Herrn *Heile* zu sprechen. Er möchte vermeiden, daß Herrn *Heile* Unrecht getan wird.

Herr DIELING äußert, daß er Besorgnis über die heutige Tendenz der Verhandlung habe. Er gibt einen geschichtlichen Überblick über die Gründung der Partei. Es kam nach Kriegsschluß darauf an, den Kampf gegen die Stimmung der Bevölkerung, keine Parteibildung vorzunehmen, zu führen. Das konnte nur mit einem klaren Programm geschehen. Herr *Hermes* hat die Tagung zur Parteigründung in Opladen organisiert. Die programmatischen Richtlinien der FDP sind allein von Herrn *Heile* verfaßt. Man kann aber Herrn *Heile* keinen Führungsanspruch zubilligen. Der Redner bedauert, daß eine Selbstüberschätzung bei Herrn *Heile* vorliegt.[25]

---

24 Über diese Zusammenkunft konnte nichts ermittelt werden.
25 Im ursprünglichen Protokoll wird dieser Redebeitrag fälschlicherweise *Wilkening* zugeordnet. Man vergleiche jedoch die stellenweise Parallelität bis hin zur wörtlichen Wiederholung mit der (kürzeren) Äußerung *Dielings*, die im ursprünglichen Protokoll dem Diskussionsbeitrag *Wilkenings* unmittelbar vorausgeht.

22. 16. 11. 1946 Sitzung des Zonenvorstandes und des Zentralausschusses

Herr BLÜCHER betont, daß die objektive Darstellung des Herrn *Altenhain* nicht erschöpfend genug war. Er, *Blücher*, ist immer den Weg der Versöhnung gegangen; er will keine zwei Flügel in der Partei haben. Er habe an den Besprechungen in Syke nicht teilgenommen, weil sie zu kurzfristig einberufen waren. In der Vorstandssitzung in Wolfenbüttel berichtete Herr *Heile* über Verhandlungen mit der CDU. Am 1.4. hat der Vorstand in Münster vom Beschluß über das Scheitern der Verhandlungen Kenntnis gegeben. Es wurde Anstoß daran genommen, daß *Heile* angegeben habe, die Verhandlungen hätten deshalb abgebrochen werden müssen, weil die CDU die FDP schlucken wolle. – Hier setzte eine lebhafte Kritik gegen Herrn *Heile* an, denn tatsächlich waren es gegensätzliche Auffassungen gegenüber der Politik der CDU, die zum Bruch geführt haben. Herr *Heile* hat seine Begründung auch später nicht aufgegeben. Der Redner wies noch auf das nicht objektive Interview hin, das Herr *Heile* dem „*Hannoverschen Kurier*" gegeben hat. Anscheinend ist Herr *Heile* in der Wahrheitsliebe nicht ganz einwandfrei. Herr *Blücher* bemerkt weiter, daß er mit Herrn *Heile* zusammen über die Presse verhandeln sollte. Das Protokoll ist geführt worden. Herr *Heile* behauptet, ein solches Protokoll nicht erhalten zu haben. Herr BLÜCHER weist weiter darauf hin, daß in der früheren Deutschen Demokratischen Partei bereits ähnliche Differenzen mit Herrn *Heile* bestanden haben. Er habe bisher von diesen Dingen keinen Gebrauch gemacht. Er habe vorgeschlagen, gemeinsam mit Herrn *Heile* mit der NLP zu verhandeln, um bei der Wahl einen Burgfrieden mit der NLP zu vereinbaren.[26] Herrn *Heiles* Schwergewicht liegt anscheinend in der Neigung zur NLP. Das Verhalten des Herrn *Heile* wirkt sich jetzt parteischädigend aus. Herr BLÜCHER weist noch auf die in Syke stattgefundene Wahl zum Kreistag hin. Bedenklich ist auch die unsoziale Haltung der NLP. Herr *Heile* vertritt keineswegs soziale Forderungen der Arbeitnehmer und der Flüchtlinge. Bemerkenswert ist, daß Herr *Heile* sich äußerte, nachgeborene Bauernsöhne wären schlechter dran als Ostflüchtlinge. Der Vorstand ist sehr froh, wenn Herr *Heile* bereit ist, sich hinter den Parteibeschluß von Haßlinghausen zu stellen.

Herr SIEMANN (Hannover) weist darauf hin, daß das Problem *Heile* für Hannover eine besondere Bedeutung hat. Alle Versuche, *Heile* zu einem Diener der Partei zu machen, sind gescheitert. *Heile* ist ein pathologischer Fall. Diese Ansicht ist in hannoverschen Parteikreisen allgemein verbreitet. Sie wird auch von anderen Parteifreunden, selbst von maßgebenden Vertretern der Militärregierung geteilt. Der Redner weist auf die Kabinettsbildung in Hannover hin, bei der Herr *Heile* nicht als stellvertretender Ministerpräsident benannt wurde, sondern daß er nur von Fall zu Fall in Abwesenheit den Ministerpräsidenten vertreten solle.[27] Darüber existiert ein Protokoll, das auch von Herrn *Heile* unterschrieben wurde. Trotzdem läßt sich Herr *Heile* als stellvertretenden Ministerpräsidenten bezeichnen. Bemerkenswert ist, daß in Syke bzw. Kreis Hoya keine Kreisgruppe der FDP besteht.

---

26 Vgl. das Schreiben *Blüchers* an *Heile* vom 7.7. 1946. Vgl. Dok. Nr. 17, Anm. 15.
27 Wilhelm *Heile* war vom 23.8. bis 9.12. 1946 unter Ministerpräsident Hinrich Wilhelm *Kopf* stellvertretender Ministerpräsident und bis 21.9. Minister ohne Geschäftsbereich, seitdem auch Verkehrsminister.

Sitzung des Zonenvorstandes und des Zentralausschusses   16.11.1946 **22.**

Herr SIEMANN führt aus, daß wahrscheinlich die Absicht bestanden hätte, Kreisgruppen der FDP mit der NLP zu verschmelzen. Er bemerkt hier den Fall Bremervörde und weist auch auf die Angelegenheit *Demel* (Clausthal) hin.[28] Es ist unbedingt erforderlich, heute noch eine klare Entscheidung zu treffen. Ihm ist von einem maßgebenden Herrn der Militärregierung bekannt, daß die FDP so lange keine Unterstützung der Engländer finden würde, wie *Heile* ihr Präsident sei.[29] Für den Landesverband Hannover ist es unbedingt erforderlich, heute eine Entschließung zu fassen. Herr SIEMANN bringt folgenden Antrag ein:

„Der Zentralausschuß möge beschließen: Der Zentralausschuß entzieht dem Präsidenten der Partei, Herrn *Heile*, sein Vertrauen."

Als nächster Redner spricht Herr DIELING (Hannover) und bemerkt, daß Herr *Heile* in Syke die Parole ausgegeben habe, keine FDP zu gründen.

Herr HOLLMANN (Bremen) gibt einige Erklärungen über Herrn *Heile* und die BDV ab. Herr *Heile* war bei Dr. *Lueken*[30], ohne daß der Parteivorstand etwas davon wußte.[31]

Herr Dr. GREVE: Mit den Ausführungen des Herrn *Wilkening* ist der Redner nicht einverstanden. Das politische Gesicht konnte der FDP wegen des Verhaltens des Herrn *Heile* noch nicht gegeben werden. Herr *Heile* sprengte die Einheit der ins Leben gerufenen Partei sofort durch seine Verhandlungen mit der NLP und CDU. Herr *Heile* ist nicht qualifiziert, die Partei zu führen. Das Problem *Heile* ist das Problem der Partei. Der Vorstand der Partei ist durch Herrn *Heile* in der Delegiertenversammlung in Hannover diskriminiert worden. Die Bemerkung, Herr BLÜCHER habe sich hinter den Engländern in Hannover versteckt, ist unerhört.[32] Die

---

28 Ohne daß verfügbare Unterlagen dies belegen, kann vermutet werden, daß in Bremervörde Tendenzen vorhanden waren, mit der NLP zu fusionieren. Diese Absichten schien auch Hermann *Demel* in Clausthal zu unterstützen.
29 Für diese Behauptung konnten keine Belege ermittelt werden.
30 Dr. Emil H. W. *Lueken* (1879–1961), Oberbürgermeister a. D.; seit 1920 DVP; 1920–1932 Kieler Oberbürgermeister, 1933 Absetzung als Oberbürgermeister durch die Nationalsozialisten; 1920–1933 Mitglied des Provinziallandtages von Schleswig-Holstein; 1921 Wahl zum Vorsitzenden des Vereins für Kommunalwirtschaft und Kommunalpolitik; Mitherausgeber der „Zeitschrift für Kommunalwirtschaft"; Vorstandsmitglied im Preußischen Städtetag und im Deutschen Städtetag; 1934 Direktor der Bremer Commerzbank; 1942–1945 Vermögensverwalter in Berlin; Oktober 1945 Mitbegründer der BDV; stellvertretender Landesvorsitzender; Übertritt zur FDP; 1946–1951 Md Bremische Bürgerschaft; 1949 erneute Wahl zum Vorsitzenden des Vereins für Kommunalwirtschaft.
31 Dr. Emil *Lueken* war Gastgeber einer Zusammenkunft von Parteien am 5.7.1946 in Bremen. Vgl. Anm. 18.
32 Auf der Delegiertenversammlung am 2.11.1946 in Hannover wurde die Abgeordnetenauswahl erörtert. Die nominierten Landtagsabgeordneten mußten auf Weisung der britischen Militärregierung aus den jeweiligen Regierungsbezirken kommen. In diesem Zusammenhang warf *Heile Blücher* vor, hinter seinem Rücken verhandelt zu haben. „Herr *Heile* [...] fragte [...], ob Herr *Blücher* in dieser Angelegenheit mit der Militärregierung verhandelt habe. Ist Herr *Blücher* zur Militärregierung gegangen? [...] Er sagte wörtlich: Unser 1. Vorsitzender ist dazu übergegangen, für unseren niedersächsischen Bereich die

22. 16.11.1946 Sitzung des Zonenvorstandes und des Zentralausschusses

politischen und menschlichen Qualitäten des Herrn *Heile* stehen zur Entscheidung. Herr *Föge*[33] (Göttingen) hat mit Recht auf die früheren Vorgänge um Herrn *Heile* in der hannoverschen Delegiertenversammlung hingewiesen. Gelingt die Trennung von Herrn *Heile* nicht, dann ist das weitere Wirken der Partei zwecklos. Der Redner verweist auf Äußerungen des Kultusministers *Heuss*[34], der sich außerordentlich skeptisch über Herrn *Heile* ausließ. Es ist nach Meinung des Redners greisenhafte Eitelkeit, die *Heile* zu seiner Einstellung gebracht hat. Wenn die Ansicht *Heiles* durchdringt, dann ist für ihn eine Mitarbeit in der Partei nicht mehr möglich.

Herr BLÜCHER bittet, nur noch Tatsachen vorzubringen. Sollte die Entscheidung der Tendenz nach so ausfallen, daß ein diktatorisches Verhalten des Herrn *Heile* noch weiter möglich ist, dann würden es verschiedene Vorstandsmitglieder nicht mehr verantworten können, ihren Namen für die FDP herzugeben.

Herr Dr. MIDDELHAUVE bedauert, daß die Aussprache sich so entwickelt hat. Eine Operation ist dringend erforderlich und kann nicht länger hinausgeschoben werden. Es ist besser, jetzt einen Schritt zu machen, als noch weitere Gefahren für die Partei herbeizuführen.

Die in Bonn gefaßte Entschließung der südlichen Kreisgruppen des Landesverbandes Nordrhein überschätzt die Entscheidung, wenn sie von der Persönlichkeit des Herrn *Heile* ausgeht. Herr *Heile* hat bestimmt an solchen Besprechungen teilgenommen. Entscheidung muß heute erfolgen. Herr Dr. MIDDELHAUVE unterstützt

---

Verhandlungen mit der hiesigen Militärregierung zu führen, ohne mit dem Präsidenten der Partei irgendwelche Fühlungnahme genommen zu haben." Protokoll über die Delegiertentagung der niedersächsischen FDP-Landesverbände am 2.11.1946 in Hannover, NL Heile 78. Vgl. Anm. 16.

33 Hermann *Föge* (1878–1963), Rechtsanwalt und Notar; seit 1919 DDP; bis 1933 Vorsitzender der DDP/DStP-Fraktion im Hannoverschen Provinziallandtag; 3.1.–1.11.1946 Oberbürgermeister von Göttingen; 23.8.–8.12.1946 Md Hannoverscher Landtag; 9.12.1946–19.4.1947 Mitglied des ersten ernannten Niedersächsischen Landtages; 1947–1955 MdL Niedersachsen und FDP-Fraktionsvorsitzender.

34 Prof. Dr. Theodor *Heuss* (1884–1963), Kultminister; seit 1918 DDP; 1924–1928, September 1930–November 1932 u. März–Juli 1933 MdR (DDP/DStP); Mai 1933 Entzug der Dozentur an der Deutschen Hochschule für Politik in Berlin; öffentliche Verbrennung der Publikationen „Hitlers Weg" (1932) und „Führer aus deutscher Not" in Berlin, später auch in anderen Universitätsstädten; illegale Vortragstätigkeit aufgegeben; 1933–1936 Herausgeber der „Hilfe", publizistische Tätigkeit, u.a. als Mitarbeiter der „Frankfurter Zeitung" unter dem Pseudonym Thomas Brackheim; 1941 Verkaufsverbot der 1939 veröffentlichten Biographie über den Architekten Hans Poelzig; 1.3.1941 Ordnungsstrafe der Reichsschrifttumskammer; Verbindung zu führenden Mitgliedern des Widerstands, u.a. Carl Goerdeler; 1943 Übersiedlung von Berlin nach Heidelberg; 19.9.1945–16.12.1946 Kultminister von Württemberg-Baden; seit September 1946 Vorsitzender der „Demokratischen Volkspartei in der US-Zone"; 1946–1949 MdL Württemberg-Baden; März 1947–Januar 1948 Vorsitzender der „Demokratischen Partei Deutschlands" (gleichberechtigt mit Wilhelm *Külz*); seit 1.9.1948 FDP-Fraktionsvorsitzender im Parlamentarischen Rat; seit Dezember 1948 FDP-Vorsitzender (Gesamtpartei); 1949 MdB; 1949–1959 Bundespräsident. Für die Zeit von 1933 bis 1945 vgl. SCHUMACHER (Hrsg.), 1992, S. 282f.; vgl. WENGST (Bearb.), FDP-Bundesvorstand, 1990, S. XIV.

den Antrag des Landesverbandes Hannover, vorgetragen durch Herrn *Siemann*. Er beantragt Schluß der Debatte.

Herr ALTENHAIN bittet, nur sachlich neue Gesichtspunkte vorzutragen.

Herr HARTENFELS erklärt sich für den Antrag Hannover.

Herr BEHNKE (Kiel) ist gleichfalls für eine sofortige Erklärung. Herr *Heile* muß erklären, daß er nicht mehr in die Vorstandskompetenzen einzugreifen gedenkt.

Herr RADEMACHER: Die politische Linie der Partei muß gefunden werden; [...][35] nicht anders, dann ohne Präsidenten, der sich nicht daran halten will. Nach den Gemeindewahlen äußerte Herr *Heile,* er wäre mit dem Erfolg der NLP zufrieden, die doch gesiegt habe.

Bürgermeister *Petersen*[36] (Hamburg) versuchte, örtlich CDU und FDP zu verschmelzen.[37] Herr *Heile* war damit einverstanden. Der Redner bittet, sich zu überlegen, ob nicht ein Zonenparteitag einberufen werden müsse.

Herr BLÜCHER bemerkt, daß die Satzung noch unzulänglich ist. Er stellt fest, daß noch keine einheitliche Willensbildung des Zentralausschusses vorliegt. Geschäftsordnungsmäßig fragt er, ob die Entschließung Braunschweig zur Abstimmung kommen soll.

Herr Dr. GREVE weist darauf hin, daß der Zentralausschuß das Recht und die Pflicht habe, zur Politik der FDP Stellung zu nehmen. Er plädiert für den Antrag Hannover, der der weitestgehende sei.

Herr Dr. MIDDELHAUVE meint, daß der Hannoversche Antrag nicht weitergehender sei als der von Braunschweig.

Herr Dr. GREVE kann diese Meinung nicht anerkennen und begründet, weshalb der Antrag *Siemann* weitergehender ist. Er bittet, den Antrag noch zu erweitern, daß Herr *Heile* aufgefordert wird, sein Amt als Präsident der FDP und als Mitglied des Zonenbeirates niederzulegen. Der Weg in die Öffentlichkeit muß eventuell gegangen werden. Der Redner beantragt Schluß der Debatte und Abstimmung über den Antrag *Siemann*.

Abstimmung über Antrag auf Schluß der Debatte. Sie hatte folgendes Ergebnis:
21 Stimmen dafür
 6 Stimmen dagegen
 1 Stimmenthaltung
28

---

35 Eine fehlerhafte Auslassung im Text. Ob hier ein Versehen vorgelegen hat oder ob durch die schlechte Matrizen- und Farbqualität jener Zeit eine Zeile beim Abzug weggefallen ist, kann nicht geklärt werden.
36 Rudolf H. *Petersen* (geb. 1878), 15. 5. 1945–22. 11. 1946 Hamburger Bürgermeister.
37 Nachdem es Rudolf *Petersen* nicht gelungen war, CDU und FDP zu einem Zusammenschluß zu bewegen, trat er, der bisher der Fraktion der Parteilosen in der Bürgerschaft angehört hatte, am 26. 6. 1946 der CDU bei. Vgl. Werner JOHE, Bürgermeister Rudolf Petersen. Ein Beitrag zur Geschichte der politischen Neuordnung in Hamburg 1945–1946, in: Jahrbuch des Instituts für Deutsche Geschichte der Universität Tel-Aviv, 3 (1974), S. 400f. Vgl. HEIN, 1985, S. 89 u. SCHRÖDER, 1985, S. 117f.

Anschließend wurde über den Antrag *Siemann* abgestimmt. Das Ergebnis war:
23 Stimmen dafür
4 Stimmen dagegen
1 Stimmenthaltung
28

Damit wurde um 14.35 Uhr in die Mittagspause eingetreten.

Nach Schluß der Mittagspause wurde besprochen, daß die Entscheidung des Zentralausschusses durch die Herren *Wilkening* (Hamburg) und Dr. *Beber* (Braunschweig) Herrn *Heile* mitgeteilt werden soll. Beide Herren erklärten sich damit einverstanden. Über den Termin werden sie sich und die Hauptgeschäftsstelle verständigen.[38]

Anschließend berichtete die Hauptvertrauensfrau, Frau HOFFMEIER, über den Ablauf der Frauen-Arbeitstagung am 9. und 10. November in Bad Pyrmont und gab die dort angenommenen Entschließungen bekannt.

Von verschiedenen Vertretern aus dem Land Nordrhein-Westfalen wurden über die dortigen unhaltbaren Verhältnisse Ausführungen gemacht und gebeten, in aller Kürze dazu Stellung zu nehmen. Es handelt sich insbesondere um die Betriebsstilllegungen, Demontagen[39] und die Ernährungskrise. Der Zentralausschuß erklärte sich damit einverstanden, daß diese Angelegenheiten in aller Kürze durch den Politischen Ausschuß des Parteivorstandes behandelt werden.

Herr Dr. MIDDELHAUVE gab bekannt, daß Herr *Hermes* in einem Schreiben vom 10. Oktober d.J. der LDP in Berlin vorgeschlagen habe, sie möge verschiedene Kreisgruppen der FDP, die dazu bereit seien, als Gruppen der LDP führen. Diese Gruppen hätten dann mit der FDP nichts mehr zu tun. Der Zentralausschuß beschloß, falls die entsprechenden schriftlichen Unterlagen vorhanden seien, den Vorstand zu bitten, Herrn *Hermes* aufzufordern, sein Amt als Mitglied des Vorstandes niederzulegen.

Herr BLÜCHER gab bekannt, daß Herr *Hermes* an die in Haßlinghausen übergebenen RM 10 000,- keine Bedingungen geknüpft habe.

---

[38] Drei Tage nach diesem Beschluß unterrichtete *Wilkening* den Vorsitzenden *Blücher* über den vollzogenen Auftrag, *Heile* zu benachrichtigen. Aufgrund einiger Kommunikationspannen war es nicht zu einer persönlichen Begegnung, sondern nur zu einem Telefongespräch gekommen. „Herr *Heile* nahm diese Mitteilung zur Kenntnis, erklärte, der Zentralausschuß sei dazu nach seiner Ansicht nicht befugt, und er würde sich überlegen, was unter diesen Umständen zu tun sei." *Wilkening* an *Blücher*, 19.11.1946, NL Heile 119. Vgl. SCHRÖDER, 1985, S. 146.
[39] Vgl. Dok. Nr. 27, Anm. 19. Zum Kampf gegen die britische Demontagepolitik in Nordrhein-Westfalen vgl. PLUMPE, 1987, S. 263–276.

23.

12. 1. 1947: Protokoll über die erweiterte Sitzung des Zonenvorstandes

NL Blücher 230. Protokollführer: Plat[1]. Vorsitz: Middelhauve, dann Blücher. Beginn: 10 Uhr. Ende: 16 Uhr. Ort: Rathaus Hamburg, Fraktionszimmer.

Anwesend: *Beber, Büll, Dieling, Falk*[2], *Greve, Hartenfels, Henkel,* Frau *Hoffmeier, Hukscher*[3], *Jacob, Middelhauve, Rademacher, Rheinhold*[4], *Schmachtel*[5], *Voss, Wilkening*. Für das Pressereferat Hamburg: Frau *Bohne*.

Herr Minister *Blücher* ist um 10 Uhr 45 noch nicht anwesend. Herr Dr. MIDDELHAUVE eröffnet als stellvertretender Vorsitzender die Sitzung.

Herr WILKENING gibt folgende Tagesordnungspunkte bekannt:
1. Landtagswahl 1947
2. Organisationsfragen
3. Koordinierung mit anderen Parteien
4. Bericht über das Schiedsgerichtsverfahren in Sachen *Heile*

Er macht folgende Vorschläge:

1. Punkt 4 der Tagesordnung nicht zu verhandeln, wenn eine Partei nicht anwesend sei.

2. Er stellt fest, daß es sich heute nicht um eine Vorstandssitzung handeln könne, sondern nur um eine Aussprache zwischen Vorstand und geladenen Parteimitgliedern.

3. Aus vorstehenden Gründen können Beschlüsse nicht gefaßt werden, sondern es dürfe lediglich eine Aussprache stattfinden.

Herr WILKENING schlägt vor, einen Verhandlungsführer zu wählen. Es wird Dr. *Middelhauve* vorgeschlagen.

Beschluß: Dr. *Middelhauve* wird einstimmig zum Verhandlungsführer gewählt.

---

1 Martin *Plat*, „Parteisekretär" des FDP-Landesverbandes Hamburg.
2 Dr. Wilhelm *Falk* (1909–1970), Historiker; seit Juni 1946 kommissarisch geschäftsführender Vorsitzender des Landesverbandes Mark Brandenburg der LDP; seit Juli 1946 Mitglied des Zentralvorstandes der LDP; Jugendreferent der LDP-Parteileitung in Berlin; Herbst 1946 Übersiedlung in die britische Zone; seit Januar 1947 Hauptgeschäftsführer des FDP-Zonenverbandes in der britischen Zone; seit November 1947 Leiter des Politischen Büros von Franz *Blücher* in Essen; 1948 in Potsdam verhaftet, Februar 1949 wegen „antisowjetischer Agitation" zu 10 Jahren Arbeitslager verurteilt; 1956 Haftentlassung; Flucht nach Westberlin.
3 Biographische Angaben waren nicht zu ermitteln.
4 Dr. Walter *Rheinhold* (geb. 1897), Kieselgrubenbesitzer; 9. 12. 1946–19. 4. 1947 Beisitzer im Präsidium des ersten ernannten Niedersächsischen Landtages.
5 Bruno *Schmachtel* (1898–1958), Kaufmann; 1933 DStP; 30. 10. 1946–15. 10. 1949 Mitglied der ersten gewählten Hamburger Bürgerschaft; seit Dezember 1947 Leiter des Organisationsausschusses des FDP-Zonenverbandes in der britischen Zone.

23. 12. 1. 1947 Erweiterte Sitzung des Zonenvorstandes

Dr. MIDDELHAUVE nimmt die Wahl an und erklärt, daß Minister *Blücher* erwogen habe, den heutigen Kreis zu erweitern. Er müsse sein Bedauern darüber zum Ausdruck bringen, daß der Zentralvorstand nicht Anfang des Jahres zusammengerufen worden sei. Das Schiedsgerichtsverfahren in Sachen *Heile* sollte bis zum 15. Januar d. Js. zu einem Schiedsspruch kommen, denn es sei notwendig, zu einer Beruhigung innerhalb der Partei zu gelangen. Soeben erhalte er die Nachricht von dem plötzlichen Tode von Minister a. D. *Tantzen*.[6] Er sei gestern einem Schlaganfall erlegen. Er würdigt die von *Tantzen* für die Partei und für Deutschland geleistete Arbeit in bewegten Worten und spricht sein Bedauern über diesen schmerzlichen Verlust aus.

Die Anwesenden haben sich zur Ehrung von ihren Sitzen erhoben.

Punkt 1 der Tagesordnung – Landtagswahlen 1947

Herr Dr. *Middelhauve* führt aus: Die Militärregierung dränge auf den 30. 3. als Wahltermin. CDU und KPD seien einverstanden. Die SPD und die anderen Parteien seien für den 11. Mai als spätesten Termin, aber die Engländer wollten unbedingt am 30. 3. festhalten. Es scheine zwar fraglich, ob dieser Termin innegehalten werden könne, und man werde sie vielleicht doch noch bewegen können, den Termin um etwa 6–8 Wochen hinauszuschieben.

Zu dem Wahlsystem sei zu sagen, daß es aus England importiert sei und Mängel enthalte, die es unerträglich und unmöglich machen.[7] Es enthalte nur eine Favorisierung der großen Parteien und schaffe eine absolute Mehrheit in der Regierung. Wenn auch jetzt wieder nach System gewählt werden müsse, bekomme man in Schleswig-Holstein eine SPD-Mehrheit und im Rheinland eine Mehrheit der CDU. Es müsse auf die Ungerechtigkeit hingewiesen werden, daß die Stimme des einzelnen Wählers nicht immer das gleiche Gewicht habe. Die FDP habe sich gegen dieses System gewandt, und in Nordrhein-Westfalen habe man erreicht, daß es abgelehnt worden sei. Die CDU versuche jedoch mit allen Mitteln, diesen Beschluß des Landtages[8] zu verhindern, um bei den kommenden Wahlen die absolute Mehrheit

---

6 Theodor *Tantzen* sen. (1877–1947), Landwirt in Heering/Oldenburg; 1918–1930 Mitglied der DDP; Januar bis Oktober 1919 Abgeordneter in der Weimarer Nationalversammlung, von Mai 1928 bis Mai 1930 im Reichstag; 1919–1923 oldenburgischer Ministerpräsident; 1939 vorübergehend in Haft; Gestapo-Überwachung; verhaftet am 21. 7. 1944 wegen des Vorwurfs der Beteiligung an der Verschwörung vom 20. 7. 1944 (nur mit Mühe konnten seine Söhne und Freunde erreichen, daß die Anklage fallengelassen wurde); KZ-Ravensbrück, später Strafanstalt Tegel und Gefängnis Lehrter Straße, Berlin; 1945 erneut verhaftet; Mitglied der von seinem Sohn Theodor 1945 gegründeten „Demokratischen Union Deutschlands"; 17. 5. 1945–9. 12. 1946 Ministerpräsident des Landes Oldenburg; 9. 12. 1946–11. 1. 1947 stellvertretender Ministerpräsident und Verkehrsminister im Kabinett Hinrich Wilhelm *Kopf*. Für die Zeit von 1933 bis 1945 vgl. SCHUMACHER (Hrsg.), 1992, S. 575.

7 Das von den Briten eingeführte Wahlrecht hatte bei den Kommunal- und Kreistagswahlen am 15. 9. und 13. 10. 1946 vielfach zu einer starken Disproportionalität zwischen Stimmenanteil und Mandatsanteil geführt. Vgl. Dok. Nr. 46 b, Anm. 3. Vgl. LANGE, Mehrheitsbildung, 1975, S. 357.

8 Die Mehrheit im Nordrhein-Westfälischen Landtag stimmte am 20. 12. 1946 für den Antrag von *Middelhauve*. Der Innenminister wurde beauftragt, einen neuen Wahlgesetzent-

Erweiterte Sitzung des Zonenvorstandes 12.1.1947 **23.**

zu erhalten. Mr. *Asbury*⁹ habe geäußert, daß es nicht notwendig sei, in der gesamten britischen Zone ein einheitliches Wahlsystem zu besitzen. Die FDP müsse jedoch nach einem *einheitlichen Wahlsystem* für das gesamte Deutsche Reich trachten (Persönlichkeits- und Verhältniswahlsystem). Der Landtag von Schleswig-Holstein habe das Wahlsystem angenommen, während es vom Niedersächsischen Landtag abgelehnt wurde. Es sei zu überlegen, welche Konsequenzen unsere Partei daraus ziehe.

Dr. GREVE hält es für bedauerlich, daß bei den Verhandlungen über das Wahlsystem die Länder getrennt operieren. Das tatkräftige Einsetzen von Nordrhein-Westfalen sei nicht überall durchzusetzen gewesen. *Asmussen*¹⁰ habe ihm mitgeteilt, daß es nicht möglich gewesen sei, in Schleswig-Holstein das Verhältniswahlrecht mit der SPD gegen die CDU durchzubringen. Die CDU hoffe, nunmehr die absolute Mehrheit im Landtag zu bekommen. In Niedersachsen liege es so, daß dem Landtag bisher das Wahlgesetz nicht zugeleitet worden sei. Nur ein Entwurf liege vor, der noch beraten werden soll. Die CDU stimme hier freudig für das Verhältniswahlsystem. Auch die KPD tanze aus der Reihe und wolle als Wahltermin den 25. Mai. Alle Parteien seien um Verschiebung des Termins um 4–6 Wochen. Obwohl die SPD Aussicht auf die absolute Mehrheit habe, habe sie sich dennoch für das Verhältniswahlrecht eingesetzt. Wir sind bereit, einem Wahlsystem zuzustimmen, welches dem Verhältniswahlrecht am nächsten kommt. Ausschlaggebend für die Partei ist der Vorstandsbeschluß von Haßlinghausen¹¹, der für unsere Landtagsfraktion bindend sein müsse. Wir stehen vor der großen Frage, welches Wahlsystem nicht nur für unsere Partei, sondern für das gesamte Deutschland von Nutzen sein kann. Grundsätzlich müsse der Vorstandsbeschluß innegehalten werden, wenn man auch gewisse Modifikationen annehmen könne.

Voss (Schleswig-Holstein) führt aus, daß man in Schleswig-Holstein 40 Einmann-Kreise schaffen wolle. Wenn nicht in einem Kreise ein Kandidat durchkomme, würden die gesamten Stimmen ihre Gültigkeit verlieren.

---

wurf auszuarbeiten. Vgl. LT NRW, Sten. Ber., 20.12.1946, S.30; Friedrich MIDDELHAUVE, Der Landtag und das Wahlgesetz, in: FDP-Nachrichten, Januar 1947, Nr.1/2. Vgl. LANGE, Wahlrechtsstreit, 1980, S.61f.; OLLIGS, 1990, S.100–103; HEITZER, 1988, S.625f.; Jürgen BRAUTMEIER, Wahlrecht zwischen Militärregierung und Parteipolitik. Dokumente zur Landtagswahl 1947, in: Geschichte im Westen, 2 (1987), S.85. Im „Gesetz über die erste Wahl zum Landtag des Landes Nordrhein-Westfalen (Landeswahlgesetz) vom 22. Januar 1947 in der Fassung des Beschlusses des Landtages vom 5. März 1947" wurde eine Lösung formuliert, die am ehesten als personalisierte Verhältniswahl bezeichnet werden kann. Vgl. das Gesetz- und Verordnungsblatt für das Land Nordrhein-Westfalen, 1 (2.5.1947), Nr.7. Vgl. OLLIGS, 1990, S.100, Anm.1 u. S.117–122; Uwe ANDERSEN, Die Wahl als Teilhabe: Wahlrecht und Kandidatenaufstellung, in: Ulrich von ALEMANN (Hrsg.), Parteien und Wahlen in Nordrhein-Westfalen, Köln 1985, S.177.

9 William *Asbury* war seit 1.5.1946 „Regional Commissioner" (Landesbeauftragter oder auch Gouverneur genannt) von Nordrhein-Westfalen.
10 Peter Christel *Asmussen* (geb. 1878), Fabrikant; vor 1933 DDP/DStP; seit 28.3.1946 Vorsitzender des FDP-Landesverbandes Schleswig-Holstein; 2.12.1946–19.4.1947 Fraktionssprecher der FDP im zweiten ernannten Schleswig-Holsteinischen Landtag.
11 Vgl. Dok. Nr.21b, Anhang.

DIELING (Hannover) fragt an, ob der Wahlrechtsentwurf Dr. *Greves*[12] schon allen Landesverbänden zugestellt worden sei.

Es wird festgestellt, daß dies noch nicht geschehen ist.

Beschluß:

Es wird beschlossen, dies umgehend nachzuholen. Zustellung an alle Landesverbände und Fraktionen.

Dr. MIDDELHAUVE führt aus, daß der Vorstand zu einer einheitlichen Stellungnahme gelangen müsse, denn man wolle nach Möglichkeit Fraktionszwang vermeiden.

Er schlage deshalb vor, einen Fraktionsausschuß mit je 2 Landtagsabgeordneten zu bilden.

Den Vorschlag Schleswig-Holsteins sollte man ablehnen, aber andererseits müsse es auch unser Bestreben sein, Splitterparteien auszuschalten.

Dr. SCHÄFER (Hamburg) hält es für ratsam, von der starren Reserveliste abzugehen. Man müsse zu einer automatischen Reserveliste kommen. Es müsse unbedingt vermieden werden, daß der Abgeordnete die Fühlungnahme mit seinen Wählern verliere. Eine Festsetzung der Wahlkreise nach Mindestgrößen halte er für ratsam, sie seien nach wirtschaftlichen und politischen Gebieten abzugrenzen.

Beschlüsse werden nicht gefaßt.

Frage der Wahlkartelle

Dr. MIDDELHAUVE führt aus, daß die Bildung von Wahlkartellen in dem von der Militärregierung gewünschten Wahlsystem eine große Bedeutung hätten. Er persönlich sei nicht für Wahlkartelle. Als Partei sollten wir bestrebt sein, unsere politischen Ziele durchzusetzen. Es sei sehr schwer für eine junge Partei, aber wir müßten uns durchsetzen. (Hinweis auf Remscheid.)[13] Falls das von Dr. *Greve* vorgeschlagene Wahlsystem durchkomme[14], was die Partei hoffe, brauche man über Wahlkartelle nicht mehr zu diskutieren. Das liege aber an den Engländern.

Dr. BEBER (Braunschweig) spricht sich dafür aus, rücksichtslos und allein in den Wahlkampf zu gehen.

DIELING (Hannover) weist darauf hin, daß das Gespenst des Sozialismus Wahrheit geworden sei. Unser Kampf sei gegen Sozialismus und Diktatur zu führen.

---

12 Vgl. Dok. Nr. 22, Anm. 8.
13 Bei den Landkreis- und Stadtkreiswahlen in Nordrhein-Westfalen am 13. 10. 1946 erhielt die FDP in Remscheid 20,3 % der abgegebenen gültigen Stimmen. Vgl. Friedrich MIDDELHAUVE, Die Wahlen in der britischen Zone, in: FDP-Nachrichten, November 1946, Nr. 4–5.
14 Der Wahlrechtsvorschlag von Heinrich Otto *Greve* wurde wegen nachweisbarer Mängel nicht verwirklicht. Vgl. Friedrich MIDDELHAUVE, Das neue Wahlgesetz des Landes Nordrhein-Westfalen, in: FDP-Nachrichten, 1. 2. 1947, Nr. 3.

Büll (Hamburg)[15] führt aus, daß Hamburg im Wahlkampf verloren hätte, wenn es ein Wahlkartell eingegangen wäre. Vorläufig dürfe man an bindende Kartelle nicht denken.

Minister Blücher ist inzwischen eingetroffen und übernimmt den Vorsitz. Minister Blücher weist nochmals auf den niedersächsischen Vorschlag (Dr. *Greve*) hin. Dieses Wahlsystem sei so klar in seinem Aufbau, daß man sich hierüber einigen sollte. Eine Besprechung der Fraktionsführer halte er für durchaus notwendig. *Tantzen* habe mit außerordentlicher Schärfe die grundsätzliche Bedeutung der kommenden Wahlen gesehen. Es gehe hierbei um Vermassung oder um den einzelnen. Man könne wohl kartellieren, wenn man schon selbst etwas vorstelle. Die FDP könne von sich sagen, daß sie bereits ein politisches Gesicht bekommen habe, und sie werde bei den kommenden Entscheidungen ein entscheidendes Gewicht haben. (Hinweise auf Nordrhein-Westfalen.) Er halte es für notwendig, schnellmöglichst wieder zusammenzutreten. *Adenauer* habe ihm gesagt, daß eine der beiden Parteien bereit sei, uns durch Rücktritt von Abgeordnetenmandaten zum Recht kommen zu lassen. Ob sich dies ganz erfülle, sei abzuwarten. Man könne deshalb auch keine Programme machen. In etwa 3 Wochen werde man zu dem heutigen politischen Geschehen verbindliche Worte sprechen. Man werde dabei radikal deutlich werden, und diese Verlautbarungen werden noch die von Bürgermeister *Brauer* ausgesprochenen Erklärungen übertreffen. Mit den Bruderparteien in den anderen Zonen müsse man schnellmöglichst zusammenkommen. Ein außenpolitischer Ausschuß müsse in etwa 3–4 Wochen aufgestellt werden.[16]

Dr. Middelhauve führt aus, daß sich eine Diskussion über Kartellbildungen heute erübrige. Wichtig erscheine es ihm, daß über die Frage eines gemeinsamen politischen Vorgehens gesprochen werden solle. Bezüglich der Äußerungen von Dr. *Adenauer* sei er sehr mißtrauisch, und man müsse abwarten, was er mit Minister *Blücher* besprechen werde.

Middelhauve hebt hervor, daß es notwendig sei, einen außenpolitischen Ausschuß gemeinsam mit den anderen Zonen zu bilden. Diese Frage sei für heute die wichtigste.

Minister Blücher äußert, daß heute Beschlüsse nicht gefaßt werden könnten. Niemand sei Dr. *Adenauer* gegenüber mißtrauischer als er. Die kommenden Landtagswahlen seien von ungeheurer Bedeutung, denn sie bedeuten die Festlegung des gesamten deutschen Schicksals. Zu Konzessionen dürften wir uns keinesfalls verleiten lassen, aber die Möglichkeit, mit der CDU zu verhandeln, dürfe man nicht beiseite schieben. Er könne dies nicht verantworten, denn wir hätten eine große geschichtliche Aufgabe zu erfüllen, und alles müsse versucht werden, um auch die anderen vor unseren Wagen zu spannen.

---

15 Johannes *Büll* (1878–1970), Senator; vor 1933 DDP/DStP; 1924–1930 MdR; bis Juli 1946 stellvertretender Vorsitzender des FDP-Landesverbandes Hamburg; seit Juli 1946 Mitglied des Landesvorstandes; November 1946–1.11.1949 als Senator Leiter der Baubehörde.
16 Es blieb bei der Ankündigung, einen derartigen Ausschuß zu bilden.

23. 12. 1. 1947 Erweiterte Sitzung des Zonenvorstandes

Senator HARTENFELS ist der Meinung, daß unsere Partei in der letzten Zeit politisch in den Hintergrund getreten sei. In der Kartellbildung müsse das Beispiel Hamburgs richtunggebend sein. Er weist darauf hin, daß die Hamburger Sozialdemokraten unserer Färbung seien, denn eine klare Richtung betreffend Sozialismus und Sozialisierung sei nicht zu erkennen. Unter allgemeinem Widerspruch erklärt HARTENFELS, daß die Allgemeinheit unter Sozialisierung soziale Haltung verstehe.

Dr. FALK führt aus, daß man in der Ostzone den Sozialismus nur von außenpolitischen Gesichtspunkten her ansehen müsse. Man könne ihn nicht nur von der westlichen Seite her sehen. Dem gesamtdeutschen Moment gegenüber sei alles zurückzustellen. Er richtet an die Landesverbände einen Appell, sich im Hinblick auf die hohen gesamtdeutschen Gesichtspunkte zu koordinieren. Das Stimmenergebnis der Landtagswahlen in der Westzone werde in der Ostzone sein Echo finden. Da die kommenden Wahlen Stimmungswahlen sein werden, sei es notwendig, jede Stimme für die FDP und nicht für ein Kartell zu sammeln. Die Koalitionsgedanken werden von der Jugend nicht verstanden, und man dürfe daher nicht nach rechts oder links schielen. Konstruktive FDP-Ideen seien ins Volk zu tragen. Unsere Aufgabe sei es, unsere neuen Ideen publik zu machen.

Bürgermeister HENKEL (Hannover) ist der Meinung, daß, wenn die FDP an vielen Stellen Kartelle nicht getroffen hätte, die Partei seiner Meinung nach viel kleiner geblieben wäre. Sie hätten die Absicht, in Niedersachsen mit der NLP wiederum ein Kartell abzuschließen.

Gemäß einem Geschäftsordnungsantrag werden die Tagesordnungspunkte 3 und 4 zuerst besprochen. Der Punkt 2 (Organisationsfragen) soll an den Schluß der Tagung gestellt werden.

Punkt 3 der Tagesordnung – Koordinierung mit den anderen Parteien

Minister BLÜCHER gibt bekannt, daß er Anfang April einen Parteitag einberufen werde.[17] Bis dahin müsse man sich über den Zusammenschluß der drei Länder einig werden. Es sei deshalb erforderlich, baldmöglichst einen außenpolitischen Ausschuß zu schaffen, dessen Zusammensetzung aber gründlich beraten werden müsse. Es sei erforderlich, daß darin nur Herren mit absoluter Sachkenntnis vertreten seien. Aus der britischen Zone seien 3 Herren zu benennen, und er halte es für notwendig, daß die Landesverbände sich sofort auf die Suche begeben, um sich über eine gute Zusammensetzung klar zu werden.

Der Wille zur Koordinierung sei ohne Zweifel vorhanden, aber es komme darauf an, alles beschleunigt zu tun. Außer dem außenpolitischen Ausschuß sei es erforderlich, einen *Verfassungsausschuß* für die Reichsverfassung baldmöglichst zu bilden.[18] Heute sei es noch nicht an der Zeit, sich über Persönlichkeitsfragen klar zu werden.

---

17 Der Zonenparteitag wurde erst Anfang Juli 1947 einberufen.
18 Am 8. 6. 1947 beauftragte der Bielefelder Zonenparteitag den Verfassungsausschuß der Partei, verfassungspolitische Richtlinien auszuarbeiten. Vgl. Dok. Nr. 37, Anm. 30. Vgl. HEIN, 1985, S. 261.

Dr. MIDDELHAUVE teilt mit, daß in Coburg die Umbildung des Koordinierungsausschusses zu Arbeitsgemeinschaften beschlossen worden ist.[19] Der Gesamtparteitag müsse weiteres beschließen. Auch er halte es für notwendig, daß 2 Ausschüsse mit je 12 Mitgliedern (jede Zone 3 Mitglieder) zu bilden seien. Die Landesverbände seien aufzufordern, terminbefristet Vorschläge an den Zonenvorstand einzureichen. Ende des Monats müsse sich der Zonenverband über diese Frage schlüssig werden.

Minister BLÜCHER unterstreicht nochmals die Ausführungen von Dr. *Middelhauve* und fordert die Landesverbände auf, möglichst viele und vor allen Dingen die richtigen Leute für diese beiden wichtigen Ausschüsse zu nominieren. Es seien besonders wertvolle Kräfte, wie z. B. Staatsrechtler etc., heranzuziehen.

WILKENING teilt mit, daß er soeben einen telefonischen Anruf von Adolf *Essich* (Oldenburg) erhalten habe, der ihm mitteilte, daß der Landesverband Oldenburg nicht beabsichtige, in den neu zu bildenden Landesverband Niedersachsen einzutreten.[20]

Punkt 4 der Tagesordnung – Bericht über das Schiedsgerichtsverfahren

Minister BLÜCHER führt zu diesem Punkte aus, daß er mit gutem Geschmack bis an die Grenze des Erträglichen gegangen ist, und er wende sich dagegen, wenn behauptet werde, daß es sich in dieser Angelegenheit um eine persönliche Sache *Heile-Blücher* handele. Dieser unerträgliche Zustand müsse sehr bald geklärt werden, und er sei bereit, als einfacher FDP-Mann weiterzuarbeiten, wenn es nicht eine restlose und vollkommene Klärung gäbe. Es gäbe keinen Fall *Blücher-Heile*, sondern nur einen Fall *Heile*. Das eingesetzte Schiedsgericht hinke formal hinten und von allen Seiten. Gegebenenfalls werde er ein Ehrengericht beantragen. Er stehe zu dem Votum von Syke.[21] Der Verhandlungsstand[22] sei *Heile* bekanntgegeben worden, und eine schriftliche Stellungnahme hätte bis zum 11. 1. erfolgen müssen (Dr. GREVE teilt mit, daß die Stellungnahme erst am 6. 1. zugestellt werden konnte und

---

19 Vgl. Dok. Nr. 21 b, Anm. 12.
20 Am 28. 5. 1947 wurde auf einem Parteitag in Hannover der Zusammenschluß der Landesverbände Braunschweig, Hannover und Oldenburg zum FDP-Landesverband Niedersachsen einstimmig gebilligt. Vgl. HEIN, 1985, S. 128.
21 Am 25. 11. 1946 hatte eine Besprechung von Vertretern verschiedener FDP-Landesverbände der britischen Zone in Syke zu folgendem Ergebnis geführt: Ein Schiedsgericht sollte feststellen, ob der Beschluß des Zentralausschusses vom 16. 11. 1946, dem Präsidenten der Partei, Wilhelm *Heile,* das Vertrauen zu entziehen, berechtigt war. Der „Politische Ausschuß" des FDP-Zonenvorstandes hatte sich damit einverstanden erklärt. Vgl. den Bericht des Zonenvorstandes: „Betr.: Schiedsgericht in Sachen Heile/Zentralausschuß", 1947, NL Heile 90. Vgl. SCHRÖDER, 1985, S. 147.
22 Auskunft über die Auseinandersetzung gibt Franz *Blüchers* Schreiben an die Landesverbände, Bezirksverbände, Kreis- und Ortsgruppen: „Betr.: Schiedsgerichtsverfahren in Sachen Herr Wilhelm Heile – Freie Demokratische Partei" vom 19. 2. 1947, NL Heile 119, der Bericht des Zonenvorstandes, a.a.O., die „Antwort auf die von den Herren *Blücher* und Dr. *Greve* unterzeichnete Rechtfertigungsschrift des Vorstandes der FDP von Wilhelm *Heile,* Präsident der FDP", NL Heile 85, sowie Wilhelm HEILE, Abschied von der FDP, Syke (b. Bremen) 1947. Vgl. SCHRÖDER, 1985, S. 139–151.

23. 12. 1. 1947   Erweiterte Sitzung des Zonenvorstandes

daß bis zum 12. 1. eine schriftliche Stellungnahme erbeten wurde). Minister BLÜ-CHER führt abschließend aus, daß er zu diesem Thema nichts mehr zu sagen habe. Es gäbe keinen Fall *Blücher,* denn dazu habe er viel zu viel Disziplin.

Dr. MIDDELHAUVE äußert, daß die Frage des Vorsitzes im Schiedsgericht infolge des Ablebens von Minister *Tantzen* die Sache ungemein verzögere. Das Schiedsgericht müsse möglichst bis zum 15. 1. 47 zum Abschluß kommen.[23]

Dr. GREVE führt aus, daß *Heile* gemeinsam mit *Hermes* die *Europa-Union*[24] ins Leben gerufen habe. Vorsitzender: *Heile,* stellvertretender Vorsitzender: *Hermes.* Diese Organisation sei nicht identisch mit der Pan-Europa-Union. Er beabsichtige, an DPD[25] durchzugeben, daß die Partei in keinerlei Beziehung zur Europa-Union stehe.

Minister BLÜCHER führt dazu aus, daß er es für absolut abwegig halte, uns mit derartigen Bindungen (Europa-Union) parteimäßig zu belasten.

WILKENING spricht sich dahingehend aus, die ganze Frage vorsichtig zu behandeln. Die Partei sei unbedingt aus dem Spiel zu lassen.

Senator HARTENFELS äußert, daß die Partei von ihrem Präsidenten in dieser Frage abrücken müsse. Der „Saustall" sei gründlich auszuräumen, aber es müsse vermieden werden, daß von außen her Gestank bemerkt werde.

Dr. GREVE führt aus, daß die Krise längst hätte beendet werden können, wenn sie nicht in die Öffentlichkeit getragen worden wäre. Er wäre bereit, über DPD den Beschluß des Vorstandes zu veröffentlichen.

Dr. RHEINHOLD hält es für erforderlich, umgehend einen Vorsitzenden für das Schiedsgericht zu benennen. Ohne Begründung seien von *Heile* Christian *Koch* und Senator *Büll* abgelehnt worden.

Senator HARTENFELS schlägt *Heuss* vor.

Minister BLÜCHER führt aus, daß Christian *Koch* zeitlich zuerst benannt worden sei, und er halte es für unangebracht, wenn sich die Gegenseite gegen seine Nominierung weigere.

Dr. BEBER ist der Auffassung, daß beide Parteien mit dem Vorsitzenden einverstanden sein müssen, und sie hätten sich deshalb schnellmöglichst über den Vorsitzenden zu einigen. Wenn die Sache platze, dann müsse sie vor den Parteitag gebracht werden.

---

23 Die entscheidende Sitzung des Schiedsgerichts war am 27. 1. 1947. Das Schiedsgericht bestätigte den vom Zentralausschuß am 16. 11. 1946 getroffenen Beschluß und empfahl *Heile,* seine Ämter niederzulegen. Vgl. SCHRÖDER, 1985, S. 148.
24 Die Gründung der Europa-Union fand am 9. 12. 1946 bzw. – in erweiterter Form – am 1. 4. 1947 statt. Vgl. Walter LIPGENS, Die Anfänge der europäischen Einigungspolitik 1945–1950. Erster Teil: 1945–1947, Stuttgart 1977, S. 420 u. S. 424; Helmut STUBBE-DA LUZ, „Europäer" der ersten Stunde, in: Neue Bonner Depesche, 1982, Nr. 6, S. 38–40.
25 „Deutscher Presse-Dienst".

Minister BLÜCHER ist auch der Meinung, daß eine Ablehnung nicht einseitig erfolgen könne. Beide Seiten müßten sich schnellmöglichst einigen.

Dr. GREVE teilt mit, daß der Vorstand Christian *Koch* oder *Büll* vorschlage.

Senator BÜLL erklärt, daß ihn *Heile* ablehnen werde. Auch für die Person von Christian *Koch* könne er das erklären.

Minister BLÜCHER schlägt Dr. *Külz* vor. Er würde das sehr begrüßen, und er sei der Meinung, daß auch die andere Seite nichts dagegen haben werde.

RADEMACHER fragt an, ob es nicht zweckmäßig sei, daß sich das Schiedsgericht mit seiner Mehrheit auf einen Obmann einigen könne.[26]

Beschluß: Der Vorschlag *Rademacher* wird von allen Anwesenden bejaht.

Punkt 2 der Tagesordnung – Organisationsfragen

Minister BLÜCHER wendet sich an *Voss* (Einfeld) und bittet ihn, zu sagen, was er hinsichtlich der Organisation von Schleswig-Holstein zu erklären habe.

Voss (Einfeld) teilt mit, daß *Asmussen* an der Sitzung nicht habe teilnehmen können, da er im Schnee festsitze. Im Auftrage von *Asmussen* und *Oberberg* habe er zu erklären, daß Schleswig-Holstein den angebotenen Landesverbandsgeschäftsführer ablehne. Desgleichen werde auch eine geldliche Zuwendung abgelehnt. Er weist darauf hin, daß der Landesverband Schleswig-Holstein 7½ Monate später als alle anderen Landesverbände aufgestellt und genehmigt worden sei.[27] Weder die FDP noch die CDU hätten Kandidaten aufstellen können. Er wendet sich in scharfen Worten gegen Dr. *Greve,* der die mangelnde Organisation von Schleswig-Holstein in scharfen Worten beanstandet.

Dr. GREVE widerspricht *Voss* in energischen Worten und führt aus, daß in Schleswig-Holstein nichts geleistet worden sei, und er müsse daher diese Zustände als unglaublich bezeichnen.

Minister BLÜCHER entzieht den Herren *Voss* und Dr. *Greve* das Wort, da sich ein heftiger Wortwechsel zwischen den beiden Herren entwickelt hat. Er wendet sich zu *Voss* und äußert, daß der Vorstand Schleswig-Holstein habe nur helfen wollen. Durch Sabotage sei der Vorstandsbeschluß unmöglich gemacht worden. Er möge seinen Herren dort sagen, daß es sich von seiten des Vorstandes nicht um einen Angriff auf das Eigenleben des Landesverbandes handle. Es handelt sich nur um

---

26 Dem Schiedsgericht gehörten folgende Personen an: Senator *Büll* (Hamburg) als Vorsitzender, Dr. *Schäfer* (Hamburg), Rechtsanwalt *Föge* (Göttingen), Rechtsanwalt Dr. *Baxmann* (Einbeck), Dr. *Rheinhold* (Hannover) und Wilhelm *Hermes* (M.-Gladbach). Vgl. SCHRÖDER, 1985, S. 148.

27 Am 28. 3. 1946 wurde in Neumünster ein provisorischer Landesvorstand unter Führung von *Asmussen* gebildet; am 14. 5. 1946 genehmigte die britische Militärregierung den Antrag auf landesweite Lizenzierung; mit dem ersten Landesparteitag in Neumünster am 16. 11. 1946 fand die Gründungsphase der FDP in Schleswig-Holstein ihren Abschluß. Vgl. HEIN, 1985, S. 100.

23. 12. 1. 1947   Erweiterte Sitzung des Zonenvorstandes

Material und Geld, und sie [...]²⁸ Probleme der Boden- und Agrarreform. Er müsse ausdrücklich betonen, daß in Schleswig-Holstein eine verhängnisvolle Politik Platz gegriffen habe.

Voss führt aus, daß sie dem 30. 3. gelassen entgegensähen.²⁹ Er werde noch dem Vorstand Bericht erstatten.

Minister BLÜCHER erwidert, daß er sehr bündige Vorschläge hinsichtlich des dortigen Wahlkampfes unterbreiten und alles genau mit den anderen Vorstandsmitgliedern prüfen werde.

RADEMACHER macht den Vorschlag, noch heute eine Versammlung mit dem Landesverband Schleswig-Holstein zu vereinbaren. Eine sofortige Klärung sei notwendig, da sonst zuviel Zeit verlorengehe. Er schlage vor, daß *Blücher* an dieser Versammlung teilnehme.

Dr. MIDDELHAUVE hält den Vorschlag *Rademachers* für richtig, aber er glaube nicht, daß sich Minister *Blücher* auf einen festen Termin festlegen könne.

Dr. BEBER fragt an, ob *Voss* einverstanden sei, daß er im Auftrage der Zone an der Sitzung in Schleswig-Holstein teilnähme.

Minister BLÜCHER hat gegen den Vorschlag Dr. *Bebers* keine Bedenken.

Beschluß:

Der Zonenvorstand beschließt, daß am 18. 1. 1947 in Meldorf eine Organisationstagung stattfinde. Dr. *Beber* wird vom Zonenverband autorisiert, an dieser Sitzung teilzunehmen, um insbesondere über die Einstellung eines Hauptgeschäftsführers zu beraten, damit der Landesverband bis zum 30. 3. zu einer dichtgefügten Organisation gelangt. Es wird ferner beschlossen, daß Herr *Rademacher* an dieser Sitzung teilnimmt.

Voss (Einfeld) erklärt, daß er gegen diesen Vorschlag nichts einzuwenden habe.

RADEMACHER führt aus, daß er nur zur Unterstützung von Dr. *Beber* dort erscheinen werde. Außerdem sei er ja Vorsitzender des Organisationsausschusses.

Senator HARTENFELS weist darauf hin, daß Schleswig-Holstein monatelang von Hamburg aus in jeder Weise durch den Einsatz von Rednern etc. unterstützt worden sei. Schleswig-Holstein habe sich selbst dieser Unterstützung entzogen. Er selbst sei rege an dieser Organisierung beteiligt gewesen, und er wolle gern mithelfen, die Dinge dort ins rechte Gleis zu bringen.

Dr. MIDDELHAUVE schlägt vor, daß auch Senator *Hartenfels* an der Tagung in Meldorf teilnehmen könne.

Da Minister BLÜCHER inzwischen abgereist sei, werden weitere Beschlüsse nicht gefaßt.

---

28 Eine fehlerhafte Auslassung im Text.
29 Die Landtagswahlen fanden erst am 20. 4. 1947 statt.

Dr. MIDDELHAUVE schließt die Tagung mit einem Dank an die erschienenen Vorstandsmitglieder und geladenen Gäste.

Verteiler:

an alle Zonenvorstandsmitglieder, an alle acht Landesverbände, Kreisgruppen Lüneburg, Buchholz, Cuxhaven, Stade, Otterndorf.

24.

Februar 1947: Wirtschaftpolitische Richtlinien der FDP[1]

Abgedruckt in: FDP-Nachrichten, 15.3.1947, Nr. 5 (Sondernummer). AdL-D2-891.

I. Die Rettung unseres Volkes ist vordringlichste politische Aufgabe. Sie wird nur dann erfüllt werden, wenn jeder alle Fähigkeiten, die ihm gegeben sind, entfalten kann und entfaltet. Das kann nur der Mensch, der rechtlich, seelisch, geistig und wirtschaftlich frei ist. Wirtschaftlich frei ist nur derjenige, der nicht von der Not der Gegenwart und der Furcht vor der Zukunft gefesselt wird und der sich als Freier und Gleichberechtigter anerkannt sieht und es auch ist.

Diese Wirtschaftsfreiheit für jeden zu schaffen, ist Aufgabe der deutschen Volkswirtschaft. Sie bedarf dazu der bereiten Mitarbeit aller. Diese Mitarbeit kann sich nur auf Vertrauen gründen. Vertrauen ist aber das Ergebnis einer Ordnung, der das Verhältnis zwischen Unternehmern und Beschäftigten und zwischen Gesamtwirtschaft und allen in ihr Tätigen zu unterwerfen ist.

II. Arbeiter und Angestellte haben ein Recht darauf, daß die Wahrung ihrer sozialen und arbeitsrechtlichen Belange als wichtige Betriebsaufgabe anerkannt wird. Dies muß seinen Ausdruck darin finden, daß in jedem größeren Betriebe eine eigene Abteilung in gemeinschaftlicher Arbeit mit dem Betriebsrat die wirtschaftlichen und sozialen Angelegenheiten der Belegschaft bearbeitet. Der Leiter dieser Abteilung, für dessen Benennung die Belegschaft Vorschlagsrecht hat, soll in allen Betrieben der Großindustrie Mitglied der Geschäftsführung sein. Das heutige Betriebsrätegesetz muß verbessert werden mit dem Ziel, den Betriebsräten mindestens die gleichen Rechte zurückzugeben, die sie nach dem Gesetz von 1920 bereits hatten. Diese Gesetzgebung wird erst die Rechtseinheit für alle Betriebe schaffen, ohne die es eine wirtschaftliche Einheit unseres Landes nicht geben kann und ohne die eine Verschiedenheit der Rechte der Arbeiterschaft weiter bestehen würde. Den Betriebsräten wird eine besonders wichtige Aufgabe dadurch erwachsen, daß sie sich um die Verwertung aller Erfahrungen der Betriebsangehörigen bezüglich der

---

1 Der vorliegende Entwurf eines Wirtschaftsprogramms für den FDP-Zonenverband in der britischen Zone fand die Billigung des FDP-Zonenvorstandes in Bremen am 15./16.2.1947 und der FDP-Landesdelegiertentagung in Bremen am 22.2.1947. Vgl. SCHRÖDER, 1985, S. 172. Zu den auf diesen Tagungen behandelten Wirtschaftsfragen vgl. Dok. Nr. 25 und Dok. Nr. 27. Vgl. auch Dok. Nr. 28. Vgl. ALBERTIN, 1985, S. 124.

Beseitigung von Leerlauf und wegen der Verbesserung der Fertigungsmethoden bemühen. So trägt er zur Steigerung des Wirtschaftsertrages bei.

Die Wiederherstellung der Vertretung der Belegschaft in den Aufsichtsräten ist notwendig.

Arbeiter und Angestellte einerseits und die Betriebsführung andererseits müssen näher aneinandergerückt werden. Dazu ist es von Wert, daß durch Begabtenauslese und -förderung ein größerer Teil der mittleren und oberen Werks- und Betriebsleitung aus der Arbeiter- und Angestelltenschaft hervorgeht. Ein steigender Anteil der Angestellten soll sich aus den Arbeitern ergänzen und über Fortbildungsunterricht und Eignungsprüfungen, die der Betrieb vermittelt, sollte sich der Aufstieg innerhalb der technischen und kaufmännischen Angestellten auf einen größeren Bewerberkreis erstrecken als bisher.

III. Neben die Ordnung der Beziehungen innerhalb des Unternehmens ist die Einflußnahme aller Arbeiter und Angestellten innerhalb unserer Wirtschaft auf die Bestimmung des volkswirtschaftlichen Gesamtgeschehens gesetzlich festzulegen. Die Vertreter der Arbeitnehmer und der Unternehmer sollen mit gleichen Rechten die Aufgabe der Ordnung in der deutschen Wirtschaft übernehmen. Wir fordern daher die Schaffung des deutschen Wirtschaftsrates, in dem Arbeitnehmer und Unternehmer auf Grund geheimer Wahl und paritätisch vertreten sind.

Im deutschen Wirtschaftsrat sollen Unternehmer und Arbeitnehmer aller Zweige der Wirtschaft in gemeinsamer Arbeit und Verantwortung, aber auch in unmittelbarer direkter Einflußnahme die Ordnung der Wirtschaft nach gesamtdeutschen Erfordernissen durchführen und die Planungen vornehmen, die die Vollbeschäftigung unserer Wirtschaft sicherstellen sollen.

Vollbeschäftigung der Wirtschaft sichert die Erfüllung des Rechts jedes Einzelnen auf Arbeit.

Der deutsche Wirtschaftsrat hat ferner die Entwicklung eines sozialen Arbeitsrechts zu fördern; er bestimmt aus sich die obersten Schlichtungsausschüsse für Arbeitsstreitigkeiten.

In der Festlegung der Rangordnung aller wirtschaftlichen Maßnahmen besteht der grundlegende Inhalt einer zentralen Planung, solange auf eine solche nicht verzichtet werden kann. Sie hat die Aufgabe, die deutschen Wirtschaftsfunktionen mit den Anforderungen der Besatzungsmächte und mit der Notwendigkeit der Wiedereinschaltung in die Weltwirtschaft in Einklang zu bringen.

Die Überwachung der Wirtschaft zur Verhinderung wirtschaftlicher Machtkonzentration und deren Mißbrauch ist eine der vordringlichsten Aufgaben des obersten Wirtschaftsrats.

Die Gesetzentwürfe des deutschen Wirtschaftsrates über die Regelung der deutschen Gesamtwirtschaft sind dem Parlament zur Beschlußfassung vorzulegen. Der Wirtschaftsrat ist in der Verfassung zu verankern.

IV. Das Recht auf Arbeit hat seinen tiefsten Sinn darin, daß es das Recht auf die Bildung von Privateigentum in sich trägt. Wir verlangen die Unantastbarkeit der Person ebenso wie des Privateigentums. So wie die im christlichen Glauben erzogene Familie Grundlage unserer abendländischen Kultur ist, so ist der Begriff des Privateigentums Voraussetzung der Erhaltung der Familie. Es handelt sich hier um ein Ethos, auf dem die Existenz und die Weiterentwicklung der europäischen Völker überhaupt beruht. Wo durch Kriegsvernichtung und durch Vertreibung aus dem Heimatland Privateigentum verloren ging, sind durch gerechten Lastenausgleich die Voraussetzungen zur Neubildung privaten Eigentums zu schaffen.

V. Kapitalistische und monopolistische Machtgebilde, besonders repräsentiert durch die großen Gesellschaften der Schwerindustrie, haben zur Machtbefestigung des Nationalsozialismus wesentlich beigetragen. Wir bekämpfen aufs schärfste jeden Versuch, wirtschaftliche Produktion zur Bildung von Macht zu mißbrauchen. Seine Verhinderung ist eine der vordringlichsten Aufgaben des obersten Wirtschaftsrats. Wir fordern die Auflösung der Konzerne und der volkswirtschaftlich nicht unbedingt notwendigen Kartelle. Damit erhalten die bisher konzernabhängigen Betriebe wieder ein selbständiges Eigenleben und gesunde Wettbewerbsmöglichkeiten.

Die Rückgliederung solcher Betriebe in Privatbesitz wird häufig nicht möglich sein. In diesen Fällen verlangen wir die Errichtung von Stiftungen des bürgerlichen Rechts. Sie geben Gewähr, daß die privatwirtschaftliche Betriebsform erhalten bleibt, aber eine Einflußnahme monopolistischer Tendenzen verhindert wird.

Die Arbeitnehmerschaft erhält hierdurch das Bewußtsein der Sicherheit. Ein für allemal wird die Gefahr beseitigt, daß sie abermals durch Monopolkapital oder Machtgebilde irgendwelcher Art ihres gerechten Lohnes, ihrer mitbestimmenden Rechte und ihrer wirtschaftlichen Freiheit beraubt oder in diesen Rechten eingeengt wird. Ebenso wird die breite Schichtung der selbständigen Unternehmer vor machtpolitischer Aufsaugung wie dauernder Bevormundung geschützt und damit eine Entwicklung beendet, die den deutschen Privatunternehmer zugunsten des Großkapitals weitgehend entrechtet hatte.

Eine besondere Regelung verlangen wir für Grundindustrien, insbesondere für den Bergbau. Die Probleme, die der Bergbau uns stellt, greifen weit über die Ebene der einzelnen Zeche hinaus. Wir fordern deshalb die Nutzbarmachung der positiven, aber viel zu wenig angewandten Erfahrungen echter Selbstverwaltung auch auf wirtschaftlichem Gebiet. Wir verweisen auf den von der FDP vorgelegten Gesetzentwurf zur Neuordnung des Bergbaues.

VI. Die unmittelbare Einflußnahme des Arbeitnehmers auf die soziale Gestaltung seines Lebens wie auf den gesamten Wirtschaftsausbau unseres Landes bedeutet den beherzten Versuch zu einer Neugestaltung aus Trümmern und Ruinen.

Indem wir eine Weiterentwicklung und Vertiefung unseres sozialen Lebens bejahen und fordern, lehnen wir die veraltete Forderung nach Sozialisierung ab.

Forderungen, die vor hundert Jahren von den Vorkämpfern der Arbeiterbewegung berechtigt gestellt wurden, sind längst erfüllt. Diese Erfüllung alter Arbeiterforderungen geschah im Zeichen des Privatkapitals und privater Wirtschaft. Macht anstelle von Recht, Ausbeutung anstelle sozialer Gerechtigkeit, Krieg und Zerstörung anstelle von Glück und Frieden, das waren nicht die Ergebnisse von hundert Jahren industrieller Privatwirtschaft, das waren die Begleiter von Konzernen, Trusten, Monopolen und des Willens zur Macht. Die Entrechtung von Unternehmern und Arbeitnehmern würde aber unter einem Staatsmonopol verewigt.

Wir lehnen die Sozialisierung ab, weil wir jede Art von Monopolbildung ablehnen; Sozialisierung aber führt zum Staatsmonopol. Die Allmacht des Staates aber führt wieder zur Diktatur.

Sozialisierung führt zur Erstarrung, zur Abwälzung der Verantwortung, sie gefährdet die lebendige Anpassung der Wirtschaft an die ständig schwankenden Bedarfserfordernisse, besonders auch für den Export. Nichts wird künftig ohne die Mitwirkung des Arbeiters in der deutschen Wirtschaft mehr geschehen. Damit hat eine oppositionelle Stellung zu einer Gesellschaftsordnung, deren mitbestimmender Teil er selbst geworden ist, Sinn und innere Logik verloren. Der Klassenkampf ist damit überwunden. Die Rechte des Arbeiters und der Gewerkschaft einerseits wie der Unternehmerverbände andererseits werden in einer künftigen Reichsverfassung ihren Niederschlag zu finden haben.

VII. Wir fordern mit Nachdruck eine Entbürokratisierung der Wirtschaft. Es ist nicht nötig und es ist nicht gut, kleinste Entscheidungen, Erfassungen, Zuteilungen grundsätzlich in der staatlichen Sphäre sich vollziehen zu lassen. Wir erleben zur Zeit eine neue Form des Staatssozialismus dadurch, daß immer mehr wirtschaftliche Funktionen in Ämtern geregelt werden. So entsteht eine Wirtschaftsbürokratie, die auf die Dauer private Initiative und Verantwortlichkeit erstickt.

Eine Bewirtschaftung von Konsumgütern halten wir nur insoweit für zulässig, als es die Sicherstellung eines lebensnotwendigen Existenzminimums erfordert. Sobald als möglich ist eine Geld- und Währungssanierung herbeizuführen. Sie ermöglicht einen sofortigen, weitgehenden Abbau staatlicher Bewirtschaftung. Es wird damit ein Zustand beendet, der unser Volk moralisch und physisch zu vernichten droht. Eine Einkommensbesteuerung, die nicht arbeitshemmend wirken darf, aber vom Grundsatz einer gerechten sozialen Verteilung der Einkommen getragen wird, sorgt auch für eine gerechtere Verteilung der Konsumgüter, als es eine staatliche Bewirtschaftung vermag. Für die Lösung aller Aufgaben, die nicht in der Ebene des Betriebes erfolgen kann, fordern wir den Einsatz der Selbstverwaltung, so z. B. zur Lösung der weitgreifenden Aufgaben im Kohlenbergbau, auf dem Gebiete der Eisen- und Stahlerzeugung und in der chemischen Produktion. Die reichen Erfahrungen, die mit der Selbstverwaltung auf politischem, kommunalen und auf einzelnen wirtschaftlichen Sondergebieten gemacht worden sind, erfordern ihre bewußte und energische Anwendung auf dem Gesamtgebiet der gewerblichen Wirtschaft. Nicht staatliche Bevormundung, sondern sachverständiges Anpacken der Aufgaben im gemeinsamen Wirken von Unternehmern und Arbeitnehmerschaft ist der Weg, der wieder aufwärts führen kann.

VIII. Das Schwergewicht unserer gewerblichen Produktion wird sich künftig in stärkerem Maße wieder auf den mittleren und kleineren Betrieb verlagern müssen. Eine betriebliche und regionale Auflockerung und damit eine stärkere Verflechtung zwischen Industrie und Landwirtschaft ist das Ziel. Freie Leistungswettbewerbe und eigene Verantwortung sind die unentbehrlichen Gestalter einer gesunden Wirtschaft. Der selbständige Mittelstand muß laufend gespeist und verjüngt werden durch die aufstrebenden Teile der Arbeitnehmerschaft. Der gewerbliche Mittelstand muß deshalb auch in vollem Umfange an den sozialen Rechten und Möglichkeiten der Arbeitnehmerschaft teilhaben.

Nicht das Abgleiten der selbständigen Existenzen in das Arbeitnehmerverhältnis, sondern der Aufstieg der Arbeiter und ihrer Kinder zu freier Existenz ist das Ziel. Genossenschaften haben in der demokratischen Wirtschaft gleiche Berechtigung bei gleichen Bedingungen. Die Gesetze des freien und gleichen Wettbewerbs dürfen aber weder durch steuerliche oder kontingentmäßige Bevorzugung der Genossenschaften ausgeschaltet werden.

IX. Der freie Bauer auf freier Scholle muß den Betrieb seiner Väter bei ordnungsgemäßer Bewirtschaftung seinen Kindern erhalten können. Die Stellung der FDP zu den Agrarfragen ist in dem Agrarprogramm der Partei festgelegt. Die Schaffung einer neuen Heimat und Existenz für unsere Ostvertriebenen ist eine deutsche Pflicht. Diese Aufgabe muß der Anlage neuer Kleinstädte ebenso dienen wie der Schaffung von Siedlerstellen und Neubauerstellen. Die Abgabe von Grund und Boden hat in erster Linie aus Staatsbesitz oder solchem Besitz zu erfolgen, der vernachlässigt bewirtschaftet wird. Grundsätzlich lehnen wir hier, wie überhaupt, jede entschädigungslose Enteignung ab, soweit es sich nicht um die Ahndung von Naziverbrechen handelt.

Die sozialen Lebensbedingungen der in der Landwirtschaft Arbeitenden müssen in ein richtiges Verhältnis zu den Bedingungen der übrigen Werktätigen gebracht werden. Eine besondere Betreuung verdienen die besonders schwer arbeitenden Frauen auf dem Lande.

Schluß

Mit der ungeheuren Vermehrung der Bevölkerung in Europa in den letzten 100 Jahren ist das tragende soziale Problem das der Vermassung geworden, die vor keiner Schicht und keinem Stande Halt gemacht hat. Es ist auch unser Problem in Deutschland. Wir müssen ihm auf allen Gebieten, auch auf dem der Wirtschaft, begegnen.

Wie wir anstelle des freien und unverantwortlichen Spiels der Kräfte die Ordnung der Wirtschaft setzen, wie wir den Individualismus binden in der Freiheit, die wir der Persönlichkeit zuerkennen, so lehnen wir auf der anderen Seite jeden Kollektivismus ab mit seinen zwangsläufigen Maßnahmen der Gewalt.

Ehrfurcht vor dem Lebenden, Ehrfurcht vor dem Lebendigen überhaupt bändigt die Freiheit der schöpferischen Persönlichkeit, überwindet die einförmige dumpfe Hinwendung zur Vermassung.

Freiheit, Recht und Gerechtigkeit sollen die Grundlage sein, mit denen wir Schritt für Schritt unser moralisches und materielles Leben in gegenseitigem Vertrauen wieder aufbauen wollen.

Wir haben zuviel infolge der Übermacht des Staates gelitten, als daß wir uns jemals wieder damit abfinden könnten, daß der Staat eine andere Aufgabe hätte, als die gleichen Rechte seiner Bürger zu schützen. Der Staat sei Diener der Menschen, niemals ihr Herr!

25.

15./16. 2. 1947: Protokoll über die Sitzung des Zonenvorstandes[1]

StA Bremen, OMGUS-Akten, 16,1/2 OMGBR 6/91–1/12. Ort: Bremen. Bremen, den 15. 2. 47.

Die Zonenvorstandstagung der Freien Demokratischen Partei, die am 15. und 16. 2. 47 in Bremen stattfand, galt nicht nur den Vorbereitungen der kommenden Wahlen[2], sondern auch der grundsätzlichen Klärung zahlreicher Wirtschaftsprobleme, die heute im Mittelpunkt der öffentlichen Aussprache stehen.

Besonderer Dank gilt dem Landesverband Bremen, der die Tagung organisatorisch vorbereitete und seine verantwortungsvolle Aufgabe in jeder Hinsicht gelöst hatte. Daß als Tagungsort die ehrwürdige Hansestadt Bremen gewählt wurde, hatte seinen Grund darin, Bremen kraft seiner geographischen Lage und seiner wirtschaftlichen Verbundenheit auch weiter als Teil des nordwestdeutschen Raumes zu betrachten, obwohl der bremische Staat vor kurzem als viertes Land der amerikanischen Zone eingegliedert[3] worden ist.

In seiner Begrüßungsansprache wies der erste Vorsitzende der FDP in der britischen Zone [und] Finanzminister Nordrhein-Westfalens, Herr Franz BLÜCHER, mit Nachdruck darauf hin, daß willkürliche oder zufällige Grenzziehungen[4] das

---

[1] Dem Protokoll beigefügt ist ein Begleitschreiben des 1. Vorsitzenden der Bremer FDP, Heinrich *Hollmann,* an die (amerikanische) Militärregierung, City Administration, in Bremen vom 21. 2. 1947. StA Bremen, OMGUS-Akten, 16, 1/2 OMGBR 6/91–1/12. *Hollmann* bittet darum, den in der Anlage enthaltenen Wirtschaftsplan streng vertraulich zu behandeln, da er sonst unter Umständen persönlich haftbar gemacht werden könnte.
[2] Gemeint sind die Landtagswahlen in der britischen Zone am 20. 4. 1947.
[3] Bremen wurde am 23. 1. 1947 eingegliedert.
[4] *Blücher* nahm am 27.12. 1946 in einem Interview mit der Westdeutschen Rundschau ganz allgemein zur Frage von Grenzziehungen Stellung: „Wir konnten von Anfang an nicht verstehen, weshalb man aus den vier Besatzungszonen scharf abgetrennte Verwaltungsgebiete mit eigenem politischen Charakter und eigener Wirtschaft zu schaffen versuchte, denn gerade hierdurch wurde es uns unmöglich, uns selbst zu erhalten. Heute sind diese vier verschiedenen Zonen nicht nur zum schwersten wirtschaftlichen Problem geworden, sondern belasten auch die politischen Lösungen." NL Blücher 154.

Streben der Partei, wieder einen deutschen Gesamtstaat zu errichten, nicht hemmen könnten.⁵

Der Erste Vorsitzende des FDP-Landesverbandes Bremen gab den einstimmigen Beschluß des Vorstandes bekannt, keine Folgerungen aus der Tatsache zu ziehen, daß Bremen nunmehr viertes Land der amerikanischen Zone geworden sei. Der Landesverband der FDP werde weiterhin im Rahmen der FDP im Rahmen des nordwestdeutschen Raumes mitarbeiten.⁶

Im Verlauf der zweitägigen Verhandlungen wurde in eingehender Aussprache die Stellung der FDP zu den drängenden wirtschaftlichen Gegenwartsfragen festgelegt. Mit großer Genugtuung wurde allgemein festgestellt, daß wesentliche Meinungsverschiedenheiten nicht offenbar wurden. Dies ist umso bemerkenswerter, als die wirtschaftliche Struktur in der britischen Zone vielfach starke Gegensätze aufweist.

Das wirtschaftspolitische Programm⁷ der FDP ist und wird so ausgestaltet, daß es bewußt den Erfordernissen der gesamtdeutschen Wirtschaft Rechnung trägt. Es schafft die Voraussetzungen für die freie Betätigung des Einzelnen zum Wohle der Gesamtheit. Die FDP ist Gegnerin einer Sozialisierung.⁸ Sie bekennt sich zu durchgreifenden sozialen und wirtschaftlichen Maßnahmen.

Das Wirtschaftsprogramm der FDP sei frei von Schlagworten. Es habe die Aufgabe, den deutschen Menschen zu retten. Die kommende Ordnung der Wirtschaft müsse sowohl dem Arbeitnehmer als auch dem Arbeitgeber wirtschaftliche Freiheit und geistige Entfaltungsmöglichkeit im höchstmöglichen Umfange geben. Eine Freiheit, die ihre Grenze an dem Allgemeinwohl finde. Dem Arbeitnehmer sei ein entscheidendes Mitbestimmungsrecht in der Wirtschaft und bei der Gesetzgebung

---

5   Zur deutschlandpolitischen Haltung der FDP in der britischen Zone vgl. RÜTTEN, 1984, S. 53–55 u. S. 58–69.

6   Die FDP in Bremen war eine Abspaltung der „Bremer Demokratischen Volkspartei" (BDV) und bestand offiziell als Partei seit der Lizenzerteilung am 10.7.1946. Nachdem die Mitgliederversammlung der BDV am 8.12.1946 ein Verbot der Doppelmitgliedschaft beschlossen hatte, war die endgültige Trennung vollzogen, als die 3 Bremer Abgeordneten Gustav *Grabau*, Heinrich *Hollmann* und Paul *Stepbach* zusammen mit dem Bremerhavener FDP-Vertreter Dr. Dr. Walter *Neumann* vom 13.2.1947 an eine neue Fraktion der FDP in der Bremischen Bürgerschaft bildeten. Vgl. den Brief von Emil *Lueken* an Mr. *Fletcher*, Bremen, vom 20.12.1946, OMGUS 6/91-1/21. Vgl. ADAMIETZ, 1975, S. 111; HEIN, 1985, S. 81; ROTH, 1979, S. 18. Weitere Informationen enthalten die Unterlagen aus den OMGUS-Akten, 16, 1/2 OMGBR 6/91-1/12.

7   Es handelt sich um die „Wirtschaftspolitischen Richtlinien der FDP". Sie lagen dem Zonenvorstand zu dieser Sitzung vor, wurden nicht mehr geändert und danach am 12.3.1947 veröffentlicht. Vgl. Dok. Nr. 24. Vgl. SCHRÖDER, 1985, S. 172.

8   Vgl. Dok. Nr. 24, Punkt VI. In ihren ersten programmatischen Verlautbarungen vom Herbst 1945 erklärten sich verschiedene Parteiorganisationen der Liberalen noch für eine begrenzte Sozialisierung, vgl. Dok. Nr. 3, Dok. Nr. 4 u. Dok. Nr. 6. Das Programm der „Liberaldemokratischen Partei, Landesverband Westfalen" ist abgedruckt in: SCHWARZE, 1984, S. 348; vgl. hierzu auch Karl TEPPE, Zwischen Besatzungsregiment und politischer Neuordnung (1945–1949). Verwaltung – Politik – Verfassung, in: Wilhelm KOHL (Hrsg.), Westfälische Geschichte. Bd. 2: Das 19. und 20. Jahrhundert. Politik und Kultur, Düsseldorf 1983, S. 304f.; HEIN, 1985, S. 140f.

einzuräumen.⁹ Die nach 1918 begangenen Fehler dürfen keinesfalls wiederholt werden. Die FDP wird gegen jedes Gesetz stimmen, welches Reichsrecht bricht.

Die deutsche Wirtschaft zehre noch an der Substanz, die in vergangenen Jahren angesammelt worden sei. Nach der kommenden Finanz- und Währungsreform[10] werde die deutsche Wirtschaft ohne Reserven dastehen. Darum gewinne die Mitwirkung der Arbeiter und Angestellten in den einzelnen Betrieben und in der Gesamtwirtschaft höchste Bedeutung.

Über die Aufgaben der Betriebsräte bestehe zur Zeit lediglich die Anweisung des Kontrollrates Nr. 22[11], nach der das alte Betriebsrätegesetz nur zum Teil Geltung habe. Die FDP verlangt Wiederherstellung der alten Rechte.[12]

Nach eingehender Beratung ergab sich völlige Übereinstimmung mit den vom Parteivorsitzenden aufgezeigten Richtlinien.[13] Ein neues Betriebsrätegesetz muß geschaffen werden.[14] Dies Gesetz ist Reichsrecht. Solange das Reich nicht gegeben sei, müsse innerhalb der britisch-amerikanischen Zonen dafür Sorge getragen wer-

---

9 Vgl. Dok. Nr. 24, Punkt II und III.
10 Vgl. Dok. Nr. 27, Abschnitt „Finanz- und Währungsreform". Zur Entstehung der Finanzverfassung des Grundgesetzes vgl. Wolfgang RENZSCH, Finanzverfassung und Finanzausgleich. Die Auseinandersetzungen um ihre politische Gestaltung in der Bundesrepublik Deutschland zwischen Währungsreform und deutscher Vereinigung (1948 bis 1990), Bonn 1991, Kap. II.
11 Vgl. das Amtsblatt No. 9 der Militärregierung Deutschland, Britisches Kontrollgebiet, Kontrollrat, Gesetz No. 22, Betriebsrätegesetz (v. 10. 4. 1946), S. 197–199; Art. V Abs. 1 berichtigt im „Amtsblatt" No. 11, S. 239.
12 Im Unterschied zum Betriebsrätegesetz vom 4. 2. 1920 war das Betriebsrätegesetz vom 4. 10. 1946 nur ein Rahmengesetz. Es gab keine verbindliche Festlegung der Kompetenzen von Betriebsräten. Regelungen über die Errichtung und die Tätigkeit von Betriebsräten hingen von Betriebsvereinbarungen ab, die die Arbeitgeber auf Verbandsebene mit den Gewerkschaften, aber auch mit der Belegschaft im Betrieb, abschlossen. Die Gewerkschaften waren bestrebt, durch Einwirkung auf die geplanten Länderbetriebsrätegesetze präzise und verbindliche Bestimmungen zu erreichen. Zum Betriebsrätegesetz von 1920 vgl. RGBl 1920, Nr. 26, S. 147. Vgl. RUCK (Bearb.), 1985, passim; WINKLER, 1984, S. 283–288 u. S. 291–294. – Zum Betriebsrätegesetz von 1946 vgl. MÜLLER, Mitbestimmung, 1987, bes. Kap. III u. V; zur rechtlichen Frage nach dem Normencharakter dieses Gesetzes vgl. Rudolf STREICH, Die Entwicklung des Arbeitsrechts in der amerikanischen Besatzungszone unter Berücksichtigung der Bizone. Vom Zeitpunkt der Kapitulation am 8. 5. 1945 bis zum Inkrafttreten des Grundgesetzes am 24. 5. 1949, Gießen 1973, Diss., S. 167–169. Zu Auseinandersetzungen um Betriebsvereinbarungen vgl. MÜLLER-LIST (Bearb.), 1990, S. 86–92; RÜTHER, 1991, S. 385–394.
13 Vgl. Dok. Nr. 24. Die Haltung der FDP zur Mitbestimmung wird zusammengefaßt von Dorothee BUCHHAAS, Gesetzgebung im Wiederaufbau. Schulgesetz in Nordrhein-Westfalen und Betriebsverfassungsgesetz. Eine vergleichende Untersuchung zum Einfluß von Parteien, Kirchen und Verbänden in Land und Bund 1945–1952, Düsseldorf 1985, S. 198 f.
14 Die vom Nordrhein-Westfälischen Landtag am 1. 8. 1947 mit „Mehrheit" verabschiedete „Verordnung über die Unterzeichnung von Industrie- und Produktionsmeldungen" durch die Betriebsräte wurde von der britischen Militärregierung am 2. 1. 1948 endgültig abgelehnt. Vgl. Dok. Nr. 37, Anm. 42–45.

den, daß in den verschiedenen Ländern im Wortlaut übereinstimmende Gesetze geschaffen werden.[15] Die Wahrnehmung der sozialen und arbeitsrechtlichen Belange durch die Arbeitnehmer selbst sei wichtigste Betriebs(aufgabe) und Aufgabe der Arbeitnehmer selbst.[16] In jedem Betrieb muß eine eigene Abteilung in Gemeinschaft mit dem Betriebsrat die wirtschaftlichen und sozialen Angelegenheiten bearbeiten. Hierzu gehören die Personalangelegenheiten. Der Leiter dieser Abteilung muß Mitglied der Betriebsführung sein. Das Vorschlagsrecht steht der Belegschaft zu.

Es wurde der Beschluß gefaßt, daß die Arbeitnehmer und Unternehmer gleiche Rechte in der Ordnung der deutschen Wirtschaft übernehmen.

Um dieses Ziel zu erreichen, befürwortete die FDP die Errichtung eines Wirtschaftsrates.[17] Dieser habe die Entwicklung des geforderten Sozial- und Arbeitsrechtes zu fördern. Dieser habe auch die Rangordnung aller Wirtschaftsmaßnahmen festzulegen. Er hat die obersten Schlichtungsausschüsse für Arbeitsstreitigkeiten zu bestimmen. Dieses Wirtschaftsparlament sei in der Verfassung zu verankern.[18] Dessen Ent-

---

15 Die in Hessen am 31. 5. 1948 und in Württemberg-Baden am 18. 8. 1948 verabschiedeten Betriebsrätegesetze wurden von General *Clay* im September bzw. Oktober 1948 im Hinblick auf die Regelungen zur wirtschaftlichen Mitbestimmung suspendiert. Vgl. Theodor ESCHENBURG, Jahre der Besatzung 1945–1949, Stuttgart u. Wiesbaden 1983, S. 246f. Zum Konflikt um das Betriebsverfassungsgesetz in Hessen vgl. MÜHLHAUSEN, 1985, Kap. IV.
16 Die folgenden Richtlinien entsprechen nahezu im Wortlaut den „Richtlinien". Vgl. Dok. Nr. 24, Punkt II. Zur Politik der britischen Militärregierung hinsichtlich des Verhältnisses zwischen Gewerkschaften und Betriebsräten vgl. MÜLLER, Mitbestimmung, 1987, S. 279–283.
17 Vgl. Dok. Nr. 24, Punkt III; Dok. Nr. 28, Punkt I; Dok. Nr. 42, Anm. 21; Dok. Nr. 45, Punkt 9. Vgl. auch Dok. Nr. 44h, Punkt 3; vgl. hierzu RÜTTEN (Diss.), 1984, S. 100–107. Bei den parlamentarischen Beratungen eines „Wirtschaftskammergesetzes" 1949 in Nordrhein-Westfalen befürwortete die FDP die Bildung eines paritätischen Landwirtschaftsrates und eines Bundeswirtschaftsrates bei der Gesetzgebung im Hinblick auf wirtschaftliche und soziale Fragen. Vgl. LT NRW, Sten. Ber., 16. 3. 1949, S. 1753–1757 (KREKELER), 8. 6. 1949, S. 2427–2433 (KREKELER) u. 12. 7. 1949, S. 2578 (DÖRNHAUS). Vgl. HÜTTENBERGER, 1973, S. 434–436. Zur gleichen Grundposition der FDP in Niedersachsen vgl. Birgit POLLMANN, Reformansätze in Niedersachsen 1945–1949, Hannover 1977, S. 111. – Vgl. auch Ullrich SCHNEIDER, Wirtschaftsausschüsse als Mittel praktizierter Wirtschaftsdemokratie? Überbetriebliche Mitbestimmung und die Versuche zur „Demokratisierung der Wirtschaft in der britischen Besatzungszone Deutschlands", in: Bernd REBE/Klaus LOMPE/Rudolf von THADDEN (Hrsg.), Idee und Pragmatik in der politischen Entscheidung. Alfred Kubel zum 75. Geburtstag, Bonn 1984, S. 317–322; Klara von EYELL, Berufsständische Selbstverwaltung, in: JESERICH, u.a. (Hrsg.), Bd. 5, 1987, S. 351–355.
18 Während im Zonenbeirat der britischen Besatzungszone Vertreter der CDU, FDP und DP für die Bildung eines Reichswirtschaftsrates eintraten, nahm im Parlamentarischen Rat nur die DP einmal die Idee eines solchen Organs auf. Es sollte neben der „Volkskammer" und der auf Länderbasis gegründeten „ersten Kammer" sowie einem „Kulturrat" bestehen. Zu diesem Vorschlag bemerkte das Protokoll: „Abg. Dr. *Heuss:* Da freut sich Rudolf *Steiner!* – Heiterkeit." Vgl. Dok. Nr. 24, Punkt III; „Verfassungspolitische Richt-

25. 15./16. 2. 1947   Sitzung des Zonenvorstandes

würfe und Entschlüsse unterliegen der Kontrolle des politischen Parlamentes und als letztes dem Volksentscheid zur Beschlußfassung.

Genossenschaften[19] seien aus dem Wirtschaftsleben nicht mehr fortzudenken, jedoch hätten überall die Grundsätze des freien und gleichen Wettbewerbes zu gelten. Monopolstellungen und Begünstigungen jeder Art müssen abgelehnt werden.[20]

Im Mittelpunkt des zweiten Verhandlungstages stand die Neuregelung der Eigentums- und Verwaltungsverhältnisse im Bergbau.

Hier kann das Prinzip der unbedingt freien Wirtschaft nicht angewandt werden.

---

linien" des FDP-Zonenverbandes in der britischen Zone vom 27. 8. 1947, abgedruckt in: AKTEN ZUR VORGESCHICHTE 3, 1982, S. 880, Anm. 47; Franz Blücher vor dem Zonenbeirat in der Verfassungsdebatte am 24. 11. 1947, a. a. O., S. 885 (*Blücher* bejahte die Errichtung von „Wirtschaftskammern" mit paritätischer Besetzung auch auf regionaler Ebene.) Vgl. Der Zonenbeirat zur Verfassungspolitik. Als Manuskript gedruckt, Hamburg (August) 1948, S. 25; PARLAMENTARISCHER RAT, 21. 10. 1948, S. 92. – Zu Rudolf *Steiners* „Bund für Dreigliederung des sozialen Organismus" vgl. PORTNER, 1973, S. 200f. – Der Gedanke eines „Reichswirtschaftsrates" findet sich bereits in Art. 165 der Weimarer Reichsverfassung. Vgl. WINKLER, 1984, S. 236–239; PORTNER, 1973, Kap. XV.

19 Die britische Militärregierung gestattete die Neugründung von Konsumgenossenschaften durch die Verordnung vom 9. 3. 1946. Vgl. Hans POHL, Die Rekonstituierung der konsumgenossenschaftlichen Organisation nach dem Zweiten Weltkrieg, in: Dietmar PETZINA/Jürgen REULECKE (Hrsg.), Bevölkerung, Wirtschaft, Gesellschaft seit der Industrialisierung. Festschrift für Wolfgang Köllmann zum 65. Geburtstag, Dortmund 1990, S. 240.

20 In diesem Sinne äußerte sich auch die FDP-Kreisgruppe Cuxhaven am 25. 1. 1947, nachdem sie von britischer Seite aufgefordert worden war, ihre Stellungnahme zur Wiedererrichtung von „Konsum-Einkaufsgenossenschaften" darzulegen: Die Errichtung von „Konsumvereinen als Verbrauchergenossenschaften" in Verbindung mit der Bildung „zentraler Groß-Einkaufsgenossenschaften", „[...] für deren wirtschaftliches Übergewicht diese Konsumvereine dann bevorzugt belieferte Letztverteiler darstellen würden, etwa im Sinne einer sozialistischen Kollektivierung [...]", wurde abgelehnt. Ebenso, "[...] daß man Großerzeugern neuerdings gestattet, als Sonderkontingentsträger unter Umgehung der üblichen Handelswege verknappte Ware direkt einzukaufen und an ihre Belegschaften zu verteilen". Diese Maßnahme könne nur dazu führen, „[...] den wichtigsten Wirtschaftssektor im deutschen Leben, nämlich den Mittelstand, auszuschalten und damit dem Arbeiter die Aufstiegsmöglichkeit zu nehmen". Zum Schluß wurde „[...] deutlich gemacht [...], daß, wenn trotzdem mit der Errichtung von Groß-Einkaufsgenossenschaften und Konsumvereinen begonnen werden sollte, diesen keine steuerlichen und wirtschaftlichen Vorteile eingeräumt werden dürfen [...]". Archiv des FDP-Landesverbandes Nordrhein-Westfalen in Düsseldorf, Akte Schriftverkehr der Landesverbände (allgemein) 1947–1948, Ib/I. Vgl. Dok. Nr. 24, Punkt VIII u. Dok. Nr. 28, Punkt IX sowie das Wangerooger Wirtschaftsprogramm, Punkt 9, abgedruckt in: JULING, 1977, S. 84. – Vgl. auch den gegen die Hamburger Konsumgenossenschaft „Produktion" gerichteten Artikel „Konsumgenossenschaften contra Einzelhandel", in: Schnelldienst, 20. 11. 1947, Nr. 16. Speziell hierzu vgl. Rainer VIERHELLER, Die Entwicklung der Hamburger Konsumentenorganisation „PRO" vom Konsumverein zur Aktiengesellschaft, in: Hamburg-Studien. Veröffentlichung der Hochschule für Wirtschaft und Politik Hamburg, Opladen 1983, S. 73.

Allgemeines Interesse ist beim Kohlenbergbau nicht zu leugnen. Vom Kohlenbergbau hängt das Schicksal der gesamten Volkswirtschaft ab.

Bergwerksbetriebe sind seit Jahren Zuschußbetriebe.[21] Die Sonderstellung des Bergbaues ergebe sich ferner aus seiner Verflechtung mit anderen Grundindustrien und seines eigenbedingten Zusammenschlusses.[22] Diese Tatsachen seien Ausgangspunkt für die Entwicklung, die die deutsche Entwicklung im allgemeinen genommen habe. Die sozialen Belange des Bergarbeiters sind in der Vergangenheit außerordentlich vernachlässigt worden.[23] Das Mißtrauen des Bergarbeiters und seine Unzufriedenheit seien berechtigt.[24]

Um die Eigentumsverhältnisse im Bergbau[25] zu klären, bedürfe es eines längeren Zeitraumes. Unter Berücksichtigung dieser Umstände habe die FDP ihre Grundsätze für die Neuordnung des Bergbaues aufgestellt.

Nach eingehender Beratung wurden Richtlinien aufgestellt, die zur Grundlage entsprechender Anträge vor allem im Landtag Nordrhein-Westfalen[26] dienen werden. Diese werden neue, konstruktive Ideen zum Inhalt haben, die den besonderen Ver-

---

21 Schon in früheren Jahrzehnten mußten die Verluste der Bergwerksbetriebe durch Zuschüsse des Reiches abgedeckt werden. Die Subventionen wurden im Juli 1948 abgeschafft. Vgl. Horst BREDER, Subventionen im Steinkohlenbergbau, Berlin 1958, S. 9; ABELSHAUSER, 1984, S. 65.
22 Dies bezieht sich auf bestehende Verbindungen zur Stahlindustrie, Kraftwerkswirtschaft, chemischen Industrie und auf den Verbund von Zeche zu Zeche. Vgl. ABELSHAUSER, 1984, S. 52 u. S. 54.
23 Die Knappschaft, die Sozialversicherung der Bergleute, mußte ihre Leistungen seit Mai 1945 erheblich kürzen. Die britische Militärregierung verfügte mehrere Rentenkürzungen und schränkte vom 31.10.1945 bis 21.1.1946 die Leistungen der Krankenversicherung und der Unfallversicherung ein. Am 1.3.1946 wurde auch der Knappschaftssold gestrichen – zusammen mit einer weiteren allgemeinen Kürzung der Knappschaftsrenten. Die Bergleute hatten damit ihre bisherige Spitzenstellung im sozialpolitischen Bereich verloren. Vgl. a.a.O., S. 31 f.
24 Am 3.4.1947 kam es u.a. wegen der katastrophalen Ernährungslage zu einem vierundzwanzigstündigen Generalstreik der Bergarbeiter im Ruhrgebiet. Vgl. Christoph KLEẞMANN/Peter FRIEDEMANN, Streiks und Hungermärsche im Ruhrgebiet 1946–1948, Frankfurt a. Main 1977, S. 42–45; ABELSHAUSER, 1984, S. 36 f. u. S. 40.
25 Vgl. ABELSHAUSER, 1984, S. 23 u. S. 194 f.
26 Folgende Anträge wurden von der FDP-Fraktion im Landtag Nordrhein-Westfalen am 4.3.1947 eingebracht:
  – Landtagsdrucksache Nr. I–117: Antrag der FDP. Gesetz über die Selbstverwaltung des Kohlenbergbaues.
  – Landtagsdrucksache Nr. I–118: Antrag der FDP. Gesetz betr. Einsetzung einer Treuhänderschaft im Bergbau.
  – Landtagsdrucksache Nr. I–119: Antrag der Fraktion der FDP (über ein Betriebsrätegesetz).
  – Landtagsdrucksache Nr. I–127 (neue Fassung): Antrag der FDP-Fraktion über die Abstimmung der Vorlagen über den Bergbau.
  Zu diesen Anträgen und dem weiteren, teilweise mit der CDU-Fraktion abgestimmten Vorgehen im Landtag vgl. FDP-Nachrichten, 15.3.1947, Nr. 5 (Sondernummer). Zum Ergebnis vgl. Anm. 14 u. Dok. Nr. 27, Anm. 34. Vgl. UNGEHEUER, 1982, S. 160–162.

hältnissen und Aufgaben des Bergbaues in vollem Umfang Rechnung tragen werden.

Es wurde in dieser Zonentagung ein gewaltiges Arbeitsprogramm bewältigt.

Wirtschaftsplan der FDP!

Zum Wirtschaftsprogramm der FDP betreffend der Kohlenbergwerke wurde grundsätzlich sich geeinigt auf nachstehenden Vorschlag, der in irgendeiner Form im Landtag Nordrhein-Westfalen, wenn auch in Einzelheiten abgeändert und erläutert, vorgeschlagen werden soll:

Nachdem Herr Generaldirektor PICKERT[27] vorgeschlagen hatte, für die Bergwerke, die sich in nicht geklärtem Besitz befinden, Treuhänder einzusetzen, ähnlich wie es in der Ostzone teilweise geregelt ist, erläuterte hauptsächlich Herr Dr. GREVE den Plan, sie in Stiftungen des bürgerlichen Rechts umzuwandeln, und zwar jede Zone für sich, auch die in festem, unbelasteten Privatbesitz befindlichen Gruben, gemäß den vorliegenden juristischen Erläuterungen von *Planck*.[28] (Letzterer hat eine lange Abhandlung hiervon veröffentlicht.)[29]

Diese ganzen nunmehr entstandenen Stiftungen des bürgerlichen Rechtes sollen von einer Körperschaft des öffentlichen Rechtes kontrolliert und die Gewinne und Verluste der einzelnen Gruben ausgeglichen werden. Sowohl in den Stiftungen als auch in den Körperschaften des öffentlichen Rechtes sollen die Arbeiter finanziell an den Ergebnissen und auch in der Verwaltung mitbestimmend beteiligt werden.

Erläuterungen: Stiftungen des bürgerlichen Rechtes sind Unternehmungen ähnlich der Zeiss-Werke. Jedes Unternehmen kann in eine solche Stiftung verwandelt werden. Die Stifter haben das Recht, ihr Direktorium zu bestimmen, ebenfalls die Beteiligungshöhe. Auch unter Beteiligung des Staates, der Arbeiter und Angestellten usw. usw. Diese ganzen Gebilde sollen entstehen auf Grund von Verhandlungen in den Parlamenten, mit der Militärregierung, mit den Gewerkschaften, mit den Arbeitern, kurz mit allen in Frage kommenden Instanzen.

Jede Möglichkeit wäre hier offen. Jedem Anspruch könne Rechnung getragen werden. Labiles Vermögen wurde in konstantes Vermögen umgewandelt.

Dieses ganze Projekt ist ein Plan, der bei gutem Willen aller Verhandlungspartner, dem Arbeiter und allen Interessierten, dem deutschen Volk zum Segen gereicht und der Welt den Frieden mit garantieren kann. Er verdankt seine Entstehung der Erkenntnis der Freien Demokratischen Partei, daß vor allem der Bergarbeiter, der Ar-

---

27 Albrecht *Pickert*, Bergwerksdirektor aus Rösrath b. Köln, wurde in der Anwesenheitsliste dieser Zonenvorstandssitzung als „Sachverständiger" für „Wirtschaft" bezeichnet. *Pickert* war zusammen mit *Blücher* entscheidend an der Entstehung der „Wirtschaftspolitischen Richtlinien der FDP" beteiligt. Vgl. SCHRÖDER, 1985, S. 168 f.
28 Zu den Ausführungen von *Planck* über Stiftungen vgl. *Planck's* Kommentar zum Bürgerlichen Gesetzbuch nebst Einführungsgesetz, hrsg. von E. STROHAL, I. Bd. Vierte, völlig neu bearbeitete Auflage, Berlin 1913, S. 149–165.
29 Nicht auffindbar und auch nicht erwähnt im Literaturverzeichnis von Hans LIERMANN, Handbuch des Stiftungsrechts, I. Bd.: Geschichte des Stiftungsrechts, Tübingen 1963, S. 333–347.

beiter überhaupt, sozial besser gestellt werden muß. Kommt dieser Plan für die Bergwerke zur Ausführung, so kann er weiter als Grundlage dienen, daß andere ähnliche Betriebe ebenfalls so zusammengeschlossen werden können.

Erwähnt müßte noch werden, daß „Körperschaften des öffentlichen Rechtes" in Deutschland ganz fest umrissene Legislativ- und Exekutivgewalt besitzen.

Streng vertraulich!

26.

15./16. 2. 1947: Ergänzungsprotokoll zur Sitzung des Zonenvorstandes

NL Blücher 230. Beginn: 14.15 Uhr. Ende: 15.30 Uhr. Ort: Bremen.

Anwesend: *Altenhain, Behnke, Blücher, Dieling, Essich, Greve, Hartenfels,* Frau *Hoffmeier, Middelhauve, Wilkening*. Außerdem: *Falk* von der Hauptgeschäftsstelle.

Nach dem einstimmigen Beschluß des Vorstandes, die Haßlinghauser Beschlüsse über das Verbot der Listenverbindung mit anderen Parteien auch für die kommenden Landtagswahlen aufrechtzuerhalten, trat [...][1] der Vorstand [...] zu einer Sondersitzung über die Wahl der beiden Hauptvertreter und ihrer beiden Stellvertreter zum Zonenbeirat zusammen.

Minister BLÜCHER gab zuerst eine Darstellung der Neuordnung des Zonenbeirates[2], nach der der Beirat sich in einen politischen Rat als gesetzgebender Körperschaft[3] für die gesamte Zone und in einen Länderrat[4] als dem Gremium der Länderchefs mit der Aufgabe der Koordinierung der Landesaufgaben aufteilt.

Auf Antrag von Herrn *Dieling* wurde Minister *Blücher* zunächst einstimmig zum ersten Hauptvertreter der FDP für den Zonenbeirat bestätigt.

---

1 Die Auslassungen beziehen sich nur auf Informationen, die im Protokollkopf enthalten sind.
2 Erst am 30. 4. 1947 gab der stellvertretende Militärgouverneur der britischen Zone, Sir Brian *Robertson*, die Zustimmung der Kontrollkommission zur Umorganisation des Zonenbeirats bekannt. Vgl. Dok. Nr. 34 a, Anm. 7; AKTEN ZUR VORGESCHICHTE 2, 1979, S. 349f.; DORENDORF, 1953, S. 37; STÜBER, 1991, S. 41–48.
3 Der Zonenbeirat bestand aus 37 Mitgliedern. Ihm gehörten Vertreter der SPD (=14), CDU (=12), KPD (=4), FDP (=3), Zentrum (=2) und DP (=2) an. In dieser neuen Form trat der Zonenbeirat erstmals am 11./12. 6. 1947 zusammen. Vgl. AKTEN ZUR VORGESCHICHTE 2, 1979, S. 349f., Anm. 56 u. S. 593; DORENDORF, 1953, S. 142f.; STÜBER, 1991, S. 48–50.
4 Die Gründung eines Länderrates wurde am 30. 5. 1947 auf einer Konferenz der Ministerpräsidenten der Länder der britischen Zone in Hannover beschlossen. Vgl. AKTEN ZUR VORGESCHICHTE 2, 1979, S. 349, Anm. 55.

Herr Essich machte daraufhin den Vorschlag, Minister *Martens*[5] als zweiten Hauptvertreter zu bestellen.

Minister Blücher erklärte dazu, daß die Arbeit im Zonenbeirat eine starke Belastung darstelle und daß es für unsere Partei notwendig sei, mehr Leute herauszustellen, die bisher noch weniger an politischen Brennpunkten gestanden haben. Es käme bei der Benennung des zweiten Hauptvertreters darauf an, rein fachliche Gesichtspunkte gegenüber landsmännischen geltend zu machen.

Frau Hoffmeier erklärte, daß für eine solche Wahl nur die Qualität des zu Wählenden entscheidend sein könnte.

Minister Blücher umriß als die vordringlichen Aufgaben dieses Zonenbeirates eine Ordnung der Ernährung, des Flüchtlingswesens, Fragen der Sozialpolitik, der Land- und Forstwirtschaft usw.

Frau Hoffmeier schlug daraufhin vor, Herrn Dr. *Greve* als zweiten Hauptvertreter zu wählen.

Herr Dr. Greve erklärte gegenüber Minister *Blücher*, daß seinen Informationen nach der Zonenbeirat sich ferner aber auch noch mit Rechts- und Verwaltungsfragen und den Aufgaben einer zukünftigen Reichsgesetzgebung zu befassen hätte.

Herr Hartenfels betonte die Richtigkeit der oben skizzierten Auffassung von Minister *Blücher* und erklärte, daß Herr *Martens* seiner Meinung nach über den Aufgabenbereich seines Ministeriums hinaus nicht noch weiter belastet werden dürfe. Er schlug deshalb Herrn Dr. *Schäfer* (Hamburg) als 2. Hauptvertreter vor. Dr. *Schäfer* sei ein ausgezeichneter Fachkenner mit großer parlamentarischer Erfahrung. Seine wertvollen Kräfte lägen zur Stunde völlig brach. Außerdem benannte er von Hamburg aus Herrn *Wilkening* als weiteren Kandidaten.

Auf die ausdrückliche Frage, ob Herr *Essich* seinen Vorschlag, Herrn Minister *Martens* zu wählen, aufrechterhalte, betonte Herr Essich, daß er bei seinem Vorschlag bliebe.

Herr Hartenfels stellte daraufhin den Antrag, schriftlich über die bisher genannten Kandidaten abzustimmen.

Die schriftlich vorgenommene Geheimhaltung brachte folgendes Ergebnis: Dr. *Greve* erhielt 5 Stimmen, Dr. *Schäfer* 2, *Wilkening* 2 und *Martens* eine Stimme. Damit wurde Herr Dr. *Greve* zum 2. Hauptvertreter gewählt.

Zur Wahl der beiden Stellvertreter bat Herr Dieling die beiden Hamburger Vorstandsmitglieder, sie sollten sich in ihrem Vorschlag auf Herrn Dr. *Schäfer* oder *Wilkening* einigen und schlug seinerseits als 2. Stellvertreter Herrn *Altenhain* vor. Er erbat eine Wahl per Akklamation.

---

5 Ernst *Martens* (1883–1981), Dipl.-Ing., Regierungsbaumeister; Staatsminister; nach Kriegsende 1945 Md Kreistag Wesermarsch; 1946 zeitweise Landrat des Kreises Wesermarsch, Md Oldenburgischer Landtag; 9. 12. 1946–19. 4. 1947 Mitglied des ersten ernannten Niedersächsischen Landtages; 1947–1951 MdL Niedersachsen; 20. 1.–18. 6. 1947 niedersächsischer Verkehrsminister.

Herr HARTENFELS beantragte dagegen schriftliche geheime Abstimmung und benannte von Hamburg aus außer Herrn *Wilkening* und Herrn Dr. *Schäfer* noch Herrn *Rademacher*.

Der Vorstand schritt darauf zur Wahl. Sie hatte folgendes Ergebnis:

Dr. *Schäfer* 8 Stimmen, *Wilkening* 6 Stimmen, *Altenhain* 5 Stimmen, *Rademacher* eine Stimme.

Danach waren Dr. *Schäfer* und *Wilkening* als Stellvertreter für die beiden Hauptvertreter Minister *Blücher* und Dr. *Greve* gewählt.[6]

---

6 Die Vertreter der FDP im zweiten Zonenbeirat waren: Franz *Blücher* (Gustav *Altenhain*), Hugo *Knoop* (Johannes *Siemann*) und Hermann *Schäfer* (Ernst *Wienecke*). Vgl. DORENDORF, 1953, S. 143.

27.

22. 2. 1947: Auszug aus der Delegiertentagung

NL Blücher 155. Vorsitz: Blücher. Ort: Bremen.

Unter dem Vorsitz des 1. Vorsitzenden der FDP, Finanzminister *Blücher*, fand im Bremer Senatssaal eine Delegiertentagung[1] statt, auf der Herr *Blücher* die Richtlinien der Partei zu einer Reihe wirtschaftlicher und politischer Fragen präzisierte.[2] An die Ausführungen schlossen sich kurze Aussprachen an.

Einleitend führte der Vorsitzende aus:

Das, was im vorigen September die „*Welt*" schrieb, als sie über die einzelnen politischen Parteien berichtete, gilt auch heute noch: Unsere Partei zeichnet sich durch besondere Sachlichkeit und durch den Verzicht auf persönlichen und politischen Kleinkrieg aus. Es muß eine Rede nicht aus der Verneinung bestehen, sondern aus der Bejahung. Wir haben heute eine verhängnisvolle Neigung, immer von der Vergangenheit zu sprechen und Vorwürfe zu erheben, zu klagen. Es ist aber unsere Aufgabe, und zwar unsere einzige Pflicht, zu überlegen, wie unser Vaterland gerettet werden kann. Dann kommen die ganz Schlauen und sagen: Wie herrlich würde alles laufen, wenn nur unser geliebter *Hitler* wieder an der Macht wäre. Dazu ist zu sagen, daß wir unser Volk vor solchen Gefahren retten müssen. Wir haben genü-

---

1 An der Delegiertentagung nahmen vor allem jene Personen aus den FDP-Landesverbänden in der britischen Besatzungszone teil, die besonders aktiv im Wahlkampf (für die Landtagswahl am 20. 4. 1947) hervortreten sollten. Anwesend waren 70 Personen. „Versammlungsleiter" waren der 1. Vorsitzende der Bremer FDP, Heinrich *Hollmann*, und der „Geschäftsführende Vorsitzende", Gustav *Grabau*. Vgl. den „Bericht" über die Delegiertentagung von *Hollmann* und *Grabau* an Lieutenant Dr. *Watermann*, (Militärregierung, City Administration) in Bremen vom 25. 2. 1947, StA Bremen, OMGUS-Akten, 16, 1/2 OMGBR 6/91–1/12. Vgl. SCHRÖDER, 1985, S. 172.
2 *Blüchers* Thema lautete: „Die wirtschaftlichen und politischen Richtlinien der FDP", vgl. a. a. O.

gend deutsches Blut vergossen und brauchen nicht schon wieder daran zu denken, zum Spielball fremder Mächte zu werden.³

Verfassungsfragen:

BLÜCHER: Die erste Frage, die uns heute beschäftigen muß, ist: Wie stellen wir uns die Entwicklung des deutschen Gesamtstaates, die zukünftige Verfassung unseres deutschen Reiches vor? Wir müssen damit rechnen, daß die Bezeichnung „Deutsches Reich" verschwinden wird.⁴ Ich spreche daher auch vom deutschen Gesamtstaat.

Es ist das für uns ein ungeheuer schmerzlicher Verlust, wenn wir die Sehnsucht von vielen Generationen dem Namen nach untergehen sehen. Um so größer ist unsere Aufgabe, den Inhalt dessen, was sich hinter diesem Namen „Reich" verbirgt, zu bewahren, und zwar müssen wir ihn bewahren, nicht nur aus wirtschaftlichen und allgemeinen politischen Erwägungen, sondern weil wir aus dem jahrhundertelangen Zusammenleben der deutschen Stämme längst zu einer deutschen Einheit geworden sind. Gerade bei der Jugend, die ihre Haut zu Markte getragen hat, haben wir immer das Bekenntnis zur unbedingten Einigkeit empfunden.

Es gibt immer wieder Streit um zwei Worte: Einheitsstaat oder Bundesstaat. Wir wollen den Einheitsstaat mit dezentralisierter Verwaltung, kurz, den dezentralisierten Einheitsstaat.⁵ Der hitlerische Einheitsstaat bedeutete eine völlig volksfremde

---

3 Dieser Satz ist zweimal durchgestrichen.
4 Theodor *Heuss* vertrat im Parlamentarischen Rat am 20. 10. 1948 die Auffassung: „Wir sind heute [...] von der Rezeption des historischen Begriffs ‚Reich' so weit entfernt, daß wir auf ihn verzichten." Vgl. PARLAMENTARISCHER RAT, 20. 10. 1948, S. 76. Dies stand im Gegensatz zur Entschließung des Landesausschusses des FDP-Landesverbandes Nordrhein-Westfalen vom 30. 10. 1948. Vgl. Dok. Nr. 52, Punkt 1 sowie Dok. Nr. 21 b, Anhang. Vgl. Sebastian J. GLATZEDER, Die Deutschlandpolitik der FDP in der Ära Adenauer. Konzeptionen in Entstehung und Praxis, Baden-Baden 1980, S. 17 f. u. S. 20 f.; Jürgen C. HEß, „Machtlos inmitten des Mächtespiels der anderen ..." Theodor Heuss und die deutsche Frage 1945–1949, VfZG, 33 (1985), S. 100 f.; zum Sprachgebrauch nach 1945 vgl. Elisabeth FEHRENBACH, Reich, in: Otto BRUNNER/Werner CONZE/Reinhart KOSELLECK (Hrsg.), Geschichtliche Grundbegriffe, Bd. 5, Stuttgart 1984, S. 507 f.
5 Vgl. Dok. Nr. 21 b, Anhang (Beschluß des Parteivorstandes, Punkt 1). *Blücher* sprach am 24. 11. 1947 vor dem Zonenbeirat von der „[...] Notwendigkeit eines ausreichend starken Gesamtstaates [...]". Vgl. AKTEN ZUR VORGESCHICHTE 3, 1982, S. 883. Johannes *Siemann*, der Vorsitzende des Verfassungsausschusses des FDP-Zonenverbandes in der britischen Zone, wollte laut Darstellung der Denkschrift des Zonenbeirates von Ende Juli 1948 „[...] bei möglichst starker Zentralisierung der *lenkenden* Funktionen der Staatsgewalt beim Reich – das Prinzip der Eigenstaatlichkeit der Länder nicht aufgegeben wissen". Der Zonenbeirat zur Verfassungspolitik. Als Manuskript gedruckt, Hamburg (August) 1948, S. 21. Eine andere, mehr föderalistische Position wird erkennbar im Wahlaufruf der „Demokratischen Volkspartei" in Württemberg-Baden vom Juni 1946. Vgl. JULING, 1977, S. 74, Punkt 4. – Vgl. LANGE, Politischer Liberalismus, 1980, S. 52, S. 64 u. S. 66–69 (mit dem Hinweis auf die vermittelnde Position der FDP-Fraktion im Parlamentarischen Rat); BUCHER, 1981, S. XLIX–LII; Karl-Heinz LAMBERTY, Die Stellung der Liberalen zum föderativen Staatsaufbau in der Entstehungsphase der Bundesrepublik

und der Verantwortung des Volkes entzogene Regierung. Ein Volk jedoch, das Staat wieder als *seinen Staat* fühlen und anerkennen wird, kann seine Mitbestimmung nur in einem dezentralisierten Land zum Ausdruck bringen. Es ist unsere Aufgabe, ganz deutlich in der Verfassung niederzulegen, welche Aufgaben im Interesse des gesamten Volkes zentralisiert werden müssen, dazu gehören auf jeden Fall alle wesentlichen Gesetzgebungsrechte, also die Bestimmung über die Außenpolitik, die Währung, die Finanzen[6], die Wirtschaftspolitik, das bürgerliche Recht, das Handelsrecht, das Strafrecht usw. Darüber hinaus gibt es noch eine Menge Gebiete, für die eine zentrale gesetzliche Regelung wenigstens im Grundsatz notwendig ist. Etwas anderes aber ist es mit der Ausführung der Gesetze. Dieses kann im weitesten Umfang den Ländern als Aufgabe übertragen werden. Wir sind der Ansicht, daß es nur eine einzige Staatshoheit gibt, nur [eine] eigene Souveränität, und das ist die, die beim Volke des deutschen Gesamtstaates liegt. Die Länder haben infolgedessen keine eigene Souveränität, sie sind Landschaftsverwaltungen, Beauftragte des Gesamtstaates.

Die Befürworter des Bundesstaates meinen, daß der deutsche Gesamtstaat durch einen Entschluß der Länder gebildet werden müsse. Wir dagegen sind der Ansicht, daß das souveräne deutsche Volk durch eine verfassunggebende Versammlung den deutschen Gesamtstaat wieder errichtet.[7]

Es gibt Kreise, die glauben, wir müßten unseren Friedenswillen durch eine Zerstückelung unserer staatlichen Einheit dokumentieren. Wir halten eine solche Einstellung für außerordentlich bedenklich. Wir bekennen uns fanatisch zum Frieden, aber dieser Frieden kann nur gesichert werden, wenn wir materiell wieder existenzfähig sind, und das sind wir nur bei einem stark gefügten deutschen Gesamtstaat. Ein dahinsiechendes Deutschland ist eine Gefahr für den Weltfrieden.

Sauberkeit der Verwaltung

Der deutsche Mensch muß wieder Vertrauen zum Staat bekommen. Voraussetzung dazu ist die größtmögliche Sauberkeit in der Staatsverwaltung. Das vornehmste Recht einer Volksvertretung ist die Kontrolle der Einnahmen und Aus-

---

Deutschland 1945–1949, Bonn 1983, Diss., S. 54–64 u. S. 69–73; HÖLSCHER, 1988, S. 74f. Zur Grundhaltung des württemberg-badischen Ministerpräsidenten Reinhold *Maier* vgl. FOELZ-SCHRÖTER, 1975, S. 77 u. S. 122f.; MATZ, 1989, S. 308f.

6 Der von der FDP-Fraktion des Parlamentarischen Rates in den Finanzausschuß entsandte frühere preußische Finanzminister Hermann *Höpker-Aschoff* befürwortete nachdrücklich eine einheitliche Bundesfinanzverwaltung. Vgl. SALZMANN (Bearb.), 1981, S. 31, Anm. 6; LANGE, a.a.O., S. 70–72; DERS., 1981, S. 222–225. Vgl. auch KANTHER (Bearb.), 1992, S. 419f. u. S. 421.

7 Noch Anfang Juli 1948 war Franz *Blücher* der Meinung: „Wir dürfen [...] nur von einer westdeutschen Verwaltung und von einer für sie zu schaffenden Notsatzung sprechen, nicht aber von einem westdeutschen Staate und seiner Verfassung." Franz Blücher, Stellungnahme zu den Frankfurter Dokumenten, 2.7. 1948, NL Blücher 156. Vgl. Dok. Nr. 49 b, Abschnitt II. Vgl. RÜTTEN, 1984, S. 65f., HEIN, 1985, S. 326. Die FDP-Fraktion im Parlamentarischen Rat trat für eine ausgebaute Verfassung ein. Vgl. LANGE, Politischer Liberalismus, 1980, S. 59f.

gaben. Infolgedessen müssen wir deutlich der heutigen Notlage und den heutigen Übelständen entgegentreten. Ein Hauptübelstand ist die übermäßige Aufblähung unserer Verwaltung.[8] Wir fordern nachdrücklich einen organischen Neubau der Verwaltung.[9] Die Mangelwirtschaft macht den Fortbestand einer Reihe von Verwaltungsstellen notwendig. Dazu ist ein von uns sehr beklagtes englisches System gekommen, allenthalben wieder Sonderverwaltungen[10] der verschiedensten Art zu schaffen. Das deutsche Volk ist nicht in der Lage, den gegenwärtigen Verwaltungsapparat zu bezahlen. Daher fordern wir den einfachsten, billigsten und am besten funktionierenden Apparat in den Gemeindeverbänden, in den Ländern und im Reich.

Berufsbeamtentum

BLÜCHER: Wir dürfen nicht den Fehler begehen, den Beamten und seine Dienststelle in einen Topf zu werfen. Er kennt die Mängel in sehr vielen Fällen ebenso wie wir selbst. Er ist durch den Untertanenstaat und dann erst durch den Hitlerstaat vielfach falsch erzogen. Es ist nicht zu leugnen, daß die Berufsbeamten zu einem Teil erst an den Gedanken des Volksstaates und der Gleichberechtigung aller Staatsbürger gewöhnt werden müssen. Der Beamte ist nicht der Vertreter eines Staates, der uns als Obrigkeit gegenübertritt, sondern der Staat sind wir selbst. Für

---

8 Der „Personalbestand der Behörden des Vereinigten Wirtschaftsgebietes" (Hauptverwaltung und nachgeordnete Dienststellen) erhöhte sich von 749.963 Personen im Januar 1948 um 47.144 auf 797.107 im August 1948. Vgl. Statistische Monatszahlen, hrsg. vom Statistischen Amt des Vereinigten Wirtschaftsgebietes, 2 (September 1948), S. 10. Zu den einzelnen Ländern vgl. Eckart STURM, Die Entwicklung des öffentlichen Dienstes in Deutschland. Eine Untersuchung über die Wachstumstendenzen der deutschen Verwaltung, in: Carl Hermann ULE (Hrsg.), Die Entwicklung des öffentlichen Dienstes. Berichte, Vorträge, Diskussionsbeiträge, Köln 1961, 2. Kapitel, Abschnitt III. Ein Prüfungsbericht des Zonenrechnungshofes vom Juli 1948 über die „Verwaltung für Wirtschaft des Vereinigten Wirtschaftsgebiets" schlug gegenüber dem Soll des Stellenplanes von 1948 eine Verringerung des Personalbestandes um fast zwei Drittel vor. Der Prüfungsbericht ist abgedruckt in: VOGEL, Teil II, 1964, S. 419. Vgl. Franz-O. GILLES, Die verkannte Macht. Determinanten der Nachkriegsgeschichte der Institution Rechnungshof, Berlin 1986, S. 136f.
9 Ein Antrag der nordrhein-westfälischen FDP-Fraktion vom 13.11.1946 forderte die Landesregierung auf, Vorschläge für die geplante Verfassungsreform (und -vereinfachung) zu unterbreiten mit dem Ziel einer „[...] sparsamen, übersichtlichen und systematischen Verwaltung [...]". LT NRW, Drucks. I-23. Der Antrag wurde an den Hauptausschuß überwiesen. Vgl. LT NRW, Sten. Ber., 13.11.1946, S. 52.
10 Von der britischen Militärregierung wurden seit 1945 Zonen-Zentralämter und Zonen-Gesamteinrichtungen ähnlicher Art und gleicher Rechtsstellung mit Zuständigkeit für die gesamte Zone gebildet. Sie waren Hilfs- und Exekutivorgane der Militärregierung, ohne parlamentarisch kontrolliert zu werden. Ihre Befugnisse entsprachen im wesentlichen denen ehemaliger Reichsministerien oder sonstiger zentraler Einrichtungen des Reiches. Vgl. den Bericht des Generalsekretärs des Zonenbeirats, Gerhard Weisser, vom Juli 1947 über zonale Dienststellen in der britischen Zone, abgedruckt in: AKTEN ZUR VORGESCHICHTE 3, 1982, S. 223–226. Vgl. VOGEL, Teil I, 1956, S. 18 u. S. 46–49; DORENDORF, 1953, S. 22f. Vgl. auch die Kritik Blüchers vor dem Zonenbeirat am 24.11.1946, in: AKTEN ZUR VORGESCHICHTE 3, 1982, S. 886.

Auszug aus der Delegiertentagung 22.2.1947 **27.**

eine Reihe von Aufgaben werden wir das Berufsbeamtentum nicht entbehren können, aber im Zuge der Finanz- und Währungsreform wird auch der Beamte bedeutende Opfer bringen müssen, die sich zum Teil in einer Senkung der laufenden Bezüge und zum Teil in einer Senkung der Pension äußern werden. Etwas anderes ist es mit der Zahl der Beamten überhaupt. Es besteht auch die große Gefahr, daß der Beamte wegen seiner Unabsetzbarkeit und wegen der automatischen Sicherung seines Alters nicht das hohe Leistungsstreben wie in der Wirtschaft aufbringt. Wir müssen also im Zuge des Verwaltungsneubaus eine Grenze finden, für welche Aufgaben der Beamte notwendig ist und welche Aufgaben durch Angestellte erfüllt werden können.[11]

Grundsätzlich bejahen wir auch den Fortbestand der Beamtenrechte für die Verdrängten aus dem Osten.[12] Es ist uns auch gelungen, in der Frage der Besoldung dieser Beamten[13] schrittweise weiterzukommen, indem wir bestimmte Mindestbeträge an diese Beamten bezahlen. Etwas anderes ist es mit ihrer Einstellung, da es sich um eine ganze Armee von Beamten handelt. Wir haben gar nicht die Stellungen, um diese Beamten unterzubringen. Eine endgültige Regelung wird durch Gesetz erfolgen müssen.[14] Bezüglich der Militärpensionen ist zu sagen, daß bestehendes Recht nicht willkürlich geändert werden kann.[15] Wir können unmöglich an arbeitsfähige Männer zwischen 30 und 35 Jahren Pensionen zahlen.

---

11 Der Zuständigkeitsausschuß des Parlamentarischen Rates befaßte sich am 14.12.1948 u.a. mit dem späteren Art. 33 Abs. 4 GG. Der FDP-Abgeordnete Hans *Reif* schloß sich einem CDU-Antrag mit folgendem Wortlaut an: „Die staatlichen und gemeindlichen Daueraufgaben sind grundsätzlich von Berufsbeamten auszuüben, die in einem öffentlich-rechtlichen Dienst- und Treueverhältnis zu ihrem Dienstherrn stehen." Vgl. Klaus-Berto v. DOEMMING/Rudolf Werner FÜSSLEIN/Werner MATZ, Entstehungsgeschichte der Artikel des Grundgesetzes, Jahrbuch des öffentlichen Rechts, N.F. 1 (1951), S. 314f.; SOERGEL, 1985, S. 127. Vgl. auch WENGST, 1988, S. 43.

12 In der „Heppenheimer Proklamation" vom 12.12.1948, beschlossen vom FDP-Bundesvorstand, wurde die „Forderung" erhoben: „Gleichstellung der heimatvertriebenen Ruhegehaltsempfänger und ihrer Hinterbliebenen mit den Einheimischen", abgedruckt in: JULING, 1977, S. 87. Vgl. WENGST, 1988, S. 58f.

13 Am 22.12.1948 richtete die FDP-Fraktion eine „kleine Anfrage" an die Landesregierung „betr. Schlechterstellung der ostvertriebenen Beamten bei der Festlegung des Besoldungsdienstalters". Die Anfrage wurde von der FDP durch den Erlaß des Innenministers vom 21.12.1948 als erledigt betrachtet. Vgl. LT NRW, Drucks. II-789; LT NRW, Sten. Ber., 13.9.1949, S. 2091 (*Middelhauve*). Der Erlaß des Innenministers ist veröffentlicht im Ministerialblatt (Ausgabe A) für das Land Nordrhein-Westfalen, 2. Jg. (19.1.1949), Nr. 5, S. 29.

14 Dies war das „Gesetz zur Regelung der Rechtsverhältnisse der unter Artikel 131 des Grundgesetzes fallenden Personen" vom 13.5.1951, Bundesgesetzblatt I, 307.

15 Durch Artikel III des Kontrollratsgesetzes Nr. 34 vom 20.8.1946 waren alle Vorschriften und Gesetze über die wirtschaftliche und rechtliche Stellung von Angehörigen oder ehemaligen Angehörigen der Wehrmacht aufgehoben worden. Vgl. Georg MEYER, Soldaten ohne Armee. Berufssoldaten im Kampf um Standesehre und Versorgung, in: BROSZAT/HENKE/WOLLER (Hrsg.), 1988, S. 685.

In der Frage der Versorgung unserer Kriegsversehrten[16] standen wir vor einer geradezu unmöglichen Einstellung des Kontrollrates, der der Ansicht war, daß aus unserer Versorgungsgesetzgebung unser Militarismus hervorginge. Der Kontrollrat verlangte, daß der Kriegsversehrte nicht anders gestellt würde als der Unfallbehinderte.[17] Wir haben nunmehr dem Kontrollrat Vorschläge unterbreitet, wonach der Kriegsversehrte wie der Unfallversehrte behandelt werden soll. Die Kontrollkommission in der amerikanischen Zone hat bereits im Sinne unseres Antrages entschieden, für die anderen Zonen ist eine Entscheidung noch nicht ergangen.

BLÜCHER: Die allgemeine Hoffnungslosigkeit, die uns immer wieder entgegenschlägt, hat zu der Frage geführt: Warum treibt ihr überhaupt noch Politik und warum bekümmert ihr euch um die Dinge eures Volkes? Unsere Neigung zur Politik auf Gebieten, auf denen wir höchstens Enttäuschungen und persönliche Anfeindungen erleben, entspringt nur einer Überlegung: unsere Pflicht zu tun, damit allen denen das Leben gerettet oder überhaupt ein Leben erst ermöglicht wird, die auf uns angewiesen sind. Es ist das Gefühl der Verpflichtung gegenüber der jüngsten und jungen Generation, den Kriegsversehrten, den aus dem Osten Verdrängten, unseren Greisen gegenüber, die heute fast willenlos geworden sind. Wir hören nun oft den Einwand, daß wir ja selbst nichts tun könnten und daß uns die Besatzungsmächte an jeder Arbeit hindern. Dazu muß bemerkt werden: Die Engländer haben uns kurz nach dem Zusammenbruch vor der totalen Katastrophe bewahrt. Was aber den Besatzungsmächten vorgeworfen werden muß, sind ein völliges Unverständnis und eine weitgehende Planlosigkeit. Unsere Kritik muß jedoch mit positiven Vorschlägen verbunden sein; bloße Kritik beschwört neue Gefahren für unser armes Volk herauf.

Das deutsche Schicksal wird gegenwärtig dadurch bestimmt, daß 4 völlig auseinanderstrebende politische Willen ein einheitliches Land zu regieren versuchen. Die erste positive Äußerung über die Entwicklung des deutschen Schicksals, die im Jahre 1945 zu uns drang, war die des amerikanischen Staatssekretärs *Morgenthau*. Er gab ein großes Programm für Deutschland mit dem Schlußwort bekannt, Deutschland müsse wieder ein Agrarstaat werden. Wir haben damals selbstverständlich gewußt, daß dies nicht möglich ist, dafür ist unsere Bevölkerungsdichte viel zu groß. Man sprach von Reagrarisierung und nahm uns gleichzeitig unsere dünnbesiedelten Gebiete, die nur 10 % der deutschen Bevölkerung aufgenommen

---

16 Nach einer Erklärung des Verbandes der Kriegs- und Zivilbeschädigten vom 5. 11. 1948 brachte die am 1. 8. 1947 in Kraft getretene Sozialversicherungsdirektive Nr. 27 für die britische Zone vom 2. 5. 1947 „[...] in keiner Weise die erhoffte Hilfe [...]". Vgl. LT NRW, Sten. Ber., 5. 11. 1948, S. 1241. Eine Besserung trat erst ein durch das „Gesetz zur Änderung der Sozialversicherungsdirektive (SVD) Nr. 27 und der hierzu ergangenen Durchführungsvorschriften betreffend Leistungen an Kriegsbeschädigte und Kriegshinterbliebene. Vom 12. Juli 1949", Gesetz- und Verordnungsblatt für das Land Nordrhein-Westfalen, 3. Jg. (27. 8. 1949), Nr. 32, S. 232.

17 Dieser Satz ist durchgestrichen.

Auszug aus der Delegiertentagung 22.2.1947 **27.**

hatten, dafür aber 22–25 % des deutschen Bedarfs für die Ernährung und für das Viehfutter lieferten.[18]

Die Folge hätte sein müssen, daß die stärker auf die gewerbliche Erzeugung ausgerichteten Mächte sich im Industrieplan durchgesetzt hätten. Aber auch das war nicht der Fall, weil da wieder die Tendenz der Mächte mitspricht, deren Ziel es ist, uns von den Weltmärkten fernzuhalten. So kam es zum Industrieplan, der uns einen erheblichen Teil unserer gewerblichen Erzeugung beschnitt.[19] Aus einem derartigen Auseinandergehen der Ansichten kann selbstverständlich keine Lenkung der deutschen Geschicke hervorgehen, die Deutschland lebensfähig erhält.

Ernährungsfrage

BLÜCHER: Von allen Seiten werden Rezepte serviert, um die Ernährungslage zu bessern. Bei allen Maßnahmen, die man vorschlägt, muß zwischen Direkt-Lösungen und solchen Maßnahmen unterschieden werden, die sich erst nach Jahren auswirken können. Im Augenblick ist die Sache so, daß das Ernährungsproblem praktisch in der Erfüllung der Ablieferungspflicht[20] durch den Bauern besteht. In diesem Jahre 1947 kommt es in der Tat darauf an, ob wir leben oder sterben wollen. Es bestehen Bestrebungen, für den Bauern ein gewisses System der bevorzugten Zuteilung mit Verbrauchsgütern aller Art zu Beginn des kommenden Herbstes zu schaffen.[21] Ich weiß nicht, ob dies möglich ist. Die Erzeugung ist wesentlich bedingt durch die Düngemittel-Beschaffung und durch die Versorgung der Landwirtschaft mit Werkzeugen und Maschinen. Die wichtigste Frage der Erfassung ist die Fest-

---

18 Gemeint sind die östlich der Oder-Neiße-Linie gelegenen Gebiete des Deutschen Reiches mit einem Anteil von 13,8 % der Gesamtbevölkerung und etwa 25 % der gesamten landwirtschaftlichen Nutzfläche. Vgl. STÜBER, 1984, S. 52f.
19 Die Bestimmungen des sogenannten „Industrieplans" des Alliierten Kontrollrats vom 26.3.1946 waren besonders einschneidend auf dem Gebiet des Maschinen-, Fahrzeug- und Gerätebaus, aber auch hinsichtlich der Produktion von Rohstahl und chemischen Produkten. Vgl. das von verschiedenen wirtschaftswissenschaftlichen Instituten für den Zonenbeirat der britischen Zone im Mai 1947 erstattete Gutachten: Institut für Weltwirtschaft an der Universität Kiel, u.a., Deutsche Wirtschaft und Industrieplan, Essen 1947, S. 14f. Der „Plan für die Reparationen und das Niveau der deutschen Nachkriegswirtschaft in Übereinstimmung mit dem Berliner Protokoll (Potsdamer Abkommen)" vom 26.3.1946 ist abgedruckt in: Dokumente und Berichte des Europa-Archivs, Bd. 6 (1948), S. 90–94. Vgl. Wilhelm TREUE/Käthe SCHRADER, Die Demontagepolitik der Westmächte nach dem Zweiten Weltkrieg. Unter besonderer Berücksichtigung ihrer Wirkung auf die Wirtschaft in Niedersachsen, Hannover 1967, S. 25–35; STEININGER, 1988, S. 124–126 u. S. 165. – Zur Haltung der FDP vgl. auch Dok. Nr. 44h, Punkt 14.
20 Am 2.11.1946 war vom Zentralamt für Ernährung und Landwirtschaft der britischen Zone auf Anweisung der Militärregierung eine Verordnung zur verschärften Erfassung der Kartoffeln erlassen worden. Vgl. SCHLANGE-SCHÖNINGEN, 1955, S. 90.
21 *Schlange-Schöningen*, Leiter des Zentralamts für Ernährung und Landwirtschaft, hatte geplant, die landwirtschaftliche Ablieferung durch Prämien von Arbeitskleidung, Geräten und Maschinen zu verbessern. Vgl. a.a.O., S. 117.

151

setzung des Ablieferungssolls.²² Durch einen übersteigerten Polizeizwang²³ schaffen wir höchstens eine Verminderung der Ablieferung. Ich bin der Ansicht, daß wir andere Methoden finden müssen, weil man mit Polizeigewalt noch niemals etwas wirklich erreicht hat.

Die Bauern in der britischen Zone haben gut abgeliefert²⁴, dagegen hat in der amerikanischen Zone, wo immer wieder Währungsgerüchte auftauchen, die Ablieferung gelitten. Voraussetzung für eine weitere Besserung sind gerechte Preise für Agrarprodukte²⁵ und ihre Angleichung an die wirklichen Gestehungskosten, ein vernünftig festgesetztes Ablieferungssoll sowie ein Anrecht auf die Versorgung mit Betriebs- und Verbrauchsgütern sowie eine gerechte Steuerpolitik.

Agrarreform

BLÜCHER: Die Einstellung der Partei zur Agrarreform ist einheitlich.²⁶ Grundsätzlich halten wir am Gedanken des Eigentums fest. Infolgedessen lehnen wir die entschädigungslose Enteignung im allgemeinen ab. Wir müssen aber bei der Bedeutung von Grund und Boden für die Ernährung unseres Volkes fordern, daß jeder den Besitz an Grund und Boden als eine Verpflichtung gegenüber der Allgemeinheit betrachtet. Nicht im Interesse der Allgemeinheit genutztes Eigentum kann gegen den Willen der Besitzer seiner natürlichen Zweckbestimmung zugeführt werden. Die allgemeine Notlage unseres Volkes fordert die Ansiedlung sehr vieler nachgeborener Bauernsöhne und einer großen Zahl Ostverdrängter. Es müssen für diese vor allem Kleinbauernstellen geschaffen werden. Der Grund und Boden hierfür ist zu finden erstens dort, wo aus den vorher genannten Gründen dem bisherigen Besitzer die Verfügungsgewalt über das Eigentum genommen werden muß und zweitens durch eine prozentual gestaffelte, in ihrer Höhe je nach der Ertragslage bestimmte Abgabe von Grundvermögen, die aber entschädigungsberechtigt ist. Siedlungen und Höfe sind nur dort zu schaffen, wo unter den augenblicklichen Schwierigkeiten die notwendigen Voraussetzungen für die Beschaffung der Bauten

---

22 Die Festsetzung der maximalen Ablieferungsleistung wurde durch besondere Hofbegehungskommissionen vorgenommen. Vgl. a.a.O., S. 90 u. S. 184 f.
23 Das Zentralamt für Ernährung und Landwirtschaft konnte zwar Strafen verhängen, nahmen sie jedoch das Ausmaß einer Beschlagnahmung, Enteignung oder Gefängnisstrafe an, waren die Gerichte zuständig. Vgl. STÜBER, 1984, S. 689, Anm. 43. Vgl. auch TRITTEL, 1990, S. 74 f.
24 Die Getreideablieferungen erreichten bis Ende April 1947 etwa 90 % des Solls. Vgl. SCHLANGE-SCHÖNINGEN, 1955, S. 123; STÜBER, 1984, S. 198; TRITTEL, a.a.O., S. 75.
25 Die unzureichenden Festpreise gingen auf staatliche Preisanordnungen zurück. Derartige Maßnahmen hatten ihre Grundlage im sog. „Reichsnährstandsgesetz" vom 13.9.1933, das vom Alliierten Kontrollrat nicht aufgehoben worden war. Vgl. Paragraph 2 des „Gesetzes über den vorläufigen Aufbau des Reichsnährstandes und Maßnahmen zur Markt- und Preisregelung für landwirtschaftliche Erzeugnisse. Vom 13. September 1933", RGBl 1933, Teil I, 626. Vgl. SCHLANGE-SCHÖNINGEN, 1955, S. 53, S. 55 u. S. 203 f.; vgl. auch Günter TRITTEL, Schlange-Schöningen. Ein vergessener Politiker der „Ersten Stunde", VfZG, 35 (1987), S. 45.
26 Erst seit September 1946 lag ein FDP-Agrarprogramm vor. Vgl. Dok. Nr. 19; TRITTEL, 1975, S. 42–44.

Auszug aus der Delegiertentagung 22.2.1947 **27.**

und des Inventars geschaffen werden können. Alle Maßnahmen dürfen nur in dem Umfang durchgeführt werden, daß die gegenwärtige oder auch zukünftige landwirtschaftliche Erzeugung nicht leidet, sondern eine allgemeine Steigerung erfolgt.[27]

Finanz- und Währungsreform

BLÜCHER: Über die Währungsreform entscheiden nicht wir, sondern die Alliierten.[28] Eine solche Reform kann nur einmalig sein, sie muß sofort durchgreifenden Erfolg haben. Wir müssen daher bestrebt sein, mit dieser Reform zugleich den großen sozialen Ausgleich zugunsten der Kriegsopfer, Ostverdrängten und Bombengeschädigten durchzuführen. Wenn das nicht gelingt, ist all unser Kampf gegen die Bolschewisierung heute und morgen vergebens. Eine überstürzte Währungsreform wäre nur eine erste von vielen. Die erste kann mit dem Vertrauen des Volkes rechnen, eine weitere würde kein Vertrauen finden. Voraussetzung ist, daß die Wirtschaft überhaupt lebt, daß die Form unserer Wirtschaft den höchstmöglichen Ertrag gestattet. Damit hängt auch die Frage „Sozialisierung oder nicht" mit dem Finanzprogramm[29] eng zusammen. Wenn ich jemandem im Mai 1945 gesagt hätte: „Du behältst nichts als das nackte Leben!", dann wäre jeder damit einverstanden gewesen. Heute regt sich jeder auf, wenn man von der Notwendigkeit spricht, 60 oder 70 % des Vermögens in irgendeiner Form abzugeben. Diese bittere Erkenntnis, daß dies notwendig ist, so weit zu gehen, müssen wir von vornherein haben. Es sollen nicht alle Besitzverhältnisse erschüttert werden. Es muß aber so durchgeführt werden, daß das Geldvermögen aller Art sofort mit einem bestimmten Prozentsatz wegbesteuert wird. Die Sachwertvermögen werden mit einer Rente belegt werden müssen, also mit einer Kapitalschuld, die in einer Reihe von Jahren verzinst und getilgt wird. Das wird vielleicht der technische Vorgang sein. Ein großer Teil der Gerüchte wird von interessierter Seite ausgestreut, die an jedem Gerücht eine runde Summe am Schwarzen Markt verdient. Natürlich sind auch bestimmte Kreise des Auslands an sofortigen, bloß technischen Maßnahmen interessiert. Eine solche technische Maßnahme würde aber nur die Geldvermögen treffen, also die große Masse der Kleinsparer und Besitzer von Kleinguthaben, ohne daß damit der soziale Ausgleich verbunden wäre. Wir können diese Frage jedoch nicht so behan-

---

27 Vgl. Dok. Nr. 44 e.
28 Der Auszug der Sowjets aus dem Alliierten Kontrollrat am 20.3.1948 war für die Westmächte der Anlaß für die Vorbereitung der Währungsreform in den westlichen Besatzungszonen. Anfang April 1948 verlangten die Besatzungsmächte vom Wirtschaftsrat die Benennung deutscher Experten, die mit den Alliierten in einem Konklave Währungsreformmaßnahmen ausarbeiten sollten. Es wurden von den Militärregierungen schließlich vier Währungsgesetze erlassen. Vgl. Hans MÖLLER, Die westdeutsche Währungsreform von 1948, in: Deutsche Bundesbank (Hrsg.), Währung und Wirtschaft in Deutschland 1876–1975, Frankfurt a. Main 1976, S. 442–445, S. 448 u. S. 464f.; BUCHHEIM, 1988, S. 206–211.
29 Die folgenden Darlegungen stehen im Zusammenhang mit der Erörterung der Währungsreform und beziehen sich auf die Frage, wie der Geldüberhang beseitigt werden soll.

deln, daß wir endgültig ein Millionenheer von Enterbten schaffen. Soweit es in deutsche Hände gelegt ist, werden wir versuchen, den sozialen Ausgleich und die gleichmäßige Behandlung von Sach- und Geldvermögen durchzuführen.[30] Selbstverständlich werden gewisse Vorbereitungen[31] getroffen, aber das kann noch keinen Anlaß zu Gerüchten geben.

Die Sozialisierungsfrage

BLÜCHER: Im Jahr 1933 machte ein Zauberwort das ganze Volk betrunken, das Wort „Nationalsozialismus". Heute ist es so, daß unser Volk wieder mit einem Wort glücklich gemacht werden soll, und dieses Wort heißt „Sozialisierung". Die Parteien, die diese Parole heute ausstreuen, können uns kaum sagen, was sie unter „Sozialisierung" technisch genau verstehen. Im Jahre 1945 und auch noch in der ersten Hälfte des Jahres 1946 war die Sozialdemokratie in ihren führenden Köpfen sehr gemäßigt. In der Zwischenzeit hat sie aber im Wettrennen mit SED und KPD sich vollkommen wieder dem alten doktrinären Standpunkt der Vergangenheit angenähert. Ich lasse mich da auch durch wohlmeinende Artikel in Hamburg nicht täuschen. Es gibt Leute, die im Auftrag schreiben, wie es auch Leute gegeben hat, die im Auftrag *Hitlers* in der „*Frankfurter Zeitung*"[32] schrieben. Diese Tarnung der Absichten ist nicht ganz außer Übung gekommen. Wir können uns

---

30 Die Währungsreform beruhte weitgehend auf dem sog. Colm-Dodge-Goldsmith-Plan, der eine Zusammenstreichung des Geldvolumens und Abwertung aller Geldforderungen vorsah. Die dort vorgesehene Verbindung mit dem allgemeinen Lastenausgleich wurde jedoch gelöst und damit auf das Prinzip einer gleichmäßigen Heranziehung der Geld- und Sachvermögen verzichtet. Dies führte zunächst und auch später – von Ausnahmen abgesehen – zu einer Benachteiligung der Geldvermögensbesitzer und einer Begünstigung der Sachwertbesitzer. – Die Kompetenz für die Regelung des Lastenausgleichs als zukünftige Aufgabe wurde dem deutschen Gesetzgeber bis zum 31.12.1948 übertragen. Vgl. Otto PFLEIDERER, damals Mitglied des (Währungs-)Konklaves, über „Währungsreformen", in: Staatslexikon, Bd. 8, 6. Aufl., Freiburg 1963, Sp. 430f. Zum Problemkreis „Währungsreform und Lastenausgleich" vgl. Hans MÖLLER, Die Währungsreform von 1948 und die Wiederherstellung marktwirtschaftlicher Verhältnisse, in: Peter HAMPE (Hrsg.), Währungsreform und Soziale Marktwirtschaft. Rückblicke und Ausblicke, München 1989, S. 69f.; SCHILLINGER, 1985, S. 106f.; BUCHHEIM, 1988, S. 203f., S. 212–214f. u. S. 219f. Zur Haltung der FDP vgl. Dok. Nr. 49 b, Punkt VII; RÜTTEN, 1984, S. 77f. u. S. 82–85.
31 Die „Sonderstelle Geld und Kredit" wurde am 23.7.1947 auf Beschluß des Wirtschaftsrates gebildet und mit der Ausarbeitung eines offiziellen deutschen Planes für eine Währungsreform beauftragt (der spätere „Homburger Plan"). Vgl. Hans MÖLLER (Hrsg.), Zur Vorgeschichte der Deutschen Mark. Die Währungsreformpläne 1945–1948. Eine Dokumentation unter Mitwirkung von Wolfram KUNZE, Basel, Tübingen 1961, S. 477; BUCHHEIM, 1988, S. 213f.
32 Zur Kontroverse über das Verhalten der Frankfurter Zeitung in der Hitlerzeit vgl. Günther GILLESSEN, Auf verlorenem Posten. Die Frankfurter Zeitung im Dritten Reich, Berlin 1986, S. 530–538.

Auszug aus der Delegiertentagung 22.2.1947 **27.**

nur an das halten, was tatsächlich nach den Anträgen in den Landtagen³³ verfolgt wird. Das ist ganz einfach die Überführung des Eigentums zunächst an der Kohle, dann auch in der Eisen- und Stahlindustrie, in der chemischen Industrie und in einer Reihe anderer Industrien in die öffentliche Hand. Selbst wenn das nicht gefordert würde, wenn unter Sozialisierung nur eine Planwirtschaft verstanden würde, könnte das unsere Einstellung zur Sozialisierung grundsätzlich *nicht* ändern. Wir lehnen sie ab.³⁴ Wir wollen nicht den totalitären Staat, den man auch auf dem Umweg über eine allmächtige Wirtschaftsbürokratie erreichen kann. Wir lehnen jede Totalität ab, und zwar wegen der damit verbundenen Fesselung der menschlichen Persönlichkeit. Wir halten diese Freiheit des Handelns als eine unerläßliche Voraussetzung für die höchste Leistung des Einzelnen und für die Gesamtleistung unseres Volkes. Wir wollen vor allen Dingen dem Arbeiter seine Freiheit wahren. Diese Freiheit besteht in seinem Recht auf Koalition.³⁵ In einem totalen Staat gibt es eine Verantwortung des Einzelnen gegenüber der Gesamtheit *nicht*. Wir sind stolz darauf, Demokraten zu sein, weil wir Verpflichtungen übernehmen und uns dauernd der Verantwortung gegenüber dem Ganzen bewußt sind und danach handeln. In der Diktatur erlebten wir ein Aufbäumen für kurze Zeit, später aber ein bewußtes Sicheinfügen in das System der verantwortungslosen Trägheit, wie es jede Diktatur darstellt. Wir sind dagegen der Überzeugung, daß es den sittlichen Menschen nur geben kann, wenn dieser Mensch sittlich *frei* ist. Sittlichkeit ohne Freiheit kann es nicht geben. Wir werden aber keineswegs kapitalistische Gedankengänge uns zu eigen machen. Die wirtschaftliche Freiheit findet ihre Grenzen, die durch das Gemeinwohl gezogen sind.³⁶ Wir sind keineswegs für eine planlose Wirtschaft, weil wir wissen, daß die Zeiten vorbei sind, wo

---

33 Die SPD brachte das Thema „Sozialisierung" Ende 1946/Anfang 1947 auf die Tagesordnung der Landtage in der britischen Zone. Vgl. Wolfgang RUDZIO, Das Sozialisierungskonzept der SPD und seine internationalen Realisierungsbedingungen, in: FOSCHEPOTH/STEININGER (Hrsg.), 1985, S. 127. Vgl. auch MÜHLHAUSEN, 1985, S. 410.

34 In Nordrhein-Westfalen war der Gesetzentwurf zur „Sozialisierung der Kohlenwirtschaft" mit großer Mehrheit – gegen die Stimmen der FDP bei Stimmenthaltung der CDU – am 6.8.1948 angenommen worden (ohne später von der Militärregierung genehmigt zu werden). Die FDP war für eine Selbstverwaltungsorganisation des Kohlenbergbaues, um eine öffentliche Kontrolle zu gewährleisten, lehnte aber die Enteignung der einzelnen Zechenunternehmen ab. Vgl. LT NRW, Sten. Ber., 6.8.1948, S. 937f. (KREKELER). Vgl. HÜTTENBERGER, 1978, S. 417. Zur programmatischen Haltung der FDP vgl. Dok. Nr. 24, Punkt V und Dok. Nr. 44h, Punkt 6. Vgl. RÜTTEN (Diss.), 1984, S. 89–94.

35 Ein wesentlicher Bestandteil des verfassungsrechtlich geschützten Koalitionsrechts (Art. 9 Abs. 3 GG) ist das Recht, Tarifverträge abzuschließen. Dem am 9.11.1948 in 2. und 3. Lesung im Wirtschaftsrat einstimmig verabschiedeten (und später von der Militärregierung korrigierten) Tarifvertragsgesetz stimmte die FDP ohne Abänderungsantrag zu. Vgl. WIRTSCHAFTSRAT 3, 1977, S. 1098 u. S. 1100. Vgl. Volker HENTSCHEL, Geschichte der deutschen Sozialpolitik (1880–1980). Soziale Sicherung und kollektives Arbeitsrecht, Frankfurt a. Main 1983, S. 234–241.

36 Mit dieser direkten Formulierung ging *Blücher* über das Programm der „Wirtschaftspolitischen Richtlinien" vom Februar 1947 hinaus. Vgl. Dok. Nr. 24. Die „Gemeinwohl"-Formulierung findet sich aber im Programm der „Liberaldemokratischen Partei" in Essen vom November 1945, Punkt 9. Vgl. Dok. Nr. 4.

der Einzelne ausschließlich sein Handeln nach dem von ihm errechneten Ertrag richtet. Wir kommen zu einer Ablehnung der Sozialisierung auch deshalb, weil wir auf dem Weltmarkt nur dann wettbewerbsfähig sind, wenn wir besser, billiger und richtiger produzieren und ausführen. In einer Wirtschaft, die bis ins letzte gelenkt wird, verliert der für den Export arbeitende Betrieb völlig die Anpassungsfähigkeit. Bei einer Planwirtschaft ist eine Ausfuhr, wie sie notwendig erscheint, nicht möglich. Wir kommen aber an einer Ordnung des deutschen Wirtschaftslebens an sich nicht vorbei, weil wir zunächst immer wieder das wirtschaftliche Gesamtinteresse unseres Volkes voranschicken müssen. Wir werden die Arbeiter und Angestellten in die Wirtschaft einbauen müssen.

Wir haben in den letzten Wochen versucht, ein wirtschaftspolitisches Programm zu schaffen. (Dieses Programm wird den Landesverbänden in Kürze zugehen.) Wir rücken in diesem Programm sehr schroff ab von der Beherrschung der Wirtschaft durch Monopole und Konzerne.[37] Wir machen auch in bezug auf deren Schicksal einige Vorschläge. Wesentlich ist das Recht der Arbeitnehmerschaft im Betrieb und in der Gesamtwirtschaft. Wir fordern die Wiederinkraftsetzung und Erweiterung des alten Betriebsrätegesetzes, das heute durch Verordnung des Alliierten Kontrollrats sehr eingeschänkt worden ist. Darüber hinaus fordern wir für die größeren Betriebe eine eigene Sozialabteilung, deren Leiter Mitglied der Betriebsführung sind. Für diesen Leiter hat die Belegschaft das Vorschlagsrecht. Wir fordern ferner, daß die Begabtenförderung nicht nur in der Schule erfolgt, sondern daß in allen Betrieben ein gewisser Teil der befähigten Arbeiter und Angestellten durch eigene Förderungsmaßnahmen in die eigentliche Werks- und Geschäftsleitung hineingebracht wird. Zur Ordnung der Gesamtwirtschaft müssen wir den Versuch unternehmen, ganz anders als dies seinerzeit im Reichswirtschaftsrat geschehen ist, ein verfassungsmäßiges Wirtschaftsorgan zu schaffen, in dem Arbeitnehmer und Unternehmer mit gleichen Rechten nebeneinandersitzen. Dieser deutsche Wirtschaftsrat soll Sonderaufgaben haben, die ihm durch die Verfassung zugewiesen werden. Er soll gegenüber dem politischen Parlament ganz bestimmte Rechte haben, vor allem soll er alle arbeits- und sozialrechtlichen Bestimmungen vorschlagen und als oberste Schlichtungsinstanz wirken.

Sehr hart wird auch unser Kampf um den Ausbau der Sozialversicherung in unserem Sinne sein.[38] Wir stehen vor einem Sturmlauf der Ostzone und leider auch eines großen Teils der Sozialisten aus den Westzonen, die aus der Sozialversicherung ein Rieseninstrument in der Hand des Staates machen wollen. Wir sind dem-

---

37 Vgl. Dok. Nr. 24, Punkt V.
38 *Blücher* kritisierte am 29.11.1946 vor dem Zonenbeirat die Richtlinien des Alliierten Kontrollrates für den Entwurf eines Sozialversicherungsgesetzes mit folgenden Stichworten: „[...] Uniformierung des Krankenversicherungswesens [...]", „[...] einheitliche Rentenversicherung [...]", „[...] übermäßige Zentralisierung und fast völlige Ausschaltung der Selbstverwaltung [...]." *Blücher* bejahte die „[...] Gewährung dauernder Staatszuschüsse [...]" für die Sozialversicherung und kritisierte so (indirekt) die Absicht, die Sozialversicherung nur durch Beiträge finanziell zu sichern. Vgl. AKTEN ZUR VORGESCHICHTE 2, 1979, S. 1091f. Vgl. Dok. Nr. 17, Anm. 14 u. Dok. Nr. 42, Anm. 13 u. 15 sowie Dok. Nr. 45, Punkt 5. Zur parallelen Argumentation der FDP in der französischen Zone vgl. HUDEMANN, 1988, S. 327.

Auszug aus der Delegiertentagung 22. 2. 1947 **27.**

gegenüber der Auffassung, daß gerade auf dem Gebiet der Sozialversicherung der beste Platz für eine weitgehende Selbstverwaltung[39] und für eine Anpassung der Sozialversicherungsinstitute an die einzelnen Aufgaben gegeben ist.

Aus den von Herrn *Blücher* gemachten Referaten entwickelten sich zum Teil sehr lebhafte Debatten, deren Gesamtlinie eine weitgehende Übereinstimmung der anwesenden Delegierten aller Landesverbände mit den Ausführungen Herrn *Blüchers* ergab.

An der Aussprache beteiligten sich vor allem die Parteifreunde W. M. RADEMACHER (Hamburg), Dr. H. SCHÄFER[40], ebenfalls Hamburg, Johann HARTLEIB[41]

---

39 Am 24. 5. 1949 kam es im Wirtschaftsrat in 2. und 3. Lesung zu Einzelabstimmungen über den Gesetzentwurf über die „Selbstverwaltung in der Sozialversicherung". Die Anträge der FDP, die „Organe der Versicherungsträger" in der Krankenversicherung und in den Rentenversicherungen der Arbeiter und Angestellten paritätisch zu besetzen, wurden mit knappen Mehrheiten angenommen. Der SPD-Antrag (unter Einbeziehung der Knappschaftsversicherung) für eine Zusammensetzung zu zwei Dritteln aus Vertretern der Versicherten und zu einem Drittel aus Vertretern der Arbeitgeber wurde mit den Stimmen der CDU/CSU, FDP, DP und WAV (45) gegen SPD und KPD (40) – einschließlich dreier CDU/CSU-Stimmen – in namentlicher Abstimmung abgelehnt. Vgl. WIRTSCHAFTSRAT 3, 1977, S. 1706–1708 sowie WIRTSCHAFTSRAT 6, 1977, Drucks. 1196 u. 1250. Vgl. SALZMANN (Bearb.), 1988, S. 385 f. u. S. 405; MIELKE/RÜTTERS/BECKER (Bearb.), 1991, S. 663 f. Vgl. HOCKERTS, 1980, S. 137; RÜTTEN, 1984, S. 85 f. Das Gesetz scheiterte an der Ablehnung des Bizonen-Kontrollamtes („Bipartite Control Office") am 18. 8. 1949. Vgl. HOCKERTS, 1980, S. 138, Anm. 130.
40 Dr. Hermann *Schäfer* (1892–1966), Geschäftsführer; vor 1914 Mitglied des Jungliberalen Vereins und der Fortschrittlichen Volkspartei; vor 1933 DDP/DStP, 1929–1930 Mitglied des DDP-Reichsvorstandes; 1925–1932 Stadtverordneter von Köln und Provinziallandtagsabgeordneter der Rheinprovinz; 1920–1934 geschäftsführendes Vorstandsmitglied der Vereinigung der leitenden Angestellten, seit 1946 Vorsitzender des Verbandes der Angestellten-Krankenkassen; seit Juli 1946 stellvertretender Vorsitzender des Hamburger FDP-Landesverbandes; seit Juni 1947 stellvertretender Vorsitzender des FDP-Zonenverbandes in der britischen Zone und Vorsitzender des Sozialpolitischen Ausschusses; Juni 1947–Juni 1948 Vertreter der FDP im 2. Zonenbeirat; 1. 9. 1948–23. 5. 1949 2. Vizepräsident des Parlamentarischen Rates; seit 25. 8. 1947 Präsident der Deutschen Sektion der „Liberalen Internationale" (Liberaler Weltbund) für die britische Zone mit dem Sitz in Hamburg; März 1947–Januar 1948 Vorstandsmitglied der „Demokratischen Partei Deutschlands"; seit 11./12. 12. 1948 Mitglied des FDP-Bundesvorstandes, seit Mai 1950 stellvertretender Bundesvorsitzender, bis 1950 Vorsitzender des Sozialpolitischen Ausschusses; 1949–1957 MdB, Fraktionsvorsitzender (1949–1951 u. 1952–1953); 1949–1953 Vizepräsident des Deutschen Bundestages; 1953–7. 11. 1956 Bundesminister für besondere Aufgaben; 23. 2. 1956 Parteiaustritt, 1961 wieder FDP-Mitglied. Vgl. WENGST (Bearb.), FDP-Bundesvorstand, 1990, S. XV f.
41 Biographische Angaben waren nicht zu ermitteln.

(Hannover), H. BREDENKAMPF⁴² (Bremen), SCHRÖDER⁴³ (Hannover), NICOLAI⁴⁴ (Hannover), GRABAU⁴⁵ (Bremen) und VOHS⁴⁶ (Bremervörde).

42 Biographische Angaben waren nicht zu ermitteln.
43 Bruno *Schröder* (geb. 1898), Handelsvertreter; seit 1918 politisch tätig, Sekretär der DDP in Ostfriesland, Westfalen, Rheinland, Braunschweig und Hannover, gleichzeitig Schriftleiter von Parteizeitungen; Oktober 1945 Mitbegründer der „Demokratischen Partei" in Hannover; seit Dezember 1946 Mitglied des „Politischen Ausschusses" des FDP-Landesverbandes Hannover; 1947–1951 MdL Niedersachsen.
44 Wilhelm *Nicolai,* seit Dezember 1946 Mitglied des Sozialpolitischen Ausschusses des FDP-Landesverbandes Hannover, danach im FDP-Landesverband Niedersachsen Leiter des Sozialpolitischen Ausschusses.
45 Gustav *Grabau* (1888–1977), Verwaltungssekretär; 1914/15 Kriegsteilnahme, nach Verwundung und Entlassung aus dem Militärdienst Mitbegründer des Reichsverbandes der Kriegsbeschädigten, Geschäftsführer des Reichsverbandes in Ostfriesland; vor 1933 DVP und Mitglied des Reichsbanners Schwarz-Rot-Gold; 1919–1927 Mitglied des Kreistages; 1933 für sieben Monate illegal von der SA inhaftiert; 1937 Bezirksleiter einer Versicherung, 1942 Grundstücksmakler; Oktober 1945 Mitbegründer der BDV und Vorstandsmitglied; Juni 1946 Mitgründer der FDP in Bremen, aber weiter Fraktionsmitglied der BDV, Oktober 1946–September 1947 Md Bürgerschaft (BDV, seit 13. 2. 1947 FDP).
46 Biographische Angaben waren nicht zu ermitteln.

28.

15. 4. 1947: Wirtschaftspolitische Richtlinien der Freien Demokratischen Partei¹

Abgedruckt in: Informationsdienst des Landesverbandes Westfalen der Freien Demokratischen Partei, 15.4. 1947. AdL-D2–893. Gezeichnet unten rechts: „Middelhauve" (Landesverband Nordrhein der FDP, 1. Vorsitzender), „Altenhain" (Landesverband Westfalen der FDP, 1. Vorsitzender).

1 Nachdem die „Wirtschaftspolitischen Richtlinien" des FDP-Zonenverbandes vom Februar 1947 in den Landesverbänden Nordrheinprovinz und Westfalen auf Ablehnung gestoßen waren, legten beide Landesverbände diesen alternativen Programmentwurf vor. Vgl. SCHRÖDER, 1985, S. 172–176; ALBERTIN, 1985, S. 124f. Die Bezirksgruppe Westfalen-Süd des FDP-Landesverbandes Westfalen kritisierte nach der Landtagswahl am 20. 4. 1947 in zwei Stellungnahmen vom 28. 4. 1947 neben der Wahlkampfführung des Landesverbandes die mangelnde innerparteiliche Demokratie beim Zustandekommen des FDP-Wirtschaftsprogramms: „Kurz vor der Wahl wurde im ‚Westdeutschen Tage-Blatt' das Wirtschaftsprogramm von Nordrhein-Westfalen publiziert. Es stellt im wesentlichen die Privatarbeit eines engen willkürlich zusammengesetzten Kreises dar, in dem die Bezirksgruppen von Westfalen nicht nur oder nur ungenügend vertreten waren. Die Anregungen und Vorschläge z.B. der Bezirksgruppe von Westfalen-Süd wurden trotz erheblicher Vorarbeiten kaum berücksichtigt. Die anderen Bezirksgruppen von Westfalen waren nicht einmal zur Mitarbeit aufgefordert worden." Stadtarchiv Iserlohn, Bestand FDP, Nr. 45, Schreiben B, Punkt 2, zitiert nach: Hans-Jürgen BURGARD, Die Frühgeschichte der FDP in Iserlohn 1945–1948, in: Der Märker. Heimatblatt für den Bereich der ehemaligen Grafschaft Mark Altena, 36 (1987), S. 143, Anm. 91. In diesem Zusammenhang wurden die erheblichen Informationsdefizite auf der Ebene der Bezirksgruppenvorstände beklagt:

Wirtschaftspolitische Richtlinien   15. 4. 1947 **28.**

Die Rettung unseres Volkes ist unsere vordringlichste Aufgabe. Sie wird nur dann erfüllt werden, wenn ein jeder alle Fähigkeiten entfalten kann und entfaltet, die ihm gegeben sind. Das kann nur der Mensch, der rechtlich, seelisch, geistig und wirtschaftlich frei ist.

Wirtschaftlich frei ist nur derjenige, der sich als Freier und Gleichberechtigter anerkannt sieht und es auch ist.

Diese Wirtschaftsfreiheit ist für jeden zu schaffen, ist Aufgabe der künftigen deutschen Wirtschaftsordnung.

Sie wird das ihr gesetzte Ziel nur dann verwirklichen können, wenn in einer geordneten Wirtschaft auch die letzte Kraft der Selbstverantwortung, der Initiative und des freien Wettbewerbs dazu gleichberechtigt eingesetzt wird.

I. Wirtschaftsordnung

Arbeiter und Unternehmer sollen mit gleichen Rechten die Ordnung der deutschen Wirtschaft übernehmen. Wir fordern daher die Schaffung eines in der Verfassung verankerten deutschen Wirtschaftsrates als oberstes Ordnungsorgan. In ihm sind alle Arbeitnehmer und Unternehmer auf Grund geheimer Wahlen paritätisch vertreten.

Aufgaben des Wirtschaftsrates sind:

A. Schaffung einheitlicher Richtlinien für alle Ordnungsmaßnahmen und damit des Rahmens, in dessen Grenzen sich der einzelne wirtschaftlich frei betätigen kann.

B. Verhinderung von Mißbrauch wirtschaftlicher Macht.

C. Sicherung und Förderung der sozialen und arbeitsrechtlichen Grundlagen. Bildung des obersten Schlichtungsausschusses. Dem Wirtschaftsrat steht ein uneingeschränktes Auskunftsrecht gegenüber allen am Wirtschaftsleben Beteiligten zu. Die Gesetzentwürfe des Wirtschaftsrates über die Regelung der deutschen Gesamtwirtschaft sind dem Parlament zur Beschlußfassung vorzulegen.

II. Recht auf Arbeit und Eigentum

Die sittliche und rechtliche Grundlage unserer Wirtschaftsordnung ist das Recht auf Arbeit und das Recht auf Privateigentum und dessen Unantastbarkeit, soweit es

---

„Rein zufällig oder aus der Tagespresse erfahren die Bezirksgruppenvorstände von Anträgen, Resolutionen und Stellungnahmen der FDP im Landtag oder bei sonstigen wichtigen Anlässen. Auf die Gestaltung der politischen Arbeit haben sie keinen Einfluß, obwohl ihnen die Aufgabe übertragen ist, das Programm der FDP und deren Zielsetzung bei den nachgeordneten Parteiinstanzen sowie bei den Parteianhängern und Wählern zu vertreten und populär zu machen. Ebenso verhält es sich mit der Arbeit der FDP-Zonen-Ausschüsse. Bis heute ist den Bezirksgruppen über die Tätigkeit dieser Ausschüsse und den Stand der Arbeit keinerlei Information zugegangen. Alles spielt sich hinter verschlossenen Türen und streng vertraulich ab." Stadtarchiv Iserlohn, Bestand FDP, Nr. 45, Schreiben B, Punkt 3, zitiert nach: Hans-Jürgen Burgard, a. a. O., S. 143 f., Anm. 92.

nicht mißbraucht wird. Die Arbeitskraft ist das wertvollste Eigentum des Menschen, über das ihm freies Verfügungsrecht zusteht.

III. Arbeitnehmer und Unternehmer

Die von uns erstrebte soziale Wirtschaft setzt eine vertrauensvolle Zusammenarbeit von Arbeitnehmern und Unternehmern voraus. Arbeiter und Angestellte haben ein Recht auf Förderung und gesetzliche Sicherstellung ihrer sozialen und arbeitsrechtlichen Belange. Das für die Entfaltung der Wirtschaft unentbehrliche Gewinnstreben des Unternehmens hat zurückzustehen vor den berechtigten sozialen Ansprüchen der Arbeitnehmer.

Zur Sicherung der arbeitsrechtlichen Stellung der Arbeitnehmer im Betriebe fordern wir ein Betriebsrätegesetz mit dem Mindestziel, die im Betriebsrätegesetz von 1920 festgelegten Rechte des Betriebsrates zu gewährleisten.

IV. Koalitionsrecht

Wir bejahen das Koalitionsrecht sowohl der Arbeitnehmer in nicht parteipolitischen Gewerkschaften als auch der Arbeitgeber auf entsprechender Grundlage bei freiwilliger Mitgliedschaft.

V. Sozialisierung

Die freie Entfaltung aller Kräfte ist Aufgabe und Voraussetzung jeder gesunden Wirtschaft. Die Sozialisierung, gleich welcher Form, verhindert diese Entfaltung, da sie den freien Wettbewerb ausschließt, die persönliche Initiative und Verantwortungsfreudigkeit aufhebt und in Wirtschaftsbürokratie und Zwangsarbeit endet. Wir lehnen die Sozialisierung deshalb aus wirtschaftlichen wie aus sozialen Gründen ab.

VI. Planwirtschaft

Aus dem gleichen Grundsatz sind wir Gegner der staatsgelenkten Wirtschaft und fordern ihren fortschreitenden Abbau unter Sicherung der Versorgung der Bevölkerung mit Gegenständen des täglichen Bedarfs.

VII. Konzerne, Kartelle und Monopole

Konzerne, Kartelle und Monopole können zu machtpolitischem Mißbrauch führen und sind dann Feinde der Wirtschaftsfreiheit. Wir fordern daher ihre Auflösung, Entflechtung und Verhinderung, soweit sie nicht volkswirtschaftlich notwendig sind.

VIII. Mittelstand

Unentbehrlicher Bestandteil einer gesunden Wirtschaft ist ein gesunder Mittelstand in Handwerk, Handel, Gewerbe, Industrie und freien Berufen. Wir treten für seine Erhaltung ein.

Der freie Bauer auf freier Scholle ist der Grundsatz unseres bereits vorliegenden Agrarprogramms.

IX. Genossenschaften

Genossenschaften haben die gleiche Berechtigung wie andere Rechtsformen der Wirtschaft bei gleichen Bedingungen. Die Gesetze des freien und gleichen Wettbewerbs dürfen weder durch steuerliche noch durch kontingentmäßige Bevorzugung der Genossenschaften ausgeschaltet werden.

X. Währung

Wir fordern eine baldige Geld- und Währungsreform. Voraussetzungen dazu sind:

Herstellung der deutschen Wirtschaftseinheit,

Ingangsetzung der deutschen Wirtschaft,

Festsetzung der Reparationsleistungen und Herabsetzung der Besatzungskosten auf ein tragbares Maß.

Der Kurs der neuen Währung muß die Wettbewerbsfähigkeit der deutschen Wirtschaft auf dem Weltmarkt gewährleisten.

XI. Steuern

Die augenblicklich gültigen Steuergesetze lähmen die Wirtschaft und jedes gesunde Erwerbsstreben. Wir fordern eine Einkommensbesteuerung, die sozial gerecht gestaffelt ist, aber nicht arbeitshemmend wirkt.

Die deutsche Wirtschaft wird nur dann wieder aufleben, wenn alle in ihr tätigen sich unter Einsatz ihrer vollen Kraft und Fähigkeit frei entfalten können. Unser Wirtschaftsprogramm verbürgt diese Freiheit für alle, sichert den sozialen Fortschritt und ermöglicht jedem Schaffenden den wirtschaftlichen Aufstieg unter gleichen Bedingungen. Nicht das Abgleiten der selbständigen Existenzen in das Abhängigkeitsverhältnis, sondern der Aufstieg zu einer Existenz ist Ziel und Voraussetzung der von uns erstrebten Wirtschaft und nur durch sie und in ihr möglich.

29.

28. 4. 1947: Protokoll über die Sitzung des Landesausschusses des Landesverbandes Nordrhein

NL Blücher 247. Beginn: 10 Uhr. Ende: 13.48 Uhr. Ort: Stadtwerke zu Düsseldorf.

Anwesend waren: siehe Anwesenheitsliste!

Dr. MIDDELHAUVE eröffnet die Sitzung mit einem Dank an alle die, die an der Wahlarbeit hervorragenden Anteil haben. Besonders würdigte er den unermüdlichen Einsatz unserer Redner. Auf das Wahlergebnis übergehend stellte Dr. MIDDELHAUVE fest, daß man *keinesfalls* von einem *Wahlerfolg* reden könne. Wohl hätte die Partei eine Stimmenzunahme von 1,7 % zu verzeichnen, aber das dürfe nicht auf die wirklichen Auswirkungen der Wahl hinwegtäuschen. Wenn CDU und FDP zusammen 104 Sitze im Landtag einnähmen, ständen demgegenüber die KPD und die SPD mit 92 Sitzen. Bei der Politik des Zentrums bestehe durchaus die Möglichkeit, daß dasselbe auf der Seite der sozialistischen Parteien stehe, so daß eine *Linksmehrheit* entstände. Da im Kreise Kleve die Wahl noch nicht durchgeführt worden ist, müssen wir mit allem Nachdruck die Wahlarbeit forcieren, denn, so führte Herr Dr. MIDDELHAUVE aus, es bestehe durchaus die Möglichkeit, daß wir durch ein schlechtes Wahlergebnis unseren 12. Abgeordneten verlieren oder aber durch gute Wahlarbeit einen 13. Abgeordneten in den Landtag bestimmen können.[1] Es müsse auf alle Fälle festgestellt werden, ob die Reststimmen über 50 % aufgerundet werden und einen neuen Abgeordneten ergeben oder aber nur abgerundet wird.

Nach der Feststellung, daß der Landesverband Nordrhein besser als der Landesverband Westfalen gewählt habe, ging Herr Dr. MIDDELHAUVE auf die Kritik ein, die seitens junger Mitglieder der FDP an den Wahlvorbereitungen geübt wurde. Die Kritik, die gleichzeitig positive Vorschläge enthielt, kam von den Herren *Mende, Sterzenbach, Kraemer* und *Berlin.*[2] Auch ich, so sagte Dr. MIDDELHAUVE, habe als Redner während der Wahlvorbereitungen viele Ortsgruppen besucht und habe mich von der Wirksamkeit unserer Propaganda an Ort und Stelle überzeugen können und möchte Ihnen einige meiner Erkenntnisse übermitteln, die sich mit denen der genannten Herren decken.
1. Unsere Redner haben sich viel *zu sehr* auf das *Wirtschaftsproblem* gestützt. Wir haben zu viel von der Sozialisierung gesprochen und hätten mehr von der deutschen Frage und vom Reich sprechen sollen. Richtiger wäre gewesen, im Hinblick auf die Konferenz in Moskau und auf die außenpolitischen Ereignisse die Atlantik-Charta[3] anzuziehen und sich dauernd nachdrücklichst auf die in der Charta verankerten Grundsätze und auf das Völkerrecht zu stützen.

---

1 Die FDP erreichte mit 5,9 % der Stimmen 12 Mandate. Vgl. SCHACHTNER, 1956, S. 51 f.
2 Hans Georg *Sterzenbach*, Felix *Kraemer* und Jürgen *Berlin* hatten – wie Erich *Mende* – in Opladen Kontakt zu Friedrich *Middelhauve* gehabt. Vgl. MENDE, 1984, S. 46. *Sterzenbach*, seit 27.5. 1947 Vorstandsmitglied des FDP-Landesverbandes Nordrhein-Westfalen, trat am 10.6. 1947 aus der Partei aus. Er begründete dies u.a. damit, daß ein Sozialprogramm immer noch nicht in Angriff genommen worden sei. Schreiben *Sterzenbachs* an Gustav *Altenhain*, 10.6. 1947, Archiv des FDP-Landesverbandes Nordrhein-Westfalen in Düsseldorf, Akte Schriftverkehr des Landesverbandes (allgem.), L–Z, 1947–1948, I b/1. Vgl. Dok. Nr. 45.
3 *Roosevelt* und *Churchill* wandten sich in der gemeinsamen Erklärung vom 14.8. 1941 unter anderem gegen territoriale Veränderungen ohne die freiwillige Zustimmung der betroffenen Völker. Nach der Konferenz von Teheran (28.11.–1.12. 1943) und dem dort nicht widersprochenen Vorschlag *Stalins,* Polens Westgrenze an der Oder verlaufen zu lassen, erklärte *Churchill* erstmals am 14.1. 1944, die Atlantik-Charta würde für die Deutschen keinen rechtlichen Anspruch begründen. Vgl. Albrecht TYRELL, Großbritannien und die Deutschlandplanung der Alliierten 1941–1945, Frankfurt a. Main 1987, S. 44 u. S. 383 f.; Johann W. BRÜGEL, Die Atlantik-Charta. Eine historisch-politische Studie, in: EUROPA-ARCHIV, 6 (1951), S. 4224.

Bei einer Überbetonung unserer Ablehnung der Sozialisierung in einer dem Arbeiter unverständlichen Form könnten wir leicht in den Geruch geraten, daß wir nur Arbeitgeber-Interessen vertreten.

2. Wir müssen das *Nationale* betonen. Nicht, daß wir nationalistisch sein sollten, sondern vielmehr wollen wir den Gedanken des Deutschseins in Zukunft mehr herausstellen. Das muß vor allen Dingen durch unsere Redner, die Presse und unsere Parteispitzen geschehen.

Weiter stellte Dr. MIDDELHAUVE fest, daß die *Jugendarbeit* noch nicht den Erfolg gezeigt hat, den man erwartet hat. Der Grund dafür sei darin zu suchen, daß die Jugend in erster Linie national und dann parteipolitisch denkt. Wenn wir also das nationale Moment nicht entsprechend herausarbeiten, werden wir die Jugend auch nicht ansprechen.

Vom Jugendproblem ging Dr. MIDDELHAUVE auf das Problem der Arbeiter über. Er wies den Vorwurf, wir wären für den Arbeiter nicht die richtige Partei bzw. wir wären die ausschließliche Vertretung der Arbeitgeber, entschieden zurück. Der prozentuale Anteil der Arbeiter und Angestellten an der Gesamtmitgliederzahl sei sehr hoch.[4] Aber auch, wenn der Arbeiter *nicht* zu unserer Partei käme, müssen wir seine Belange berücksichtigen. Es sei erforderlich, in Zukunft das Problem der Sozialisierung mehr vom Standpunkt des Arbeiters aus zu betrachten. Schnellste Ausarbeitung eines *Sozialprogramms*[5] sei unbedingt nötig.

Darauf ging Dr. MIDDELHAUVE auf Fragen der *Organisation* über. Für die kommende Wahl sei es unbedingt erforderlich, daß in den organisatorisch noch wenig erfaßten Gebieten (Regierungsbezirk Aachen usw.) mit aller Kraft Kreisgruppen aufgebaut werden müssen, die nicht nur auf dem Papier stehen, sondern arbeitsfähig sind. Wir müssen in diesem Zusammenhang nochmals darauf hinweisen, daß die Kreisgruppen unbedingt die vom Landesverbands-Sekretariat gestellten Termine einhalten und dadurch die Arbeit des Landesverbands-Sekretariats unterstützen. Man muß endlich soweit kommen, daß, wenn Kreisgeschäftsführer ihren Pflichten nicht nachkommen, diese kurzerhand ohne Rücksicht auf die Person entlassen werden können. Dasselbe gilt auch für sämtliche Vorstands- und Ausschußmitglieder. Wer überbelastet ist oder seinen Posten aus irgendwelchen anderen Gründen nicht ausfüllen kann, muß von selbst um Entlassung bitten, oder es muß ihm die Entlastung angetragen werden.

Den *Landtagsabgeordneten* muß zur Pflicht gemacht werden, in allen Städten innerhalb eines ihnen zugewiesenen Bezirks mindestens alle 2 Monate eine öffentliche Versammlung abzuhalten, in denen sie Rechenschaft ablegen über ihre Arbeit im Landtag. Die *Rednerschulung*, die am 10. 5. beginnen soll[6], begrüßte Dr. MIDDELHAUVE und betonte, daß sie nicht nur eine rhetorische, sondern auch eine programmatische Schulung sein müsse.

---

4 Vgl. Dok. Nr. 46 b, Anm. 21.
5 Vgl. Dok. Nr. 45.
6 Vgl. Dok. Nr. 33.

29. 28.4.1947   Sitzung des Landesausschusses Nordrhein

Den vom Landesjugend-Sekretariat geplanten *Landesjugendtag* könne er bejahen.

Zum Schluß verlas Dr. MIDDELHAUVE einen Antrag der Kreisgruppe Bonn. (Antrag Bonn.)

Herr DOMINICUS eröffnete die Diskussion mit der Feststellung: „Es hat keinen Zweck, die Lage zu beschönigen und sich krampfhaft an der Stimmenzunahme von 1,7% festzuklammern. Wir müssen es offen zugeben, wir sind geschlagen worden. Wenn wir diese Scharte auswetzen wollen, dann müssen wir unsere Grundsätze durchaus ändern."

Herr DOMINICUS betonte, daß unsere Wahlpropaganda und unsere Politik zu sehr vom Verstand diktiert sei. Wir müßten *leidenschaftlicher* sein. Die Leidenschaft sei das Schwungrad einer politischen Bewegung. Darauf forderte er eine primitivere Gestaltung unserer Wahlpropaganda und unseres anderen Werbematerials. Der Arbeiter wolle in seiner Art angesprochen werden. Langatmige akademische Erörterungen seien für ihn nicht das Gegebene. Zur Regierungsbeteiligung[7] Stellung nehmend, forderte er kategorisch: „Heraus aus der Regierung!" Wir könnten, so meinte Herr DOMINICUS, die Politik des Kabinetts keinesfalls in unserem Sinne beeinflussen, würden aber auf alle Fälle für die Arbeit des Kabinetts genau so verantwortlich gemacht wie die CDU oder SPD.

Dr. v. RECHENBERG führte aus, man könne, was den Arbeiter betrifft, mit Engelszungen reden, ohne Erfolg zu haben. Der Arbeiter wolle Taten sehen. Im übrigen glaube er nicht, daß allein unsere Wahlpropaganda schuld sei, sondern daß lediglich eine Verschiebung innerhalb der sozialistischen Parteien und eine Stimmabgabe der CDU an das Zentrum stattgefunden habe. Wichtig sei die Erkenntnis, daß der große Teil der Nichtwähler eigentlich in unser Lager gehöre, aber durch ungenügende und unwirksame Propaganda sowie durch fehlende Taten nicht überzeugt wurde. Dr. v. RECHENBERG warf die Frage auf, warum man die FDP wählen solle, wenn von ihrer Parteispitze eine Politik gebilligt würde, die im groben Gegensatz zur politischen Grundeinstellung der Gesamtzahl der Mitglieder stände. „Die Politik von Herrn *Blücher* kann uns keine Stimmen bringen." Von RECHENBERG führte dann einen Artikel aus der „*Westdeutschen Rundschau*" an, der einen Beschluß des Kabinetts (dem auch der erste Zonenvorsitzende angehört) zur Kenntnis brachte, der den *Betriebsräten* das Recht und die Pflicht gibt, die monatlich an die Militärregierung einzureichenden Industrieberichte einzusehen und abzuzeichnen.[8]

Diesen Beschluß bezeichnete v. RECHENBERG als rein *sozialistische* Maßnahme und stellte zum Schluß seiner Ausführungen die Frage: „Hat *Blücher* diesen Beschluß gebilligt? Wenn ja, dann soll er gehen!"

Prof. HERTZ ging auf das von beiden Vorrednern knapp gestreifte Jugendproblem näher ein und erklärte, die Jugend mache nach wie vor der NSDAP kleine und dem Militarismus große Konzessionen. Ein Appell an die Jugend wäre vergeblich, solange wir noch in einer *Scheindemokratie* lebten.

---
7 Vgl. a.a.O.; Dok. Nr. 32, Anm. 9.
8 Vgl. Dok. Nr. 37, Anm. 42 u. 43.

Sitzung des Landesausschusses Nordrhein 28.4.1947 **29.**

Herr MENDE führt an, daß eine große Menge Menschen nicht an der Wahl teilgenommen hätten, weil sie, nachdem schon seit zwei Jahren die Waffen schweigen, noch keine Aufwärtsentwicklung gesehen hätten. Statt Besserung der Ernährung folgt eine Rationskürzung nach der anderen, und nicht einmal die auf den Karten angegebenen Mengen würden voll ausgeliefert. Wenn die Jugend nach dem Zusammenbruch des nationalsozialistischen Regimes sehr *aufnahmebereit für die Demokratie* gewesen sei, so hätte sich ihr politisches Denken mehr und mehr in eine Opposition gegen die Engländer gewandelt, denn, so führte Herr MENDE aus, die Engländer seien letztlich immer die Verantwortlichen. Das sei vor allem auch in der Frage der Ernährung zutreffend. Die Ernährungslage habe die Extreme verstärkt.[9] Vor allem sei der ungewöhnlich starke Linksdruck, der sich bei der radikalen Partei, der KPD, am stärksten ausgewirkt habe, auf den Hunger zurückzuführen. Die Regierungsfrage streifend, stellte Herr MENDE fest, daß wir in der Regierung mit unseren 6% nie ausschlaggebend sein könnten, dafür aber immer mit der gesamten Verantwortung belastet würden. Die Opposition sei für uns im Augenblick die günstigste Betätigung. Es sei besser, *aufbauende Kritik* zu üben, die man nur voll entfalten könne, wenn man ungebunden sei, als sich in einem Regierungsorganismus mitschleppen zu lassen, nur um eines Ministersessels willen.

Wieder auf die Jugendfrage übergehend, streifte Herr MENDE die *nationale Einstellung* der jungen Generation. „Wir jungen deutschen Menschen dürfen nicht deutsch denken, dann rasseln wir schon mit den Säbeln." Im Gegensatz dazu feiere Polen den Tag der Westoffensive und gebärde sich mehr als nationalistisch. Wir sollten national sein und den Tag des Völkerrechts feiern, um dort unablässig an die Atlantik-Charta, an die unrechtmäßige Zurückhaltung von Kriegsgefangenen, an die sinnlose Ausbeutung der deutschen Wirtschaft und an die jeder Menschlichkeit hohnsprechende Vertreibung deutscher Menschen aus ihrer Heimat zu erinnern. Die Jugend wolle Besseres sehen: „Bringt Besseres!"

Man müsse, wolle man die Jugend ansprechen, national sein. Es genüge nicht, wenn man nur für ein zentralistisches Deutschland spreche, man müsse den Gedanken *des Reichs* in den Vordergrund stellen.[10] Das solle aber nicht dazu führen, daß man nationalsozialistisch würde oder Konzessionen an die Nazis mache. Besser sei es aber, einmal zu weit zu schießen, als überhaupt nichts zu tun oder in Langsamkeit zu ersticken.

Herr WIRTHS ging auf die Herausstellung von Persönlichkeiten im Wahlkampf ein und betonte, daß eine *programmatische Propaganda* besser anspreche; als Beweis führte er den Wahlkreis an, in dem Herr Minister *Blücher* kandidierte, aber trotz seiner Eigenschaft als Minister und bekannter Parteivorsitzender nicht mehr als 925 Stimmen auf sich vereinigen konnte.

Herr WIRTHS warnte davor, sich in den *nationalistischen Hexenkessel* zu begeben, dabei wäre noch nie etwas Gutes herausgekommen.

---
9 Vgl. Dok. Nr. 25, Anm. 24.
10 Vgl. dagegen Dok. Nr. 27, Anm. 4. Vgl. auch Dok. Nr. 52.

Die Regierungsfrage streifend, sagte Herr WIRTHS: „Wir verkaufen die Zukunft der Partei, wenn wir uns an der Regierung beteiligen." Im Zusammenhang mit der Frage der Wahlpropaganda ging Herr WIRTHS auf die Leistungen der *Hauptgeschäftsstelle in Pyrmont* ein. Eine Parteizentrale müsse *befähigte Organisatoren* beschäftigen und nicht, wie es bei der Zone der Fall wäre, *ehrgeizgestachelte Politiker*. Von der Arbeit des Herrn Dr. *Greve* hätte man außer einer Broschüre[11] und einigen Rundschreiben bisher noch nicht viel gespürt. Auch wären die Leistungen des Zonengeschäftszimmers im Wahlkampf weit hinter dem Erwarteten zurückgeblieben. Der Einsatz der auswärtigen Redner sei ungenügend und den Ansprüchen der Kreisgruppen und Landesverbände in keiner Weise Rechnung tragend organisiert gewesen. Auch das von der Zone herausgegebene Bauernflugblatt sei zu spät bei den Kreisgruppen angelangt. Wenn die Hauptgeschäftsstelle nichts Positives leisten könne, solle man sie auflösen. Man müsse in Pyrmont langsam einsehen, daß die organisatorische Arbeit auf alle Fälle vorwärtsgetrieben werden müsse.

Daran anschließend bemängelte WIRTHS die ungenügende Ausrichtung der Redner. Er hätte, so führte WIRTHS aus, in vielen Wahlversammlungen gesprochen, es wäre ihm wohl möglich, zu jedem Problem Stellung zu nehmen, aber es wäre immer nur seine *eigene Meinung*. Die *Meinung der Partei* jedoch könne er nur dann klarlegen, wenn er selbst über diese Meinung voll unterrichtet sei. Das könne wiederum nur durch exakte Stellungnahmen, durch einen gut arbeitenden Rednerdienst usw. geschehen.

Herr GUNTERMANN stellte fest, die Zonengeschäftsstelle und das Landesverbandssekretariat hätten im Wahlkampf versagt. Die Partei als Ganzes sei zu lau in den Wahlkampf hineingegangen. Was ihr fehle, sei *Idealismus und Leidenschaft*. Im übrigen wäre es ganz richtig, wenn von verschiedenen Seiten behauptet würde, daß die FDP scheinbar nur den Eigentumsbegriff und die Unternehmer-Initiative kennt. Wenn wir schon eine soziale Partei seien, dann sollten wir das auch zum Ausdruck bringen. GUNTERMANN forderte die sofortige Schaffung des Sozialprogramms der FDP. Er führte aus, daß der Arbeiter leben wolle, man müsse ihm nur etwas zu leben geben. Den Arbeiter interessiere herzlich wenig, ob sozialisiert würde oder nicht, für ihn sei lediglich die Erhöhung seines Lebensstandards ausschlaggebend.

Dr. MIDDELHAUVE bat daraufhin, alle Anwesenden, eventuelle Anregungen für das Sozialprogramm und seine Gestaltung dem Landesverbandssekretariat unverzüglich zukommen zu lassen.[12] An Herrn *Guntermann* stellte Dr. MIDDELHAUVE die Frage, warum der Arbeitnehmer-Ausschuß, der unter *Guntermanns* Vorsitz tagt, nicht schon längst ein solches Programm ausgearbeitet habe.

Herr GUNTERMANN stellte fest, daß die Ausarbeitung eines solchen Programms nicht nur die Sache der Arbeitnehmer sein könne, sondern daß auch die Arbeitgeber dabei beteiligt sein müssen.

---

11 Vgl. Dok. Nr. 14, Anm. 12.
12 Am 3. 12. 1947 wurden dem Landesausschuß des FDP-Landesverbandes Nordrhein-Westfalen die Programmentwürfe von Hans *Erdmann* und Dr. *Kuhbier* vorgelegt. Vgl. SCHRÖDER, 1985, S. 201.

Herr SCHREINER[13] ging noch einmal auf die Wahlpropaganda ein und führte aus, daß die materiellen Ziele den ideellen zu weichen hätten. Er forderte:
1. politische Schulung,
2. Durchdringung der sogenannten unpolitischen Organisationen und Vereinigungen,
3. Durchdringung der Sport- und Jugendverbände mit gleichzeitiger Aktivierung unserer Jugendarbeit.

Herr JANSSEN[14] gab seine Erfahrungen als Wahlredner bekannt, die er in folgenden Punkten kurz zusammenfaßte:

1. Überall sprechen, auch in der kleinsten Gemeinde, und wenn es sein muß, vor 2 bis 5 Zuhörern. Überall arbeiten.

2. Bei Reden möglichst nur einen Punkt, höchstens einige Punkte behandeln.

3. Nicht pflaumenweich sein, sondern rücksichtslos und rückhaltlos die Wahrheit sagen. Nicht der *von den Gegnern gelobte* Politiker oder Redner ist gut, *nein, der angegriffene*, denn der Angriff beweist, daß man ihn ernst nimmt.

Herr DÖRNHAUS faßte den Inhalt seiner Wahlreden und seiner Wahlpropaganda zusammen in den drei Worten: deutsch – einig – sozial. Wir müssen vor allen Dingen, auch vor aller Parteipolitik, den *deutschen Standpunkt* wahren.

Das *Wuppertaler Wahlbündnis* sei der Partei mehr als abträglich gewesen, denn die Wähler hätten dadurch den Eindruck gewinnen müssen, daß sich CDU und FDP kaum unterscheiden. Wenn FDP und CDU zusammengehen, warum soll man dann nicht gleich die CDU als stärkste Partei wählen? Auch Herr DÖRNHAUS kritisierte, wie alle seine Vorredner, die Haltung der Zonengeschäftsstelle und des 1. Vorsitzenden. Zu einer Landesausschußsitzung, in der einschneidende politische Fragen besprochen würden, sei die Anwesenheit des Herrn *Blücher* unbedingt erforderlich, leider aber sei Herr *Blücher* noch nie zu einer solchen Sitzung erschienen.

Herr RUBIN stellte fest, daß Minister *Blücher* durch seine vielen Ämter sehr stark beansprucht wird. Man hätte Herrn *Blücher* den Willen des Landesausschusses wissen lassen müssen und ihn von der unbedingten Nötigkeit seines Erscheinens unterrichten sollen.

---

13 Gerhard *Schreiner* (geb. 1907), Landwirt und Kaufmann; 1927–1929 Vorstandsmitglied der Deutschen Jugendkraft (Verband für Sportpflege in katholischer Gemeinschaft), bis 1933 Mitglied des Zentrums; Mitglied der Widerstandsgruppe Duettwanger, Verhaftung wegen Vorbereitung zum Hochverrat, 1940–1945 Soldat; 1946 Vorstandsmitglied der Rheinischen Bauernschaft, April 1947 Vorsitzender der Rheinisch-Westfälischen Bauernschaft in der britischen Zone; MdL NRW, ausgeschieden am 14. 10. 1947.

14 Hubert Heinrich *Janssen* (Haan/Rheinland), Schriftleiter, war Kandidat des FDP-Landesverbandes Nordrhein für die Landesreserveliste gewesen.

Herr ERDMANN[15] stellte die Forderung auf, nicht nur ein Wirtschafts- und ein Sozialprogramm zu schaffen und sich dann in einer Menge von Einzelprogrammen zu verlieren, sondern man müsse endlich ein scharf umrissenes Parteiprogramm schaffen. Dafür sei der Zonenvorstand zuständig. Aus dem Gesamtprogramm ergäben sich automatisch alle anderen programmatischen Erklärungen.[16]

Am Schluß seiner Ausführungen stellte ERDMANN fest, daß es unbedingt nötig sei, daß Herr *Blücher* in Zukunft an den Sitzungen des Landesausschusses teilnimmt.

Herr STERZENBACH sprach über seine Erfahrungen als Wahlredner. Stärkstens griff er die Parole „Nur freie Wirtschaft bricht Not" an. Damit könne man keine Wähler für sich gewinnen. Mindestens müsse die Parole heißen: „Nur *soziale* freie Wirtschaft bricht Not." Im Fehlen der durchschlagenden Wahlparolen und einer mangelhaften Ausführung der Plakate glaubt Herr STERZENBACH teilweise Gründe für das niedrige Wahlergebnis zu sehen.

Herr STERZENBACH meinte, er habe eine Unmenge von Kandidatenbriefen, Flugblättern, Wahlplakaten und andere Werbemittel unseres Landesverbandes in den Händen gehabt. Überall hätte die Sicherung des Privateigentums und der Unternehmer-Initiative im Vordergrund gestanden, während das Soziale, wenn überhaupt, nur ganz schüchtern und scheu auf der zweiten Seite mit wenigen Worten erwähnt wurde. Das Nationale müsse neben dem Sozialen in Zukunft mehr herausgestrichen werden. In einer Zeit, wo alle Welt vor Nationalismus trieft, müßten auch wir, unserer Grundhaltung entsprechend, das gesunde nationale Gefühl des Wählers ansprechen.

Über Plakate, die Wahlversammlungen ankündigen, sagte STERZENBACH, daß, wenn der Redner bekannt sei, wie z.B. Minister *Blücher,* Dr. *Middelhauve* usw., der Name des Redners die Hauptsache sei und deshalb am größten auf dem Plakat erscheinen müsse. Bei unbekannteren Rednern müsse das Thema das Zugmittel sein. Er schlug vor, endlich einmal die faden Themen „Deutschland wird leben", „Was wollen wir Freien Demokraten" usw. wegzulassen und dafür Themen wie „Ist Deutschland rechtlos?", „Die Wahrheit über den Kommunismus", „Sozialisten hergehört" zu gebrauchen.

Es wäre eine alte Weisheit, könne aber trotzdem nicht oft genug betont werden und müsse in der Propaganda klar herauskommen, daß die FDP christlich – national – sozial ist. Die Arbeit in den einzelnen Kreisen müßte viel aktiver werden und die spießbürgerliche Lauheit durch Idealismus ersetzt werden. Für die kommende politische Schulung nannte STERZENBACH die Rednerschule und in den *„FDP-Nachrichten"*[17] regelmäßig erscheinende Schulungsaufsätze als Hauptfaktoren. Seine Ausführungen beendete er mit den Worten: „Aktiviert den Geist, dann wird die Partei gewinnen."

---

15 Hans *Erdmann* (Wuppertal), Oberingenieur; seit 19. 6. 1947 Vorsitzender des Sozialpolitischen Ausschusses des FDP-Landesverbandes Nordrhein-Westfalen; Vorsitzender des Bezirksverbandes Bergisches Land (Stand: August 1947).
16 Von einem Gesamtprogramm ist nichts bekannt.
17 Die „FDP-Nachrichten" erschienen erstmals am 15. 6. 1946 und wurden vom FDP-Landesverband Nordrheinprovinz herausgegeben.

Nachdem Herr ADAMS[18] und einige andere Herren fast in derselben Art wie ihre Vorredner zu den obigen Problemen Stellung genommen hatten, beantragte Herr v. RECHENBERG Schluß der Debatte.

Herr WIRTHS stellte den Antrag auf Schluß der Rednerliste. Der Antrag wurde angenommen.

Herr MAASS beleuchtete die Probleme von der Seite der Arbeitnehmer. Er stellte fest, daß die sture Haltung gegen die Sozialisierung kein Erfolg gewesen sei. Er bemängelte das Fehlen der nötigen Parteidisziplin, das vor allem im Wahlbündnis Wuppertal zum Ausdruck gekommen wäre.

Herr BLANKENBURG[19] stellte sich auf den Standpunkt, daß ein Parteiprogramm nicht so sehr dringend sei und man sich jetzt noch nicht binden solle. Solange die Situation nicht geklärt sei, sei das zu vermeiden, um sich nicht später in unvorhergesehenen Lagen zu befinden.

Herr WIRTHS lehnte den Vorwurf der Disziplinlosigkeit betreffend Wahlbündnis ab und berief sich auf die entsprechenden Sitzungsberichte und Protokolle. Er machte den Vorschlag, je Landesverband 3 Herren zur Ausarbeitung des Gesamtprogramms namhaft zu machen. Für Wuppertal nannte er Herrn *Erdmann*.

Dr. MIDDELHAUVE faßte die Ergebnisse der Diskussion noch einmal zusammen. Die Arbeitsleistung müßte in Zukunft von den wenigen Schultern, auf denen sie zur Zeit noch ruhe, verteilt werden. Dazu sei die Mitarbeit aller nötig. Die organisatorische Arbeit müsse mehr auf die Bezirksgruppen verlagert werden. Die Kreisgruppen hätten zu überprüfen, ob die Vorstände und die Kreisgeschäftsführer den Anforderungen entsprächen oder ob ihre Ablösung nötig sei. Die Rednerschulung sei mit allem Nachdruck durchzuführen. Für die Geschäftsführer sei die Teilnahme Pflicht. Die Bildung von Fachausschüssen usw. (Gewerkschaftsausschuß) müsse baldigst durchgeführt werden. Das Jugendreferat sei auszubauen und bei jeder Kreisgruppe ein Jugendreferent zu benennen. Die Jugendarbeit müsse sofort beginnen und solle durch Herrn *Mende* belebt werden.

Die Frage der Regierungsbeteiligung müsse bis zur nächsten Sitzung zurückgestellt werden, da vorher eine Rücksprache mit der Fraktion unbedingt nötig sei.[20]

Den Landtagsabgeordneten sei es zur Pflicht zu machen, in einem vorher bestimmten Bezirk zweimonatlich mindestens eine öffentliche Versammlung abzuhalten, in der sie über die Arbeit der Landtagsfraktion Rechenschaft zu geben haben.

Die Orts- und Kreisgruppen haben die Pflicht, der Landtagsfraktion Anregungen und Vorschläge für ihre Arbeit zu unterbreiten. Am Schluß seiner Ausführungen stellte Dr. MIDDELHAUVE die Frage, ob damit dem Antrag Bonn Genüge gegeben sei.

---

18 Vermutlich: Otto *Adams* (Essen), Vorsitzender des Bezirksverbandes Rechter Niederrhein.
19 Biographische Angaben waren nicht zu ermitteln.
20 Vgl. Dok. Nr. 32, Anm. 9.

29. 28. 4. 1947   Sitzung des Landesausschusses Nordrhein

Herr WIRTHS stellte fest, daß es bei einer Zusammenlegung der Landesverbände Nordrhein und Westfalen[21] sowieso zu einer neuen Vorstandswahl käme, also damit der Antrag Bonn von vornherein erledigt wäre.

Punkt 2 und 3 der Tagesordnung wurden gemeinsam behandelt. Dr. MIDDELHAUVE führte aus, daß bei einem Zusammenschluß der Landesverbände Nordrhein und Westfalen die organisatorische Arbeit in der Hauptsache bei den Bezirksgruppen liegen müsse. Er warf die Frage auf, ob man eine Länderpartei bilden solle.

Prof. HERTZ stellte das Zusammenkommen der einzelnen demokratischen Parteien in der „Demokratischen Partei Deutschlands"[22] als fraglich hin. Die französische Zone ließe nach den bisher gemachten Erfahrungen keinesfalls den Zusammenschluß zu. Außerdem sei zu bedenken, daß eventuell der Einfluß der russischen Militärregierung auf die neue gegründete Partei zu groß werden könne.

Herr v. RECHENBERG führte an, daß wir, wenn wir schon für ein einheitliches Reich wären, doch auch für eine einheitliche Partei sein sollten. Die noch ausstehende Genehmigung des Kontrollrates würde sich erübrigen, wenn alle Parteien in Zukunft unter dem gleichen Namen aufträten und engstens zusammenarbeiteten.

Herr WIRTHS sagte dazu, daß er Länderparteien nicht begrüßen könne, da diese den endgültigen Zusammenschluß nur erschwerten. Er wäre vielmehr dafür, daß einzelne Landesverbände gegründet würden. Unabhängig davon solle eine Zentralstelle für den Austausch der verschiedenen politischen Gedanken geschaffen werden.

Herr FALBE[23] führte aus, daß die Schaffung von Länderparteien ein Schritt nach rückwärts sei. Die Vereinigung mit den Parteifreunden im Osten müsse unbedingt zustande kommen.

Herr MENDE erklärte, daß das Zonendenken aufhören müsse, zumindest *wir* müßten die Zonengrenzen dadurch aufheben, daß wir zu einer Zusammenarbeit im ganzen Reich kämen.

Dr. MIDDELHAUVE machte daraufhin den Vorschlag, anläßlich des nächsten Parteitages die Umwandlung der FDP in die Demokratische Partei Deutschlands, Landesverband Nordrhein-Westfalen, vorzunehmen, und dem Landesparteitag Vorschläge für die Zusammenarbeit mit den anderen Landesverbänden zu unterbreiten.

Einstimmig wurde der Beschluß gefaßt, die Umwandlung anläßlich des nächsten Landesparteitages durchzuführen.[24]

---

21 Der Zusammenschluß erfolgte am 27. 5. 1947.
22 Vgl. Dok. Nr. 32, Anm. 4.
23 Biographische Angaben waren nicht zu ermitteln.
24 Später beschloß der FDP-Landesvorstand auf Vorschlag *Middelhauves* einstimmig, in diesem Zusammenhang das Wort „Demokratische Partei Deutschlands" zu streichen. Vgl. das Protokoll über die Sitzung des FDP-Landesvorstandes am 15. 5. 1947, Archiv des FDP-Landesverbandes Nordrhein-Westfalen in Düsseldorf, Protokolle des Landesvorstandes, I a/5.

Sitzung des Landesausschusses Nordrhein 28. 4. 1947 **29.**

Herr Dr. MIDDELHAUVE ging noch einmal auf den Zusammenschluß mit dem Landesverband Westfalen ein und betonte, daß dazu die Finanzlage des Landesverbandes in Ordnung gebracht werden müsse.

Herr BERLIN gab darauf einen Überblick über die Finanzen des Landesverbandes.

Dr. MIDDELHAUVE stellte fest, daß nicht nur die Begleichung der Schulden der Kreisgruppen an den Landesverband unbedingt nötig sei, sondern daß der Landesverband durchaus auf weitere Spenden der Kreisgruppen angewiesen sei.

Herr WIRTHS stellte unter der Bedingung, daß durch Spenden mindestens RM 6 000,– aufgebracht würden, RM 2 000,– zur Verfügung.

Herr DOMINICUS stellte den Betrag von RM 1 000,– in Aussicht. Weitere Spenden wurden angesagt, von der Bezirksgruppe Köln RM 1 000,–, von der Kreisgruppe Krefeld RM 500,–, von der Kreisgruppe Solingen RM 1 000,–.

Dr. MIDDELHAUVE dankte dafür und erklärte nochmals zur Frage der Regierungsbeteiligung, daß es innerhalb des Landesausschusses nicht zu einer Beschlußfassung kommen könne.

Herr WIRTHS meinte, man müßte Minister *Blücher* selbst und vor allem die Landtagsabgeordneten hören, die ja die Verantwortung gegenüber den Wählern trügen.

Herr Dr. MIDDELHAUVE führte aus, daß die Fraktion die Absicht habe, sofort bei Eröffnung des Landtages verschiedene Anträge einzubringen, und bat die Anwesenden, hierzu Anregungen sofort einzureichen.

Über die Frage der Abhaltung öffentlicher Versammlungen als Rechenschaftsbericht der Landtagsabgeordneten kam es zu einer Beschlußfassung. Der Antrag wurde einstimmig angenommen.

Zum Punkt „Verschiedenes" stellte Dr. MIDDELHAUVE den Fall Moers[25] noch einmal zur Diskussion, nachdem er die jetzige Lage gezeichnet hatte. Herr Dr. *Hertel* und Herr *Hoffmann*, so führte Herr Dr. MIDDELHAUVE aus, hätten nach vorheriger Zusage das Schiedsgericht abgelehnt. Nun solle die Angelegenheit nach Vorprüfung durch Herrn *Maaß* durch den Landesverbandsvorstand geregelt werden. Herr WIRTHS stellt sich auf den Standpunkt: „Wenn sich Herr Dr. *Hertel* dem Schiedsgericht nicht unterwirft, bleibt der Ausschluß bestehen."

Herr GUNTERMANN machte den Vorschlag, die beiden Ausgeschlossenen sollten sich einer anderen Kreisgruppe anschließen.

Dr. MIDDELHAUVE war dazu der Meinung, man könne nicht aus der einen Kreisgruppe ausgeschlossen werden und dann in eine andere eintreten.

---

25 Der frühere Vorsitzende der Kreisgruppe Moers, *Hoffmann*, und der Geschäftsführer, *Hertel*, waren am 10. 3. 1947 vom außerordentlichen FDP-Landesparteitag wegen „parteischädigenden Verhaltens" aus der FDP ausgeschlossen worden. Vgl. das Protokoll über den außerordentlichen Landesparteitag am 10. 3. 1947 in Düsseldorf, NL Blücher 247.

Prof. HERTZ hielt die Zurückweisung der Angelegenheit an die Kreisgruppe Moers für ratsam.

Dr. MIDDELHAUVE erklärte, daß bei der Einstellung der beiden Parteien von vornherein eine Verständigung unmöglich sei.

Herr v. RECHENBERG schlug vor, da Herr *Maaß* in dieser Angelegenheit schon einmal geurteilt habe, diesen zu entlasten. Als unbefangen wurden vorgeschlagen Dr. *Simon* (Krefeld)[26] als der für Moers zuständige Bezirksgruppenvorsitzende und Dr. jur. *Fratzscher* als Jurist. Die beiden Herren sollen endgültig die Angelegenheit prüfen und die Ergebnisse dem Landesverbandsvorstand vorlegen.

Anschließend wurde die Frage der Stellungnahme zum 1. Mai aufgeworfen. Herr DOMINICUS lehnte eine Beteiligung ab, weil die Gewerkschaften nicht neutral seien. Er könne es nicht verantworten, daß sich die Partei an einer Demonstration beteilige, in der eventuell Plakate mitgeführt würden, die die Aufschrift „Gegen Hunger und Not für die Sozialisierung" trügen.

Herr GUNTERMANN verwies darauf, daß er in einem Rundschreiben vom Arbeitnehmerausschuß her eine Beteiligung abgelehnt habe.

Nachdem Herr Dr. CLESS[27], Herr FALBE, Herr v. RECHENBERG in ähnlicher Weise Stellung genommen hatten, stellte Dr. MIDDELHAUVE fest, daß es zu empfehlen sei, daß sich die Partei als solche von den Demonstrationen selbst fernhalte. Es wurde vorgeschlagen, eine Stellungnahme des Landesverbandes zum 1. Mai (allgemein gehalten) in der „*Westdeutschen Rundschau*" zu veröffentlichen.

Die Versammelten stimmten dem einstimmig zu.

---

26 Dr. Günter *Simon* (Krefeld), Vorsitzender des Bezirksverbandes Linker Niederrhein.
27 Biographische Angaben waren nicht zu ermitteln.

30.

28. 4. 1947: Protokoll über die Sitzung des Zonenvorstandes[1]

NL Blücher 230. Gezeichnet: „Bohne". Beginn: 18 Uhr. Ende: 21 Uhr. Ort: Hamburg, in Blüchers Sitzungszimmer im Zonenbeirat.

Anwesend: *Altenhain, Blücher, Dieling, Rademacher, Schäfer, Wilkening.* Außerdem: Frau *Bohne.*[2]

---

1 Die Überschrift im Protokoll lautet: „Protokoll in Stichworten über die Besprechung mit Minister *Blücher* [...]."
2 Regina *Bohne* war seit September 1947 Redakteurin des in Hamburg erscheinenden „Schnelldienstes", zuvor vermutlich Pressemitarbeiterin im FDP-Landesverband Hamburg.

Sitzung des Zonenvorstandes 28.4.1947 **30.**

Diese Besprechung diente der Vorbereitung der Zentralausschuß-Sitzung am 3./ 4. Mai 1947 in Bielefeld. Es wurde vor allem die eventuelle Zusammensetzung des künftigen Parteivorstandes der FDP³ in der britischen Zone besprochen.

Man einigte sich auf folgende Herren, die auf dem Mitte Mai stattfindenden Parteitag für die Wahl in Vorschlag gebracht werden sollen.
1. *Blücher;* 2. *Altenhain;* 3. *Rademacher* (Organisation und Verkehr); 4. *Wilkening* (Wirtschaft); 5. Dr. *Schäfer* (Sozialpolitik und Verfassungsfragen); 6. *Dieling* (Flüchtlingsfragen); 7. Dr. *Middelhauve* (Interfraktionelle Zusammenarbeit und Kultur); 8. *Martens;* 9. Pfarrer *Knoop* (Landwirtschaft); 10. *Hartenfels;* 11. Frau *Friese-Korn*⁴; 12. Frau *Hoffmeier;* 13. Herr *Engelhard*⁵ (als Vertreter der Jungen Demokraten); 14. Ein weiterer Vertreter der JD aus Nordrhein-Westfalen.

Es sind zwei Satzungsänderungen vorgesehen. Die erste soll sich auf die Erweiterung des Vorstandes auf 15 Mitglieder⁶ beziehen, die zweite Änderung, von Herrn RADEMACHER vorgeschlagen, soll besagen, daß zukünftig jeder Landesverbands-Vorsitzende an den Zentralausschuß-Sitzungen teilnehmen kann.⁷ Es wurde dann die Zahl der Delegierten für den Parteitag besprochen. Insgesamt werden zwischen 300 und 315 Delegierte teilnehmen. Die auf jeden Landesverband entfallende Teilnehmerzahl soll entsprechend der Mitgliederzahl des betreffenden Landesverbandes errechnet werden.⁸ Es würden dementsprechend auf die einzelnen Landesverbände entfallen:

Nordrhein	62	Teilnehmer
Westfalen	60	„
Hamburg	72	„
Niedersachsen	55	„

---

3 Vgl. Dok. Nr. 36.
4 Lotte *Friese-Korn* (1899–1963), Fachlehrerin für Gartenbau; seit 1946 FDP; Mitglied des 1. Kreistages Siegen; seit 1947 Mitglied des Vorstandes des FDP-Landesverbandes Nordrhein-Westfalen, Vorsitzende des Landesfrauenausschusses der FDP; seit Juni 1947 Mitglied des FDP-Zonenvorstandes in der britischen Zone; seit 31.7.1947 MdL NRW, 1950 Wiederwahl; 1953–1961 MdB.
5 Edgar *Engelhard* (1917–1979), Prokurist eines Außenhandelsunternehmens; Geschäftsführer und Mitinhaber einer Reederei; seit 1946 FDP, zuerst Vorsitzender der Arbeitsgemeinschaft Junge Demokraten der FDP in Hamburg; Oktober 1946–1947 Md Hamburger Bürgerschaft; 1949–1953 Fraktionsvorsitzender; 1952 zum stellvertretenden Landesvorsitzenden, 1958 zum Landesvorsitzenden der Hamburger FDP gewählt, danach mehrfach bestätigt; 1953–1966 Zweiter Bürgermeister von Hamburg; 1953–1957 Verwaltung der Ressortbereiche „Bezirke", Gefängnisbehörde und Sportamt, ab 1957 die Behörde für Wirtschaft und Verkehr und das Sportamt.
6 Dem vom Plenum des Bielefelder Parteitages am 7.6.1947 gewählten FDP-Zonenvorstand gehörten insgesamt 18 Mitglieder an. Vgl. den „Bericht zum Bielefelder Parteitag", in: Die Freie Stadt, 10.7.1947, Nr. 6.
7 Die Vorsitzenden der Landesverbände nahmen als Mitglieder des erweiterten Zonenvorstandes an der Sitzung des Zentralausschusses teil. Vgl. Dok. Nr. 37.
8 Der Verteilerschlüssel für die stimmberechtigten Delegierten war damit gegenüber der im Vorjahr bestehenden Regelung geändert bzw. erweitert worden. Zu der für den Parteitag in Bad Pyrmont geltenden Regelung vgl. Dok. Nr. 12.

Schleswig-Holstein	20	„
Braunschweig	10	„
Oldenburg	25	„
zusammen	304 Teilnehmer	

Eine weitere Satzungsänderung soll bestimmen, daß für jedes gewählte Vorstandsmitglied mehr als 51 % aller Stimmen abgegeben werden muß, wenn die Wahl gültig sein soll.[9] Für den ersten Vorsitzenden soll *ein* Wahlgang entscheiden; für alle weiteren Vorstandsmitglieder ein weiterer Wahlgang.

Es wird vorgeschlagen, die Geschäftsstelle der Zonenpartei an den Wohnort oder in die Nähe des Wohnortes des 1. Vorsitzenden zu verlegen.[10]

Zum Parteitag, der 3 Tage dauern soll, soll jeder Landesverband eine Schreibkraft mit einer Schreibmaschine mitbringen. (*Rademacher* ist für die Organisation dieses Büros verantwortlich und wird wahrscheinlich schon einen Tag vorher am Ort des Parteitages sein.)

Herr BLÜCHER äußerte, daß er grundsätzlich die Organisation der Partei zu ändern wünsche. Kern der Organisation seien die Bezirksgruppen in der Zone und nicht die Landesverbände. In der Hauptgeschäftsstelle sollen die Referate *Presse, Organisation* und *Jugend* geschaffen werden. Darüber hinaus soll dem 1. Vorsitzenden ein eigener Referent zur Verfügung stehen, der möglichst Volkswirtschaftler sein und eine gute Feder führen soll.[11]

Herr BLÜCHER wünscht festgehalten zu haben, daß die *Silvio-Gesell*[12]-Leute (FFF)[13] in Wahlversammlungen[14] in Westfalen wiederholt zur Sprache brachten, daß die FDP in ihrer Agitation nicht sehr glücklich gewesen sei, und zwar besonders in der Frage der Sozialisierung der HEW[15] und HHA[16]. Herr BLÜCHER habe hiergegen die Argumente angeführt:

---

9 Die geplante Satzungsänderung wurde nicht verwirklicht.
10 Vgl. Dok. Nr. 40, Punkt 7.
11 Vgl. a. a. O., Anm. 22.
12 Silvio *Gesell* (1862–1930), deutscher Wirtschaftstheoretiker. Vgl. Wolfgang STÜTZEL, Silvio Gesell, in: Theodor SCHOBER, u. a. (Hrsg.), Evangelisches Soziallexikon. 7., vollständig neu bearbeitete und erweiterte Auflage, Stuttgart 1980, Sp. 500–502.
13 „Freiwirtschaftsbund F.F.F." (F.F.F. sollte „Freiwirtschaft durch Freiland und Freigeld" bedeuten), eine auf der „Freiwirtschaftslehre" Silvio *Gesells* beruhende wirtschaftspolitische Vereinigung. Vgl. Freiwirtschaftliche Bibliothek – Wissenschaftliches Archiv –. Katalog der Bücher, Broschüren und Zeitschriften mit zahlreichen Leseproben und dokumentarischen Abbildungen. Redaktion: Werner Onken, Standort: Varel 1986. Zu der 1919 gegründeten, 1933 verbotenen und nach 1945 neu gebildeten Vereinigung vgl. Richard STÖSS, Die Freisoziale Union, in: DERS. (Hrsg.), 1986, S. 1397f.
14 Die am 27. 1. 1946 in der britischen Zone gegründete „Radikal-Soziale Freiheitspartei", in der sich die Anhänger der „Freiwirtschaftslehre" parteipolitisch zusammengeschlossen hatten, durfte auf Anordnung der britischen Militärregierung erst im Oktober 1948 an den Kommunalwahlen in Nordrhein-Westfalen teilnehmen. Vgl. Dok. Nr. 51, Anm. 18. Vgl. HÜTTENBERGER, 1973, S. 139f.; STÖSS, a. a. O., S. 1398f.
15 „Hamburgische Electricitäts-Werke".
16 „Hamburger Hochbahn Aktiengesellschaft".

Sitzung des Zonenvorstandes 3.5.1947 **31.**

1. handele es sich bei der HHA um reine Verkehrsunternehmen und

2. handele es sich nicht um Privatunternehmungen;

3. handele es sich hier um die letzte Auswirkung von Konzessionen, die diesen Verkehrsunternehmungen längst gemacht worden seien. Wir seien also absolut *nicht* „umgefallen".

Herr BLÜCHER wünscht die entsprechenden Sozialisierungs-Debatten in der Hamburger Bürgerschaft mit den Reden *Rademachers*[17] und *Wilkenings*[18] genau kennenzulernen.

---

17 Willy Max *Rademacher* hatte am 2.4.1947 Stellung genommen zum „Antrag des Senats (Nr. 19): Gesetz über die Umwandlung von Stammaktien der Hamburgischen Electricitätswerke AG in Teilschuldverschreibungen der Gesellschaft". Er lehnte im Namen der FDP den Antrag ab, da die vorgesehene Entschädigung für die Aktionäre, besonders für die Kleinaktionäre, „[...] ein zu großes Opfer [...]" sei. Vgl. Bürgerschaft zu Hamburg, Sten. Ber., 2.4.1947, S. 188 u. S. 194f.

18 Eduard *Wilkening* hatte am 19.3.1947 die Haltung der FDP dargelegt zum „Antrag des Senats (Nr. 12): Gesetz über die Umwandlung der A-Aktien der Hamburger Hochbahn AG in Teilschuldverschreibungen der Gesellschaft (neue Fassung)". *Wilkening* befürwortete, daß die Stadt Hamburg vorzeitig – und nicht erst 1957, wie es 1918 beschlossen worden war – alleiniger Eigentümer der Hochbahn AG werden sollte. „Gemischtwirtschaftliche" Betriebe mit privatwirtschaftlicher Beteiligung lehnte er – im Gegensatz zur CDU – ab. Dem Antrag des Senats verweigerte er aber seine Zustimmung, weil er im Hinblick auf Kaufpreis, Zahlungsmodalität und Verzinsung der Obligationen eine angemessene Entschädigung der Aktionäre nicht gewährleistet sah. Vgl. Bürgerschaft zu Hamburg, Sten. Ber., 19.3.1947, S. 160f., S. 163f. und S. 170f.

31.

3.5.1947: Protokoll über die Sitzung des Zonenvorstandes

NL Blücher 230. Gezeichnet: „Bohne". Beginn: 17.20 Uhr. Ende: 4.5.1947, 10.30 Uhr. Ort: Bielefeld, im Rathaus.

Anwesend: *Behnke, Blücher, Dieling, Essich, Greve,* Frau *Hoffmeier, Middelhauve, Wilkening.* Außerdem: *Bohne, Falk, Wrede.*[1] Verspätet: *Beber, Hartenfels.*

Die Sitzung diente der vorbereitenden Besprechung des diesjährigen *Parteitages.*
1. Man einigte sich auf den 6., 7., 8. Juno (Freitag, Samstag, Sonntag).

Tagungsort: Bielefeld.

Quartiere und Konferenzräume werden durch die Bielefelder Parteifreunde (*Biegel*) im Einvernehmen mit dem Oberbürgermeister von Bielefeld für ca. 400 Teilnehmer – Delegierte und Gäste – beschafft.

---

1 Horst *Wrede* war Mitarbeiter der Hauptgeschäftsstelle des FDP-Zonenverbandes in Bad Pyrmont. Vgl. Dok. Nr. 40, Punkt 7.

2. Herr BLÜCHER sprach über die *äußere Ausgestaltung* des Parteitages. Am Freitag und Samstagvormittag werden nichtöffentliche Sitzungen und Referate stattfinden; der Samstagnachmittag und Sonntag wird öffentlich abgehalten werden. Den Abschluß am Sonntagnachmittag wird eine öffentliche Kundgebung bilden, auf der eine große Rede[2] des im nichtöffentlichen Teil der Sitzung zu wählenden 1. Vorsitzenden der FDP – britische Zone – gehalten wird. Das Bielefelder Orchester wird diese Kundgebung musikalisch umrahmen. (BLÜCHER erwähnte als Musikstück die „Akademische Festouvertüre" von Brahms.)

(Die im Zusammenhang mit den vorbereitenden Besprechungen angeschnittene Frage der „Demokratischen Partei Deutschlands» wird nicht weiter erörtert; eine längere Debatte hierüber wurde im Zentral-Ausschuß am Sonntag, 4. 5., geführt.)

Herr BLÜCHER stellt fest, daß wir uns im Rahmen der öffentlichen Veranstaltungen nur programmatisch äußern können, wenn vorher die internen Angelegenheiten – Vorstandswahl u. a. – erledigt wurden.

Der Vorstand schließt sich dieser Meinung an.

Form der Einladungen

Es wurde beschlossen, zwei verschiedene Einladungs- bzw. Delegiertenkarten auszugeben in zwei Farben; die eine Art für die vorher nominierten, stimmberechtigten Delegierten, die andere Art für alle anderen Parteimitglieder und die Gäste (einschließlich Presse usw.).

Verfahren bezüglich der Delegierten-Auswahl:

Die Delegierten werden nach einem bestimmten Schlüssel in den Landesverband gewählt. Maßgebend sind die Mitgliederziffern jedes Landesverbandes per 31. März ds. Js. Entsprechende genaue Meldungen müssen bis zum 16. Mai nach Pyrmont gemacht werden. Die gewählten Delegierten sollen namentlich bis zum 30./31. 5. in Pyrmont und bei der Kreisgruppe Bielefeld, Hermannstr. 27, vorliegen.

Am 17./18. Mai tagt in Bielefeld noch einmal der Zentralvorstand; zugleich findet unter der Leitung *Rademachers* (Hamburg) eine Sitzung des Organisationsausschusses der Partei zusammen mit den Bielefelder Freunden statt. (Einladungen zu den beiden Sitzungen ergehen von *Blücher* bzw. *Rademacher* durch Rundschreiben.)

Es wurden die wahrscheinlichen Mitgliederzahlen der Landesverbände festgestellt, um einen ungefähren Überblick über die Delegiertenzahlen zu gewinnen:

Nordrhein 6 400 Mitglieder; Westfalen 4 385; Oldenburg 2 410; Hamburg 7 250; Schleswig-Holstein 2 000; Hannover 4 307; Braunschweig 1 000.

Für jedes angefangene 100 erhält jeder Landesverband eine weitere Stimme. Diese Frage muß innerhalb der Landesverbände ausgeglichen werden.

Herr BLÜCHER kam kurz auf die Frage der FDP-Bremen zu sprechen. Es bestand Einigkeit darüber, daß die Bremer dazugehören; die Meinung Dr. MIDDELHAUVES,

---

2 Vgl. Dok. Nr. 36, Anm. 18.

Sitzung des Zonenvorstandes 3.5.1947 **31.**

die BDV-Bremen einzuladen, wurde abgelehnt. (Die BDV gehört, da Bremen amerikanisches Land geworden ist, zur vereinigten DVP in der amerikanischen Zone, während die FDP-Bremen, wie festgestellt wurde, zur FDP – britische Zone – gehört.) Die ganze strittige Problemstellung der BDV und FDP soll auf dem Parteitag geklärt werden.[3]

Das Thema wurde zurückgelenkt auf die Einladungsformalien. Es wurde festgestellt, daß jede Delegiertenkarte den Namen des Delegierten und die Unterschrift des Landesverbands-Vorsitzenden tragen muß. Die Karten werden in Pyrmont gedruckt und den Landesverbänden zugeschickt. Im Krankheitsfalle eines nominierten Delegierten hat sich der Landesverbands-Vorsitzende um einen vorher zu benennenden Vertreter zu bemühen.

Zur Bewältigung der technischen Seite – Schreibarbeiten u. a. – werden von jedem Landesverband 1–2 Schreibkräfte mit Schreibmaschinen (und möglichst auch mit Papier) zum Parteitag mitgebracht. Die größeren Landesverbände bringen zweckmäßigerweise 2 Kräfte mit, die kleineren eine. (Dr. FALK, Pyrmont, stellte fest, daß die Zone Papier und Blaupapier zur Verfügung stellen werde!)

Wahlmodus für die Wahl des Zonenvorstandes:

Keine Wahl hat durch Akklamation zu erfolgen.

Der 1. Vorsitzende und sein Stellvertreter werden in je einem Einzelwahlgang gewählt. Das Vorschlagsrecht steht den stimmberechtigten Delegierten zu.

WILKENING schlägt vor, daß die Landesverbände sich vorher auf einen Wahlvorschlag einigen; Dr. GREVE schloß sich grundsätzlich dieser Ansicht an.

Herr BLÜCHER ist *gegen* Vorschläge, die aus den Landesverbänden kommen. Er macht hierfür geltend: Der zukünftige Vorstand müsse zusammengesetzt sein unter dem Gesichtspunkt, daß jedes Vorstandsmitglied gleichzeitig auf einem bestimmten Gebiet der Vertreter des Vorsitzenden ist.

WILKENING trägt hieraus seinen Vorschlag bezüglich der Zusammensetzung des zukünftigen Vorstandes detailliert vor:

Weder Minister noch Senatoren, Lizenzträger von Parteizeitungen, noch Mitglieder der Regierungen sollen nach seiner Ansicht in den Zonenvorstand gewählt werden dürfen; er erweitert später und in der Sitzung des Zentralausschusses diesen Vorschlag dahin, daß auch der 1. Vorsitzende eines Landesverbandes nicht zugleich Mitglied des Zonenvorstandes (und damit des Zentralausschusses) sein solle.

Dieser Vorschlag löst eine lange Debatte aus.

BLÜCHER führt die Debatte auf das eigentliche Thema zurück und beantragt eine *Satzungsänderung* dahingehend, daß der Vorstand von 13 auf 16–17 Mitglieder er-

---

3 Vgl. Dok. Nr. 44 f.

177

höht werden soll.⁴ Es sollen zwei *Frauen und zwei Jugendliche* bis zu 30 Jahren in den Vorstand gewählt werden.⁵

Ein *Beschluß* wurde darüber gefaßt, aus der Sitzung des Zentralausschusses einen provisorischen *Wahlvorschlag* zu bekommen. BLÜCHER stellte in diesem Zusammenhang eindeutig fest, daß jeder Landesverbands-Vorsitzende Fraktionsmitglied sein solle; der Landesverband habe vor allem rein politische Aufgaben, während die Organisation bei den Bezirksgruppen zu liegen habe.

Wahlmodus für die weiteren Vorstandsmitglieder:

Sobald die Wahlvorschläge bekannt sind, soll jeder Delegierte die entsprechende Zahl von Wahlzetteln in einem Umschlag bekommen; die von ihm gewählten Namen kommen bzw. bleiben in dem Umschlag, die anderen zerreißt er. (Im Hammelsprung sollen die Umschläge abgegeben werden.) *Beschluß* hierüber.

BLÜCHER schlägt vor, daß der neue Vorstand aus 17 Mitgliedern bestehen soll.

BLÜCHER schlägt eine weitere Satzungsänderung vor: Ob nicht zur Wahl eines jeden Vorstandsmitgliedes eine *absolute Mehrheit* ausschlaggebend sein soll. (Beschluß wurde nicht gefaßt.)

Innere, thematische Ausgestaltung des Parteitages:

BLÜCHER wirft die Frage auf, welche Themen notwendigerweise angeschnitten werden müssen innerhalb des *internen Teils*.

Stichwortartig benannte BLÜCHER die Themen folgendermaßen:

1. Nationalismus (politische Haltung der Partei überhaupt);

2. Soziale Haltung oder soziale Reaktion? (Liberalismus!);
(trifft entscheidend die Wirtschaft);

3. Stellung zum Menschentum;

4. Einheitsstaat – Bundesstaat;

5. Agrarreform.

Für die öffentlichen Referate wurde vorgeschlagen:

1. Wirtschaft – soziale Politik;

2. Agrar-, Siedlungs- und Flüchtlingsfrage;

3. Verwaltungsreform, Länder-Verfassungsfragen, Gemeindeordnung;

4. Kulturpolitik.

---

4 Vgl. Dok. Nr. 30, Anm. 6.
5 Dem neu gewählten FDP-Zonenvorstand gehörten Frau *Friese-Korn* und Frau *Gramberg* an; die Jungen Demokraten waren vertreten durch Hermann *Blome* und Erich *Mende*.

Sitzung des Zonenvorstandes 3.5.1947 **31.**

Wie schon festgestellt wurde, einigte man sich noch einmal darauf, zum Zwecke der weiteren Vorbereitung des Parteitages noch einmal zusammenzukommen, und zwar am Samstag, 17.5. in Bielefeld, 12 Uhr.

Der am Anfang zurückgestellte Punkt 1 der Tagesordnung „Regierungsbildung" in den Ländern Nordrhein-Westfalen und Niedersachsen wurde bis zum Schluß der Sitzung zurückgestellt.

3. Punkt der Tagesordnung: Kassenabrechnung

WILKENING stellte die Unmöglichkeit einer geordneten Kassenführung fest, weil ihm von der Zone einerseits und vom Politischen Büro – Dr. *Greve* (Hannover) – andererseits auseinandergehende Abrechnungen vorgelegt wurden, beziehungsweise weil er über viele Punkte überhaupt keine geordnete Aufstellung erhalten habe. Die sich hieran anschließende Debatte beschäftigte sich vor allem mit

1. den Geldern, die von der LDP durch Dr. *Falk* der FDP zugeflossen sind[6];

2. der großen Papierzuteilung für den Wahlkampf;

3. dem Benzinkontingent für den Wahlkampf.

In teils sehr heftigen Wechselreden kam zum Ausdruck, daß die gesamte Parteiorganisation nicht klappe, daß außerdem der Zonenvorstand nicht eng genug zusammenarbeite.

Am Schluß der Debatte stellte Dr. MIDDELHAUVE den Antrag, Dr. *Greve* für zwei Jahre von sämtlichen Ämtern zu befreien.[7]

---

6 Aus dem „Bericht des früheren Schatzmeisters Eduard *Wilkening* über die Finanzlage der Zone" vom 3.9.1947 geht hervor, daß die LDP aus der sowjetisch besetzten Zone den FDP-Zonenverband in der britischen Zone bis Ende Mai 1947 mit fast 40000 RM unterstützt hatte. „Ohne diese Unterstützung hätte der Geschäftsbetrieb in Bad Pyrmont im Februar eingestellt werden müssen." *Wilkening* an den Finanzausschuß, 7.5.1947, AdL-4. *Blücher* erklärte die Herkunft der Summen mit einer besonders guten Einnahmequelle der LDP: „Die starken Geldmittel stammen aus der Beteiligung der Partei an Zeitungen mit sehr hoher Auflage." *Blücher* an Kurt Martin *Weiss*, 8.8.1946, NL Blücher 250. Gemeint waren die finanziellen Überschüsse, die die LDP mit der Zeitung „Der Morgen" erwirtschaftet hatte. – Für *Krippendorffs* Behauptung, die LDP habe den Zonenverband mit monatlich rund 10000 RM unterstützt, fanden sich keine Belege. Vgl. SCHRÖDER, 1985, S. 239f.; KRIPPENDORFF, 1960, S. 142.
7 Vgl. Dok. Nr. 34 b.

32.

4. 5. 1947: Protokoll über die Sitzung des Zentralausschusses

NL Blücher 230. Gezeichnet: „Bohne". Beginn: 10.20 Uhr. Ort: Bielefeld, großer Sitzungssaal des Rathauses.

Anwesend vom Zentralausschuß[1]: Nordrhein: *Dominicus, Guntermann, Wirths* (3 Delegierte, waren alle anwesend); Westfalen: *Benkwitz, Krekeler* (2 Delegierte, anwesend); Braunschweig: *Keune* (hat Anspruch auf 2 Delegierte); Hannover: *Henkel, Siemann*[2] (2 Delegierte); Hamburg: Frau *Grau, Rademacher, Schmachtel* (*Lindemann* als 4. Delegierter fehlte); Oldenburg: *Cornelius, Meiners* (2 Delegierte); Bremen: *Hollmann* (Anspruch auf 1 Delegierten); Schleswig-Holstein: *Voss* (Einfeld) (Anspruch auf 2 Delegierte). Außerdem anwesend vom Zonenvorstand: Altenhain, Beber, Behnke, Dieling, Essich, Greve, Hartenfels, Frau *Hoffmeier*, Middelhauve, Wilkening. Hauptgeschäftsstelle: *Falk, Wrede*. Protokollführer: *Bohne*.

Herr BLÜCHER eröffnete die Sitzung gemäß der Tagesordnung mit der Bekanntgabe der in der voraufgehenden Sitzung des Zonenvorstandes beschlossenen Daten, Termine und Formalien für die Abhaltung des diesjährigen *Parteitages* in Bielefeld am 6., 7., 8. Juno. (Siehe Zonenvorstands-Sitzungsprotokoll hierüber vom 3. 5.)

Der *Organisationsausschuß* der Partei unter Leitung von Landesverbands-Vorsitzenden *Rademacher* (Hamburg) soll zusammen mit zwei Bielefelder Parteifreunden und der Geschäftsstelle Pyrmont am 16./17. Mai nochmals in Bielefeld tagen und die endgültigen Vorbereitungen für den Parteitag besprechen (*Rademacher* gibt zu diesem Zwecke bereits heute, 6. 5., von Hamburg aus ein an alle Landesverbände, Zonenvorstandsmitglieder und Mitglieder des Organisationsausschusses gerichtetes „Rundschreiben Nr. 1" heraus).

Jeder Landesverband hat für die Kosten seiner Delegierten selbst aufzukommen. Gäste können außerdem kommen; für ihre Unterbringung und Verpflegung kann keine Garantie übernommen werden.

Herr BLÜCHER sprach anschließend über den *Wahlmodus* für die Vorstandswahl; weiter wurden die beschlossenen Satzungsänderungen bezüglich der Höhe und zukünftigen Zusammensetzung des Zonenvorstandes mitgeteilt (s. Protokoll Vorstandssitzung). In dem folgenden provisorischen Wahlvorschlag wurden einstimmig Herr *Blücher* als 1. Vorsitzender, Herr Dr. *Middelhauve* als stellvertretender Vorsitzender vorgeschlagen.

WILKENING trug dann seinen Wahlvorschlag vor, keine Minister, Senatoren, Lizenzträger und Landesverbands-Vorsitzende in den zukünftigen Zonenvorstand zu wählen. Außerdem schlägt er vor, den Vorstand in 11 Ressorts aufzuteilen. Der Vorstand solle jeden Monat eine Sitzung abhalten; Verhinderung gelte nur durch

---

[1] Vor der folgenden Nennung der Teilnehmer heißt es im Protokoll: „Feststellung der satzungsgemäßen Delegiertenzahlen, Vergleich mit den tatsächlichen Anwesenden."
[2] Dr. Oskar *Siemann*.

Krankheit. Außer dieser allmonatlichen Sitzung solle der Vorstand noch außerordentliche Zusammenkünfte haben.

Aufgrund der *Wilkening*schen Ausführungen äußerte sich Minister BLÜCHER über die *Gesamtorganisation der Partei.*

Die Landesverbände seien – mit Ausnahme von Hamburg – wesentlich zu groß. Sie sollen die politische Führung in der Hand haben, während die praktische Organisation bei den Bezirksgruppen zu liegen habe.

Die Landesverbände sollten in Zukunft zusammenfallen mit der neuen Ländergliederung. Der Zonenvorstand solle grundsätzlich etwa im Sinne der *Wilkening*schen Ausführungen aufgebaut und gegliedert werden; dazu kommen diejenigen Vorstandsmitglieder, die in den Landtagen usw. arbeiten (Interfraktionelle Zusammenarbeit; hierfür wurde seitens Herrn BLÜCHER besonders Dr. *Middelhauve* benannt).

RADEMACHER machte den Vorschlag, die Funktion des interfraktionellen Zonenvorstandsmitgliedes mit der des stellvertretenden Vorsitzenden nicht in einer Person zu vereinigen; er schlug deshalb als stellvertretenden Vorsitzenden *Altenhain*, Nordrhein, vor.

BLÜCHER vertrat die Ansicht, daß die Hauptgeschäftsstelle in Pyrmont kein politisches Organ zu sein habe, sondern reine Verwaltungsaufgaben zu erfüllen habe.[3]

---

3 Die Leistungen der Hauptgeschäftsstelle standen seit Bestehen dieser Einrichtung unter Kritik. Eine Umgestaltung der Hauptgeschäftsstelle war bereits auf der Vorstandssitzung am 28.4.1947 diskutiert und erwogen worden, doch kam ein entsprechender Beschluß angesichts des bevorstehenden Zonenparteitages in Bielefeld nicht zustande. Auch nach dieser Vorstandssitzung wurde die Debatte über die politische Stellung der Geschäftsführer fortgesetzt. Besonders der Organisationsausschuß strengte eine rasche Klärung dieses Problems an. Auf einer Tagung dieses Ausschusses im September 1947 wurde über alle die Arbeit der Hauptgeschäftsstelle sowie der Parteigeschäftsführer berührende Fragen debattiert. Dort stellten die Teilnehmer ein weiteres Mal fest, „[...] daß durch das Auseinanderfallen der Organisation und der Hauptgeschäftsstelle die Arbeit der Partei sehr erschwert werde". Sitzungsprotokoll des Organisationsausschusses, 3.9.1947, AdL-4. Viele Teilnehmer waren sich einig, „[...] die Hauptgeschäftsstelle in Bad Pyrmont aufzulösen [...]" und an einen anderen Ort zu verlegen, "[...] auf keinen Fall aber in die Nähe des Parteivorsitzenden (Essen), da dadurch die Arbeit der Geschäftsstelle wieder sehr behindert würde. Die Zonengeschäftsstelle müsse für alle Landesverbände gut erreichbar sein". A.a.O. Die bisherige Tätigkeit der Hauptgeschäftsstelle beurteilte der Teilnehmer *Mogk* mit der Bemerkung, „[...] daß die Geschäftsstelle ja mit keinem Landesverband Fühlung hatte und sogar von dem Vorsitzenden übergangen würde". A.a.O. Breite Zustimmung fand auch die Äußerung von Jürgen *Berlin*, „[...] daß ein Generalsekretär auch Stimme haben müsse und nicht nur als Angestellter behandelt werden dürfte". A.a.O. In diesem Sinne fügte ergänzend *Oellers* hinzu, müßte „[...] der Geschäftsführer Sitz und Stimme im Hauptvorstand haben". Dieses müßte nach seiner Ansicht auch in der Satzung Niederschlag finden. Im Anschluß an diese Diskussion verabschiedeten die Teilnehmer entsprechende Beschlüsse, mit denen sich der Zonenvorstand dann im Oktober auseinanderzusetzen hatte. Vgl. SCHRÖDER, 1985, S. 88–90.

In diesem Zusammenhang geht Dr. MIDDELHAUVE auf die Rothenburger Beschlüsse[4] ein. Wir *müßten* die Zonengrenzen gemäß den Beschlüssen von Rothenburg mindestens geistig und ideell aufheben. Die Länder werden wohl noch bestehen bleiben; unsere Partei sollte vorbildlich auf diesem Wege einer gesamtdeutschen demokratischen Partei sein.

(Es schließt sich die Debatte über die Bremer FDP an. Die Bremer FDP gehört zur FDP-britischen Zone; s. Protokoll 3.5.)

Zum Thema zurückkehrend stellt BLÜCHER fest, daß es seinem Wunsche entsprechen würde, wenn der Zonenvorstand aus den Vorsitzenden aller Landesverbände zuzüglich einiger anderer bestehen würde. WILKENING verteidigt seinen ursprünglichen Vorschlag. Dr. SIEMANN (Hannover) unterstützt *Wilkenings* Vorschlag, daß die Landesverbands-Vorsitzenden nicht unbedingt im Zonenvorstand sein müssen. Dr. KREKELER spricht sich im gleichen Sinne aus.

BLÜCHER stellt zur Abstimmung, ob beschlossen werden soll, daß dem Vorstand die Vorsitzenden der Landesverbände angehören sollen oder nicht.

WILKENING begründet daraufhin nochmals einen Antrag, die Landesverbands-Vorsitzenden *nicht* zum Zonenvorstand gehören zu lassen (Ämterballung, Überlastung usw.).

RADEMACHER geht auf die unerläßlich notwendige enge Verbindung zwischen Zonenvorstand und Landesverbands-Vorsitzenden ein.

Dr. MIDDELHAUVE beantragt, zwei Jugendliche und zwei Frauen zukünftig zum Vorstand gehören zu lassen. *Beschluß hierüber.*

Weiterer Beschluß:

Die aus den Landesverbänden stammenden Mitglieder des Zonenvorstandes sollen bis zum 17. Mai d. Js. über die Vorschläge der Landesverbände zum neu zu wählenden Zonenvorstand aussagen können. Über diese Landesverbands-Vorschläge soll in der Sitzung des Zonenvorstandes und Zentral-Ausschusses am 17. Mai in Bielefeld erneut beraten werden.

---

4 Die zweite Sitzung des Koordinierungsausschusses fand am 17.3.1947 in Rothenburg statt. Die Teilnehmer der liberalen Parteien aus den vier Besatzungszonen beschlossen [...] „ihre Einheit in der ‚Demokratischen Partei Deutschlands'". Niederschrift der Sitzung des Koordinierungsausschusses, AdL-NL Thomas Dehler, N 1. Zu den Vorsitzenden wurden Theodor *Heuss* und Wilhelm *Külz* gewählt. Trotz eines insgesamt „verheißungsvollen Auftakts" (*Middelhauve*) unterblieben im Anschluß an diese Tagung, bis auf die Bestellung von *Lieutenant* und Ernst *Mayer* zu Geschäftsführern der DPD, alle notwendigen organisatorischen Maßnahmen, so daß dieser Zusammenschluß faktisch nur auf dem Papier bestand. „Nur einem weiteren Auseinanderleben sollte durch den Rothenburger Beschluß vorgebeugt werden." Tagesspiegel, 3.5.1947. Vgl. SCHRÖDER, 1985, S. 290; HEIN, 1985, S. 291–294.

Sitzung des Zentralausschusses 4. 5. 1947 **32.**

Minister BLÜCHER spricht über *grundsätzliche politische Fragen,* die auf den internen und öffentlichen Sitzungen des Parteitages besprochen bzw. über die referiert werden soll. Er formulierte die Themen nochmals wie folgt:

1. Politische Weltanschauung; Verhältnis Mensch-Staat, Volk-Staat usw.;

2. Frage unserer Stellung zu den Bekenntnissen, also zum Christentum;

3. Reichs- und Länderverfassungsfragen, Aufbau der Verwaltung, Gemeindeordnung;

4. Stellung des arbeitenden Menschen in der Wirtschaft (Wirtschaft, soziale Haltung usw.);

5. Agrar-Reform

Dr. KREKELER regte an, auch über das Oxforder Manifest[5] zu sprechen (Dr. *Schäfer* als Referent).

An *öffentlichen Vorträgen* sollen gehalten werden:

1. Kulturpolitik – Erziehungsfragen;

2. Verwaltungsreform und Verfassungsfragen;

3. Wirtschaftsaufbau (Sozialpolitik und soziale Aufgaben);

4. Agrarfragen einschließlich Siedlungs- und Flüchtlingsproblem.

Zu diesen 4 Referaten sollen Korreferate kommen; die Referate sollen vorher bekannt sein und mit dem Korreferenten abgestimmt werden. Referenten wurden vorgeschlagen, aber noch nicht endgültig bestimmt. (*Wilkening*-Wirtschaft; Prof. *Luchtenberg*-Kultur, Erziehung; Agrarfrage: *Maier-Bode;* Sozialpolitik: Dr. *Schäfer,* Hamburg.)

BLÜCHER ergänzt die Themen noch darin, daß wir auch über unsere Abgrenzung zu den Gewerkschaften sprechen müßten.

Mittagspause. Der Zentralausschuß tritt erneut gegen 14 Uhr im kleinen Sitzungszimmer zusammen.

Minister BLÜCHER spricht über die *Organisation der Partei.* Um die Unklarheiten in der Organisation zu beseitigen, wird einstimmig und ohne die geringste Debatte beschlossen, daß das sogenannte *„Politische Büro" in Hannover ab sofort nicht mehr existiert;* es gibt ebenfalls ab sofort keinen Leiter dieses Büros mehr. Der ebenfalls anwesende Dr. *Greve* nimmt diesen Beschluß stillschweigend zur Kenntnis.

---

5 Gemeint ist das „Liberale Manifest", verkündet von der „Liberalen Internationale" (Liberaler Weltbund) am 12. 4. 1947 in Oxford. Vgl. Die Freie Stadt, 29. 5. 1947, Nr. 5. Zur Frage der Teilnahme am Gründungskongreß der Liberalen Internationale vgl. HENNING (Hrsg.), 1983, S. 25–27.

Pressefragen:

BLÜCHER führt aus, daß die Tendenz der britischen Militärregierung dahin ziele, die Parteipresse mehr und mehr aus der parteilichen Bindung zu *lösen* und einen Generalanzeiger-Typ zu begünstigen. Er geht auf die akuten, unerquicklichen Verhältnisse beim *„Westdeutschen Tageblatt"*, Dortmund (Lizenzträger *Kauffmann*[6]), ein.[7] Dr. GREVE ergänzt diese Äußerungen über Niedersachsen, wo die Beziehung

---

6 Herbert *Kauffmann*, Lizenzträger und Herausgeber des „Westdeutschen Tageblattes"; Mai 1946–Juni 1947 Mitglied des FDP-Zonenvorstandes in der britischen Zone; Oktober 1946 Geschäftsführer des FDP-Landesverbandes Westfalen.

7 Das „Westdeutsche Tageblatt" hatte unter der Lizenz von Herbert *Kauffmann* seit August 1946 für manche Mißstimmung im Landesverband Nordrhein-Westfalen gesorgt. Auf einer erweiterten Vorstandssitzung des Landesverbandes Westfalen am 2. 12. 1946 kam das Verhältnis zwischen Partei und Presse zur Sprache. *Kauffmann* erklärte zur besonderen Lage seiner Zeitung: „Die Bevölkerung Westfalens habe sich sehr stark gegen Parteizeitungen ausgesprochen, das sei bei der üblichen Form der Propaganda verständlich. Es sei schwer, einen Ausgleich zu finden zwischen der Forderung der Militärregierung, die Zeitung solle der Nachrichtenübermittlung und der allgemeinen Meinungsbildung dienen, und der Forderung der Parteien nach Propaganda-Organen." Niederschrift über die Sitzung des erweiterten Vorstandes des Landesverbandes Westfalen am 2. 12. 1946, NL Blücher 247. Zugleich erinnerte er seine Parteifreunde eindringlich daran, „[...] daß eine Verbindung zwischen der Partei und der Zeitung nur insofern bestehe, als die Partei die Lizenzträger bestimmt habe, die nach ihrer Weltanschauung die Gewähr dafür böten, die Ziele und Ideen der Partei zu vertreten. Es sei zu unerfreulichen Auseinandersetzungen gekommen, und er vermisse das Vertrauen seitens der Partei". A.a.O. Ferner sprach er sich gegen jeden Versuch der Einflußnahme auf die inhaltliche Gestaltung aus und versicherte: „Das W. T. werde niemals ein Trommelorgan werden." A.a.O. Sitzungsteilnehmer Wilhelm *Weyer* äußerte die Vermutung, „[...] die Zeitung mache den Eindruck eines Privatblattes von Herrn *Kauffmann*". A.a.O. Auf einer Vorstandssitzung des Landesverbandes Nordrhein-Westfalen im Juni 1947 berichtete *Altenhain* über die Entwicklung zwischen der Partei und dem „Westdeutschen Tageblatt". Zu den Kritikpunkten heißt es in dem Protokoll: „Die Verlagsleitung hatte zudem eine Mitarbeit der Partei an der Zeitung dadurch erschwert, daß sie eine Reihe von Artikeln aus Parteikreisen, die durchaus druckfähig waren, ablehnen zu müssen glaubte. Als Ausgaben erschienen, die sich in keiner Weise mehr mit der FDP befaßten, auch nicht ihr Gedankengut erkennen ließen, habe Herr *Altenhain* eine erste Aussprache in der Zeitungsfrage mit Herrn *Blücher* gehabt [...]." Protokoll der Sitzung des Vorstandes und des Landesausschusses des Landesverbandes Nordrhein-Westfalen am 19. 6. 1947 in den Stadtwerken Düsseldorf, NL Blücher 247. Jedoch sei nach einer Reihe von Gesprächen eine wesentliche Bereinigung der gespannten Situation nicht erfolgt. Bei einer gemeinsam mit *Kauffmann* besuchten Sitzung beim Chef der Nachrichtenkontrolle der Militärregierung, Mr. *Greenhard*, in Düsseldorf Anfang Juni 1947 hatten jedoch *Altenhains* Bemühungen keinen Erfolg, einen Lizenzentzug für *Kauffmann* zu erwirken. Die britischen Presse-Kontrolleure sprachen *Kauffmann* das Vertrauen aus, jedoch nicht den beiden anderen Lizenzträgern *Wagener* und *Benkwitz*. Die Gründe für das Mißtrauen wurden nicht genannt. So half sich die Partei, dieses unbequem gewordene Mitglied einfach durch Parteiausschluß zur Aufgabe seines Presseamtes zu bewegen. Der Kreisverband Bochum teilte ihm daher am 22. 7. 1947 den Parteiausschluß mit, gegen den *Kauffmann* keinen Einspruch erhob. Vgl. das Einschreiben des Landesverbandes Nordrhein-Westfalen, Politisches Büro, 22. 7. 1947, Archiv des FDP-Landesverbandes Nordrhein-Westfalen in Düs-

Sitzung des Zentralausschusses 4.5.1947 **32.**

zwischen Partei und Presse an sich gut sei, aber FSS (Field Security-Service) mit Pr/ISC[8] auch in erbitterter Fehde liege. FSS-Nordrhein-Westfalen unterstütze durchaus, so führte BLÜCHER weiter aus, die Parteipresse.

Es wird allgemein festgestellt, daß die Presse natürlich nicht unter dem Diktat der Landesverbände der Partei zu stehen habe, daß sie aber eine Generallinie einhalten müsse und nicht Themen in von der Parteilinie völlig abweichenden Tendenz ansprechen dürfe.

BLÜCHER betont die vertrauensvolle Zusammenarbeit, die Vertrauensbasis überhaupt, die die einzige Möglichkeit einer weiteren erträglichen Zusammenarbeit zwischen der jeweiligen Redaktion und dem Landesverbands-Vorsitzenden bilden könne. Die Zeitung müsse sich der Partei *verbunden* fühlen, ohne ihr *dienstbar* zu sein!

Fall „Heile"

Beschluß: Das Thema *Heile* soll in keiner Form mehr angesprochen werden; andernfalls muß der Zonenvorstand darüber befragt werden.

Minister BLÜCHER spricht über die *Regierungsbildung* Nordrhein-Westfalen.[9] Er schildert die Situation als außerordentlich kompliziert und noch undurchsichtig. Praktisch komme für die FDP nur die Beteiligung innerhalb einer *großen* Koalition in Frage. Die hierüber entbrennende politische Debatte war sehr lebhaft; es wurde von anderen Parteifreunden die konsequente Meinung vertreten, daß wir uns überhaupt nicht binden, d.h. an einer Regierung beteiligen sollten, um die Hände frei zu haben für die Partei-Aufbauarbeit und um zugleich keine Mitverantwortung für Zukünftiges zu tragen. Vertreter dieser Meinung waren vor allem DOMINICUS, Dr. GREVE. Vertreter der gegenteiligen Ansicht Dr. BEBER (Braunschweig), RADEMACHER (Hamburg).

---

 seldorf, Akte: Presse, Schriftwechsel 1946–1948, 110. Aber *Kauffmann* blieb auch nach seinem Parteiausschluß verantwortlicher Redakteur und Lizenzträger des „Westdeutschen Tageblattes". Vgl. SCHRÖDER, 1985, S. 209–211.

8 Abkürzung für „Public Relations/Information Services Control". Vgl. KOSZYK, 1986, S. 26–28 u. S. 134.

9 Der am 17.6.1947 von Ministerpräsident Karl *Arnold* gebildeten Regierung von CDU, SPD, Zentrum und KPD gehörte die FDP nicht an. Die FDP lehnte die Sozialisierungspläne der Regierungskoalition ab. Vgl. Dok. Nr. 35, Anm. 14. Zur Begründung der Nichtbeteiligung der FDP an der neuen Regierung vgl. Friedrich *Middelhauves* Darlegungen im Nordrhein-Westfälischen Landtag am 18.6.1947, LT NRW, Sten. Ber., S. 43f. u. S. 47f.; vgl. ebenso *Middelhauve* in der Landesausschußsitzung am 19.6.1947, Archiv des FDP-Landesverbandes Nordrhein-Westfalen in Düsseldorf, Akte Vorstandsprotokolle; vgl. auch Franz *Blücher* in seiner Rede vor dem FDP-Kreisparteitag in Honnef am 22.6.1947, NL Blücher 155. – Vgl. SCHRÖDER, 1985, S. 277; HEIN, 1985, S. 151f.; UNGEHEUER, 1982, S. 162f. Zur Koalitionsproblematik vgl. auch Brigitte DIERL/Reinhard DIERL/Heinz-Werner HÖFFKEN, Der Landtag von Nordrhein-Westfalen, Bochum 1982, S. 633–645; Friedrich KEINEMANN, Aus der Frühgeschichte des Landes Nordrhein-Westfalen. Teil 3: Gespräche und Dokumente, Hamm 1979, S. 154–156.

BLÜCHER *stellt den Antrag* zu beschließen: Bevor in einem Land die Regierung endgültig gebildet werde, solle der Zentralausschuß oder Zonenvorstand darüber seine Meinung sagen. Zum Beschluß hierüber kam es *nicht*.

33.

10. 5. 1947: Protokoll über die Informationstagung für Kreisvorstände und Jungdemokraten des FDP-Landesverbandes Nordrhein-Westfalen

Archiv des FDP-Landesverbandes Nordrhein-Westfalen in Düsseldorf, Akte Vorstandsprotokolle. Beginn: 10.30 Uhr. Ort: Düsseldorf.

Eröffnungsrede: Herr MENDE.

Anschließend Referat MENDE: Die Aufgaben des gewählten Landtages.

Herr MENDE stellte die Frage auf: Wie muß eine Partei, die 6 % der Gesamtstimmen erhalten hat, zur Frage der Regierungsbeteiligung[1] stehen? Er gab die Ansichten verschiedener Gruppen wieder:

1. Wir müssen uns an der Regierung beteiligen,

2. Heraushalten aus der Regierung, aber Beteiligung am Landtag,

3. Heraushalten aus der Regierung *und* Landtag, solange eine gesicherte Versorgung der Bevölkerung seitens der Militärregierung nicht gewährleistet ist und diese zu grundsätzlichen Fragen nicht Stellung nimmt.

Das Urteil des Landesausschusses sei: Eine Beteiligung an einer Regierung schließt die Verantwortung für die in nächster Zeit sich entwickelnden politischen und wirtschaftlichen Probleme in sich ein. Wenn man sich beteiligt, muß man auch *tonangebend* sein. Es ist zu prüfen, ob wir (6 %), eine Partei, die erst etwas über ein Jahr im politischen Leben steht, es uns leisten können, einen Ministersessel zu besetzen.

Diese Frage müsse verneint werden.

Die Auffassung der positiv zur Beteiligung Stehenden sei: Wir müssen unseren Einfluß in der Regierung geltend machen, reformieren, ändern. Die Gegner der Regierungsbeteiligung dagegen warnten davor, die FDP zu früh mit einer Verantwortung zu belasten, die sie nicht tragen könne. Weder Steuer- noch Währungsreform seien unserem Einfluß unterworfen; der Alliierte Kontrollrat (Militärregierung) müsse im weitesten Maße verantwortlich gemacht werden.

Es sei gefährlich für eine Partei, die noch in den Anfängen ihrer Entwicklung steht, sich in Regierungsgeschäfte einzumischen. Die Aufgabe der besten Kräfte sollte es sein, der Partei eine feste Position im parlamentarischen und politischen Leben zu schaffen, die ihr gestatte, mehr Verantwortung zu tragen, als dies 6 % möglich

---

1 Vgl. Dok. Nr. 32, Anm. 9.

machten. Durch die Regierungsgeschäfte gingen der Partei in gewisser Hinsicht die besten Kräfte verloren. (Siehe 1. Vorsitzender und Ministerialdirigent *Maier-Bode*.)

Forderung: Ausbau unserer Organisation, mehr Leidenschaft in der Propaganda, mehr Stimmen bei der kommenden Wahl!

Beteiligung am Landtag, denn: der Wähler will seine 12 Abgeordneten im Landtag sehen, nicht Schweigen, sondern Sprechen und Mitarbeit!

Der wichtigste Auftrag sei die Schaffung einer Verfassung für Nordrhein-Westfalen.[2] (Siehe Bayern, Württemberg, Pfalz.) Verfassungsfragen bestimmten auf lange Sicht hin das Gesicht einer politischen Arbeit. Wenn wir auch noch von den Besatzungsmächten abhängig seien, so würde doch im Laufe der kommenden Zeit die Verantwortung mehr und mehr auf die festgelegten Parlamente übergehen.

Herr MENDE befaßte sich dann mit dem Thema: Wie ist das staatsrechtliche Gesicht des kommenden Deutschlands? Er ging auf die Königsteiner Beschlüsse[3] ein und stellte den großen Gegensatz unserer Partei zur föderalistisch orientierten CDU heraus, der der Vorwurf zu machen sei, daß sie die primär stehenden Interessen des Reiches denen der Länder unterordnet.[4]

Auf dem kulturpolitischen Gebiet begegne uns die Gefahr des Überwiegens der Einheitsschule. (In den Verfassungen der Länder festgelegt.) Vgl. Einheitsschule in der russischen Besatzungszone, Pflichtsprache Russisch, in der französischen Zone Einführung der französischen Sprache usw.

Herr MENDE übte dann Kritik an der „Bayerischen Verfassung" und sprach über die Grundsätze einer Verfassung. Die Weimarer Verfassung sei nach wie vor in Kraft. Eine Verfassung müsse zwei Gesichtspunkten gerecht werden, dem individuellen und dem sozialen Grundrecht. Jeder müsse sich seiner Rechte bewußt sein, die er gegen Land und Staat und andere soziale Gewalten hat. (Charakteristisch: deutsches Schicksal: vor dem Schalter zu stehen, deutsches Ideal: hinter dem Schalter zu sitzen! Tucholski.)

Die verfassungsmäßige Erfassung der Wahrung der persönlichen Freiheit müsse durchgesetzt werden, und es sei Aufgabe der FDP, in den Verfassungsbeschlüssen besonderes Augenmerk darauf zu richten.

---

2 Vgl. Dok. Nr. 46 b, Anm. 28.
3 Dies bezieht sich vermutlich auf eine Erklärung der in Königstein am 5./6. 2. 1947 gegründeten „Arbeitsgemeinschaft der Christlich-Demokratischen und Christlich-Sozialen Union Deutschlands". Allerdings wurde dort kein Beschluß zum Verhältnis zwischen Bund und Ländern und zur Zuständigkeitsabgrenzung gefaßt. Es gab nur eine vage Verlautbarung, die die Unterschiede im Föderalismusverständnis der CDU/CSU verdeckte. Vgl. KAFF, (Bearb.), 1991, S. 33 u. S. 39f. Vgl. Richard LEY, Föderalismusdiskussion innerhalb der CDU/CSU von der Parteigründung bis zur Verabschiedung des Grundgesetzes, Mainz 1978, S. 34–37; Hans-Georg WIECK, Christliche und Freie Demokraten in Hessen, Rheinland-Pfalz, Baden und Württemberg 1945/46, Düsseldorf 1958, S. 199.
4 Vgl. zu dieser Thematik auch Dok. Nr. 27, Abschnitt „Verfassungsfragen".

33. 10. 5. 1947   Informationstagung für Kreisvorstände und Jungdemokraten

Herr MENDE forderte weiter den Lastenausgleich[5] zwischen Besitzenden und Nichtbesitzenden. Die Nöte und Folgen dieses letzten Krieges müßten gemeinsam getragen werden. Das BGB, das am 1. Januar 1900 herausgegeben wurde, sei einer weitgehendsten Reform bedürftig.

Herr MENDE erwähnte den Gesetzentwurf der FDP[6] betreffend Übertragung von Eigentum und sprach die Hoffnung aus, daß – bei allem Respekt vor Eigentum – die sozialen Forderungen der Gegenwart, und vor allem der Jugend, in dem Sozial-Programm der FDP anerkannt würden, damit nicht 12 Millionen Nichtbesitzender in immer größeren Gegensatz zu den Besitzenden gedrängt werden. Letzter dringender Auftrag: Verwaltungsreform.[7]

Abschließend stellte Herr MENDE fest, es gelte, die deutschen patriotischen, aber auch die sozialen Interessen zu wahren.

Unsere 12 Abgeordneten müßten die Oppositionspartei sein.

Aufgabe der Redner sei es, unseren Standpunkt auch in den Versammlungen herauszustellen.

Zusammenfassend: Wir stellen die Forderung : Reich und nochmals Reich, Kampf gegen die föderalistischen Interessen der CDU und SPD, Kampf mit aller Leidenschaft und mehr Können!

Eröffnung der Diskussion:

Herr MAIER-BODE war der Ansicht, daß es verfrüht sei, sich jetzt schon über die verschiedenen Möglichkeiten einer Regierungskoalition den Kopf zu zerbrechen.

Das Wahlergebnis streifend, brachte Herr MAIER-BODE seine Meinung zum Ausdruck: Der Arbeiter hat uns nicht gewählt und wird uns nicht wählen.

Es sei nötig, die Politik unserer Wähler zu machen. Unsere Wählerschaft aber setze sich aus Bürgern und Bauern, dem Mittelstand, zusammen.

Es sei ein großer Fehler gewesen, erstens die Frauen überhaupt nicht anzusprechen (nicht eine Frau als Abgeordnete)[8] und zweitens die Jugend nicht in stärkerem Maße angesprochen zu haben. Seiner Meinung nach sei ein Jugendverband unbedingt notwendig.

„Wir brauchen eine lebendige Partei, die überall lebendig zu den Dingen Stellung nimmt. Das aber können nur junge Menschen, die energisch genug sind, sich auch dann durchzusetzen, wenn sie scheinbar in einen Widerspruch geraten sind."

Damit der kleine Mann auf der Straße uns verstehe, sei es notwendig, aus den höheren Sphären herabzusteigen und in Sprache und Bildern des Volkes zu sprechen. Unsere Propaganda dürfe nicht nur auf die ältere Generation am Stammtisch abgerichtet sein, sondern auf die Jugend, vor allem die weibliche Jugend.

---
5 Vgl. Dok. Nr. 27, Abschnitt „Finanz- und Währungsreform"; Dok. Nr. 49 b, Punkt VII.
6 Gegenstand war der Bergbau. Vgl. Dok. Nr. 25, Anm. 26.
7 Vgl. Dok. Nr. 27, Abschnitt „Sauberkeit der Verwaltung".
8 Lotte *Friese-Korn* war seit dem 31. 7. 1947 Landtagsabgeordnete.

Die Erziehung der Kinder sei in erster Linie Aufgabe der Frau. Wie der Mensch sich im späteren Leben entwickelt, ob kirchengebunden oder reaktionär, ist immer auf die Erziehung in frühester Jugend zurückzuführen. Auf diesem Gebiete wird am meisten gesündigt. Die kommende Generation muß in dem Geiste aufwachsen, den wir für richtig halten. Wir wollen keinen Zwangsgeist in der Jugend, wir wollen die jungen Frauen und Mütter von unseren Gedanken überzeugen. Wir sind nicht die Partei der Kapitalisten oder Reaktionäre, wir wollen eine gesunde Mittel- und Kleinexistenz.

Herr Dr. KUHBIER schloß sich im großen und ganzen den Ausführungen Herrn *Maier-Bodes* an; er plädierte für eine anständige und saubere Gesamtpolitik, vertrat aber energisch den Standpunkt, daß es Aufgabe der FDP sei, sich an *alle* Kreise zu wenden.

Herr GUNTERMANN kam über das „Heilige Römische Reich Deutscher Nation" über den Turnvater *Jahn* und die Neugründung des Deutschen Reiches 1870 auf die Verfassung zu sprechen.

Die Ausarbeitung des deutschen Rechtes sei von anderen gemacht worden. Die Form, die heute vor uns läge, mit dem Geiste zu beleben, daß der Gedanke der Reichseinheit in uns Demokraten begründet ist, sei nicht schwer.

Abschließend verlangte Herr GUNTERMANN mehr Sauberkeit der Person.

Herr FALBE forderte mit aller Entschiedenheit die sofortige Einschaltung in die Gewerkschaftsarbeit und zeigte anhand von Beispielen, wie stark SPD und KPD in dieser schon fundamentieren. Entgegen der Überzeugung Herrn *Maier-Bodes,* die Arbeiter zunächst nicht anzusprechen, sondern die Politik unserer Wähler zu machen, forderte Herr FALBE eine verschärfte Ansprechung der Arbeiterschaft mit einem Programm der sozialen freien Wirtschaft, welches nicht nur für Intellektuelle, sondern auch für die Handarbeiter verständlich ist.

Herr GUNTERMANN unterstrich lebhaft die Ausführungen von Herrn *Falbe*.

Herr MAIER-BODE äußerte sich in einem längeren Referat über die Arbeit im Landwirtschaftsministerium Nordrhein-Westfalen. Er zeigte die Schwierigkeiten in der Lebensmittelerfassung[9] sowie der Lebensmittelzuführung auf. Herr MAIER-BODE betonte, daß die Schuld für die heutige Ernährungslage nicht nur bei den deutschen Behörden liegt. Er entwickelte in seinen weiteren Ausführungen seinen Vorschlag zur Erfassung der Lebensmittel in der britischen Zone. Nach diesem sollen Landringe gebildet werden, die die Aufgabe haben, dem Bauern mit Rat und Tat zur Seite zu stehen. Falls ein Bauer seiner Ablieferungspflicht nicht nachkommt, soll entweder auf seinem Hof ein Treuhänder eingesetzt werden oder aber er muß sich in die Treuhandschaft des Landringes begeben, der seinerseits dafür Sorge tragen wird, derartige Versäumnisse abzustellen.

Herr MAIER-BODE wies in besonderem Maße auf die Transportschwierigkeiten hin, die es erklären ließen, daß in verschiedenen Städten oft keine Mehlvorräte vorhanden seien. Ferner gab Herr MAIER-BODE den Anwesenden propagandistische Ratschläge

---

9 Vgl. Dok. Nr. 27, Abschnitt „Ernährungsfrage".

in dieser Hinsicht. Man müsse immer wieder die Forderung aufstellen, uns Deutschen mindestens soviel Kalorien zuzugestehen, wie in den Nahrungsmitteln für KZ-Insassen enthalten waren. Er betonte aber, daß es nicht auf Kalorien ankäme, sondern auf die Zusammensetzung der zugeteilten Nahrungsmittel, wie Fett usw.

34 a.

17. 5. 1947: Protokoll über die Sitzung des Zonenvorstandes

NL Blücher 230. Beginn: 10 Uhr. Ort: Bielefeld, Hermannstr. 27 (Parteibüro FDP).

Anwesend: *Altenhain, Behnke, Blücher, Dieling, Essich, Greve,* Frau *Hoffmeier, Middelhauve, Wilkening.* Außerdem: *Falk* von der Hauptgeschäftsstelle.

Punkt 1: LDP-Parteitag in Eisenach[1]:

Der Vorstand beschloß, 30 Vertreter der FDP zum Parteitag der LDP nach Eisenach zu entsenden.

Punkt 2: Verhältnis von FDP und BDV in Bremen:

Nach einer ausführlichen Berichterstattung über das Verhältnis der FDP und der BDV in Bremen zueinander und der Mitteilung eines Briefes des Generalsekretärs *Mayer*[2] von der DVP in Stuttgart schlug Herr BLÜCHER vor, daß Herr *Wilkening* namens des Vorstandes die leidvolle Angelegenheit in Bremen klären solle. Nach einem Gegenvorschlag von Dr. MIDDELHAUVE, der die Regelung in die Hände der 3 Parteivorsitzenden *Blücher,* Dr. *Heuss* und Dr. *Külz* gelegt wissen wollte, stimmte der Vorstand nach nochmaligen Äußerungen von Herrn BLÜCHER seinem ersten Vorschlag zu. WILKENING nahm den Auftrag an und versprach, am 22. Mai nach Bremen zu fahren und dort u. a. den Senator *Wenhold*[3] und Mr. *Thomas* (FSS)[4] um Auskünfte über *Hollmann* und *Grabau* zu bitten.

Der Vorstand bestimmte, daß von dem in Hannover lagernden Papier zu dem gemeinsamen Bremer Wahlkampf eine halbe Tonne bereitzustellen sei.

---

1 Der Parteitag fand vom 4. bis 7. 7. 1947 statt. Vgl. KRIPPENDORFF, 1961, S. 147.
2 Ernst *Mayer* (1901–1952), Redakteur; 1945 Mitarbeit am Aufbau der LDP in Sachsen; seit 1946 Generalsekretär der „Demokratischen Volkspartei" in Württemberg-Baden; März 1947–Januar 1948 Vorstandsmitglied und Geschäftsführer der „Demokratischen Partei Deutschlands"; seit Dezember 1948 Generalsekretär der FDP; seit August 1949 MdB.
3 Hermann *Wenhold* (1891–1976), nach kaufmännischer Lehre Studium der Rechts- und Staatswissenschaften, 1922 Direktor der Sparkasse in Bremen; 1908 Mitbegründer des „Vereins der Jungliberalen", 1919–1932 Fraktionsvorsitzender der DDP/DStP in der Bremischen Bürgerschaft; seit 1932 als Teilhaber einer Exportfirma in Afrika, nach der Rückkehr 1942 „Wehrwirtschaftsführer"; Juni 1945–30. 3. 1946 zunächst dem Senator für Finanzen beigeordnet, dann Senator für das Gesundheitswesen, Rücktritt wegen seiner Tätigkeit als „Wehrwirtschaftsführer"; seit 7. 2. 1946 BDV, 1951–1952 Vorsitzender der BDV/FDP, 1951–1955 Md Bürgerschaft; 1952–1965 Vorstandsmitglied des DIHT.
4 „Field Security Service".

Sitzung des Zonenvorstandes 17.5.1947 **34a.**

Punkt 3: Richtigstellung von Protokollfehlern des letzten Sitzungsprotokolles:

1. Das Vorstandsmitglied *Dieling* fehlte unter den Anwesenden im Protokoll,
2. die Beauftragung *Dielings* mit den Sachfeststellungen im Falle Dr. *Greve* wurde nicht verzeichnet⁵ und
3. fehlte die Erweiterung des zukünftigen Vorstandes um die 4 Vorsitzenden der Landesverbände.

Punkt 4: Zonenbeirat:

BLÜCHER gab eine eingehende Darstellung über die durch die Erklärung des Generals *Robertson*⁶ geschaffene neue Lage im Zonenbeirat. Der Vorstand erklärte sich mit der von *Blücher* eingeschlagenen Taktik einverstanden und bestimmte, daß je ein Vertreter aus Hamburg, Niedersachsen und Nordrhein-Westfalen in den Zonenbeirat entsandt werden sollte, falls die FDP 3 Vertreter stellen muß.⁷

Punkt 5: Regierungsbildung in Niedersachsen⁸:

Nach einer einleitenden Darstellung von BLÜCHER über die Lage der Regierungsbildung im Lande Nordrhein-Westfalen referierte Dr. GREVE nach Verlesung einer Erklärung des mit der Regierungsbildung in Niedersachsen beauftragten Ministerpräsidenten *Kopf* über die bisherigen Verhandlungen. Nach einer längeren Aussprache, an der sich ALTENHAIN, WILKENING, Dr. MIDDELHAUVE und DIELING beteiligten, stimmte der Vorstand der Ansicht von *Blücher* zu, daß es notwendig sei, daß die FDP präzis formulierte Gegenvorschläge aufstellt, mit denen die anderen sich auseinanderzusetzen hätten und die es uns erlauben, Zeit zu gewinnen.

Punkt 6: Bericht *Dieling* über seine Sachfeststellung im Falle Dr. *Greve*⁹:

DIELING teilte dem Vorstand in Erfüllung des ihm gegebenen Auftrages seine Feststellung über

a) das von Dr. *Greve* für die Zonenleitung empfangene Benzin,

---

5 Anlaß war das Verhalten von Dr. *Greve*, aus dem erfolgreichen Verkauf einer Broschüre Teile des Überschusses nicht an die Zonenkasse abzuführen. Eine eindeutige Klärung dieser Angelegenheit ist nicht erfolgt bzw. nicht in den Akten belegt. Vgl. SCHRÖDER, 1985, S. 53.
6 Vgl. Dok. Nr. 26, Anm. 2.
7 Die Umgestaltung des Zonenbeirats wurde durch die Verordnung Nr. 80 der britischen Militärregierung rechtskräftig verkündet und zum 10.6.1947 in Kraft gesetzt. Vgl. AKTEN ZUR VORGESCHICHTE 2, 1979, S. 596, Anm. 11. Vgl. Dok. Nr. 26, Anm. 6.
8 Am 11.6.1947 wurde vom bisherigen Ministerpräsidenten Hinrich Wilhelm *Kopf* ein Kabinett gebildet, dem Mitglieder der SPD, CDU, DP (NLP), FDP, KPD und der Deutschen Zentrumspartei angehörten. Einziges FDP-Mitglied war der oldenburgische Abgeordnete Johann *Albers* als Minister ohne Geschäftsbereich. Bei der Vertrauensabstimmung für die Regierung am 18.6.1947 stimmte die neunköpfige Fraktionsmehrheit der FDP mit Nein. Vgl. Dok. Nr. 47, Anm. 4; HEIN, 1985, S. 130.
9 Vgl. Dok. Nr. 14, Anm. 12; Dok. Nr. 44g, Punkt 11.

b) über das in Einbeck lagernde und z.T. von Dr. *Greve* abgerufene Papier und

c) über die Broschüre „Unsere Aufgabe heute" mit.

Dr. GREVE gab zu jedem Berichtspunkt ihn entlastende Erklärungen ab. Der Vorstand bestätigte *Dieling* die sachgerechte Erledigung seines Auftrages. Es entspann sich in Gegenwart von Dr. *Greve* eine längere Wechselrede mit den Vorstandsmitgliedern ALTENHAIN, Dr. MIDDELHAUVE, BLÜCHER, ESSICH und WILKENING. Nachdem Dr. *Greve* auf Bitten von BLÜCHER hin die Vorstandssitzung verlassen hatte, gab BLÜCHER eine kurze Darstellung über die Vorfälle in der *„Abendpost"* und seine Rücksprache mit dem britischen Presseoffizier Mr. *Denecke*.

Der Vorstand ermächtigte den Vorsitzenden, den Engländern mitzuteilen, daß die FDP auf eine endgültige Lizenzerteilung an Dr. *Greve* keinen Wert mehr lege. Zur Bereinigung des Falles Dr. *Greve* wiederholte zunächst Dr. MIDDELHAUVE seinen Antrag aus der letzten Vorstandssitzung, demzufolge der Vorstand beschließen wolle, Dr. *Greve* die Fähigkeit zur Ämterführung innerhalb der Partei auf 2 Jahre abzuerkennen. WILKENING stellte demgegenüber einen erweiterten Gegenantrag, nach dem der Vorstand Dr. *Greve* nahelegen solle, aus der Partei auszutreten. Nach einer längeren Aussprache, an der sich Dr. MIDDELHAUVE, BLÜCHER, BEHNKE, WILKENING, DIELING, ALTENHAIN, HOFFMEIER und Dr. FALK beteiligten, wurde auf Vorschlag von BLÜCHER *Wilkening* mit der Ausarbeitung eines Briefes an Dr. *Greve* beauftragt, der den *Middelhauve*schen und *Wilkening*schen Antrag enthalten solle und der abschriftlich den Vorstandsmitgliedern zur schriftlichen Abstimmung und Weiterleitung an *Blücher* zugestellt werden sollte.

Punkt 7: Bitte um finanzielle Unterstützung an die LDP:

BLÜCHER richtete auf Antrag von Dr. *Falk* an die Vorstandsmitglieder die Frage, ob irgendein Vorstandsmitglied die LDP in der Ostzone um finanzielle Unterstützung für die FDP gebeten habe. Die Frage wurde allgemein verneint.

ALTENHAIN teilte in diesem Zusammenhang mit, daß er anläßlich des Wahlkampfes 1946 Dr. *Külz* mitgeteilt habe, daß er einem früheren Angebot der LDP auf finanzielle Unterstützung der FDP nicht mehr ganz ablehnend gegenüberstehen würde.

Punkt 8: Nächste Zonenvorstandssitzung:

Die nächste Sitzung des Zonenvorstandes wurde auf Sonnabend, den 31. 5. 1947, 10.00 Uhr vormittags in Bielefeld, Hermannstr. 27, festgelegt.

34 b.

17. 5. 1947: Protokoll über die Sitzung des Zonenvorstandes (2. Teil)

NL Blücher 230. Gezeichnet: „Bohne". Ende: 17.15 Uhr. Ort: Bielefeld, Hermannstr. 27 (Parteibüro FDP).

Herr BLÜCHER sprach über die Regierungsbildung in Nordrhein-Westfalen, um damit zugleich für Dr. Greve in Niedersachsen gewisse Richtlinien zu geben. Herr BLÜCHER gab die Sozialisierungs-Forderungen des SPD-Mannes *Henßler*[1] etwa sinngemäß wie folgt bekannt:

1. Rückgabe der jetzt von den Ländern in Kontrolle übernommenen Betriebe an das deutsche Volk,

2. Verwaltung dieser Betriebe durch Treuhänder,

3. über das Schicksal der Betriebe soll das Gesetz entscheiden.[2]

Dr. GREVE interpretierte daraufhin die entsprechende Erklärung des niedersächsischen SPD-Ministers *Kopf*.[3]

Herr BLÜCHER nannte diese Erklärung eine „Kautschuk"-Erklärung.[4] Der Inhalt dieser Erklärung ist folgender:

„Unternehmen monopolartigen Charakters, insbesondere des Bergbaus (Kohle, Kali, Erdöl, Erze), die Betriebe der Eisen- und Stahlerzeugung, die Betriebe der Energiewirtschaft und das an Schienen oder Oberleitungen gebaute Verkehrswesen sowie die noch in Privathand befindlichen Versorgungsunternehmen – Strom, Gas, Wasser – werden grundsätzlich in Gemeineigentum überführt. Die bisherigen Eigentümer werden entschädigt, das Nähere bestimmt das Gesetz.

Gemeineigentum ist Eigentum des Volkes; die Verfügung über dieses Eigentum und seine Verwaltung soll nach näherer gesetzlicher Bestimmung von 2 Rechtsträgern geschehen, welche die Gewähr dafür bieten, daß das Eigentum ausschließlich dem Wohle des ganzen Volkes dient und Machtzusammenballungen vermieden werden."

---

[1] Fritz *Henßler* (1886–1953), seit November 1946 Oberbürgermeister von Dortmund; seit Oktober 1946 Mitglied des ernannten und seit April 1947 des gewählten Landtages von Nordrhein-Westfalen, Vorsitzender der SPD-Fraktion.

[2] Vgl. die Rede von *Henßler* vom 4. 3. 1947 im Landtag. Vgl. LT NRW, Sten. Ber., 4. 3. 1947, S. 14–18.

[3] Hinrich Wilhelm *Kopf* (1893–1961); seit 18. 9. 1945 Oberpräsident der Provinz Hannover; seit 23. 8. 1946 MdL Hannover und Ministerpräsident des Landes Hannover; seit 9. 12. 1946 Mitglied des ernannten Niedersächsischen Landtages; seit 9. 12. 1946 Ministerpräsident von Niedersachsen.

[4] *Blücher* lehnte die von *Kopf* in der geplanten Regierungserklärung vorgeschlagene Fassung eines Absatzes zur Überführung von Monopolbetrieben in Gemeineigentum als „Sozialisierung" ab. Vgl. RÜTTEN (Diss.), 1984, S. 94f.

Herr BLÜCHER äußerte sich noch einmal über die von *Henßler*/SPD in Nordrhein-Westfalen aufgestellten Forderungen. Eine lebhafte Debatte über die *Kopf*-Erklärung und alle hiermit zusammenhängenden Fragen über Regierungsbeteiligung der FDP entspann sich. Es wurde dabei die Frage aufgeworfen, ob die Partei sich überhaupt in irgendeinem Lande beteiligen kann, ohne daß dieses schwere Schädigungen für die FDP brächte. Die Meinungen hierüber waren geteilt.

BLÜCHER: Wir müssen unsere Gegenvorschläge[5] präzis formulieren, mit denen sich dann die anderen auseinanderzusetzen haben, um unsererseits Zeit zu gewinnen. „Die Form der Betriebsführung hat sich nach den Betriebsaufgaben zu richten. Von diesem Gedanken müssen wir uns tragen lassen."

DIELING (Hannover) berichtet über seine Nachforschungen im „Fall *Greve*". Es handelt sich um die bekannten 3 Punkte Benzin, Papier und Broschüre „Unsere Aufgabe heute". (Die einzelnen Zahlenangaben hat Herr *Dieling*.) Bezüglich Benzin und Papier konnte sich Dr. *Greve* weitgehend entlasten. Zur Broschüre machte er den Vorschlag, den aus ihrem Verkauf resultierenden Gesamtbetrag in Höhe von ca. RM 40 000,- zur Hälfte ihm selbst und zur anderen Hälfte der Partei zufließen zu lassen. Nachdem er diesen Vorschlag vorgebracht hatte, mußte Herr *Greve* die Sitzung verlassen, da er um 17 Uhr in Hannover zur Fraktionssitzung mußte. Der Fall wird in seiner Abwesenheit weiter besprochen.

Herr BLÜCHER stellt fest, daß es sich im Fall *Greve* nicht nur um diese 3 Fakten Benzin, Papier und Broschüre handelte. Die Spannungen lägen viel tiefer. Er wies auf die Gegensätze Dr. *Greve/Siemann* (Hannover) – „*Abendpost*" – hin. In diesem letzten Punkte handelt es sich um die Frage, ob Dr. *Greve* endgültig die Lizenz für die „*Abendpost*" erhalten solle. Eine entsprechende Anfrage seitens FSS-Hannover sei ihm, BLÜCHER, zugegangen. BLÜCHER schlug vor, FSS zu telegrafieren, daß er bzw. die FDP-Zonenleitung an einer endgültigen Lizenzerteilung für Dr. *Greve* nicht interessiert sei.

Der Fall *Greve* kompliziert sich durch die Tatsache, daß er Landtagsabgeordneter in Niedersachsen ist.

Dr. MIDDELHAUVE verweist auf seinen in der letzten Vorstandssitzung gestellten Antrag, Dr. *Greve* für 2 Jahre alle Ämter in der Partei zu entziehen. Zugleich ist er der Meinung, daß Dr. *Greve* sich im Verlauf dieser 2 Jahre in seiner Haltung wandeln könne. Dr. *Greve* sei ein fähiger und kluger Politiker, den man vielleicht für immer in der Parteiarbeit nicht entbehren könne.

BLÜCHER ist der Meinung, daß Dr. *Greve* „intelligent, aber dumm" sei. Er stellt fest, daß, wenn *Greve* aller seiner Ämter in der Partei beraubt werde, er allen Boden unter den Füßen verlieren werde, da er ohne die Partei existenzlos sei. *Greve* sei skrupellos, und er, BLÜCHER, sei überzeugt davon, daß er mit aller Skrupellosig-

---

5 Diese bezogen sich nach *Blücher* auf „Selbstverwaltungs-Organisationen" von Wirtschaftszweigen, bei denen ein „besonderes Gemeininteresse" vorlag, und auf die „Ordnung der Beziehungen zwischen Unternehmer und Arbeitnehmer". Vgl. *Blücher* an *Funcke*, 9. 6. 1947, AdL 7. Vgl. SCHRÖDER, 1985, S. 177.

keit weiterhin der Partei Schaden zufügen werde. Man müsse Dr. *Greve* von sich aus die Abgabe aller Ämter der FDP und den Rücktritt aus der Partei nahelegen.

MIDDELHAUVE sagt, daß man *Greve* nicht zwingen könne, sein Mandat abzugeben; er bliebe also in jedem Falle Abgeordneter in Niedersachsen und sei sozusagen ein „Wilder". Wir sollten also nicht zu weit gehen, und er empfehle daher, über seinen Antrag hinaus nichts zu unternehmen.

DIELING warf ein, daß die Engländer Dr. *Greve* bestimmt nicht abberufen würden.

Herr BLÜCHER gibt zu überlegen, ob es im Augenblick zweckmäßig sei, diese sehr wesentliche Frage heute zu entscheiden.

WILKENING ist dafür, daß der Fall sofort geklärt wird. Die anderen Vorstandsmitglieder sind der gleichen Meinung.

BLÜCHER lenkt das Augenmerk noch einmal auf die Frage der Lizenzerteilung für Dr. *Greve*.

DIELING wirft in die Debatte die Äußerung, daß allgemein in Hannover vermutet werde bzw. bekannt sei, daß Dr. *Greve* bereits 1929, mindestens aber 1933 in die NSDAP eingetreten sei. Er verweist in diesem Zusammenhang auf seine persönlichen Spannungen mit Dr. *Greve,* der mit Sicherheit der Urheber speziell gegen *Dieling* gerichteter verleumderischer Intrigen sei. (Man werfe *Dieling* vor, daß er seit seiner Tätigkeit in der Entnazifizierung sich mit beträchtlichen Möbelstücken und anderen Einrichtungsgegenständen bereichert habe.) Er, DIELING, könne diese Intrigen nicht länger ertragen und bitte daher, ihn von sämtlichen Ämtern in der Partei zu entbinden. Lediglich die ihm ans Herz gewachsene Arbeit als Flüchtlings-Kommissar wolle er behalten.

Zu diesem Vorschlag *Dielings* wird nicht eingehend Stellung genommen.

Herr WILKENING formuliert bezüglich *Greve* einen neuen Antrag dahingehend, daß der Vorstand beschließen möge, Herrn *Greve* nahezulegen, aus der Partei auszuscheiden.

Frau HOFFMEIER wirft ein, daß das Ansehen der Partei stark geschädigt werden könne, wenn *Greve* ganz aus der Partei ausgeschieden werde.

Herr BLÜCHER setzt sich nachdrücklich für den Antrag *Middelhauves* ein.

MIDDELHAUVE wiederholt noch einmal, daß er meine, *Greve* werde wieder zu Disziplin und contenance kommen und seine Aufgaben als Landtagsabgeordneter gut erfüllen. Er wiederholt noch einmal seinen Antrag: „Der Vorstand der FDP entzieht Dr. *Greve* auf 2 Jahre seine Ämter."

Dieser Beschluß solle auf dem Parteitag genehmigt werden.

BLÜCHER ist der Meinung, daß dieser dem Parteitag vorgelegte Beschluß des Vorstandes ohne weitere Erklärung und Debatten durchkommen werde; damit werde diese Angelegenheit erledigt sein. Hierüber besteht Unstimmigkeit bei den anderen Vorstandsmitgliedern.

Dr. FALK ist der Meinung, daß *Greve* auch in Zukunft gegen Herrn *Blücher* auftreten werde.

DIELING unterstützt diese Meinung.

WILKENING nennt *Greve* einen „Intriganten durch und durch".

BLÜCHER stellt fest, daß vom Zonenvorstand im Augenblick noch gar nichts endgültig beschlossen werden kann. Es scheine ihm besser, daß der Ausschluß Dr. *Greves* aus der Partei aus dem Parteitag heraus komme.

Man einigt sich darauf, daß *Wilkening* ein Votum zum Falle *Greve* zusammenstellen soll, an dessen Ende als Empfehlung die beiden Anträge *Middelhauve* und *Wilkening* stehen sollen. Dieses Votum solle von Herrn *Blücher* und zwei weiteren Mitgliedern des Zonenvorstandes unterschrieben und dann dem Parteitag vorgelegt werden. („Der Vorstand hält es für unerläßlich, daß Dr. *Greve* seine Ämter sofort niederlegt.")

MIDDELHAUVE beantragt Abstimmung hierüber. Es wird einstimmig beschlossen, in dieser Weise vorzugehen.

Bezüglich des in Hannover lagernden Benzins wird Dr. *Falk* beauftragt, zu versuchen, diese 9 000 (neuntausend) Liter herauszubekommen. Durch einen schriftlich auszustellenden Verteilungsschlüssel solle gemäß der Aktivität der einzelnen Landesverbände über dieses Benzin verfügt werden. Es soll hauptsächlich für einen kommenden Wahlkampf aufbewahrt werden.

BLÜCHER spricht über die Papierlage im allgemeinen und sagt, daß er nächstens zu einer Altpapier-Sammlung für Papierschecks in sämtlichen Landesverbänden aufrufen wird.

BLÜCHER stellt zum Schluß der Sitzung die Frage, ob irgendein Vorstandsmitglied an ein Mitglied der LDP-Berlin ein Ansuchen um Unterstützung für die FDP gestellt habe. Diese Frage wird allgemein mit Nein beantwortet.

ALTENHAIN weist in diesem Zusammenhang auf ein von ihm an Dr. *Külz* oder Herrn *Lieutenant* (Berlin) gerichtetes Schreiben anläßlich des letzten Wahlkampfes in der britischen Zone hin, in dem er auf ein früheres Angebot von Dr. *Külz* bezüglich Unterstützung der FDP zurückkommt mit den Worten, daß er heute den ihm seinerzeit von Dr. *Külz* gemachten Angebot nicht ganz ablehnend gegenüberstehen würde. Diese Äußerung ALTENHAINS wird nicht als die Antwort auf die vorher von BLÜCHER gestellte Frage gewertet.

Nächste Sitzung des Zonen-Vorstandes noch vor dem Parteitag am Samstag, 31. Mai, Bielefeld, Hermannstr. 27, 10 Uhr morgens.

35.

31. 5. 1947: Protokoll über die Sitzung des Zonenvorstandes

NL Blücher 230. Vorsitz: Blücher. Ort: Bielefeld, Hermannstr. 27 (Kreisgeschäftsstelle der FDP Bielefeld).

Anwesend: *Altenhain, Behnke, Blücher, Dieling, Essich,* Frau *Hoffmeier, Middelhauve, Rademacher, Wilkening.* Außerdem: *Falk* und *Wrede* von der Hauptgeschäftsstelle.

Punkt 1:

Organisatorische Besprechungen für den Bielefelder Parteitag

Zunächst wurde über die Reihenfolge und die zeitliche Begrenzung der 4 großen Referate gesprochen. Als erstes sollte Dr. *Schäfer*[1] (Hamburg) von 8.30–9.15 sein Referat halten. Ein Korreferat dazu wurde abgelehnt, da die *Schäfer*schen Ausführungen als eine Art Bekenntnis gewertet wurden. Als zweiter Referent sollte *Nannen*[2] (Hannover) von 9.30–10.15 über „Kultur und Politik" sprechen. Frau HOFFMEIER machte dabei auf Bedenken einiger Kreise aus dem Landesverband Niedersachsen gegen *Nannen* aufmerksam.[3] Nach der Mittagspause sollte von 15.00–15.50 *Wilkening*[4] (Hamburg) und von 16.05–16.50 *Maier-Bode*[5] (Nordrhein-Westfalen) sprechen. Die Zeit von 17.05–19.00 sollte für die Korreferate und die Diskussionen verbleiben.

Der Vorstand ermächtigte den Vorsitzenden dazu, in jedem Falle eine mögliche Entschließung im Sinne des sogenannten *Jebens*schen Kleinsthofplanes[6], wenn nötig durch eine „Gewalttat", zu verhindern.

---

1 Hermann *Schäfer* hielt einen Vortrag über: „Die liberale Idee". Rede auf dem Parteitag der FDP 1947, abgedruckt in: Schriftenreihe der Freien Demokratischen Partei P/7/2, im Auftrage der Freien Demokratischen Partei herausgegeben durch die Hannoversche Verlagsgesellschaft, Hannover o.D., AdL-D1–95.
2 Henri *Nannen* (geb. 1913), Mitlizenzträger der „Abendpost" in Hannover (Stand: Juni 1947); seit Juli 1947 Mitglied des Presseausschusses des FDP-Zonenverbandes, später Verleger und Chefredakteur der Zeitschrift „Der Stern".
3 *Nannen* hielt den Vortrag. Vgl. den Bericht über den Bielefelder Zonenparteitag vom 5.–8. 6. 1947 unter dem Titel: „Deutscher Lebenswille auf neuer Grundlage", in: Westdeutsche Rundschau, 11. 6. 1947.
4 Eduard *Wilkening* sprach über das Thema: „Freiheit von wirtschaftlicher Not", a.a.O.
5 Das Thema von Friedrich *Maier-Bode* war: „Hunger und Bauer". Rede auf dem Parteitag der FDP 1947, abgedruckt in: Schriftenreihe der Freien Demokratischen Partei W/7/1, im Auftrage der Freien Demokratischen Partei herausgegeben durch die Hannoversche Verlagsgesellschaft, Hannover o.D., AdL-D1–96.
6 Vgl. Dok. Nr. 49 b, Anlage 2.

Es folgte dann eine kurze Besprechung des Druckes der Einladungsprogramme.

Punkt 2:

Wahlvorschlag des alten Vorstandes für den neu zu wählenden Vorstand

Unter dem Gesichtspunkt, daß der neue Vorstand das Gesicht der Partei zu bestimmen habe, entspann sich eine lebhafte Aussprache über die Zahl, die Verteilung und fachliche Gliederung des neuen Vorstandes.

Es wurde über folgenden Vorschlag eine Einigung erzielt. Außer dem Vorsitzenden *Blücher* und den Landesverbandsvorsitzenden *Altenhain, Henkel, Rademacher, Asmussen,* die kraft Amtes dem neuen Vorstande angehören sollten, sowie zwei Frauen und zwei Jungdemokraten, die durch die Frauen und die Jugendlichen nominiert werden müssen, sollten folgende Herren vorgeschlagen werden: *Siemann* (Niedersachsen) für Verfassungsfragen, Dr. *Onnen*[7] (Niedersachsen) für Kommunalpolitik, Dr. *Middelhauve* (Nordrhein-Westfalen) für Kulturpolitik, Dr. *Schäfer* (Hamburg) für Sozialpolitik, *Maier-Bode* (Nordrhein-Westfalen) für Landwirtschaftspolitik, *Wilkening* (Hamburg) für Wirtschaftspolitik, *Rademacher* (Hamburg) für Organisationsfragen, Dr. *Schäfer* (Hamburg) oder ein anderer für Gewerkschaftspolitik, *Dieling* (Niedersachsen) oder Dr. *Oellers*[8] (Schleswig-Holstein) für Flüchtlingsfragen.[9] Die interfraktionelle Arbeit sollte Dr. *Middelhauve* (Nordrhein-Westfalen) leisten.

Zur Annahme der schnellstens auszuarbeitenden neuen Satzungen und zur Vorbereitung der kommenden Kommunalwahlen wurde die Einberufung eines außerordentlichen Parteitages erwogen.

Punkt 3:

Bericht des Chefredakteurs *Hafer*[10] über die Vorwürfe gegen die „*Abendpost*"

HAFER gab eine gut vorbereitete Darstellung über den Gegensatz, der zwischen Kreisen aus dem Landesverband Niedersachsen und der „Abendpost" besteht. Er

---

7 Alfred *Onnen* (1904–1966), Rechtsanwalt und Notar aus Jever (im Land Oldenburg); 1946–1949 Bürgermeister von Jever; 28. 5.–22. 9. 1947 Mitglied des Vorstandes des FDP-Landesverbandes Niedersachsen, seit 23. 9. 1947 einer der beiden stellvertretenden Vorsitzenden; 1949–1957 MdB.

8 Dr. Fritz *Oellers* (1903–1977), Rechtsanwalt; 1945 Mitglied der LDP in Halle; seit 1946 Mitglied der FDP in Hamburg; seit Juni 1947 Vorsitzender des Vertriebenen-Ausschusses des FDP-Zonenverbandes in der britischen Zone; seit September 1947 kommissarischer Vorsitzender des „Flüchtlingsrats"; 24. 2. 1948–8. 8. 1949 Mitglied des 2. Wirtschaftsrats; seit 24. 4. 1948 Vorstandsmitglied des FDP-Landesverbandes Schleswig-Holstein, 1949–1951 dessen Vorsitzender; 11./12. 12. 1948–12. 7. 1949 Mitglied des engeren FDP-Bundesvorstandes; 1949–1951 MdB; 1951–1959 Botschafter in Brasilien und in der Türkei. Vgl. WENGST (Bearb.), FDP-Bundesvorstand, 1990, S. XXII.

9 Oscar *Dieling,* Fritz *Oellers,* Alfred *Onnen* und Eduard *Wilkening* wurden nicht in den neuen Zonenvorstand gewählt. Vgl. Dok. Nr. 36; vgl. SCHRÖDER, 1985, S. 55f.

10 Ernst *Hafer* war Chefredakteur der „Abendpost" in Hannover und seit Juli 1947 Mitglied des Presseausschusses des FDP-Zonenverbandes.

Sitzung des Zonenvorstandes 31.5.1947 **35.**

wurde dabei von NANNEN unterstützt. Nach einer kurzen Aussprache wurde der Vorsitzende einstimmig ermächtigt, an den Landesverbands-Vorsitzenden *Henkel* (Niedersachsen) einen Brief[11] des Inhalts zu schreiben, daß die Beschlußfassung über die Sache Landesverband Niedersachsen gegen „Abendpost" der Gesamtpartei vorbehalten bleiben müsse. Selbstverständlich wird die von der Gesamtpartei mit der Erledigung dieser Angelegenheit zu beauftragende Stelle[12] die Arbeiten des Untersuchungsausschusses als Material entgegennehmen. Der Parteivorstand erwartet, daß der Untersuchungsausschuß[13] mit aller Objektivität arbeitet, d.h. nicht nur den gegen die „Abendpost" gerichteten Vorwürfen nachgehe, sondern auch die Antworten und das von der „Abendpost" vorgetragene oder vorzutragende Material in seine Beweiserhebung einbeziehe.

Zur Frage der Zeitungsgestaltung bestätigte BLÜCHER, daß unser Gedankengut dem Leser „indirekt" vermittelt werden müsse.

Punkt 4:

Finanzierung der Partei und Hauptgeschäftsstelle

In eingehender Aussprache, an der sich BLÜCHER, Dr. MIDDELHAUVE, WILKENING, ALTENHAIN, DIELING und Dr. FALK beteiligten, wurde die Finanzlage der Partei und die Ausgestaltung der Hauptgeschäftsstelle behandelt. WILKENING stellte dabei den Antrag, die Partei in das Vereinsregister einzutragen.

Der Vorsitzende wurde ermächtigt, dem früheren Hauptgeschäftsführer *Kahlen* mitzuteilen, daß ihm seine Bezüge bis zum 30. Juni ca. gezahlt werden sollten.

Punkt 5:

Geplante Parteischriften

---

11 Vgl. *Blücher* an *Henkel*, 2.6.1947, AdL-6.
12 Nach *Blücher* beschloß der Zonenvorstand, unter „Erweiterung" der vorliegenden Satzung einen „Ehrenrat" zu berufen, dem dieser Fall zur Entscheidung vorgelegt werden sollte. *Blücher*: „Es verbietet sich infolgedessen eine Entscheidung durch das von Ihrem Landesparteitag berufene Ehrengericht." Vgl. a.a.O.
13 Ein „Ehrenrat" wurde nicht gebildet. Dem „Untersuchungsausschuß" gehörten an: Arthur *Stegner* (Holzminden), seit Juni 1947 Mitglied des FDP-Zonenvorstandes, Alfred *Onnen* und Kurt Martin *Weiß* (Bentheim). Der Untersuchungsausschuß kam u.a. zu dem Ergebnis: „Wenn auch den Lizenzträgern der ‚Abendpost' ein eigenes Recht auf Selbständigkeit und unabhängige Gestaltung ihrer Zeitung zuzugestehen ist, so darf doch nicht verkannt werden, daß ein äußerer und innerer Zusammenhang zwischen Partei und ‚Abendpost' besteht und hierin eine auch von der ‚Abendpost' anzuerkennende Bindung liegt." Protokoll über die Sitzung des Untersuchungsausschusses „Abendpost" am 10.7.1947 in Hannover und am 11.7.1947 in Holzminden, AdL-6. Vgl. FISCHER, 1971, S. 356f.; SCHRÖDER, 1985, S. 216.

Der Vorstand unterhielt sich über die Drucklegung der Parteitagsreferate und über eine Broschüre[14], in der die Gründe für die Ablehnung der Teilnahme an der Regierungsbildung[15] dargestellt werden sollten.

14 In zwei Rundschreiben des FDP-Landesverbandes Nordrhein-Westfalen vom 23.6. bzw. 25.6. 1947 wurde eine „Broschüre" über die Regierungsbildung in Nordrhein-Westfalen „mit den Originalabdrucken des Briefwechsels" bzw. mit der Veröffentlichung des „gesamten vorliegenden Aktenmaterials" für Ende Juni 1947 angekündigt. Vgl. das von Gustav *Altenhain* gezeichnete Rundschreiben Nr. 2/47/P vom 23.6. 1947 an die Kreisgruppen und Nr. 4/47/P vom 25.6. 1947 zur Vorbereitung der Kommunalwahlen, HStA Düsseldorf, RW 62-137. Es erschien die Schrift: „Bericht zur Regierungsbildung in Nordrhein-Westfalen. Juni 1947", Wuppertal 1947. NL Blücher 155, zit. nach: HEIN, 1985, S. 152, Anm. 89.
15 Vgl. Dok. Nr. 32, Anm. 9 u. Dok. Nr. 36, Punkt 4.

36.

30.6. 1947: Protokoll über die Sitzung des Zonenvorstandes

NL Blücher 230. Gezeichnet: „Falk". Beginn: 11 Uhr. Ende: 18 Uhr. Ort: Bielefeld, Hermannstr. 27 (Kreisgeschäftsstelle der FDP Bielefeld).

Anwesend: *Altenhain, Blome*[1], *Blücher,* Frau *Friese-Korn,* Frau *Gramberg, Henkel, Hollmann*[2], *Maier-Bode, Middelhauve, Rademacher, Richter*[3], *Schäfer, Siemann*[4], *Stegner.*[5] Entschuldigt: *Asmussen, Mende.* Außerdem: *Falk* von der Hauptgeschäftsstelle, zeitweilig: *Biegel*[6] vom Organisationsausschuß, *Nannen* von der „Abendpost".

1 Hermann *Blome* (Hannover), Vorsitzender der „Deutschen Jungdemokraten" in der britischen Zone.
2 Heinrich *Hollmann* (1898–1965), Weingroßhändler; 17.4.–12.10. 1946 Mitglied der ernannten Bremischen Bürgerschaft, 13.10. 1946–11.10. 1947 Mitglied der ersten gewählten Bremischen Bürgerschaft; Gründungsmitglied der FDP in Bremen, seit Februar 1947 deren Fraktionsvorsitzender in der Bremischen Bürgerschaft; seit September 1947 Mitglied des Wirtschaftspolitischen Ausschusses des FDP-Zonenverbandes; September 1947 bis Ende Januar 1948 Hauptankläger beim Senator für die politische Befreiung; Ende Januar 1948 wegen Verbindungen zur KPD aus der Partei ausgeschlossen.
3 Arnold *Richter,* Schatzmeister des FDP-Zonenverbandes.
4 Dr. Oskar *Siemann,* Hannover.
5 Arthur *Stegner* (geb. 1907), Dipl.-Chemiker, Fabrikant; Mitglied des Kreistages und Stadtrates in Holzminden; seit 12./13.6. 1948 Vorsitzender des FDP-Landesverbandes Niedersachsen; seit 11./12.12. 1948 Mitglied des FDP-Bundesvorstandes; seit 1947 MdL Niedersachsen; 1.12. 1951–14.1. 1954 MdB, dann fraktionslos; seit 6.2. 1957 GB/BHE. *Stegner* vertrat ab 1949 die Idee einer „nationalistischen Sammlungsbewegung" und arbeitete auch – wie die sog. „Naumann-Affäre" zeigte – mit ehemaligen Nationalsozialisten zusammen. Vgl. WENGST (Bearb.), FDP-Bundesvorstand, 1990, S. XVIII.
6 Helmut *Biegel,* selbständiger „Werbeschriftsteller" in Bielefeld; 2. Schriftführer im FDP-Bezirksvorstand Westfalen-Ost (Stand: 15.2. 1946).

Sitzung des Zonenvorstandes 30. 6. 1947 **36.**

Vor der Behandlung der unten aufgeführten Tagesordnung, die ohne Erweiterung oder Einschränkung angenommen worden war, begrüßte Minister BLÜCHER den neuen Vorstand. Er beantragte dabei, und der Vorstand stimmte einmütig zu, daß die Vorsitzenden der einzelnen Landesverbände in Zukunft zu jeder Vorstandssitzung einen kurzen, zusammenfassenden, schriftlichen Bericht über ihre Landesverbände vorlegen sollten. Desgleichen soll der neue Schatzmeister dem Vorstande bei jeder Sitzung einen Kassenbericht unterbreiten. Kassenberichte, die in der Öffentlichkeit erstattet werden, müssen in Zukunft vorher vom Vorstand gesehen und genehmigt werden.

Punkt 1: Organisation des Vorstandes – Festlegung der Arbeitseinteilung

Zum Schatzmeister der FDP wurde einstimmig das Vorstandsmitglied *Richter* (Hamburg) gewählt. Die einzelnen Arbeitsgebiete wurden wie folgt auf die Damen und Herren des Vorstandes verteilt:

Dr. *Middelhauve* = Koordinierung der Arbeit der Volksvertretungen,
Dr. *Schäfer* = Sozialpolitik und Gewerkschaften,
Friese-Korn = Sozialpolitik, in Unterstützung von Dr. *Schäfer,*
Richter = Finanzpolitik,
Rademacher = Organisation der Partei,
Maier-Bode = Landwirtschaftspolitik und Ernährung,
Stegner = Wirtschaftspolitik,
Rohde[7] = Kommunalpolitik,
Abatz[8] = Funk- und Nachrichtenwesen,
Blome = Presse und Jugend,
Gramberg = Organisation der Frauengruppen.

Für Kulturpolitik wurde kein Berichterstatter gewählt. Alle Damen und Herren nahmen die ihnen einstimmig übertragenen Arbeiten und Aufgaben an.

Punkt 2: Ausschüsse und ihre Tätigkeit

In lebhafter Aussprache wurden alle mit den Ausschüssen zusammenhängende Fragen behandelt. Im einzelnen wurde einstimmig beschlossen:

a) Dem Organisations-Ausschuß (OA) und seinem Obmann *Rademacher* bestätigt der Vorstand (V) grundsätzlich die Beschlüsse, die zur durchgreifenden Organisation der Partei notwendig sind. Der OA teilt seine Beschlüsse dem Geschäftsführenden V mit. Der Geschäftsführende V besitzt ein Vetorecht.

b) Die einzelnen Ausschüsse werden vom OA beschleunigt angehalten, sich so schnell wie möglich zu konstituieren. Von ihrer Arbeit sind Minister *Blücher* und die Hauptgeschäftsstelle durch schriftliche Mitteilungen zu unterrichten. Darüber hinaus wird der V und der Zentral-Ausschuß (ZA) durch zusammenfassende Darstellungen informiert werden.

---

7 Heinrich *Rohde*, Landrat (a.D.?) aus Itzehoe; seit 24. 4. 1948 stellvertretender Vorsitzender des FDP-Landesverbandes Schleswig-Holstein.
8 Harald *Abatz* (geb. 1893), Handelsvertreter; seit 25./26. 10. 1947 Mitglied des Vorstandes des FDP-Landesverbandes Hamburg; 1949–1954 Md Hamburger Bürgerschaft.

c) Als zentraler Tagungsort gilt Bielefeld, vertretungsweise auch Bremen.

d) Die Überschüsse aus dem Parteitage stehen dem OA zur Verfügung. Weitere Mittel erhält er durch die geplante Schriftenreihe[9] im Zusammenwirken mit dem Schatzmeister *Richter.*

e) Die Frage der möglichst gering zu haltenden Reisekosten für die einzelnen Ausschuß-Mitglieder wurde bis zur nächsten Tagung zurückgestellt.

f) Die Frauengruppen organisieren sich selbst.[10]

g) Der Zusammentritt des Wirtschaftspolitischen (WA)[11], des Sozialpolitischen (SA)[12] und des Vertriebenen-Ausschusses (VA)[13] ist vordringlich. In diesem Zusammenhange wird Minister *Blücher* mit Dr. *Oellers* zwischen dem 7. und 9. Juli ca. in Hamburg eine eingehende Besprechung abhalten.

h) Das sozialpolitische Programm[14] der Partei muß dem Bielefelder Parteitags-Beschluß gemäß bis zum 15. Juli ca. fertiggestellt werden.

Punkt 3: Bestimmung des Zeitpunktes und der Hauptberatungsgegenstände für die nächste Sitzung des Zentral-Ausschusses (ZA)

Der Vorstand setzte die nächste Sitzung des ZA einstimmig auf den 26. und 27. Juli ca. in Bielefeld fest.[15] Beginn am 26. Juli, vormittags um 11 Uhr. Als Tagesordnung wurde bestimmt:

a) Bericht *Rademacher*

b) Bekanntgabe des sozialpolitischen Programms

c) Katalog von Entschließungen zur Tagespolitik (Aufstellung innerhalb des Geschäftsführenden V)

d) Zuwahl zum V von je einem Arbeiter- und Angestelltenvertreter (der V wird *Penz*[16] und *Hamann*[17] vorschlagen)

e) Die in Bielefeld zurückgestellten Entschließungen

f) Wahl von zwei Kassenprüfern

---

9 Vgl. die von Helmut *Biegel* am 21. 6. 1947 verfaßte dreiseitige Darlegung: „Plan des Aufbaues einer Schriftenreihe der FDP", AdL-6.
10 Vgl. Dok. Nr. 39.
11 Unter Leitung Oscar *Funckes* fand die erste Sitzung des „Wirtschaftspolitischen Ausschusses" am 28. 8. 1947 statt. Vgl. SCHRÖDER, 1985, S. 178.
12 Der „Sozialpolitische Ausschuß" tagte erstmals am 15. 7. 1947 unter der Leitung Hermann *Schäfers.* Vgl. a. a. O., S. 194.
13 Die vermutlich erste Sitzung des Ausschusses für Vertriebene fand unter dem Vorsitz von Fritz *Oellers* am 2./3. 8. 1947 statt. Vgl. a. a. O., S. 226.
14 Vgl. Dok. Nr. 42.
15 Vgl. Dok. Nr. 37.
16 Karl *Penz*, Bankbeamter; seit 30. 7./1. 8. 1948 Mitglied des Vorstandes des FDP-Landesverbandes Nordrhein-Westfalen. Vgl. Dok. Nr. 37, Anm. 34.
17 Paul *Hamann*, Leiter des „Arbeitersekretariats" des FDP-Landesverbandes Hamburg.

Sitzung des Zonenvorstandes 30.6.1947 **36.**

Der V beschloß ferner einstimmig, daß in Zukunft alle Entschließungsanträge zuvor an den zuständigen Ausschuß zur Beratung gesandt werden müssen.

Punkt 4: Festlegung der Verteilung und des Preises der von der Partei herauszugebenden Druckschriften

Der V beschloß einstimmig, die Parteitagsreden von Minister *Blücher*[18], Dr. *Schäfer*[19] und *Maier-Bode*[20] sowie die Erklärung über die Regierungsbildung im Lande Nordrhein-Westfalen[21] in einer Auflage von je 50000 Stück als erste Schriften der Partei in der geplanten Reihe herauszugeben. Die Rede von *Wilkening*[22] wird nicht gedruckt werden. Die Rede von *Nannen*[23] wurde zurückgestellt. Die Verfasser der Druckschriften erhalten 1000 RM Honorar und die Erstattung der Unkosten für Schreibhilfe, Papier und dergleichen.

Punkt 5: Zeitungsfragen – Entwurf einer von allen Parteien zu unterzeichnenden Erklärung über die Notwendigkeit politischer Nachrichtenorgane

Der V beschloß nach eingehenden Darstellungen von Minister *Blücher* einstimmig, daß für alle Zeitschriften und Nachrichtenblätter der Partei sofort Lizenzanträge zu stellen sind.

Punkt 6: Aussprache über die Presse und ihre politische Haltung (z.B. Artikel „Abendpost": Die britische Agrarreform)

Der V beschloß zunächst einstimmig, daß die Redakteure der FDP-Zeitungen alle vier Wochen, erstmalig zu einem von Dr. *Middelhauve* anzuberaumenden Termin, mit dem V zur politischen Aussprache zusammenzukommen hätten.

Ferner beschäftigte sich der V mit dem Streit[24] zwischen der „Abendpost" und dem Landesverbande (LV) Niedersachsen sowie mit der Gesamtlage im LV Niedersachsen.[25] Es wurde einstimmig beschlossen, daß sich Minister *Blücher* zusammen mit Dr. *Middelhauve*, Dr. *Schäfer*, *Stegner*, *Siemann* und *Henkel* vom Vorstande mit

---

18 Franz *Blücher:* Freiheit und Friede. Rede auf dem Parteitag der FDP 1947, abgedruckt in: Schriftenreihe der Freien Demokratischen Partei P/7/1, im Auftrage der Freien Demokratischen Partei herausgegeben durch die Hannoversche Verlagsgesellschaft, Hannover o.D., AdL-D1–94.
19 Vgl. Dok. Nr. 35, Anm. 1.
20 Vgl. a.a.O., Anm. 5.
21 Vgl. a.a.O., Anm. 14.
22 Vgl. a.a.O., Anm. 4.
23 Vgl. a.a.O., Anm. 2.
24 Vgl. a.a.O., Punkt 3.
25 Vgl. Dok. Nr. 34 a, Anm. 8.

den Herrn Dr. *Onnen, Albers*[26]*, Wächter*[27]*, Post*[28]*, Keune, Heldt*[29]*, Rosenberg*[30]*, Beckmann*[31]*, Schultz*[32] und *Cramer*[33] am 10. Juli, vormittags 9 Uhr, bei *Henkel* in Hannover zur Aussprache über die niedersächsischen Verhältnisse treffen sollen. Über die V-Sitzung des LV Niedersachsen am 1. Juli soll Minister *Blücher* sofort unterrichtet werden. Über die weitere Klärung und Bereinigung der Streitfälle haben *Stegner* und *Henkel* dem V auf seiner nächsten Sitzung zu berichten.

Punkt 7: Mitteilungen des Vorsitzenden

a) Der V nahm davon Kenntnis, daß Minister *Blücher* den Auftrag des Parteitages über den Beitritt zum Liberalen Weltbund[34] fristgerecht ausgeführt hat, und ferner, daß Minister *Blücher*

b) an die ausgeschiedenen Vorstandsmitglieder ein Dankschreiben gerichtet hat.

---

26 Johann *Albers* (1890–1964), Schmiedemeister; Staatsminister; seit 1919 DDP; 1945 Landrat des Kreises Friesland; 21. 1.–6. 11. 1946 Md Oldenburgischer Landtag, seit 10. 4. 1946 Landtagspräsident; 9. 12. 1946–19. 4. 1947 Mitglied des ernannten Niedersächsischen Landtages; 1947–1959 MdL Niedersachsen; 11. 6. 1947–8. 6. 1948 Minister ohne Geschäftsbereich im Kabinett des SPD-Ministerpräsidenten *Kopf*.
27 Gerold *Wächter* (geb. 1906), Dipl.-Landwirt; 1945–1947 Bürgermeister der Gemeinde Abbehausen; Mitglied des ernannten und gewählten Kreistages des Kreises Wesermarsch; 1946–1947 stellvertretender Landrat; 1948–1956 Landrat; 1947–1951 MdL Niedersachsen; 1961–1969 MdB.
28 Albert *Post* (geb. 1896), Landwirt; 1947–1967 MdL Niedersachsen, Wahlkreis Ammerland.
29 Hans *Heldt*, Gewerbeschullehrer; bis 28. 5. 1947 stellvertretender Vorsitzender des FDP-Landesverbandes Braunschweig, danach stellvertretender Vorsitzender des Bezirksverbandsvorstandes Braunschweig (Stand: August 1947); seit 23. 9. 1947 2. Schatzmeister des FDP-Landesverbandes Niedersachsen.
30 Egon *Rosenberg* (1895–1976), Kaufmann (Firmeninhaber); seit 1919 DDP; nach Kriegsende 1945 vorübergehend geschäftsführender Oberbürgermeister von Emden; Vorsitzender der Kreisgruppe Emden und der Bezirksgruppe Ostfriesland der FDP; Vorstandsmitglied der Industrie- und Handelskammer Ostfriesland; seit 28. 5. 1947 Mitglied des Vorstandes des FDP-Landesverbandes Niedersachsen, Leiter des Wirtschaftspolitischen Ausschusses; seit September 1947 Mitglied des Wirtschaftspolitischen Ausschusses des FDP-Zonenverbandes; 1947–1955 MdL Niedersachsen.
31 Wilhelm *Beckmann*, stellvertretender Vorsitzender des FDP-Bezirksverbandes Aurich (Stand: September 1947).
32 Carl *Schultz*, Vorsitzender des FDP-Bezirksverbandes Stade (Stand: September 1947).
33 Es waren keine biographischen Angaben zu ermitteln.
34 Die entsprechende Entschließung des Bielefelder Parteitages ist abgedruckt in: Die Freie Stadt, 10. 7. 1947, Nr. 6. Die Deutsche Sektion der „Liberalen Internationale" (Liberaler Weltbund) für die britische Zone mit dem Sitz in Hamburg konstituierte sich in Hamburg am 25. 8. 1947 in einer Gründungsversammlung entsprechend dem in Oxford verkündeten „Liberalen Manifest". Vgl. Die Freie Stadt, 20. 9. 1947, Nr. 9. Vgl. Dok. Nr. 32, Anm. 5.

Sitzung des Zonenvorstandes 30. 6. 1947 **36.**

c) Der V nahm zur Kenntnis, daß Dr. *Greve* (Wagenfeld) sein Angebot zu der Broschüre „Unsere Aufgabe heute" zurückgezogen hat. Er beschloß, von *Grüne*[35] und Dr. *Ablaß*[36] (Hamburg) zwei unabhängige juristische Gutachten über den Tatbestand zu erbitten.

Die Aufforderungen dazu ergehen vom LV Nordrhein-Westfalen und LV Hamburg.

d) Der V nahm Kenntnis, daß Minister *Blücher* an *Kahlen* (Bad Pyrmont) im Sinne des alten V-Beschlusses geschrieben hatte und daß *Kahlen* entsprechend antwortete.

e) Sache „*Abendpost*" (Niedersachsen) wurde im Rahmen von Punkt 6 erledigt.

Punkt 8: Beschluß über die nächste Vorstandssitzung

Der Vorstand überließ es Minister *Blücher,* zur nächsten V-Sitzung termingerecht einzuladen.

Punkt 9: Verschiedenes

Der Vorstand bestimmte einmütig, daß der neue Schatzmeister *Richter* sich von *Wilkening* in einer ordnungsgemäßen Übergabeverhandlung die Geschäfte übertragen lasse. Ferner sollen auf der nächsten ZA-Sitzung zwei Kassenprüfer gewählt werden.

Nach einem Bericht von Dr. FALK über den Parteitag der bayerischen FDP in Bad Aibling[37] beantragte Dr. MIDDELHAUVE[38], daß der ZA die Stellungnahme der Partei zur DPD anerkenne.

Der Vorstand bestimmte ferner, daß *Henkel* versuchen solle, Dr. *Hasemann* zum Rücktritt vom Vorsitz des Presse-Ausschusses zu bewegen.[39] Dr. *Hasemann* soll aber Mitglied des Ausschusses bleiben.

---

35 Dr. *Grüne*, Rechtsanwalt, hatte der Arbeitsgemeinschaft für Rechtspolitik des FDP-Zonenverbandes in der britischen Zone angehört (Stand: Mai 1946).
36 Dr. Friedrich *Ablaß* (1895–1949), Rechtsanwalt in Hamburg; 1913 Fortschrittliche Volkspartei; 1918 DDP; Mitglied des DDP-Landesvorstandes; 1930 DStP; 1928–1933 leitender Redakteur der Zeitung „Der Demokrat an der Wasserkante"; 1933 energischer Protest beim DStP-Vorsitzenden gegen jede Anpassungspolitik an die Hitler-Regierung; nach Auflösung der DStP illegale politische Arbeit, Tarnung als „Verein der Hafenfreunde" (1934–1936); zugleich Mitglied der Widerstandsgruppe Q; seit 1939 in der Führungsebene der Hamburger Widerstandsgruppen; im Juli 1943 zu Verwandten nach Hirschberg, dort Betreuung politisch Verfolgter; bei Kriegsende in Hamburg; am 21. 5. 1945 Leiter der Gründungsversammlung des Bundes Freies Hamburg; am 20. 9. 1945 Leiter der Gründungsversammlung des Landesverbandes Hamburg der „Partei Freier Demokraten"; FDP-Landesvorstandsmitglied. Vgl. Sassin, 1993, S. 371; Hein, 1985, S. 87 f.
37 Gemeint ist die „3. Ordentliche Landesversammlung der FDP in Bad Aibling" vom 27. bis 30. 6. 1947.
38 Vgl. den „Nachtrag" am Schluß dieses Protokolls.
39 Walther *Hasemann* verzichtete am 30. 6. 1947 auf den Vorsitz des Presseausschusses. Vgl. SCHRÖDER, 1985, S. 211.

Auf eine Anfrage von MAIER-BODE hin lehnte Minister BLÜCHER gemäß den Haßlinghauser Beschlüssen[40] Wahlkartelle mit anderen Parteien für die FDP ab.

Über die notwendigen Maßnahmen für den geplanten Informationsdienst[41] soll *Rademacher* dem Geschäftsführenden V schnellstens Vorschläge unterbreiten.

Der Vorstand beschloß schließlich auf einen Hinweis von Dr. FALK hin, ob die FDP in das Vereinsregister einzutragen sei, einen Juristen um eine gutachtliche Stellungnahme über die zweckmäßigste juristische Vertretung der Partei zu bitten.

Bad Pyrmont, 14. Juli 1947

An alle Vorstandsmitglieder

Sehr geehrter Herr Minister *Blücher!*

Nachtrag zum Protokoll der Vorstandssitzung in Bielefeld am 30. Juni 1947

zu Punkt 3. Bestimmung des Zeitpunktes und der Hauptberatungsgegenstände für die nächste Sitzung des Zentral-Ausschusses (ZA).

Der V beschloß auf Antrag von Herrn *Middelhauve,* daß der ZA auf seiner nächsten Sitzung dazu Stellung nehmen soll, ob die Partei entsprechend den Rothenburger Beschlüssen[42] und dem Vorgehen unserer Parteifreunde in Bayern und Württemberg-Baden dem Namen unserer Partei die Bezeichnung „in der Demokratischen Partei Deutschlands" hinzufügen soll.[43]

Mit vorzüglicher Hochachtung!

---

40 Vgl. Dok. Nr. 21 b, Anhang.
41 Vgl. Dok. Nr. 40, Anm. 14 u. 15.
42 Vgl. Dok. Nr. 32, Anm. 4.
43 Während der Sitzung des Koordinierungsausschusses in Rothenburg o. T. war am 17. 3. 1947 nach einer Aussprache Einigkeit über die Art der Namensführung erzielt worden. Die Landesverbände der liberalen Parteien der vier Besatzungszonen sollten „[...] zunächst noch in Ober- oder Untertiteln ihre bisherigen Bezeichnungen beibehalten und den einheitlichen Namen auf den nächsten Landesparteitagen legalisieren lassen". Niederschrift der Sitzung des Koordinierungsausschusses am 17. 3. 1947 in Rothenburg o. T., abgedruckt in: GRUNDMANN/HEIN, 1978, S. 92. Vgl. HEIN, 1985, S. 291. In der Zentralausschußsitzung am 26./27. 7. 1947 wurde die Frage, ob die Bezeichnung „Demokratische Partei Deutschlands" in den Parteinamen übernommen werden sollte, nicht behandelt.

37.

26./27. 7. 1947: Protokoll über die Sitzung des Zentralausschusses

NL Blücher 230. Gezeichnet: „Falk". Vorsitz: Blücher. Beginn: 26.7. 1947, 11.30 Uhr. Ende: 27.7. 1947, 16 Uhr. Ort: Bielefeld, Rathaussaal.

Anwesend vom Zentralausschuß: Schleswig-Holstein: *Oellers* (*Abatz* und *Asmussen* fehlten); Hamburg: *Arnold*[1], Frau *Bohne*, Frau *Grau*, *Hamann*, *Lindemann*, *Oehding*[2], *Schmachtel*, *Schröder*[3]; Bremen: *Grabau* (*Hollmann* fehlte); Niedersachsen: *Baxmann*, *Beber*, *Fieseler*[4], *Hasemann*, *Meiners*, *Moeller*[5], *Mogk*, *Wendorff*[6], *Stegner*; Nordrhein-Westfalen: *Benkwitz*, *Biegel*[7], *Brinkmann*[8], *Dominicus*, *Funcke*[9], *Harnischmacher*[10], *Kaiser*[11], *Klemm*[12], *Krekeler*, *Luchtenberg*, *Penz* (*Dörnhaus*[13] fehlte). Außerdem anwesend vom Zonenvorstand: *Altenhain*, *Blome*,

---

1 Es waren keine biographischen Angaben zu ermitteln.
2 Cäsar *Oehding* (1891–1965), Übersee-Spediteur; seit September 1947 Mitglied des Wirtschaftspolitischen Ausschusses des FDP-Zonenverbandes in der britischen Zone; 1949–1957 Md Hamburger Bürgerschaft.
3 Rudolph Edgar *Schröder*, seit Juli 1946 Schatzmeister des FDP-Landesverbandes Hamburg und Mitglied des Landesvorstandes; Vorsitzender des Finanz- und Steuerpolitischen Ausschusses des FDP-Zonenverbandes in der britischen Zone (Stand: Juni 1948).
4 Biographische Angaben waren nicht zu ermitteln.
5 Vermutlich: Friedrich *Möller* (1888–1951), Bauunternehmer in Wilhelmshaven; 21.1. 1946 Md Oldenburgischer Landtag.
6 Dr. Bruno *Wendorff*, Lehrer; seit 1946 2. stellvertretender Vorsitzender des FDP-Landesverbandes Hannover; 28.5. 1947 Mitglied des Vorstandes des FDP-Landesverbandes Niedersachsen; am 23.9. 1947 zum „Obmann" des Kulturpolitischen Ausschusses des Landesverbandes gewählt.
7 Helmut *Biegel* war am 20.6. 1947 vom FDP-Landesverband Nordrhein-Westfalen als Mitglied des Presseausschusses des FDP-Zonenverbandes in der britischen Zone benannt worden. Es konnte nicht geklärt werden, ob *Biegel*, statt Mitglied des Presseausschusses zu werden, Mitglied des Organisationsausschusses blieb bzw. erst wurde (nach dem Bielefelder Parteitag Anfang Juni 1947) und ob er gegebenenfalls zusätzlich Mitglied des Presseausschusses des Zonenverbandes wurde.
8 Paul *Brinkmann*, Werkzeugfabrikant aus Gevelsberg; Vorsitzender des FDP-Bezirksverbandes Westfalen-Süd; Vorsitzender des Wirtschaftsausschusses des FDP-Landesverbandes Nordrhein-Westfalen; seit September 1947 Mitglied des Wirtschaftspolitischen Ausschusses des FDP-Zonenverbandes in der britischen Zone.
9 Oscar *Funcke* (1885–1965), Fabrikant; vor 1933 DVP; 1919–1930 Vorstandsmitglied und Präsident des Reichsverbandes der Deutschen Industrie; 1919–1933 1. bzw. 2. Vorsitzender des Eisen- und Stahlwaren-Industrie-Bundes; 1929–1930 Mitglied des Reichswirtschaftsrates; 1921–1930 Md Westfälischer Provinziallandtag. Seit Juni 1947 Vorsitzender des Wirtschaftspolitischen Ausschusses des FDP-Zonenverbandes in der britischen Zone; 1948–1953 Stadtverordneter in Hagen; September 1951–1953 MdB.
10 Werner *Harnischmacher*, Ingenieur aus Dortmund.
11 Es waren keine biographischen Angaben zu ermitteln.
12 Es waren keine biographischen Angaben zu ermitteln.
13 Wilhelm *Dörnhaus* (1890–1970), Betriebswirtschaftler; in leitender Stellung in der Großindustrie tätig; 1945 Mitbegründer der FDP in Mülheim (Ruhr); seit 1946 Stadtverordne-

Blücher, Frau *Friese-Korn,* Frau *Gramberg, Henkel, Mende, Middelhauve, Rademacher, Rohde, Schäfer, Siemann.*[14] Hauptgeschäftsstelle: *Falk, Wrede.*

Am 26./27. Juli [...][15] fand [...] die erste Sitzung des neugewählten Zentralausschusses (ZA)[16] mit folgender Tagesordnung statt:

1. Organisationsfragen. Berichter: *Rademacher* (Hamburg)

2. Sozialpolitisches Programm. Berichter: Dr. *Schäfer* (Hamburg)

3. Entwurf neuer Satzungen. Berichter: Dr. *Oellers* (Hamburg)

4. Ausschuß-Arbeiten. Berichter: die Vorsitzenden der verschiedenen Ausschüsse

5. Entschließungen zur Tagespolitik

6. Ergänzung des Vorstandes durch je einen Arbeiter- und einen Angestelltenvertreter. Antrag des Vorstandes

7. Beratung der auf dem Parteitag in Bielefeld zurückgestellten Entschließungen.[17] Berichter: die Ausschüsse und der Vorsitzende

8. Wahl von zwei Kassenprüfern

9. Verschiedenes. Organisation: einheitliche Benennung der Gliederungen der Partei. Antrag der Geschäftsführer und hauptamtlichen Sekretäre auf uneingeschränkte politische Betätigung innerhalb der Partei.

Vor Eintritt in die Tagesordnung berichtete der erste Vorsitzende vertraulich über die politischen Fragen in der Zone.[18]

Zum *ersten* Punkt der Tagesordnung nahm zunächst in Vertretung von Herrn *Rademacher* Herr SCHMACHTEL das Wort. Er gab einen allgemeinen Überblick über die organisatorischen Notwendigkeiten und forderte eine größere Aktivität der Parteifreunde. Anschließend berichtete der Schatzmeister, Herr RICHTER, über die Finanzlage. Der ZA nahm folgenden Antrag einstimmig an:

„Der am 26. und 27. Juli 1947 nach Bielefeld einberufene Zentral-Ausschuß der FDP erteilt dem Zonenschatzmeister [Vollmacht], zur Herbeiführung eines ausgeglichenen Finanzhaushaltes der Partei alle ihm geeignet erscheinenden und auf vertretbarer und ehrbarer Grundlage durchzuführenden Maßnahmen der Finanzwerbung so beschleunigt wie möglich in die Wege zu leiten, Einkünfte aus Schriften-

---

ter, 1947–1948 FDP-Fraktionsvorsitzender, 1948–1952 stellvertretender Oberbürgermeister in Mülheim (Ruhr); 1947–1958 MdL NRW.

14 Dr. Oskar *Siemann,* Hannover.
15 Die Auslassungen betreffen nur Informationen, die bereits im Protokollkopf enthalten sind.
16 Zur Zusammensetzung des Zentralausschusses vgl. die Satzung v. 20. 5. 1946, § 12.
17 Um welche Entschließungen es sich handelt, ist nicht mehr festzustellen. Eine Stenographische Niederschrift der Verhandlungen des Bielefelder Parteitages vom 5.–8. 6. 1947 ist nicht auffindbar. Vgl. SCHRÖDER, 1985, S. 55, Anm. 54.
18 Vgl. Anhang.

vertrieb zugunsten der Zonenkasse durch Erfassung aller Möglichkeiten zu steigern, die Landesverbände zur pünktlichen Abführung der satzungsmäßig festgelegten Beitragsteile der Mitgliederbeiträge [19] verbindlich anzuhalten und gegen nicht tragbare Ausgabeposten und Ansprüche an die Zonenkasse mit der Wirkung der Einschränkung oder Aufhebung bis zur Bestätigung durch den Zonen-Finanzausschuß Einspruch zu erheben."

Ein nach längerer Debatte über die Verhältnisse im Landesverband Schleswig-Holstein[20] von Herrn Dr. MIDDELHAUVE gestellter Antrag, den Landesverbandsvorsitzenden *Asmussen* zum Rücktritt aufzufordern, wurde vom Antragsteller selbst auf sechs Wochen zurückgestellt, weil Herr *Rohde* es übernahm, die strittigen Fragen in einer persönlichen Aussprache mit Herrn *Asmussen* zu regeln. Ein Antrag von Herrn RADEMACHER, der den Zonenvorstand dazu berechtigen sollte, die Arbeit in den lebensfähigen Landesverbänden selbst zu übernehmen[21], wurde vom Vorsitzenden dem Satzungsausschuß zur Beachtung überwiesen.

Zum *zweiten* Punkt der Tagesordnung wurde nach dem Bericht von Herrn Dr. SCHÄFER folgender Antrag des ersten Vorsitzenden einstimmig angenommen:

„Die sozialpolitischen Leitsätze[22] und die Soziallehre der FDP[23] werden dem Zentral-Ausschuß im Umdruck zugeleitet. Nach 3 Wochen soll sich der neue Ausschuß zusammensetzen. Der neue Ausschuß hat Vollmacht zur Veröffentlichung."

---

19 Die Landesverbände hatten pro Mitglied RM 0,25 an den Zonenverband abzuführen. Vgl. SCHRÖDER, 1985, S. 229.
20 Wie einem Schreiben *Asmussens* an *Middelhauve* (etwa August/September 1947) zu entnehmen ist, hatte der Zonenvorstand die organisatorischen Mängel und das schlechte Wahlergebnis kritisiert. Der FDP-Landesverband Schleswig-Holstein bestand aus 21 Kreisen, war aber nur in 15 (oder 16) mit „Kreisvereinen" vertreten. Bei der Landtagswahl am 20. 4. 1947 hatte die FDP in Schleswig-Holstein nur 5,0 % der Stimmen erreicht und den Einzug in den Landtag verfehlt. Die FDP hatte nicht – wie es das Wahlrecht forderte – in einem der Wahlkreise ein Direktmandat erzielt und erhielt deshalb auch keinen Sitz im Landtag. Vgl. den Bericht über die Sitzung des Organisationsausschusses der Landesverbandsgeschäftsführer, der Landesverbandsvorsitzenden und anderer Mitarbeiter am [...] 4. 1. 1947 in Bad Pyrmont, AdL-4. Vgl. Dok. Nr. 21 a, Anm. 9. Vgl. PIEHL, 1979, S. 43–45; HEIN, 1985, S. 101.
21 *Asmussen* lehnte es in dem genannten Schreiben an *Middelhauve* ab, daß der Geschäftsführende Zonenvorstand (*Blücher – Schäfer – Middelhauve*) dazu berufen sei, Mißstände im FDP-Landesverband Schleswig-Holstein aufzudecken. Vgl. PIEHL, 1979, S. 45. Zu dem früheren Vorschlag von *Greve*, durch den Zonenvorstand einen hauptamtlichen Landesgeschäftsführer im FDP-Landesverband Schleswig-Holstein einzusetzen, vgl. den Bericht über die Sitzung des Organisationsausschusses [...], a.a.O.; vgl. Dok. Nr. 23, Punkt 2.
22 Vgl. Dok. Nr. 42.
23 Hermann *Schäfer*, „Leistungsfreiheit und Existenzsicherheit. Kurzer Grundriß zu einer Soziallehre der freien Demokratie", AdL-10. Die „Soziallehre" und die „Leitsätze" wurden *Blücher* mit einem Begleitschreiben (29. 10. 1947) des Geschäftsführers des FDP-Landesverbandes Hamburg, Martin *Plat*, zugesandt. Vgl. SCHRÖDER, 1985, S. 194–200.

Der neue Ausschuß setzt sich aus Frau *Friese-Korn* und den Herren *Schäfer, Funcke, Dominicus, Penz, Blücher, Nicolai*, einem Vertreter aus Hamburg, dem Vorsitzenden des Sozialpolitischen Ausschusses von Nordrhein-Westfalen und seinem Stellvertreter[24] zusammen.

Zum *dritten* Punkt der Tagesordnung wurde nach einem Bericht von Herrn Dr. OELLERS bestimmt, daß die von den Landesverbänden durchgearbeiteten Satzungsentwürfe möglichst bald an die Satzungsausschuß-Mitglieder Dr. *Baxmann* und Dr. *Oellers* zurückgesandt werden sollen.

Zum *vierten* Punkt der Tagesordnung referierte zunächst Herr BLOME über die Jugendarbeit, insbesondere über die Wochenendschulung in Honnef/Rhein[25] und über Patenschaften an Kriegsgefangenenlagern.[26] Über den Plan eines freiwilligen Arbeitsdienstes auf kommunaler Basis[27] entspann sich eine lebhafte Aussprache. Danach betonte Frau *Friese-Korn* die Notwendigkeit intensiver Frauenarbeit. Der ZA war sich darüber einig, daß die dafür notwendigen Mittel beschafft werden müssen. Herr SIEMANN teilte dann mit, daß die erste konstituierende Sitzung des Verfassungsausschusses am 7. August stattfinden werde. Abschließend berichtete Herr Dr. KREKELER über seine Pläne im Presseausschuß. Er forderte die Anstellung eines hauptamtlichen Pressereferenten.[28]

Beim *fünften* Punkt der Tagesordnung entwickelte sich eine lebhafte Aussprache über die Haltung unserer Vertreter bei der Bodenreform-Abstimmung[29] im Zonenbeirat. Der ZA nahm dabei folgende Anträge einstimmig an:

1. Der Presseausschuß hat dafür zu sorgen, daß ein ab 1. September 1947 hauptamtlich angestellter Redakteur die FDP-Presse der Zone einheitlich ausrichtet, die Zeitungen und Nachrichtenbüros mit Informationen versorgt und die verschiedenen Blätter der unteren Gruppen auf eine gemeinsame Linie bringt.

---

24 Dem neuen Ausschuß gehörten vom FDP-Landesverband Nordrhein-Westfalen Hans *Erdmann* und sein Stellvertreter Dr. Hans *Kuhbier* an. Vgl. SCHRÖDER, 1985, S. 195f.
25 Hermann *Blome* sah das Seminar in Honnef zur Bedeutungslosigkeit verurteilt, da er es für unwahrscheinlich hielt, daß die für die An- und Abreise der Kursteilnehmer notwendigen Gelder aufgebracht werden konnten. Vgl. *Blome* an *Blücher*, 27. 8. 1947, AdL-11, Bl. 30. Vgl. SCHRÖDER, 1985, S. 250.
26 Seit dem 14. 7. 1947 durften Zeitungen, Zeitschriften und Bücher an die Kriegsgefangenen abgesandt werden. Der Kriegsgefangenenbetreuungsdienst wurde von *Blücher* nachdrücklich unterstützt. Vgl. den Aufruf der Deutschen Jungdemokraten in der britischen Zone, abgedruckt in: FDP-Nachrichten, September 1947, Nr. 11/12. Vgl. SCHRÖDER, 1985, S. 250f.
27 Gefährdete heimatlose und vertriebene Jugend sollte erfaßt und zu Wiederaufbauarbeiten in den Gemeinden herangezogen werden. Vgl. SCHRÖDER, 1985, S. 251.
28 Vgl. Dok. Nr. 40, Punkt 5; SCHRÖDER, 1985, S. 211f.
29 *Blüchers* Stellungnahme findet sich in seiner Darlegung vom 20. 8. 1947: „FDP und Landreform. Die Abstimmung im Zonenbeirat am 9. 7. 1947", AdL-9. Vgl. TRITTEL, 1975, S. 90f.; UNGEHEUER, 1982, Kap. 4; RÜTTEN, 1984, S. 76f.

2. Der Verfassungsausschuß hat bis zum 15. September 1947 einen Verfassungsentwurf[30], der Wirtschaftspolitische Ausschuß bis zum 1. September 1947 ein Wirtschaftsprogramm[31] und der Agrarpolitische Ausschuß ebenfalls bis zum 1. September 1947 die Grundlagen für ein Agrarprogramm[32] vorzulegen.

Ferner wurde Herr *Wächter* (Oldenburg) an Stelle von Herrn *Maier-Bode* einstimmig zum Obmann des Agrarpolitischen Ausschusses gewählt.

Schließlich nahm der ZA einen Antrag[33] des Vorsitzenden mit 22 Stimmen gegen 2 Stimmen bei einer Enthaltung an:

„Jedes Mitglied der Freien Demokratischen Partei bindet sich freiwillig durch die Annahme eines politischen Amtes oder Mandats oder durch die Bewerbung oder Kandidatur für ein solches Amt an die *Grundsätze* der Partei. Wenn ein Parteimitglied sich *nicht* an diese Bindung hält oder halten zu können glaubt, ist es daher zur Niederlegung von Amt oder Mandat verpflichtet. Die Entscheidung darüber, ob ein Abweichen von den Parteigrundsätzen vorliegt, trifft in Zweifelsfällen oder Streitfällen der Ehrenrat der Partei in der Zone."

---

30 Die „Verfassungspolitischen Richtlinien" sind vom 27. 8. 1947 datiert, abgedruckt in: AKTEN ZUR VORGESCHICHTE 3, 1982, S. 877–882, Anm. 47. Vgl. Dok. Nr. 23, Anm. 18.

31 Die überarbeitete Fassung des Programms vom 18. 11. 1947, die Oscar *Funcke* an die Mitglieder des Ausschusses und an *Blücher* zusandte, trug den Titel: „Wirtschaftsprogramm der FDP. Entwurf". AdL-NL Oscar Funcke. Vgl. SCHRÖDER, 1985, S. 180.

32 Ob und wann ein erster Entwurf zur internen Beratung vorgelegt wurde, ist nicht festzustellen.

33 Anlaß für diesen Antrag war das Abstimmungsverhalten der FDP-Vertreter zur Bodenreform im Zonenbeirat am 9. 7. 1947. Hermann *Schäfer* und Pastor *Knoop* wurde vorgeworfen, sich während der Abstimmung über einen Bodenreform-Antrag der Stimme enthalten zu haben. Dieser Vorwurf wurde vom stellvertretenden Vorsitzenden des FDP-Landesverbandes Nordrhein-Westfalen, *v. Rechenberg,* erhoben. Protokoll über die Landesvorstands-Sitzung am 23. 7. 1947 in Düsseldorf, Archiv des FDP-Landesverbandes Nordrhein-Westfalen in Düsseldorf, Protokolle des Landesvorstandes 1947–1953, Ia/5. *Von Rechenberg* stellte in der Landesvorstandssitzung am 23. 7. 1947, deren Vorsitz er übernommen hatte, einen Antrag, der dieses Abstimmungsverhalten verurteilte. In nur unwesentlich korrigierter Fassung wurde dieser Antrag vom FDP-Landesverband Nordrhein-Westfalen offiziell übernommen und am 24. 7. 1947 als „Antrag an den Zentralausschuß des Zonenverbandes der FDP" gerichtet. Der offizielle Antrag lautete: „Der Vorstand des Landesverbandes Nordrhein-Westfalen hat mit größtem Bedauern davon Kenntnis genommen, daß sich Mitglieder der FDP bei der Abstimmung im Zonenbeirat über den Antrag der SPD und KPD über die Beschränkung des bäuerlichen Eigentums auf 100 ha der Stimme enthalten haben. Dieser Antrag steht im völligen Gegensatz zu den allgemeinen Grundsätzen und insbesondere zum Agrarprogramm der Partei. Die Stimmenthaltung stellt außerdem eine unerhört schwere Schädigung der Belange der FDP dar. Der Vorstand des Landesverbandes Nordrhein-Westfalen verlangt von den Herren, die sich bei dieser Gelegenheit der Stimme enthalten haben, sofortige Niederlegung aller Parteiämter und sonstiger Stellungen, in denen sie bisher als Vertreter der Partei aufgetreten sind. Der Vorstand erwartet vom Zentralausschuß, daß er diesen Beschluß des Vorstandes des Landesverbandes Nordrhein-Westfalen billigt." Archiv des FDP-Landesverbandes Nordrhein-Westfalen in Düsseldorf, Akte Politisches Büro 1946–1947, 110.

Zum Punkt *sechs* der Tagesordnung wurde zunächst Herr *Penz* als Angestelltenvertreter einstimmig in den Vorstand gewählt.[34] Die Wahl des als Arbeitervertreter vorgesehenen Herrn *Hamann* wurde zurückgestellt, da der Vorstand erst die Frage der Übernahme von politischen Ämtern durch hauptamtliche Parteiangestellte klären soll.

Der *siebente* Punkt der Tagesordnung wurde dem Vorstande zur Erledigung überwiesen.

Der ZA wählte zum *achten* Punkt der Tagesordnung einstimmig die Herren *Schröder*[35] und *Grimm*[36] zu Kassenprüfern.

Vom *neunten* Punkt der Tagesordnung wurde der Antrag der Geschäftsführer und hauptamtlichen Sekretäre auf uneingeschränkte politische Betätigung innerhalb der Partei dem Vorstande zur Beratung und Entscheidung übertragen.[37]

Tagung des Zentralausschusses der FDP in der britischen Zone

Die Sitzung vom 26. und 27. Juli 1947 in Bielefeld wurde durch einen 1/2stündigen Vortrag des Vorsitzenden Minister Franz BLÜCHER über die politische Lage eingeleitet.

Die Hintergründe der Direktorenwahl im Frankfurter Wirtschaftsrat[38] waren Mit-

---

34 *Blücher* korrigierte diese Darstellung des Protokolls am 17. 9. 1947 in einem Schreiben an die FDP-Hauptgeschäftsstelle in Bad Pyrmont und an die Mitglieder des Zonenvorstandes: „Ich weise darauf hin, daß es die einstimmige Meinung des Zentral-Ausschusses war, es bestünde leider keine rechtliche Möglichkeit, eine Erweiterung des Vorstandes aus seiner Machtvollkommenheit vorzunehmen.
Infolgedessen konnte Herr *Penz* als Angestelltenvertreter und ein Vertreter der Arbeiterschaft nicht in den Vorstand gewählt werden. Es wurde jedoch beschlossen, Herrn *Penz* zu bitten, von jetzt ab beratend an den Vorstands-Sitzungen teilzunehmen. Das gleiche soll gelten für den noch zu bestimmenden Arbeitervertreter." StA Hamburg, FDP-Landesverband, Akte A 129.
35 Rudolph Edgar *Schröder*.
36 Hans *Grimm* (Bad Segeberg) war vom FDP-Landesverband Schleswig-Holstein gemäß Paragraph 12 Abs. 2 der Satzung vom 20. 5. 1946 für den Zentralausschuß hinzugewählt worden.
37 Vgl. Dok. Nr. 40, Punkt 2.
38 Gewählt wurden am 24. 7. 1947 bzw. am 9. 8. 1947 Kandidaten, die der CDU/CSU angehörten oder ihr nahestanden. Die SPD hatte sich am 24. 7. 1947 im Wirtschaftsrat von der Wahl der Direktoren der fünf bizonalen Hauptverwaltungen (Wirtschaft; Ernährung, Landwirtschaft und Forsten; Finanzen; Verkehr; Post- und Fernmeldewesen) zurückgezogen, nachdem sie am gleichen Tag bei der Abstimmung über die Wahl des Wirtschaftsdirektors eine Niederlage erlitten hatte. Bei der zweiten Frankfurter Direktorenwahl am 2. 3. 1948 wurden die amtierenden Direktoren mit Ausnahme des von den Alliierten entlassenen Johannes *Semler* wiedergewählt. An dessen Stelle wurde Ludwig *Erhard* mit Unterstützung der CDU/CSU und FDP gewählt. Vgl. Dok. Nr. 44 b, Anm. 11; vgl. SALZMANN (Bearb.), 1988, S. 26f. u. S. 156f.; vgl. Gerold AMBROSIUS, Die Durchsetzung der Sozialen Marktwirtschaft in Westdeutschland 1945–1949, Stuttgart 1977, S. 86–95 u.

telpunkt der Erörterungen. Mit der Unterstützung des CDU-Wahlvorschlages für die Direktorenposten[39] haben die FDP-Vertreter eine Einzelentscheidung getroffen, die in keiner Weise eine einseitige Festlegung bedeutet[40], sondern je nach der Situation auch die Unterstützung anderer politischer Gruppen offenläßt.

RADEMACHER (Hamburg) wies in der Diskussion darauf hin, daß die Ereignisse im Wirtschaftsrat die falsche, auch von den Besatzungsmächten unterstützte Politik der innerpolitischen Forcierung des Zweiparteien-Systems bei den Ereignissen in Frankfurt/Main eklatant aufdeckte. Wäre nicht die Entwicklung einer starken Mittelpartei verhindert worden[41], dann hätten wir heute einen arbeitsfähigen Wirtschaftsrat in allen seinen Gremien zur Verfügung, der dem wirklichen politischen Willen des deutschen Volkes entspräche.

Zur Bodenreform wurde die unveränderte geschlossene Haltung der FDP erneut festgestellt. Anders lautende Pressemeldungen über die Vorgänge im Zonenbeirat sind auf Unkenntnis der komplizierten Materie und auf die Vielzahl der Einzelabstimmungen zurückzuführen.

S. 154–159; PÜNDER, 1966, S. 108–115; LAITENBERGER, 1988, S. 32–34. Zur Bedeutung der Entscheidung für die FDP vgl. HEIN, 1985, S. 323f. Die von Christoph Stamm herausgegebenen Protokolle der SPD-Fraktion im Frankfurter Wirtschaftsrat (1947–1949) konnten nicht mehr berücksichtigt werden.

39 Der Exekutivrat, die Vertretung der acht Länder des Vereinigten Wirtschaftsgebietes, hatte eine dritte (und vierte) Kandidatenliste vorgelegt, in der nur Mitglieder der CDU/CSU oder ihr parteipolitisch verbundene Kandidaten aufgeführt waren. Vgl. PÜNDER, 1966, S. 113–115.

40 Everhard *Bungartz*, Fabrikant in München, kritisierte als FDP-Vertreter in der Sitzung des Wirtschaftsrates am 24.7.1947 die vom Exekutivrat vorgelegten Kandidatenlisten – entweder nur SPD- oder nur CDU-Kandidaten. Er beklagte, gezwungen zu sein, einseitig Stellung zu nehmen, und wünschte sich in bezug auf die einzelnen Ämter eine Auswahlmöglichkeit zwischen Kandidaten beider Parteien. *Bungartz*. „Es wäre das wohl auch gerecht gewesen – denn immerhin haben die kleinen Parteien alle zusammen doch beinahe 30 % der Stimmen auf sich vereint –, und es wäre auch zweckmäßig gewesen, wenn man diesen Parteien eine wirkliche Auswahl gegeben hätte." WIRTSCHAFTSRAT 2, 1977, S. 38.

41 Vgl. Dok. Nr. 8 a, Anm. 7.

Zum Bestreben, die Betriebsräte in die Gegenzeichnung der betrieblichen Produktionsmeldungen[42] einzuschalten[43], warnt der Zentralausschuß vor der Übertragung von Rechten, die nicht auch gleichzeitig volle Verantwortung einschließt.[44] Auf die Gefahr, daß Produktionsmeldungen außerhalb des Wirtschaftsbereiches bekannt werden und tendenziös ausgelegt werden können, machte DOMINICUS (Remscheid)

---

42 Die von den Bezirkswirtschaftsämtern ausgegebenen Vordrucke für „Industriebetriebe" waren von den Firmen monatlich den Bezirkswirtschaftsämtern vorzulegen. Erfaßt wurden: die Zahl der Beschäftigten, Löhne und Gehälter, Umsatz, Energieversorgung. Darüber hinaus waren in die Industrieberichterstattung Produktionsmeldungen eingeführt worden. Gefragt wurde nach Art, Menge, Wert und Versand der Erzeugnisse sowie nach der Menge der Bestände im Berichtsmonat. Außerdem sollten in bezug auf „Roh- und Hilfsstoffe sowie Halbfabrikate" „Verbrauch und Bestände im Berichtsmonat einschließlich der im Werk weiterverarbeiteten eigenen Erzeugnisse" angegeben werden. Vgl. MÜLLER, Mitbestimmung, 1987, S. 266f. (mit dem Abdruck des Formulars eines „Industrieberichts"). Zum industriellen Berichtswesen in der Bizone vgl. speziell „45 Jahre Industrieberichterstattung", in: Statistisches Monatsheft für die Britische Zone 8, Oktober/November 1948, S. 53–55.

43 Die „Verordnung über die Unterzeichnung von Industrie- und Produktionsmeldungen" (durch die Betriebsräte) war am 11. 7. 1947 im Wirtschaftsausschuß des Nordrhein-Westfälischen Landtages von allen Fraktionen angenommen worden. Vgl. LT NRW, Drucks. Nr. II – 45. Die Arbeitnehmervertretung sollte im „Industriebericht" folgende Erklärung unterzeichnen: „Es wird bestätigt, daß dem Betriebsrat keine Tatsachen bekannt sind, die im Widerspruch mit den Angaben in der vorstehenden Meldung stehen." A.a.O., § 2. Absicht dieser Verordnung war, durch Überprüfung der Meldungen einen größeren Teil der Güter für die allgemeine Versorgung der Bevölkerung freizubekommen. Es sollte sichergestellt werden, daß nicht nur ein Teil der (erzeugten) Güter gemeldet und mit den übrigen Teilen Schwarzmarkt- oder Kompensationsgeschäfte betrieben wurde. Diese „Sondergeschäfte" dienten nicht nur der Aufrechterhaltung der Produktion des Betriebes, sondern brachten auch den Betriebsangehörigen vielfach Sondervorteile in Form einer Verbesserung der Belegschaftsverpflegung und -versorgung. Viele Betriebe gaben ihren Betriebsangehörigen Waren, mit denen sie das für sie Notwendige eintauschen konnten. Vgl. „Betriebsräte und Kompensation", in: Informationsdienst des Landesverbandes Westfalen der Freien Demokratischen Partei, 15. 8. 1947, AdL-D2-892. Vgl. MIELKE/RÜTTERS/BECKER (Bearb.), 1991, S. 79, Anm. 324; KANTHER (Bearb.), 1992, S. 314; MÜLLER, Mitbestimmung, 1987, S. 265; PLUMPE, 1987, S. 184, S. 186–188 u. S. 193f.; RÜTHER, 1991, S. 189–209.

44 Die rechtlichen Bedenken bezogen sich auf den Einwand, daß die vorgesehene gesetzliche Regelung, die die Gegenzeichnung der „Industrieberichte" durch die Betriebsräte betraf, über die Bestimmungen des Kontrollratsgesetzes Nr. 22 („Betriebsrätegesetz") hinausging. Vgl. Dok. Nr. 25, Anm. 14. Vgl. MÜLLER, Mitbestimmung, 1987, S. 268–274. Diese Bedenken waren u.a. auch schon im Antrag der nordrhein-westfälischen FDP-Fraktion vom 17.5. 1947 zum Ausdruck gebracht worden. Vgl. LT NRW, Drucks. II – 15. „Scharfe" Kritik übte *von Rechenberg* an der Zustimmung der FDP-Landtagsfraktion am 11. 7. 1947 zur diesbezüglichen Vorlage des Wirtschaftsausschusses (vgl. Anm. 43). Der FDP-Fraktion müsse folgender Antrag unterbreitet werden: „Die Fraktion wird gebeten, bevor sie zu Fragen, die das politische Leben unseres Landes betreffen, Entscheidungen trifft, vor ihrer eigenen Stellungnahme die Stellungnahme der Ausschüsse des Landesverbandes einzuholen." Protokoll über die Landesvorstandssitzung am 23. 7. 1947 in Düsseldorf, Archiv des FDP-Landesverbandes Nordrhein-Westfalen in Düsseldorf, Protokolle des Landesvorstandes 1947–1953, I a/5.

aufmerksam. Produktionsmeldungen haben nur dann einen Sinn, wenn im Interesse der Belegschaft vorgenommene Kompensationen und eingeräumte Deputate mit ausgewiesen werden.[45]

Das Sozialprogramm der FDP[46] ist im Rohaufbau fertiggestellt und wird in Kürze der Öffentlichkeit übergeben werden. Das Sozialprogramm der Partei wird dann als wesentliche Ergänzung des Wirtschaftsprogramms der FDP den Begriff einer sozialen Marktwirtschaft der gelenkten sozialistischen und staatlichen Wirtschaft gegenüberstehen.

Die Jungen Demokraten diskutieren heiß die Einrichtung eines Aufbauwerkes[47], das auf freiwilliger, kameradschaftlicher, ausschließlich regionaler Grundlage jungen deutschen Menschen beiderlei Geschlechts eine sittliche und moralische Ver-

---

45 Trotz der Vorbehalte des Zentralausschusses und im Landesverband nahm die FDP-Fraktion im Landtag Nordrhein-Westfalen – der der Verordnung am 1.8. 1947 zustimmte – bei der Abstimmung nicht durchweg eine ablehnende Haltung ein. Gustav *Altenhain* erklärte in der Sitzung des FDP-Landesvorstandes am 9.8. 1947, das Verhalten der Landtagsfraktion in diesem Punkt habe nicht mit den Bielefelder Beschlüssen des Zentralausschusses übereingestimmt. Frau *Friese-Korn* wandte ein, sie habe von den Bielefelder Beschlüssen und von den Ausarbeitungen des Wirtschaftspolitischen Ausschusses (des FDP-Landesverbandes Nordrhein-Westfalen) nichts gewußt. Auch Willy *Weyer* sprach das Informationsproblem an und meinte, es wäre besser gewesen, die Abgeordneten vorher über die Bielefelder Beschlüsse zu informieren. Paul *Brinkmann* erklärte, er habe die Stellungnahme des Wirtschaftspolitischen Ausschusses „zeitgerecht" an den (FDP-Fraktionsvorsitzenden) *Middelhauve* weitergegeben. Der Vorsitzende des Wirtschaftsausschusses der FDP-Landtagsfraktion, Heinz *Krekeler*, hatte für die Vorlage des Wirtschaftsausschusses des Landtages gestimmt, sein Stellvertreter Wilhelm *Dörnhaus* hatte sich der Stimme enthalten. *Guntermann* erklärte, er lehne die Unterzeichnung der Produktionsmeldung durch den Betriebsrat mit Rücksicht auf die „Ehrlichkeit" der Arbeitnehmer ab. Vgl. das Protokoll über die Vorstandssitzung des FDP-Landesverbandes Nordrhein-Westfalen am 9.8. 1947 in Haßlinghausen, Archiv des FDP-Landesverbandes Nordrhein-Westfalen in Düsseldorf, Protokolle des Landesvorstandes 1947–1953, I a/5. Zur Einschätzung des Abstimmungsverhaltens der FDP-Fraktion vgl. Heinz *Krekeler* in der Schlußdebatte am 1.8. 1947, LT NRW, Sten. Ber., S. 74–76. – Carl *Wirths* erklärte auf dem außerordentlichen Landesparteitag der FDP in Hohensyburg (b. Dortmund) am 16./17.8. 1947, die Mehrheit der FDP-Fraktion (bei 12 Abgeordneten insgesamt) habe sich der Vorlage des Wirtschaftsausschusses des Landtages angeschlossen, wobei er die Unterscheidung zum ursprünglichen SPD-Antrag hervorhob. Der Parteitag verabschiedete folgende Entschließung des Kreisverbandes Siegburg: „Der Parteitag bedauert, daß die Fraktion des Landtages bei der Abstimmung über die Verordnung der Unterschriftsleistung durch den Betriebsrat unter die monatlichen Produktionsmeldungen nicht *einheitlich* einen ablehnenden Standpunkt eingenommen hat." Vgl. das Protokoll über den außerordentlichen Parteitag am 16./17.8. 1947 auf der Hohensyburg, Archiv des FDP-Landesverbandes Nordrhein-Westfalen in Düsseldorf, Landesparteitage 1946–1949, I a/10. Zur Einordnung der Auseinandersetzung in die innerparteiliche Entwicklung der FDP in Nordrhein-Westfalen vgl. HEIN, 1985, S. 152–154.
46 Vgl. Dok. Nr. 42.
47 Über ein solches Jugend-Aufbauwerk konnte nichts in Erfahrung gebracht werden.

pflichtung zum Wiederaufbau Deutschlands und damit der Jugend ein neues Ideal geben könnte.

Fragen der stärkeren Einschaltung der Frau in die politische Arbeit und Fragen organisatorischer Art bildeten den Abschluß der zweitägigen Verhandlungen.

38.

3. 8. 1947: Vertriebenenprogramm der Freien Demokratischen Partei[1]

AdL-8.

I. Allgemeine Voraussetzungen:

Das Schicksal der Millionen von Vertriebenen[2], die infolge des Krieges und seiner Nachwirkungen ihre Heimat verlassen mußten, ist eines der Kernprobleme des deutschen Wiederaufbaus überhaupt. Um dieses Problem zu meistern, müssen drei Voraussetzungen, die die Grundlage jeder Vertriebenenpolitik sind, erfüllt werden:

1. Rückgabe der abgetrennten Ostgebiete

Die Freie Demokratische Partei vertritt die Ansicht, daß durch die Kapitulation von 1945 das deutsche Volk und Staatsgebiet in seiner Einheit noch besteht und nur in sechs von verschiedenen Besatzungsmächten verwaltete Gebiete zerfällt: die englische, amerikanische, französische, russische Besatzungszone, Berlin und die Gebiete jenseits der Oder-Neiße-Linie.

Daraus ergibt sich, daß gerade auch die Gebiete jenseits der Oder-Neiße-Linie zum deutschen Staatsgebiet gehören und deshalb als Lebensgrundlage den Deutschen wieder freigegeben werden müssen.

2. Gleichberechtigte Eingliederung der Vertriebenen

Nur eine gesunde soziologische Struktur, in der nicht ein wesentlicher Teil der Bevölkerung als Fremdkörper betrachtet und mit Ausnahmegesetzen behandelt wird, garantiert eine wirkliche Befriedung im Innern Deutschlands, die die unbedingte Voraussetzung für den Neuaufbau ist. Über die Forderung nach der totalen Gleichstellung der Vertriebenen mit der einheimischen Bevölkerung hinaus, sieht es die

---

1 Dieses Programm wurde während der Tagung des Ausschusses für Vertriebene des FDP-Zonenverbandes am 2./3. 8. 1947 in Bremen beraten und verabschiedet. Vgl. SCHRÖDER, 1985, S. 226. Vgl. auch Dok. Nr. 49 b, Punkt X.

2 Die FDP sprach grundsätzlich von „Vertriebenen". Damit würden solche Personen bezeichnet, „[...] die aus den außerhalb des jetzigen Deutschland gelegenen Gebieten ausgewiesen wurden oder dieselben verlassen mußten, einschließlich der Gebiete jenseits der Oder-Neiße-Linie und einzelner Bezirke im Westen". Außerdem wurde der Begriff „Vertriebene" auf solche Personen angewandt, „[...] die unter politischem oder moralischem Druck ihren Wohnort in der russischen Zone verlassen mußten und in die westlichen Besatzungszonen geflüchtet waren". Vgl. das Protokoll über die Tagung des Ausschusses für Vertriebene des FDP-Zonenverbandes vom 2./3. 8. 1947, AdL-8.

Vertriebenenprogramm 3.8.1947 **38.**

Freie Demokratische Partei als ihre Aufgabe an, die organische Eingliederung tatsächlich zu verwirklichen und mit allen Mitteln dafür einzutreten.

3. Besondere sozialpolitische Betreuung

Bis zu der restlosen Eingliederung der Vertriebenen in den Gesamtaufbau der Bevölkerung muß nachdrücklich für besondere Betreuungsmaßnahmen Sorge getragen werden. Es muß in dieser Übergangszeit durch eben diese Sofortmaßnahmen verhindert werden, daß sich ein in sich abgeschlossener 5. Stand entwickelt, der, wenn er nicht im Volksganzen aufgefangen wird, sich leicht zu einem revolutionären und revolutionierenden Stand entwickeln kann. Die Vertriebenen sollen in diesen ausdrücklich auf ihre besondere Notlage zugeschnittenen sozialpolitischen Betreuungsmaßnahmen erkennen, daß ihrer besonderen Lage Rechnung getragen wird, bis die endgültige Eingliederung sich verwirklicht hat bzw. die Wiederbesiedelung der Ostgebiete möglich ist.

II. Organisation und Vertretung der Vertriebenen:

Es ist im Interesse der Vertriebenen sowie im Interesse der Gesamtbevölkerung überhaupt erforderlich, daß die Behandlung aller mit diesem Problem im Zusammenhang stehenden Fragen aus der Länderebene als letzter, entscheidender Instanz herausgehoben und im Rahmen des Vereinigten Wirtschaftsgebietes oder der zukünftigen Verwaltungsorganisation Westdeutschlands behandelt werden.[3] Dadurch werden, selbstverständlich unter Berücksichtigung der verschiedenen wirtschaftlichen und sozialen Struktur der einzelnen Länder, Dinge wie z.B. die Herstellung der Freizügigkeit (Wohnungs- und Berufswahl, Vereinigung der Familienangehörigen), die gleichmäßige Behandlung der Beamten (Pensionen) usw. gelöst werden können. Dazu gehört vor allem auch ein Finanzausgleich zwischen den Ländern, speziell in Bezug auf die etatmäßige Belastung im Zusammenhang mit den Vertriebenen, eine einheitlich geregelte Aufnahme in den verschiedenen Ländern, verbunden mit der Durchführung einheitlicher Aufnahmegrundsätze in allen Besatzungszonen und Asylrecht für Vertriebene in jedem Falle und einer Berücksichtigung der beruflichen Einsatzmöglichkeit bei der Seßhaftmachung.

Die Gesamtvertretung in Westdeutschland muß unter Zugrundelegung der gegenwärtigen Struktur nach der Ansicht der Freien Demokratischen Partei auf drei Ebenen erfolgen:

1. Vertretung der Vertriebenen im Parlament, indem die Parteien einen angemessenen Prozentsatz an Vertriebenen abordnen. Hierdurch ist die aktive Teilnahme der Vertriebenen an der Legislative gesichert.

2. Errichtung eines selbständigen Amtes innerhalb der Verwaltung unmittelbar unter dem Oberdirektor mit Sitz und Stimme im Verwaltungsrat. Durch die Maß-

---

3 Dies entspricht dem Vorschlag des Zonenbeirates, ein bizonales Amt für Flüchtlingsfragen zu errichten, auf dem er am 29./30.4.1947 bestanden hatte, obwohl die britische Kontrollkommission diesen Vorschlag am 26.4.1947 abgelehnt hatte. Vgl. AKTEN ZUR VORGESCHICHTE 2, 1979, S. 344f.; DORENDORF, 1953, S. 119. Vgl. auch STÜBER, Zonenbeirat, Zweiter Teil, 1991, S. 33.

nahme erlangen die Vertriebenen einen entscheidenden Einfluß auf die verwaltungsmäßig richtige und schnelle Durchführung der in ihrem Interesse erlassenen Gesetze und Verordnungen.

3. Schaffen einer Selbstorganisation der Vertriebenen („Flüchtlingsrat")[4], die beratende Funktion hat.

Die entsprechende Organisation der Vertriebenen muß in den einzelnen Ländern, in den Kreisen und kreisfreien Städten und in den Gemeinden durchgesetzt werden, da nur durch eine solche klare und organische Aufgliederung eine durchschlagende Wahrung der Belange der Vertriebenen gewährleistet ist.

„Flüchtlingspartei"

Die Freie Demokratische Partei tritt, ihren Grundsätzen gemäß, für eine unbeschränkte Koalitionsfreiheit, auch der politischen, der Vertriebenen ein[5], lehnt aber die Bildung einer selbständigen Flüchtlingspartei im Interesse der Vertriebenen selbst aus folgenden Erwägungen heraus ab:

1. Parteien sind ihrem Wesen nach keine Interessen-, sondern Weltanschauungsverbände. Flüchtling zu sein ist aber keine Weltanschauung und kein Dauerzustand.

2. Infolge der historischen Entwicklung, der Vielgestaltigkeit der Ansichten und Neigungen und der Mannigfaltigkeit der soziologischen Vorgegebenheiten würden nicht eine, sondern viele konkurrierende Flüchtlingsparteien entstehen. Außerdem würde ein nicht unbeträchtlicher Prozentsatz der Vertriebenen die schon bestehenden Parteien wählen. Eine ungeheure Zersplitterung der Flüchtlinge wäre die Folge.

3. Eine eigene Flüchtlingspartei würde zwangsläufig die Rolle einer Minderheitenpartei spielen, die sich notwendigerweise in Gegensatz zu den schon bestehenden Parteien setzen würde. Der Gegensatz Einheimischer-Flüchtling würde dadurch erhärtet und vertieft anstatt beiseite geräumt.

Dagegen fordert die FDP für ihre eigenen Parteiorganisationen:

1. Einbeziehung und Mitarbeit in allen Gremien der Partei[6] und

---

4 Der „Flüchtlingsrat für die britische Zone" war ein beratendes und koordinierendes Organ. Ihm gehörten 10 Vertreter der politischen Parteien und je ein Vertreter der obersten Flüchtlingsbehörden an, die stimmberechtigt waren. Zwei Drittel der stimmberechtigten Mitglieder sollten Flüchtlinge sein. Die enge Verbindung zum Zonenbeirat zeigte sich daran, daß ihm Eingaben an die britische Kontrollkommission zunächst zur Stellungnahme vorgelegt werden mußten. Vgl. AKTEN ZUR VORGESCHICHTE 3, 1982, S. 462 f.; DORENDORF, 1953, S. 119–121.
5 Regionale Flüchtlingsvereinigungen in der britischen Zone waren am 28./29. 1. 1946 von der britischen Kontrollkommission verboten worden. Vgl. AKTEN ZUR VORGESCHICHTE 1, 1976, S. 244; DORENDORF, 1953, S. 123–125; STEINERT, 1986, S. 16–21.
6 Das Koalitionsverbot begünstigte die Chance der Parteien, Flüchtlinge an sich zu binden; sie bildeten Flüchtlingsausschüsse. Vgl. Dok. Nr. 17, Anm. 12; STEINERT, 1986, S. 25.

2. Aufstellung der Vertriebenen im entsprechenden Verhältnis auf den Kandidatenlisten.

III. Soziale Betreuungsmaßnahmen:

1. Wohnraum und Siedlung

Die Seßhaftmachung der Vertriebenen muß unter dem Gesichtspunkt, daß in absehbarer Zeit die Rückwanderung nicht in Frage kommt, von vornherein als eine auf einen längeren Zeitraum berechnete Dauermaßnahme behandelt werden. *Sammellager,* soweit sie nicht überhaupt aufgelöst werden können, tragen grundsätzlich den Charakter eines Provisoriums, und der Aufenthalt in ihnen muß soweit wie möglich abgekürzt werden. Die Freie Demokratische Partei steht auf dem Standpunkt, daß die Unterbringung in einem Sammellager im höchsten Fall drei Monate betragen darf und daß innerhalb dieses Zeitraums der Vertriebene in seinen späteren Wohnort eingewiesen sein muß, soweit er nicht inzwischen aus eigener Initiative Arbeitsplatz und Unterkunft gefunden hat.

Vor allem aber erhebt die Freie Demokratische Partei die Forderung, in denjenigen Gebieten und Orten, in denen die Unterbringung der Vertriebenen noch nicht in einer auch für die Dauer erträglichen Form gelöst worden ist, eine nochmalige eingehende allgemeine Wohnraumerhebung zur *Erfassung verfügbaren Wohnraumes* durchzuführen. Bei dieser Erfassungsaktion muß der Beamte des Wohnungsamtes von einem Mitglied des örtlichen Vertriebenenrates begleitet werden, noch nutzbringender erscheint es vielleicht, eine Beschlagnahme von Wohnraum durch nicht ortsgebundene Behörden, ebenfalls mit einem Vertreter der Vertriebenen, durchführen zu lassen.

Weiterhin erhebt die Freie Demokratische Partei die Forderung, daß in den Ausschüssen der Wohnungsämter, die über die Erfassung und Zuteilung von Wohnraum beschließen, sowie in den Beschwerdeausschüssen und in den Wohnungsämtern selbst mindestens ein vom Vertriebenenrat zu bestimmender Vertriebener Sitz und Stimme hat bzw. tätig ist.

In allen Fällen ist eine *endgültige Zuteilung des Wohnraumes* anzustreben, und es soll auch grundsätzlich der Vertriebene weitmöglichst als Hauptmieter der ihm zugeteilten Räume eingesetzt werden, weil ein Untermietverhältnis in jedem Falle eine Abhängigkeit des Vertriebenen bedingt und ihn gegenüber dem Hauptmieter benachteiligt, statt ihn gleichzustellen.

Die *Regelung der Mietpreise* hat inzwischen auf die Initiative der Freien Demokratischen Partei hin durch den Wirtschaftsrat in Frankfurt ihre Erledigung erfahren (Anordnung über Mietpreise bei ländlichen Wohnungen, Anordnung über Mietpreise bei städtischem Grundbesitz, Mietpreisbildung im Beherbergungsgewerbe, Anordnung über Möbelmietzuschläge).

Die Beschlagnahme vorhandenen Wohnraumes kann aber im Großen gesehen und auf die Dauer immer nur eine Behelfsmaßnahme sein, da das Zusammendrängen der Menschen auf so beschränktem Wohnraum kein Ziel einer weitsichtigen Flüchtlingspolitik sein kann. Die Regelung der Unterbringung der Vertriebenen wird vielmehr in Zukunft weitgehend ein Problem der *Siedlung* und ökonomischen Seßhaftmachung sein müssen. Deshalb fordert die Freie Demokratische Partei ein weitgehendes Siedlungsprogramm für die Vertriebenen[7], und zwar sowohl hinsichtlich der bäuerlichen wie hinsichtlich der städtischen Siedlung.

Als Quelle für die *Landbeschaffung* müssen herangezogen werden:

a) Grundbesitz der ehemaligen Wehrmacht.

b) Grundbesitz der NSDAP und ihrer Gliederungen und belasteten früheren Parteigenossen.

c) Grundeigentum des Staates und der Gemeinden.

d) Neugewonnenes Moor- und Ödland.

e) Freiwillig verkaufter Grund von Gutsbesitzern.

f) Im Zuge der Währungsreform und des Lastenausgleichs freiwerdendes Land.

2. Lastenausgleich[8]

Die Freie Demokratische Partei vertritt die Ansicht, daß die Vermögenswerte, die im Zuge der *Vermögensabgabe* erfaßt und zugunsten des Lastenausgleiches mit einer regelmäßigen der Verzinsung und Tilgung dienenden Zahlung belastet werden können, nicht ausreichend sind, um aus dem Ertragnis der Zahlungen einen genügenden Lastenausgleich zu ermöglichen. Es ist deshalb unbedingt erforderlich, daß auch *Haushaltmittel* laufend für die Bedürfnisse des Lastenausgleiches herangezogen werden müssen.

Die Grundforderung der Freien Demokratischen Partei in bezug auf den Lastenausgleich ist, daß dem Ausgleichsberechtigten sein Recht, nicht ein Almosen, gegeben werden muß, ist also der *individuelle Ausgleich,* d. h. eine prozentual gestaffelte Bemessung der Ausgleichsleistung nach der Höhe der erlittenen Schäden. Erst dadurch wird der Lastenausgleich zu einem Werk der Gerechtigkeit und nicht, was das Endergebnis des von der SPD verfolgten Zieles wäre, zu einer Fürsorgemaßnahme, die mit Rentenzahlungen abgedeckt wird. Leider macht es die Not des deutschen Volkes notwendig, eine bestimmte Anzahl von Schadensgruppen festzulegen und den Ausgleichsanspruch gestaffelt mit der Höhe des Anspruches nach unten zu begrenzen. Wenn also z.B. bei einem Anspruch von 10 000 Mark noch auf ein Ausgleichsrecht 50 % kommen, so würde dieses bei 100 000 Mark vielleicht schon auf 20 % absinken, darüberhinaus auf 19 %, 18 % usw.

Durch den individuellen Lastenausgleich soll es gerade den Vertriebenen ermöglicht werden, sich wieder eine entsprechende Existenz zu schaffen, aber nicht in Form von monatlichen Zuschüssen durch Renten, die zweifellos zum größten Teil in den Konsum fließen würden, abgegolten werden.

---

[7] Vgl. Dok. Nr. 19, Punkt 9; Dok. Nr. 27, Abschnitt „Agrarreform"; Dok. Nr. 44 e, Punkt 7.

[8] Vgl. Dok. Nr. 27, Abschnitt „Finanz- und Währungsreform"; Dok. Nr. 49 b, Punkt VII.

Vertriebenenprogramm 3.8.1947 **38.**

Aus alledem ergibt sich zwangsläufig und zwingend eine *Teilung des Gesetzgebungswerkes,* und zwar in drei Hauptabschnitte, die auch zeitlich aufeinander folgen:

a) Das erste ist die *Sorge für alle Arbeits- und Erwerbsunfähigen.* Sie müssen bis zum Einbruch des Winters mit einer Rente zu Lasten des Ausgleiches bedacht werden.

b) Der zweite Schritt muß die Versorgung aller derer sein, die ihre *Haushalte* verloren haben, und zwar mit Mitteln oder Anwartschaften zur *Wiederbeschaffung des notwendigen Hausrates.*

c) Die dritte Etappe gilt der Durchführung eines nach sozialen Gesichtspunkten und dem Ausmaß unserer wirklichen Not gestaffelten *individuellen Ausgleichs* unter Berücksichtigung der schon früher erhaltenen Entschädigungen und Beträge, die allerdings bei den völlig Arbeitsunfähigen und Mittellosen nicht anrechnungsfähig sein dürfen.

3. Eingliederung in das Berufsleben

Das schwierigste, aber auch dringendste Problem der gesamten Vertriebenenbetreuung ist die Unterbringung im Beruf.[9] Hier fordert die Freie Demokratische Partei, gerade im Interesse einer harmonischen Eingliederung der Vertriebenen in die Gesamtbevölkerung, die Schaffung gleicher Einstellungs- und Zulassungsbedingungen der Einheimischen mit den Vertriebenen.

Um den ständigen Klagen über eine Benachteiligung der Vertriebenen in dieser Hinsicht zu begegnen, müssen zu den Ausschüssen, die über die Zulassung eines Vertriebenen zur Berufsausübung befinden, Vertreter des Vertriebenenrates mit Sitz und Stimme zugezogen werden, ebenso wie in das Arbeitsamt selbst Vertriebene eingebaut werden müssen.

Die Forderungen, die sich im einzelnen aus den der Freien Demokratischen Partei parteieigenen Grundsätzen heraus für die Eingliederung der Vertriebenen in das Berufsleben ergeben, sind:

a) Im Handel, Handwerk, Gewerbe und Industrie *Durchsetzung der Gewerbefreiheit*[10] (Stellungnahme der FDP in Frankfurt).

---

9 Besondere Schwierigkeiten ergaben sich bei wirtschaftlicher Schwäche der Region. Vgl. Lothar ALBERTIN, Flüchtlinge – Eine kirchenhistorische Chance für den Protestantismus nach dem Zweiten Weltkrieg: Beobachtungen aus der Region Ostwestfalen-Lippe, in: Rainer SCHULZE/Doris von der BRELIE-LEWIEN/Helga GREBING (Hrsg.), Flüchtlinge und Vertriebene in der westdeutschen Nachkriegsgeschichte. Bilanzierung der Forschung und Perspektiven für die künftige Forschungsarbeit, Hildesheim 1987, S. 288–290.
10 Vgl. Dok. Nr. 49 a, Punkt III. Zu Problemen der Gewerbezulassung vgl. Uwe KLEINERT, Flüchtlinge und Wirtschaft in Nordrhein-Westfalen 1945–1961. Arbeitsmarkt – Gewerbe – Staat, Düsseldorf 1988, S. 168–172.

b) Für die freien Berufe *Aufhebung des Numerus clausus.*

c) Für Beamte und Angestellte des öffentlichen Dienstes:

aa. *Besetzung der Stellen mit Flüchtlingen gemäß ihrem Anteil an der Bevölkerung.* Dieser Schlüssel muß bei Neueinstellungen sowie bei Entlassungen berücksichtigt werden.

bb. *Gleichstellung der Pensionen und Renten* zwischen den einheimischen Beamten und Angestellten und denen, die aus ihrer Heimat vertrieben wurden.[11]

d) Schaffen von Möglichkeiten für *Umschulung auf freiwilliger Grundlage.*

Die Freie Demokratische Partei sieht es als ihre politische Aufgabe von bevorzugter Bedeutung an, sich der Vertriebenen nach den in diesem Vertriebenenprogramm entwickelten Richtlinien anzunehmen und mit allen ihr zu Gebote stehenden Mitteln, insbesondere mit ihren parlamentarischen Möglichkeiten, für die Durchsetzung einzustehen.[12]

Die Behandlung der Vertriebenen, die Lösung aller damit im Zusammenhang stehenden Aufgaben aber darf nicht nur als Werk des rein materiellen Einbaus betrachtet werden, sondern muß im Bewußtsein jedes Einzelnen als sittlich-moralische Verantwortung leben. Es geht vor allem darum, den Vertriebenen über die materielle Hilfe hinaus, auf die sie ein Recht haben, wieder die seelische Heimat zu beschaffen, deren alle Menschen bedürfen.

Die Freie Demokratische Partei ist gewillt, ihr Handeln und Tun immer und überall nach diesen Grundsätzen auszurichten.

---

11 Vgl. Dok. Nr. 27, Anm. 12.
12 Im Flüchtlingsrat (vgl. Anm. 4) fand der von Fritz OELLERS formulierte Abänderungsantrag, den Flüchtlingen die Koalitionsfreiheit in „wirtschaftlichen, kulturellen und sozialen Fragen" zuzugestehen, die Zustimmung aller Parteien außer der KPD. Vgl. den Bericht von Fritz Oellers über die 1. konstituierende Sitzung des Flüchtlingsrates für die britische Zone am 18. 8. 1947 (Anlage eines Briefes an Franz *Blücher*), AdL-8. Vgl. SCHRÖDER, 1985, S. 227 f.

39.

27./28. 9. 1947: Bericht über die Arbeitstagung der Frauengruppen der FDP

Privatbesitz Liselotte Funcke. Ort: Hamburg.

Der Landesverband der FDP Hamburg hatte die Frauen aller Zonen zu einer Arbeitstagung eingeladen, um im gegenseitigen Austausch der Gedanken und Erfahrungen Anregungen zu einer fruchtbaren (und abgestimmten) Arbeit von und für die Frauen der FDP zu gewinnen. Erschienen waren unter zahlreichen Frauen der Landesverbände in der britischen Zone je eine Vertreterin der amerikanisch besetzten süddeutschen Länder und eine erfreulich große Zahl von Gästen aus Berlin und den einzelnen Ländern der Ostzone.

Arbeitstagung der Frauengruppen 27./28. 9. 1947 **39.**

Die Tagung fand auf dem Hotelschiff St. Louis statt, wo sich eine typische Eigenart der Hafenstadt mit gediegener Wohnlichkeit und Gastlichkeit verband, und hier waren auch die auswärtigen Gäste in den Kabinen untergebracht.

Im Laufe des Freitagnachmittags trafen die meisten Gäste ein und wurden abends (in zwanglosem Beisammensein) von Herrn Oberbürgermeister KOCH (Hamburg) im Bereich der Hansestadt mit herzlichen Worten willkommen geheißen. Herr Dr. SCHÄFER, stellvertretender Vorsitzender der FDP, sprach ernste Worte über die Aufgaben der deutschen Frauen für Deutschland und über die Grenzen hinaus.

Um dem Austausch der verschiedenartigen Erfahrungen der einzelnen Gebiete Ordnung zu geben, waren der Samstagvormittag und Sonntagnachmittag im wesentlichen den Gastzonen, insbesondere der Ostzone, gewidmet, während Samstagnachmittag und Sonntagmorgen die britische Zone in einzelnen Referaten die Richtung für die anschließende Diskussion gab. Die Frauenreferentin der Ostzone, Frau Nora MELLE, eröffnete nach ein paar einleitenden Begrüßungsworten der Frau BECKER[1] mit einem Bericht über die Entwicklung und den Stand der Frauenarbeit in der Ostzone. Aus dem umfangreichen statistischen Material ging hervor, in wie starkem Maße Frauen in dem öffentlichen Leben stehen und leitende Posten in Politik und Verwaltung innehaben. Das läßt z. B. die Gegenüberstellung der Frauen in den Länderparlamenten erkennen. Es beträgt der Anteil der weiblichen Mitglieder in den Parlamenten:

in der britischen Zone	8 %
in der amerikanischen Zone	6 %
in der französischen Zone	0 %
in der russischen Zone	21 %
in der Berliner Zone	24 %

Beachtlich groß ist die Zahl der weiblichen Bürgermeister in der Ostzone.

Die Arbeit der Frauen, die infolge der gegenwärtigen überragenden materiellen Not ihr Hauptgewicht in der sozialen Fürsorge[2] hat, beschränkt sich jedoch nicht

---

1 Vermutlich: Maria *Becker,* seit 25./26. 10. 1947 Mitglied des Vorstandes des FDP-Landesverbandes Hamburg.
2 In der Partei wurde die Frage diskutiert, wie soziale Hilfe organisiert werden könnte.
Der Detmolder Kreisverband gründete einen sozialpolitischen Ausschuß, der Rat und Hilfe in Notfällen anbot. Im Vergleich zu den überparteilichen Wohlfahrtsverbänden waren die Möglichkeiten allerdings begrenzt. Vgl. das Protokoll über die Tagung des Landesfrauenausschusses des FDP-Landesverbandes Nordrhein-Westfalen am 16. 4. 1948 in Dortmund, Archiv des FDP-Landesverbandes Nordrhein-Westfalen, Protokoll Landesvorstand, Geschäftsführender Vorstand, Landesparteitage, u. a., 1946–1948.
Der Zonenvorstand und die Vorstände der Landesverbände befürworteten „nachdrücklich" den im Entstehen begriffenen „Demokratischen Hilfsdienst". Vgl. den Bericht über die Sitzung des Frauenausschusses des FDP-Landesverbandes Nordrhein-Westfalen am 10. 7. 1948 in Hagen, HStA Düsseldorf, RWV 49–159. Damit sollte neben den „konfessionell gebundenen" oder „sozialistischen" Hilfsverbänden eine dem „Weltbild der FDP" entsprechende Hilfsorganisation geschaffen werden. Die FDP müsse in der heutigen Zeit der Not beweisen, daß sie eine „soziale Partei" sei. Geplant war der Aufbau als „überparteiliche" Organisation, die als zusätzlicher Wohlfahrtsverband anerkannt und an

auf diese Aufgabe allein. Die Frauen fühlen ihre Verantwortung gegenüber der Zukunft, die in der Hand der Siegermächte liegt, und haben daher eine Resolution an diese gesandt mit dem Inhalt:

„Staatsmänner der Siegermächte! Auch unser Schicksal, das Schicksal der deutschen Frauen, liegt in Euren Händen. Wir und mit uns Millionen von Kindern, die unschuldig sind, Millionen von Alten, Kranken und Schwachen werden es entgegennehmen müssen, was Ihr entscheidet.

Staatsmänner, vor Gott und der Welt sprechen wir Frauen es aus: Wir machen Euch für unser zukünftiges Leben verantwortlich. In Eurer Macht liegt es, der Welt einen wirklichen Frieden wiederzugeben oder den Jammer der Menschheit, das Elend unseres auf ewig unteilbaren deutschen Volkes fortbestehen zu lassen.

Wir bitten Euch: Zeigt Euch so groß, wie die Geschichte es von Euch erwartet!"

Weiterhin haben die Frauen der Ostzone auf dem Parteitag der LDP in Eisenach[3] eine Adresse an die großen Frauenverbände der Welt gerichtet mit der Bitte, angesichts der erdrückenden Not alle Kraft daranzusetzen, das Leid zu lindern und die Folgen des unseligen Krieges in der ganzen Welt schnellstens zu überwinden.

Frau MELLE schloß ihre eindrucksvollen Ausführungen mit einem Bericht von den aus Mangel an Hilfsmitteln so furchtbaren Zuständen in den Auffang-Krankenhäusern unserer aus der russischen Kriegsgefangenschaft heimkehrenden Soldaten in Frankfurt/Oder und fügte die dringende Bitte hinzu, zu helfen, soweit es nur eben möglich ist, damit unsere kranken Heimkehrer nach jahrelanger Gefangenschaft in fremdem Land wirklich das Gefühl einer willkommenen „Heim"-Kehr haben können.

---

    der Verteilung von Auslandsspenden und anderen Gütern beteiligt werden sollte. Zu den in Aussicht genommenen Aufgaben gehörte: Individuelle Hilfe und persönliche Betreuung, insbesondere bei „verborgener Not"; Versorgung mit Mangelware (Wolle, Nähgarn; Kohle); Vermittlung von privaten Mittagstischen für unterernährte Kinder; Kinderlandverschickung; Errichtung von Erholungsheimen. Vgl. das Protokoll über die Tagung des Landesfrauenausschusses des FDP-Landesverbandes Nordrhein-Westfalen am 16.4.1948 in Dortmund, a.a.O.

    Der Landesfrauenausschuß der FDP in Nordrhein-Westfalen hatte auf seiner Tagung am 16.4.1948 „nicht unerhebliche" Bedenken in Fragen der Realisierung. Seine Einwände bezogen sich auf den fehlenden organisatorischen „Unterbau", die Finanzierungsprobleme und den Mangel an geeigneten Personen. Es wurde davor gewarnt, bei FDP-Anhängern Hoffnungen zu erwecken, die in absehbarer Zeit „nur zu einem kleinen Bruchteil" erfüllt werden könnten: Nichts schade einer Bewegung mehr, als wenn man persönliche Erwartungen erwecke und dann enttäusche. Vgl. a.a.O. Im Herbst 1948 wurde der Antrag des „Demokratischen Hilfsdienstes", als zusätzlicher Wohlfahrtsverband anerkannt zu werden, vom Sozialausschuß des Landtags Nordrhein-Westfalen abgelehnt. Die FDP-Landtagsabgeordnete Frau *Friese-Korn* soll erklärt haben, daß die Partei nicht dahinterstehe. Vgl. die Niederschrift über die Sitzung des Frauenausschusses des FDP-Landesverbandes Nordrhein-Westfalen am 2.12.1948 in Wuppertal, HStA Düsseldorf, RWV 49–159.

3 4.–7.7.1947.

Arbeitstagung der Frauengruppen 27./28. 9. 1947 **39.**

Die Diskussion über das Heimkehr- und damit im Zusammenhang das Vertriebenenproblem, das Ost und West gleichzeitig bewegt, zeigte, wie eingehend sich die Frauen bereits mit warmem Gefühl mit diesen Fragen beschäftigt hatten, um zwischen dem Wunsch zu verstehen und zu helfen und der eigenen Not, Überlastung und Enttäuschungen der Frauen in den Aufnahmegebieten eine Lösung zu finden.

Die Kurzreferate ließen den Westen zu Wort kommen. Frau SEHLMEYER (Niedersachsen) berichtet von ihren Eindrücken in England, wo sie in 7 Wochen Schulung die englische Einstellung zur Demokratie kennenlernen konnte und vor allen Dingen als Teilnehmerin des ersten Lehrgangs, zu dem Frauen eingeladen waren, deutsche Kriegsgefangene besuchte und zu ihnen sprechen konnte.

Frl. Editha GERBES (Württemberg) sprach über das Thema: „Das selbständige Individuum" mit dem Hinweis auf die äußerlich freie, innerlich sittlich gebundene und gefestigte Persönlichkeit als das Ziel unseres Menschentums, und Frl. Erika FISCHER (Nordrhein-Westfalen) suchte in ihrem Referat die Lösung des Konfliktes zwischen Einzelmenschen und Gemeinschaft, indem sie erklärte, daß sich der individuelle (im Gegensatz zum kollektivistischen) sittlich gebundene (im Gegensatz zum liberalistischen) Mensch erst in der Einordnung in die Gemeinschaft vollende.

In Bezug auf den Standpunkt der Frauen in und zu der Politik herrschte Einmütigkeit darüber, daß es ein besonderes Frauenprogramm nicht gebe. Die Frau steht Seite an Seite mit dem Mann im öffentlichen Leben und nimmt an dem politischen Gesamtleben Anteil. Dennoch gilt es, der Eigenart der Frau[4] in der Aufnahme und Beurteilung des Gemeinschaftslebens Rechnung zu tragen und daher untereinander Fühlung zu nehmen und zu halten, um die gemeinsame Linie zu verfolgen. Zu diesem Zwecke wurde

1. beschlossen, daß die Landtagsabgeordneten (in der britischen Zone) sich allgemein laufend und bei wichtigen Fragen besonders untereinander verständigen und mindestens alle 3 Monate zu einer Aussprache zusammentreffen.

---

4 Frau Dr. *Kiep* plädierte in ihrer Rede auf dem Zonenparteitag in Bad Pyrmont am 19. 5. 1946 für eine pragmatische Grundhaltung, die zwar auf einer bestimmten weltanschaulichen Fundierung beruht, aber bereit ist, sich den konkreten Gegebenheiten anzupassen und in Einzelfragen nicht nach Programmen zu entscheiden versucht. Mit Theorien könne man an die großen Aufgaben – wie Fragen der Wirtschaft, Wohnung, Ernährung – nicht herangehen. Es gehe um die „praktische Arbeit" von „aufbauwilligen" Frauen. In Hamburg werde dies in interfraktionell besetzten Kommunalausschüssen der verschiedenen Stadtbezirke geleistet. Zur Arbeit von Frauen in Entnazifizierungsausschüssen meinte die Referentin, da müsse der „Gesichtspunkt des Menschlichen über den des alttestamentarischen Auge um Auge, Zahn um Zahn" gestellt werden: „Es ist besser, daß ein Kleiner mal durchschlüpft, als daß zwei Unschuldige in eine Situation kommen, daß sie zeitlebens verbittert und unglücklich werden. Das muß ich besonders den Frauen zurufen." Zonenparteitag Bad Pyrmont, Stenographische Niederschrift, 19. 5. 1946, S. 129–133, AdL-1.

2. ein Frauenbeirat der FDP in der britischen Zone gebildet zur Beratung, Zielsetzung und [zum] Gedankenaustausch.[5] In diesen Beirat wurden gewählt:[6]

Frau *Friese-Korn*	Nordrhein-Westfalen	
Frau *Gramberg*	Niedersachsen	1 Mitglied
Frau *Sehlmeyer*	Niedersachsen	
Frau *Lillelund*[7]	Schleswig-Holstein	
Frau *Grau*	Hamburg	
Frau *Lange*	Hamburg	
Frau *Becker*	Hamburg	
Frl. Dr. *Fischer*	Nordrhein-Westfalen	
Frl. Dr. *Anders*[8]	Hamburg	Deutsche Jungdemokraten
Frl. *Funcke*[9]	Nordrhein-Westfalen	Deutsche Jungdemokraten

Nach einem zwanglos geselligen Zusammensein auf Deck und in den Räumen des Schiffes, an dem die reichen Anregungen des Tages noch vielfach in Gruppen vertieft wurden, versammelte am Sonntagmorgen der Bericht von Frau GRAMBERG

---

5 Im Frauenbeirat sollten Stellungnahmen zu allen für die Frauen besonders wichtigen Gesetzesvorlagen erarbeitet und dann an die Parteiführung herangetragen werden. Vgl. das Protokoll über die Frauentagung der FDP im Landesverband Nordrhein-Westfalen am 17.4.1948 in Dortmund, HStA Düsseldorf, RWV 49-159. Die Öffentlichkeitsarbeit stand im Vordergrund der Tätigkeit des „Frauenbeirats". Informationsgespräch mit Liselotte *Funcke* am 18.12.1987.

6 Mitte 1948 teilten die Mitglieder des Zonen-Frauenbeirats ihre Arbeitsgebiete folgendermaßen untereinander auf: Sozialpolitik: Frau *Lillelund;* Sozialpolitik (Wohnung und Siedlung): Frau *Lange;* Wirtschaftpolitik (Ernährung und Landwirtschaft): Frau *Becker;* Wirtschaftspolitik (Berufsberatung und Berufslenkung): Frau *Funcke;* Kulturpolitik: Frau *Sehlmeyer;* Verfassung und Recht: Frau *Gramberg;* Flüchtlingswesen: Frau *Friese-Korn;* Gesundheitswesen: Frau *Grau;* Jugendfragen: Frau *Guttmann* (Völksen b. Hannover). Die Mitglieder vereinbarten, mindestens alle drei Monate über ihre „praktische Arbeit" zu berichten. Vgl. das Protokoll über die Sitzung des (Zonen-)Frauenbeirates der FDP am 14./15.2.1948 in Hannover, Privatbesitz Liselotte Funcke.

7 Margret *Lillelund,* seit 24.4.1948 Mitglied des Vorstandes des FDP-Landesverbandes Schleswig-Holstein.

8 Dr. Lieselotte *Anders,* bis Mai 1948 Redakteurin des „Schnelldienstes", der vom Organisationsausschuß des FDP-Zonenverbandes in Hamburg herausgegeben wurde.

9 Liselotte *Funcke* (geb. 1918), Dipl.-Kaufmann; seit 1946 FDP-Mitglied; 1947-1951 Mitglied des Landesvorstandes der Deutschen Jungdemokraten in Nordrhein-Westfalen; 1947-1950 u. seit 1953 Mitglied des Vorstandes des FDP-Landesverbandes Nordrhein-Westfalen, 1948-1968 Vorsitzende des FDP-Landesfrauenausschusses, 1959-1962 Vorsitzende des FDP-Landeskulturausschusses; seit 1964 Mitglied des FDP-Bundesvorstandes, seit 1968 Beisitzerin im FDP-Präsidium, 1977-1982 stellvertretende FDP-Bundesvorsitzende, seit November 1982 Beisitzerin im FDP-Bundesvorstand; 1950-1961 MdL NRW; 1961-1979 MdB, 1966 stellvertretende Vorsitzende und seit 1973 Vorsitzende des Finanzausschusses des Bundestages, Oktober 1969-1979 Vizepräsidentin; November 1979-Mai 1980 Minister für Wirtschaft und Verkehr in Nordrhein-Westfalen; danach – mit kurzer Unterbrechung im Herbst 1982 – Beauftragte der Bundesregierung für Ausländerfragen, Rücktritt am 15.7.1991. Zum biographischen Hintergrund vgl. auch Liselotte FUNCKE, 1945-1948: Die Anfänge der FDP in Hagen, in: Heimatkalender Hagen 1985, S. 144-154.

(Niedersachsen) über „Die heutige und zukünftige Arbeit in der FDP" den Kreis wieder zu geschlossener Arbeit. Frau GRAMBERG sprach sich für eine enge, kameradschaftlich gleiche Arbeit mit den Männern aus und lehnte gesonderte Frauengruppen im wesentlichen ab. Dagegen betonten in der Diskussion besonders die Frauen der Ostzone aus ihrer reichen Erfahrung heraus die Notwendigkeit einer besonderen Behandlung der Frau in der Betreuung und Werbung.

Der Sonntagnachmittag brachte die Berichte der Gäste aus den anderen Zonen. Frau MÜLLER-HITZLER (Bayern) regte die praktische Arbeit an und schlug vor, daß gutgestellte Orts- und Kreisgruppen Patenschaften übernehmen sollten über solche, die mit geringeren Mitteln und Kräften schwer zu kämpfen hätten. Sie betonte, daß die Gewerkschaftsfrage weit stärker in den Vordergrund der Betrachtung gestellt werden müßte mit dem Hinweis, daß die Gewerkschaft auf demokratischem Boden gewachsen sei. Ebenso die Bodenreform.

Frau Erika MENNE (Hessen) hob besonders die Haushalts- und Etatfragen hervor, die von anderen Parteien als Machtfragen angesehen und behandelt würden. Sie stellte sich auf den Standpunkt, daß die Arbeit in der Öffentlichkeit und besonders in den überparteilichen Frauenausschüssen[10] von dem fest begründeten Verstehen und Bejahen der Grundlagen der Partei und ihrem Programm untermauert sein müsse.

---

10 Fast alle Frauenausschüsse wollten überparteilich und überkonfessionell sein. Die gemeinsame Interessenvertretung erschien infolge der weltanschaulichen Unterschiede aber „[...] nur bis zu einer ziemlich engen Grenze möglich [...]"; dann setzte die „parteigebundene Arbeit" ein. Vgl. den Bericht über die Sitzung des Frauenausschusses des FDP-Landesverbandes Nordrhein-Westfalen am 10.7.1948 in Hagen, HStA Düsseldorf, RWV 49–159. „Es wurde die Tatsache einer Spaltung der Frauenbewegung in eine sozialistische und eine bürgerliche Gruppe aufgezeigt und auch gewarnt vor unkontrollierbaren Werbungen für eine sogenannte ‚überparteiliche' Organisation", bei der nicht festzustellen sei, welche Kreise dahinterstünden." Vgl. das Protokoll über die Frauentagung der FDP im Landesverband Nordrhein-Westfalen am 17.4.1948 in Dortmund, a.a.O. Frau Dr. Erika *Fischer,* wissenschaftliche Mitarbeiterin Franz *Blüchers* in Essen, hatte die Entwicklung der „überparteilichen Organisationen" in der Sowjetischen Besatzungszone miterlebt und warnte vor einer Überschätzung der Arbeit im „Frauenring der britischen Zone", da dort die „Gefahr einer Unterminierung" bestehe. Vgl. den o.g. Bericht über die Sitzung des Frauenausschusses am 10.7.1948. Anfang Dezember 1948 wurde in dessen Sitzung vor dem „Demokratischen Frauenbund Deutschlands" (SBZ) gewarnt, der in einigen Städten – wie Köln, Düsseldorf und Hamburg – anscheinend versuche, in westlichen Frauengruppen Fuß zu fassen. Vgl. die Niederschrift über die Sitzung des Frauenausschusses des FDP-Landesverbandes Nordrhein-Westfalen am 2.12.1948 in Wuppertal, HStA Düsseldorf, RWV 49–159. Vgl. auch Nori MÖDING, Die Stunde der Frauen? Frauen und Frauenorganisationen des bürgerlichen Lagers, in: BROSZAT/HENKE/WOLLER (Hrsg.), 1988, S.638f. und S.644f.; Ute FREVERT, Frauen-Geschichte. Zwischen Bürgerlicher Verbesserung und Neuer Weiblichkeit, Frankfurt a. Main 1986, S. 274–276; Jutta BEYER/Everhard HOLTMANN, „Auch die Frau soll politisch denken" – oder: „Die Bildung des Herzens". Frauen und Frauenbild in der Kommunalpolitik der frühen Nachkriegszeit 1945–1950, in: Archiv für Sozialgeschichte, 25 (1985), S. 386–388.

Von Berlin als einer 5. Zone mit eigenen Voraussetzungen sprach Frau BAROWSKY[11] (Berlin). Die Verschiedenartigkeit der Zonen, in einem einheitlichen Raume zusammengefaßt, ergäben einen starken Unterschied in dem Kräfteverhältnis gegenüber der Sowjetzone und den westlichen Zonen. Daraus sei die manchmal unverständliche Haltung Berlins zu erklären. Sie betonte, daß die richtig verstandene Gewerkschaft als genossenschaftlicher Zusammenschluß in einer Marktwirtschaft entwicklungsgeschichtlich notwendig sei und daher von der FDP bzw. LDP bejaht werde. Als Werkzeug der Linksparteien seien die Gewerkschaften jedoch in Gefahr, zu staatsabhängigen Ausführungsorganen zu werden.

Mit ihrem Referat über die Frau in der Verwaltung gab Frau SCHRÖTER (Berlin) einen interessanten Einblick in die Möglichkeit und *Notwendigkeit* der Einstellung weiblicher Kräfte in die Verwaltung auch in gehobenen Stellungen und ließ damit viele Probleme anklingen, die eine intensive Durcharbeitung erfahren wollen und müssen.

Mindestens ebensoviel Fragen warf Frl. BEYER (Berlin) mit ihrem Kurzreferat über die Schulreform in der Ostzone[12] hervor. Sie betonte die Notwendigkeit einer Reform, warnte jedoch davor, die Dinge zonenweise verschieden und allzu stark unter dem Druck der gegenwärtigen Lage vorschnell durchzuführen. Es müsse eine einheitliche Linie in ganz Deutschland gewahrt sein, wenn wir eine Allgemeinbildung in Deutschland zur Grundlage des Verstehens und Zusammenlebens machen wollen; es sei aber andererseits in verschiedenen Schularten der unterschiedlichen Begabungen und Veranlagung der einzelnen Menschen in gewissem Umfange Rechnung zu tragen.

Frl. FUNCKE (Nordrhein-Westfalen) stellte die Beschäftigung mit kulturellen Dingen[13] und die Pflege des Ideellen als eine ernste Gegenwartsaufgabe neben die zur Zeit beherrschende Sorge um die materielle Existenz. Die Frage nach den tieferen Werten im Leben sei wohl etwas verdrängt, doch nicht erstickt und besonders in der politisch enttäuschten Jugend und den noch beeinflußten Heranwachsenden lebendig, so daß es als eine ernste Verpflichtung für unseren Bestand in der Zukunft angesehen werden muß, der Sehnsucht und den schlummernden Kräften Ziel und Ausrichtung zu geben.

---

11 Vermutlich: Dr. Ella *Barowsky* (geb. 1912), Volkswirtin; nach 1945 Mitglied der LDP; August 1946–Februar 1948 Beisitzerin im Landesvorstand der LDP Berlin; 1946–1955 Mitglied der Stadtverordnetenversammlung Berlin bzw. des Abgeordnetenhauses von Westberlin; 1951–1955 Bezirksbürgermeisterin von Schöneberg; 1963–1971 Abgeordnetenhaus Westberlin.
12 Im Mai/Juni 1946 wurde in den damaligen fünf Ländern der Sowjetischen Besatzungszone das „Gesetz zur Demokratisierung der deutschen Schule" in nahezu gleichlautender Fassung verkündet. Vgl. Oskar ANWEILER, Bildung und Wissenschaft in der DDR, in: Werner WEIDENFELD/Hartmut ZIMMERMANN (Hrsg.), Deutschland-Handbuch. Eine doppelte Bilanz 1949–1989, Bonn 1989, S. 371.
13 Vgl. Dok. Nr. 47, Anm. 5.

Sitzung des Zonenvorstandes 12.10.1947 **40.**

Ein Bericht über die soziale Arbeit in den überparteilichen Frauenausschüssen in der Ostzone[14] und ein weiterer über die internationale Eingliederung und Verständigung der Frauenverbände rundeten das gesamte Aufgabengebiet der Frauen in der FDP ab.

Zum Abschluß faßte Frau Dr. MULERT (Berlin) ihren Dank an den Landesverband Hamburg und seine tätigen Frauen für diese Tagung zusammen in dem freudigen Bekenntnis, daß sie und wohl alle Frauen bereichert und gestärkt zurückkehren in ihre Kleinarbeit in dem Bewußtsein, sich trotz mancher verschiedener Ansichten über die Wege in einer Linie zu finden mit vielen deutschen Frauen, die in allen Landesteilen für eine politische, wirtschaftliche und geistig-sittliche Erneuerung Deutschlands kämpfen. Sie schloß mit warmen, verpflichtenden Worten für die gemeinsame Arbeit an der Einheit und der Zukunft Deutschlands.

---

14 Die im Sommer 1945 in der SBZ und Berlin entstandenen kommunalen Frauenausschüsse waren heterogen zusammengesetzt und von sehr unterschiedlichen Vorstellungen geprägt (ausgeschlossen seit dem 30.10.1945 waren ehemalige NSDAP-Mitglieder sowie Funktionärinnen der NS-„Frauenschaft"). „Sowjetische Militär-Administration" und SED setzten zwei Jahre später eine einheitliche Frauenorganisation durch, den „Demokratischen Frauenbund Deutschlands". Er wurde auf einem Frauenkongreß in Berlin am 7. bis 9.3.1947 gegründet. Die „Verschmelzung" der Frauenausschüsse mit dem „Frauenbund" wurde von der „Sowjetischen Militär-Administration" durch den Befehl vom 11.11.1947 angeordnet. Vgl. Gerda WEBER, Demokratischer Frauenbund Deutschlands (DFD), in: BROSZAT/WEBER (Hrsg.), 1990, S. 691–695 u. S. 702f.

40.

12.10.1947: Protokoll über die Sitzung des Zonenvorstandes[1]

NL Blücher 230. Gezeichnet: „Mende". Vorsitz: Blücher. Beginn: 11.10 Uhr. Ende: 22 Uhr. Ort: Bielefeld.

Anwesend: Gesamter Zonenvorstand.[2]

---

1 Helmut *Biegel* hat ebenfalls ein Protokoll dieser Sitzung angefertigt. Es ist engzeilig geschrieben, fast drei Seiten lang und befindet sich im NL Blücher 230.
2 Außer den vom Bielefelder Parteitag gewählten Vorstandsmitgliedern waren anwesend: *Biegel, Falk, Guntermann, Hamann, Krekeler, Mogk, Penz, Schmachtel, Schröder, Sternenberg, Wrede*. Protokoll von *Biegel*, a.a.O. – Gustav *Altenhain* war nicht mehr stimmberechtigtes Mitglied des FDP-Zonenvorstandes, weil er das Amt eines Landesverbandsvorsitzenden (von Nordrhein-Westfalen) nicht mehr innehatte. *Blücher* trat dafür ein, ihn mit beratender Stimme zu allen Sitzungen des Zonenvorstandes hinzuzuziehen. In einem Schreiben an die Mitglieder des Zonenvorstandes vom 20.10.1947 erbat er deren Zustimmung mit der Begründung, „[...] daß der Vorstand sich die Erfahrungen von Herrn *Altenhain* zunütze machen sollte [...]". *Blücher* weiter: „Das würde außerdem auch seinen Verdiensten um die Demokratie und dem Parteibedürfnis nach Sicherung einer herzlichen Einmütigkeit entsprechen." StA Hamburg, FDP-Landesverband, Akte A 129. Das Protokoll der Sitzung des Zentralausschusses vom 27./28.2.1948 weist die Teilnahme *Altenhains* nach. Vgl. Dok. Nr. 46 a und Dok. Nr. 46 b.

Es wurden die folgenden Tagesordnungspunkte in der aufgeführten Reihenfolge behandelt:

1. Wahl eines Schriftführers

Zum Schriftführer wurde einstimmig Herr *Mende* gewählt und mit der Führung der Protokolle beauftragt.

2. Politische Stellung der Geschäftsführer

Nach einem Bericht des Geschäftsführers des Landesverbandes Hannover, Herrn MÖLLER, über die am Vortage im Rahmen einer Geschäftsführertagung gefaßten Beschlüsse[3], diskutierte der Vorstand die politische Stellung der Geschäftsführer.

Die diesbezüglich seitens der Geschäftsführer geäußerten Wünsche betrafen

a) die Zulassung zu uneingeschränkter politischer Betätigung,

b) die Vertretung mit Sitz und Stimme in allen Vorständen,

c) die Sicherung der Anstellung und arbeits-rechtlich-soziale Fragen.[4]

Grundsätzlich wurde festgestellt, daß den hauptamtlich in der Partei Tätigen bei Vorliegen der Voraussetzungen die Möglichkeit politischer Betätigung gegeben werden müsse. Es sei jedoch hierbei ein scharfer Maßstab anzulegen, da in erster Linie die Geschäftsführer sich den aus ihrer Stellung ergebenden Verpflichtungen

---

3 Über die Beschlüsse dieser Geschäftsführertagung konnten keine Unterlagen aufgefunden werden. Am 3.9.1947 hatte der Organisationsausschuß des FDP-Zonenverbandes u.a. beschlossen, „[...] den Parteivorstand zu ersuchen, daß umgehend durch den Vorstand der Partei eine Geschäftsordnung ausgearbeitet wird, die „[...] die Arbeitsgebiete der Landesgeschäftsführer einschließlich der an sie zu erteilenden Vollmachten festlegt". Protokoll der Sitzung des Organisationsausschusses am 3.9.1947 in Hamburg, AdL-4. Der stellvertretende Vorsitzende dieses Ausschusses, Bruno *Schmachtel* (Hamburg), hielt die Ausarbeitung einer Geschäftsordnung für die Geschäftsführer „[...] für unbedingt erforderlich [...]". Martin *Plat*, Geschäftsführer des FDP-Landesverbandes Hamburg, kritisierte den Hamburger Satzungsausschuß, weil er „bedauerlicherweise" einen Satzungsentwurf vorgelegt habe, der für die Parteibeamten eine „Kränkung" bedeute. Er forderte den Zonenvorstand auf, sich „[...] baldmöglichst mit dieser Frage der Geschäftsführer und Sekretäre [...]" zu befassen. *Plats* Meinung: Ein Geschäftsführer oder Parteisekretär dürfe „[...] nicht zum Mitglied 2. Klasse gestempelt werden. Auch der Parteiangestellte sei in erster Linie Mitglied der Partei und müsse dementsprechend auch alle Grundrechte eines Parteimitgliedes genießen. Es seien Bestrebungen im Gange, die parteiamtlichen Sekretäre in eine ‚Berufsklasse der Parteisekretäre' zu bringen". A.a.O. Ein so „berufsmäßig" bestimmter Parteisekretär könne heute für die FDP und morgen für die KPD oder CDU tätig sein. *Plat*: „Der Parteibeamte sei aber nach seiner Meinung ein bezahlter Vertrauensmann der Partei, dessen Pflicht es sei, sich über seine bezahlte Tätigkeit hinaus ehrenamtlich restlos für die Belange der Partei einzusetzen." A.a.O. Vgl. Dok. Nr. 32, Anm. 3. Vgl. SCHRÖDER, 1985, S. 89–91.

4 *Blücher* regte an, den hauptamtlichen Mitarbeitern in der Partei eine Sonderzuwendung in der Höhe eines Monatsgehalts zu geben. Vgl. das Protokoll von *Biegel*, a.a.O.

Sitzung des Zonenvorstandes 12. 10. 1947 **40.**

widmen sollten. Die Herren SIEMANN und HENKEL äußerten Bedenken, wenn bei den Wahlen Geschäftsführer auch gleichzeitig kandidierten.

Nach einer angeregten Debatte, in der auch einige anwesende Geschäftsführer zu Wort kamen, wurde beschlossen:

1. Die seitens der Vorstände in den Vorstandssitzungen oder Ausschußsitzungen gefaßten Beschlüsse sind jeweils den betreffenden Geschäftsführern zur Kenntnis zu geben. Ausnahmen sind zugelassen.

2. Hauptamtlich tätige Mitarbeiter der Partei genießen volle politische Rechte. Durch ihre sonstige politische Tätigkeit darf ihre hauptamtliche Arbeit nicht leiden. Die Entscheidung trifft der zuständige Ausschuß der betreffenden Parteiorganisation.

3. In der Selbstverwaltung der Partei genießen die hauptamtlichen Mitarbeiter auf der gleichen Ebene das Anrecht auf Sitz und auf beratende Stimme.[5] Nach unten stehen ihnen alle Sitze mit Stimmrecht offen.

Der Sozialpolitische Ausschuß wurde gebeten, einen Mustervertrag für alle Anstellungsverhältnisse auszuarbeiten und dem Vorstand zu unterbreiten.

3. Arbeitersekretariat

Nach einem Bericht des Herrn RADEMACHER über die beim Landesverband Hamburg gemachten Erfahrungen unterstrich Herr Dr. SCHÄFER die Notwendigkeit der Arbeitersekretariate, die man zweckmäßigerweise „Referat für Arbeitnehmerfragen" nennen sollte.

Die anwesenden Arbeiterreferenten, Herr HAMANN (Hamburg) und Herr GUNTERMANN (Nordrhein-Westfalen), berichteten kurz über ihre bisherige Tätigkeit.

Herr Dr. MIDDELHAUVE schlug vor, eine sofortige Zuwahl eines Arbeitnehmers mit beratender Stimme in allen Vorständen durchzuführen und dies satzungsmäßig für den Zonenvorstand zu verankern.

Herr GUNTERMANN wies darauf hin, daß die Arbeitnehmer der Partei sich nachdrücklicher in den Gewerkschaften betätigen sollten.

Herr BLÜCHER unterstrich die Wichtigkeit dieses Vorschlages.

Es wurde beschlossen:
1. Das bisherige Arbeiterreferat in Hamburg wird zum Hauptreferat erhoben und nimmt als Einrichtung der Zone die Arbeitnehmerfragen für die gesamte Zone wahr.[6]

---

[5] Der Hauptgeschäftsführer des FDP-Zonenverbandes in der britischen Zone war im Zonenvorstand somit nicht stimmberechtigt. Vgl. SCHRÖDER, 1985, S. 91.
[6] Vgl. Dok. Nr. 44 g, Punkt 17.

2. Jeder Landesverband hat ein Arbeiterreferat einzusetzen, Besetzung der Stelle möglichst hauptamtlich.[7]

Jeder Kreisverband hat einen Referenten für Arbeiterfragen als Unterorgan zu bestellen.

Aufgabe der Referate ist die karteimäßige Erfassung aller Arbeitnehmer in einer „Arbeitnehmergruppe", die Werbung unter den Arbeitnehmern, insbesondere in den Betrieben.

3. Den Organisationen der Partei wird nahegelegt, daß bei Neuwahlen eines Vorstandes mindestens ein Vertreter der Arbeitnehmer gewählt wird; die sofortige Zuwahl eines Arbeitnehmers mit beratender Stimme ist satzungsmäßig möglich und erwünscht.

4. Der Vorstand fordert alle Parteiverbände auf, sich nachdrücklich darum zu bemühen, daß alle Parteimitglieder, die nicht Unternehmer oder nicht in freien Berufen tätig sind, den Gewerkschaften beitreten.[8]

Nach einer Mittagspause von 13.15 bis 14.15 Uhr wurde dem früheren Schatzmeister, Herrn *Wilkening*, einstimmig Entlastung erteilt.

4. Presse und Propaganda

„Archiv"
Herr BLÜCHER berichtete über das durch ihn geschaffene „Archiv" der Partei, das in einem solchen Umfang gedruckt würde, daß jeder Kreisverband ein Exemplar auswerten könne. Die bisherigen Ausgaben fanden großen Anklang; der Bitte um eine größere Auflage kann jedoch aus Papiergründen nicht entsprochen werden. Vorgesehen sei, daß das „Archiv" bei den Kreisverbänden und den Geschäftsstellen der Landesverbände jederzeit zur Einsichtnahme bereit sei und so eine Intensivierung der politischen Arbeit gewährleiste.[9]

---

[7] Bis Anfang September 1947 hatten die FDP-Landesverbände in Bremen, Niedersachsen und Schleswig-Holstein noch kein „Arbeitersekretariat". Vgl. den Brief des Leiters des „Arbeitersekretariats" des FDP-Landesverbandes Hamburg, *Hamann*, an den Leiter des „Arbeitersekretariats" des FDP-Landesverbandes Nordrhein-Westfalen, *Guntermann*, vom 5. 9. 1947, HStA Düsseldorf, RWV 49–197. Vgl. SARTOR, 1989, S. 63.
[8] Vgl. Dok. Nr. 46 b, Punkt: „Gewerkschaftsfragen".
[9] Das „Archiv" erschien seit August/September 1947. AdL-23 u. 24. *Middelhauve*, der kein Exemplar erhalten hatte, schrieb am 26. 9. 1947 an das Landesverbandssekretariat der FDP in Opladen. Der Brief beleuchtet zugleich indirekt sein Rivalitätsverhältnis zu *Blücher*: „Der Landesverband Nordrhein-Westfalen soll, der Erinnerung des Herrn *Blücher* nach, laufend 110 Exemplare bekommen. Stimmt das? An wen werden diese Exemplare geschickt? Wie kommt es, daß ich dieses Archiv bisher nicht erhalte?" Archiv des FDP-Landesverbandes Nordrhein-Westfalen in Düsseldorf, Akte Schriftverkehr der Landesverbände (allg.) 1947–1948, I b/1.

Sitzung des Zonenvorstandes 12.10.1947 **40.**

Herr SCHÄFER erinnerte an die entsprechenden Vorbereitungen zum 18. März 1948.[10] Herr BLÜCHER stellte die Ausgabe eines politischen Wahlbreviers[11] in Aussicht, das bis zum Ortsverband verteilt und im Januar 1948 abgeschlossen sein solle. Es soll die Grundlage sein für den Wahlkampf zu den im Frühjahr 1948 vorgesehenen neuen Wahlen. Gleichzeitig werde durch ihn eine zentrale Zusammenfassung aller völkerrechtlichen Arbeiten[12] im Hinblick auf die Londoner Konferenz[13] durchgeführt. Einen breiten Raum nahm in der anschließenden Debatte die Frage des „Schnelldienstes" ein. Sein Erscheinen wurde ebenso begrüßt wie das des „Kleistertopfes".[14] Eine laufende Unterrichtung der Redaktion seitens der führenden Persönlichkeiten der Partei ist dringend erwünscht.

Die „Schnellnachrichten" werden an den DPD und den Rundfunk weitergegeben, desgleichen an die gesamte Presse. Sofern das nicht erwünscht ist, sind sie mit einem Vermerk „nicht für die Presse" zu versehen. Die „Schnellnachrichten" sind „Organ der FDP".[15]

Herr Dr. KREKELER formulierte die Frage der offiziellen Stellungnahme dahingehend, daß der Geschäftsführende Vorstand und die Ausschußvorsitzenden, letztere jedoch nur über Spezialfragen ihrer Ausschußgebiete, zu offiziellen Stellungnahmen der FDP ermächtigt und berechtigt sind.

Für die anderen Parteipersönlichkeiten ist die Formulierung „aus Parteikreisen wird uns geschrieben" zu wählen.

Herr KREKELER berichtete ferner über die Tätigkeit des *Presseausschusses*.

---

10 Vgl. Dok. Nr. 46 b, Anhang.
11 *Blücher* schrieb dazu am 20.10.1947 an die Mitglieder des Zonenvorstandes: „Die Mitglieder des Vorstandes wissen, was ich darunter verstehe. Sie haben gehört, wie ich den Auftrag erteilte, jene Stichworte zu nennen, zu denen die entsprechenden Mitglieder des Vorstandes, der Ausschüsse und der Partei Texte schreiben sollen, so daß wir rechtzeitig vor der Wahl in einem Sammelstück bis herunter zu den Ortsgruppen diese Auslassungen verbreiten und jedem Parteiverband und jedem Redner die Möglichkeit geben, eine Stellungnahme der Partei zu den vielgenannten Stichworten auf dem Gebiete der Weltanschauung, der Innen- und Außenpolitik, der Wirtschafts- und Sozialpolitik und der Kulturpolitik zu erfahren." StA Hamburg, FDP-Landesverband, Akte A 129.
12 Eine derartige Zusammenfassung war im durchgesehenen Quellenbestand nicht zu finden.
13 Vgl. Dok. Nr. 44 b, Anm. 5.
14 Der Kleistertopf. Blätter der Aktiven für Organisation, Werbung und Propaganda, 25.7.1947, Nr. 1, StA Hamburg, FDP-Landesverband, zit. nach: SCHRÖDER, 1985, S. 102. Im Protokoll von Helmut *Biegel*, a.a.O., heißt es: „Verbreitung bis zu den Stützpunkten und an aktive Mitarbeiter."
15 Gemeint ist der „Schnelldienst" mit dem Untertitel: „Was sagt die FDP dazu? Offizielle Stellungnahmen zu Tagesfragen." Herausgeber war der Organisationsausschuß der FDP in der britischen Zone in Hamburg. AdL-66. Die erste Ausgabe des „Schnelldienstes" erschien im September 1947. Vgl. SCHRÖDER, 1985, S. 103.

Die letzte Presseausschußsitzung war schwach besucht.[16] Die künftigen Tagungen werden wechselnd an den Drucklegungsorten der FDP-Zeitungen[17] erfolgen. Der Presseausschuß beschloß, den Kreisverbänden nahezulegen, Wünsche für die Streuung der Zeitungen an die Landesverbände zu leiten.[18] Nur die Landesverbände seien ermächtigt, mit den Zeitungen unmittelbar diesbezüglich zu verkehren. Für eine geplante Monatsschrift, die als Informationsdienst beide Zonen umfassen soll[19], sind die Herren *Heuss* und *Blücher* als Lizenzträger vorgesehen.

Herr Dr. MIDDELHAUVE plädierte für einen baldigen Lizenzantrag. Es wurde beschlossen, den Lizenzantrag zu stellen.

Herr BLÜCHER wies darauf hin, daß die Lizenzträger durch vertragliche Abmachung bindend zu erklären hätten, daß sie keinen persönlichen Gewinn aus der Monatsschrift beanspruchten.

Herr RICHTER wies auf die finanzielle Seite der Zusammenarbeit mit der Presse hin, deren Schwierigkeiten besonders in Hamburg durch Herrn RADEMACHER erläutert wurden.[20]

---

16 Es waren nur drei Mitglieder anwesend. Vgl. das Protokoll der Sitzung des Zonenpresseausschusses der FDP am 30. 9. 1947 in Bielefeld. AdL-NL Heinz Krekeler, N 32 (6). Vgl. SCHRÖDER, 1985, S. 214f.
17 Dies waren: Hamburg (Hamburger Freie Presse), Hannover (Abendpost), Dortmund (Westdeutsches Tageblatt), Wuppertal (Westdeutsche Rundschau). Vgl. KOSZYK, 1986, S. 478–482.
18 Der Presseausschuß des FDP-Zonenverbandes faßte wegen der geringen Beteiligung keine Beschlüsse. Das „Ergebnis" der „Aussprache", zu dem die nichterschienenen Mitglieder sich erst noch schriftlich äußern sollten, wurde mit Bezug auf die „betriebliche Streuung" der Zeitungen so formuliert: „Es handelt sich hierbei vor allem um zwei Gesichtspunkte, einmal [um] die Dispositionen der Verlage im Hinblick auf die durch die Währungsreform voraussichtlich gegebene Situation; ferner um die Berücksichtigung der Lage, die aus einer späteren Lockerung der Papierbewirtschaftung und damit der Auflagenbegrenzung sich ergeben wird. Infolgedessen werden die Geschäftsführenden Vorstände und Landesverbände gebeten, sich alle mit der Frage der Streuung der Zeitungen zusammenhängenden Angelegenheiten selbst zur alleinigen Entscheidung und Verhandlung mit den Verlagen ihres Landes vorzubehalten und ihre nachfolgenden Organisationen (Bezirks-, Kreis- und Ortsverbände) entsprechend anzuweisen. Diese unteren Organisationsinstanzen werden gebeten, Verständnis dafür zu haben, daß hier Fragen zur Erörterung stehen, die nur aus den überregionalen Gesichtspunkten der Landesverbände heraus beurteilt werden können." Protokoll über die Sitzung des Zonenpresseausschusses der FDP am 30. 9. 1947 in Bielefeld, AdL-NL Heinz Krekeler, N 32–6. Vgl. Dok. Nr. 51, Anm. 30 u. 31.
19 Der geplante repräsentative Pressedienst wurde nicht verwirklicht. Vgl. FISCHER, 1971, S. 365f.
20 Die finanziellen Beziehungen zwischen der FDP und der ihr nahestehenden Presse waren seit Anfang Mai 1947 von der besonderen Schwierigkeit bestimmt, daß die britische Militärregierung die strikte Trennung zwischen Lizenzpresse und Parteien angeordnet hatte. „Hamburger Freie Presse" und „Abendpost" stellten Ende Mai ihre Zahlungen an die FDP ein. Vgl. HEIN, 1985, S. 235f.; SCHRÖDER, 1985, S. 241; FISCHER, 1971, S. 369.

Sitzung des Zonenvorstandes 12.10.1947 **40.**

5. Pressereferent

Zum persönlichen Pressereferenten für Herrn *Blücher* wurde durch Herrn Dr. KREKELER Herr *Fölzke*[21] vorgeschlagen, während Herr Dr. SCHÄFER für jeweils ein Organ in den hierfür in Frage kommenden großen Städten plädierte.

Es wurde beschlossen:

a) mit einer dreimonatigen Probezeit Herrn *Fölzke* einzustellen,

b) Herrn *Schymmik* (Wolfenbüttel) möglichst bald in der Redaktion des „*Kleistertopfes*" in Hamburg unterzubringen.

6. Finanzlage

Herr RICHTER erstattete als Schatzmeister Bericht über die derzeitige Finanzlage, die eine leichte Besserung aufzuweisen habe. Die durchschnittlichen Ausgaben betrugen in den Monaten Juni bis August jeweils RM 5500,– monatlich, mit einem Durchschnitt von RM 6000,– müsse mindestens gerechnet werden.[22]

Um die hohen Materialunkosten, Honorare für Sekretäre und Schreibkräfte, Fahrer und Reiseunkosten zu decken, wurde eine Finanzwerbung durch Herrn BLÜCHER erläutert. Es wurde abgelehnt, Darlehen von Parteifreunden aus der Ostzone anzunehmen.[23]

Nach einem Vorschlag von Herrn SIEMANN sollte jeder Kreisverband pro Mitglied RM 0,50 über den Landesverband an die Zone abliefern. Weitere Vorschläge betrafen eine einmalige Umlage von RM 2,– oder RM 1,– je Mitglied. Letztere Vorschläge wurden durch die Herren Dr. MIDDELHAUVE und RADEMACHER abgelehnt.

Es wurde beschlossen:

1. Der Zonenvorsitzende wird gebeten, sich an alle Kreisverbände mit der Bitte um eine einmalige Spende zu wenden.[24]

2. Die Landesverbände werden gebeten, sich für den Antrag von Herrn *Siemann* einzusetzen, ihren Zuschuß an die Zone von RM 0,25 auf 0,50 je Mitglied zu erhöhen, wie das bereits beim Landesverband Hannover geschehen ist.[25]

---

21 Friedrich *Fölzke* kündigte am 1.2.1948. Vgl. SCHRÖDER, 1985, S. 215, Anm. 65.
22 Der frühere Schatzmeister des FDP-Zonenverbandes, Eduard *Wilkening*, hatte im Juli 1946 die regelmäßigen Ausgaben des Zonenverbandes noch mit mindestens RM 8500,– angegeben. Vgl. SCHRÖDER, 1985, S. 232.
23 Die bisherigen Zahlungen der Berliner LDP an den FDP-Zonenverband waren Spenden und offiziell an keine Bedingungen geknüpft. Vgl. Dok. Nr. 31, Anm. 6; HEIN, 1985, S. 238 u. S. 287; SCHRÖDER, 1985, S. 239f.
24 Von einem derartigen Aufruf ist nichts bekannt. Vgl. SCHRÖDER, 1985, S. 240f.
25 Es blieb bei dem Zuschuß von RM 0,25. Vgl. Dok. Nr. 46a; SCHRÖDER, 1985, S. 229.

7. Hauptgeschäftsstelle

Gemäß einem durch Herrn *Rademacher* allen Vorstandsmitgliedern schriftlich übermittelten Vorschlag sollte nach Auflösung der Hauptgeschäftsstelle in Bad Pyrmont als Zwischenlösung das Organisationsbüro nach Hamburg, das Statistische Büro nach Niedersachsen und das Politische Büro nach Essen verlegt werden.

Die Herren SIEMANN, HENKEL und BLOME widersprachen und setzten sich nachdrücklich für eine zentrale Organisation der Hauptgeschäftsstelle ein.

Es wurde beschlossen:

Als Zwischenlösung wird das Organisationsbüro, das Statistische Büro, das Pressereferat nach *Hamburg,* das Politische Büro, der Sitz des persönlichen Pressereferenten und des Zonenvorsitzenden nach *Essen* verlegt.[26]

Als Geschäftsführer wird Herr Dr. *Falk* dem Zonenvorsitzenden in Essen zunächst für eine Probezeit von 3 Monaten zur Seite stehen. Herr *Wrede* verlegt seinen Arbeitsplatz nach Hamburg, wo ihm Buchhaltung, Statistik und die Bearbeitung der sozialen Gebühren obliegen.

Die Finanzierung wird weiter von Hamburg aus durchgeführt. Formell und rechtlich ist Sitz der Hauptgeschäftsstelle Essen.

8. Fall Dr. *Greve*[27]

Nach einem Bericht über das im Fall *Greve* erstattete Rechtsgutachten und einer eingehenden Besprechung des Falles wurden die Herren *Siemann* und *Henkel* gebeten, in die Akte Dr. *Greve* Einsicht zu nehmen. Herr *Henkel* wurde ermächtigt, in einer Aussprache mit Dr. *Greve* einen Versuch zur Klärung und Beilegung des Falles zu unternehmen.

Nach einer Unterbrechung der Sitzung von 20.00 bis 21.00 Uhr erstattete der *1. Vorsitzende* Bericht über die politische Lage[28] und die Sitzung des Frankfurter

---

26 Die Umorganisation erfolgte im November 1947. Vgl. SCHRÖDER, 1985, S. 91.
27 Vgl. Dok. Nr. 44 g, Punkt 11.
28 Der „politische Bericht" *Blüchers* ist Gegenstand von Punkt 9 des Protokolls von *Biegel,* a.a.O.: „Verhältnis der liberalen Parteien untereinander. Ausbau der gegenseitigen Beziehungen mit Einschluß der Ostzone. Die FDP betrachtet die Entwicklung in der Ostzone mit großer Sorge. Sie hat Verständnis dafür, daß die LDP in vielen Fragen sehr zurückhaltend sein muß. Die Gefahr, daß der Eiserne Vorhang wirklich fällt, besteht nach wie vor. Fällt dieser Vorhang, so dürfte es mit den Nicht-SED-Parteien böse aussehen. Aus dieser Furcht heraus ist manches zu verstehen und zu erklären, was uns bei der LDP nicht behagt. Wir haben in der britischen Zone die Verpflichtung, bis zum Letzten zur Ostzone zu stehen.
Eine Vereinigung mit den gleichgerichteten Parteien ist anzustreben, abzuwarten bleibt jedoch der Ausgang der Londoner Besprechungen.
Die FDP bejaht nach wie vor und ernsthaft die Reichseinheit.
Man kann sich des Eindrucks nicht entziehen, als erfahre die SPD eine außerordentliche Unterstützung – nachrichtenmäßig – durch die Labour-Party.
Taktik der sozialistischen Parteien, auf jedem nur erreichbaren Wege eine Sozialisierung

Sitzung des Zonenvorstandes 12.10.1947 **40.**

Wirtschaftsrates.[29]

Nach einer Charakteristik der Verhältnisse in der Ostzone durch Herrn Dr. FALK erklärte der 1. Vorsitzende, daß erst nach einer Aussprache eine gemeinsame Realisierung der Rothenburger Beschlüsse[30] erfolgen könne.[31]

Die Herren Dr. MIDDELHAUVE und SIEMANN setzten sich nachdrücklich für die Reichspartei als Zukunftsforderung ein.

Herr Dr. SCHÄFER erklärte, daß erst nach der Londoner Konferenz die diesbezüglichen Arbeiten aufgenommen werden sollten.

Herr RADEMACHER berichtete über die Verhältnisse in Bremen und die wenig erfreulichen, dem demokratischen Ansehen abträglichen Kollisionen mit der DVP.[32]

Die Vorstandssitzung wurde um 22.00 Uhr mit dem Hinweis auf eine baldige weitere Vorstandssitzung, möglicherweise schon in Hamburg anläßlich des Landesparteitages, geschlossen.[33]

---

zu erreichen. Versuch, Fabriken zu Produktionsleistungen zu zwingen, die sie nicht erfüllen können, deshalb also ihre „Unfähigkeit" einzugestehen und sie so sozialisierungsreif zu machen.
Die Zonen haben sich in unvorstellbarem Maße auseinandergelebt. Es dürfte nicht einfach sein, sich in einem neuen Deutschland zusammenzufinden. Alles hängt aber davon ab, wie die Bedingungen sein werden, die einem neuen Deutschland auferlegt werden.
Die Bildung einer Trizone unter Abschreibung der Ostzone wäre aufs Tiefste zu bedauern.
(An die Ausführungen schloß sich eine lebhafte Diskussion an, die in ihrem Gehalt *Blüchers* Ausführungen unterstrich und die Gedanken des Zonenvorsitzenden als die eigenen aufnahm.)" Vgl. RÜTTEN, 1984, S. 55f.; SCHRÖDER, 1985, S. 292.
29 Der Wirtschaftsrat tagte am 11.10. 1947. In der nächsten Sitzung am 29./30.10. 1947 wurde u.a. die Demontagefrage behandelt. Vgl. WIRTSCHAFTSRAT 2, 1977, S. 139 u. S. 149f.
30 Vgl. Dok. Nr. 32, Anm. 4.
31 Vgl. Dok. Nr. 46 a, Anm. 9.
32 *Blücher* erwähnte in einem Schreiben an die Mitglieder des Zonenvorstandes vom 20.10. 1947 „[...] die massiven Angriffe gegen die Herren *Hollmann* und *Grabau* [...]" durch den Landesverband der Demokratischen Volkspartei in Württemberg-Baden, der sich auf Mitteilungen der Bremer Demokratischen Volkspartei gestützt habe. Vgl. StA Hamburg, FDP-Landesverband, Akte A 129.
33 Der Landesparteitag der FDP in Hamburg wurde am 25. und 26.10. 1947 abgehalten. Von einer Sitzung des FDP-Zonenvorstandes ist nichts bekannt. Vgl. „Landesparteitag der FDP in Hamburg", in: Die Freie Stadt, 24.11. 1947, Nr. 1.

41.

23. 10. 1947: Der stellvertretende Vorsitzende des FDP-Landesverbandes Nordrhein-Westfalen, v. Rechenberg (Köln), an den Vorsitzenden des FDP-Zonenverbandes in der britischen Zone, Blücher (Essen)[1]

NL Dr. Erika Fischer, N14–40.

Die Situation der FDP

Die Wahlen in Bremen[2] wie in Frankreich geben wertvolle Anhaltspunkte. In Bremen ist die unerhörte Groteske geschehen, daß zwei Führer unserer Partei für verschiedene Wahllisten gesprochen haben. Erstaunlicherweise hat man sich, wie ich höre, bei uns eingebildet, man würde in Bremen einen großen Erfolg gegenüber der Volkspartei haben. Ich finde nur erstaunlich, daß überhaupt noch soviel Leute die FDP gewählt haben. Dieses Erstaunen begründe ich einmal mit den Persönlichkeiten der Leitung der FDP in Bremen und andererseits mit der Tatsache, daß doch die Bremer FDPen ganz ausgesprochen zu denen gehören, die immer noch glauben, im Sinne der alten rosaroten demokratischen Parteien wäre heute noch irgend etwas zu erben. Die Bremer Volkspartei wird als reaktionär verschrieen. Wahrscheinlich besteht dieses Reaktionäre darin, daß sie zwar innerlich Demokraten, aber davon überzeugt sind, daß es völlig unsinnig ist zu glauben, unsere Partei könnte sich an die Stelle der Sozialdemokratie in der Arbeiterschaft setzen. Ich freue mich gewiß über jeden wirklichen Arbeiter, der soweit politisch denkt, daß er sich uns anzuschließen vermag. Aber leider, und das scheinen unsere Herren bis heute noch nicht gemerkt zu haben, wählt der deutsche Arbeiter gar nicht politisch. Er wählt vielmehr die Partei, von der er nun mal glaubt, daß sie für Verbesserungen seiner Lebensbedingungen sorgen wird. Das ist der wahre Grund des Erfolges der sozialistischen Parteien in unserer Arbeiterschaft, nachdem diese Parteien ja nun auch in der Tat seit Jahrzehnten in diesem wirtschaftlichen Sinne gewirkt haben. Aber der Kredit, den die Sozis auf diese Weise in der Handarbeiterschaft, die ich prinzipiell von der Arbeitnehmerschaft an sich zu unterscheiden bitte, gewonnen haben, ist so groß, daß es einfach töricht ist zu glauben, die Handarbeiterschaft würde eines Tages ihre politische Heimat bei uns suchen können.

Völlig unsinnig ist es aber annehmen zu wollen, man könnte mit sozialistischen Zugeständnissen den Handarbeiter von seiner Sozialdemokratie zu uns ziehen. Ich finde es geradezu grotesk, wenn z. B. ein Mitglied für den Zentralausschuß deshalb gewählt wird, weil er Schlosser wäre. Das ist keine Übertreibung, das ist gerade geschehen.

---

1 *Blücher* sandte den Brief *v. Rechenbergs* am 25. 10. 1947 an alle Zonenvorstandsmitglieder mit der Bitte um Stellungnahme. Vgl. Dok. Nr. 44 g, Anm. 22 u. 28; HEIN, 1985, S. 153, Anm. 91. Zu Dr. Hans Albrecht Freiherr *von Rechenberg* (1892–1953), Fabrikant in Köln, seit 1949 MdB, seit 1950 Mitglied des FDP-Bundesvorstandes, vgl. WENGST (Bearb.), FDP-Bundesvorstand, 1990, S. XVII.
2 Vgl. Dok. Nr. 44 f., Anm. 3.

v. Rechenberg an Blücher   23. 10. 1947 **41.**

Die Bremer FDP hat in der Richtung nach mir gegebenen Informationen ganz besonders geglaubt, Erfolge erringen zu können, und die Quittung hat sie jetzt bekommen.

Andererseits zeigen aber auch die letzten Wahlen in Frankreich genau dasselbe Bild. Gewiß, die sozialistischen Stimmen[3] haben sich behauptet, und die werden sich auch immer behaupten. Das ist es ja, was ich immer sage, und diese sozialistischen Stimmen werden dem Anteil der Handarbeiterschaft am Volksganzen entsprechen in allen Kulturländern unserer Art. Auf der anderen Seite aber hängt das ganze parlamentarische System mit dem ganzen Parteiklüngel den Völkern in Europa mehr als zum Halse heraus. Das ist der wahre Grund der französischen Stimmung. Schluß mit dem parlamentarischen Unsinn und der Unordnung. Schluß mit dem Dirigismus. Das Bürgertum hat 60–70 % am Volksganzen Anteil. Es hat nicht nötig, sich selbst aufzugeben. Der Massenbluff ist hohl, wenn nur auf der bürgerlichen Seite der entschlossene Wille steht, für Ordnung zu sorgen. Das ist das Geheimnis des Erfolges von *de Gaulle*[4], und wir könnten hier in Deutschland genau dieselbe Entwicklung haben, nicht im militärisch-nationalistischen Sinne, nicht über Generale. Unsere Partei könnte in der Beziehung Wunder wirken, aber dazu gehört, daß unsere Partei wirklich eine entsprechend vernünftige Politik treibt, so wie es sich jetzt übrigens beginnt in Nordrhein-Westfalen abzuzeichnen. Nach außen bedeutet das, daß wir eisern nein sagen zu allen unberechtigten Forderungen der Militärregierung[5] entsprechend dem Verfahren, wie es jetzt bei dem Gesetzentwurf zur Bodenreform[6] in Nordrhein-Westfalen von uns vorgenommen worden ist. Selbstverständlich keinerlei Ungehorsam, aber (keine)[7] passive Resistenz und ganz konsequent durchgeführt, selbst auf die Gefahr der Auflösung der Partei hin.

---

3 Die Sozialisten erzielten bei den Wahlen zur Nationalversammlung im Oktober 1945 23,4 %, am 2. 6. 1946 21,1 % und am 10. 11. 1946 17,9 % der Stimmen. Vgl. Keesing's Archiv der Gegenwart, 10. 11. 1946, S. 921 J.
4 Bei den Gemeindewahlen im Oktober 1947 wurde die von *de Gaulle* begründete Sammlungsbewegung des französischen Volkes („Rassemblement du Peuple Français") zur stärksten politischen Kraft. Vgl. Keesing's Archiv der Gegenwart, 26. 10. 1947, S. 1231 f.
5 Nach der britischen Verordnung Nr. 103 über die Bodenreform, die den deutschen Länderregierungen am 25. 9. 1947 offiziell vorgelegt wurde, sollte in der britischen Zone niemand mehr Eigentümer von Grund und Boden sein, der größer als 150 ha war oder einen Einheitswert von mehr als 200 000 RM hatte. Vgl. Dok. Nr. 44 e, Anm. 1 u. 3. Die Festlegung der Höchstgrenzen, die Art der Entschädigung und die Einrichtung einer Verwaltungsbehörde zur Aufteilung des enteigneten Landes sollte durch eine entsprechende deutsche Gesetzgebung innerhalb von drei Monaten erfolgen. Vgl. Hügen, 1991, S. 89, 95 f. u. 98.
6 Ein erster Schritt zu einer deutschen Gesetzgebung war die vom Kabinett *Arnold* am 20. 10. 1947 beschlossene „Verordnung über Sicherungsmaßnahmen und Meldepflicht über die Bodenreform". Im Hinblick auf die Zielsetzung der Verordnung Nr. 103 (vgl. Anm. 5) wurde sie allerdings nicht mit einer politisch motivierten Bodenreformpolitik begründet, sondern damit, daß ein weitreichendes Siedlungsprogramm durchgeführt werden sollte. Vgl. Hügen, 1991, S. 98.
7 Die Klammer bedeutet vermutlich, daß das Wort entfällt.

41. 23. 10. 1947   v. Rechenberg an Blücher

Und genau dasselbe gilt nach innen gegenüber den Sozialisten. Schluß mit den Verbeugungen vor der Straße. Ein Schlosser soll ruhig als 1. Vorsitzender auftreten, wenn er den entsprechenden Kopf dazu hat, aber die Tendenz, einen Schlosser zu nehmen, weil er ein Schlosser ist, muß aufhören. Aufhören muß das Techtelmechtel mit CDU und SPD usw. So wie jetzt in Nordrhein-Westfalen[8] muß es in allen Ländern geschehen, und wir dürfen nicht davor zurückschrecken, uns ganz klar und deutlich von den Männern zu trennen, die in der Beziehung unsere Politik nicht mitmachen wollen. Nur in der Opposition[9] haben wir die Möglichkeit, unsere Ideen durchzudrücken. Aber Opposition heißt nicht Versuch einer Mitarbeit. Wir sollten in Nordrhein-Westfalen, wenn die anderen Länder diese Politik nicht wollen, auch nicht davor zurückscheuen, uns ganz offiziell von diesen Ländern zu trennen. Wir werden dann genug andere in diesen Ländern finden, die dann zu uns stoßen werden und die deswegen zu uns nicht kommen, weil sie sich den ehemaligen alten Staatsparteien nicht anvertrauen wollen, die in der Weimarer Zeit für alle Zukunft abgewirtschaftet haben.

Klar sollten wir auch in die Kerbe hauen, die sich uns bietet, die Abneigung gegen Partei und gegen Parlamentarismus.[10] Wir haben das wunderschöne Beispiel der USA, wie wirklich eine Demokratie funktionieren kann. Alles was mit Weimar zusammenhängt, alles was mit Parteibetrieb zusammenhängt, ist dem deutschen Volk widerwärtig, nicht nur den Jungen, auch den Alten. Treiben wir klar eine Politik, die davon abrückt. Es wird auch bei uns die Entwicklung so laufen wie in Frankreich, nur mit dem Unterschied, daß es dann wirklich im Sinne von demokratischen Männern läuft. Machen wir uns nichts vor. Gehen *wir* einen solchen Weg nicht, so könnte auch bei uns eines Tages irgendein General kommen, und wir haben dasselbe Theater, wie wir es schon hatten. Die Stimmung dafür ist mehr als reif, nicht nur unter der Jugend.

Im Zonenvorstand[11] muß endlich ein frischer Wind wehen. Wie ich höre, fällt dort keine Entscheidung. Man geht immer um alle Dinge herum. Der wahre Grund ist

---

8 Vgl. Dok. Nr. 32, Anm. 9.
9 Vgl. Dok. Nr. 33.
10 Vgl. Dok. Nr. 52, Punkt 4.
11 Hermann *Blome* hatte am 27. 8. 1947 in einem Brief an *Blücher* Kritik an dessen Führungsstil geübt: „Herr *Blücher*, Sie sind die einzige Kraft der Partei, der es in der augenblicklichen Lage noch gegeben sein könnte, unserem politischen Gespann die so notwendigen Zügel anzulegen [...]. Verzichten Sie auf die Arbeit der Ausschüsse, sofern sie nicht ohne langes Drängen zufriedenstellend geleistet wird. Setzen Sie sich mit einer kleinen Gruppe von Männern Ihrer Wahl zusammen und arbeiten Sie alle für die kommende Zeit akuten Gesichtspunkte klar heraus, um sie dann den Vorstand billigen zu lassen. Es ist meines Erachtens viel weniger gefährlich, sich dem Vorwurf auszusetzen, ein Autokrat zu sein, als über kurz oder lang vor dem Ruin der Partei zu stehen – und es ist vor allem für die Partei weniger gefährlich." AdL-11. *Blome* konkretisierte seine Kritik in einem Brief an *Blücher* vom 21. 11. 1947: „Die Partei leidet heute, zwei Jahre nach ihrer Gründung, noch immer darunter, daß im Kreise der Mitglieder – auch der aktiven – noch keine Klarheit über die im einzelnen praktisch zu ergreifenden Maßnahmen besteht [...]. Wir kommen mit der vagen Übereinstimmung im grundsätzlich Ideologischen nicht aus." AdL-11.

der latente Gegensatz zwischen den alten rosaroten Staatsparteilern und uns ehrlichen freien Demokraten, die ehrlich Anti-Sozialisten sind und deshalb als Reaktionäre beschimpft werden. Wenn es uns nicht gelingt, diesen Gegensatz in aller Kürze dadurch aus der Welt zu schaffen, daß die ganzen Rosaroten herausfliegen, können wir unsere Partei zumachen.[12]

> *Blücher* nahm am 25. 11. 1947 in einem Brief an *Blome* indirekt Stellung zum Vorwurf der fehlenden innerparteilichen Richtungsentscheidung, indem er auf seinen Führungsstil zu sprechen kam: „Ich habe [...] in größeren Fragen in meinem Leben noch niemals einen Kompromiß geschlossen. Ich habe aber ebenso stets die einander widerstrebenden Richtungen ganz klar sich entfalten lassen und in den meisten Fällen festgestellt, daß überall da das Gemeinsame zu finden war, wo nicht das Wort, sondern der in seinem sachlichen Inhalt erkannte Begriff entschied. Das mag Zeit kosten, aber es ergibt sich eben kein Kompromiß, sondern eine Einigung. Ich habe so ganz gewiß nicht aus Bequemlichkeit gehandelt, sondern aus der tiefen Achtung vor der Überzeugung des anderen und aus meinem Glauben an den guten Willen. Nur eines habe ich niemals vertragen und habe es auch nicht gewollt: die Unterschiebung persönlicher und selbstischer Motive." AdL-11.

12 Zur Unterscheidung zwischen „Sozialliberalen Demokraten", „Rechtsliberalen" und „Altliberalen" vgl. ALBERTIN, 1993, S. 659f.

42.

29. 10. 1947: Die Sozialordnung der freien Demokratie. Die sozialwirtschaftlichen Leitsätze der Freien Demokratischen Partei[1]

AdL-10.

Die Freie Demokratische Partei ist eine Partei der Arbeit.[2] Die von ihr erstrebte demokratische Volksordnung umschließt das sozialwirtschaftliche Ziel:

die Wohlfahrt aller und ihre persönlichen Freiheitsrechte gegen Standesvorrecht, Besitzwillkür und Staatsallmacht zu sichern.

---

1 Dieses Sozialprogramm sollte eine „wesentliche Ergänzung" zum Wirtschaftsprogramm des FDP-Zonenverbandes sein und damit der Leitvorstellung vom Begriff einer „sozialen Marktwirtschaft" entsprechen. Vgl. Dok. Nr. 37, Anm. 46. Neben den „Leitsätzen", die auch in den „Mitteilungen der Freien Demokratischen Partei", 1948, Nr. 3, abgedruckt sind, ist noch eine ausführlichere, maschinengeschriebene „Sozialehre" überliefert. Vgl. Dok. Nr. 37, Anm. 23. Die Differenz zum Sozialprogramm des FDP-Landesverbandes Nordrhein-Westfalen vom 12. 1. 1948 spiegelte das Spannungsverhältnis zum FDP-Zonenverband wider. Vgl. Dok. Nr. 45. Vgl. ALBERTIN, 1985, S. 125.
2 Diese Aussage findet ihre Parallele im Programm der Deutschen Demokratischen Partei vom Dezember 1919. Der erste Satz im Kapitel „Volkswirtschaft" lautet: „Die Deutsche Demokratische Partei ist eine Partei der Arbeit." Abgedruckt in: Wilhelm MOMMSEN (Hrsg.), Deutsche Parteiprogramme. 2. durchgesehene und ergänzte Auflage, München 1964, S. 512.

Auch in der Wirtschaft müssen die demokratischen Grundsätze
> der persönlichen Freiheit,
> der sozialen Gerechtigkeit
> und der menschlichen Würde

Haltung und Entscheidung bestimmen.

Auch im wirtschaftlichen Geschehen steht das Ganze über seinen Teilen und das Volkswohl über den Sonderbestrebungen.

Die Demokratie wird innerlich gefestigt durch eine gesellschaftliche Schichtung, in der eine breite Mittelstufe der Besitz- und Einkommensverteilung weit überwiegt. Monopolartige Besitzhäufung in der Hand kleiner Gruppen darf darum im Volksstaat[3] ebensowenig geduldet werden wie eine Lebenshaltung unter dem Zuschnitt der europäischen Zivilisation.

Nach den Verheerungen des Krieges braucht Deutschland eine *erhöhte Ergiebigkeit der Arbeit* und *vergrößerte Fertigung* von Verbrauchsgütern. Unerläßlich ist dazu die vom persönlichen Erfolgsstreben angetriebene freie Selbstverantwortlichkeit, Entschlußfähigkeit und Leistungsbereitschaft jedes einzelnen. Die Freie Demokratische Partei bejaht darum die *Privatwirtschaft als die regelmäßige Betriebsform*.

Zur Verteidigung der Wirtschaftsfreiheit und des Völkerfriedens ist gegen das Herrschaftsstreben finanzkapitalistischer oder privatmonopolistischer Besitzgruppen[4] das *Hoheitsrecht des Volkes einzusetzen*. Die vom Sozialismus angestrebte *Verstaatlichung*[5] bietet hierbei aber keine Lösung. Sie gefährdet vielmehr die Freiheit der breiten Volksschichten, indem sie das Verfügungsrecht über Kapitalverkehr, Gütererzeugung und Arbeitskräfte mit der vollziehenden Regierungsgewalt vereinigt.

Solche *Vollsozialisierung* bedarf zu ihrer zentralen Wirtschaftslenkung der unbeschränkten Herrschaft in einem geschlossenen, gegen die Einwirkungen anderer Wirtschaftsgebiete völlig abgeschirmten „Lebensraum". Bestrebungen, ihn durch Zuwachs von Rohstoff oder Anbaugebieten abzurunden oder zu ergänzen, ist die unvermeidliche Folgerung monopolistischen Erfolgsstrebens. Monopolsozialismus weckt also genau wie Monopolkapitalismus nicht nur durch Erleichterung rüstungswirtschaftlicher Vorgänge, sondern auch durch die aus seiner Denkweise er-

---

3 Im DDP-Programm vom Dezember 1919 wird der „Volksstaat" als eine Staatsform begriffen, in der „[...] nicht obrigkeitliche Bevormundung [...], sondern der Wille des souveränen Volkes" „oberstes Gesetz" ist. A.a.O. In den „programmatischen Richtlinien", die vom FDP-Zonenvorstand am 5. 2. 1946 beschlossen wurden, wird der Begriff in folgendem Zusammenhang wieder aufgenommen: „Im Innern soll das Reich als Staat des deutschen Volkes ein wahrer Volksstaat sein, der sich jeglicher Diktatur widersetzt und keine Reste des alten Obrigkeitsstaates mehr duldet." Abgedruckt in: JULING, 1977, S. 71. Vgl. Anm. 19. Zu Wilhelm *Heile* vgl. Dok. Nr. 8 a, Anm. 19; HEIN, 1985, S. 120. Zur Verwendung des Begriffes vor der Novemberrevolution 1918 vgl. ALBERTIN, 1972, S. 234.
4 Vgl. Dok. Nr. 24, Punkt V.
5 Vgl. Dok. Nr. 24, Punkt VI.

wachsende Tendenz zur geschlossenen Großraumwirtschaft einen imperialistischen Ausdehnungsdrang.

Nur der freie Weltverkehr von Menschen, Gütern und *Dienstleistungen* fördert die wechselseitige Wohlfahrt der Völker und damit ihre friedliche Verbundenheit. Die Abhängigkeit des rohstoffarmen, übervölkerten deutschen Wirtschaftsgebietes vom internationalen Güteraustausch verpflichtet zu ebenso anstrengenden wie wagemutigen Bemühungen um neue zwischenstaatliche Wirtschaftsbeziehungen. Diese allein ermöglichen die allmähliche Beseitigung der Zwangswirtschaft und die *Wiederherstellung der Verbraucherfreiheit.* Ihr Endziel ist die Wiedergeburt einer im Wettbewerb der Leistungen freien Weltwirtschaft. Sie allein vermag die produktions- und verkehrstechnische Leistungsfähigkeit unseres Zeitalters so voll auszunutzen zum Nutzen aller Völker.

Die *Verteilung des Bodens*[6]*,* des kostbarsten Monopolgutes unseres auf engem Staatsgebiet zusammengedrängten Volkes, muß mit der Ausschaltung der Bodenspekulation die bäuerlichen Familienbetriebe vermehren, insbesondere auch zur Ansiedlung von Landarbeitern und Flüchtlingen.

Die Sicherheit des *persönlichen Eigentums*[7] gehört zu den unveräußerlichen Freiheitsrechten im demokratischen Staat. Soziales Unrecht in der Verteilung von Einkommen und Besitz, das insbesondere durch Zerstörung, Raub, Vertreibungen und wirtschaftliche Umschichtung im Gefolge zweier verlorener Weltkriege gewaltig vergröbert worden ist, muß darum beseitigt werden. Reichtum, der aus Geschäften mit dem despotischen Staat oder durch Ausbeutung wirtschaftlicher Notstände errafft ist, darf seinen Erwerbern nicht zu eigenmächtiger Nutzung überlassen bleiben.

Gerechtes Einkommen[8] setzt überdies eine Abstimmung von Arbeitsentgelt, Geschäftsertrag und öffentlichen Lasten voraus, bei der jeder schaffende Deutsche für sich und seine Familie ein von privater oder öffentlicher Fürsorge unabhängiges Dasein erarbeiten kann; die wirtschaftliche Freiheit des schaffenden Menschen wird gesichert durch geistigen und materiellen Besitz. Die *Entproletarisierung der Besitzlosen*[9] muß darum nicht nur formell anerkannt, sondern auch praktisch verwirklicht werden. Oberstes Gesetz jeder demokratischen Gesellschaftsordnung ist dabei:

---

6 Vgl. Dok. Nr. 19, Punkt 9; Nr. 24, Punkt IX; Nr. 27, Abschnitt „Agrarreform".
7 Vgl. Dok. Nr. 24, Punkt IV.
8 Vgl. Dok. Nr. 24, Punkt VII.
9 Die „Sozialehre" gliedert sich in folgende Abschnitte: I: Aufstieg und Niedergang der Wirtschaftsfreiheit; II: Wagniswille gegen Krisenwirtschaft; III: Bewegungskräfte der Aufbauwirtschaft; IV: Neue Grundlagen der sozialen Sicherheit; V: Wohnungspolitik; VI: Wohlfahrtspflege; VII: Wirtschaftsständische Selbstverwaltung; VIII: Ergebnis und Aufgabe. Vgl. SCHRÖDER, 1985, S. 198–200. An welchem systematischen Ort die in den „Leitsätzen" verstreuten Programmpunkte in der „Soziallehre" erscheinen, weist die folgende Zuordnung zu deren Abschnitten (hier: IV–VII) aus. Die Forderung „Entproletarisierung der Besitzlosen" erscheint in der „Soziallehre" unter Abschnitt IV: „Neue Grundlagen der sozialen Sicherheit."

1. das Recht auf geistige Bildung für alle,

2. das Recht auf Besitzbildung für alle.

Steuern und *öffentliche Abgaben*[10], vor allem auf Besitz und Erbe, auf Gewinn und Aufwand, sollen nicht bloß Verpflichtungen von Staat, Ländern und Gemeinden decken; sie müssen auch aufreizende Unterschiede der Lebenshaltung ausgleichen. Konfiskatorische Überhöhung der Steuerlast andererseits zerstört die in Notzeiten an sich schon gefährdete Wirtschaftsmoral und lähmt die Antriebe zu Leistung und Sparsamkeit. Dagegen regt eine Entlastung der Einkommenstelle [Einkommensquelle?], welche in inlandgebundener Anlage gespart wird, die Mehrung von Produktionskapital nachhaltig an. Diese wiederum erhöht den Gesamtertrag der Volkswirtschaft und hebt so den Stand der breiten Verbraucherschichten.

Die Beschaffung ausreichend geräumiger und zweckmäßig gelegener *Wohnungen*[11] für die breiten Schichten der Bevölkerung ist die Voraussetzung eines gesunden Volksaufbaues.

Ein auskömmliches *Mindestmaß der materiellen Güter*[12] für Nahrung, Kleidung, Wohnung sowie Fürsorge bei Bedürftigkeit ist von Rechts wegen zu gewähren. Das gilt besonders für die Opfer des Krieges und der Gewaltherrschaft.

Die einst nach dem Bedürfnis des Obrigkeitsstaates begonnene und in dieser Überlieferung fortgesetzte Sozialreform hat die deutsche *Sozialpolitik*[13] nach und nach zu einem volksfernen Behördengewerbe werden lassen. Zentralistische Verwaltung durch einen aufgeblähten Beamtenapparat[14] hat die deutschen Arbeiter und Angestellten einer zunehmenden Behördenhörigkeit unterworfen. Ihr Umfang schließt mehr und mehr eine praktisch wirksame Selbstverwaltung der Beteiligten aus.

Weitgehende *Entstaatlichung*[15] in den Händen einer reichgegliederten Selbstverwaltung muß vor allem die Träger der Kranken-, Berufsunfähigkeits- und Hinterbliebenenversicherung den wechselnden Versorgungsbedürfnissen besser anpassen als ein zentralistischer Verwaltungsapparat. Gerade bei der geminderten Belastungsfähigkeit der Wirtschaft erleichtern die Einrichtungen der genossenschaftlichen Selbsthilfe den demokratischen und sozialen Fortschritt im Wettbewerb der Leistungen.

---

10 Erscheint in der „Soziallehre" unter Abschnitt IV.
11 Erscheint in der „Soziallehre" unter Abschnitt V: „Wohnungspolitik". Vgl. Dok. Nr. 38, Punkt III.1.
12 Erscheint in der „Soziallehre" unter Abschnitt VI: „Wohlfahrtspflege". Dort heißt es im ersten Satz: „Es muß Grundsatz sein, daß jeder Deutsche, der in einen unverschuldeten Notstand gerät und dessen Schaden nicht durch Versicherungseinrichtungen gedeckt werden konnte, seitens der öffentlichen Fürsorgeeinrichtungen ein zur *Lebenserhaltung* unerläßliches Maß an Zuwendungen erhält." Vgl. auch Dok. Nr. 39, Anm. 2.
13 Erscheint in der „Soziallehre" unter Abschnitt IV.
14 Vgl. Dok. Nr. 27, Abschnitt „Sauberkeit der Verwaltung".
15 Erscheint in der „Soziallehre" unter Abschnitt IV. Vgl. Dok. Nr. 27, Anm. 38 u. 39.

Die Sozialordnung der freien Demokratie   29.10.1947 **42.**

Die *Arbeitslosenversicherung*[16] ist zu einer zusätzlichen Belastung der werktätigen Bevölkerung ohne entsprechende Gegenleistung gemacht worden. Sie muß ihrem ursprünglichen Zweck, bei unverschuldeter Arbeitslosigkeit einen Rechtsanspruch auf angemessene Hilfe zu sichern, wieder zugeführt werden.

Nur die nach Anlage und Neigung freigewählte Arbeit sichert den sozialen Frieden, weil sie den Einklang von Leben und Beruf gewährt. Das *Recht auf Arbeit*[17] schließt darum den Anspruch auf freie Wahl von Beruf, Arbeitsplatz und Wohnsitz ein. Berufsberatung, Berufsausbildung wie Stellenvermittlung und Umschulung geben den Ausschlag für eine erfolgreiche Einfügung, insbesondere der aus dem Kriegsdienst entlassenen Jahrgänge, in das Wirtschafts- und Staatsleben. Die Arbeitsämter in ihrer heutigen Gestalt genügen dieser Notwendigkeit nicht. Sie sind höheren Anforderungen in sachlicher und persönlicher Hinsicht zu unterwerfen. Gleichzeitig sind die Arbeitsnachweise sozialer und caritativer Organisationen wieder zuzulassen.

Der liberale Grundsatz der *Gewaltentrennung* muß auf das Verhältnis von Staatsführung und Wirtschaftslenkung ausgedehnt werden.[18] Vertretungen des Wirtschaftsvolkes[19] müssen eine unmittelbare *Demokratisierung der Wirtschaft* bewirken. Das Mitbestimmungsrecht von gewählten *Betriebsvertretungen*[20] und freiwillig gebildeten Gewerkschaften soll die Vermenschlichung der Arbeitsverhältnisse fördern. Dem gleichen Zwecke muß auch die Übertragung entscheidender Befugnisse der wirtschafts- und sozialpolitischen Planung und Regelung auf einen *Reichswirtschaftsrat*[21] mit einem bezirksweisen Unterbau von Vertretungen des

---

16 Erscheint in der „Soziallehre" unter Abschnitt IV.
17 A.a.O. Das „Recht auf Arbeit" ist in den „Leitsätzen" breiter und umfangreicher behandelt. Der Begriff „Menschenrecht auf Arbeit" findet sich in den „programmatischen Richtlinien" des FDP-Zonenvorstandes vom 5.2.1946 unter Punkt 4; vgl. JULING, 1977, S. 71. Zur Interpretation dieses Begriffes vgl. STUBBE-DA LUZ, 1989, S. 307 u. S. 545, Anm. 447.
18 Die folgenden Punkte erscheinen in der „Soziallehre" unter Abschnitt VII: „Wirtschaftsständische Selbstverwaltung".
19 In der „Soziallehre" wird hierzu u.a. folgendes ausgeführt: „Jedes Volk hat zwei Gesichter [...] Es ist *Staatsvolk* und *Wirtschaftsvolk* zugleich [...]. Das *Staats- und Kulturvolk* besteht aus den Staatsbürgern [...]. Das *Wirtschaftsvolk* aber besteht aus Geschäftszweigen, Berufen und Wirtschaftgebieten [...]. Eine diesem Gefüge des volkswirtschaftlichen Lebenskörpers angepaßte Vertretung des Wirtschaftsvolkes muß deshalb von Klassen und Berufen, von Wirtschaftszweigen und Wirtschaftsgebieten ausgehen.
Der wilhelminische wie der weimarische Staat hat – trotz gelegentlicher Anläufe zu einer ‚sozialen Selbstverwaltung' – die Anpassung der Wirtschaft an politische Notwendigkeiten seiner Bürokratie überlassen. Der Nationalsozialismus verstärkte diese Behördenherrschaft noch durch das Willkürregiment der Parteihierarchie [...].
Es ist dringende Notwendigkeit, die unmittelbare Anteilnahme des *Wirtschaftsvolkes* an der Vorbereitung und Vollstreckung wirtschaftspolitischer Entscheidungen herzustellen." AdL-10. Vgl. auch Anm. 3, wo in der Definition der „Volksstaat" dem wilhelminischen „Obrigkeitsstaat" gegenübergestellt wird. Zur Forderung nach einer „Entbürokratisierung der Wirtschaft" vgl. Dok. Nr. 24, Punkt VII.
20 Vgl. Dok. Nr. 24, Punkt II.
21 Vgl. Dok. Nr. 24, Punkt III.

Wirtschaftsvolkes dienen. *Unternehmer und Arbeitnehmer* sollen hier *gleichberechtigt* eine fortschrittliche Zweckform der deutschen Aufbauwirtschaft erarbeiten und den schöpferischen Ausgleich von Interessen und Ansichten fördern.

Er wirkt sich besonders aus im Ausbau und in der Pflege eines demokratischen *Arbeitsrechtes.* Es bestimmt die Existenzformen von vier Fünfteln aller Deutschen. Fortschrittliche Rechtsnormen für die individuellen oder kollektiven Dienstverhältnisse müssen einen gerechten und förderlichen Interessenausgleich zwischen Arbeitgeber und Arbeitnehmer anbahnen und so dem inneren Frieden wie dem wirtschaftlichen Aufstieg dienen.

43.

4. 11. 1947: Der Leiter des Arbeitersekretariats des FDP-Landesverbandes Nordrhein-Westfalen, Guntermann (Opladen), an den Vorsitzenden des Landesverbandes, Middelhauve (Opladen)

HStA Düsseldorf RWV 49–197. Abschrift.

Sehr geehrter Herr Dr. *Middelhauve!*

Da in den verschiedenen Vorstandssitzungen die Gewerkschaftsfrage nicht behandelt wurde und die Sache heute so weit gediehen ist, daß man zu einer klaren Entscheidung kommen muß, die ich nicht eigenmächtig fällen möchte, bitte ich Sie, dieses Schreiben zur Kenntnis zu nehmen und es eventuell auf einer der nächsten Vorstandssitzungen zu beantworten.

Ich habe am 1. 7. 47 das Arbeitersekretariat des Landesverbandes übernommen.[1] Bei der Übernahme habe ich mir 2 Aufgaben[2] gestellt: Die erste Aufgabe bestand darin, zu versuchen, durch wiederholte Hinweise die Kreisverbände zu veranlassen, die Arbeitnehmergruppen als geschlossene Gruppen herauszunehmen und diese durch Vorträge über sämtliche Fragen, die sich aus dem Arbeitsrecht, Betriebsrätegesetz und der Sozialversicherung ergeben, zu schulen. Diese Arbeit sollte dazu dienen, den Kern zu schaffen, damit man an die Lösung der zweiten Aufgabe herangehen kann.

Meine zweite Aufgabe sah ich darin, dem Massendenken, welches wir von der NSDAP übernommen haben und das heute noch seine Nachwirkungen in KPD, SPD und CDU hat, entgegenzuwirken, d.h. vor allen Dingen zu versuchen, die

---

1 Zur Situation in anderen Landesverbänden vgl. Dok. Nr. 40, Anm. 6 u. 7.
2 *Guntermann* nannte auf der ersten Arbeitnehmertagung des FDP-Landesverbandes Nordrhein-Westfalen am 27./28. 9. 1947 in Herne eine Reihe weiterer Aufgaben. Das Arbeitersekretariat sollte u.a. „Vermittlungsstelle" sein zwischen den Sozialausschüssen der Kreise, des Landes- und Zonenverbandes. Darüber hinaus sollte „die Gewerkschaft" zur politischen Neutralität zurückgeführt werden. Vgl. das Protokoll über die erste Arbeitnehmertagung der FDP in Herne vom 27. bis 28. 9. 1947, Anlage, HStA Düsseldorf, RWV 49–637, zit. nach: SARTOR, 1989, S. 63.

KPD in ihrem gewerkschaftlichen Einfluß zu blockieren, da dieselbe am meisten zur Vermassung beiträgt. Diese Aufgabe soll gelöst werden durch planmäßigen Einsatz der unter 1) genannten Menschen. Diese sollen in den Gewerkschaftsversammlungen zu den verschiedenen Problemen Stellung nehmen.

Inwieweit die 2. Aufgabe abgeschlossen ist, vermag ich nicht zu sagen.

Zu 1) sage ich folgendes: Es ist mir gelungen, innerhalb der FDP die Arbeitnehmerfrage soweit vorangetrieben zu haben, daß sich in sämtlichen Kreisverbänden überall aktive Leute finden, die sich nicht allein mit dieser Aufgabe befassen, sondern versuchen, aktiv in die Geschehnisse einzugreifen. Hier stelle ich folgende Arbeiten heraus:

1. Vorschlag Dr. *Kuhbier*, der die Möglichkeit einer Spaltung der Gewerkschaften ins Auge faßt.[3]

2. Vorschlag *Jaeger*[4] (Essen): Der Vorschlag des Herrn *Jaeger* geht von der Voraussetzung aus, daß die heutigen Gewerkschaften sich in einem Zustand befinden, der eine Spaltung für möglich hält. Er will aus diesem Grunde eine neue Gewerkschaft ins Leben rufen, die sich an die FDP als solche angliedert.[5]

3. Vorschlag *Guntermann:* Ich persönlich stehe auf dem Standpunkt, daß es verfrüht ist, eine Spaltung der Gewerkschaften vorzunehmen.[6] Wir müssen versuchen, durch Einsatz von überzeugten FDP-Leuten die Gewerkschaft von innen heraus auszuhöhlen und sie zu ihrer wirklichen Aufgabe zurückzuführen. Dieser Weg ist wohl mühevoller und langsamer, aber ich bin davon überzeugt, daß dieser Weg uns zu einem besseren Ziel bringt, als wenn wir versuchen, mit einer Neugründung durchzukommen, und hierbei ein Fiasko erleben.

---

3 Nach der Gründung des DGB in der britischen Zone am 23. 4. 1947 (vgl. Dok. Nr. 46 b, Anm. 19) empfahl *Kuhbier* in einem Rundschreiben vom 31. 7. 1947 die Bildung einer neuen, von FDP und SPD gemeinsam gegründeten Gewerkschaft. Dies hatte für ihn verschiedene Vorteile: a) die KPD zu isolieren; b) die SPD „[…] an einem radikalen oder […] zu marxistischen Kurs […]" zu hindern; c) den christlichen Gewerkschaften – ihre baldige Gründung wurde erwartet – viele potentielle Mitglieder zu entziehen; d) „[…] die starke Bindung der gewerkschaftlich organisierten gemäßigten Jungarbeiter an die SPD zu lockern". Vgl. den „Vorschlag zur Lösung des Gewerkschaftsproblems durch Gründung einer neuen Gewerkschaft SPD – FDP", HStA Düsseldorf, RWV 49–634, zit. nach: SARTOR, 1989, S. 64.
4 Paul *Jaeger*.
5 *Jaeger* forderte am 6. 10. 1947, daß die FDP eine eigene Gewerkschaft gründen sollte, bevor die Einheitsgewerkschaft durch die Bildung einer christlichen Gewerkschaft gespalten würde. Vgl. das Schreiben Paul *Jaegers* an Friedrich *Guntermann*, 6. 10. 1947, HStA Düsseldorf, RWV 49–637, zit. nach: SARTOR, 1989, S. 64.
6 Diese Position entsprach der offiziellen Haltung des FDP-Landesverbandes in Nordrhein-Westfalen und auch der generellen politischen Linie im Vorstand und im Zentralausschuß des FDP-Zonenverbandes. Vgl. Dok. Nr. 46 b, Abschnitt „Gewerkschaftsfragen" u. Dok. Nr. 49 b, Punkt VIII. Vgl. SARTOR, 1989, S. 65.

Ich gehe von der Voraussetzung aus, daß bei der letzten Wahl im Gebiet von Nordrhein-Westfalen 229 000 Stimmen[7] für die FDP abgegeben wurden. Wenn ich großzügig rechne, so dürften davon 43 Arbeitnehmerstimmen sein, d. h. 70 000 Menschen im Vergleich zu der Bevölkerungszahl von Nordrhein-Westfalen verlieren sich wie ein Regentropfen im Meer, d. h. sie sind ohne jeden Einfluß.[8] Daraus ergibt sich, daß sich die Vorschläge der Herren Dr. *Kuhbier* und *Jaeger* nicht auf dem Boden der Tatsachen befinden, sondern diese mit Argumenten rechnen, die man zahlenmäßig nicht belegen kann.

Da nun die Arbeitnehmerfrage in ein derartiges Stadium getreten ist, halte ich es für notwendig, daß wir uns auf der nächsten Vorstandssitzung damit beschäftigen und bitte Sie, meine Ausführungen als Unterlage zu betrachten, damit ich in der Lage bin, in Zukunft mit Einverständnis des Landesverbandsvorstandes die gesamten Fragen innerhalb der verschiedenen Kreisverbände zu vertreten.

Mit freundlichen Grüßen bin ich
Ihr

---

7 Die FDP erhielt bei den Landtagswahlen am 20. 4. 1947 298 995 Stimmen. Vgl. SCHACHTNER, 1956, S. 52.
8 Sinn unklar.

44a.

3. 1. 1948: Protokoll über die Tagung des Zonenvorstandes[1] (1. Tag)

NL Blücher 230. Beginn: 19.45 Uhr. Ende: 22 Uhr. Ort: Wangerooge, Hotel „Gerken".

Anwesend: 21, vom Vorstand: *Blücher, Friese-Korn, Grabau, Gramberg, Rademacher, Richter, Schäfer, Siemann, Wächter* (9 Personen). Gäste: *Baxmann, Knoop, Krekeler, Martens, Oellers, Onnen, Schmachtel*.[2]

BLÜCHER eröffnet die Sitzung und stellt fest, daß im Verlauf der sechs Sitzungstage Beschlüsse zu fassen seien, die die bedeutendsten seit der Gründung der Partei sein würden. Er umreißt kurz die anstehenden Fragen für die Vorstandssitzung wie für die Arbeit der Sachverständigen. Zwei Facharbeitsgruppen wurden zusammengestellt: unter *Funcke* eine für die Wirtschaftsfragen, unter *Knoop* eine für die agrarpolitischen Fragen.

(Beide Gruppen konstituieren sich im Nebenraum. Zurück bleibt der Vorstand, dazu *Schmachtel* und Dr. *Baxmann*.)

Der Vorstand, durch 9 Mitglieder vertreten, ist beschlußfähig. Die fehlenden Mit-

---

1 Diesem Protokoll liegt ein handschriftlich korrigierter „Protokoll-Entwurf" zugrunde.
2 Eingeladen waren auch noch: Martin *Blank*, Direktor der Gutehoffnungshütte in Oberhausen; Max *Dominicus*; Wilhelm H. *Lindemann*, Mitglied des Wirtschaftspolitischen Ausschusses des FDP-Zonenverbandes in der britischen Zone. Vgl. SCHRÖDER, 1985, S. 182.

Tagung des Zonenvorstandes 4.1.1948 **44 b.**

glieder werden festgestellt. Es sind dies: Dr. *Middelhauve, Mende, Stegner* (der noch erwartet wird), *Asmussen, Blome, Rohde, Henkel*.[3]

1. Punkt: Zusammenschluß der Zonenparteien.[4] Frage der zukünftigen Benennung der Gesamtpartei. Man einigt sich auf folgende beim Koordinierungsausschuß in Frankfurt a. Main am 18. 1. vorzuschlagende Reihenfolge: 1. FDP, 2. Liberale Partei, 3. LVP (Liberale Volkspartei). Die Bezeichnung LDP (für die besonders RADEMACHER plädierte) wird als in Frage kommende Benennung schließlich ganz fallengelassen.

2. Punkt: Frage des zukünftigen Gesamt-Parteivorstandes. Verlesung eines Briefes von *Heuss* an *Külz*[5] (19. 12. 1947).[6]

Beschluß: In Frankfurt soll folgender Vorschlag als *Arbeitsgrundlage* gemacht werden: Bildung eines 12köpfigen Gremiums, das sich aus je 3 Vertretern jeder Zone zusammensetzen soll; aus diesem größeren Kreis soll ein engerer Kreis von *drei* Personen als „Spitze" gebildet werden. Diskutiert wurden: *Heuss, Blücher, Dehler*.

3. Punkt: Zukünftige Stellung E. *Mayers*, Stuttgart. Beschluß wird nicht gefaßt, die Frage lediglich erörtert. In Aussicht genommen wurde ein Arbeitsbüro in Frankfurt unter der Leitung von E. *Mayer*.

4. Punkt: Abordnung für Sitzung des Koordinierungsausschusses in Frankfurt a. Main am 18. 1. Bisher waren 6 Personen benannt: *Blücher*, Dr. *Middelhauve*, Dr. *Schäfer*, Dr. *Krekeler*, *Altenhain*, ein 6. Vertreter wird in der Person *Rademachers* benannt. Für den zur Zeit erkrankten *Altenhain* wird *Siemann* als Vertreter benannt.

---

3 Durchgestrichene Stelle. Handschriftliche Randbemerkung: „Gründe für Fehlen!"
4 Winkelzeichen für Auslassung, daneben handschriftliche Randbemerkung: „Anlage einfügen, da Protokoll sonst unvollständig". Zur Anlage vgl. Dok. Nr. 44 g, Anlage zu 1: „Zusammenschluß der befreundeten politischen Parteien".
5 Theodor *Heuss* hatte sich in einem Brief vom 19. 12. 1947 von Wilhelm *Külz* distanziert. Dieser Brief ist teilweise abgedruckt in: KRIPPENDORFF, 1961, S. 153 f.; vgl. HEIN, 1985, S. 308 f.
6 Handschriftlicher Zusatz, möglicherweise von fremder Hand: „19. 12. 1947".

44 b.

4. 1. 1948: Protokoll über die Tagung des Zonenvorstandes[1] (2. Tag)

NL BLücher 230. Protokoll: Bohne. Beginn: 9.30 Uhr. Ort: Wangerooge.

Anwesend: die anwesenden 9 Mitglieder des Vorstandes; außerdem: *Baxmann, Onnen, Schmachtel*, später: *Oellers*.

---

1 Diesem Protokoll liegt ein „Protokoll-Entwurf" zugrunde.

1. Behandlung der Frage der Vertretung des deutschen Volkes bei den Besatzungsmächten (*"Nationale Repräsentation"*).²

SCHÄFER, RADEMACHER, BLÜCHER machten längere Ausführungen, die sich im wesentlichen alle auf der gleichen Ebene der Notwendigkeit einer Sondierung mit den Vorständen der anderen Parteien bewegen. Man war sich allgemein darüber einig, daß sowohl in [der] Form als auch in der Zusammensetzung die anzustrebende Vertretung sich vom sedistischen Volkskongreß³ unterscheiden müsse.

SCHÄFER warf die interessante Frage auf, ob die KPD als nicht mehr demokratisch zu bezeichnende Partei an solchen rein demokratischen Gremien noch weiterhin teilnehmen solle oder dürfe. Die Frage wurde nicht ausdiskutiert.

BLÜCHER stellte die Frage, ob mit unseren süddeutschen Freunden *vor* einer Fühlungnahme mit den anderen Parteien gesprochen werden solle oder nicht. Er persönlich neige dazu, durch eine Veröffentlichung des FDP-Wunsches in der Presse die Süddeutschen mit fortzureißen.⁴

Im weiteren Verlauf der Debatte wird die Frage des von *Schäfer* formulierten „Vor-Parlamentes" abgeklärt. Folgende Mitteilung wird hierüber am gleichen Tage an die Presse (dpd) gegeben:

FDP fordert politische Notgemeinschaft

„Der Vorstand der Freien Demokratischen Partei in der britischen Zone beschloß, nach der Vertagung der Londoner Konferenz⁵ mit den Vorständen der ((demokratischen) – wurde später nach Rücksprache mit Dr. *Büchsenschütz* vom dpd fortgelassen) Parteien aller Zonen Verhandlungen aufzunehmen, um nunmehr eine unabhängige Gesamtvertretung der Parteien zu bilden.

Eine *so* geartete wahrhafte Sammlung der politischen Führungskräfte soll über Länder- und Zonengrenzen hinweg im Namen des Gesamtvolkes die gemeinsamen

---

2 1946/47 gab es von der LDP, CDU und den Alliierten Vorschläge, die darauf abzielten, von den Parteien oder Ländern ausgehend, ein überzonales Gremium gegenüber den Besatzungsmächten zu bilden. Vgl. SCHWARZ, 1980, S. 331–344, S. 549f. u. S. 631–637.

3 Der von der SED nach Berlin einberufene „1. Deutsche Volkskongreß für Einheit und gerechten Frieden" fand am 6./7. 12. 1947 statt. Vgl. SCHWARZ, 1980, S. 341f.; HEIN, 1985, S. 305.

4 Reinhold *Maiers* Bestrebungen einer zonenübergreifenden Zusammenarbeit waren auf eine Kooperation der deutschen Länder gerichtet. Eine untergeordnete Rolle spielte er bei Initiativen zum Aufbau einer gesamtdeutschen Partei. Vgl. MATZ, 1989, S. 312f. u. S. 321f.

5 Die Londoner Konferenz der Außenminister der vier Besatzungsmächte, die vom 25.11.–15.12. 1947 stattfand, war auf unbestimmte Zeit vertagt worden. Vgl. KEESING's ARCHIV DER GEGENWART, 5.12. 1947, S. 1276f. Zu den Gründen für den Abbruch vgl. Josef FOSCHEPOTH, Großbritannien und die Deutschlandfrage auf den Außenministerkonferenzen 1946/47, in: FOSCHEPOTH/STEININGER (Hrsg.), 1985, S. 79–85; Wolfgang KRIEGER, General Lucius D. Clay und die amerikanische Deutschlandpolitik 1945–1949, Stuttgart 1987, S. 311–315; Martina KESSEL, Westeuropa und die deutsche Teilung. Englische und französische Deutschlandpolitik auf den Außenministerkonferenzen von 1945 bis 1947, München 1989, Kap. VII.

Tagung des Zonenvorstandes 4.1.1948 **44 b.**

Forderungen zur Geltung bringen, um die durch den Staatsverfall verursachten sozialen und wirtschaftlichen Notstände zu überwinden."[6]

Behandlung des Falles „Dr. Külz – LDP Ostzone"

BLÜCHER[7] leitet die eingehende Aussprache mit einer umfassenden Darstellung der Entwicklung der Beziehungen zwischen FDP und LDP/Dr. *Külz* seit 1946 ein. Seine Darstellung gipfelt in der Frage: „Läßt sich erkennen, warum *Külz* so handelt, wie er bisher gehandelt hat?" Nach Wortmeldungen Dr. SCHÄFERS, RADEMACHERS, SIEMANNS und anderer Herren wird in sorgfältiger Abwägung jedes Wortes folgende Formulierung beschlossen und der Presse übergeben:

FDP mißbilligt Ostzonenpolitik

„Mit tiefer Besorgnis verfolgt der Vorstand der FDP die wachsende Bedrohung der politischen Freiheitsrechte in der östlichen Besatzungszone. Um so stärker empfindet die Partei ihre enge Verbundenheit mit den dort lebenden Gesinnungsfreunden. Deren liberale Überzeugungstreue ist durch die immer offensichtlicheren Bestrebungen der SED nach der Alleinherrschaft steigender Bedrückung ausgesetzt. Der Vorstand der FDP hält daher die weitere Beteiligung an der Blockpolitik für unvereinbar mit liberalen Grundsätzen und mißbilligt die Teilnahme der Zonenvorsitzenden[8] der LDP an dem Volkskongreß der SED. Deren Herrschaftsstreben wird damit ein Schein von Rechtmäßigkeit verliehen; die politische Existenz der Anhänger liberaler und demokratischer Überzeugung ist gefährdet.

Das Eintreten für die Einheit eines freiheitlichen deutschen Staates, der nicht einseitig an *eine* Mächtegruppe gebunden ist, soll unser Beitrag sein zum Neuaufbau einer politischen Lebensordnung unseres Volkes, das als gleichberechtigtes Mitglied der Völkerfamilie lebt."[9]

6 Zur Entschließung heißt es mit Bezug auf das Jahr 1848 in einem parteiinternen Kommentar: „Bei der Konzipierung dieses Beschlusses hat die Erinnerung an die staatlichen Einigungsbestrebungen der demokratischen Volkskräfte vor 100 Jahren Pate gestanden. Die Führungskräfte des deutschen politischen Lebens, die in verantwortlicher Form vorzugsweise durch die politischen Parteien dargestellt werden, sollen sich aus freiwilligem Entschluß zusammenfinden. Sie sollen ohne staatsrechtliche Umständlichkeiten eine Körperschaft bilden, die im Namen des deutschen Volkes die Forderungen zur Wiederherstellung einer deutschen Eigenstaatlichkeit in politischer und wirtschaftlicher Hinsicht anmeldet." Abgedruckt in: „FDP-Inseltagung des Parteivorstandes", in: Die Freie Stadt, 26.1.1948, Nr. 1. Vgl. HEIN, 1985, S. 307f.; RÜTTEN, 1984, S. 60f.
7 *Blüchers* Einstellung gegenüber der LDP hatte sich vom Bielefelder Parteitag im Juni 1947 bis zum Ende des Jahres 1947 im Sinne einer größeren Distanzierung gewandelt. Vgl. RÜTTEN, 1984, S. 54–56; zur gesamten Entwicklung der überregionalen Kooperation zwischen west- und ostdeutschen Liberalen vgl. HEIN, 1985, S. 278–316; SCHRÖDER, 1985, S. 283–295.
8 Der Zonenvorstand der LDP hatte am 1.12.1947 der Teilnahme am Volkskongreß zugestimmt. Der Landesverband Berlin bedauerte diese Entscheidung. Vgl. KRIPPENDORFF, 1961, S. 136f.
9 In einer parteieigenen Stellungnahme hierzu heißt es: „Die Aufrechterhaltung der Verbindung mit den *echten* Gesinnungsfreunden in der Ostzone wird in den Vordergrund gerückt. Aber in unmißverständlicher Weise wird zugleich ausgesprochen, daß die FDP

Im weiteren Verlauf der Montagvormittagsitzung werden

1. Wahlfragen und

2. Fragen der zukünftigen Besetzung des Wirtschaftsrates in Frankfurt – Umgestaltung des Exekutivrates[10] – behandelt. Hamburg erhebt durch RADEMACHER Anspruch auf einen Sitz. Einen weiteren Sitz soll ein Vertreter aus Nordrhein-Westfalen oder Niedersachsen erhalten.[11]

---

von der opportunistischen Taktik des liberal-demokratischen Kreises um Dr. *Külz abrückt*, weil man von ihr befürchtet, daß sie dem Alleinherrschaftsstreben der SED beschönigende Vorwände liefern und damit erst recht die politischen Freiheitsrechte gefährden könnte. Bemerkenswert an dieser Erklärung ist noch, daß in ihr jede einseitige Bindung des deutschen politischen Lebens an die eine oder andere Richtung der Besatzungsmächte überhaupt abgelehnt und ein Höchstmaß von Unabhängigkeit als Voraussetzung eines deutschen Neuaufbaues gefordert wird." Abgedruckt in: „FDP-Inseltagung des Parteivorstandes", in: Die Freie Stadt, 26. 1. 1948, Nr. 1. Vgl. RÜTTEN, 1984, S. 59f.; HEIN, 1985, S. 307.

10 Der „Exekutivrat" wurde im Februar 1948 durch ein neues Vertretungsorgan der Länder, den „Länderrat", ersetzt. Dieser hatte im wesentlichen keine exekutiven Befugnisse mehr. Vgl. PÜNDER, 1966, S. 136–142.
11 Der FDP-Fraktion im zweiten Wirtschaftsrat für das Vereinigte Wirtschaftsgebiet (24. 2. 1948–8. 8. 1949) gehörten folgende Mitglieder aus der britischen Zone an: Franz *Blücher* (NRW) als Fraktionsvorsitzender und Fritz *Oellers* (Schleswig-Holstein). Die übrigen sechs Abgeordneten kamen aus der amerikanischen Zone, je zwei aus Hessen, Württemberg-Baden und Bayern. Vgl. „FDP-Fraktion im Wirtschaftsrat", in: Schnelldienst, 2. 3. 1948, Nr. 29.

44 c.

5. 1. 1948: Protokoll über die Tagung des Zonenvorstandes[1] (3. Tag)

NL Blücher 230. Beginn: 15 Uhr. Ort: Wangerooge.

Die Herren KNOOP, DANNEMANN[2], WÄCHTER und MARTENS berichten dem Vorstand über agrarpolitische Fragen, vor allem über ihre Gedanken zur Bodenreform/ Siedlungsgesetz, zur landwirtschaftlichen Verwaltung in den Ländern (Ernährungsverwaltung)[3] und andere Fragen. (*Schäfer:* „statt zerstörender Bodenreform neuaufbauende Neusiedlung".) Im Sinne dieses Stichwortes müsse unser agrarpolitisches Programm formuliert werden.[4]

---

1 Diesem Protokoll liegt ein „Protokoll-Entwurf" zugrunde.
2 Robert *Dannemann* (1902–1965), Landwirtschaftsrat in Oldenburg; Vertrauensmann der Landvolkbewegung; 1949–1. 7. 1955 MdB.
3 Vgl. Dok. Nr. 27, Abschnitt „Ernährungsfrage".
4 Vgl. Dok. Nr. 44 e, Punkt 7.

44 d.

6. 1. 1948: Protokoll über die Tagung des Zonenvorstandes[1] (4. Tag)

NL BLücher 230. Vorsitz: Schäfer. Beginn: 10 Uhr. Ort: Wangerooge.

(*Blücher* setzt mit *Knoop* währenddessen das agrarpolitische Programm – Bodenreform/Siedlungsgesetz – auf.)

1. Pressefragen

Es herrscht Einmütigkeit über die unverzügliche Einrichtung eines Zonenpressereferats[2] mit dem Sitz in *Hamburg* (dem das Zonenorganisationsbüro/*Schmachtel* und das Statistische Büro/*Wrede* angegliedert werden soll). Als Zonenpressereferent wird Frau *Bohne*[3] vorgeschlagen, die bisher das Pressereferat des Landesverbandes Hamburg versehen hat.

SIEMANN weist in diesem Zusammenhang auf seine Korrespondenz mit den süddeutschen Freunden bezüglich der zu erwägenden Errichtung eines bizonalen Pressebüros in Frankfurt a. Main hin. Dieser Plan wird an sich als richtig, aber angesichts der Realitäten noch nicht für durchführbar erklärt. Weiter gibt SIEMANN nochmals von dem Beschluß des Zonenvorstandes vom Juli 47[4] Kenntnis, wonach 3 der FDP nahestehende Zeitungen – „Westdeutsche Rundschau", „Westdeutsches Tageblatt", „Abendpost" – die finanzielle Grundlage eines Zonenpressebüros[5] sichern wollten. Für die „Abendpost" erklärt er, sich auch bei der von dem ursprünglichen Beschluß abweichenden Lage an diese finanzielle Unterstützung gebunden zu fühlen. Mit dem „Westdeutschen Tageblatt" und der „Westdeutschen Rundschau" wird noch während der Wangerooger Tagung erneut Verbindung zur Klärung der finanziellen Seite aufgenommen.[6]

2. Organisations- und andere technische (finanztechnische) Fragen werden erörtert.
[Fortsetzung der Sitzung.]

Vorsitz BLÜCHER. Beginn: 15 Uhr.

Anwesend: Hinzugekommen ist *Stegner*.

---

1 Diesem Protokoll liegt ein handschriftlich korrigierter „Protokoll-Entwurf" zugrunde.
2 Es wurde kein Zonenpressereferat („Zonenpressebüro") eingerichtet. Vgl. Dok. Nr. 40, Punkt 7; SCHRÖDER, 1985, S. 216–218.
3 Regina *Bohne* wechselte als Mitarbeiterin zur „Welt". Vgl. SCHRÖDER, 1985, S. 217.
4 Ein derartiger Vorstandsbeschluß ist nicht nachweisbar.
5 Die Einrichtung eines „Zonenpressebüros" in Hamburg sollte unter Umgehung der alliierten Bestimmungen der Zonenkasse finanzielle Mittel zuführen. Vgl. Dok. Nr. 40, Anm. 20; SCHRÖDER, 1985, S. 241 f.
6 Herbert *Kaufmann*, Lizenzträger des „Westdeutschen Tageblattes", zog seine telefonische Zusage wieder zurück. Vgl. SCHRÖDER, 1985, S. 216 f.

SCHÄFER referiert über das Ergebnis der Vormittagssitzung/Pressefragen – Errichtung des Zonenpressebüros in Hamburg. Herr BLÜCHER erklärt sich mit der vorgeschlagenen Regelung einverstanden. Einverstanden erklärt sich ebenfalls Dr. KREKELER.

Debatte über die Annahme der von Dr. *Oellers*/Dr. *Baxmann* seinerzeit ausgearbeiteten *neuen Satzungen*. (Verstärkte Exekutivgewalt des Vorstandes gegenüber finanziell säumigen Landesverbänden.)

Zentral-Ausschußsitzung bis zum 15. Februar (spätestens). Organisationsausschuß soll über Tagungsort mit *Biegel* (Bielefeld) verhandeln. Wichtigster Tagungsordnungspunkt: Satzungsentwurf, der bis zur Sitzung allen Landesverbänden und Mitgliedern des Zentralausschusses zugeleitet werden soll.

Beschluß:

Zonenvorstandssitzungen sollen zukünftig alle 4 Wochen in Hamburg in Verbindung mit den Zonenbeiratssitzungen stattfinden.

Finanzlage der Partei

Referat: RICHTER

Bis auf geringe Beträge ist die Zonenleitung ohne Geldmittel.[7] Die Landesverbände Nordrhein-Westfalen und Niedersachsen haben hohe Rückstände bei der Zone. (Nordrhein-Westfalen insgesamt RM 16 000, Niedersachsen RM 5 200.) Bei Abdeckung dieser Schulden wäre ein runder Bestand von RM 25 000 vorhanden.

Demgegenüber stehen an Passiva vor allem jene Summen, die *Blücher* seit länger als einem Jahr vorgelegt hat. Sie belaufen sich insgesamt auf RM 15 000 (einschließlich Archivkosten). Dr. *Falk* macht noch Ansprüche von rund RM 5 500 geltend. Ein Vergleich der Kostenzusammenstellung *Blüchers* mit denen Dr. *Falks* zeigen, daß die von *Blücher* aufgegebenen einzelnen Posten ausgesprochen *niedrig* liegen, während die von Dr. *Falk* festgestellten Einzelbeträge (für Auto, Reparaturen vor allem usw.) ausgesprochen *hoch* liegen. RICHTER wird dieserhalb mit Dr. *Falk* sprechen.

Die nach der Darstellung RICHTERS von *Siemann* gemachte Feststellung, die Finanzlage der Partei sei „betrügerischer Bankrott", weist RADEMACHER mit dem Hinweis zurück, daß die einzelnen Landesverbände bisher ihren Verpflichtungen gegenüber ihren Angestellten usw. vollkommen nachgekommen seien.

Der Vorschlag RICHTERS, unterstützt von RADEMACHER, den Landesverbänden zukünftig „Rechnungen" zuzusenden, findet allgemein Anklang. Außerdem wird *Richter* mit der Durchführung einer einmaligen Aktion im Kreise von Parteifreunden aller Landesverbände zur Aufbringung eines Dispositionsfonds von rund RM 20 000 beauftragt.

---

[7] Die Finanzlage des Zonenverbandes hatte sich seit Herbst 1947 erheblich verschlechtert. Vgl. SCHRÖDER, 1985, S. 240.

Die Behandlung des Falles Dr. *Greve*[8] schließt sich der Finanzdebatte an. Dr. OELLERS, Dr. BAXMANN, Dr. ONNEN und SIEMANN klären die rechtliche Lage bezüglich der von *Greve* vereinnahmten RM 20 000 für die seinerzeit von ihm herausgegebene Broschüre.

---

8 Vgl. Dok. Nr. 44 g, Punkt 11.

44e.

6. 1. 1948: Stellungnahme der FDP zur Bodenreform und Siedlung

AdL-Akte FDP-britische Zone, Agrarpolitik, (136) 9. Ort: Wangerooge.

Der Vorstand der FDP in der britischen Zone nahm in seiner Tagung vom 3.–9. Januar wie folgt Stellung zu der *„Bodenreform-Verordnung"*[1] der britischen Kontroll-Kommission vom 4. September 1947 und den durch sie ausgelösten Gesetzesvorschlägen.[2]

1. Wir bejahen die Verpflichtung, unter Berücksichtigung der Interessen des Gesamtvolkes *Land* für *Siedlung* im größten Umfange zur Verfügung zu stellen.[3]

2. Die Gesetzgebung, die nur diesem Ziele dienen soll, darf nicht andere politische Zwecke verfolgen. Die Ausschaltung von Feinden der Demokratie und des neuen Staates kann nicht mit der „Bodenreform und Siedlungs-Gesetzgebung" verquickt werden.

3. Die Landwirtschaft kann einer Sonderbehandlung, die sie gegenüber anderen Staatsbürgern schlechter stellt, nicht unterliegen; das Land, das sie für die Siedlung zur Verfügung stellt, muß mit seinem Wert auf die Vermögensabgabe angerechnet werden, die im Zuge des Besitzausgleichs zur Erhebung gelangt.

4. Die englische Verordnung fordert zwar, daß durch die Bodenreform die landwirtschaftliche Erzeugung *nicht* gefährdet werden darf.[4] Dies aber wird zwangsläufig geschehen durch die Zerreißung bestehender Wirtschaftseinheiten, ohne daß sofort neue, selbständige und lebensfähige Betriebe geschaffen werden können.

---

1 „Verordnung Nr. 103 (Bodenreform)", Amtsblatt der Militärregierung Deutschland, Britisches Kontrollgebiet, No. 21, S. 595f. Die Verordnung trat am 4. 9. 1947 in Kraft. Vgl. Dok. Nr. 41, Anm. 5 u. 6. Vgl. HÜGEN, 1991, S. 88–107; TRITTEL, 1975, S. 100.
2 Vgl. TRITTEL, 1975, Kap. 6–8; HÜGEN, 1991, S. 108–207.
3 Das mit der Verordnung Nr. 103 beabsichtigte Ziel war: den politischen und wirtschaftlichen Einfluß des Großgrundbesitzes zu verringern und einem größeren Teil der Bevölkerung Land zur Ansiedlung und zur landwirtschaftlichen Betätigung zur Verfügung zu stellen. Vgl. zur Präambel der Verordnung Nr. 103, a.a.O., HÜGEN, 1991, S. 88.
4 Angesichts der Ernährungskrise sollte das Ziel der Bodenreform ohne Minderung der Nahrungsmittelproduktion erreicht werden. Vgl. Günter J. TRITTEL, Das Scheitern der Bodenreform im ‚Schatten des Hungers', in: FOSCHEPOTH/STEININGER (Hrsg.), 1985, bes. S. 162f.

5. Eingriffe in die bestehende Betriebsform der Landwirtschaft sind höchst gefährlich, solange nicht die zukünftigen Aufgaben und die durch sie bedingten Betriebsformen der Landwirtschaft bekannt sind, die durch die Entwicklung der Weltwirtschaft auf die deutsche Landwirtschaft entstehen werden.

6. Der Anfall an siedlungsfähigem Land wird bei Durchführung der Bodenreform nach dem vorliegenden Entwurf in keinem Verhältnis zu den befürchteten Schäden stehen, dazu tritt die Tatsache, daß die Zahl der durch diese Reform brotlos werdenden Landarbeiter etwa die Zahl der Neusiedler aufwiegen wird.

7. Wir sind daher der Ansicht, daß der Zeitpunkt für die „Bodenreform" gekommen sein wird, wenn die Bodenerträge wieder auf den normalen Stand gebracht, die zukünftigen Betriebsformen bekannt, die notwendigen vielfältigen Planungsarbeiten bis ins letzte durchgeführt sind und der Bodenbedarf feststeht, der sich nach der Durchführung der nachstehend geforderten Siedlungsmaßnahmen ergibt. Hierbei wird der Umfang der Landabgabe von Bedeutung sein, die im Zuge des Besitzausgleichs angeboten wird und weiter der Besitzwechsel als Folge des verschärften Wettbewerbs, dem die deutsche Landwirtschaft ausgesetzt sein wird.

Wir bejahen erneut die Verpflichtung, die Siedlung in dem Maße zu unterstützen, die durch die Not des Volkes, vor allem der aus dem Osten Verdrängten, bestimmt wird. Wir lehnen nicht eine künftige Bodenreform ab, wir fordern aber, daß alle Maßnahmen dem doppelten Zweck dienen: die Siedlung zu fördern, ohne die landwirtschaftliche Erzeugung zu stören.

Die praktische Durchführung der Siedlungsgesetzgebung erfordert und ermöglicht eine alsbaldige Beschaffung von Grundstücken und deren Überführung in das Eigentum der Siedler durch folgende Maßnahmen:

a) die verstärkte Auswertung der im Siedlungsgesetz vom 11. 8. 1919 festgelegten Möglichkeiten zur Erfassung von Grundbesitz durch die Hand des Staates.

b) Die Enteignung des Landbesitzes aus dem Eigentum der ehemaligen NSDAP und ihrer Gliederungen.

c) Desgleichen aus dem Eigentum der von öffentlichen Gerichten verurteilten Kriegsverbrecher.

d) Die Inspruchnahme des militärfiskalischen Grundbesitzes.

e) Desgleichen der Domänen, Pachtgüter und allen landwirtschaftlichen oder künftig nutzbaren Grundbesitzes von Reich, Ländern, Gemeinden, Gemeindeverbänden, usw., soweit es sich nicht um Betriebe handelt, die nach der Beurteilung der zuständigen Landwirtschaftsminister und der einzurichtenden Siedlungsämter als Mustergüter oder Versuchs- und Zuchtbetriebe von allgemeiner Bedeutung anzusehen sind oder deren Land im Zuge der Erfüllung öffentlicher Aufgaben auf Grund bereits festgestellter Planungen in absehbarer Zeit benötigt wird.

f) Die Inspruchnahme von Grundbesitz der sonstigen juristischen Personen des öffentlichen und privaten Rechts, soweit er nicht die unter a) genannte Bedeutung für die Allgemeinheit hat,

oder gemeinnützigen, sozialen, caritativen oder religiösen Zwecken dienstbar ist,

oder für den Betrieb von Industrien, den Abbau von Bodenschätzen oder die Wassergewinnungs- und -bewirtschaftung oder die Erstellung von Wohnungen für die Betriebsangehörigen benötigt wird.

g) Ödland, das zur landwirtschaftlichen Nutzung geeignet ist und nicht innerhalb einer vom zuständigen Siedlungsamt festgesetzten Frist vom Eigentümer kultiviert wird.

h) Landbesitz, der trotz nachhaltiger Beratung des Eigentümers schlecht bewirtschaftet wird, ohne daß eine Besserung durch die zulässigen Zwangsmaßnahmen der landwirtschaftlichen Behörden erreicht wird und ohne daß die Gewähr einer Wendung zum Besseren durch Eigentumsübertragung an einen Abkömmling des Eigentümers besteht.

i) Kulturlandgewinnung und -vermehrung durch Anladung an den Küsten, Kultivierung von Mooren und Ödländereien, großzügige Meliorationen, Förderung der Ent- und Bewässerung, insbesondere Trockenlegung regelmäßig längere Zeit unter Wasser stehender Landflächen.

k) Neben der unter staatlicher Initiative voranzutreibenden Durchführung der Siedlungsplanung ist die private Siedlung durch weitgehende staatliche Unterstützung zu fördern.

l) Beschaffung von Baustoffen zur Errichtung der Siedlung und zu ihrer Ausstattung mit lebendem und totem Inventar, vermehrter Kunstdüngerzuteilung. Gelingt es nicht, dies den Siedlern in ausreichendem Maße zur Verfügung zu stellen, so wird alles Bemühen um Schaffung von Siedlungsland für die landwilligen deutschen Menschen unweigerlich seinen Zweck verfehlen.

44f.

7.1.1948: Protokoll über die Tagung des Zonenvorstandes (5. Tag)

NL Blücher 230. Abschrift. Protokoll: Bohne. Vorsitz: Blücher. Ort: Wangerooge.

Anwesend: *Friese-Korn, Grabau, Gramberg, Rademacher, Richter, Schäfer, Siemann, Stegner.* Außerdem: *Baxmann, Dominicus, Oellers, Onnen, Schmachtel.*

BLÜCHER: stellt die Notwendigkeit der Vereinigung der Parteien der britischen und der amerikanischen Zone fest. Hieraus leite sich zwangsläufig die Notwendigkeit der Vereinigung der beiden demokratischen Parteien ab. Er gibt davon Kenntnis, daß er Ende 46/Anfang 47 über eine Vereinigung beider Parteien verhandelt habe. Die Verhandlungen scheiterten, nachdem Bremen als Gebiet der amerikanischen Zone angegliedert wurde.[1]

---
1 Vgl. Dok. Nr. 25, Anm. 3 u. Anm. 6.

RADEMACHER: referiert über seine und *Altenhains* Bemühungen in den letzten drei Monaten des Jahres 1947.[2] Er weist auf [den] geschickt geführten Bremer Wahlkampf im November 47 hin, der jedoch überraschenderweise ohne den erwarteten Erfolg geblieben war.[3] Er gab Kenntnis von dem Schriftwechsel mit dem Vorsitzenden der Bremer BDV, *Meineke*.[4] Nach RADEMACHERS Meinung gibt es im Augenblick keine Möglichkeit, durch erneute Verhandlungen etwas zu erreichen. Die Besprechungen im Frankfurter Koordinierungsausschuß am 18./19. 1. würden die Handhabe dafür bieten, diese Verhältnisse zu klären.

Dr. OELLERS: empfiehlt Auflösung der Bremer FDP, nachdem sich das Bremer Volk für die BDV entschieden habe.[5]

GRABAU: schildert Gründung der beiden Parteien und ihre Entwicklung. Er weist darauf hin, daß er im August 46 die BDV gegründet habe und zur Zeit des ersten

---

2   Nach einem Schreiben *Blüchers* an die Mitglieder des Zonenvorstandes vom 20. 10. 1947 waren *Altenhain* und *Rademacher* von ihm beauftragt worden, zwischen der Bremer FDP und der Bremer Demokratischen Volkspartei „[...] eine Einigung herbeizuführen, die auf Grund der Vertretungsbedürfnisse der Süddeutschen zu Lasten unserer Partei gehen wird. Das Endziel soll die Zusammenführung zu einer einheitlichen Partei sein [...]". *Blücher* begründete die Entscheidung zugunsten der „Demokratischen Volkspartei" der amerikanischen Zone damit, daß er erst seit kurzem wisse, „[...] daß nämlich die parlamentarische Vertretung der Demokraten in den verfassungsrechtlichen Gesamtorganen der amerikanischen Zone der Stärke nach davon abhängig war, daß die BDV zu den süddeutschen Demokraten gerechnet wurde". StA Hamburg, FDP-Landesverband, Akte 129. Vgl. HEIN, 1985, S. 82, Anm. 48. Zur Eingliederung Bremens, Bremerhavens und des Stadtkreises Wesermünde als Staat in das amerikanische Kontrollgebiet am 21. 1. 1947 vgl. Andreas RÖPCKE, Entstehung, Status und Verwaltung der amerikanischen Enklave Bremen, in: Bremisches Jahrbuch, 66 (1988), S. 450.
3   Nach dem Ergebnis der Bürgerschaftswahl in Bremen vom 12. 10. 1947 wurden der FDP nur zwei Mandate zugeteilt. Die in der Bürgerschaft vertretenen FDP-Abgeordneten, Walter *Neumann* (Rechtsanwalt) und Hugo *Lische* (Maurermeister), waren in Bremerhaven gewählt worden. Hermann *Schäfer* wies auf das neue Wahlgesetz in Bremen hin (Verhältniswahl mit gebundenen Listen und Fünfprozentklausel): „Es verschafft eindeutig einzelnen Parteien auf Kosten anderer Parteien unverhältnismäßige Vorteile (FDP mit 12 095 Stimmen 2 Sitze, DP mit 8 441 3 Sitze, KPD mit 19 189 Stimmen fünfmal soviel Abgeordnete wie die FDP!). Nur 500 Stimmen fehlten bei dieser Wahl, um drei weitere Kandidaten für die FDP durchzubringen." Schnelldienst, 15. 10. 1947, Nr. 8. Vgl. HEIN, 1985, S. 81 f., Anm. 46; ROTH, 1979, S. 20, S. 23 u. S. 26; ADAMIETZ, 1975, S. 134–136; BÜTTNER/VOSS-LOUIS, 1992, S. 511.
4   Hans August Friedrich *Meineke* (1889–1960), Kaufmann; seit 1910 Direktionssekretär des Norddeutschen Lloyd in Bremen, 1912 für diese Firma in Singapur tätig, seit 1922 Vorstandsmitglied der Unterweser Reederei Bremen; vor 1933 DVP; Oktober 1945 Mitbegründer der BDV, 1947 und 1951 deren Vorsitzender; 1947/48 und 1951–1955 Md Bürgerschaft (BDV, seit November 1951 FDP); 12. 1. 1948–29. 11. 1951 Senator, zunächst nur für das Gesundheitswesen, ab 23. 12. 1949 auch für Wohnungswesen und Landeskultur; 11./12. 12. 1948–1951 Mitglied des FDP-Bundesvorstandes. Vgl. Wengst (Bearb.), FDP-Bundesvorstand, 1990, S. XXII.
5   Die BDV erreichte bei der Wahl am 12. 10. 1947 13,9 %, die FDP nur 5,5 % der abgegebenen gültigen Stimmen. Vgl. ROTH, 1979, S. 26.

Wahlkampfes in Bremen⁶, der von BDV und FDP gemeinsam geführt wurde, Mitglied der BDV gewesen sei. Er schildert weiter den Verlauf des letzten Wahlkampfes und stellt die Gründe für die Wahlniederlage der FDP dar (*Hollmann*).⁷ Der Landesverband Bremen habe übrigens ebenso viele Mitglieder wie die BDV, rund 650.

Nach einer weiteren Aussprache macht BLÜCHER folgenden Vorschlag: Die Verhältnisse in Bremen werden sich erledigen lassen, wenn:

a) die gemeinsame Namensgebung der demokratischen Parteien⁸ durchgeführt sein wird,

b) ein wirklicher Koordinierungsvorstand vorhanden ist, der die politischen Dinge verbindlich beschließt.

In diesem Augenblick solle der Vorstand des Landesverbandes Bremen seinen Mitgliedern empfehlen, sich der Namensnachfolgerin der BDV anzuschließen und im Anschluß daran den Landesverband Bremen der FDP aufzulösen. Es werde dann Aufgabe der früheren FDP-Mitglieder in der Zukunft sein, ihr Gedankengut im Rahmen der neuen Partei durchzusetzen. Die Parteifreunde in Süddeutschland werde man bitten müssen, die Verbindung der Parteiführer (*Blücher, Schäfer, Rademacher*) mit der unter dem neuen Namen auftretenden, vereinheitlichten Partei in Bremen herzustellen.

Ein solcher Beschluß der Bremer FDP müsse baldigst gefaßt werden und möglichst der Parteileitung noch *vor* den Verhandlungen in Frankfurt am 18. 1. zugestellt werden. Wenn die Bremer FDP einen solchen Beschluß ablehne⁹, müsse sich die Zonenleitung allerdings entschließen, von sich aus von dem Landesverband Bremen abzurücken, der damit zur Bedeutungslosigkeit verurteilt werde.

GRABAU: erklärt, daß er für sich diesen Vorschlag *Blüchers* annehme und glaube, daß der Bremer Parteivorstand dementsprechend beschließen werde. Er werde sofort nach seiner Rückkehr dieserhalb eine Vorstandssitzung einberufen.

RADEMACHER: macht folgenden endgültigen Vorschlag: Sobald in Frankfurt der Zusammenschluß der demokratischen Parteien unter neuem Namen erfolgt sei

---

6 Die erste Bürgerschaftswahl fand am 13. 10. 1946 statt. Vgl. ROTH, 1979, S. 20 u. S. 22.
7 *Hollmann* trat nach der Wahl von seinem Amt als Parteivorsitzender ohne Angabe von Gründen zurück. Vorsitzender der Bremer FDP wurde Gustav *Grabau*, 2. Vorsitzender Dr. Dr. Walter *Neumann* (1891–1968; Syndikus des Arbeitgeberverbandes Bremerhaven; vor 1933 DDP; in der NS-Zeit Berufsverbot wegen seiner Ehe mit einer jüdischen Frau; 1946–1947 Bürgermeister in Bremerhaven; 1947–1955 Md Bürgerschaft (FDP); 1955 Austritt aus der FDP). Vgl. „13 Regional Intelligence Staff, Monthly Intelligence Summary For October/November, 1947", Punkt 21, 4. 12. 1947, Public Record Office, FO 371/64647.
8 Vgl. Dok. Nr. 44 a, 1. Punkt.
9 Die Bremer FDP lehnte eine Vereinigung mit der BDV am 20. 7. 1948 ab, nachdem sie zuvor am 24. 5. 1948 aus dem FDP-Zonenverband in der britischen Zone ausgetreten war. Vgl. HEIN, 1985, S. 82, Anm. 48; PETERS, 1976, S. 120.

oder eine entsprechende Arbeitsgemeinschaft gegründet wurde[10], wird die BDV Bremen[11] diesen neuen Namen annehmen, und die FDP wird ihre Mitglieder auffordern, in diese Körperschaft einzutreten. Es wird lediglich die Bedingung gestellt, daß spätestens drei Monate *nach* dem Zusammenschluß[12] in einer ordnungsgemäß einberufenen Mitgliederversammlung ein *neuer Vorstand* gewählt wird. *Grabau* verpflichtet sich, wegen der umlaufenden Gerüchte[13] sofort gegen sich beim Ehrenrat der Zonen-FDP ein Verfahren zu beantragen.[14]

Die Anwesenden billigen diesen Vorschlag, wobei es bei der Verpflichtung Herrn *Grabaus,* unmittelbar nach seiner Rückkehr nach Bremen die Zustimmung des dortigen FDP-Vorstandes herbeizuführen, verbleibt.

---

10 Vgl. Dok. Nr. 44 g, Anlage zu 1: „Zusammenschluß der befreundeten politischen Parteien."
11 Während der Gründungsversammlung der FDP als Bundespartei in Heppenheim am 11./12.12.1948 wurde beschlossen, nur die BDV als Landesverband der FDP im Lande Bremen anzuerkennen und ihr das alleinige Recht, den Namen „FDP" zu führen, zuzubilligen. Die Fraktion in der Bürgerschaft behielt die Bezeichnung BDV noch bis Ende 1950 bei; der Landesverband führte den Namen BDV (FDP). Vgl. die Briefe des BDV-Vorsitzenden *Meineke* und seines Hauptgeschäftsführers *Reese* an den FDP-Vorsitzenden Theodor *Heuss* vom 5.1.1949 und 21.2.1949, NL Heuss 405. Vgl. ADAMIETZ, 1975, S. 116; MOHRMANN, 1991, S. 34f.
12 Am 11.1.1951 teilte der Fraktionsvorsitzende der BDV, Albert *Bote,* der Bürgerschaft mit, daß die Bremerhavener FDP-Abgeordneten Hugo *Lische* und Walter *Neumann* der BDV-Fraktion beigetreten seien; seine Fraktion werde sich in Zukunft BDV/FDP in der Bremischen Bürgerschaft nennen. – Am 23./26.7.1951 wurde die Fusion zwischen der BDV (FDP) und FDP im Lande Bremen beschlossen. Vgl. ADAMIETZ, 1975, S. 115; PETERS, 1976, S. 234; MOHRMANN, 1991, S. 42 u. S. 44.
13 Die „Ostfriesische Tageszeitung" berichtete in ihrer Ausgabe vom 24.1.1933 von einem an die Mitglieder gerichteten Rundschreiben des Reichsverbandes der Kriegsbeschädigten, aus dem hervorging, daß Gustav *Grabau* als Bezirksgeschäftsführer in Aurich am 24.1.1933 von der „Gauleitung" mit Zustimmung des „engeren Bezirksvorstandes" seines Amtes enthoben wurde. *Grabau* wurde vorgeworfen, in verschiedenen Fällen von Mitgliedern für sich Gelder beansprucht und auch erhalten zu haben, die ihm als besoldeten Angestellten nicht zustanden. Über den Artikel in der „Ostfriesischen Tageszeitung" wird berichtet in: „Das Kapitel Grabau und die FDP", Bremer Volksstimme, 30.7.1948.
14 *Grabau* unterwarf sich keinem Ehrengerichtsverfahren. Vgl. „Das Kapitel Grabau und die FDP", a.a.O.

44g.

4.–9. 1. 1948: Memorandum über die wichtigsten Ergebnisse der Tagung des Zonenvorstandes

NL Blücher 230. Ort: Wangerooge.

1. Über den Zusammenschluß der befreundeten politischen Parteien wurde ein Beschluß lt. Anlage[1] gefaßt, der als Grundlage für die am 18. Januar in Frankfurt a. Main beginnenden Verhandlungen zu gelten hat.

2. FDP fordert „politische Notgemeinschaft"

[Es folgt die Entschließung[2] des FDP-Zonenvorstandes.] Hierzu wendet sich der Vorsitzende in direkten, persönlichen Zuschriften an die Führer der Parteien.

3. FDP mißbilligt Ostzonenpolitik

Hierzu folgt die bekannte, der Öffentlichkeit inzwischen übergebene Stellungnahme.[3]

4. FDP und Wahlbündnisse

Entsprechend den Ausführungen im Protokoll wurde folgender Beschluß[4] gefaßt:

„Sobald für ein Land Wahlen auf irgendeiner Ebene angesetzt und etwaige Wahlbündnisse erörtert werden, tritt am Sitz des Landesverbands-Vorstandes dieser mit dem Parteivorstand der Zone zusammen, um Einzelbeschlüsse zu fassen. Vorherige Abmachungen sind auf keinen Fall zulässig, da sonst die einheitliche Politik der Gesamtpartei nicht geführt werden kann."

5. Stellungnahme zur Bodenreform und Siedlungspolitik[5]

Es wird auf die Anlage verwiesen.

a) Organisation der Landwirtschaft (wird nachgereicht),

b) Maßnahmen zur Erzeugungssteigerung (wird nachgereicht),

c) Bodenreform und Siedlungsgesetz (wird nachgereicht).

6. Beschluß über Zentralausschuß-Sitzung

---

1 Vgl. Anlage zu 1.: „Zusammenschluß der befreundeten politischen Parteien".
2 Vgl. Dok. Nr. 44 b.
3 Vgl. a. a. O.
4 Vgl. Anlage zu 4.: „FDP und andere Parteien bei den nächsten Wahlen." Vgl. Dok. Nr. 21 b, Beschluß des Parteivorstandes, Punkt 3; Dok. Nr. 23, *Middelhauve* zur „Frage der Wahlkartelle"; Dok. Nr. 46 b, Tagesordnungspunkt: „Verhalten der FDP bei den kommenden Kommunalwahlen."
5 Vgl. Dok. Nr. 44 e.

44 g. 4.–9. 1. 1948   Memorandum über die Tagung des Zonenvorstandes

Die nächste Zentralausschuß-Sitzung soll sich vornehmlich mit der Verabschiedung der *Satzungen* und dem *Agrarpolitischen Programm*[6] befassen. Als äußerster Termin wurde der 15. Februar festgesetzt, der aber wegen der neuesten politischen Ereignisse und der damit verbundenen Verpflichtungen *Blüchers* sich um einige Tage verschieben kann. *Biegel* (Bielefeld) wird mit der Vorbereitung dieser Tagung in Bielefeld beauftragt.

7. Beschluß:

Zonenvorstandssitzung alle vier Wochen in *Hamburg* anläßlich der Zonenbeiratssitzungen.

8. Bericht des Schatzmeisters über die Kassenlage[7]

9. Pressestelle Hamburg[8]

Ausgehend vom Beschluß des Presseausschusses wird mit Unterstützung der 4 FDP-Zeitungen in *Hamburg* ein Pressebüro eingerichtet. Innere Redaktion Frau Regina *Bohne*. Es wird ein weiterer Journalist eingestellt, der zu den wichtigsten Tagungen entsandt wird (*Blücher* – Wirtschaftsrat etc.).[9]

„Abendpost", „Westdeutsches Tageblatt" und „Westdeutsche Rundschau" haben ihren Anteil zu dem vorläufigen Gesamtetat in Höhe von RM 5000,– monatlich zugesagt. „Schnelldienst" und Publizität der interfraktionellen Arbeit werden vom Pressebüro übernommen.

10. Wirtschaftspolitisches Programm (s. Anlage)[10]

11. Dr. *Greve* – Beschluß:

a) *Richter* und Dr. *Oellers* sollen mit Dr. *Greve* wegen des aus der Drucklegung der Broschüre „Unsere Aufgabe" [sich] ergebenden Überschusses in Höhe von RM 38000,– (mindestens RM 20000,–) zugunsten der FDP verhandeln.[11]

b) Gegen Dr. *Greve* soll klagbar vorgegangen werden, wenn er auf den Vorschlag nicht eingeht.

12. Bremen

[Es folgt der endgültige Vorschlag *Rademachers*[12], der angenommen wird.] *Grabau* hat kurzfristig in Bremen und Bremerhaven eine Vorstandssitzung einberufen, um sich die von ihm übernommene Verpflichtung vom Vorstand, Landesverband Bremen, bestätigen zu lassen und *Rademacher* bis zur Frankfurter Tagung am 18. 1. 1948 zuzustellen.

---

6 Das „Agrarpolitische Programm" wurde in der Sitzung des Zentralausschusses am 27./28. 2. 1948 nicht besprochen.
7 Vgl. Dok. Nr. 44 d.
8 Vgl. a. a. O.
9 Vgl. Dok. Nr. 40, Punkt 5.
10 Vgl. Dok. Nr. 44 h.
11 Vgl. Dok. Nr. 44 d; Dok. Nr. 40, Punkt 8; Dok. Nr. 34 b.
12 Vgl. Dok. Nr. 44 f.

13. *Nannen, Abendpost"* – Landesverband Niedersachsen

Es wird auf die Anlage[13] verwiesen.

14. Deutscher Währungsausschuß

Blücher läßt sich vom Vorstand seine Auffassung bestätigen, daß die im Ausschuß übernommene Verpflichtung der Geheimhaltung[14] und Diskretion kompromißlos, insbesondere auch gegenüber allen eigenen Organen unserer und der befreundeten demokratischen Parteien, in allen Zonen gilt.

15. Verhältnis zur Jugend

Hierüber wird ausgiebig diskutiert und ein Aufruf[15] beschlossen, der im „*Kleistertopf*", „*Schnelldienst*" und in den internen Parteiblättern (*„Freie Stadt"*[16], *„Freier Demokrat"*[17] usw.) veröffentlicht werden soll.

16. Auf Antrag *Schmachtel* wird ein *allgemeiner Aufruf*[18] zur politischen Mitarbeit der Öffentlichkeit übergeben.[19]

17. Arbeiterreferat

Da sich die zonale Bearbeitung als unpraktisch erwiesen hat, wird das Schwergewicht in die Landesverbände zurückverlegt. Der Vorstand, der die Politiker aller Schichten der Bevölkerung zu vertreten hat, wird Arbeitnehmerfragen, wie es auch diese Tagung wieder gezeigt hat, durch ständige Hinzuziehung von Arbeitnehmern nach wie vor seine besondere Aufmerksamkeit schenken.

Dr. *Schäfer*[20] wird die Landesverbände durch besondere Zuschriften aufklären und verständigen.

18. Schriftwechsel *v. Rechenberg* – *Blücher*

Ausgehend von den Zuschriften des Herrn *v. Rechenberg* vom 10. und 17.11. 47[21] als nochmalige freiwillige Stellungnahme zu den Auslassungen *v. Rechenbergs*[22]

---

13 Vgl. Anlage zu 13.: *Nannen*, „Abendpost".
14 Die Ausschußmitglieder der Sonderstelle für Geld- und Kreditwesen des Wirtschaftsrates hatten Vertraulichkeit vereinbart. *Blücher* wurde aber als Mitglied des Wirtschaftsrates „[...] in den Grundzügen fortlaufend unterrichtet [...]". AKTEN ZUR VORGESCHICHTE 3, 1982, S. 536, Anm. 12. Vgl. auch Dok. Nr. 27, Anm. 28.
15 Ein solcher Aufruf war nicht zu finden.
16 „Die Freie Stadt. Hamburger Monatsschrift der Freien Demokratischen Partei" erschien seit dem 20.1. 1947. AdL-30. Vgl. FISCHER, 1971, S. 358.
17 „Der Freie Demokrat", eine Wochenschrift aus Hannover, erschien vom 16.5. 1946 bis zum 6.8. 1948. AdL-Mikrofilm.
18 Vgl. Dok. Nr. 44i.
19 Ein ebenfalls während der Wangerooger Tagung beschlossener „Aufruf" an die „Aktiven" in der FDP wird in diesem „Memorandum" nicht erwähnt. Vgl. Dok. Nr. 44j.
20 Hermann *Schäfer* war als Zonenvorstandsmitglied für das Gebiet „Sozialpolitik und Gewerkschaften" zuständig.
21 Die Briefe befinden sich im NL Dr. Erika Fischer, AdL-N 14–40.
22 Die Darlegungen des stellvertretenden Vorsitzenden des FDP-Landesverbandes von Nordrhein-Westfalen, *v. Rechenberg*, zur „Demontage" und über die „Situation der

44 g. 4.–9. 1. 1948   Memorandum über die Tagung des Zonenvorstandes

über die Situation der FDP und zur Demontage beschließt der Vorstand, Herrn *Dominicus* zu beauftragen, Besprechungen zur vollkommenen Klärung mit Herrn *v. Rechenberg* aufzunehmen. Er soll hierbei auf die unter Umständen schädigenden Folgen der von Herrn *v. Rechenberg* gezogenen Schlußfolgerungen für die FDP hinweisen. Hingewiesen werden soll ebenfalls auf den nachstehenden Juli-Beschluß des Zentral-Ausschusses. (19)

19. Zentralausschuß-Beschluß vom Juli 47

„Durch eine neue Veröffentlichung im „Kleistertopf" und über die Landesverbände wird durch den Zonenvorstand der Beschluß mit allem Nachdruck bestätigt, daß die Übernahme von Ämtern und Mandaten für die Partei und innerhalb der Partei die Verpflichtung auferlegt, diese Ämter und Mandate niederzulegen, wenn ihre Träger die Richtlinien und Beschlüsse der Partei nicht einhalten oder nicht einhalten wollen."

Der Vorsitzende schließt die achttägige Sitzung mit Dankesworten an alle Teilnehmer. Dr. *Schäfer* spricht umgekehrt dem Vorsitzenden seinen und aller Teilnehmer Dank aus.

Der Zonenvorstand beschließt, nachstehende Vertrauenskundgebung der Öffentlichkeit zu übergeben:

„Die Tagung schloß mit einer Vertrauenskundgebung für den Parteivorsitzenden Franz *Blücher* und die von ihm geleitete Politik in allen Angelegenheiten der staatlichen, sozialen und wirtschaftlichen Neuordnung."

Anlage zu 1.

„Zusammenschluß der befreundeten politischen Parteien"

BLÜCHER macht nach grundsätzlichen Ausführungen und mit Hinweis auf die außenpolitischen Erfordernisse den folgenden Vorschlag:

Die FDP solle bei der Koordinierungs-Sitzung am 18. 1. 1948[23] in Frankfurt a. Main beantragen:

a) Alle Parteien nehmen, um die Gemeinsamkeit zu dokumentieren, den gleichen Namen an.

b) Es wird für die Übergangszeit bis zur Fusion aller Parteien eine *Arbeitsgemeinschaft* beschlossen.

c) Diese wählt sich einen ganz kleinen Vorstand, der regelmäßig in Frankfurt zusammentritt und die Aufgabe hat, zu allen wichtigen politischen Fragen die einheit-

---

FDP" waren „Anlagen" eines Schreibens an *Blücher* vom 23. 10. 1947 mit folgendem Wortlaut: „Anliegend übersende ich Ihnen 2 Niederschriften über Gedanken, die ich mir gemacht habe, mit der Bitte um freundliche Kenntnisnahme". AdL-NL Dr. Erika Fischer. Vgl. Dok. Nr. 41; HEIN, 1985, S. 153, Anm. 91.

23 Vgl. Dok. Nr. 46 a, Anm. 9.

liche Stellung der in der Arbeitsgemeinschaft zusammengeschlossenen Parteien zu verkünden.

d) Zwischenzeitlich geschieht alles, um die rechtlichen Voraussetzungen für einen *echten* Zusammenschluß zu schaffen und dann zu handeln.

BLÜCHER betont mit Nachdruck, daß die FDP zum Opfer für das Ganze bereit sein müsse; wir müßten aber großzügig sein; Dr. *Heuss* müsse nach Lage der Dinge Vorsitzender werden, E. *Mayer* entsprechend zur Geltung kommen[24], sonst ginge es nicht darum, daß wir oder jedes Land vertreten seien; die besten Männer müßten heran.

Die Beratung ergibt das Folgende:

Grundsätzliche Zustimmung zu den vorstehenden Vorschlägen.

Anlage zu 4.

Betr.: „FDP und andere Parteien bei den nächsten Wahlen"

BLÜCHER macht im Anschluß an den Schriftwechsel[25] zwischen ihm und *Köring*[26] (Itzehoe), den er vor einigen Wochen allen Vorstandsmitgliedern übersandte, Ausführungen über das Verhalten der FDP gegenüber den anderen Parteien. Deutliche Herausarbeitung des Unterschiedes zwischen [der] Wahl zum neuen Reichsparlament, zu den Länderparlamenten, zu den Gemeindevertretungen.[27]

Eine eingehende Aussprache ergibt nicht nur die Sonderstellung Hamburgs (Gemeinde und Land), sondern überhaupt die Unmöglichkeit einer generellen Beschlußfassung über diese Frage.

Anlage zu 13.

Nannen, „Abendpost"

Nach mehrstündiger Besprechung nahm der Vorstand folgende Entschließung an:

„Der Vorstand der FDP bedauert die Behandlung innerparteilicher Angelegenheiten von vertraulichem Charakter in Veröffentlichungen der der Partei nahestehenden Zeitungen, insbesondere in dem Aufsatz „Liberalismus rechts verstanden" in der *„Abendpost"*.[28]

---

24 Auch nach dem Austritt der LDP aus der DPD blieb Theodor *Heuss* Vorsitzender und Ernst *Mayer* Geschäftsführer der „Demokratischen Partei Deutschlands". Vgl. SCHRÖDER, 1985, S. 296f.
25 Dieser Schriftwechsel war nicht aufzufinden.
26 Vermutlich: Heinz *Köring*, Vorstandsmitglied des CDU-Landesverbandes Schleswig-Holstein.
27 Vgl. Dok. Nr. 46 b.
28 Der Artikel: „Liberalismus ‚rechts' verstanden" von Henri *Nannen* erschien in der Abendpost am 17.11.1947. *Nannen* bezog sich dabei auf den Brief Albrecht *v. Rechenbergs* an *Blücher* vom 23.10.1947 mit der Überschrift: „Die Situation der FDP." Vgl. Dok. Nr. 41. Vgl. HEIN, 1985, S. 132, Anm. 123.

Er hält sich zu der Forderung verpflichtet, daß Presseerörterungen über private Äußerungen einzelner Mitglieder der Entscheidung durch die zuständigen und verantwortlichen Parteiorgane nicht vorgreifen. Für die Stoßkraft einer Gesinnungsgemeinschaft sind Anstrengungen um die Einheitlichkeit des Willensausdrucks wichtiger als die rechthaberische Zuspitzung von Gegensätzen oder die Anprangerung von gelegentlichen Irrtümern Einzelner. Der Vorstand beauftragt daher die Herren *Blücher, Rademacher, Krekeler* und *Schäfer* unter Zuziehung von zwei Vorstandsmitgliedern des Landesverbandes Niedersachsen, in einer Aussprache mit Lizenzträgern und Redaktionsmitgliedern der „Abendpost" den beanstandeten Vorgang zu klären."

Abstimmung: 9 stimmberechtigte Vorstandsmitglieder, nämlich: *Blücher, Schäfer, Rademacher, Siemann, Stegner, Grabau, Friese-Korn, Gramberg, Richter* – mit 7 Stimmen angenommen, 2 Stimmenthaltungen (*Siemann, Stegner*)

Wangerooge, 8. 1. 1948

44 h.

4.–9. 1. 1948: Wirtschaftsprogramm der Freien Demokratischen Partei[1]

NL Blücher 230. Ort: Wangerooge.

Die Freiheit ist unteilbar!

Aufgabe der Wirtschaft ist es, den Menschen mit Gütern aller Art zu versorgen und seine Lebensverhältnisse ständig zu verbessern. Es ist das Recht eines jeden, im Rahmen seines Einkommens über seinen Verbrauch selbst zu entscheiden. Die Planwirtschaft ist mit diesem demokratischen Grundrecht des Staatsbürgers unvereinbar. Der Forderung auf freie Entscheidung des Verbrauchers kann die Wirtschaft vielmehr nur dann entsprechen, wenn sie sich den Gesetzen des Marktes und des Wettbewerbs unterwirft.

---

1 Dieses Programm ist als „Anlage" dem „Memorandum" der Wangerooger Zonenvorstandstagung beigefügt. Vgl. Dok. Nr. 44 g, Punkt 10. Vorlage des abgedruckten Textes ist die ursprüngliche Fassung. Sprachlich notwendige Verbesserungsvorschläge – beispielsweise bei unvollständigen Sätzen – folgen der Zweitfassung, die oben links gekennzeichnet ist mit: „Freie Demokratische Partei – Archiv –." Abweichungen von der Erstfassung sind formaler, aber nicht inhaltlicher Art. Das von *Juling* abgedruckte Dokument (*Juling*, 1977, S. 81–86) beruht auf der Zweitfassung, ohne allerdings das vorangestellte Motto „Die Freiheit ist unteilbar!" zu enthalten.
Die Bedeutung des Wirtschaftsprogramms wurde von Heinz *Krekeler*, der an der Entstehung und Ausformulierung des Programms wesentlich beteiligt war, in einem Brief an einen nicht erkennbaren Adressaten so beurteilt: „Die Frankfurter Wirtschaftsführung hat es für richtig gehalten, diese Gelegenheit [d. h. die Währungsreform im Juni 1948] zu benutzen, um das Steuer unserer Wirtschaftspolitik radikal herumzuwerfen. Man ist, soweit dies irgend möglich war, von der totalen Bewirtschaftung zur Marktwirtschaft zurückgekehrt. Bei den gegenwärtigen Mehrheitsverhältnissen im Wirtschaftsrat hat die Fraktion der F.D.P. unter Führung des 1. Vorsitzenden unserer Zone, Minister a. D. *Blü*-

Wirtschaftsprogramm der Freien Demokratischen Partei 4.–9. 1. 1948 **44 h.**

Nur eine Wirtschaft hoher Leistung bei sparsamer Aufwendung kann unserem verarmten Volke wieder zum Aufstieg verhelfen. Dies wird allein durch die Selbstverantwortlichkeit aller in der Wirtschaft Tätigen erreicht. Die wirtschaftliche Freiheit des Einzelnen findet ihre Grenzen in der zur Verwirklichung dieser Forderungen notwendigen Ordnung.

Dazu gehören, für den Arbeitnehmer: Freiheit des Schaffens in gesicherter Existenz, Einsicht in den Sinn seiner Arbeit und Aufstiegsmöglichkeiten für alle Tüchtigen; für den Unternehmer: Eigentums- und Verfügungsrecht über die risikobestimmenden Faktoren bei Ablehnung des Machtgedankens.

Grundlage allen Wirtschaftens sind gesicherte Rechtsverhältnisse.

Nur diese liberale Wirtschaft wird dem deutschen Volke den angemessenen Lebensstandard wiedergeben.

1. *Besatzungsmacht*

Die Beziehungen zu der Besatzungsmacht müssen auch auf wirtschaftlichem Gebiet so bald wie möglich auf eine sichere Rechtsgrundlage gestellt werden. Als Vorgänger einer endgültigen Friedensregelung ist deshalb sofort ein Besatzungsstatut mit klarer Festlegung der beiderseitigen Rechte und Pflichten zu schaffen. Dieses ist eine der wichtigsten Voraussetzungen dafür, daß die deutsche Wirtschaft sich selbst trägt. Damit erspart sie dem deutschen Volke, Almosen zu empfangen, und den Besatzungsmächten, sie zu geben.

2. *Deutsche Regierung*

Von der deutschen Regierung fordern wir, daß sie sich in ihrer Einwirkung auf den Wirtschaftsablauf auf das Notwendige beschränkt.

Dieses ist: die Durchführung des von der Volksvertretung gegebenen Wirtschaftsrechtes zu sichern, insbesondere Mißbräuche abzustellen und egoistische Machtbestrebungen zu verhindern und Richtlinien für die deutsche Wirtschaftspolitik im Einvernehmen mit den Selbstverwaltungsorganen der Wirtschaft aufzustellen.

Die Länderparlamente und Länderregierungen sollen bei diesen Aufgaben nur so weit mitwirken, als dadurch nicht die Rechts- und Wirtschaftseinheit Deutschlands beeinträchtigt wird.

---

cher, hieran entscheidenden Anteil und eine ebensolche Verantwortung. Ein Blick in das vor Ihnen liegende Programm beweist, daß mit der Rückkehr zur Marktwirtschaft eine Forderung erfüllt wurde, die bereits zu Anfang dieses Jahres von der F.D.P. mit aller Deutlichkeit erhoben wurde." „Das Wirtschaftsprogramm der Freien Demokratischen Partei im Lichte der neuesten Entwicklung", StA Detmold, D 72 NL *Krekeler* Nr. 18. Zum Begriff der „sozialen Marktwirtschaft" vgl. Dok. Nr. 37, Abschnitt „Tagung des Zentralausschusses der F.D.P. in der britischen Zone"; zur „freien Marktwirtschaft" vgl. Dok. Nr. 51, Anm. 15. Vgl. UNGEHEUER, 1982, S. 183–186; SCHRÖDER, 1985, S. 182–185.

3. Selbstverwaltung der Wirtschaft

Die Befreiung der Wirtschaft vom staatlichen Zwange und die Wiederherstellung ihrer Selbstverwaltung werden wesentliche Hemmungen bei der Erneuerung der Wirtschaft beseitigen und entscheidend zu ihrem Wiederaufstieg beitragen. Die Selbstverwaltung der Wirtschaft beruht auf der Koalitionsfreiheit aller in der Wirtschaft Tätigen. Sie muß durch die Verfassung garantiert sein.

Wir bejahen deswegen die Vertretung der Arbeitnehmer in den Betrieben durch die Betriebsräte und, überbetrieblich, ihre Vereinigung zu Arbeitnehmerorganisationen (Gewerkschaften). Die Arbeitgeber organisieren sich in Arbeitgeberverbänden.

Die Organisationen der Arbeitgeber und Arbeitnehmer wirken gleichberechtigt zusammen bei der Festlegung der allgemeinen Arbeitsbedingungen und Löhne.

Die fachlichen und wirtschaftlichen Belange der Unternehmungen und freien Berufe werden durch die Industrie- und Handelskammern, Handwerkskammern, Landwirtschaftskammern und die Kammern der freien Berufe vertreten. Als öffentlich-rechtliche Vertretung der Arbeitnehmer sind Arbeitnehmerkammern einzurichten.

Als oberste Organe der wirtschaftlichen Selbstverwaltung zur Vorbereitung gesetzgeberischer Maßnahmen auf dem Gebiete der Wirtschaftspolitik und zur Durchführung wirtschaftspolitischer Ordnungsmaßnahmen werden Wirtschaftskammern gebildet, und zwar für das deutsche Staatsgebiet eine Reichswirtschaftskammer, am Sitze jeder Landesregierung eine Landeswirtschaftskammer.

Die Wirtschaftskammern setzen sich zusammen aus gewählten Vertretern der Arbeitnehmer, der Unternehmer und der freien Berufe, Wahlkörperschaften sind die obengenannten Kammern.

Die Wirtschaftskammern sind Anstalten des öffentlichen Rechts. Ihre vornehmste Aufgabe ist der Ausgleich wirtschaftlicher und sozialer Gegensätze. Sie müssen bei der Behandlung wirtschaftlicher Gesetzesvorlagen und Verordnungen vor ihrer Verabschiedung, bei Gesetzen spätestens vor der zweiten Lesung, gehört werden.

Sie haben das Recht der Gesetzesinitiative.

Die Wirtschaftskammern übernehmen alle Aufgaben der Bewirtschaftung. Bei Arbeits- und Lohnstreitigkeiten sind sie gutachtlich zu hören. Zu ihren besonderen Aufgaben gehört es, die Lohnverhältnisse der verschiedenen Wirtschaftszweige aufeinander abzustimmen, damit inflationistische Entwicklungen verhindert werden.

4. Arbeitnehmer und Unternehmer im Betriebe

Die Arbeitnehmer sollen durch die Betriebsräte bei der Schaffung und Kontrolle der betrieblichen Arbeitsbedingungen mitwirken und über Sinn und Zweck ihrer Arbeit und die Geschäftslage unterrichtet werden.

Den Unternehmern muß das Eigentum am Betriebe und die verantwortliche Geschäftsführung unter alleiniger Verfügung über die das Risiko bestimmenden Faktoren zugebilligt werden.

Die Marktwirtschaft erzwingt eine Auslese der wirtschaftlichen Führungskräfte, die den Fähigen an die Spitze bringen. Denn in ihr gibt die erwiesene Bewährung durch Leistung und nicht der Klüngel zufälliger Beziehungen den Ausschlag. Die Marktwirtschaft bringt damit die wagnisbereiten Persönlichkeiten wieder in den Vordergrund und bewirkt damit gleichzeitig eine Reinigung der Unternehmungen von den ewig zurückhaltenden Sachwaltern, welche sich in den Zeiten der staatlichen und konzernwirtschaftlichen Lenkungszentralen ein unverdientes Übergewicht verschaffen konnten.

5. *Verhütung des Mißbrauchs wirtschaftlicher Macht*

Liberale Wirtschaftsauffassung und Zulassung übermäßiger wirtschaftlicher Machtstellungen schließen sich gegenseitig aus. Wir fordern ausreichende gesetzgeberische Maßnahmen gegen die Bildung von Monopolen privater oder öffentlicher Hand, sei es durch Eigenbesitz oder durch vertragliche Vereinbarungen. Soweit aus volkswirtschaftlich gerechtfertigten Gründen Marktregelungen notwendig sind, müssen diese der Aufsicht der Selbstverwaltung der Wirtschaft unterstellt werden. Ein generelles Verbot solcher Abreden ist volkswirtschaftlich nicht vertretbar.

Bestehende Einrichtungen, die den vorstehenden Grundsätzen widersprechen, müssen aufgelöst werden. Die Auflösung darf nur in einem gesetzlich festgelegten Verfahren unter sorgfältiger Berücksichtigung der technischen und wirtschaftlichen Zusammenhänge vorgenommen werden.

6. *Sozialisierung*

Die freie Entfaltung aller schaffenden Kräfte ist Aufgabe und Voraussetzung jeder gesunden Wirtschaft. Die Sozialisierung – gleich welcher Form – einschließlich ihres Schrittmachers – der sogenannten Gemeinwirtschaft – verhindert diese Entfaltung. Sie schließt den freien Wettbewerb aus, hebt die persönliche Initiative und jede selbständige Verantwortung auf und endet damit unverzüglich in Wirtschaftsbürokratie und Zwangsarbeit. Wir lehnen deshalb aus wirtschaftlichen und sozialen Gründen die Sozialisierung kompromißlos ab.

Der Kohlenbergbau muß wegen seines monopolartigen Charakters unter öffentlicher Aufsicht betrieben werden. Die einzelnen Zechenunternehmen dagegen können und sollen unabhängig voneinander in privatwirtschaftlicher Form bestehen bleiben. Die von den Besatzungsmächten ausgeübte Kontrolle des deutschen Bergbaues darf nicht zu Eingriffen in deutsches Eigentum führen. Die unmittelbare Überwachung der einzelnen Zechen zur Erfüllung der uns von den Besatzungsmächten auferlegten Lieferverpflichtungen ist sobald wie möglich durch Staatsverträge abzulösen. Für ihre Einhaltung ist neben der Regierung das deutsche Aufsichtsorgan verantwortlich.

7. *Gewerbefreiheit*

Wir treten für die Wiederherstellung der Gewerbefreiheit ein. Beschränkungen sind nur durch gesetzliche Regelungen zulässig. Sie müssen sich in dem durch zwingende öffentliche Interessen (z. B. Gesundheitspflege) vorgezeichneten Rahmen halten. Soweit auf fachliche Qualifikation nicht verzichtet werden kann, wie z. B.

im Handwerk, ist auf alle Fälle Niederlassungsfreiheit zu garantieren. Die Berufswahl ist grundsätzlich frei.

8. *Bewirtschaftung*

Die Erfahrung hat gezeigt, daß Korruption und Mißwirtschaft die unzertrennlichen Begleiter jeder öffentlichen Bewirtschaftung sind. Die letzten Reste der volkswirtschaftlichen Substanz und der wirtschaftlichen Moral werden dadurch auf das höchste gefährdet. Die mit der Bewirtschaftung entstandene Gesetzgebung hat dazu geführt, daß unserer Rechtsprechung heute eine innere Unwahrhaftigkeit anhaftet, die für Volk und Richter gleich unerträglich ist. Sie erschüttert die Grundlagen des Rechtsstaates, weil sie aus Not und Zwang Rechtsbrecher schafft. Wir fordern deshalb nachdrücklich sofortigen Beginn des stufenweisen Abbaus der Bewirtschaftung mit dem Ziel ihrer gänzlichen Beseitigung.

9. *Gewerblicher Mittelstand*

Die Erhaltung und Förderung eines breiten Mittelstandes ist eine Vorbedingung für eine gesunde Wirtschaft. Darum gilt unsere besondere Aufmerksamkeit der Pflege eines leistungsfähigen Handwerks und Kleingewerbes sowie eines unabhängigen Handels.

Statt Bevormundung durch Behörden fordern wir die Befreiung von allen Hemmungen, ausreichende Rohstoffe und erleichterten Personalkredit. Dem Nachwuchs sind ausreichende Ausbildungsmöglichkeiten zu sichern. Bei Vergebung öffentlicher Aufträge ist der gewerbliche Mittelstand angemessen zu berücksichtigen. Das Vergebungsverfahren muß sauber, die Bedingungen müssen tragbar sein.

Der freie Zusammenschluß mittelständischer Betriebe zu Genossenschaften ist zu fördern. Jeder Zwang, auch der indirekte, durch Gewährung steuerlicher und sonstiger fiskalischer Vorteile wird abgelehnt. Für Genossenschaften müssen dieselben Wettbewerbsbedingungen gelten wie für andere Unternehmensformen mit Ausnahme der Genossenschaften, die der Selbsthilfe gegen Notstände oder caritativen Zwecken dienen.

Die Grundsätze für die Verhütung des Mißbrauchs wirtschaftlicher Macht sind sinngemäß auch hier anzuwenden.

10. *Selbstverantwortliche Preisbildung*

Die amtliche Festlegung der Preise nimmt ihnen ihre marktregelnde Funktion und gehört mit zu den Ursachen für die Bürokratisierung der Wirtschaft. Wir fordern deshalb den stufenweisen Abbau der staatlichen Preisbehörden. Der Unternehmer soll seine Preise in eigener Verantwortung festsetzen.

Die Preise sind in Anwendung betriebswirtschaftlicher Erkenntnisse verantwortungsbewußt zu ermitteln. Der Gewinn soll bei billiger Berücksichtigung des Wagnisses volkswirtschaftlich angemessen sein.

11. *Löhne und Gehälter*

Die Marktwirtschaft steigert im freien Wettbewerb Erzeugung und Verteilung der Bedarfsgüter zu höchster Leistung. Sie schafft damit die beste Grundlage für eine stetige Hebung des Lebensstandards der Arbeiter und Angestellten. Sie bewirkt mit zunehmender Produktivität eine Senkung der Preise durch vermehrtes Warenangebot. Sie erhöht damit die Kaufkraft der Löhne und Gehälter, wenn gleichzeitig verhindert wird, daß ein Übermaß der öffentlichen Lasten den Ertrag der Wirtschaft den schaffenden Menschen wieder entzieht.

Löhne, Preise und öffentliche Lasten müssen in ein Verhältnis zueinander gelangen, das unter individueller Bewertung der persönlichen Leistungen jedem Schaffenden die Gewähr gibt, im Laufe seines Berufslebens eine Daseinsgrundlage zu erwerben, die ihn von öffentlicher Fürsorge unabhängig macht.

12. *Steuer*

Wir treten ein für eine gerechte Besteuerung aller Staatsbürger. Die ungeheure wirtschaftliche Belastung, welche die Kriegsfolgen dem deutschen Volk noch für lange Zeit auferlegen werden, zwingt dazu, die Ausgaben des Staates auf ein Mindestmaß zu beschränken. Hierzu ist ein rigoroser Abbau der staatlichen und kommunalen Aufgaben notwendig. Die Verwaltung muß so sparsam arbeiten, daß ausreichende Mittel für die Erfüllung der sozialen und kulturellen Aufgaben verfügbar sind. Nur so kann die steuerliche Belastung in tragbaren Grenzen gehalten werden.

Die Steuern müssen sozial gerecht sein und genügend Anreiz für wirtschaftliche Leistung lassen. Sie dürfen den Wiederaufbau der Wirtschaft und ihre Entwicklung nicht behindern. Jede Erhöhung der Steuern bewirkt Preissteigerungen und vermindert den Anteil der arbeitenden Menschen am Sozialprodukt.

Alle Wirtschaftsunternehmen, einschließlich der Betriebe der öffentlichen Hand, müssen nach den gleichen Grundsätzen besteuert werden.

13. *Währung*

Das Geld kann seine Funktion in der Wirtschaft nur dann erfüllen, wenn die Währung geordnet ist.

Ausreichende gesetzmäßige Garantien für die Aufrechterhaltung einer stabilen Währung sind ein dringendes Erfordernis.

Im Bankwesen muß durch eine unabhängige, nach wirtschaftlichen Gesichtspunkten geleitete Zentralnotenbank die Voraussetzung für eine zielbewußte Kreditpolitik geschaffen werden.

Durch Anschluß der deutschen Währung an die Weltbank muß dem Außenhandel die nötige Bewegungsfreiheit gegeben werden.

14. *Industrieplan*

Es gehört zu den unabdingbaren Menschenrechten, sich auf allen Gebieten der Wirtschaft frei betätigen zu können. Wir fordern, daß dieses Grundrecht auch für das deutsche Volk wiederhergestellt wird. Eine Beschränkung erkennen wir nur für solche Produktionen an, die bei dem heutigen Stand der Technik den Frieden unter den Völkern gefährden können. Deshalb ist es angesichts der neuesten technischen Entwicklung nicht mehr zu rechtfertigen, Deutschland zu verbieten, daß es Handelsschiffe baut, den Walfang betreibt, Stickstoffdüngemittel und Treibstoffe erzeugt und Leichtmetall herstellt. Mit diesen und ähnlichen Beschränkungen wird der Aufbau einer friedlichen Wirtschaft behindert.

Die deutsche Wirtschaft muß sich in dem durch die Arbeitskraft unseres Volkes gezogenen Rahmen zur Befriedigung seiner Lebensbedürfnisse harmonisch und frei entwickeln können. Künstliche Beschränkungen der gesamten Wirtschaft oder einzelner Zweige, wie sie im Industrieplan festgelegt sind, lehnen wir ab. Sie widersprechen der wirtschaftlichen Vernunft und sind mit den Grundrechten des Menschen nicht vereinbar.

15. *Außenhandel*

Eine Gesundung der deutschen Wirtschaft und damit der europäischen Verhältnisse ist nur möglich, wenn Deutschland eine wirtschaftliche Einheit ist und als gleichberechtigter Partner an dem Güteraustausch der Welt teilnehmen kann.

Wir fordern insbesondere: Fortfall der einseitigen Beschränkungen Deutschlands in bezug auf internationale Abmachung, Wiederzulassung eigener Hochseeschifffahrt, Wiederzulassung Deutschlands im internationalen Versicherungsverkehr, freien Güteraustausch und meistbegünstigte Annahme deutscher Waren im Ausland, stufenweisen Abbau der Zollschranken und anderer Handelshemmnisse.

Der notwendige Ausgleich zwischen Ein- und Ausfuhr wird nur durch unbürokratische freie Verbindungen und Abmachungen mit dem Auslande erreicht.

Übervölkerte, auf sich beschränkte Nationalwirtschaften bilden leicht Unruheherde und gefährden den Frieden.

16. *Gewerblicher Rechtsschutz*

Die lange Unterbrechung des gewerblichen Rechtsschutzes in Deutschland hat bereits zu schweren Schäden geführt. Wir fordern deshalb unverzügliche Wiedereinrichtung des Reichspatentamtes und Wiederaufnahme Deutschlands in die internationale Patentkonvention als gleichberechtigtes Mitglied.

Den Erfindern als Wegbereitern des technischen Fortschritts ist ein angemessener gesetzlicher Schutz gegen den wirtschaftlich Stärkeren zu geben.

17. *Verkehr*

Die überragende Bedeutung des Verkehrswesens für eine moderne Wirtschaft bedingt die Wiederherstellung der deutschen Hoheit in Verwaltung und Tarifgestaltung. Sie kann äußeren Bindungen nur durch internationale Verträge unterworfen werden.

Die Reichsbahn ist unter Berücksichtigung ihrer öffentlichen Aufgaben und der Bedürfnisse der Wirtschaft als ein selbständiges wirtschaftliches Unternehmen (Sondervermögen des Staates) zu betreiben. Das gleiche gilt für das Post- und Nachrichtenwesen.

In Kraftverkehr und Binnenschiffahrt ist die Unternehmerinitiative von den bestehenden Beschränkungen zu befreien.

18. *Nachwuchs*

Die Ausbildung und Förderung des Nachwuchses sind dringliche Gebote, denen auch unsere Armut nicht entgegenstehen darf. Dem kaufmännischen und technischen Nachwuchs ist Gelegenheit zur Sammlung von Auslandserfahrungen zu geben. In Wechselwirkung mit der Praxis müssen Forschung und Lehre lebensnah bleiben.

Eine Wirtschaft, die nur der Gegenwart dient, hat ihren Sinn verfehlt. Das Wirtschaften von heute ist auch Vorbereitung für den Erfolg von morgen. So befindet sich alles wirtschaftliche Geschehen in beständiger Wandlung und Entwicklung. Die Wirtschaft eines Volkes hält mit der Welt nur Schritt, wenn sie jung bleibt. Sie bedarf deshalb der tätigen Mitarbeit der Jugend. Sie muß auch ihren Besten Anreiz zum Schaffen geben. Die Jugend baut in ihr an der eigenen Zukunft.

44i.

9. 1. 1948: Aufruf des Zonenvorstandes[1]

NL Blücher 230. Abschrift. Ort: Wangerooge.

Ein Jahrhundert ist vergangen seit dem Jahre 1848. Vergeblich rangen damals die fortschrittlichen Kräfte unseres Volkes um Einheit und Freiheit des staatlichen Lebens.

Alles in allem sehen wir jetzt zurück auf ein Jahrhundert mißlungener Demokratie. In immer neuen wirtschaftlichen Erschütterungen und sozialen Spannungen und schließlich in zwei vernichtenden Weltkriegen wurde der Fleiß der schaffenden Stände in Stadt und Land nutzlos vertan. Das ist das fluchwürdige Ergebnis einer politischen Haltung, die den Deutschen hinderte, vom willfährigen Untertanen zum verantwortungsbewußten Staatsbürger heranzureifen.

Die gleiche eigensüchtige Torheit gefährdet heute wieder alle Bemühungen, eine deutsche Eigenstaatlichkeit zu verwirklichen. Allzu viele entziehen sich immer noch der Verpflichtung, in demokratischer Verantwortung am Aufbau einer neuen Volksordnung tätigen Anteil zu nehmen. Neue staatliche Form entsteht nur durch politische Formkräfte. Diese aber bilden sich nur durch die gemeinsamen Anstrengungen gleichartiger oder verwandter Willensrichtungen.

So gibt es keinen anderen Weg, neue politische Gestaltungskräfte zu beleben, als durch politische Parteien. Wer auf einen politischen Willensausdruck feige verzichtet oder gar die Parteien schmäht, entzieht sich *der* Forderung des Tages: die *tödli-*

---

[1] Dieser „Aufruf" wurde während der Wangerooger Tagung des Zonenvorstandes Anfang Januar 1948 erlassen. Er ist abgedruckt in: „FDP-Insel-Tagung des Parteivorstandes", in: Die Freie Stadt, 26. 1. 1948, Nr. 1. Vgl. Dok. Nr. 44 g, Anm. 18.

che Wirkung der politischen Richtungslosigkeit innerhalb einer Geschichtskatastrophe aufzuhalten.

Jeder muß deshalb dazu beitragen, die politischen Eigenkräfte des Volkslebens persönlich zu verstärken. Nur dadurch vermag ein neuer Staat als Lebensgrundlage alle feste Gestalt und überzeugende Achtung zu gewinnen.

Männer und Frauen! Laßt ab von der knechtischen Flucht vor der staatsbürgerlichen Verantwortung! Nehmt tätigen Anteil an den Gesinnungsgemeinschaften der politischen Meinungsbildung. *Die Politik ist das Schicksal!*

44j.

9. 1. 1948: Konzentration der Arbeit. Ein Aufruf des Zonenvorstandes[1]

Abgedruckt in: „FDP-Inseltagung des Parteivorstandes", in: Die Freie Stadt, 26. 1. 1948, Nr. 1, AdL-30. Ort: Wangerooge.

An alle aktiven Männer und Frauen der Freien Demokratischen Partei in allen Kreis-, Bezirks- und Ortsverbänden richtete der Vorstand während seiner Tagung auf Wangerooge folgenden Aufruf:

„Geltung und Führungsrechte innerhalb der Parteien beruhen nicht auf der Zugehörigkeit zu bestimmten Berufs- und Altersgruppen. Sie können erfolgreich nur erreicht werden in der Bewährung durch politische Leistungen in der Arbeit für die gemeinsamen Ziele. Der Vorstand fordert daher alle Landes- und Kreisorganisationen auf, *stetig neue und junge* Parteifreunde von *unverbrauchter Aktivität* zur Tätigkeit auch in Organisationsämtern heranzuziehen. Er wendet sich aber gegen wichtigtuerische Versuche, eine eigene Politik einzelner Gruppen ohne Rücksicht auf die Gesamtpartei, oft unter Abkehr von der positiven Parteiarbeit, zu betreiben. Der Vorstand fordert daher weiter alle Gliederungen der Partei auf zu einer *Konzentration der Kräfte* zur gemeinsamen *opferbereiten* und *beharrlichen Kleinarbeit.* Zersplitterungen in Sondertagungen der wechselseitigen Selbstbeweihräucherung oder der überheblichen Herabsetzung der Verantwortungsträger entspricht *nicht* dem *Ernst* unserer Aufgabe. Nur die Bereitschaft zur Zusammenfassung in praktischer Organisationsarbeit und in der Verantwortung der gemeinsamen Bestrebungen gegenüber gegnerischen Richtungen verspricht politischen Erfolg."

---

1 Dieser „Aufruf" wurde während der Wangerooger Tagung des Zonenvorstandes Anfang Januar 1948 erlassen. Ein Abdruck im „Schnelldienst" vom 15./16. 1. 1948, Nr. 20, weist geringfügige Abweichungen auf: In der Überschrift heißt es „Konzentration der Parteiarbeit! Aufruf an die Aktiven." Nur drei Wörter sind gesperrt gedruckt: „Konzentration", „Kräfte", „nicht". Vgl. Dok. Nr. 44 g, Anm. 19.

45.

12. 1. 1948: Unsere Sozialforderungen[1]

[FDP-Landesverband Nordrhein-Westfalen] Abgedruckt in: Mitteilungen der Freien Demokratischen Partei, 1948, Nr. 6/7. AdL-D2-894.

Nachdem die Zone eine Sozialordnung und sozialwirtschaftliche Betrachtungen herausgebracht hat, deren Verfasser der stellvertretende Zonenvorsitzende Dr. Hermann *Schäfer* (Hamburg) ist, bringt der Landesverband präzisierte, konkrete Sozialforderungen unserer Partei heraus[2], die die volle Billigung des Landesausschusses erfahren haben. Wir hoffen, daß durch die Sozialordnung und die nachstehend veröffentlichten Sozialforderungen der berechtigte Wunsch unserer Mitglieder nach einem Sozialprogramm erfüllt ist.[3] Es bleibt Aufgabe unserer Partei, ein Sozialprogramm in endgültiger Formulierung bald zu erarbeiten, damit dieses Sozialprogramm sich gleichrangig neben das in Wangerooge im Januar dieses Jahres fertiggestellte Wirtschaftsprogramm unserer Partei stellen kann.[4]

Die sittliche Freiheit der Persönlichkeit und die soziale Gerechtigkeit sind die wahren Grundlagen der gesellschaftlichen Ordnung. Aus dieser Überzeugung gewinnt die FDP die folgenden sozialpolitischen Erkenntnisse und Forderungen:

1. Voraussetzung für jeden gesellschaftlichen Fortschritt ist die Sicherung des gleichen Rechts auf geistige und fachliche Ausbildung und damit sozialer Aufstieg für Alle. Der Besuch der höheren Schulen, Fach- und Hochschulen ist jedem Befähigten durch hinreichende gesetzliche Maßnahmen zu ermöglichen. Für Erziehungsaufwendungen ist Steuerfreiheit zu gewähren. Um für jeden den Weg zur wirtschaftlichen Unabhängigkeit frei zu machen, fordern wir die grundsätzliche Wiedereinführung der Gewerbefreiheit.

2. Voraussetzung für die Freiheit der Persönlichkeit des Schaffenden ist die Sicherung der freien Berufswahl und der freien Wahl des Arbeitsplatzes. Die Bewirtschaftung der Arbeitskraft ist mit der menschlichen Würde unvereinbar und deshalb unsittlich; wir lehnen sie ab.

3. Die Arbeitskraft als das wertvollste Eigentum des Menschen muß gerecht entlohnt werden.

---

[1] Zur Entstehung dieses Sozialprogramms vgl. die detaillierte Beschreibung von SCHRÖDER, 1985, S. 200-203. Vgl. auch ALBERTIN, 1985, S. 125.
[2] Zur Kritik an dem für zu allgemein gehaltenen Sozialprogramm des FDP-Zonenverbandes vom 29. 10. 1947 (Dok. Nr. 42) vgl. SCHRÖDER, 1985, S. 201.
[3] Vgl. Dok. Nr. 29, Anm. 5.
[4] Es blieb bei zwei nebeneinander bestehenden Sozialprogrammen im FDP-Zonenverband. Hermann *Schäfer*, ließ „[...] die in Nordrhein-Westfalen geleistete Arbeit [...] gelten [...] als Erläuterung zu [...] [den] sozialpolitischen Darlegungen". Hermann *Schäfer* an Friedrich *Guntermann*, 8. 12. 1947, Archiv des FDP-Landesverbandes Nordrhein-Westfalen in Düsseldorf, Akte Arbeitnehmer-Sekretariat I a/31. Vgl. SCHRÖDER, 1985, S. 201.

45. 12. 1. 1948   Sozialforderungen

Wir fordern deshalb Tariflöhne, die jedem Erwachsenen, Arbeitnehmer wie Arbeitnehmerin, nicht nur eine ausreichende Lebensgrundlage sichern, sondern auch die Eigentumsbildung ermöglichen. Der Tariflohn ist grundsätzlich Mindestlohn.

Darüber hinaus soll der Lohn auf der tatsächlichen Leistung aufgebaut werden. Jedoch ist jeder Mißbrauch des Leistungslohnprinzips zu verhindern.

Der Kündigungsschutz muß unter Berücksichtigung der Dauer der Betriebszugehörigkeit erweitert werden.

4. Die Familie ist als Grundlage des Staates durch eine starke Staffelung der Steuerermäßigung und weitgehende Steuerbefreiung kinderreicher Familien zu schützen. Eheschließenden Frauen sind aus geleisteten Sozialversicherungsbeiträgen Rückvergütungen zum Aufbau ihres Hausstandes zu zahlen. Die Möglichkeit, Familienzulagen zu Lohn und Gehalt durch überbetriebliche Ausgleichskassen zu gewähren, ist zu prüfen und gegebenenfalls zu schaffen.

5. Jede verantwortungsbewußte Sozialpolitik hat die Aufgabe, durch *Vor-* und *Fürsorge* den Menschen vor den Folgen von Krankheit, Berufsunfähigkeit und Erwerbslosigkeit oder vor sonstiger unverschuldeter Not zu schützen und zu sichern. Wir verlangen eine ausreichende Vorsorge für jeden Schaffenden dadurch, daß ihm bei Krankheit, Invalidität und im Alter durch die Sozialversicherung ein menschenwürdiges Leben gesichert wird. Zu diesem Zweck ist die Sozialversicherung bei weitgehender Entstaatlichung in die Hände einer demokratischen Selbstverwaltung der Versicherten zu legen und dadurch bei voller Wahrung des bisherigen Umfanges der Versicherungspflicht beweglicher und leistungsfähiger zu gestalten. Eine Monopolisierung und Uniformierung der Sozialversicherung in einer Einheitsversicherung lehnen wir ab. Die Leistungen der Invalidenversicherung müssen denen der Angestelltenversicherung, die der Allgemeinen Ortskrankenkassen denen der privaten Ersatzkassen entsprechen. Jeder Versicherte hat das Recht freier Arztwahl.

Für bestimmte Berufsgruppen von Schwerstarbeitern, deren Arbeitskraft vorzeitig verbraucht wird, müssen besondere und ausreichende Vorsorgemaßnahmen zu ihrer Alterssicherung getroffen werden.

Die Privatversicherungen sind anzuerkennen und rechtlich zu sichern.

Jedem Deutschen, der in einen unverschuldeten Notstand gerät und nicht durch Versicherungseinrichtungen geschützt ist, ist ein rechtlicher Anspruch auf öffentliche *Fürsorge* in dem zur Lebenserhaltung notwendigen Mindestumfange zu geben. Die ausreichende und gesetzlich verbürgte Fürsorge und Betreuung der Kriegsbeschädigten und der Hinterbliebenen der Opfer des Krieges und der Gewaltherrschaft ist eine unserer vordringlichen sozialen Forderungen. Den Verbänden und Einrichtungen der freien Wohlfahrtspflege ist jede Erleichterung zu gewähren.

6. Für die Vertriebenen[5] verlangen wir umfassende Hilfsmaßnahmen zu ihrer gleichberechtigten Eingliederung in das Wirtschafts- und Sozialleben. Im Verhältnis ihres Anteils an der Gesamtbevölkerung sind ihnen sofort die zulassungspflich-

---

5 Vgl. Dok. Nr. 38.

tigen Berufe und Gewerbe zu öffnen und notfalls die zur Wiedererrichtung ihrer Existenz erforderlichen Mittel als langfristige Darlehen zu gewähren.

7. Die Beschaffung ausreichender Wohnungen ist die Voraussetzung eines innerlich und äußerlich gesunden Volksaufbaues. Nur ein großzügiges Wohnungsbauprogramm unter Heranziehung aller verfügbaren öffentlichen Mittel zur weitestgehenden Förderung der privaten und gemeinnützigen Bautätigkeit vermag das Wohnungselend zu beseitigen. Hierin sehen wir den Schlüssel zum sozialen und wirtschaftlichen Wiederaufbau.

Die Teilnahme am Hauseigentum ist breitesten Schichten des Volkes zu ermöglichen.

8. Die zunehmende Gefährdung der Volksgesundheit durch unzureichende Ernährung und Wohnungen erfordert dringend den Ausbau des öffentlichen Gesundheitsdienstes, besonders der Säuglings-, Mütter- und Tuberkulosefürsorge.

Zur Erhaltung und Hebung der Gesundheit der Arbeitnehmer wird die betriebliche Gesundheitsfürsorge als Pflichtmaßnahme eingeführt.

9. Bei der Gestaltung einer solchen Sozialordnung und der Überwachung der Sozialpolitik wirkt der deutsche Wirtschaftsrat als oberstes Selbstverwaltungsorgan der deutschen Wirtschaft unter paritätischer Beteiligung aller Arbeitnehmer und Unternehmer maßgebend mit.

Kern unseres Sozialprogramms ist die Wohlfahrt Aller und die Hilfe für den Schwachen, das Ziel die soziale Gerechtigkeit, der soziale Fortschritt und der soziale Friede.

46a.

27.2.1948: Protokoll über die Sitzung des Zentralausschusses (1. Tag)

NL Blücher 230. Ort: Bielefeld.

1. Bericht[1] des 1. Vorsitzenden der FDP der britischen Zone, Herrn Minister a.D. Franz BLÜCHER.

2. Debatte zum Bericht Herrn *Blüchers*.

ALTENHAIN: weist zum Bericht *Blüchers* darauf hin, daß die Vielseitigkeit der angeschnittenen Punkte eine getrennte Behandlung der einzelnen Probleme notwendig macht.

BLÜCHER: Ich möchte später noch getrennt auf das Verhältnis zu unseren süddeutschen Freunden eingehen.

---

[1] Ein schriftlich verfaßter Bericht war nicht aufzufinden.

BIEGEL: beantragt Stellungnahme des Zentralausschusses² zur Aufforderung der KPD zu gemeinsamen Feiern der Ereignisse von 48.

v. RECHENBERG: stimmt im ganzen der Rede *Blüchers* zu, nur die Außenpolitik hält er insofern für nicht ganz zutreffend, als Frankreich keinen entscheidenden Einfluß auf Amerika und England hätte. Die kommunistische Gefahr in Frankreich sei gebannt, es gehe dem Gaullismus zu.

Er weist auf die Gefahr eines übertriebenen Föderalismus hin. Die dadurch bewirkte Aufspaltung Deutschlands in einen lockeren Bundesstaat würde die Wiederherstellung einer gesamten deutschen Souveränität verhindern.

Der Wirtschaftsrat treibt uns einem westdeutschen Staat zu. Hier erhebt sich die Frage, ob man dabei mitarbeitet, obwohl man diese Einrichtung ablehnt? Da eine große Partei dabei auf eine sozialistische Entwicklung hinarbeitet, sind wir gezwungen, verantwortlich mitzumachen, auch wenn wir die bundesstaatliche Entwicklung für bedenklich halten. Rußland will zwar eine deutsche Einheit, aber die Vorzeichen sind uns sattsam bekannt.

Es besteht die Möglichkeit, daß der Föderalismus eingeschränkt wird durch die wirtschaftliche Zwangslage. Dabei sei der eigentliche Gegner der FDP die SPD.

Wenn *Dietrich* Oberdirektor der Wirtschaftsverwaltung werden sollte³, darf er das nicht als Exponent unserer Partei werden. Wir müssen uns davor hüten, mit der gegenwärtigen Wirtschaftspolitik gleichgesetzt zu werden, wir müssen uns klar von den anderen Parteien absetzen.

Ich bedaure es daher, daß unsere Fraktion im Wirtschaftsrat dem Speisekammergesetz⁴ zugestimmt hat. Politisch wäre es vielleicht besser gewesen, wenn es

---

2 Vgl. im Anhang den „Beschluß des Zentralausschusses der FDP zur Aufforderung der KPD, an 48er Gedenkfeiern teilzunehmen".
3 Zum Vorsitzenden des Verwaltungsrats (Oberdirektor) des Vereinigten Wirtschaftsgebietes wurde am 2.3. 1948 Hermann *Pünder* mit 40 Stimmen der CDU/CSU gegen 8 Stimmen der FDP (für *Dietrich*) gewählt. Vgl. SALZMANN, 1988, S. 134. Die FDP soll einen eigenen Kandidaten – Hermann *Dietrich* – vorgeschlagen haben, weil sich die CDU/CSU-Fraktion nicht vorher mit der FDP abgestimmt haben soll. Vgl. KEESING'S ARCHIV DER GEGENWART, 2.3. 1948, S. 1403 K. Zur Deutung des FDP-Verhaltens vgl. Hermann PÜNDER, Von Preußen nach Europa. Lebenserinnerungen, Stuttgart 1968, S. 328; MÜLLER, Wirtschaftsrat, 1982, S. 82f. Vgl. auch LAITENBERGER, 1988, S. 34.
4 Unter dem Ausdruck „Speisekammergesetz" wurde damals in der Regel das „Nothilfegesetz zur Ermittlung, Erfassung und Verteilung von Lebensmittelbeständen" vom 23. 1. 1948 verstanden. Vgl. SALZMANN, 1988, S. 118 u. S. 124–127. Hier ist (irrtümlicherweise) etwas anderes gemeint: das „Gesetz zur Neuordnung des Veranlagungs- und Ablieferungswesens in der Landwirtschaft" vom 23. 1. 1948, Gesetz- und Verordnungsblatt des Wirtschaftsrates des Vereinigten Wirtschaftsgebietes, 5. 3. 1948, Nr. 5. Vgl. SALZMANN, 1988, S. 120 u. S. 126f., Anm. 12. Dies ergibt sich aus der Stellungnahme Franz *Blüchers* im „Schnelldienst" vom 27.1. 1948, Nr. 23, die unter dem Titel „Noch einmal: Zum ,Speisekammergesetz'" erschienen ist. Dort wird auf das zuletzt genannte Gesetz Bezug genommen und dann zur Zustimmung der FDP folgendes ausgeführt: „Die *SPD* lehnte das Gesetz in der 2. Lesung ab. Der Grund hierfür lag in dem auch von der *FDP* mit allem Nachdruck angestrebten Ziel, dem Bauern seit langer Zeit zum ersten Male die

durch unsere ablehnende Haltung noch mehr im Sinne der SPD herausgekommen wäre.

Dr. SCHÄFER: Es läßt sich nicht immer vermeiden, die Politik des kleinen Übels zu machen. Das ist natürlich schwierig und bedenklich für meine neue Partei; bei den gegenwärtigen Notständen sind aber Kompromisse nicht zu vermeiden.

Den außenpolitischen Ausführungen des Herrn *v. Rechenberg* kann ich nicht ganz zustimmen.

Die Außenpolitik eines Landes ist immer das Ergebnis widersprechender Strömungen der Innenpolitik. Sie sind aus einem anderen Land sehr schwer abzuschätzen. Die eigentliche Gefahr der internationalen Lage sehe ich in einem Kompromiß der Großmächte zu Lasten des schwächsten Staates. Der politische Charakter des Gaullismus ist noch nicht klar erkennbar.

Gefährlich für uns ist die Tendenz Frankreichs, die föderativen Kräfte bei uns zu begünstigen.[5] Die klerikalen und chauvinistischen Traditionen der französischen Politik sind wieder stark in den Vordergrund getreten. Die Warnung vor dem Übermaß der bundesstaatlichen Entwicklung muß Hauptaufgabe unserer innenpolitischen Aufklärungsarbeit sein.

BLÜCHER: Föderalismus und seine Auswirkungen vom gesunden Menschenverstand aus gesehen, da hat Herr *v. Rechenberg* wohl Recht, aber dieser Menschenverstand bestimmt die innenpolitische Entwicklung in Deutschland nicht. BLÜCHER erläutert die Wirkung des Föderalismus am finanzpolitischen Beispiel.

Dr. BEBER: Beschäftigung mit Außenpolitik ist Zeitverschwendung. Wir müssen unsere wirtschaftlichen Verhältnisse so bessern, daß die Besatzungsmächte von selbst zu einer Meinungsänderung gelangen.

BLÜCHER: Dem Vorschlag *v. Rechenbergs* kann ich nicht zustimmen. Deutschland ist nicht mehr in der Lage, noch weiterhin solche Experimente durchzustehen, diese würden die rechtsstaatliche Entwicklung noch mehr gefährden. Die Bevölkerung geht zugrunde, wenn nichts geschieht, die vorhandenen Güter an den Verbraucher zu bringen.

FUNCKE: Wir dürfen uns nicht ausschließlich gegen die SPD richten; wir werden dann zu leicht zum willfährigen Werkzeug der CDU.

Hoffnung auf eine allmähliche *Befreiung* von jenen Fesseln zu geben, in die er durch die Zwangswirtschaft gelegt wurde. Dabei war es selbstverständlich, daß die Interessen des Gesamtvolkes in jeder Beziehung gewahrt blieben. Aber die *SPD* sah hierin schon einen Einbruch in ‚ihre' Planwirtschaft."

BLÜCHER zitiert dann den „[...] von der FDP gemeinschaftlich mit den anderen Parteien angenommenen strittigen Absatz 1 des Paragraphen 16, auf dessen Streichung die SPD beharrt [...]" hatte. Dieser Absatz betraf die Verwendung jener Mengen, die über das festgesetzte Ablieferungssoll hinaus erzeugt worden waren und nach besonderer Genehmigung „[...] in Betrieben verwendet oder nach Maßgabe besonderer Bestimmungen frei in den Verkehr gebracht werden" durften. Vgl. BENZ, 1984, S. 77.

5 Die französische Regierung befürwortete einen föderalistischen deutschen Staatenbund. Vgl. SCHWARZ, 1980, S. 183–193.

BLÜCHER: Leider ist die SPD stur, darum haben wir auch nicht gegen das Erfassungsgesetz[6] stimmen können.

FÖGE: Alle Entscheidungen, die wir treffen, müssen von außenpolitischen Rücksichten ausgehen. Wir müssen Fühlung nehmen mit allem, was uns in der Welt freundlich gesinnt sein könnte.

Nachmittag

BLÜCHER verliest die Aufforderung der KPD zur Teilnahme an den 48er Gedenkfeiern. Es wird beschlossen, die Teilnahme brieflich abzulehnen. Weiterhin teilt BLÜCHER mit, daß er sein Mandat im Zonenbeirat niederlegen will[7], da er es neben seiner Tätigkeit in Parteiführung und Wirtschaftsrat nicht mehr ausfüllen kann. Als Stellvertreter *Blüchers* wird Herr *Altenhain* einspringen. Die Versammlung tritt dann in die Tagesordnung ein, der Beratung über die Satzungen.

ALTENHAIN: wirft die Frage auf, ob solche Satzungen noch notwendig sind, da bei der bevorstehenden Bildung einer Trizone[8] ein Zonenverband überflüssig werden würde, da dann die Partei aus einem trizonalen Zusammenschluß von Landesverbänden bestehen würde.

v. RECHENBERG: stimmt diesen Ausführungen zu.

BLÜCHER: erklärt es für selbstverständlich, daß bei Vereinigung der 3 Zonen eine Partei der britischen Zone überflüssig würde. Auch er würde es begrüßen, wenn die Zonenpartei zugunsten einer trizonalen Gesamtpartei überflüssig würde.

Dr. SCHÄFER: In Frankfurt ist uns auf unseren Vorschlag, eine Gesamtpartei der 3 Westzonen zu bilden, geantwortet worden, sie bestünde ja bereits.[9] Davon müssen wir ausgehen und nun alles tun, diese Gesamtpartei aktionsfähig zu machen.[10] Bisher ist die DPD nur eine Formalität, aber keine arbeitsfähige, lebendige Wirklichkeit.

---

6 In Paragraph 1 Absatz 1 dieses Gesetzes (vgl. Anm. 4) heißt es: „Die landwirtschaftlichen Betriebe werden zum Zwecke der Erfassung und Ablieferung landwirtschaftlicher Erzeugnisse zu einem Grundsoll veranlagt."
7 Am 24. 11. 1947 nahm BLÜCHER zum letzten Mal an einer Sitzung des Zonenbeirats teil.
8 Vgl. Dok. Nr. 49 b, Anm. 29.
9 Die Frankfurter Sitzung des Parteivorstandes der „Demokratischen Partei Deutschlands" (DPD) am 18. 1. 1948 hatte nach dem Auszug der LDP zur Auflösung der „Vier-Zonen-Reichspartei" DPD geführt. Vgl. SCHRÖDER, 1985, S. 293–297; HEIN, 1985, S. 312f. u. S. 320f.
10 Während der Frankfurter Tagung am 18. 1. 1948 waren alle vier Wochen stattfindende „Zusammenkünfte" zwischen den führenden Politikern der liberalen Parteien in den Westzonen vereinbart worden. Die britische Zone sollte durch Franz *Blücher*, Hermann *Schäfer* und Friedrich *Middelhauve* vertreten sein, während die amerikanische Zone Theodor *Heuss*, Thomas *Dehler* und August Martin *Euler* entsenden sollte. Vertreter der französischen Zone waren ebenfalls eingeladen. Bei „[...] besonderen innen- und außenpolitischen Ereignissen [...]" waren „außerplanmäßige Zusammenkünfte" vorgesehen. Vgl. „Schnelldienst" v. 20. 1. 1948, Nr. 21. Vgl. SCHRÖDER, 1985, S. 298.

Sitzung des Zentralausschusses 27.2.1948 **46a.**

Solange es Zonen mit verschiedenen Besatzungsmächten gibt, muß auch der Bevölkerung eine entsprechende Zonenvertretung gegenüberstehen. Solange wir mit dieser Realität rechnen müssen, kommen wir an einem Zonenverband nicht vorbei.

Aufgabe unserer Zonenpartei sollte es sein, durch stärkste Regsamkeit im Sinne der gemeinsamen Aufgabe die süddeutschen Länderparteien für die große Gesamtpartei zu gewinnen.

ALTENHAIN: fürchtet, daß die süddeutschen Länderparteien den Zonenverband geradezu als Hindernis einer gemeinschaftlichen Entwicklung empfinden könnten. Wir sind gegenwärtig in dem gemeinsamen Organ der DPD in den westlichen Besatzungszonen als Zonenverband so stark vertreten wie in Süddeutschland jeder einzelne Landesverband.[11]

In den Mitgliederkreisen besteht der Wille zur Bildung einer einheitlichen Partei. Wäre es nun nicht besser, anstelle der Neufassung von Zonensatzungen einen Parteitag aller 3 Zonen einzuberufen und dann die Gesamtpartei auf die Beine zu stellen?

RADEMACHER: Was Herr *Altenhain* entwickelte, ist das Idealbild einer künftigen Entwicklung. Wir sind gegenüber den süddeutschen Länderparteien in Frankfurt bis zur Selbstentäußerung gegangen.

In Wirklichkeit hat man sich nur mit äußerster Zurückhaltung dazu bereitgefunden, aus den Vertretern der einzelnen Organisationen wenigstens einen gemeinschaftlichen Aktionsausschuß zu bilden. Die ablehnenden Neigungen bei den süddeutschen Freunden überwogen.

BLÜCHER: Wir haben den süddeutschen Freunden entsprechend dem Vorstandsbeschluß in Wangerooge mitgeteilt, daß es bei uns gegenüber dem Zusammenschluß der 3 Zonen keine personellen Fragen von entscheidender Bedeutung gäbe.

RADEMACHER: Auch ich habe die gleichen Mitteilungen an die süddeutschen Freunde, insbesondere an Herrn *Mayer* in Stuttgart, gelangen lassen. Bei der Bildung eines gemeinsamen Aktionsausschusses hat Herr *Heuss* erklärt, daß er nicht gerade dafür garantieren könne, daß er immer teilnehmen könne.

Es ist in Frankfurt versäumt worden, einen Träger der Initiative und Federführung für die gemeinsamen Bemühungen zu benennen. Unser Bestreben ist auf das Ergebnis gerichtet, das auch Herr *Altenhain* will. Wenn wir deshalb in der Erwartung, zu einer trizonalen Gesamtpartei in kürzester Zeit zu kommen, keine Satzungen mehr verabschieden sollten, dann müssen wir angesichts der tatsächlichen Lage zu einer satzungsähnlichen Änderung kommen.

---

11 *Altenhain* übertreibt hier. Nach dem Stand vom Januar 1948 gab es im Vorstand der „Demokratischen Partei Deutschlands" 6 Mitglieder aus der britischen Zone, 4 Mitglieder aus der französischen Zone und 6 Mitglieder aus der amerikanischen Zone (Bayern: 2; Württemberg-Baden: 2; Hessen: 2). Vgl. die Niederschrift der Sitzung des vorläufigen Reichsvorstandes der Demokratischen Partei Deutschlands in Frankfurt am Main am 18.1. 1948, abgedruckt in: GRUNDMANN/HEIN, 1978, S. 103f.

BLÜCHER: Wenn wir der Meinung sind, daß eine Zonenpartei in kürzester Zeit auffliegen muß, dann ist die Beratung neuer Satzungen überflüssig. Die Frage bleibt aber, ob uns gegenwärtig eine Organisation genügt, die aus einem Nebeneinander völlig selbständiger Landesverbände besteht. Nur wenn wir der Meinung sind, in wenigen Monaten eine trizonale Einheitspartei errichten zu können, dürfen wir auf eine neue Satzung der Zone verzichten.

v. RECHENBERG: Herr *Mayer*[12] hat in Stuttgart erklärt, daß die DPD als gemeinsame Partei bestünde, dann müssen wir doch dahin kommen, daß zu einer gemeinsamen Beschlußfassung die einzelnen Landesverbände zusammentreten. Dann käme es auf eine Satzung der Gesamtpartei an, dazu wäre die Einberufung eines Gesamtparteitages notwendig.

ALTENHAIN: Ich bin mißverstanden worden, wenn man annimmt, ich will die Zonenpartei auflösen, selbstverständlich muß ein Zonenorgan der Landesverbände der britischen Zone bestehen bleiben.

BLÜCHER: Unser Ziel ist die Gesamtpartei der 3 Zonen, aber ich sehe die Gefahr, daß die Zeit für diese Partei noch nicht reif ist. Durch vorzeitigen Verzicht auf eine Zonenorganisation steigern wir unter Umständen die Gefahr, daß die Gesamtpartei zerplatzt, ehe sie ganz zustande gekommen ist.

Es geht hier um einen politischen Inhalt für eine Gesamtpartei, er wird in gemeinsamer Arbeit mit den süddeutschen Freunden erweitert werden müssen. Wir müssen alle diese Dinge sich erst einmal abklären lassen, nur so finden wir eine gemeinsame Handlungsfähigkeit über die Zonengrenzen hinweg.

Dr. BEBER: Wir müssen versuchen, die Richtung auf eine Gesamtpartei zu verstärken. Wir brauchen geradezu Zonensatzungen, um eine fertige Arbeitsgrundlage für die neue Gesamtpartei zu entwickeln.

v. RECHENBERG: In unserem Streben stimmen wir mit den württembergischen Freunden weit überein. Reinhold *Maier* ist allerdings ein übertriebener Föderalist, Ernst *Mayer* und *Heuss* vertreten genau so einen einheitlichen Staatsgedanken wie wir.

FÖGE: Wenn wir nur noch 14 Tage Zeit hätten für die Zonenarbeit, auch dann müssen wir uns eine neue Satzung geben.

SIEMANN: Wir wollen doch froh sein, daß wir wenigstens in der britischen Zone eine gemeinsame politische Arbeit über die Grenzen der verschiedenen Länder hinaus haben. Die Auflösung des Zonenverbandes wäre unter dem Gesichtspunkt der Vereinheitlichung ein Schritt rückwärts. Die Auflösung in einzelne selbständige Landesverbände würde unserem Gedanken der einheitlichen Staatsauffassung widersprechen.

---

12 Ernst *Mayer*, der sich als „Geschäftsführendes Vorstandsmitglied" der auf die Westzonen begrenzten (Rumpf-)DPD betrachtete, versuchte von Stuttgart aus, die Einheit der westlichen liberalen Parteien zu fördern. Vgl. SCHRÖDER, 1985, S. 298 f.; HEIN, 1985, S. 320 f.

Sitzung des Zentralausschusses 27.2.1948 **46a.**

Dr. OELLERS: Wenn Sie unsere ganze politische Geltung zerstören wollen, dann lösen Sie den Zonenverband auf. Nur dadurch, daß Herr *Blücher* Zonenvorsitzender ist, war es möglich, ihn zum Fraktionsvorsitzenden im Wirtschaftsrat zu machen. Solange wir noch keine gemeinsame Partei haben, brauchen wir einen Zonenverband, und er braucht als Arbeitsgrundlage seine Satzungen.

ALTENHAIN: Ich habe nichts von einer Auflösung des Zonenverbandes gesagt. Wir brauchen ein Gremium als oberste Zonenleitung.

BLÜCHER: Wir müssen eine Drei-Zonenpartei haben. Bei allen Maßnahmen ist aber die Wahl des rechten Augenblicks entscheidend, vorausgesetzt, daß die innerliche Bereitschaft aller Beteiligten vorhanden ist.

RADEMACHER: Das was am 18. Januar in Frankfurt an Zugeständnissen der süddeutschen Freunde erreicht worden ist, brauchen wir hier nicht noch einmal zu debattieren. Wir haben die DPD, um auch eine Tür für die LDP in der russischen Zone offenzuhalten.

Wir können nicht alle diese Eventualitäten abwarten; um keine Zeit zu verlieren, müssen wir erst eine einige Satzung schaffen.

Auf Antrag RADEMACHERS wird beschlossen, über die Fraktion des Wirtschaftsrates in Frankfurt anzuregen, daß die am 18. Januar in Frankfurt abgeschlossene Arbeitsgemeinschaft der DPD in den 3 Westzonen baldigst zu einem gemeinsamen Gedankenaustausch zusammentritt.[13]

Es beginnt nun die einzelne Debatte des vorgelegten Satzungsentwurfes.

Dr. OELLERS berichtet für den Satzungsausschuß:

Entsprechend dem Parteitagsbeschluß hat der Satzungsausschuß im August vorigen Jahres einen Satzungsentwurf den Landesverbänden zur Stellungnahme zugeleitet. Nur wenige Abänderungsvorschläge sind dem Ausschuß zugesandt worden; sie sind in den Entwurf hineingearbeitet, der heute vorgelegt wird.

Die Satzungen[14] werden paragraphenweise vorgelesen und in folgender Form beschlossen:

§ 1:
einstimmig angenommen.

---

13 Am 28.6.1948 kam es in Frankfurt a. Main zu einer „informellen Aussprache" in einem größeren Kreis. Vgl. HEIN, 1985, S. 321, Anm. 19; SCHRÖDER, 1985, S. 300.
14 Vgl. Dok. Nr. 53d. Der dem Zentralausschuß vorliegende Satzungsentwurf konnte ebensowenig aufgefunden werden wie die endgültige Satzung. Die von SCHRÖDER, 1985, S. 41–44, untersuchte Satzung ist nicht die endgültige Satzung. Dies ergibt sich aus den vom Zentralausschuß in dieser Sitzung beschlossenen Satzungsänderungen. Nach der endgültigen Satzung sollte es beispielsweise einen Ausschuß „Finanzpolitik und Steuern" und einen „13. Ausschuß: Arbeiter- und Gewerkschaftsfragen" geben; in einem neuen Paragraphen 17 wurden „Wahlangelegenheiten" behandelt.

§ 2:
Änderung:
„ – und gegen deren Aufnahme politische Bedenken nicht entgegenstehen."

§ 3:
einstimmig angenommen.

§ 4:
Änderung:
„ – wenn der Kreisverband auf Ausschluß erkannt hat, ruhen bis zur Rechtskraft alle Parteiämter."

Änderung:
Neuer Endsatz: „Ein rechtskräftiger Ausschluß muß allen Parteimitgliedern bekanntgegeben werden."

§ 5:
Änderung:
3. Absatz nach dem 1. Satz einfügen:
„Die Kreisverbände eines Landes schließen sich zum Landesverband und die Landesverbände zum Zonenverband zusammen."

Anmerkung:
Sondersatzungen der Stadtlandesverbände steht in dieser Beziehung nichts entgegen.

§ 6:
Änderung:
In der 3. Zeile ist zu setzen statt:
„ – diese Satzungen – " – „die vorliegenden Satzungen."

Änderung:
Vor dem letzten Satz einen neuen Absatz einfügen:
„Gegen Ausführungen und Beschlüsse der Abs. 1–3 steht dem Beteiligten die Anrufung des Ehrenrats der Partei offen."

Änderung:
„Die Landesverbände regeln in ihren Satzungen, in welcher Weise sie der Aufsichtspflicht in ihren Kreisverbänden gegenüber nachkommen und wie sie in Fällen wesentlicher Verstöße der Kreisverbände die zur Aufrechterhaltung der ordnungsmäßigen politischen und organisatorischen Führung notwendigen Maßnahmen durchführen.

Die Landesverbände sind auch verpflichtet, auf Aufforderung des Zonenausschusses der Partei, gemäß ihren Satzungen, gegenüber den Kreisverbänden vorzugehen."

§ 7:
einstimmig angenommen.

§ 8:
Änderung:

Sitzung des Zentralausschusses 27.2.1948 46a.

2. Satz ist zu streichen und dafür zu setzen:
„Falls wenigstens zwei Landesverbände oder 20% der Mitglieder dies verlangen. –"

§ 9:
Änderung:
„Jedem Kreisverband steht ein Vertreter zu, darüber hinaus stellt jeder Landesverband für volle 500 Mitglieder einen weiteren Vertreter. Die nicht verwerteten Stimmen der Kreisverbände fallen dem Landesverband zu, der seinerseits für volle 500 Stimmen einen Vertreter erhält."

§ 10:
Änderung:
„ – in Abwesenheit von seinem Stellvertreter. – "

§ 11:
einstimmig angenommen.

§ 12:
einstimmig angenommen.

§ 13:
Änderung:
Streichen des Satzes:
„Außerdem gehört ihm der Geschäftsführer an. – "

§ 14:
Änderung: hinzufügen:
„ – mindestens ein Mitglied und ein weiteres Mitglied des Vorstandes. – "

2. Änderung:
„– Der Vorstand hat die Aufgabe –-."

[§ 15:]
3. Änderung:
1. Ausschuß: Recht und Verfassung.
2. Ausschuß: Finanzpolitik und Steuern.
13. Ausschuß: Arbeiter und Gewerkschaftsfragen.

4. Änderung: streichen:
„– Kommt eine Differenz ... bis zum Schluß."

5. Änderung:

1. „Der interfraktionelle Ausschuß besteht aus je zwei Mitgliedern der FDP im Wirtschaftsrat, im Zonenbeirat, in einem Landtag und Bürgerschaft. Soweit in einem Lande keine Fraktion besteht, können es zwei Vertreter vom Vorstand des Landesverbandes sein."

2. „Der Finanzierungsausschuß besteht aus dem Schatzmeister als Obmann und den Schatzmeistern der Landesverbände."

3. „Dem Presseausschuß muß wenigstens je ein Vertreter aller der Partei nahestehenden Zeitungen der britischen Zone angehören."

4. Bleibt in alter Fassung.

5. „Im übrigen werden die Ausschußmitglieder aller Landesverbände und auf deren Vorschlag vom Obmann berufen, der auch gleichzeitig die Stärke des Ausschusses nach den gegebenen Erfordernissen festsetzt.»

6. Änderung: ändern in Finanzierungsausschuß.

§ 16:
wird der ehemalige § 17
Änderung: „ – Vorstand und sein Stellvertreter. – "

Beschluß:
Paragraph 4 und 16 muß revidiert werden. Als Mitglieder des Gremiums werden Dr. *Ablaß* (Hamburg), Dr. *Baxmann* (Niedersachsen), Rechtsanwalt *Brunn*[15] (Nordrhein-Westfalen) benannt. In diesem Gremium ist ebenfalls die vorgelegte Ehrenratsordnung zu bearbeiten.

§ 17:
Änderung: Neuer Paragraph: Wahlangelegenheiten.

„Die Wahl der nach dieser Satzung auf dem Parteitag zu wählenden Personen gilt jeweils für die Dauer eines Jahres, in jedem Fall jedoch bis zum nächsten ordentlichen Parteitag. Die Sitzungen von Parteivertretern, Zentralausschuß und Ehrenrat sind nicht öffentlich. Eine Stellvertretung ist nicht möglich, lediglich ein Landesverbandsvorsitzender kann sich durch seinen gewählten Stellvertreter vertreten lassen."

§ 18:
Finanzierung.

In der Debatte erstattete Herr RICHTER einen kurzen Kassenbericht und wies darauf hin, daß es unbedingt erforderlich ist, daß die Landesverbände ihren Zahlungsverpflichtungen nachkommen. Der Etat für die Zonengeschäftsstelle würde so gering als irgend möglich veranschlagt, aber die Grundlage der Finanzierung bildet die Zahlung der einzelnen Landesverbände.

Herr BLÜCHER wies in seinen Ausführungen hierzu darauf hin, daß er dem Fraktionsbüro in Frankfurt, das einmal die Keimzelle der Einheitspartei werden soll, einen Zuschuß von monatlich 750,– RM zugesagt habe. Man müsse sich klar darüber sein, daß eine Einheitspartei noch weit größere Geldmittel benötige und es undenkbar ist, daß wir mit nicht geregelten Kassenangelegenheiten in diese neue Partei hineingehen könnten.

Herr v. RECHENBERG erklärte, unterstützt von Herrn ALTENHAIN, daß es in Nordrhein-Westfalen nicht am guten Willen mangele, den Zahlungsverpflichtungen nachzukommen, aber die Beitragsgelder einfach nicht hereinzubekommen seien

---

15 Biographische Angaben waren nicht zu ermitteln.

Sitzung des Zentralausschusses 27. 2. 1948 **46 a.**

und die Finanzierung der Landesgeschäftsstelle immer mehr oder weniger von Spenden abhängig sei. Er machte den Vorschlag, die Ausgaben des Zonenverbandes dadurch einzuschränken, daß die Zone sich von allen organisatorischen Fragen freimache und nur noch ein Politisches Büro habe.

Herr RADEMACHER äußert darauf, daß es eine Täuschung sei, wenn man glaubt, eine politische Arbeit könne ohne Organisation erreicht werden.

Der Mindestbeitrag muß pro Mitglied 1,- RM sein und hiervon ist der Satz von 0,25 RM an die Zone abzuführen.

Inwieweit eine Staffelung des Beitragssatzes vorgenommen werden kann, ist Angelegenheit der einzelnen Landesverbände. An die Zone ist aber unabhängig von der Höhe des einzelnen Beitrages oder Erlaß desselben ein Satz von 0,25 RM zu zahlen.

Wenn es auch in einem Stadtlandesverband leichter ist, seine Finanzierung zu regeln, kommt es doch grundsätzlich auf den Mann an, der an die Spitze seines Landesverbandes gestellt wird. Neben der politischen und organisatorischen Aufgabe hat er auch für die Finanzierungsangelegenheiten Sorge zu tragen. Wenn er seine Aufgabe ernst nimmt, werden auch die Schatzmeister die Gelder zusammenbekommen.

Wenn aber zu einer solchen Sitzung nicht einmal der Vorstand, sein Stellvertreter oder sein Schatzmeister erscheinen, wie will man dann überhaupt zu einer Regelung dieser Angelegenheit kommen.

Beschluß:
Antrag *Rademachers* wird angenommen, es sind demnach 0,25 RM pro Mitglied an den Zonenverband zu zahlen.

§ 19:
bleibt in alter Fassung.

§ 20:
Änderung:
Statt – 2/3 Mehrheit – ist zu setzen – „die einfache Mehrheit."

2. Änderung: Absatz 2 fällt weg.

§ 21:
bleibt in alter Fassung.
Ende der Lesung der Satzungen.

46 b.

28. 2. 1948: Protokoll über die Sitzung des Zentralausschusses (2. Tag)

NL Blücher 230. Beginn: Vormittag. Ende: 16.30 Uhr. Ort: Bielefeld.

Herr BLÜCHER gibt den nächsten Punkt der Tagesordnung, das Verhalten der FDP bei den kommenden Neuwahlen, den Kommunalwahlen[1], bekannt.

Er erklärt, daß man bei diesen Wahlen wohl in erster Linie den örtlichen Verhältnissen Rechnung tragen müsse, Entschlüsse aber nur über den Landesverband in Zusammenarbeit mit der Zone gefaßt werden dürfen. In Nordrhein-Westfalen wird ein neuer Wahlrechtsvorschlag[2] ausgearbeitet, der eine Synthese zwischen Persönlichkeitswahl und Verhältniswahl darstellt.

Es erhebt sich die Frage, soll man diesem Vorschlag zustimmen, damit also einer Schwächung der Persönlichkeitswahl zugunsten der Listenwahl, aus der Erkenntnis der wirklichen Lage heraus, daß die Wähler in erster Linie doch die Partei wählen, da der Kandidat meistens zu unbekannt ist?

ALTENHAIN: Das neue Wahlrecht wird wohl in Nordrhein-Westfalen in der jetzigen Fassung verabschiedet werden. Es hat dies den Vorzug, daß wir dann die Möglichkeit haben, überall vertreten zu sein. Außerdem wäre es nach diesem Wahlrecht grundsätzlich nicht erforderlich, Wahlfusionen einzugehen. Sollten aber örtlich FDP und CDU zu einem vernünftigen Abkommen kommen können, dann kann dies nur von Nutzen sein, schon wegen der Reststimmenverwertung. Die Landesverbände werden wohl kaum generelle Abkommen treffen können, müssen aber die einzelnen Möglichkeiten genau überlegen. Man darf sich bei den Kommunalwahlen nicht auf einer zu strengen politischen Linie halten wie bei den rein politischen Wahlen.

BLÜCHER: Ich weiß, daß wir gezwungen sein werden, örtlich zu Abmachungen mit der CDU zu kommen, aber man muß die größte Vorsicht in dieser Hinsicht walten lassen. In der großen Linie müssen wir an unseren alten Beschlüssen festhalten. Solche Abkommen bergen auch die Gefahr in sich, da nach der langen Hitlerzeit das politische Denken unserer Leute noch etwas grobschlächtig ist, daß aus ihnen der Schluß gezogen wird, sie auch als Bündnisse für weitere Handlungen zu betrachten.

SCHMACHTEL: erläutert das Wahlrechtsgesetz von Hamburg[3] und kommt zu dem

---

1 Die Gemeindewahlen sowie die Landkreis- und Stadtkreiswahlen fanden in Nordrhein-Westfalen am 17. 10. 1948 statt, in Schleswig-Holstein am 24. 10. 1948 und in Niedersachsen am 28. 11. 1948. In Hamburg wurden am 13. 10. 1946 Bürgerschaftswahlen und am 16. 10. 1949 Bürgerschafts- und Bezirksausschußwahlen abgehalten.

2 Das Gemeindewahlgesetz für Nordrhein-Westfalen wurde am 6. 4. 1948 verabschiedet. CDU und FDP lehnten das Gesetz ab. *Middelhauve* begründete dies damit, daß der Wähler keinen Einfluß auf die Rangfolge der „Reserveliste" habe. Er vermißte eine genügend akzentuierte Persönlichkeitswahl. Vgl. LT NRW, Sten. Ber., 6. 4. 1948, S. 209–211 (*Middelhauve*), S. 224 u. S. 226. Vgl. LANGE, Wahlrechtsstreit, 1980, S. 75 f.

3 Für die Hamburger Bürgerschaftswahl am 13. 10. 1946 galt das von den Briten erlassene „Verfahren bei den Gemeindewahlen" vom 30. 5. 1946. Da Elemente des Mehrheitswahl-

Sitzung des Zentralausschusses 28. 2. 1948 **46 b.**

Schluß, daß, wenn die SPD auf die Forderung nach Änderung dieses Gesetzes nicht eingeht, man sich auch in Hamburg aus einer gewissen Notwehr heraus zu Wahlbündnissen mit der CDU[4] gezwungen sehen wird.

v. RECHENBERG: unterstreicht die Forderung *Altenhains,* daß man örtlich Feststellungen treffen muß, ob ein Wahlbündnis notwendig sei, die Entscheidung darüber vom Landesverband in Verbindung mit der Zone getroffen werden muß, wobei man auch die Durchführungsbestimmungen festlegen soll.

Prof. HERTZ: lehnt die Persönlichkeitswahl aus dem Gesichtspunkt heraus ab, daß die französische Zone und die Süddeutschen eine Listenwahl haben, und wenn wir zu einer einheitlichen Partei kommen wollen, wir auch für ein einheitliches Wahlrecht sein müssen.

BLÜCHER: Man kann auch in den anderen Zonen nicht von einem einheitlichen Wahlrecht sprechen. In Württemberg haben wir reine Persönlichkeitswahl und in den Nachbarländern vollkommene Listenwahl.[5]

SCHMACHTEL: erklärt, *Bevin*[6] habe sich auch dahingehend ausgedrückt, daß für Deutschland das Verhältniswahlrecht das Gegebene sei. Wir müssen in Deutschland zu Koalitionsregierungen kommen.

v. RECHENBERG: lehnt Koalitionsregierungen ab. Das Persönlichkeitswahlrecht sei das einzige, was sich in der Welt durchgesetzt habe, darum wollen wir doch, wenn wir auch aus taktischen Gründen jetzt zu anderen Maßnahmen gezwungen sind, im Prinzip an unserer Meinung festhalten.

---

rechts stark berücksichtigt wurden, kam dies der stärksten Partei zum Nachteil der anderen Parteien zugute. Die FDP erhielt bei 18,2 % der Stimmen nur 7 Sitze, die SPD 83 der 110 Mandate bei 43,1 % der für sie abgegebenen Stimmen. Vgl. Amtsblatt der Militärregierung Deutschland, Britisches Kontrollgebiet, Verordnung Nr. 32, S. 226–230. Vgl. Arnold SYWOTTEK, Hamburg seit 1945, in: JOCHMANN/LOOSE (Hrsg.), Bd. 2, 1986, S. 390f.; OLLIGS, 1990, S. 65; Gerhard A. RITTER/Merith NIEHUSS, Wahlen in der Bundesrepublik Deutschland. Bundes- und Landtagswahlen 1946–1987, München 1987, S. 127–129; LANGE, Wahlrecht und Innenpolitik, 1975, S. 86–89. Zu den Bemühungen der Hamburger FDP von 1946 bis 1952 um eine Wahlrechtsreform vgl. WALKER, 1981, S. 70–80. Zur Wahlrechtsänderung vom 18. 6. 1949 vgl. Hans Wilhelm ECKARDT, Wahlrecht und Wahlen in Hamburg, in: Manfred ASENDORF, u. a. (Hrsg.), Geschichte der Hamburgischen Bürgerschaft. 125 Jahre gewähltes Parlament, Berlin 1984, S. 133.

4 Für die Bürgerschaftswahl am 16. 10. 1949 schlossen sich CDU, FDP und „Deutsch-Konservative Partei" zum „Vaterstädtischen Bund Hamburg" (VBH) zusammen. CDU und FDP in der Bürgerschaft gaben am 28. 9. 1949 ihren Zusammenschluß zur Fraktionsgemeinschaft des VBH bekannt. Vgl. OLLIGS, 1990, S. 199–203; WALKER, 1981, S. 87; HEIN, 1985, S. 96.

5 In den Ländern der amerikanischen und französischen Zone war 1946/47 für die Kommunal- und Landtagswahlen die Verhältniswahl mit unterschiedlichen Modifizierungen eingeführt worden. Vgl. LANGE, Wahlrecht und Innenpolitik, 1975, S. 45, S. 50f. u. S. 124f.

6 Ernest *Bevin* (1881–1951), 1945–1951 britischer Außenminister. Zur britischen Haltung hinsichtlich der Wahlrechtsfrage vgl. LANGE, a.a.O., S. 110–114.

BLÜCHER: Persönlichkeitswahlrecht hat die Voraussetzung: Zwei-Parteiensystem, das werden wir in Deutschland nie haben. Bei Wahlbündnissen bleibt immer die Gefahr bestehen, daß man in ihnen eine Koalition sieht und nicht nur ein technisches Abkommen.

Die Versammlung kommt dann zum nächsten Punkt der Tagesordnung, der Frage über das Beamtentum.

BLÜCHER: Einen erneuten Grund, über die Frage des Beamtentums zu sprechen, gibt die Errichtung eines eigenen Beamtenbundes[7] mit gewerkschaftlichem Charakter.

Wir müssen uns über unsere grundsätzliche Stellung zum Beamtentum[8] klar werden.

ALTENHAIN: Wir sind wohl grundsätzlich zu der Überzeugung gekommen, daß wir für ein Berufsbeamtentum eintreten müssen. Ein wirklicher Beamter kann nur der Berufsbeamte sein. Soll er aber zum Staatsbürger zweiter Klasse gemacht werden, indem man ihm keine politischen Rechte gibt? Das ist nun die zweite wichtige Frage in dieser Angelegenheit, wieweit soll man dem Beamten politische Rechte einräumen?

BLÜCHER: Wenn wir für das Berufsbeamtentum eintreten, dürfen wir aber nicht an der Notwendigkeit der Einschränkung der großen Massen derselben vorbeigehen.

ABATZ: Das Berufsbeamtentum muß unter allen Umständen auf das Mindestmaß eingeschränkt werden. Regierungswechsel wirken sich auch immer auf die Beamten aus, deshalb bin ich der Ansicht, man soll zu einem vollkommen unparteiischen Beamtenapparat kommen.

---

[7] Am 3.10. 1947 wurde in Hamburg eine regionale Beamtenorganisation unter der Bezeichnung „Deutsche Beamtengewerkschaft" gegründet, am 17.3. 1948 wurde in Kiel der Deutsche Beamtenbund, Landesverband Schleswig-Holstein, konstituiert, am 5.6. 1948 fand in Hannover die konstituierende Tagung der Gewerkschaft Deutscher Beamtenbund, Landesverband Niedersachsen, statt, am 14.8. 1948 wurde in Köln die Gründungskundgebung für den Deutschen Beamtenbund, Landesverband Nordrhein-Westfalen, abgehalten. Der 1. Delegiertentag in Köln beschloß am 29.1. 1949 den offiziellen Zusammenschluß der vier Landesverbände in der britischen Zone. Vgl. Bundesvorstand des Deutschen Beamtenbundes (Hrsg.), 10 Jahre Deutscher Beamtenbund 1949–1959. Festschrift aus Anlaß des zehnjährigen Bestehens des Deutschen Beamtenbundes zum Bundesvertretertag 1959 – Berlin 4.–6. Mai 1959, Köln 1959, S. 24, 26, 29, 32f., 43.

[8] In den „programmatischen Richtlinien" des FDP-Zonenvorstandes vom 5.2. 1946 wurde das Berufsbeamtentum überhaupt nicht erwähnt, dafür aber die Forderung nach einem „Abbau der Wirtschaftsbürokratie" erhoben (Punkt 5). Vgl. JULING, 1977, S. 71. Die „Entbürokratisierung der Wirtschaft" wurde „mit Nachdruck" auch in den „Wirtschaftspolitischen Richtlinien der FDP" vom Februar 1947 gefordert. Vgl. Dok. Nr. 24, Punkt VII. Vgl. Dok. Nr. 27, Abschnitt „Berufsbeamtentum". Erst am 7.8. 1948 beschloß der FDP-Zonenvorstand die Bildung eines Beamtenausschusses. Vgl. Dok. Nr. 49 b, Punkt IX.

Dr. BEBER: Man muß die Arbeitsfreudigkeit der Angestellten fördern, indem man ihnen die Möglichkeit gibt, sich zum Berufsbeamten heraufzuarbeiten.

BLÜCHER: Herr *Abatz* hat ja nicht das Berufsbeamtentum als solches abgelehnt, sondern ist nur gegen eine unmäßige Ausdehnung desselben. In den heutigen Verwaltungen könnte man die Beamtenstellen auf 1/10 herabsetzen.[9]

Wir sind also für die grundsätzliche Bejahung des Beamtentums, fordern aber eine genaue Prüfung und Katalogisierung der Aufgaben derselben. Für alle Stellen, die nicht unbedingt einen Beamten erfordern, müssen wir zu Angestellten kommen.

STEGNER: Der Beamte mit spezieller fachlicher Vorbildung muß unter allen Umständen Berufsbeamter sein.

Bei den Verwaltungsbeamten ist die Festsetzung der Planstellen eine Sache des Staates, hier muß unter allen Umständen eine Einschränkung der Angestellten mit Beamtenlaufbahn vorgenommen werden. Man muß dahin kommen, aus dem Etat eine Pensionskasse abzuzweigen, das wird bei den alten Beamten bestimmt Anklang finden und ein Absinken verhindern.

FUNCKE: geht auf die historische Entwicklung des Beamtentums zurück und ist der Ansicht, daß man eine Einschränkung schon dadurch erreichen kann, daß man Aufgaben abstellen muß, die unnötigerweise übernommen worden sind.

Gute Beamte sind nur durch gute Bezahlung zu erreichen; dies ist aber nur möglich, wenn die Zahl derselben so klein als möglich ist und dies wiederum nur, wenn die Aufgaben derselben beschnitten werden. Man kann natürlich heute nicht einfach aus Beamten Angestellte machen, aber in Zukunft die Zahl derselben einschränken, indem man die Aufgaben, wie schon Herr *Blücher* vorschlug, genau katalogisiert.

Dr. BEBER: warnt vor einer Gleichstellung des Behördenangestellten gegenüber dem Privatangestellten. Dr. ABATZ wirft ein, daß der Angestellte sich sein Recht verdienen und nicht erdienen soll.

ASMUSSEN: Durch das Hinzukommen neuer Beamter bei Regierungswechsel entstehen den einzelnen Verwaltungen ungeheure Kosten. Man muß zu dem Schluß kommen, die Beamtenzahl so niedrig als möglich zu halten. Die Städte und Kreise müssen von den Auftragsangelegenheiten freikommen.

Dr. SCHÄFER: stimmt grundsätzlich dem Beamtentum zu mit der Einschränkung, dieses nur für besondere Stellen zu verwenden. – Wir brauchen einen unabhängigen Verwaltungsbeamtenkörper, der von allen politischen Strömungen frei bleibt.

---

9 Vgl. Dok. Nr. 27, Abschnitt „Sauberkeit der Verwaltung". In Nordrhein-Westfalen hatte *Blücher* als Finanzminister in einem Rundschreiben vom 22. 5. 1947 die Absicht von Innenminister Walter *Menzel* (SPD) begrüßt, die Beamtenzahl deutlich zu senken. Vgl. Curt GARNER, „Zerschlagung des Berufsbeamtentums"? Der deutsche Konflikt um die Neuordnung des öffentlichen Dienstes 1946–1948 am Beispiel Nordrhein-Westfalen, in: VfZG, 39 (1991), S. 67, Anm. 30.

Bei Wirtschaftsaufgaben brauchen wir nicht unbedingt Beamte. Die Frage, wie man sich bei Beamten verhalten soll, bleibt allerdings noch offen. – Die Planstellen der Beamten müssen herabgesetzt werden, damit kommen wir am besten zu der Lösung der Frage, denn nach meiner Ansicht brauchen wir auch in der Gemeindewirtschaft den Beamten. Es bestehen politische Notwendigkeiten, das Berufsbeamtentum aufrechtzuerhalten.

STEGNER: Wenn ich von der nicht unbedingten Notwendigkeit der Verwaltungsbeamten sprach, so meine ich damit natürlich nicht die Fachbeamten, sondern die neu eingerichteten Verwaltungsstellen[10] wie Wirtschaftsamt, Ernährungsamt usw. Eine Katalogisierung der Aufgaben der Beamten halte ich ebenfalls für sehr wichtig und richtig. Man ist in der Privatindustrie dahin gekommen, die Angestellten denen des Staates gleichzustellen, damit sie sich nicht schlechter stellen.

ALTENHAIN: Es ist klar, daß die organische Entwicklung bestehen bleibt, daß die Angestellten in die Beamtenplanstellen hineinwachsen. Es sollte hier ja auch nur festgestellt werden, vertreten wir das Berufsbeamtentum oder wollen wir eine vollkommen neue Verwaltungsreform?

BLÜCHER: Wir haben festgestellt, daß wir dem Beamtentum beipflichten. Die zweite Frage ist nun das aktive und passive Wahlrecht für die Beamten. Die Länder weichen in ihren Handhabungen hierin voneinander ab.[11]

Frage: Wie stehen wir zu der politischen Betätigung des Beamten überhaupt? Es muß doch jedem Beamten gestattet sein, sich einer politischen Partei anzuschließen und sich in dieser zu betätigen. Bei dem passiven Wahlrecht kommt es meiner Meinung nach nur auf die Ebene[12] an. Auf der unter- und übergeordneten Ebene müßte man ihm das passive Wahlrecht einräumen. Soweit ein Beamter aber nicht Träger eines Hoheitsrechtes ist, wie z. B. die Lehrer, muß man ihnen doch das volle passive Wahlrecht einräumen.

ALTENHAIN: unterstreicht diese letzte Feststellung und erklärt, daß auch die Militärregierung die Richtigkeit derselben erkannt habe.

---

10 Zu diesen Hauptverwaltungen, die seit Februar 1948 im bizonalen Verwaltungsrat vereinigt waren, gehörten außerdem die Verwaltungen für Finanzen, Post- und Fernmeldewesen, Verkehr und seit September 1948 die Verwaltung für Arbeit. Vgl. VOGEL, Teil I, 1956, S. 32 u. S. 35.

11 In den Ländern der britischen Zone standen im Zusammenhang mit den parlamentarischen Beratungen von Wahlgesetzen und Landesverfassungen Veränderungen der geltenden britischen Verordnungen bevor. Den Ländern war von der britischen Militärregierung seit dem 1. 12. 1946 die „Richtlinien- und Entscheidungskompetenz" auf dem Gebiet des Beamtenrechts (Landes- und Kommunalbeamten) übertragen worden. Die Behörden der Militärregierung hatten beratende und kontrollierende Aufgaben. Vgl. BLUM, 1972, S. 166–231; REUSCH, 1985, S. 283–285 u. S. 368 f. Die britische und amerikanische Militärregierung befürwortete durch das Gesetz Nr. 15 vom 15. 2. 1949 – mit wenigen Ausnahmen – ein striktes Gebot der Unvereinbarkeit von Amt und Mandat. Vgl. die Beilage Nr. 2 zum Gesetzblatt der Verwaltung des Vereinigten Wirtschaftsgebietes, Jahrgang 1949, besonders Paragraph 26. Vgl. WENGST, 1988, S. 33 f. u. S. 45 f.

12 Vermutlich sind hier die Laufbahnebenen vom einfachen bis zum höheren Dienst gemeint.

ABATZ: Wir müssen von dem Grundsatz ausgehen, daß sich bei dem passiven Wahlrecht der Beamten Legislative und Exekutive in einer Hand befinden würden. Einer politischen Betätigung der Beamten dürfen an sich keine Grenzen gezogen werden.[13]

STEGNER: Man muß dem Beamten weitgehendste politische Rechte einräumen. Es ist selbstverständlich, daß betreffend Legislative und Exekutive Einschränkungen vorgenommen werden müssen, aber man soll die Grenzen nicht zu eng ziehen.

LINDEMANN: Man soll aus dem Beamten nicht einen Menschen zweiter Klasse machen, soll aber doch ernstlich bedenken, wie weit man in dieser Beziehung gehen darf.

ALTENHAIN: stellt den Antrag, ein Gremium zu bilden, das alle grundsätzlichen Feststellungen formuliert.

Zusammensetzung des Gremiums:

Herr *Abatz* (Hamburg), Herr *Höpker-Aschoff,* Herr *Altenhain* und Herr *Gerhard.*[14] Über die Resolution[15] muß noch schriftlich beschlossen werden.

---

13 Diese grundsätzliche Haltung vertraten 1947/48 auch andere FDP-Politiker bei parlamentarischen Beratungen in der britischen Zone. Die FDP im Niedersächsischen Landtag war in ihrem Antrag uneingeschränkt für das passive Wahlrecht der Beamten. In der Hamburger Bürgerschaft trat *Rademacher* ebenfalls für eine Gleichberechtigung der Beamten ein. Er legte darüber hinaus einen Zusatzantrag vor, „[...] in dem die Beibehaltung eines Verbotes für öffentliche politische Betätigung für Exekutiv-Beamte der Polizei, Staatsanwälte und Richter gefordert wird". „Um das Wahlrecht der Beamten – Ein Antrag der FDP im Niedersächsischen Landtag", in: Schnelldienst, 23. 1. 1948, Nr. 22. Vgl. BLUM, 1972, S. 480–482.
14 Hans *Gerhard* (geb. 1888), Bürgermeister a.D. Aus seinem maschinenschriftlichen Lebenslauf erschließen sich die folgenden biographischen Angaben: 1919–1923 Bürgermeister in Neustadt a.d. Orla (Thüringen), 1923–1931 Stadtdirektor, dann Oberbürgermeister in Zella-Mehlis (Thüringen) („Durch Nazis und KPD nicht wiedergewählt"); 1920–1928 Vorstandsmitglied des Thüringer Städtetages; 1920–1931 Vorstandsmitglied des Arbeitgeberverbandes Thüringer Gemeinden und Kreise und Vorstandsmitglied des Reichsstädtebundes; 1927 Zählkandidat der DDP zur Thüringer Landtagswahl im Wahlkreis Meiningen-Zella-Mehlis; 1927–1932 Mitglied der Freimaurerloge Charlotte zu den 3 Nelken Meiningen (Lehrlingsgrad); 1931–1933 Bürgermeister in Solbad Melle (Hannover) („Einstimmige Wahl"); 1933 amtsenthoben; 1934–1945 Bürgermeister der Stadt Leichlingen (Rheinland), Berufung durch Regierungspräsidenten in Düsseldorf; seit 1937 Mitglied der NSDAP; am 29. 5. 1945 Entlassung durch die Militärregierung nach den bestehenden Richtlinien, am 1. 9. 1945 Versetzung in den Ruhestand; März 1947 Einstufung durch Kreis-Entnazifizierungsausschuß des Rhein-Wupperkreises Opladen als „entlastet (Gruppe V)"; Bescheinigung vom 22. 4. 1947: „G. ist nicht nur als nominelles Mitglied der NSDAP, sondern mehr als Antinazi anzusehen". AdL-12. *Gerhard* war seit 1945 Mitglied der FDP, zuerst in der „Deutschen Aufbaupartei" (Opladen); seit 1947 Vorsitzender des Kommunalpolitischen Ausschusses des FDP-Landesverbandes Nordrhein-Westfalen; 1948 Vorsitzender des Kommunalpolitischen Ausschusses des FDP-Zonenverbandes in der britischen Zone; 1954–1958 MdL NRW.
15 Über eine solche „Resolution" ist nichts bekannt. Hans *Gerhard* verfaßte einen 1. „Entwurf" über „Das Beamtenproblem und seine Lösung", datiert vom 27. 3. 1948, AdL-12. Über ein im Mai 1948 ausgearbeitetes Flugblatt vgl. Dok. Nr. 48.

BLÜCHER: Zur Frage, ob ein Richter sich politisch betätigen darf, bin ich der Ansicht, daß man auch diesem keine politischen Rechte vorenthalten darf.

Dr. SCHÄFER: Die augenblickliche Entwicklung der Justiz[16] ist sehr gefährlich, darum bin ich im Augenblick der Auffassung, die Justiz völlig aus dem politischen Kampf herauszunehmen.

BLÜCHER: Es ist unbedingt erforderlich, daß wir so schnell wie möglich zu einer Formulierung der grundsätzlichen Auffassungen kommen, denn ungeschickte Redner verderben sehr viel in dieser Angelegenheit, weil sie nicht genau über die Dinge informiert sind.

Den nächsten Punkt der Tagesordnung bilden die Gewerkschaftsfragen.

BLÜCHER: Die heutigen Gewerkschaften sind legitimierte und alleinige Vertreter der Arbeiterschaft.

Wir können nicht stillschweigend an dieser Usurpation der Macht vorbeigehen. Auf Seiten der CDU ist man der Überzeugung, mit der christlichen Gewerkschaft schon jetzt an die Öffentlichkeit zu treten.[17] Es gibt aber Arbeitnehmer aller Stufen, die sich weder für eine sozialistische oder christliche Gewerkschaft entscheiden können, die aber eventuell von diesen vergewaltigt werden können. Wir müssen uns mit der Stellungnahme zu dieser Frage einmal eingehend beschäftigen.[18] Die Klarstellung dieser Angelegenheit ist eine der wichtigsten überhaupt.

Frau GRAMBERG: Frauen wollen sich sehr ungern organisieren lassen, aber die heutigen Gewerkschaften lassen nichts unversucht, die Frauen für sich zu gewinnen, darum ist es unbedingt notwendig, sich auch um diese Seite des Problems zu kümmern.

Dr. SCHÄFER: Gegenüber früher gibt es jetzt den Gedanken der Einheitsgewerkschaft.[19] Diese Einheitsgewerkschaften müßten aber einen überparteilichen Charakter haben. Wir müssen versuchen, in die Gewerkschaften hineinzukommen und in ihnen zu arbeiten. Dazu gehört aber eine Linie der Partei als Arbeitsgrundlage.

---

16 Anfang 1948 war bei den Landgerichtsräten und Landgerichtsdirektoren in der britischen Zone der Anteil ehemaliger NSDAP-Mitglieder auf etwa 80–90 % gestiegen. Vgl. Joachim Reinhold WENZLAU, Der Wiederaufbau der Justiz in Nordwestdeutschland 1945–1949, Königstein/Ts. 1979, S. 138f.; Bernhard DIESTELKAMP/Susanne JUNG, Die Justiz in den Westzonen und der frühen Bundesrepublik, in: Aus Politik und Zeitgeschichte, B 13–14/89 (24. 3. 1989), S. 21–24.

17 Hierfür ließ sich kein Beleg finden. Vgl. HEITZER, 1988, S. 677–683; Helene THIESEN, Christlich-soziale Arbeitnehmerschaft und Gewerkschaftsfrage 1945–1953, Bonn 1988, Diss., S. 110–131. Vgl. Dok. Nr. 50 a, Anm. 19.

18 Vgl. Dok. Nr. 49 b, Punkt VIII u. Anlage 1; vgl. RÜTTEN, 1984, S. 71–73.

19 Am 23. 4. 1947 wurde in Bielefeld der „Deutsche Gewerkschaftsbund für die Britische Zone" gegründet. Zur Vorgeschichte der Gründung vgl. Ulrich BORSDORF, Der Weg zur Einheitsgewerkschaft, in: Jürgen REULECKE (Hrsg.), Arbeiterbewegung an Rhein und Ruhr. Beiträge zur Geschichte der Arbeiterbewegung in Rheinland-Westfalen, Wuppertal 1974, S. 385–412. Vgl. MIELKE (Bearb.), 1987, S. 44–46.

Sitzung des Zentralausschusses 28. 2. 1948 **46 b.**

Eine andere Frage wäre, sollen wir eine eigene Organisation schaffen, die, mit unserem Gedankengut erfüllt, berufsständisch arbeitet. Eine solche Organisation aufzustellen, ist aber nicht leicht. Es wäre wohl für die Anbahnung internationaler Beziehungen und Verbindungen sehr notwendig, zu einer solchen Organisation zu kommen. Darüber müßte in den einzelnen Landesverbänden noch eingehend diskutiert werden.

v. RECHENBERG: Die Gewerkschaftsfrage hat uns gerade in Nordrhein-Westfalen sehr beschäftigt.[20] Sollte man eine eigene Gewerkschaft früher oder später aufziehen, so ist das Wichtigste, die geeigneten Leute dafür zu finden. So sehr wichtig ich auch eine solche liberale Gewerkschaft halte, bin ich doch der Meinung, daß wir heute noch zu wenig Leute unter den Arbeitnehmern in unserer Partei[21] haben. Wichtig ist für uns jetzt erst einmal, so viele als irgend möglich von unseren Leuten in die bestehenden Gewerkschaften hineinzubringen, die dann dort für uns werben. Die heutigen Gewerkschaften sind auf einer rein sozialistischen Grundlage aufgebaut und werden als legitime Vertreter der gesamten Arbeiterschaft anerkannt, obwohl sie nur etwa 15 % derselben in ihren Organisationen[22] haben.

BLÜCHER: Wir wollen auch nicht sofort organisatorisch in Erscheinung treten, sondern uns zunächst erst einmal unsichtbar den Rahmen dafür schaffen.

STEGNER: Daß wir in den Gewerkschaftsfragen unbedingt etwas tun müssen, wird immer dringlicher erforderlich. Wir haben in Niedersachsen in zwei Kreisen die Führung in der Angestelltengewerkschaft. Es fehlt unseren Leuten aber die Anregung für die Arbeit von der Partei aus. Am besten wäre es, einen Ausschuß zu bilden, der sich mit diesen Vorfragen eingehend befaßt.

---

20 Vgl. Dok. Nr. 43.
21 Eine Mitgliederstatistik des FDP-Landesverbandes Nordrhein-Westfalen vom Juli 1948, die mit der Absicht verfaßt worden war, die Behauptungen zu widerlegen, „[...] die FDP sei eine einseitig ausgerichtete Unternehmerpartei [...]", gab bei einem aktuellen Stand der Mitgliederzahl von 12 730 folgende prozentuale Aufschlüsselung der beruflichen Zusammensetzung an: Arbeiter 14,68 %; Angestellte 20,43 %; Beamte 6,22 % = 41,33 % − freie Berufe 8,15 %; Handwerker 8,85 %; Gewerbetr. 20,45 %; Landwirte 2,87 % = 40,32 % − Hausfrauen 11,68 %; Studenten 1,74 %; Rentner 4,93 % = 18,35 %.
Diese Statistik ist enthalten in dem von *Middelhauve* gezeichneten „Rechenschaftsbericht des FDP-Landesverbandes für die Zeit von August 1947 bis Juli 1948", datiert vom 21. 7. 1948, Archiv des FDP-Landesverbandes Nordrhein-Westfalen in Düsseldorf, Akte Landesparteitage, Ia/10. Vgl. SARTOR, 1989, S. 60. Zu den Fehlerquellen von Angaben über die Parteimitgliedschaft vgl. SCHRÖDER, 1985, S. 85, Anm. 7; HEIN, 1985, S. 216–218.
22 Nach dem Stand vom 31. 7. 1948 gab es in der britischen Zone 2 883 091 Gewerkschaftsmitglieder (einschließlich solcher, deren Organisation nicht dem DGB angehörte). Das entsprach einem Anteil von 45 % an der Gesamtheit der Lohn- und Gehaltsempfänger. Vgl. Office of Military Government for Germany (U.S.), Statistical Annex. Report of the Military Governor, April 1949, No. 46, S. 108. Zu den auf Dezember 1948 bezogenen Angaben des DGB in der britischen Zone vgl. MIELKE (Bearb.), 1987, S. 931 (Dokument 312). Zur Frage der Erfassung der gewerkschaftlichen Mitgliederzahlen vgl. Wolfgang STREECK, Gewerkschaften als Mitgliederverbände. Probleme gewerkschaftlicher Mitgliederrekrutierung, in: Joachim BERGMANN (Hrsg.), Beiträge zur Soziologie der Gewerkschaften, Frankfurt a. Main 1979, S. 99, Anm. 2.

Dr. SCHÄFER: erklärt, daß man diesen Ausschuß schon in den Satzungen festgelegt hätte.

KANSCHARDT: In Hamburg haben wir schon über diese Dinge gesprochen. Wir wollen dort auch diese Fragen weiter ausarbeiten. Wir haben uns schon mit den Landesverbänden in Verbindung gesetzt, um gemeinsame Gedanken zu finden.

Beschluß:

Jeder Landesverband meldet innerhalb von 8 Tagen 2 Vertreter für diesen Ausschuß. Herr *Kanschardt*[23] wird mit der kommissarischen Federführung und Einberufung des Ausschusses betraut. Dieser wählt dann beim ersten Zusammentreffen den Obmann aus seiner Mitte. Als Mitglied des Zonenvorstandes kommt Herr Dr. *Schäfer* in diesen Ausschuß.

28. 2. 1948 – Nachmittag

Die Versammlung kommt nun zu einem anderen Punkt der Tagesordnung, „Verantwortliche Mitarbeit in den heutigen Regierungen?"

BLÜCHER: erörtert eine etwaige Regierungsbeteiligung[24] in Nordrhein-Westfalen. Unter den gegebenen Verhältnissen besteht keine Voraussetzung, sich an entscheidender Stelle in den Regierungen zu beteiligen.[25] Durch die Koalition CDU und Zentrum wird die FDP immer wieder in eine ungünstige Verteidigungsposition gedrängt.

Wir müssen uns vorbereiten, auf der ganzen Linie den politischen Kampf nach rechts und links aufzunehmen. Es hat den Anschein, daß die Politik der SPD künftig jede gemeinsame Linie ausschließt. Es geht um Leben und Sterben, eine vorbehaltlose Gegnerschaft gegen jede Form von Zwangswirtschaft ist unvermeidlich.

ALTENHAIN: Eine loyale Opposition wie bisher können wir nicht aufrechterhalten wegen der untragbar gewordenen Wirtschaftsverhältnisse in Nordrhein-Westfalen. Wir müssen dem Wirtschaftsminister[26] schärfste Opposition machen.

Er wirft die Frage auf, ob man dem kommunistischen Antrag[27] auf Auflösung des Landtages zustimmen soll in der Form, daß vorher die Verfassung verabschiedet sein muß.

---

23 Franz *Kanschardt*, Vorsitzender des Arbeiter- und Gewerkschaftsausschusses des FDP-Zonenverbandes in der britischen Zone.
24 Vgl. Dok. Nr. 32, Anm. 9.
25 Ein unmittelbarer Anlaß für diese Aussage ist nicht erkennbar.
26 Wirtschaftsminister war Erik *Nölting*, SPD.
27 Vgl. den „Antrag der KPD-Fraktion betreffend der Auflösung des Landtages" vom 9. 2. 1948, LT NRW, Drucks. Nr. II–291. Der Antrag wurde gegen die Stimmen der KPD-Fraktion abgelehnt. Vgl. LT NRW, Sten. Ber., 5. 4. 1948, S. 150.

Sitzung des Zentralausschusses 28. 2. 1948 **46 b.**

BLÜCHER: ist der Ansicht, daß man nach dem heutigen Stand der Versorgungslage die Verabschiedung der Verfassung[28] nicht beschleunigen soll. Auf keinen Fall darf die KPD verstärkt werden. Eine Vermehrung der Kommunisten erschwert die Verbindung bzw. Rückgewinnung der Ostzone.

RADEMACHER: fordert ebenfalls eine scharfe und klare Stellung gegenüber den Kommunisten.

Zusammenarbeit mit der SPD darf aber nicht grundsätzlich abgelehnt werden. In Hamburg ist unsere Regierungskoalition mit der SPD eine geradezu traditionelle Angelegenheit.[29] Sie hat mit Erfolg sozialistische Übertreibungen abgewehrt.

Auf einen Zwischenruf von Herrn BLÜCHER, die diktatorische Haltung der SPD wird uns die Gegnerschaft aufzwingen, fährt RADEMACHER fort, wenn die sozialistischen Bestrebungen sich so verschärfen, dann werde ich der erste sein, der aus solchem Verhalten eine Kabinettsfrage macht. Vorerst besteht für uns keine Veranlassung, die Regierungskoalition mit der SPD aufzugeben.

BÖHM: kennzeichnet die verworrene Lage in Niedersachsen. Die Schwierigkeiten, in der eigenen Fraktion mit Gegensätzen fertig zu werden, sind groß. Wir werden uns zu einer Opposition gegen die CDU und SPD entschließen müssen.[30] Eine solche Haltung ist notwendig, um das Abwandern der Bevölkerung ins extreme Lager aufzuhalten.

STEGNER: Unsere Schwierigkeiten in Niedersachsen beruhen auf dem Wettbewerb der NLP, von der sich Angehörige unserer Fraktion beeinflussen lassen. Den Niedersächsischen Landtag würde niemand mehr ernst nehmen. Eine Auflösung wäre trotz der Arbeitsunfähigkeit desselben nicht zu erreichen, weil alle Minister wüßten, daß sie nicht wieder gewählt würden. Die eigentliche Machtposition läge dabei bei der SPD.

MENDE: weist auf die gefahrvollen Neigungen der Jugend zu nationalsozialistischen, kommunistischen Strömungen hin. Hält auch für nötig, die kommunistische Gefahr sehr ernst zu nehmen. Ein Anwachsen eines Kommunismus würde uns eine anständige Außenpolitik sehr erschweren. Wenn wir uns auch von allem, was jetzt

---

28 FDP, SPD und KPD stimmten gegen die in 3. Lesung am 6. 6. 1950 mit den Stimmen der CDU und dem Zentrum verabschiedeten Verfassung für Nordrhein-Westfalen. SPD und FDP lehnten die Abschnitte über die Schule ausdrücklich ab. Vgl. KRINGE, 1988, S. 544 f.
29 Seit 1919 gab es eine Koalition zwischen SPD und DDP, seit 1925 unter Einschluß der DVP. Vgl. Ursula BÜTTNER, Politische Gerechtigkeit und sozialer Geist. Hamburg zur Zeit der Weimarer Republik, Hamburg 1985, S. 185–190; HEIN, 1985, S. 86 f. Ausgenommen die Jahre 1953 bis 1957, bildeten SPD und FDP, bis 1948 noch mit anderen Parteien, von Mai 1945 bis April 1966 eine Koalition. Zur Auseinandersetzung in der FDP um die grundsätzliche Haltung gegenüber der SPD vgl. RÜTTEN, 1984, S. 71 f.
30 Die Regierung des Ministerpräsidenten Hinrich Wilhelm *Kopf* trat am 12. 3. 1948 zurück, weil über die Frage der Bodenreform (soll die Grenze bei 150 oder 100 Hektar bzw. 200 000 oder 130 000 RM Einheitswert liegen?) keine Einigung erzielt werden konnte. Der neuen Regierung vom 9. 6. 1948 gehörte die FDP nicht mehr an. Vgl. KEESING'S ARCHIV DER GEGENWART, 12. 3. 1948 C und 9. 6. 1948 B. Vgl. Dok. Nr. 34 a, Anm. 8. Vgl. RÜTTEN, 1984, S. 73–77; DERS. (Diss.), 1984, S. 460, Anm. 166.

geschieht, energisch absetzen müssen, bin ich doch der Meinung, daß eine Partei sich nicht mit wesensfremden Menschen bereichern kann. Wer nun einmal zum Extremismus neigt, den kann man schwer in einer anderen Richtung überzeugen.

v. RECHENBERG: Die Jugend neigt wohl nicht in ihrem Innersten zum Extremismus, aber sie findet nichts, was an ihr Gefühl rührt. Sie sucht jemand, der ihr aus dem Sumpf den geraden Weg zeigt.

Dr. SCHÄFER: Wir als kleine Partei haben nur wenig an der Verantwortung zu tragen; die Hauptlast liegt auf den Schultern der großen Parteien. Wir müssen in erster Linie dafür sorgen, daß unser Gedankengut verbreitet wird. Der Versuch, eine Veränderung aufzufangen, ist sehr schwer und birgt kaum eine Möglichkeit in sich. Unser Grundgedanke sollte sein, uns bei den gegenwärtigen [Verhältnissen][31] nicht zu sehr zu engagieren. Vielleicht liegt die Zukunft unserer Partei erst in 10 Jahren.

Durch Auseinandersetzungen mit den politischen Gegnern müssen wir versuchen, die Reihen derselben aufzulockern. Es sind auch in der SPD Entwicklungsansätze vorhanden, die, geschickt angesetzt, uns eine Aufbauarbeit bieten. Um die föderalistischen Tendenzen auf ein erträgliches Maß zu bringen, brauchen wir die SPD, darum dürfen wir uns in unserer Einstellung ihr gegenüber nicht auf eine zu starre Form festlegen. Eine scharfe Politik gegenüber den Kommunisten halte ich auch für unbedingt notwendig.

Daß die Bevölkerung nicht zu der Überzeugung gekommen ist, wieviel Schlimmes die politischen Parteien verhütet haben, liegt daran, daß alle diese Dinge nicht genügend publiziert worden sind. Die heutigen Zeitungen sind so miserabel, das ist das Grundübel. Sie erwecken in der Bevölkerung die Vorstellung, daß alle politische Arbeit nur aus Mängeln bestünde. Die Öffentlichkeit bekommt ein verzerrtes Bild von den Geschehnissen, weil immer nur die Dinge herausgehoben werden, die irgendwie negativ sind, aber ein wenig interessant.

Dr. KREKELER: Wir wollen dafür sorgen, daß das Vertrauen zu uns in der Öffentlichkeit wächst und bei kommenden Wahlen unsere Anhängerschaft immer größer wird. Das würde dann auch gleichzeitig ein zunehmendes Vertrauen zur demokratischen Einrichtung bedeuten Leuten gegenüber, die dieses Vertrauen bisher noch nicht gehabt haben. Mit wesensfremden Leuten kann man in seinen Reihen nichts erreichen. Man käme damit auch in die Rolle des Rattenfängers, und das haben wir doch wirklich nicht nötig, wir sind im Kommen. Unser Ziel muß sein, durch Arbeit etwas zu erreichen, denn wir können nicht erwarten, daß wir plötzlich eine liberale Mehrheit in Deutschland haben. Aber durch die Leistungen unserer kleinen Zahl können wir das erreichen, was uns summarisch fehlt.

Herr BLÜCHER kommt dann zum Schlußwort:

---

31 Hier liegt eine Auslassung vor. Vermutlich heißt es: „bei den gegenwärtigen [Verhältnissen]". Vgl. dagegen SCHRÖDER, 1985, S. 60: „bei den gegenwärtigen [Regierungen]". *Blücher* erörterte zu Beginn der Aussprache „eine etwaige Regierungsbeteiligung" „unter den gegebenen Verhältnissen".

Sitzung des Zentralausschusses 28.2.1948 **46 b.**

Ich glaube, daß die Debatte für uns alle sehr wichtig gewesen ist, und sie in vielen Dingen uns für unsere Arbeit eine Grundlage gegeben hat.

Unser erster Grundsatz muß immer heißen, für unser Vaterland zu arbeiten. Diese Arbeit kann man auch in einer Opposition leisten, aber nur in einer bedingten, konstruktiven Opposition. Wer nur Opposition als solche betreibt, unterläßt die notwendige Arbeit. Wir wollen uns doch einmal ganz ehrlich die Frage stellen, wollen wir den Abgeordneten anderer politischer Parteien weniger Vaterlandsgefühl zuschreiben, als wir es für uns in Anspruch nehmen? Würden wir damit nicht das Fundament für eine Aufreißung der neuen Demokratie bilden? Alle unsere Handlungen müssen erst vor unserem Gewissen verantwortet werden, erst nach reiflichen Überlegungen sind wir berechtigt, von Opposition zu sprechen. Wenn alle unsere Bestrebungen von der Verantwortung unserem Lande gegenüber getragen sind, dann werden wir uns damit Freunde werben und brauchen keinen Stimmenfang zu treiben. Nur das gedankenlose Reden, daß nichts getan worden ist, hat die Schuld daran, daß unsere Jugend so verzweifelt. Niemals hat wohl ein Volk mehr geleistet als das unsere in den letzten drei Jahren. Allem Reden muß eine ungeheure Gedankenarbeit vorangehen. Stellen sie dem deutschen Menschen nicht die Verzweiflung vor Augen, sondern zeigen sie ihm den Weg, auf dem es vorwärts geht.

Fordern sie revolutionär, klagen sie an, aber vermeiden sie, Menschen schuldig zu machen, zerreißen sie nicht leichtsinnig unser Volk. Tragen sie den Kampf auf der höheren Ebene des Geistes aus. Unser Volk in die Verzweiflung treiben und einen Radikalismus zu betreiben, das ist es, was ich von einer falsch verstandenen Opposition sage. Unser Kampf wird nur von Erfolg sein, wenn man uns unsere Uneigennützigkeit ansieht.

Am Anfang stand nicht die Kritik, sondern der gläubige, ordnende Geist. Dies wollen auch wir wieder an den Anfang setzen.

Beschluß[32] des Zentralausschusses der FDP zur Aufforderung der KPD, an 48er Gedenkfeiern teilzunehmen.

Die Volksbewegung des Jahres 1848 für die Einheit eines freiheitlichen deutschen Staates wurde wesentlich vom liberalen Gedankengut getragen. Infolgedessen entspricht die feierliche Würdigung der politischen Kämpfe der Zeit vor hundert Jahren den von unserer Partei gepflegten Überlieferungen.

Dem Geist der Achtundvierziger muß bei solchen Feiern das Bekenntnis zur vollen staatsbürgerlichen Freiheit, unter Ablehnung jeder Art von totalitärer oder autoritärer Alleinherrschaft von Klassen oder Parteien, entsprechen.

Nur in Gemeinschaft mit politischen Gruppen, die durch diese Grundsätze, wie durch die praktische Zielsetzung, eine solche Gesinnungsgrundlage gewährleisten, sind wir zur Beteiligung an Feiern des Jahres 1848 bereit.

---

32 Dieser Beschluß ist vom 28. 2. 1948 datiert.

47.

24./25. 4. 1948: Protokoll über die Tagung des Zonen-Frauenbeirats der FDP

Privatbesitz Liselotte Funcke. Beginn: 14 Uhr. Ende: 25. 4. 1948, 16.30 Uhr.

Anwesend: *Becker, Funcke, Grau, Lange, Sehlmeyer.*

Frau SEHLMEYER eröffnete die Sitzung und stellte zunächst die Interzonen-Frauentagung[1], die bei der letzten Frauenbeiratssitzung in Hannover beschlossen worden war, zur Beratung. In Anbetracht der gegenwärtigen Lage kann nicht angenommen werden, daß die LDP-Frauen einen Interzonenpaß erhalten. Der russische Vorschlag, Schlandau als Tagungsort zu nehmen, wurde abgelehnt. Es soll versucht werden, die Tagung im Westen Berlins durchzuführen.

Als Hauptthema für 2 Referate erscheint das Sozialgebiet am geeignetsten. Es wurde vorgeschlagen, daß eine Referentin aus der russischen Zone und als zweite Frau *Sehlmeyer* (Hannover) aus der Bizone sprechen sollen.

Zur Teilnahme wurden vorschlagsweise genannt: Sämtliche Mitglieder des Frauenbeirats,
Frau *Hoffmeier* (Pyrmont)
Frau *Mentze* (Einbeck)
Frau *Kauke* (Göttingen)
Frau *Lörensen* (Tekenbüll)
Frau *Rammert* (Meldorf)
Frau Dr. *Anders* (Hamburg)
Frau *Aggas* (Hamburg)
Frau Dr. *Reicke* (Hamburg)
Frau *Bürow* (Hamburg)
Frau *Buschmann* (Hamburg)
Frau *Hasker* (Hamburg)
Frau Dr. *Altenloh*[2] *(Hamburg)*

Frau *Menne* (Wethen, Hessen) und 2 weitere Vertreterinnen von Hessen, Frau *Müller-Hitzler* (Erlangen) und 2 weitere Vertreterinnen von Bayern, Frau *Gerbes* (Stuttgart) und 2 weitere Vertreterinnen von Württemberg, 3 Vertreterinnen von Niedersachsen, 3 Vertreterinnen von Nordrhein-Westfalen, 2–3 Vertreterinnen von Bremen.

Als Zeitpunkt wurde zunächst der 19./20. Juni in Aussicht genommen und zur dringenden Vorbereitung empfohlen, sofort für die infragekommenden Frauen die Interzonenpässe zu beantragen.

Frau *Lange* übernahm es, sofort nach ihrer Rückkehr nach Hamburg in Berlin anzufragen, ob man dort mit dem Vorschlag einverstanden ist. Sie wird das Ergebnis Frau *Sehlmeyer* und Frl. *Funcke* mitteilen. Frau *Sehlmeyer* benachrichtigt Bremen, Frl. *Funcke* benachrichtigt Frau *Friese-Korn* und die Frauensekretariate der süddeutschen Länder.

Eine Vorbesprechung des Frauenbeirats soll einen Tag vor der Reise nach Berlin in Hamburg stattfinden.

---

1 Es konnte nicht ermittelt werden, ob, wann und wo diese FDP-Frauentagung stattgefunden hat.
2 Emilie *Kiep-Altenloh*.

Tagung des Zonen-Frauenbeirats 24./25. 4. 1948 **47.**

Für den Fall, daß die Tagung in Berlin nicht stattfinden kann, wurde beschlossen, eine neue Frauenbeiratsbesprechung zum 19./20. Juni nach Oldenburg einzuberufen. Für diese Tagung ist die Behandlung des Wirtschaftsprogramms, des Lastenausgleichs und von Kulturfragen vorgesehen.

Es erscheint zu einer einheitlicheren und klareren Stellungnahme aller Fragen im öffentlichen Leben notwendig, daß die einzelnen Länder untereinander in enger Verbindung stehen. Aus diesem Grunde wird Frl. *Funcke* die süddeutschen Frauensekretariate der FDP und DVP[3] bitten, Abschriften von Protokollen und sonstige Unterlagen aus der politischen Arbeit an die jeweiligen Sachbearbeiterinnen des Frauenbeirats zu senden.

Weiterhin wurde angeregt, eine Adressenliste der Mitglieder des Frauenbeirats an alle Mitglieder zu senden (siehe Anlage).

In ausführlicher Debatte wurde über innerparteiliche Verhältnisse gesprochen. Es wurden Berichte über Hamburg, Niedersachsen und Nordrhein-Westfalen gegeben.

Die Abwesenheit der beiden Vertreterinnen im Zonenvorstand wurde lebhaft bedauert. Frau *Sehlmeyer* wird beauftragt, bei Frau *Gramberg* und Frau *Friese-Korn* anzufragen, welche Stellung sie eingenommen haben bei dem Beschluß über die Regierungsbildung in Niedersachsen.[4]

Hieran schloß sich eine Besprechung über die Zusammenarbeit der FDP mit den anderen Parteien. Zu einer klaren Abgrenzung gegen die CDU, deren Vorteil gerade in der Frauenarbeit in ihrem Appell an das Mütterliche und an die Religiosität liegt, wurde es für dringend notwendig erachtet, daß so schnell wie möglich das Kulturprogramm[5] der FDP aufgestellt wird. Viele Kreise, besonders der Frauen, sind uns dadurch entfremdet, daß die FDP vielfach als areligiös erscheint. Das Kul-

---

3 Demokratische Volkspartei in Württemberg-Baden.
4 Hintergrund dieser Frage war der „bindende" Beschluß des FDP-Zonenvorstandes, die FDP in Niedersachsen dürfe keine Koalition mit der SPD eingehen. Wer dies tue, stelle sich „außerhalb der Partei". Ohne für oder gegen den Inhalt des Beschlusses Stellung zu nehmen, lehnte der Frauenbeirat in dieser Sitzung die Form dieser Erklärung ab. Er war „[...] der Meinung, daß es nicht angeht, daß Mitglieder unserer Partei, die aus innerer Überzeugung einen anderen Standpunkt haben als der Vorstand, als ‚außerhalb der Partei stehend' bezeichnet werden". Bericht der Hamburger Mitglieder des Frauenbeirats der Zone an den Vorstand des Landesverbandes Hamburg über die Tagung am 24. und 25. 4. 1948 in Bielefeld, Privatbesitz Liselotte Funcke. Vgl. Dok. Nr. 34 a, Anm. 8 u. Dok. Nr. 46 b, Anm. 30.
5 Oscar *Funcke* hatte eine Woche zuvor in einem Referat, das er am Ende der Frauentagung der FDP im Landesverband Nordrhein-Westfalen gehalten hatte, eigene Vorschläge zu einem Kulturprogramm der FDP gemacht. Für das Programm hielt er drei Punkte für entscheidend: 1. Die Stellung zur Religion („Die christliche Religion soll Grundlage unseres Lebens sein, doch ohne dogmatischen Zwang."); 2. Das Schulprogramm („Als Schulreform bejahen wir die christliche Gemeinschaftsschule mit obligatorischem Religionsunterricht."); 3. Wissenschaft und Kunst („Wissenschaft und Kunst müssen frei und allgemein sein und, aus ihrer Vereinzelung als Spezialwissenschaft herausgestellt, Allgemeingut des Volkes werden.") Vgl. das Protokoll über die Frauentagung der FDP im

turprogramm muß klar unsere positive Einstellung zur Religion, zur christlich-abendländischen Kultur und zur christlichen Gemeinschaftsschule darlegen.

Innerhalb der Partei ist immer wieder zu beklagen, wie gering der Einfluß[6] der Frauen auf die Gestaltung des politischen Geschehens ist. Das Wirtschaftsprogramm z. B. enthält kein Wort über die Eingliederung der Frauen in die Wirtschaft, und ähnlich ist es auf anderen Gebieten. Das liegt u. a. daran, daß in verschiedenen Zusammenschlüssen keine Frau vertreten ist. Es wurde daher beschlossen, daß Frau *Sehlmeyer* in einer Rücksprache mit Herrn *Blücher* beantragt, daß zu jeder Tagung des Wirtschafts-, Gesundheits-, Verfassungs- und Jugendausschusses eine Frau des Frauenbeirats zur Information ohne Stimmrecht eingeladen wird.[7]

In Anbetracht verschiedener Unklarheiten und Unstimmigkeiten innerhalb der Partei wurde die baldige Einberufung des fälligen Zonenparteitages gewünscht. Frau *Sehlmeyer* wird ermächtigt, mit Herrn *Blücher* über diesen Punkt zu sprechen.

Von diesen Gedankengängen her wurde das Problem der Jugend in ernster Verantwortung besprochen und von der politischen, soziologischen, moralischen und geschlechtlichen Seite eingehend behandelt. Es wurde angeregt, Richtlinien für die Behandlung der Jugendfrage auszuarbeiten.

Landesverband Nordrhein-Westfalen am 17. 4. 1948 in Dortmund, HStA Düsseldorf, RWV 49–159.

6   Generell zum politischen Einfluß der Frauen in der FDP vgl. Friedrich *Henning*, Der Beitrag der Frauen zur Politik der FDP von 1945 bis heute, in: Liselotte *Funcke* (Hrsg.), Die Liberalen. Frei sein, um andere frei zu machen, Stuttgart 1984, S. 129–131.

7   Mitte Februar 1948 hatte der Zonen-Frauenbeirat folgende „Anträge" an den FDP-Zonenvorstand gestellt: „1. Die Frauen des Frauenbeirates ihrer Arbeitsgebiete gemäß mit in die in Frage kommenden Ausschüsse hereinzunehmen. 2. Frau *Sehlmeyer* bei der Beratung des Kulturprogramms als Sachverständige zuzulassen." Protokoll über die Sitzung des Frauenbeirats der FDP am 14./15. 2. 1948 in Hannover, Privatbesitz Liselotte *Funcke*. Zur Aufgabenverteilung im Zonen-Frauenbeirat vgl. Dok. Nr. 39, Anm. 5. Zum Beschluß des Zonenvorstandes vom 20. 10. 1946 zur Vertretung der Frauen in den Parteivorständen vgl. Dok. Nr. 21 b.

48.

20. 6. 1948: Betr.: Stellungnahme der FDP zur Beamtenschaft und den Beamtenproblemen

AdL-12. Gezeichnet: „Gerhard". Obmann des Kommunalpolitischen Ausschusses. Ort: Leichlingen.

Am Freitag, den 18. Juni 1948 habe ich mit dem Leiter des nunmehr von der Militärregierung zugelassenen Deutschen Beamtenbundes, Landesverband Nordrhein-Westfalen, in Köln eine Besprechung gehabt. Der Leiter, Regierungsrat *Schäfer*, Vorstand des Finanzamtes Köln-Süd, Trajanstraße 18, legte mir Zweck und Ziele

Beamtenschaft und Beamtenprobleme 20. 6. 1948 **48.**

des Beamtenbundes dar, er ist im Gegensatz zu den Gewerkschaften eine rein berufliche und wirtschaftspolitische Ziele verfolgende Fachorganisation. (Siehe den beiliegenden Aufruf.) Der Beamtenbund erwartet von den politischen Parteien, daß sie im Rahmen des Ganzen das Berufsbeamtentum anerkennen, seine berechtigten Belange auch im Interesse des demokratischen Staates zur Erhaltung dieses wichtigen Gliedes des Mittelstandes schützen. Der Leiter bekannte sich auch zum Reichsgedanken mit dem Ziele der Wiederaufrichtung eines dezentralisierten Einheitsstaates und lehnte den im Westen betriebenen Föderalismus als einen getarnten Separatismus ab. Der Beamtenbund wünscht, daß, mehr wie dies bisher der Fall ist, in den Landtagen Angehörige der Beamtenschaft als Abgeordnete vertreten sind. Dieser Wunsch möchte auch bei den kommenden Wahlen entsprechende Berücksichtigung finden. Der Beamtenbund verlangt für die Beamten deshalb das passive Wahlrecht[1] zu den Vertretungskörperschaften des Reiches und der Länder, für die Vertretungen der Kreise und Gemeinden nur für die Beamten, die nicht Kreis- oder Gemeindebeamte sind.

Ich habe als Vertreter der FDP dem Herrn Regierungsrat *Schäfer* erklärt, daß die Freie Demokratische Partei das Berufsbeamtentum anerkennt und vertritt. Das sei in Wort und Schrift und durch die Tat seitens der Vertreter unserer Partei im Landtag, im Zonenbeirat, im Wirtschaftsrat, innerhalb der Parteiarbeit[2] in grundsätzlichen und in zahlreichen Einzelfragen geschehen (z. B. Ablehnung der beamtenfeindlichen Bestimmungen der Entnazifizierungsgesetze usw.)[3] und werde auch weiterhin vertreten.

Das solide Berufsbeamtentum werde auch weiterhin in den kommenden schweren Kämpfen um das Beamten- und Besoldungsrecht, soweit dies nur irgend vertretbar, die Unterstützung der FDP bei seinen gerechten Forderungen finden.

Auf die Wünsche der Beamtenschaft, eigene Vertreter in den Parlamenten zu haben, werde die FDP im Verhältnis des Anteils ihrer Anhänger unter der Beamtenschaft bei der Kandidatenaufstellung Rücksicht nehmen, auch wenn zur Zeit die Gesetzgebung die Kandidatur aktiver Beamter praktisch nicht ermögliche. Man werde eventuell Ruheständler aufstellen.

Auf besonderen Wunsch des Herrn Regierungsrats *Schäfer* habe ich als Mitglied der FDP meinen Namen unter den Aufruf des Beamtenbundes zum Beitritt gesetzt.

---

1 Vgl. Dok. Nr. 46 b, Anm. 11 u. 13.
2 Vgl. Dok. Nr. 52, „Entschließung" (im Anhang).
3 Die FDP lehnte das am 29. 4. 1948 vom Nordrhein-Westfälischen Landtag verabschiedete Entnazifizierungsgesetz vor allem deswegen ab, weil die Pensionsansprüche der in Kategorie IV („Mitläufer") eingestuften Beamten – im Falle der Nichtwiedereinstellung – erst mit der Erreichung des Pensionsalters gegeben waren. Dr. *Unshelm* dazu: „Man müßte ihnen zum mindesten die Möglichkeit der Wiederbeschäftigung, der Wiedereinstellung in eine mindere Stellung mit minderem Gehalt geben oder, wenn das aus irgendwelchen Gründen abgelehnt wird, die Versorgung in Form eines Teiles der erdienten Pension, das war auch im ursprünglichen Entwurf des Justizministers [Dr. *Heinemann*] vorgesehen." LT NRW, Sten. Ber., 29. 4. 1948, S. 386 f. Das Entnazifizierungsgesetz wurde von der britischen Militärregierung am 28. 7. 1948 abgelehnt. Vgl. KRÜGER, 1982, S. 60. Vgl. Dok. Nr. 51, Anm. 35.

Wir vereinbarten, gegenseitig in Beamtenfragen aller Art zwischen Bundesvorstand und Partei gute Tuchfühlung zu halten.

Nachrichtlich gez. *Gerhard*, Bürgermeister i.R.

Vorstehende Notiz dem Vorsitzenden der Zone, Minister *Blücher* (Essen), dem stellvertretenden Vorsitzenden der Zone und Vorsitzenden des Landesverbandes Nordrhein-Westfalen, Dr. *Middelhauve* (Opladen), zur gefälligen Kenntnisnahme vorgelegt. Ich bitte, aus Vorstehendem die nötigen Folgerungen zu ziehen. Es gilt hier, baldigst auf einen wichtigen Teil der Wählerschaft werbend Einfluß zu nehmen. Allein bei den kommunalen Verwaltungen sind in Nordrhein-Westfalen 147 000 ständig Beschäftigte vorhanden. Deshalb muß das am 20. Mai cr. in Bielefeld ausgearbeitete Flugblatt: FDP und Beamtenschaft baldigst in entsprechender Anzahl herausgebracht werden. Der augenblicklich günstige Zeitpunkt darf nicht verpaßt werden. Bildung von Beamtenausschüssen[4] (so oft schon gefordert!) in Kreis-Bezirks-Landesverband und Zonenverband. Hinweis unserer Freunde aus der Beamtenschaft auf den Beamtenbund, aktive Arbeit unserer Freunde im Beamtenbund, Einflußnahme auf die dort betriebene Beamtenpolitik durch Übernahme von Vorstandsämtern usw., Landtagsfraktionen, Zonenbeiratsfraktion, Fraktion des Wirtschaftsrats müssen bei Beamtenfragen führende Leute des Beamtenbundes heranziehen (für die Zone: Oberregierungsrat *Hesse* (Bad Harzburg), für Nordrhein-Westfalen: Regierungsrat: *Schäfer* (Köln, Trajanstr. 18).

---

4 Vgl. Dok. Nr. 49 b, Punkt IX.

49 a.

6. 8. 1948: Protokoll über die Sitzung des Zonenvorstandes (1. Tag)

NL Blücher 230. Beginn: 16.45 Uhr. Ende: 19.45 Uhr. Ort: Bielefeld.

Anwesend: *Biegel, Blome, Böhm*[1], Frau *Gramberg, Rademacher, Richter, Schäfer, Stegner.*

I. Zur Frage der eventuellen Fusion von CDU und Zentrum[2]:

BLÜCHER: Die praktische Entwicklung bei einer Fusion CDU-Zentrum würde die Aufspaltung der CDU sein. Zusammengehen der mehr linkssozialistischen Kreise der CDU mit dem Zentrum: konzessionistisches wirtschaftliches Denken (Ahlener

---

1 Ehrtfried *Böhm* (geb. 1920), Lektor; am 8. 2. 1947 zum Vorstandsmitglied des Landjugendausschusses des FDP-Landesverbandes Hannover gewählt; 1. Vorsitzender der Arbeitsgemeinschaft „Junge Demokraten" im FDP-Landesverband Niedersachsen; Ende 1947 Hauptgeschäftsführer des FDP-Landesverbandes Niedersachsen; 1947–1951 MdL Niedersachsen.
2 Die Delegierten des Zentrums-Parteitages von Oberhausen lehnten am 30. 1. 1949 bis auf wenige Ausnahmen einen Zusammenschluß mit der CDU ab. Vgl. Ute SCHMIDT, Zentrum oder CDU. Politischer Katholizismus zwischen Tradition und Anpassung, Opladen 1987, S. 280–284.

Sitzung des Zonenvorstandes 6.8.1948 **49a.**

Programm), konfessionelle Politik und Vertreten des Föderalismus. Was aus der CDU ausschert, würde zusammen mit der DP und Teilen der FDP sich zu einer konservativen Rechtspartei zusammenfinden. Andere Teile der CDU werden zu uns stoßen, wenn sich bei uns kein „antichristlicher" Kurs deutlich macht.

Die Diskussion ergab, daß, wenn auch die Lage der FDP innerhalb der einzelnen Landesverbände sehr unterschiedlich durch eine solche Fusion betroffen würde, eine ernste Krise in der FDP entstehen kann. Es erscheint daher notwendig, daß

a) eine umfassende ideologische Rechtfertigung der FDP vorbereitet werden muß, deren besondere Akzentuierung besser nach erfolgter Fusion erfolgen sollte und

b) Herr *Blücher* eine ausführliche Darstellung der außenpolitischen Grundsätze so schnell wie möglich gibt, die dann gegebenenfalls in einem größeren Gremium zur Debatte gestellt werden soll.

II. Zur Frage des Preiswuchergesetzes[3]:

Eine Ablehnung des Preiswuchergesetzes ist in absoluter Form nicht möglich, wenn die gegenwärtige Entwicklung betrachtet wird.[4] Geeignete Übergangsformen müssen gefunden werden, die die legalisierten Schwarzmarktpreise verhindern.

Herr *Blücher* wird gebeten

a) am Montag in Frankfurt nachzufragen, ob ein entsprechendes Gesetz schon vorliegt und

b) Fachleute aus den einzelnen Landesverbänden zur Beratung der Fraktion in Frankfurt in der Frage der Preisgestaltung heranzuziehen. Die Benennung der entsprechenden Herren erfolgt durch die Landesverbände.

Nach Möglichkeit sollen auch bei anderen Fragen für Frankfurt Fachleute angefordert werden.

---

3 Das „Gesetz gegen Preistreiberei" vom 28.1.1949 wurde in der bis zum 30.6.1949 befristeten Form vom Wirtschaftsrat einstimmig angenommen und von der Militärregierung genehmigt. Vgl. WIRTSCHAFTSRAT 3, 1977, S. 1362; Gesetzblatt der Verwaltung des Vereinigten Wirtschaftsgebietes, 5.2.1949, Nr. 3, S. 11. Vgl. MÜLLER, Wirtschaftsrat, 1982, S. 158–161.
4 Die Entwicklung war – nach der Aufhebung von Preisbindungen – seit Juli 1948 durch Preissteigerungen und eine zunehmende Kluft zwischen Löhnen und Preisen gekennzeichnet. Vgl. BENZ, 1984, S. 146–152.

III. Zur Frage der Gewerbefreiheit[5]:

Es besteht Klarheit darüber, daß

a) der Bedürfnisnachweis[6] nicht mehr erhoben werden darf,

b) die „Unbescholtenheit" gewährleistet sein muß (Nachweis).

Die Forderung nach fachlicher Eignung, die der Einzelhandel stellt, führt zwangsläufig zurück zum numerus clausus. Dr. *Schäfer* erarbeitet eine Formulierung, die den Begriff der fachlichen Eignung nicht abhängig macht von einer vorgeschriebenen Berufsausbildung.

„Das Recht zur Errichtung und Führung eines Geschäftes setzt fachliche Eignung voraus, neben der erforderlichen sittlichen. Die fachliche Eignung ist in der Regel durch den berufsüblichen Ausbildungsgang nachzuweisen. Im Falle eines Berufswechsels kann die fachliche Eignung durch eine Prüfung nachgewiesen werden. Die Prüfung hat sich zu erstrecken auf die zur praktischen Leitung eines Geschäftes berufsüblichen Vorkenntnisse."

Herr BLÜCHER macht demgegenüber geltend, daß es bei der Gewerbefreiheit um eine Grundsatzfrage geht[7], wo jeder Kompromiß zu einem numerus clausus führen

---

5 Das vom Wirtschaftsrat am 9.7.1948 beschlossene „Gesetz über die Zulassung von Gewerbebetrieben (Gewerbezulassungsgesetz)" stellte den Grundsatz der Gewerbefreiheit wieder her und schaffte die Bedürfnisprüfung als Kennzeichen der Zwangswirtschaft ab. Vgl. WIRTSCHAFTSRAT 2, 1977, S. 751; WIRTSCHAFTSRAT 4, 1977, Drucks. Nr. 406; WIRTSCHAFTSRAT 5, 1977, Drucks. Nr. 675. Vgl. SALZMANN, (Bearb.), 1988, S. 242, Anm. 6–9 u. S. 247. Vgl. BOYER, in: BROSZAT/HENKE/WOLLER (Hrsg.), 1988, S. 454f. In einer Stellungnahme der Militärregierung („Bipartite Board") vom 1.11.1948 wurde das Gesetz jedoch endgültig abgelehnt. Vgl. AKTEN ZUR VORGESCHICHTE 4, 1983, S. 860, Anm. 8. Die amerikanische Militärregierung lehnte formale Befähigungsnachweise – wie die Meisterprüfung für das Handwerk – als Zulassungsvoraussetzung für eine selbständige Gewerbeausübung ab. Vgl. BOYER, a.a.O., S. 455; MÜLLER, Wirtschaftsrat, 1982, S. 260–263; Wolf von der HEIDE, Deutsches oder amerikanisches Gewerberecht?, in: Wirtschaftsverwaltung, Jg. 1 (Frankfurt 1948), H. 14, S. 16f.

6 Bei der sog. Bedürfnisprüfung wurde die Zulassung zum Gewerbebetrieb vom Vorliegen eines (volks-)wirtschaftlichen „Bedürfnisses" abhängig gemacht. In der britischen Zone war seit Ende 1945 die Geltungsdauer der auf Paragraph 5 des Zwangskartellgesetzes vom 15.7.1933 sich stützenden Anordnungen dreimal verlängert worden, zuletzt bis zum 31.12.1948. Vgl. Wolf von der HEIDE, Von der Gewerbelizenzierung zur Gewerbefreiheit, in: Wirtschaftsverwaltung, Jg. 1 (Frankfurt 1948), H. 5, S. 7–9; Ernst Rudolf HUBER, Wirtschaftsverwaltungsrecht. Zweite neubearbeitete und erweiterte Auflage, Bd. 1, Tübingen 1953, S. 650f.

7 In einem Bericht von Willy Max *Rademacher* vom 9.8.1948 über diese Vorstandssitzung heißt es: „Die Einführung der Gewerbefreiheit unter Außerachtlassung der Bedürfnisfrage wird im Interesse der Ostvertriebenen, des Nachwuchses und einer freien Konkurrenz begrüßt. Fachliche Voraussetzungen müssen jedoch von allen Wirtschaftsgruppen in Form von Berufsgesetzen etc. gefordert werden, um unsaubere und unlautere Elemente auszuschalten. Hierbei ist eine Berufung gegen die Bestimmungen des Berufsgesetzes durch Handelskammern, Handwerkerkammern etc. im äußersten Falle durch die zuständigen Verwaltungen vorzusehen." NL Blücher 230. Zur Frage der Beschränkungen der

muß. Eine Bindung der Fraktion in Frankfurt im Sinne des *Schäfer*schen Vorschlages kann nicht erfolgen. Gegebenenfalls muß die Abstimmung darüber freigegeben werden.

IV. Gesetz zur Sicherung von Forderungen für den Lastenausgleich[8]

Herr BLÜCHER berichtet über den Fall Dr. *Bungartz*.[9] Der Vorstand ist sich einig, daß die Abgeordneten den grundsätzlichen Dingen gegenüber den Bedenken eines einzelnen Paragraphen den Vorrang geben sollen.

    Gewerbefreiheit vgl. Dok. Nr. 44h, Punkt 7. Zu Reinhold *Maiers* Kritik an der Einführung der „radikalen Gewerbefreiheit" durch die Anordnung der amerikanischen Militärregierung vom 10.12.1948 vgl. MATZ, 1979, S. 219–221.

8 Das „Gesetz zur Sicherung von Forderungen für den Lastenausgleich" wurde am 9.7. 1948 vom Wirtschaftsrat verabschiedet. Vgl. WIRTSCHAFTSRAT 2, 1977, S. 738–742; Gesetz- und Verordnungsblatt des Wirtschaftsrates des Vereinigten Wirtschaftsgebietes, 13.9.1948, Nr. 18. Vgl. SCHILLINGER, 1985, S. 119f.

9 Dr. Everhard *Bungartz* (1900–1984), Fabrikant in München; 25.6.1947–7.9.1949 Md Wirtschaftsrat; bis 1954 MdL Bayern. Es ist nicht feststellbar, welcher Fall damit gemeint war. *Bungartz* nahm in der Vollversammlung des Wirtschaftsrates zu dem obigen Gesetz nicht Stellung.

49 b.

7.8.1948: Protokoll über die Sitzung des Zonenvorstandes (2. Tag)

NL Blücher 230. Gezeichnet: „Fischer"[1]. Beginn: 9.20 Uhr. Ende: 16.30 Uhr. Ort: Bielefeld.

Anwesend: *Biegel, Blome, Blücher,* Frau *Friese-Korn,* Frau *Gramberg, Rademacher, Richter, Schäfer, Siemann.*

I. Zur Frage des Parlamentarischen Beirates[2]

Das Modellgesetz der Ministerpräsidenten[3] liegt noch nicht vor. Die einzelnen Länder sind anscheinend (Wortlaut der Vorlage Nordrhein-Westfalen) aus eigener Machtvollkommenheit vorgegangen.

---

1 Dr. Erika *Fischer* (1912–1976), ab 1948 Wissenschaftliche Mitarbeiterin von Franz *Blücher.*

2 Hiermit ist der Parlamentarische Rat gemeint. Dies ergibt sich aus dem Bezug zum „Modellgesetz der Ministerpräsidenten" im nächsten Satz.

3 Am 27.7.1948 wurde von einem von den Ministerpräsidenten bestellten Ausschuß ein sogenanntes Modellgesetz den Länderparlamenten zur Annahme empfohlen, das Zahl, Wahl und Rechtsstellung der Mitglieder des Parlamentarischen Rates regelte. Die Landtage folgten dieser Empfehlung, nur in Nordrhein-Westfalen wurde kein Gesetz erlassen. Vgl. WAGNER (Bearb.), 1975, S. 283–286.

Als Abgeordnete der FDP wurden gewählt:

in Nordrhein-Westfalen[4]: Dr. *Höpker-Aschoff*[5] (Bielefeld)

(Vertreter Prof. *Thoma*[6] (Bonn))
in Niedersachsen: Wahl ist noch nicht vollzogen.
In der Fraktion wurden benannt:
Dr. *Baxmann, Siemann.*

Wunsch der Partei ist es, sich in Niedersachsen auf Dr. *Schäfer*[7] zu einigen, falls die FDP Hamburg keinen eigenen Vertreter benennen kann. Die gesamte Frage soll zunächst innerhalb der FDP-Fraktion Niedersachsen geklärt werden. Hamburg wird sich mit Bürgermeister *Brauer*[8] in Verbindung setzen, um die Haltung Hamburgs festzustellen (Abwarten des Modellgesetzes).

II. Weststaat:

BLÜCHER: Wir müssen den Weststaat, wie er uns durch die Westmächte aufoktroyiert werden soll, aus drei Gründen ablehnen:

1. Grundsätzliche Erwägungen: Der Weststaat wird keine vollinhaltliche Souveränität besitzen. Wir können aber nach der Abnutzung des Begriffes Demokratie nicht noch den Begriff des Staates lächerlich machen.

---

4 Die Wahl der Mitglieder zum Parlamentarischen Rat fand am 6.8. 1948 statt. Vgl. LT NRW, Sten. Ber., 6. 8. 1948, S. 987–989.

5 Dr. Hermann *Höpker-Aschoff* (1883–1954), Finanzminister a.D.; vor 1933 DDP/DStP; Mitglied des Reichsbanners Schwarz-Rot-Gold; 1921–1932 MdL (Preußen); 1925–1931 preußischer Finanzminister; September 1930–Juli 1932 MdR; nicht Mitglied der NSDAP; 1936 Beschlagnahme und Einziehung der Veröffentlichung „Unser Weg durch die Zeit. Gedanken und Gespräche über den Sinn der Gemeinschaft"; überwacht; 1945 von der britischen Militärregierung als Generalreferent für Finanzen in die westfälische Provinzialregierung berufen; 1948 – zunächst ohne Parteizugehörigkeit – in den Parlamentarischen Rat entsandt; Dezember 1948 zum Mitglied des (erweiterten) FDP-Bundesvorstandes gewählt; 1949–1951 MdB; seit September 1951 Präsident des Bundesverfassungsgerichts und Vorsitzender des 1. Senats. Für die Zeit von 1933 bis 1945 vgl. Dok. Nr. 18, Anm. 5. Vgl. Martin SCHUMACHER (Hrsg.), M.d.R. Die Reichstagsabgeordneten der Weimarer Republik in der Zeit des Nationalsozialismus. Politische Verfolgung, Emigration und Ausbürgerung 1933–1945. Eine biographische Dokumentation. Mit einem Forschungsbericht zur Verfolgung deutscher und ausländischer Parlamentarier im nationalsozialistischen Herrschaftsbereich. 3., erheblich erweiterte und überarbeitete Auflage, Düsseldorf 1994, S. 211–213.

6 Prof. Dr. Richard *Thoma* (1874–1957), Staatsrechtslehrer, war im Ausschuß für Finanzfragen des Parlamentarischen Rates kein offiziell benannter Stellvertreter von *Höpker-Aschoff.*

7 Hermann *Schäfer* wurde am 1.9. 1948 vom Parlamentarischen Rat zum 2. Stellvertreter des Präsidenten dieses Gremiums, Konrad *Adenauer*, gewählt. Vgl. PARLAMENTARISCHER RAT, 1948/49, S. 2.

8 Max *Brauer* (1887–1973), seit November 1946 1. Bürgermeister der Hansestadt Hamburg.

Sitzung des Zonenvorstandes 7.8.1948 **49b.**

2. Außenpolitische Erwägungen: Deutschland als Land der Mitte kann keine einseitige Blockpolitik mitmachen. Wir müssen uns auch parteitaktisch die Möglichkeit des Brückenschlagens nach dem Osten erhalten.

3. Menschliche Erwägungen: Die Ostzone und Berlin dürfen von uns nicht im Stich gelassen werden.

Als Folgerung daraus ergibt sich, daß wir zwar mit allen Kräften für eine bessere Verwaltung arbeiten und im schrittweisen Vorgehen ein gesamtes Deutschland erreichen müssen, aber nicht einen *Staat* fordern dürfen.[9] Wir machen mit, aber die Verantwortung kann nicht von uns getragen werden, da man uns diese sonst auch vorenthält.

Die Diskussion bringt eine eindeutige Stellungnahme gegen die Forderung des Weststaates durch die Deutschen. Sollte er kommen – und der Umfall der Ministerpräsidenten[10] deutet darauf hin – dann wird die FDP nur mitarbeiten, um die Einheit Deutschlands voranzutreiben.

III. Teilnahme am Parteitag der LDP in Eisenach[11]:

Herr *Blücher* und Herr *Rademacher* haben persönliche Einladungen erhalten. Gegen eine Teilnahme werden allseitig Bedenken erhoben, und zwar

a) im Hinblick auf die Einstellung der demokratischen Parteien in Süddeutschland und Hessen[12] und

b) unter Berücksichtigung der Zusammensetzung der Leitung in Eisenach, die eine Teilnahme von führenden Leuten aus dem Westen einseitig propagandistisch auswerten würde.

Herr *Rademacher,* der Eisenach auf jeden Fall wahrnehmen möchte, um die mit uns fühlenden Kräfte der LDP im Osten zu stärken, wird sich vorher mit Ernst

---

9 Vgl. Dok. Nr. 27, Anm. 7.
10 Die Erklärung der Ministerpräsidenten in Rüdesheim vom 22.7.1948 wurde gegenüber der von Koblenz vom 10.7.1948 in bezug auf die Gründung eines Weststaates verschiedentlich als Wende gedeutet. Vgl. Thilo VOGELSANG, Koblenz, Berlin und Rüdesheim. Die Option für den westdeutschen Staat im Juli 1948, in: Festschrift für Hermann Heimpel zum 70. Geburtstag am 19. September 1971, hrsg. von den Mitarbeitern des Max-Planck-Instituts für Geschichte. 1. Band, Göttingen 1971, S. 177f.; Rudolf MORSEY, Entscheidung für den Westen. Die Rolle der Ministerpräsidenten in den drei Westzonen im Vorfeld der Bundesrepublik Deutschland 1947–1949, in: Westfälische Forschungen, 26 (1974), S. 18f.; WAGNER (Bearb.), 1975, S. XLVIIIf.; Udo WENGST, Staatsaufbau und Regierungspraxis 1948–1953. Zur Geschichte der Verfassungsorgane der Bundesrepublik Deutschland, Düsseldorf 1984, S. 50f.
11 Der für Ende August geplante 3. Zonenparteitag der LDP in Eisenach fand erst im Februar 1949 statt.
12 Die Politik des LDP-Vorsitzenden Wilhelm *Külz*, der Teilnahme seiner Partei am „Volkskongreß" am 6./7.12.1947 in Berlin zuzustimmen, war abgelehnt worden. Vgl. auch Dok. Nr. 44b, Anm. 8. Vgl. KRIPPENDORFF, 1961, S. 151–153; HEIN, 1985, S. 314f.

309

Mayer und *Schwennicke*[13] in Verbindung setzen. Außerdem sollen gegen einseitige propagandistische Auswertungen im Osten, die sich aus der Teilnahme von Herrn *Rademacher* ergeben könnten, von vornherein in unserer Presse Gegenmaßnahmen ergriffen werden.

IV. „Exilregierung":

Herr BLÜCHER berichtet über die Vorgänge (Besprechung *Külz*, Brief Dr. *Preusker*[14], Erkundigungen über *Külz* und *Gaertner*[15] usw.). Der Gesamtvorstand tritt der Meinung von Herrn *Blücher* bei, daß eine Exilregierung der Ostzone weder der politischen tatsächlichen Situation noch unseren Absichten entspricht. Die FDP wird von sich aus in diesen Dingen keine Initiative entfalten, auch keine Verhandlungen mit der SPD und CDU aufnehmen.

V. Bericht über die letzte Tagung in Frankfurt[16]:

BLÜCHER: Der automatische Zusammenschluß wird mit dem Zusammentritt des Parlamentarischen Beirates erfolgen. In bezug auf den Namen hat die FDP die Erklärung abgegeben, daß sie jeden Namen akzeptiert und der Zusammenschluß als solcher über der Namensfrage steht. Der Vorstand stimmt dieser Erklärung einstimmig zu.

---

13 Carl-Hubert *Schwennicke* (geb. 1906), Dipl.-Ingenieur, Personalreferent Siemens-Werke; vor 1933 DVP, Zugehörigkeit zum Mitarbeiterstab von Gustav *Stresemann*, 1928–1933 Hochschulreferent in der Reichsgeschäftsstelle der DVP in Berlin; 1947–1956 Landesvorsitzender der Westberliner LDP bzw. FDP; März 1947–Januar 1948 Vorstandsmitglied der „Demokratischen Partei Deutschlands"; seit 11./12.12.1948 Mitglied des FDP-Bundesvorstandes; seit 1953 Vorsitzender des gesamtdeutschen Ausschusses der FDP; 1946–1958 Mitglied der Stadtverordnetenversammlung von Groß-Berlin und (seit Dezember 1950) des Berliner Abgeordnetenhauses (als Fraktionsvorsitzender); 1956 Austritt aus der FDP, Mitglied der „Freien Volkspartei" in Westberlin; seit 1971 CDU. Vgl. WENGST (Bearb.), FDP-Bundesvorstand, 1990, S. XXI.
14 Dr. Victor-Emanuel *Preusker* (1913–1991), Dipl.-Kaufmann; 1932–1940 Tätigkeit bei der Deutschen Bank; seit 1947 Generalsekretär der „Liberaldemokratischen Partei" in Hessen; 1949–1961 MdB; 1953–1957 Bundesminister für Wohnungsbau; 1956 Wechsel zur DP, 1960 zur CDU, 1975 wieder Mitglied der FDP.
15 Dr. Alphons *Gaertner* (1892–1949), Volkswirt; 1919 DDP; vor 1933 leitende Tätigkeit in kommunalen und sozialpolitischen Verbänden, nach 1933 in der freien Wirtschaft, 1945–1948 Präsident der Thüringischen Landesbank; 1945–Juli 1948 stellvertretender Vorsitzender des Landesverbandes Thüringen der LDP; Juli 1946–Juli 1948 Mitglied des Zentralvorstandes der LDP; 1946–1948 MdL Thüringen; Juli 1948 Flucht in den Westen.
16 Die informelle Aussprache vom 28.6.1948 in Frankfurt hatte den Zusammenschluß der liberalen Parteien der Westzonen zu einer Gesamtpartei zum Gegenstand. Vgl. SCHRÖDER, 1985, S. 300f.

Sitzung des Zonenvorstandes 7.8.1948 **49 b.**

VI. Zur Frage der Währungsreform[17]:

Herr BLÜCHER legt seine Stellungnahme zur Auszahlung des zweiten Teiles der Kopfquote zu der Behandlung der zweiten 5 % und der weiteren 10 % dar.[18] Der Gesamtvorstand stimmt dieser Stellungnahme zu.

VII. Lastenausgleich:

Herr BLÜCHER referiert im Anschluß an die Niederschrift „Zum Lastenausgleich"[19] über seine Ansichten zu dieser Frage, insbesondere über das Thema individueller Ausgleich oder nicht, etappenweise Durchführung, prozentuale Staffelung und wo soll erfaßt werden (Betrieb oder Anteilseigner). Zur Bearbeitung wurde auf Initiative von Herrn *Blücher* ein Ausschuß gebildet, zu dem alle Landesverbände der demokratischen Parteien und die Vertriebenen innerhalb der FDP je drei Vertreter benennen sollen und zum größten Teil schon benannt haben.

Der Vorstand stimmt den Ausführungen von Herrn *Blücher* rückhaltlos zu. Herr BLÜCHER gibt die Erklärung ab, daß, falls der Lastenausgleich als die größte Aufgabe, die den Deutschen gegenwärtig gestellt ist, für parteipolitische Zwecke mißbraucht wird, er sich aus sittlichem Verantwortungsgefühl heraus gezwungen sieht, seine sämtlichen politischen Ämter niederzulegen. Er bittet den Vorstand, davon

---

17 Am 21.6.1948, dem Währungsstichtag, erhielten natürliche Personen im Umtausch gegen Altgeldnoten des gleichen Reichsmark-Betrages zunächst einen „Kopfbetrag" von DM 40,–, zu dem im August weitere DM 20,– hinzukamen. Im übrigen wurden die privaten Altgeldguthaben bei den Banken so umgewandelt, daß für je RM 100,– DM 10,– gutgeschrieben wurden, davon DM 5,– auf ein Freikonto und DM 5,– auf ein Festkonto, über das zunächst nicht verfügt werden durfte. Das im Oktober 1948 erlassene Festkontogesetz bestimmte, daß vom Festkonto – gerechnet auf je RM 100,– – DM 1,– auf das Freikonto zu überweisen und DM 0,50 einem „Anlagekonto" zuzuführen waren; DM 3,50 erloschen. Das Anlagekonto war bis zum 31.12.1953 gesperrt; es konnte jedoch vorher schon für bestimmte Investitionszwecke verwandt werden. Vgl. Otto PFLEIDERER, Währungsreform in Westdeutschland (1948), in: Enzyklopädisches Lexikon für das Geld-, Bank- und Börsenwesen. Dritte Auflage, redigiert und ergänzt von Erich ACHTERBERG und Karl LANZ, Bd. II, Frankfurt a. Main 1967/68, S. 1776.
18 In dem Bericht von Willy Max *Rademacher* vom 9.8.1948 über diese Zonenvorstandssitzung heißt es dazu: „Oberstes Gesetz bei der Entscheidung über die Freigabe des restlichen Kopfgeldes und der zweiten 5 % ist das Gelingen der Währungsreform. Es würde aber schwere psychologische Folgen haben, wenn die gesetzlich zugesagten DM 20,– nicht freigegeben würden, da besonders die ärmeren Schichten den Betrag von DM 20,– in ihrem Ausgabeetat einkalkuliert haben. Die Freigabe der zweiten 5 % bietet eine hervorragende Möglichkeit, soziale und wirtschaftliche Ungerechtigkeiten der Währungsreform auszugleichen. Die FDP fordert daher eine allgemeine Gutschrift der zweiten 5 % auf Festkonto unter gleichzeitiger Herausgabe von Richtlinien für soziale und wirtschaftliche Notstände. Bei den wirtschaftlichen Notständen werden in erster Linie kapital- und lohnintensive Leistungsbetriebe, die in vielen Fällen völlig mittellos dastehen, berücksichtigt werden müssen." NL Blücher 230.
19 Gemeint ist die 10 Seiten umfassende Niederschrift *Blüchers* „Zum Lastenausgleich" vom 27.7.1948, NL Blücher 156. Vgl. Dok. Nr. 27, Abschnitt „Finanz- und Währungsreform".

Kenntnis zu nehmen, da in der Stunde der Entscheidung voraussichtlich keine Zeit zur Benachrichtigung der Partei verbleibt.

VIII. Verhältnis zu DGB und DAG:

Im Anschluß an den Bericht von Herrn Dr. SCHÄFER, vor allem über die Entwicklung der DAG (Hervortreten des berufsständischen Elementes, politische Neutralisierung usw.), wurden die praktischen Maßnahmen innerhalb der Partei in dieser Frage erörtert. Dabei wurden folgende Richtlinien festgelegt:

a) Aufforderung an die Mitglieder, in den DGB, vor allem aber in die DAG und die Beamtengewerkschaften einzutreten[20],

b) Stärkung der Arbeitergruppen[21] innerhalb der Partei,

---

20 Der stellvertretende Vorsitzende des FDP-Zonenverbandes, Hermann *Schäfer*, stellt in einem Brief an die FDP-Landesverbände in der britischen Zone vom 30. 8. 1948 fest, daß seitens der FDP nicht die Absicht bestehe, einen „parteipolitischen Angestelltenverband" zu errichten. In der Vorstandssitzung vom 6./7. 8. 1948 sei der Zonenvorstand „[...] von diesen Gedanken abgerückt". Archiv des FDP-Landesverbandes Nordrhein-Westfalen in Düsseldorf, Akte Andere Landesverbände 1946–1949, 1b/4. Die Aufforderung an die Mitglieder, den Gewerkschaften, besonders der DAG und der Beamten-Gewerkschaft, beizutreten, begründete Franz *Blücher* in einem Brief an den FDP-Landesverband Schleswig-Holstein vom 8. 4. 1948 so: „Solange das selbstverständliche Ziel der FDP, wirklich unabhängige Gewerkschaften wieder ins Leben zu rufen, noch nicht verwirklicht werden kann, bleibt uns nichts anderes übrig, als durch eine stärkere Aktivität in den bestehenden Gewerkschaften dafür zu sorgen, daß auch unsere Ideen sich durchsetzen." StA Hamburg, Landesverband-FDP-HH, Akte A 131. Vgl. Dok. Nr. 40, Punkt 3, Beschluß Nr. 4.

21 Franz *Kanschardt*, Vorsitzender der „Arbeitergruppe" des FDP-Landesverbandes Hamburg, legte in einem Rundschreiben an seine „Parteifreunde" vom Januar 1948 dar, wie die Bezeichnung „Arbeitergruppe" verstanden werden sollte: „Allgemein besteht die Auffassung, daß, wenn vom Arbeiter gesprochen wird, es sich im großen [und] ganzen um ungelernte Arbeiter handele. Sie, der Sie der Arbeitergruppe der Freien Demokratischen Partei angehören, sollen nun wissen, daß wir ebenso gut die Bezeichnung „*Handwerkergruppe*" hätten wählen können, da es sich auch um Personen handelt, die ein Handwerk gelernt haben, da, nach einem alten Sprichwort, Handwerk einen Goldnen Boden hat und der Personenkreis, der einen Beruf erlernt hat, bei weitem größer ist als der ungelernte. So hätte die Bezeichnung „Handwerkergruppe" seine Berechtigung gehabt. Aber dann wären wir nicht an den Kern der Sache herangekommen insofern, als wir unbedingt einen Vorstoß auch in die *breite Masse derjenigen* zu machen haben, *die den marxistischen Parteien nachlaufen* und *noch nicht erkannt haben, daß der sprichwörtliche goldene Boden erst errungen werden muß!* Der Sinn vom goldenen Boden liegt noch tiefer, denn wer das Zeug, die Kraft, die Energie, Ausdauer und den eisernen Willen hat, sich im Laufe der Zeit selbständig zu machen [...], wird klar erkennen, daß das nicht über den Weg der marxistischen Parteien mit ihrer Reglementierung und Behördenwirtschaft, vor allen Dingen nicht in einer Kollektivwirtschaft möglich sein kann, da der Vorwärtsdrang und Aufwärtswille des Einzelnen von der Anonymität einer Behörde immer wieder gestoppt wird. [...]
Daher bitten wir Sie, die Bezeichnung „*Arbeitergruppe*" richtig zu verstehen, weil wir der Ansicht sind, daß wir damit die beste Möglichkeit haben, nach außen zu wirken, um die

Sitzung des Zonenvorstandes 7.8.1948 **49 b.**

c) Eingehen auf arbeiter- und sozialpolitische Fragen in Kundgebungen,

d) Vorbereiten einer Broschüre „Sozialistische und liberale Sozialpolitik"[22] durch Dr. *Schäfer,*

e) Herausgabe eines Blättchens für den Arbeitnehmer.[23] Solange diese Idee noch nicht verwirklicht werden kann, sollen Abmachungen mit unserer Presse getroffen werden, damit zweimal im Monat Informationen für den Arbeitnehmer herausgebracht werden,

f) möglichst Einstellung eines Referenten, der speziell sozialpolitische Fragen bearbeitet,

g) Herausgabe eines Kommuniqués zur Gewerkschaftsfrage (Anlage 1).

IX. Beamtenfragen:

Der Vorstand stimmt dem Vorschlag von Bürgermeister *Gerhard* zur Bildung eines Beamten-Ausschusses[24] zu. Herr *Gerhard* soll mit der Konstituierung dieses Ausschusses beauftragt werden. Die endgültige Stellungnahme und Formulierung der Partei zu den Fragen des Beamtentums soll in diesem Ausschuß erfolgen.

X. Vertriebenenprogramm:

Das neubearbeitete Flüchtlingsprogramm soll möglichst schnell fertiggestellt und zum Versand gebracht werden.[25]

XI. Zonenparteitag:

Herr BLÜCHER schlägt vor, daß am Tage vor dem Zusammentritt des Parlamentarischen Beirates und möglichst am gleichen Orte eine Sitzung des Koordinierungs-Ausschusses[26] stattfindet, durch die der endgültige Zusammenschluß der einen demokratischen Partei konstituiert wird.[27]

Dem Zonenparteitag, der dann zweckmäßigerweise Ende September stattfindet, bleibt dann die Aufgabe, die Zone in würdiger Form aufzulösen.[28]

---

breite Masse aufzuklären." Archiv des FDP-Landesverbandes Nordrhein-Westfalen in Düsseldorf, Akte Landesverbände 1946–1949, Ib/4.
22 Diese Broschüre war nicht aufzufinden.
23 Auch hier konnte nichts ermittelt werden.
24 Vgl. Dok. Nr. 46 b, Anm. 8 u. Dok. Nr. 48, Anm. 4. Vgl. WENGST, 1989, S. 84f.
25 Lag nicht vor.
26 Die „Demokratische Partei Deutschlands" als Koordinierungsausschuß der liberalen Parteien der vier Besatzungszonen blieb nach dem Auszug der LDP am 18.1.1948 als Dachorganisation der drei westlichen liberalen Zonenparteien und der LDP West-Berlins bestehen. Vgl. SCHRÖDER, 1985, S. 296f.
27 Die Gründung der Gesamtpartei erfolgte am 11./12.12.1948 in Heppenheim durch 89 Delegierte der liberalen Landesparteien der drei Westzonen und von Berlin. Vgl. SCHRÖDER, 1985, S. 305.
28 Ein offizieller Beschluß zur Auflösung des FDP-Zonenverbandes in der britischen Zone wurde nie bekanntgegeben. Nach Erich *Mende* war der Zonenverband mit der Gründung der Gesamtpartei am 11./12.12.1948 in Heppenheim „faktisch" aufgelöst. In juristischer

Demgegenüber macht Herr RICHTER geltend, daß auch bei der endgültigen Gründung der einen demokratischen Partei der Zonenverband noch große Aufgaben hat und deshalb aufrechterhalten werden müßte.

Der Zonenvorstand beschließt, die Angelegenheit nach dem Zusammentreten des Koordinierungs-Ausschusses (erweitert) einerseits und des Parlamentarischen Beirates andererseits zur Entscheidung zu bringen, da die Voraussetzung zur Auflösung des Zonenverbandes nur gegeben ist, wenn tatsächlich ein einheitliches trizonales Verwaltungsgebiet[29] geschaffen wird.

XII. Informationsdienst:

Die politischen Informationen und Stellungnahmen, die Herr *Blücher* an die Landesverbände zur Weiterleitung an die Bezirks- und Kreisverbände laufend herausgibt, sollen durch Berichte über die Tätigkeit des Wirtschaftsrates, durch kurze Rechenschaftsberichte der einzelnen Fraktionen, eventuell durch sozialpolitische Mitteilungen und Hinweise auf besonders wichtige Artikel in Zeitungen und Zeitschriften, ergänzt und erweitert werden.

XIII. Kleinsthofplan:

Die Stellungnahme des Agrarpolitischen Ausschusses des Landesverbandes Hamburg wird als Zonenvorstandsbeschluß angenommen (Anlage 2).

XIV. Finanzlage:

1. Herr *Richter* wird gebeten, an die Landesverbände[30] ein Schreiben zu richten, in dem zum Ausdruck kommt, daß die finanziellen Verpflichtungen der Zone gegenüber erfüllt werden müssen.

2. Herr *Blücher* wird mit Herrn *Hilpert*[31], *Dudek*[32] und *Weitz*[33] eine Besprechung über die Finanzierung der Parteien durch die Länder herbeiführen.[34] Im Falle eines

---

Hinsicht seien die Verträge der Angestellten zum 31. 12. 1948 ausgelaufen. *Mende* betonte den „fließenden Übergang" der Auflösung; „letzte Abwicklungen" habe es Anfang 1949 geben können. Telefongespräch mit Erich *Mende* am 31. 3. 1987. Zur Frage des Zeitpunktes der Auflösung vgl. auch SCHRÖDER, 1975, S. 308f.; HEIN, 1985, S. 263.

29 Ein einheitliches trizonales Verwaltungsgebiet gab es bis zur Amtsübernahme der Bundesregierung am 21. 9. 1949 nicht. Vgl. BENZ, 1984, S. 236 u. S. 239.

30 Nach der Währungsreform am 21. 6. 1948 waren die Zahlungen der Mitgliedsbeiträge in den Landesverbänden erheblich zurückgegangen. Vgl. SCHRÖDER, 1985, S. 242f.; HEIN, 1985, S. 239 u. S. 250f.

31 Dr. Werner *Hilpert* (CDU) war seit Januar 1947 Finanzminister und wiederum stellvertretender Ministerpräsident von Hessen.

32 Dr. Walter *Dudek* (SPD) war seit Februar 1946 Senator und Leiter der Finanzbehörde der Hansestadt Hamburg.

33 Dr. Heinrich *Weitz* (CDU) war seit Juni 1947 Finanzminister von Nordrhein-Westfalen.

34 Die Landesregierungen gewährten den Parteien, die durch die Währungsreform vom Juni 1948 allgemein in finanzielle Schwierigkeiten geraten waren, Kredite für den Bundestagswahlkampf im Sommer 1949. In den meisten Ländern verzichteten später die Finanzminister in Übereinstimmung mit den Finanzausschüssen der Landtage ausdrücklich oder

Sitzung des Zonenvorstandes 7.8.1948 **49b.**

positiven Ergebnisses soll die Zone an der Kreditgewährung beteiligt werden. Herr *Richter* wird nach der entsprechenden Unterrichtung durch Herrn *Blücher* mit den Schatzmeistern der Landesverbände die Verhandlungen aufnehmen.

3. Die Entscheidung über die Beibehaltung oder die Kündigung der Angestellten im Hamburger Zonenbüro bleibt Herrn *Richter*, Herrn *Rademacher* und Herrn Dr. *Schäfer* überlassen.

Anlage 1 zum Protokoll über die Sitzung des Zonenvorstandes am 6./7. 8. 1948 in Bielefeld

Liberale Stellungnahme zur Gewerkschaftskrise

Aufbau, Gliederung und Aufgabenbereich der Gewerkschaften ist von größter Tragweite für die innere Gestaltung unserer werdenden Demokratie. Es ist aber nicht Aufgabe der Gesetzgebung und damit einer parteipolitischen Entscheidung, den deutschen Arbeitnehmern dazu Vorschriften zu machen. Echte Solidarität wirkt erfolgreich und ehrlich, wo volle Vereinigungsfreiheit gilt. Das nun einmal mannigfaltige Zusammenschlußbedürfnis nach gemeinsamen beruflichen Schicksalsfragen muß deshalb die Entwicklung bestimmen und nicht die nivellierende Organisationsmechanik eines zahlenberauschten Funktionärskörpers, der noch dazu die gepriesene „Einheit" mit der Einseitigkeit einer einzigen Wirtschaftsdogmatik gleichsetzt. Die Spaltung[35] zwischen dem Deutschen Gewerkschaftsbund einerseits und den Organisationen der Angestellten, Eisenbahner und sonstigen Berufsgruppen andererseits macht deutlich, wie falsch es war, eine deutsche Gewerkschaftsbewegung nach dem monopolistischen Lenkungsbedürfnis von Organisationsvorständen als Hilfstruppe kollektivistischen Vormachtstrebens „aufzuziehen", anstatt sie aus einem sehr verschiedenartigen Zusammengehörigkeitsbewußtsein der Arbeitnehmer frei und organisch zusammenwachsen zu lassen.[36] Freiheitlich empfin-

---

stillschweigend auf die Rückzahlung dieser Kredite. Vgl. Günther RABUS, Die innere Ordnung der politischen Parteien im gegenwärtigen deutschen Staatsrecht, in: Archiv des öffentlichen Rechts, 78 (1952/53), S. 191; Ulrich DÜBBER, Parteifinanzierung in Deutschland. Eine Untersuchung über das Problem der Rechenschaftslegung in einem künftigen Parteiengesetz, Köln u. Opladen 1962, S. 79; SCHRÖDER, 1985, S. 238.

35 Die DAG hatte die Recklinghausener Entschließung des DGB vom 18. 6. 1948 zur Regelung des Verhältnisses zwischen der DAG und den Industriegewerkschaften abgelehnt. Dies führte auf der Sitzung des Bundesvorstandes und des Bundesbeirates des DGB (Britische Besatzungszone) am 20./21. 7. 1948 zum offiziellen Bruch zwischen DAG und DGB. Vgl. MIELKE (Bearb.), 1989, S. 24.

36 Der stellvertretende Vorsitzende des FDP-Zonenverbandes Hermann *Schäfer* entwickelte im April 1948 dazu folgende Gedanken: „Es wäre nun durchaus denkbar, daß sich – gleichsam im Hintergrunde einer für alle Arbeitnehmerschichten gemeinschaftlichen Gewerkschaftseinheit – die Sonderbedürfnisse einzelner Berufsgruppen in besonderen – nicht-gewerkschaftlichen – Berufsverbänden niederschlagen. In den technisch-naturwissenschaftlichen Berufen bestehen bereits Fachorganisationen. Auch für Gesinnungsvereine der Arbeitnehmer im Sinne politischer und weltanschaulicher Richtungen wäre neben der Gewerkschaftsbewegung Raum. Ein Beispiel dafür bildeten die teilweise wieder aufgelebten Arbeiter-, Gesellen- und sonstigen Berufsvereine der kirchlichen Bekennt-

dende Deutsche können es nur mit Abscheu vernehmen, wenn die Deutsche Angestelltengewerkschaft öffentlich klagen muß, daß man ihre Anhänger an der freien Ausübung ihres Koalitionsrechtes durch Einschüchterung zu hindern suche. Die freiheitlichen Arbeitnehmer aber werden ihren eigenen Weg suchen müssen, wenn man bei den Gewerkschaften autoritäre Nachklänge nicht endgültig verstummen läßt und somit die satzungsgemäße Bildung ihrer Organe mit dem gleichzeitigen Verzicht auf parteipolitische Einseitigkeit im Sinne einer unbeeinflußt demokratischen Führungsauslese von unten her nicht schleunigst revidiert. Nach den Erfahrungen der schaffenden Stände mit Zwangsstaat und Kollektivwirtschaft in so vielen Staaten liegen die Zeiten eines unbestritten sozialistischen Übergewichtes in der sozialen Bewegung der Arbeitnehmer hinter uns.

Anlage 2 zum Protokoll über die Sitzung des Zonenvorstandes am 6./7. 8. 1948 in Bielefeld

Betr.: Kleinsthofplan

Der Vorstand der FDP in der britischen Zone faßt in seiner Sitzung vom 6./7. 8. 1948 in Bielefeld folgenden Beschluß:

„In gradliniger Fortsetzung des agrarpolitischen Programms[37] der FDP und in dem im Januar 1948 auf Wangerooge gefaßten Beschluß[38] stellt sich die FDP in der britischen Zone hinter den Kleinsthofplan im Rahmen des Siedlungsprogramms der FDP.[39]

Kleinsthöfe[40] als Stadtrandsiedlungen bieten in der Form von Nebenerwerbssiedlungen die Möglichkeit, reformbedürftige städtische Wohnbezirke aufzulockern

---

nisse. Ihnen könnten im liberalen Lager Vereinigungen, die sich innerhalb ihrer politischen Weltanschauung um den Zusammenschluß von Arbeitnehmern verschiedener Berufe bemühen, an die Seite treten. Sie würden dazu beitragen, durch ihr Gegengewicht gegen das sozialistische Vormachtstreben die Gewerkschaften zu einer echten Neutralität zu veranlassen. Praktische Aufgaben gegenseitiger beruflicher und sozialer Förderung würden solchen Vereinen in reichem Maße erwachsen." Hermann SCHÄFER, Gewerkschaftliche Wachstumskrise, in: Schnelldienst, 13. 4. 1948, Nr. 39.

37 Vgl. Dok. Nr. 19.
38 Vgl. Dok. Nr. 44 e.
39 In einer Stellungnahme des Landwirtschafts- und Ernährungsausschusses des FDP-Landesverbandes Nordrhein-Westfalen vom September/Oktober 1948 wurde eine allgemeine Identifizierung der FDP mit diesem Plan abgelehnt. *Middelhauve* forderte eine neue Beratung. Vgl. *Middelhauve* an *Blücher*, 15. 10. 1948, AdL 9. *Blücher*, der in dieser Vorstandssitzung grundsätzliche Bedenken geltend gemacht hatte, erklärte in einem Brief an *Middelhauve* vom 19. 11. 1948, er werde „[...] den Beschluß von Bielefeld zur nächsten Zonenvorstandssitzung noch einmal zur Diskussion stellen". A.a.O.
40 Der folgende Text entspricht wörtlich der „Entschließung", die der Landesausschuß der Hamburger FDP „[...] im Anschluß an eine Versammlung des Kleinsthofkreises e.V. zum Kleinsthofplan [...]" faßte. Der „Kleinsthofplan" ging auf den Landwirt Heinrich *Jebens* (Hamburg-Rahlstedt) zurück. Vgl. „FDP und Kleinsthof", in: Die Freie Stadt, 20. 7. 1948, Nr. 6/7. Zum allgemeinen historischen Entstehungshintergrund dieses Bodenreformplanes vgl. Ulrich KLUGE, Vierzig Jahre Agrarpolitik in der Bundesrepublik Deutschland. Bd. 1, Hamburg und Berlin 1989, S. 68.

und damit gleichzeitig eine zufriedene und besitzende Arbeitnehmerschaft zu schaffen.

Ödland, militärfiskalisches Gelände, ferner Grundbesitz, der gemeinnützigen, sozialen, caritativen und kirchlichen Zwecken dienbar ist und sich nicht im bäuerlichen Besitz befindet, werden in Übereinstimmung mit dem Siedlungsprogramm der FDP dem Kleinsthofplan dienbar gemacht, weil hier die Aussicht zur krisenfreien Seßhaftmachung von Ostvertriebenen und sonstigen Siedlungswilligen besteht.

Die Umwandlung bäuerlichen Besitzes in Kleinsthöfe, soweit sie nicht durch freiwillige Vereinbarung erfolgt, lehnt die FDP nach wie vor ab, weil sie der Überzeugung ist, daß die Intensivierung solchen bäuerlichen Besitzes zur Steigerung der Volksernährung nur durch Modernisierung der Bewirtschaftung, durch bessere Versorgung der Landwirtschaft auf allen Gebieten, durch gründliche fachliche Ausbildung des Nachwuchses, durch wissenschaftliche Forschung und vor allen Dingen durch eine stetige Lockerung der Zwangswirtschaft zu erreichen ist.

Die FDP wiederholt ihre Forderung, in der gegenwärtigen Zeit das gefährliche Experiment der Bodenreform, das zwangsläufig zu einer Ertragsminderung der Landwirtschaft führen muß und viele tausende Landarbeiter brotlos machen wird, bis auf weiteres zurückzustellen.

Durch das Siedlungsprogramm der FDP und der darin geforderten Förderung des Kleinsthofes wird bei der Wirtschafts- und Produktionslage der Gegenwart und der nächsten Zukunft ein Maximum dessen erreicht, was im Augenblick überhaupt für Ostvertriebene und Siedlungswillige erreicht werden kann."

50a.

27.9. 1948: Protokoll über die Sitzung des Arbeiter- und Gewerkschaftsausschusses der Zone (1. Tag)

Archiv des FDP-Landesverbandes Nordrhein-Westfalen in Düsseldorf, Akte Andere Landesverbände 1946–1949, Ib/4. Beginn: 14.30 Uhr. Ort: Burgdorf bei Hannover.

KANSCHARDT: eröffnet die Sitzung des Ausschusses und begrüßt die Anwesenden, gibt seiner Freude besonderen Ausdruck, den zweiten Vorsitzenden des Landesverbandes Niedersachsen, Herrn *Jacob*, sowie den Bezirksvorsitzenden von Lüneburg, Herrn *Hoppenstock*[1], auf dieser Sitzung begrüßen zu können. Er gab seinem Bedauern Ausdruck darüber, daß die Delegierten von Nordrhein-Westfalen (die Herren *Streng*[2], *Maaß* und *Lensing*[3]) nicht anwesend wären. Herr *Maaß* hatte sein

---
1 *Hoppenstock* war vermutlich auch Mitglied des Sozialpolitischen Ausschusses des FDP-Landesverbandes Niedersachsen.
2 *Streng*, Dortmund.
3 *Lensing*, Marl.

Fernbleiben mit Krankheit entschuldigt, während Herr *Streng* wegen finanzieller Schwierigkeiten an der Sitzung nicht teilnehmen konnte.

JACOB (Niedersachsen): erwidert die Begrüßung und freut sich, daß er an dieser Tagung teilnehmen konnte, und hofft, daß die Arbeiten des Ausschusses zum vollen Erfolg führen würden. In dieser Ausführung bemängelt er die bisher wenig geleistete Arbeit einiger bestehender Ausschüsse und begrüßt, daß gerade einer der wichtigsten Ausschüsse zu einer Tagung in seinem Landesverband zusammengetreten sei und wünscht, da dieser Ausschuß der berufenste sei, die Probleme der gesamten Arbeitnehmerschaft auf liberaler demokratischer Grundlage voll befriedigend zu erledigen. Er verspricht seine vollste Unterstützung und hofft auf einen guten Erfolg der Tagung.

HOPPENSTOCK (Lüneburg): begrüßt die anwesenden Delegierten im Namen des Bezirksverbandes Lüneburg und ist erfreut über seine Teilnahme zur Tagung. Er ist überzeugt, daß der Arbeiter- und Gewerkschaftsausschuß noch die schwerste Arbeit vor sich habe, und würdigt den Aufgaben des Ausschusses volles Interesse. Über die Anzahl der Belange der Arbeitnehmerschaft ist er sich klar und weiß, daß dieses nur in dem berufenen Ausschuß erledigt [werden kann] und wünscht vollen Erfolg.

KANSCHARDT (Hamburg): bedankt sich für die versprochene Unterstützung und hofft weiterhin auf tatkräftige Mithilfe. Er betont, daß gerade in Hamburg viele Ausschüsse bestehen, die alle zum Dasein berechtigt wären, aber teils nur von einem Mann besetzt sind. Selbst im Sozialpolitischen Ausschuß ist jetzt gerade wieder ein Mann in vorherrschende Stellung gekommen, der im Range eines Direktors ist. Er gab einige kleine Beispiele aus der Arbeit der Arbeitergruppe des Landesverbandes Hamburg bekannt, u. a. gab er die Resolution aus der Sitzung der 4 Arbeitnehmergruppen im Landesverband Hamburg bekannt, außerdem die schriftliche Anerkennung von Herrn *Rademacher*, dem Vorsitzenden des Landesverbandes Hamburg. Es folgte dann die Bekanntgabe eines Auszuges von der Zonenvorstandssitzung betreffs des Arbeiter- und Gewerkschaftsausschusses (Sozialversicherung und ihre Politik).[4] Außerdem erfolgte eine Bekanntgabe der Schreiben im Falle *Sothmann*[5], Landesverband Hamburg, die zum Erfolg führten, so daß der Parteifreund *Sothmann* wieder in seine Funktionen eingesetzt wurde, die hauptamtlicher Eigenschaft waren. Dieses, betonte er, sei ein kleiner Erfolg und somit ein Schritt vorwärts. Auch verlas er den Schriftwechsel mit Nordrhein-Westfalen, mit dem er sich mit Dr. *Middelhauve* in Verbindung setzte, zwecks Regelung der Spesen der Delegierten. Er ist sich darüber klar, daß jeder Landesverband mit Schwierigkeiten zu kämpfen habe, glaubt aber, daß bei einigem Verständnis zur Sache die geldliche Sache leicht behoben werden könnte.

JACOB (Niedersachsen): bittet um Entschuldigung, da er vorzeitig die Sitzung des Ausschusses verlassen muß, weil er an einer Landesverbands-Vorstandssitzung noch teilnehmen müßte. Er hoffe, daß er zum 28. 9. mit Herrn *Stegner*, dem Vorsit-

---

4 Das Protokoll über diese Zonenvorstandssitzung war nicht auffindbar.
5 Biographische Angaben waren nicht zu ermitteln.

zenden des Landesverbandes Niedersachsen, noch einmal zur Tagung erscheinen könne, und wünscht zur weiteren Tagung vollen Erfolg.

Das Wort wird an Parteifreund SCHELL[6] (Hannover) erteilt. *Schell* hält ein Referat für den Delegierten *Maaß* (Duisburg-Hamborn), der wegen Erkrankung fehlt.

Er bedauert außerordentlich das Fehlen von *Maaß* und betont, daß es äußerst schwer sei, ein Referat so aus dem Stegreif zu bringen, ohne gewichtige Unterlagen dazu zu besitzen. Er hatte sich als Thema gewählt: „Wie steht der Arbeitnehmer zur FDP?" Nach seinen Ausführungen hält er die soziale Struktur einer Partei [für] maßgebend und betont, daß diese Einstellung den politischen Charakter einer Partei trägt und somit ihre Einstellung zu den Arbeitnehmern. Nicht bestimmend sind die Thesen und Ziele einer Partei, sondern ihre soziale Struktur. In der CDU ist ein großer Teil des Bürgertums und ein Teil Arbeitnehmer konfessioneller Art und Restgruppen aus ehemaligen christlichen Gewerkschaften. CDU-Gewerkschafter mußten selber erst vor kurzem gegen die fraktionellen Beschlüsse der CDU-Fraktion Stellung nehmen. Er betont, daß bei der CDU Besitz, konfessionell gesehen, verpflichtet, und bei der SPD, psychologisch gesehen, hier der Arbeiter politisch gebunden ist. Nebenerscheinungen konfessioneller Art werden in der SPD von der politisch gebundenen Arbeitnehmermasse unterdrückt. Unsere Arbeit bezüglich des Ausschusses ist dagegen eine Hauptarbeit und kann nicht als Nebenarbeit angesehen werden. Die KPD hat eine ähnliche soziale Struktur wie die SPD und aus diesem Grunde [besteht] ein steter Kampf zwischen KPD und SPD. Ein Einbruch von diesen beiden Parteien in die Reihen der FDP wäre von beiden Seiten aus zwecklos, weil sie keine Stimmen erhalten würden aus dem Grunde, weil die Wählerschaft instinktiv diese Richtung ablehne. Er moniert den großen Teil der Kreise, die keinen Zugang zu den Arbeitnehmern finden können, ebenso die großen Teile aus Kreisen des Mittelstandes, die diese beiden oben erwähnten Richtungen instinktiv ablehnen und auf Grund ihrer politischen Überzeugung zur FDP kommen und bleiben. Wenn nun die FDP beikommt und den Aktiven ihrer Partei eine 100prozentige Unterstützung gibt, dann käme von ganz alleine, daß die oben erwähnten Kreise Zugang zu den Arbeitnehmern und ihren Problemen finden würden. Stagnation bedeutet Stillstand und somit Tod der Partei. Sozialpolitisch müßten wir die größten Pflichten übernehmen, um die Arbeitnehmer zum Gedanken der FDP zu erziehen. Er betont weiterhin, daß der Arbeiter- und Gewerkschaftsausschuß keine Sonderstellung innerhalb des Parteilebens anstrebt. Er weiß auch, daß Besitz verpflichtet, und fühlt sich verpflichtet, den gesellschaftlich Höhergestellten mit den Sozialproblemen der FDP vertraut zu machen. Wirtschaftspolitisch gesehen muß ein Weg gefunden werden, der allen annähernd gerecht wird. Je stärker die Arbeitnehmerkreise auftreten, umso stärker muß der wirtschaftspolitische Faktor hervorgehoben werden. Das größte Gut des Arbeitnehmers ist seine Kraft. Je höher der Arbeitnehmer seine Arbeitskraft einschätzt, umso höher ist sein Lebensstandard. Das ist eine der größten Voraussetzungen zum Aufbau der freien Wirtschaft, denn, was dem einen recht, ist dem anderen billig. Alle bestehenden Gewerkschaften haben sich diesen Grundsatz zur Hauptthese gemacht und selbst

---

6 Fritz *Schell*, stellvertretender Vorsitzender des FDP-Bezirksverbandes Lüneburg (Stand: 5. 9. 1947).

mit Streiks und Arbeitsniederlegung bewiesen. Streiks und Androhung zur Arbeitsniederlegung sind die einzigen Machtfaktoren der Arbeitnehmer zwecks Erlangung ihrer Rechte. Nur so konnte es in Frankreich möglich sein, daß mit Hilfe der Gewerkschaften 3 bis 4 Regierungen gestürzt wurden, ob die Abgeordneten es wollten oder nicht. Die Entscheidung über diese Beschlüsse kann schnellstens erfolgen, wenn beide Kreise, Arbeitnehmer und Arbeitgeber, sich zusammentäten und so in Zusammenarbeit einen Weg finden, um bestehende Nöte zu beseitigen. Es wäre Pflicht der Partei, diese Aktivistengruppen mit weitgehendster Unterstützung in die Brennpunkte des Kampfes zu stellen, um sie dort für kommende Kämpfe zu kräftigen. Er vertritt die Auffassung, daß ein Generaldirektor nicht fähig ist, die Lohnbelange eines Arbeiters zu forcieren respektive zu vertreten. Unklug wäre es von der Partei, die Arbeit des Ausschusses zu unterbinden oder zu erschweren, denn der Ausschuß arbeitet nur im Interesse der Partei und der Mitglieder aus den Kreisen der Arbeitnehmerschaft. Er bedauert es außerordentlich, daß in der unsrigen Presse[7] niemals Fragen und Probleme der Arbeitnehmer aufgetaucht oder behandelt worden sind. Mit hochgelehrten politischen Beiträgen kann keine Zeitung gehalten werden, und man kann es einem Arbeiter nicht verübeln, wenn er die uns zur Verfügung stehenden Presseorgane nicht benutzt und liest. Er lehnt dies instinktiv ab, da sie bisher niemals Stellung genommen haben zum Arbeiter und seinen Problemen. Er schlägt vor, daß auch in unserer Presse gewerkschaftliche Abhandlungen eigener Gedankengänge und Abhandlungen aus anderen Pressen in unserer Zeitung aufgenommen werden, um sie dort in unserem Sinne zu verarbeiten. Er möchte dem Zonenvorstand anheimstellen, daß eine wohlversierte Person mit diesen Sachen der Arbeitnehmer, ganz gleich ob Angestellter, Arbeiter oder Beamter, haupt[amt]lich als Referent[8] betraut wird. Der Zonenvorstand möge dann diesen Mann in die breite Öffentlichkeit stellen. Er ist sich klar darüber, daß dieser Mann viele Schläge, moralisch gesehen, erhalten wird, aber es ist dann eines damit erreicht, daß der breiten Öffentlichkeit kundgetan wird, wie unsere Gedanken und Arbeiten der Arbeitnehmerschaft ausgetragen werden und von unserem Standpunkt aus zu erfolgen haben. Er betont, daß unser Kampf von unten her erfolgen [muß], wenn die Verbindung da ist, dann aber auch kräftig bis zum obersten Punkt zu führen ist. Es liegt uns am Herzen, daß dieser Mann wirklich aus unseren Reihen genommen wird und der Öffentlichkeit bekanntgegeben wird, um den angesagten Kampf zu vollenden.

KANSCHARDT (Hamburg): gibt seiner Freude Ausdruck darüber, daß dieses aus dem Stegreif gehaltene Referat die wirtschaftspolitischen Probleme unserer Partei eng berühre. Er betont, daß zu diesem Problem unbedingt Stellung genommen werden muß und der angesagte Kampf über seinen Höhepunkt hinaus bis zur Erledigung verfolgt werden muß. Er erwähnt weiter, daß er aus eigener Erfahrung es kenne, wie diese Leute arbeiten. Dank seiner Stellung im Landesverband Hamburg war es ihm erst möglich, Beziehungen zu den höchsten Stellen anzuknüpfen und mit verantwortlichen Personen Fühlung zu nehmen. Er verspricht sich viel von der ihm [zu]gesagten Mitarbeit und hofft, die ihm bekannten Personen für unsere Sache

---

7 Vgl. Dok. Nr. 49 b, Punkt VIII e.
8 Vgl. Dok. Nr. 49 b, Punkt VIII f.

zu gewinnen. Er streift noch kurz die Ankündigung der marxistischen Presse über die Akademie der Gemeinwirtschaft[9] und führte aus, daß auf seine Erkundigungen hin er die widersprechendsten Auskünfte erhalten habe. Von einer Seite aus wurde behauptet, daß die Akademie kurz über lang zusammenbrechen würde wegen Mangel an Geld. Er persönlich habe aber feststellen müssen, daß die Akademie trotz Währungsreform schon auf Hochtouren liefe und daß genügend Geld zur Aufrechterhaltung vorhanden wäre.

NICOLAI (Hannover): bedauert die Arbeit der großen Anzahl von Ausschüssen der Partei und weist darauf hin, daß die Parteileitung in vielen Angelegenheiten, die von den Ausschüssen bearbeitet wurden, keine Rücksprachen mit den entsprechenden Ausschüssen getätigt hat. Er fragt an, wie es komme, daß Dr. *Schäfer* (Hamburg) zu dem Protokoll und der Resolution vom 11./12. 6. 1948 öffentlich Stellung genommen, ohne daß er Rücksprache mit dem Arbeiter- und Gewerkschaftsausschuß genommen habe. Unsere Haltung ist klar und deutlich niedergelegt. Die Mitgliedschaft innerhalb der Gewerkschaften unserer Parteifreunde sei dem Ausschuß egal, und jedem Parteifreunde sei es überlassen, zu welcher Gewerkschaft er sich bekennen wolle. Er gibt verschiedene Angelegenheiten aus Niedersachsen bekannt. (Berufs-Beamten-Bund.) Er bestätigte weiter, daß seine Landeszentrale vollkommen unwissend war, was Herr *Vögele*[10] zur obigen Frage als Erklärung abgegeben hat. Der ganze Sozialpolitische Ausschuß ist weder vom Vorstand noch von der Fraktion gehört worden, was die FDP zur Sozialpolitik zu sagen habe. Er betont die Zwecklosigkeit der ganzen Arbeit, weil der Landesverbandsvorsitzende keinerlei Interesse für die Arbeit des Ausschusses habe. Er sieht eine Zwecklosigkeit in der Arbeit, da die Interessenlosigkeit der Landesverbände an den Arbeiten des Arbeiter- und Gewerkschaftsausschusses vollkommen klar dastünde. Die ganzen Arbeiten von seiten des Arbeiter- und Gewerkschaftsausschusses wären zwecklos, weil die Landesverbandsvorsitzenden diese Arbeit sozusagen sabotieren.

Dr. KUHBIER (Nordrhein-Westfalen): Er erlaubt sich die Anfrage wegen der mangelhaften Benachrichtigung zur Tagung vom 27./28. 9. Es wird ihm die Auskunft erteilt, daß bereits am 27. 8. mit ausgehender Post allen genannten Delegierten der Landesverbände eine der Tagung entsprechende Anzeige zugegangen ist. Wenn er keine erhalten haben sollte, so läge es daran, daß er dem Ausschuß nicht als Delegierter genannt worden war. Laut vorgelegtem Schriftwechsel wurde Herr Dr. *Kuhbier* tatsächlich nicht als Delegierter genannt, sondern lediglich als Gast geführt. Spätere Ernennungen konnten nicht berücksichtigt werden.

---

9 Diese Sozialakademie wurde 1948 in Hamburg von der Stadt und dem DGB (britische Zone) gegründet. Die Umbenennung in „Hochschule für Wirtschaft und Politik" erfolgte 1970.
10 Biographische Angaben waren nicht zu ermitteln.

50 a. 27.9.1948 Sitzung des Arbeiter- und Gewerkschaftsausschusses der Zone

Es erfolgte eine vertrauliche Anfrage an Herrn Dr. *Kuhbier* von seiten *Nicolais*.[11] Ausführungen erfolgten später.

Es erfolgte die Verlesung des Antrages von Herrn Dr. *Kuhbier* betreffend Einheitsgewerkschaft.

Dr. *Kuhbier* hatte Antrag gestellt bezüglich Stellungnahme zur Einheitsgewerkschaft[12] von seiten der FDP. Er wurde auf das Protokoll[13] vom 11./12.6.48 verwiesen, aus dem klar ersichtlich sei, daß der Arbeiter- und Gewerkschaftsausschuß grundsätzlich gegen marxistisch gelenkte Gewerkschaften sei; da die Einheitsgewerkschaften marxistischen Gedankenguts seien[14], lehnt somit auch die FDP die Mitarbeit in der Einheitsgewerkschaft ab. Gewerkschaften werden von uns befürwortet, jedoch mit der Einschränkung, sie nicht zu einem Machtfaktor der DAF[15]-ähnlichen Organisation zu machen. Auch sollten sie unkonfessionell und nichtmarxistisch sein.

NICOLAI (Hannover): Als Antwort zum obigen Antrag. Glauben Sie, meine Freunde, daß der DGB sich von unserer Seite aus zu einem solchen Instrument ummodeln lassen werde? Ich glaube kaum, daß die Einheitsgewerkschaften, Industrieverbände, DGB und GDA und ähnliche Gewerkschaften zu so einem Instrument umzuarbeiten sind. Es ist unmöglich, so einen Schritt zu tätigen. Selbst ist es für uns unmöglich, [in] die marxistisch aufgebauten Gewerkschaften und in ihren Mitgliederreihen einen Einbruch zu tätigen. Traditionsgemäß kann keines der Gewerkschaftsmitglieder die von Vater auf Sohn vererbte Idee aus dem Mitgliederkreis austreiben. Aus diesen Kreisen können wir keine Mitglieder werben. Von einer eige-

---

11 Die Anfrage von *Nicolai*, ob Dr. *Kuhbier* (FDP-Kreisgruppe Duisburg) in Wolfen (b. Halle) bei der I.G.-Farbenindustrie in der Patentabteilung beschäftigt gewesen war, wurde von diesem bestätigt. *Kuhbier* verwahrte sich jedoch energisch gegen die Anschuldigung, Gestapo-Agent gewesen zu sein. Er bestritt aber nicht, bei Luftschutzvorträgen, die er im Auftrag der Werksleitung gehalten hatte, sich „nationalsozialistischer Floskeln" bedient zu haben. *Kanschardt* verwies in dieser Sache auf das Ehrengericht des zuständigen Landesverbandes (Nordrhein-Westfalen). Archiv des FDP-Landesverbandes Nordrhein-Westfalen in Düsseldorf, Akte: Andere Landesverbände, 1946–1949, Ib/4. Der Hauptgeschäftsführer des FDP-Landesverbandes Nordrhein-Westfalen, *Weirauch*, teilte *Kanschardt* in dem Schreiben vom 12.11.1948 folgendes mit: „Ihre Ausführungen über Dr. *Kuhbier* und einige andere Vorkommnisse haben uns dazu veranlaßt, Herrn Dr. K. von jeder weiteren Mitarbeit in der FDP auszuschalten. Er wird also auch nicht mehr als Vertreter bei Sitzungen des Arbeiter- und Gewerkschaftsausschusses in Erscheinung treten." A.a.O.
12 Vgl. Dok. Nr. 46 b, Abschnitt „Gewerkschaftsfragen"; Dok. Nr. 49 b, Punkt VIII u. Anlage 1; Dok. Nr. 43.
13 Das Protokoll konnte nicht ermittelt werden.
14 Helmut *Biegel* hielt dies in einem Rundschreiben vom 19.7.1948 für erwiesen. In seinen „Gedanken zum Aufbau einer Gewerkschaftsbewegung auf Hirsch-Dunckerscher Basis" stellte er fest: „Wenngleich auch noch innerhalb der Gewerkschaften ein interner Kampf zwischen SPD und KPD ausgetragen wird, so ändert dies nichts an der Tatsache, daß der DGB eine klare marxistische Bewegung ist", AdL-10, zit. nach SARTOR, 1989, S. 65.
15 „Deutsche Arbeitsfront", gegründet nach der Auflösung der Gewerkschaften am 10.5.1933.

nen Gewerkschaft kann auch nicht gesprochen werden, denn es ist nicht die Zeit dazu. Mancher Angehörige des etwas gehobenen Intelligenz-Kreises ist wohl gewogen, in eine uns nahestehende Gewerkschaft einzutreten, schon aus dem Grunde, weil sie ganz und gar dem Einheitsgedanken instinktiv ablehnend gegenüberstehen.

SCHELL (Hannover): führt aus, man sollte nicht glauben, eine Gewerkschaft zu schaffen, die sich keiner Partei anschließe, denn es ist unmöglich, daß eine Gewerkschaft ohne Politik und ohne parteiliche Bindungen existieren kann. Daher aus diesem Grunde keine Partei ohne Gewerkschaftspolitik. Es müßte ein Weg gefunden werden, um alle bestehenden Gewerkschaften ohne Aufgabe ihres Eigenlebens unter einen Hut zu bringen. Man sieht dieses Zusammenhalten in Frankreich und etwas noch in England. In diesen beiden Ländern ist es möglich, so einen Druck auf das öffentliche Leben zu tätigen, daß selbst dabei Regierungen zur Aufgabe gezwungen werden. Daß in Deutschland die Gewerkschaften als erstes die Sozialisierung aller Grund- und Schlüsselindustrien anstreben, ist uns klar, denn mit solchen Mätzchen fängt man die breite Masse, und weil sie genau wissen, daß dem so ist, halten sie sich an die heute bestehenden Arbeiterparteien. Es mangelt in unseren Reihen an vielen, die das nötige Fingerspitzengefühl für die Arbeiter haben. Wenn es uns gelänge, von gegebener Stelle aus auf die breite Masse dahingehend zu wirken, die Gegenteiligkeiten in offenen Worten, die allgemein leicht verständlich sein sollen, in der demokratisch-liberalen Presse zu lancieren, dann wäre für unsere Ideen ein großes Stück Boden gewonnen. Dieses muß man von unserer Seite gut verstehen, denn der gewerkschaftliche Kampf ist ein anderer als der der Politik. Nur hart und rücksichtslos muß der Kampf geführt werden, selbst unter Fallenlassen eines noch so bewährten Mitarbeiters. Er betont seine Befürwortung zur AU[16] als Machtfaktor für unsere Partei, denn wir alle haben die Pflicht, gerade in diese neue Gewerkschaft unsere ganze Kraft einzusetzen, aber nur in konzilianter Form, damit unsere tätige Mitarbeit nicht der breiten Öffentlichkeit auffällt.

Aus den Ausführungen Dr. *Schäfers* geht manches vorbei. Dr. *Schäfer* hätte besser getan, eine bessere und klarere Formulierung zu finden, zumals es besser gewesen wäre, wenn er Rücksprache mit dem Arbeiter- und Gewerkschaftsausschuß genommen hätte. Es wäre der Partei und dem Ausschuß bezüglich dieser Sache besser gedient gewesen. In diesem Schriftsatz fehlt gerade die Resonanz nach oben hin. Der Zonenvorstand und die Landesverbandsvorsitzenden müßten sich in Formen von Anregungen, Resolutionen und Vorschlägen erst an die betreffenden Ausschüsse wenden, damit wir der marxistischen Presse und ihren Institutionen keine Handhaben bieten, um über uns herzufallen. Die Parteileitung möge sich endlich

---

16 „Angestellten-Union". Die Gründung fand statt unter dem Namen „Gewerkschaft der Angestellten" am 30. 7. 1948 in Hannover. Angestrebt wurde – in Abgrenzung zur DAG – die Bildung einer „Berufs- und Standesorganisation der kaufmännischen, Büro- und Verwaltungsangestellten". Vgl. den Aufruf des Gründungsausschusses der Gewerkschaft der Angestellten in Hannover vom Juli 1946, abgedruckt in: MIELKE (Bearb.), 1989, S. 316 u. S. 325, Anm. 1. Die britische Militärregierung erteilte die Zulassungsgenehmigung am 4. 10. 1948. Vgl. a.a.O., S. 325, Anm. 3.

dazu entschließen, der AU die nötige Unterstützung zu geben, damit der erste Schritt gemacht wird.

RICHARDT[17] (Hannover): führt aus, daß im Parlamentarischen Rat[18] der marxistische Wähler 2 Stimmen habe (eine von der Partei und eine von der Gewerkschaft). Somit würde das Liberale immer überstimmt. Im übrigen bekenne er sich zu den Ausführungen von *Schell*. Er gibt bekannt, daß die christlichen Gewerkschaften[19] von CDUs Gnaden nicht nur in Rheinland-Westfalen, [sondern] auch schon in Niedersachsen im Aufbau begriffen sind. Er glaubt kaum, daß diese Äußerungen in dem Exposé von Dr. *Schäfer* von diesem selber kämen. Er nimmt an, daß diese Sachen von einem Frl. *Kalinke* kommen, die engstens mit Herrn Dr. *Schäfer* zusammenarbeitet. Fast jedes neu aufgenommene Mitglied in der [...][20] hat politische Bindungen zur NLP oder aber zur LDP, denn schon jetzt verlangt diese kleine Mitgliedergruppe eine Machtstellung innerhalb der AU, und er erklärt, daß, wenn diese Gruppe zur Vormachtstellung käme, sie die Führung der AU an sich reißt und bei etwaiger Wahl zum Vorstand diese Gruppe auf 4 Jahre in dem Vorstand sitzt und die AU zu ihrem Machtfaktor ausbaut.

Diese Befürchtungen, die er hegte, könnten einem Mann wie Dr. *Schäfer* nicht gleich sein, denn ein Frl. *Kalinke* arbeitet im Durchschnitt die Exposés von Dr. *Schäfer* aus, und Dr. *Schäfer* ist dazu gezwungen, um eben wegen Überlastung zur Sache sprechen zu können. Die zu tätigenden Antworten werden dann im Geiste von Frl. *Kalinke* gehalten und formuliert. Er bittet in seinen weiteren Ausführungen um Mithilfe der FDP, indem man in der Presse der FDP eine Spalte freihält, in der speziell Gewerkschaftsfragen behandelt werden, Stellung dazu nimmt, ebenso aber auch Erwiderung dazu abgibt, die im Sinne der AU sind. Ein Zusammenschluß, wie *Nicolai* es meinte, AU und DAG, kann nicht stattfinden, weil [die] DAG[21] aus dem DGB ausgetreten war, wie die AU gegründet wurde. Der Austritt der DAG aus dem DGB erfolgte nicht allein [wegen] gewerkschaftspolitischer Art, sondern er war auch mit der Hoffnung verbunden, daß die ihm entlaufenen Mitglieder, die Aufnahme in der AU fanden, von dieser wieder zurückzuziehen, um formell gesehen, die Mitglieder zu veranlassen, ihre Aufnahme in der DAG zu beantragen. Es ist von großer Wichtigkeit, daß bei Ausbau der Organisation der AU Mitglieder der FDP in die Spitzen der Kreisgruppen der AU kommen, um somit den marxistischen Gewerkschaften oder ihren angeblich ausgetretenen führenden Mitgliedern einen Querriegel vorzuschieben und dem liberalen Ideengut der FDP den Weg zu bereiten und somit dem Ziel der FDP weitgehendst entgegenzukom-

---

17 Biographische Angaben waren nicht zu ermitteln.
18 Dort hatten CDU/CSU und SPD jeweils 27 Mandate, die FDP 5 und KPD, Zentrum und Deutsche Partei je 2 Mandate. Bei den gegebenen Mehrheitsverhältnissen und politischen Konstellationen sah es die FDP als ihre Aufgabe an, im Sinne ihrer „mittelparteilichen Zielsetzung" ausgleichend zu wirken. Vgl. LANGE, Politischer Liberalismus, 1980, S. 56. Der Ausdruck „mittelparteiliche Zielsetzung" findet sich im Aufsatz von Willy Max RADEMACHER, Deutsche Politik 1948. Gedanken zur neuen Staatsordnung, in: Die Freie Stadt, 17. 9. 1948, S. 62.
19 Vgl. Dok. Nr. 46 b, Anm. 17.
20 Eine fehlerhafte Auslassung im Text.
21 Vgl. Dok. Nr. 49 b, Anm. 35.

Sitzung des Arbeiter- und Gewerkschaftsausschusses der Zone   28.9.1948   **50 b.**

men. *Richardt* wirbt eifrig um die Aufnahme innerhalb der FDP, schon organisatorisch gesehen der Beiträge wegen.

KUHBIER: betont, daß die Ausführungen von *Schell* und *Nicolai* ihm aus der Seele gesprochen wären. Er betont, daß kaum 15 % in den Gewerkschaften organisiert seien.[22] Er weist aber darauf hin, daß viele Parteifreunde der FDP innerhalb der bestehenden Gewerkschaften in leitender Stellung tätig sind, die wir aber von unserer Seite aus desavouieren könnten. Er glaubt, aus diesem Grunde könnten wir keinen aktiven Kampf gegen die Gewerkschaften führen.[23] In der neugegründeten Gewerkschaft der Beamten und Angestellten muß in deren Interesse gearbeitet werden.[24] Der DGB würde von dieser Neugründung kaum berührt. Er betont, daß mit den Formulierungen „wenn und ob" nichts gemacht werden kann.

NICOLAI (Hannover): betont, daß er nichts gegen den Antrag von Dr. *Kuhbier* habe, sondern er müsse auf die am 11./12. 8. gefaßte Resolution hinweisen. Außerdem betont er, daß das Wort Einheit sehr anrüchig sei.

Dr. KUHBIER (Nordrhein-Westfalen): meint Einheitsgewerkschaft. Aufgrund unserer Einstellung wären wir gezwungen, bezüglich dieser Angelegenheit Stellung zu nehmen. Nach seiner Auffassung könnten wir kaum ablehnen und bestätigen ebensowenig.

RICHARDT (Hannover): sagt, man kann nicht diese gewundenen Redewendungen akzeptieren. Wenn keine klare und saubere Stellungnahme vorliege, hege er großen Zweifel daran, daß die Jugend zu uns stieße, denn sie stehe gerade und verlange aus ihrer Stellung heraus klare und eindeutige Anweisungen. Er moniert die Liebäugelei zum DGB und fragt an, warum keine klare Linie dieser Gewerkschaft gegenüber bestehe.

Dr. KUHBIER (Nordrhein-Westfalen): erwähnt, daß auch diese Sache bezüglich der christlichen Gewerkschaften bekannt sei, und er habe dieselben Befürchtungen wie *Richardt*.

---

22 Vgl. Dok. Nr. 46 b, Anm. 22.
23 Zu *Kuhbiers* früherer Haltung vgl. Dok. Nr. 43.
24 Vgl. Dok. Nr. 49 b, Anm. 20.

50 b.

28.9.1948: Protokoll über die Sitzung des Arbeiter- und Gewerkschaftsausschusses der Zone (2. Tag)

Archiv des FDP-Landesverbandes Nordrhein-Westfalen in Düsseldorf, Akte Andere Landesverbände 1946–1949, Ib/4. Ort: Burgdorf bei Hannover.

KANSCHARDT (Hamburg): entbietet Morgengruß und geht dann gleich zum Punkt der Organisationsfragen über. Er erklärt, daß es ihm gelungen sei, in kaum fünfmonatiger Beschäftigung auf seiner Arbeitsstelle zum ersten Betriebsrat gewählt zu

50 b. 28. 9. 1948   Sitzung des Arbeiter- und Gewerkschaftsausschusses der Zone

werden. Ferner gibt er bekannt, daß die Arbeitslast, die aus dem Zusammenschluß der 4 Arbeitnehmergruppen entstanden ist, allein auf den Schultern der Arbeitergruppe ruhe. Die Organisation dieser Gruppe schreite rüstig voran, nur habe er einige Gefechte mit der Angestelltengruppe auszuführen, die leicht zu Querschüssen neigt, weil sie sich vernachlässigt glaubt. Die gemeinsam verfaßte Resolution der 4 Arbeitnehmergruppen besagt, daß sie im Aufbau und in der Organisation übereinstimmten, nur daß die Angestelltengruppe sich den Seitensprung erlauben wollte, um einen eigenen Gewerkschaftsausschuß zu bilden. Anscheinend hat die Angestelltengruppe noch nicht bemerkt, daß der Arbeiter- und Gewerkschaftsausschuß bereits schon seit der letzten Bielefelder Zonentagung aktiv arbeitet. Im großen und ganzen gesehen vertrete er die Ansicht, daß die Delegierten des Arbeiter- und Gewerkschaftsausschusses ihre Arbeit so aufzufassen hätten, als ob sie selber die Partei wären. Er bedaure es sehr, daß in den Reihen unserer Mitarbeiter bei einigen die Ansicht bestand, daß leitende Persönlichkeiten der FDP ihre Parteizugehörigkeit und Funktion nur als Aushängeschild benutzten.

SCHELL (Hannover): schlägt vor, weiterhin zu Punkt 2 zu verhandeln und bittet, die Anträge zur Diskussion und zur eventuellen Beschlußfassung zu stellen. (*Richardt*[1] (Hannover): Antrag AU. Dr. *Kuhbier* (Nordrhein-Westfalen): Einheitsgewerkschaft.)

KANSCHARDT (Hamburg): stellt die Anfrage, ob die Möglichkeit bestehe, daß dem Arbeiter- und Gewerkschaftsausschuß bekanntgegeben wird, wieviel Arbeitnehmer in den einzelnen Landesverbänden zu vertreten sind. 2. ist es möglich, für diese Mitglieder Betreuer zu bekommen? 3. ob es möglich ist, daß diese Betreuer der Landesverbände schnellstens nach Hamburg kommen könnten, um auftretende Angelegenheiten [zu besprechen], die schnellstens vervielfältigt werden sollen und somit zum Versand an die gesamten Landesverbände kommen können. 4. daß bei Anfragen irgendwelcher Art, die aus den Kreisen der Mitglieder erfolgen, diese dem Betreuer schnellstens zugeleitet und von dort aus sofort positiv beantwortet werden können.

NICOLAI (Hannover): betont dazu, daß der innere Aufbau der Organisation von Grund auf an neu in Angriff genommen werden muß und bemängelt den momentanen Aufbau der Organisation als solchen. Er hat dem ihm zuständigen Landesausschuß und Herrn *Blücher* folgendes vorgeschlagen: Arbeiter- und Gewerkschaftsangelegenheiten: eigene Organisation. Soziale und damit abgeleitete Rechte: eigene Organisation. Auf den von ihm eingereichten Vorschlag hat Herr *Blücher* folgendes angeordnet: daß Herr Bürgermeister a.D. *Gerhard* dem Beamtenausschuß vorgesetzt wird. Er habe nun festgestellt in seinen Arbeiten, daß Herr *Gerhard* sowohl, wie er selber, Beamtenfragen und deren Recht bearbeiten. Es ist somit klar ersichtlich, daß keine einheitliche Arbeit gewährleistet ist, wenn Sachbearbeitung von zwei Seiten erfolgt. Er schlägt weiterhin vor, für Niedersachsen eigene Unterausschüsse zu gründen, [in denen] die Belange der einzelnen Gruppen von einem ehrenamtlich angestellten Referenten bearbeitet werden. Damit keine doppelte Arbeit getätigt wird, schlägt er vor, daß in dem Landesausschuß einheitlich gearbeitet

---

1 Biographische Angaben waren nicht zu ermitteln.

werden soll und daß von dem dort bestimmten Gremium der sogenannte Sozialpolitische Ausschuß gebildet wird, in dem alle Fäden zusammenlaufen.

KANSCHARDT (Hamburg): betont, daß in Hamburg die 4 Arbeitnehmergruppen je einen Vertreter in den Sozialpolitischen Ausschuß entsenden und daß wir als Arbeiter- und Gewerkschaftsausschuß als Dachorganisation anzusehen sind, denn bei der Vielgestaltung der Arbeit des Sozialpolitischen Ausschusses ist es unmöglich, alle diese Gebiete zu übersehen. In Hamburg sind die Vorstände der Angestellten-, der Beamten-, der Arbeitergruppe Kreisvorsitzer und somit Mitglied des Landesausschusses. Aus diesem Grunde stehen sie zu einer Zusammenarbeit bereit.

Dr. KUHBIER (Nordrhein-Westfalen): erwähnt, daß die Struktur und Lebensbedingungen sehr verschieden sind. Er betont, daß in seinem Landesverband beim Aufstellen der Restliste der Arbeiter fehlte. Außerdem möchte er nicht verfehlen, darauf hinzuweisen, daß neben den gewählten Unternehmern auch politisch geschulte Arbeiter zur Mitarbeit herangezogen werden zum Zwecke einer einheitlichen Zusammenarbeit. Überschneidende Fragen sollten zur Koordinierung führen. In Nordrhein-Westfalen bearbeitet der Sozialpolitische Ausschuß[2] alle fürsorgerischen Fragen. Er bittet, *Kanschardt* sollte sich an Herrn *Blücher* wenden und vorschlagen, daß die Vorsitzenden der Landesausschüsse zusammenzutreten haben, um eine einheitliche Arbeitslinie auszuarbeiten. Weiterhin betont er, daß er von der Hamburger Tagung nicht so befriedigt gewesen sei, aber es käme nur auf den zu […][3] neuen Verkehr an. Seine Meinung hat er dahingehend geändert, daß er nun auf dieser zweiten Tagung von der Arbeit mehr befriedigt wäre. Er schlägt vor, Entschlüssen und Eingaben schriftlicher Art, die vielfach im Schreibtisch liegen blieben, aufgrund persönlicher Unterredungen mehr Raum zu geben, da der Erfolg dann ein besserer sei.

HOPPENSTOCK (Lüneburg): betont, daß die Vorstände das Sprachrohr der Ausschüsse seien.

Frau MELZER (Hamburg): lehnt die Organisation und Richtlinien des Freiherrn Dr. VON RECHENBERG ab mit der Begründung, daß es ihm nicht möglich sei, aufgrund seiner gesellschaftlichen Stellung, das genügende Fingerspitzengefühl für die Belange der Arbeitnehmerschaft zu haben. Sie befürwortet schriftliche Eingaben von seiten *Kanschardts* und lehnt persönliche Abmachungen und Unterredungen betreffs unserer Probleme ab. Selbst auch ein Dr. *Kuhbier* könnte unsere Forderungen nicht zum Erfolg führen.

SCHELL (Hannover): betont den Sinn der Ausschüsse, und die ihn betreffenden Fragen seien so zu formulieren und zusammenzufassen, daß sie allgemein verständlich sind und zum Erfolg führen. Wenn die Parteileitung das nötige Verständnis für die Arbeiten der Ausschüsse aufbringt und erzielte Erfolge in der ihr nahestehenden Presse lanciert, sie in der breiten Öffentlichkeit als Richtlinien anerkannt werden. Er schlägt vor, daß die einzelnen Referate von hauptamtlich angestellten Per-

---

2 Vgl. Dok. Nr. 37, Anm. 24.
3 Eine fehlerhafte Auslassung im Text.

sönlichkeiten geleitet werden müssen, die auf ihrem Fachgebiete wohlversiert sein müßten.

NICOLAI (Hannover): betont, daß der Beamte[4] unter Beamtenrecht steht, der Arbeiter oder Angestellte unter Angestellten- oder Arbeiterrecht stünde. Dieses jedoch nur gewerkschaftlich gesehen. Auch er vertritt die Ansicht, die verschiedenartig gelagerten Arbeitsgebiete aufzuteilen und diese Posten mit wohlversierten Leuten zu besetzen.

SCHELL schließt sich diesen Äußerungen an und bedauert außerordentlich, daß Benachrichtigungen gewerkschaftlicher Fragen und Rechtsfragen arbeitspolitischer Art zu spät zur Geltung respektive zur Kenntnis kommen, wenn man nicht weiß, was die Gegenseite will und fordert. Aus diesem Grunde kann man keine Stellungnahme vornehmen. Die Gewerkschaften geben eine reichhaltige Lektüre aus, und es sollte dahingehend gewirkt werden, daß die nötigen Unterlagen dem Ausschuß, egal welcher Art, zur schnellsten Kenntnis gebracht werden.

Dr. KUHBIER: schlägt vor, daß in jedem Landesverband auf jedem Arbeitsgebiet Referenten ernannt werden, die die entsprechenden Arbeiten zu übernehmen haben, und um die nötigen Kenntnisse zu erlangen, weitgehendst mit Pressenachrichten zu versorgen sind. In diesem Zusammenwirken der Landesverbände käme es dann schnell zu einer Koordinierung wegen einheitlicher Zusammenarbeit und zum Vergleich englische Gewerkschaftspolitik, [...][5] als Hauptsache ansieht, die der ganzen Volksgemeinschaft dient. Er will damit vermeiden, daß Interessenvertretungen innerhalb der Partei unter dem Namen „Ausschuß" auftreten.

Frau MELZER (Hamburg): bittet, daß bei Aufstellung etwaiger Referenten auch die Frau zur Geltung komme.

NICOLAI (Hannover): verlangt, daß organisatorische Sachen von befähigten Personen geleistet werden. Er will Zersplitterung vermeiden, und es ist ihm egal, ob die mit der Sache betraute Person männlichen oder weiblichen Geschlechts ist. Er steht auf dem Standpunkt, daß die befähigte Person gerade gut genug ist, die Belange zu bearbeiten. Er führt ferner aus, daß der Aufbau der Organisation erst im Groben dastehe und daß die Verfeinerung erst im Laufe der Arbeit kommt.

KANSCHARDT (Hamburg): ist erstaunt, daß in Duisburg 60 % der Mitglieder Arbeiter seien, und es sei ihm unverständlich, daß sich unter dieser Menge keiner befinden sollte, der diese Belange vertreten und bearbeiten könne. Er lehnt die Zersplitterung innerhalb der Partei ab und betont abermals, daß der Arbeiter- und Gewerkschaftsausschuß die Dachorganisation bleibt. Er erwähnt, daß in Hamburg monatlich jeden 3. Donnerstag die Vertreter der verschiedensten Ausschüsse zusammenkämen, die aufkommende Fragen bearbeiten. Ihm war die Hauptsache, daß der Ausschuß gerade unter dem Namen Arbeiter- und Gewerkschaftsausschuß satzungsgemäß verankert wurde, denn er steht auf dem Standpunkt, daß alle Arbeitnehmer, ob sie den Berufen der Angestellten- oder Beamtenschaft angehörten, Ar-

---

4 Vgl. Dok. Nr. 46 b, Abschnitt „Beamtentum"; Dok. Nr. 48.
5 Fehlerhafte Auslassung im Text.

Sitzung des Arbeiter- und Gewerkschaftsausschusses der Zone   28. 9. 1948   **50 b.**

beiter seien; er verlange, daß genau wie in Hamburg jeder Landesverband je eine Person mit den entsprechenden Posten betraut, um durch diese Arbeit die nötigen Querverbindungen zu schaffen.

NICOLAI (Hannover): betont, daß er nach den Ausführungen von *Kanschardt* der Auffassung sei, daß der Arbeiter- und Gewerkschaftsausschuß die Dachorganisation ist und die Unterbereiche von einzelnen Personen, die befähigt sind, diese Posten zu bekleiden, zur Zusammenarbeit heranzuziehen sind.

SCHELL (Hannover): wünscht, daß der sogenannte Hamburger Antrag, wenn er zur Annahme käme, eine Dreiteilung erfahren müsse.

KANSCHARDT (Hamburg): glaubt, seinen Antrag zurückziehen zu müssen, und erklärt sich zu der Auffassung von *Nicolai.*

SCHELL (Hannover): empfiehlt, daß je ein Mann mit der Sache betraut wird, der in Taktik und Form geschult ist. Auch müßte diese Person mit den Arbeitsmethoden der bestehenden Gewerkschaften bestens vertraut sein. (Zweckmäßigkeit von Anträgen, Taktik und Arbeitsmethoden der Gewerkschaften.) Nur darin sieht er eine fruchtbare Arbeit in der Zone und deren Leitung.

KANSCHARDT (Hamburg): bittet um Vorschläge.

NICOLAI (Hannover): vertritt die Ansicht, daß der Arbeiter- und Gewerkschaftsausschuß an die Zonenleitung herantritt, um Herrn Bürgermeister *Gerhard* zum Ausschuß delegieren zu lassen. Es ist dadurch gewährleistet, daß diese Dienststelle innerhalb der Zone aufgelöst und Herr Bürgermeister *Gerhard* innerhalb des bestehenden Ausschusses mit dem Beamten-Referat betraut werden soll.

Auf Vorschlag übernimmt Entnazifizierung, Sozialversicherung, Flüchtlingswesen: *Nicolai* (Hannover).

Der Vorschlag wird einstimmig angenommen.

KANSCHARDT (Hamburg): gibt bekannt, daß er sich persönlich an Herrn *Blücher* wenden werde, damit Herr *Gerhard* dem Arbeiter- und Gewerkschaftsausschuß beigeordnet wird.

NICOLAI (Hannover): bekundet, daß baldmöglichst eine Versammlung einberufen wird, damit die Arbeit gut vonstatten geht. Ein einheitlicher Beschluß ergeht dahin, daß die gesamten Landesverbands-Vorsitzenden durch den Zonenvorstand zu einer Versammlung einberufen werden, um bezüglich dieser Sachen Stellung zu nehmen.

Dr. KUHBIER (Nordrhein-Westfalen): betont, daß Bürgermeister *Gerhard* der gegebene Mann wäre, der auftauchende Fragen bezüglich Beamte und deren Rechte bestens erledigen wird.

Vorschlag SCHELL (Hannover): bittet um Vorschlag für eine Persönlichkeit, die in folgenden Sachen gut unterrichtet ist: Tarifrecht, Arbeitsschutz und Gesetzgebung, Arbeitsvermittlung. (Ablehnung der früheren Methoden des Arbeitsamtes.) Lohn- und Schlichtungswesen.

Vorschlag *Schell* wird angenommen und *Schell* mit der Leitung des Referates betraut. (Gewerkschaftsfrage, Tarif- und Arbeitsrecht, Arbeitsgerichtsbarkeit, Lohn- und Schlichtungswesen.)

Als Restreferat ist noch Arbeitsvermittlung, Arbeitsrecht und Arbeitsschutz offen.

Dr. KUHBIER: bittet um Rücksichtnahme auf die zur Zeit nicht anwesenden Delegierten, die vielleicht unverschuldet nicht an der Tagung teilnehmen konnten.

KANSCHARDT (Hamburg): betont, daß es sich in seiner Praxis am besten so ergeben hat, mit den ihm im Moment zur Verfügung stehenden Leuten die Verteilung der Posten aufzunehmen und mit der Arbeit zu beginnen. Er bringt für die letzte Personalbenennung *Melzer* (Hamburg) in Vorschlag.

Vorschlag *Kanschardt* wird einstimmig angenommen. Arbeitsgebiet für *Melzer*: Arbeitsvermittlung, Arbeitsrecht, Arbeiterschutz, Arbeitslenkung.

SCHELL (Hannover): schlägt vor: die Erkenntnisse aus dieser Zusammenstellung sollten propagandistisch zusammengefaßt werden, um sie der breiten Öffentlichkeit bekanntzugeben.

Dr. KUHBIER (Nordrhein-Westfalen): erklärt sich bereit, diese Formulierung vorzunehmen.

NICOLAI (Hannover): glaubt nicht, daß der Ausschuß befugt ist, diese Formulierung öffentlich bekanntzugeben, da er glaubt, daß in der Zonenleitung ein bestimmter Referent dieser Art vorhanden ist.

KANSCHARDT (Hamburg): glaubt, daß der Ausschuß publizieren dürfe, ist aber gewillt, vorher der Zonenleitung eine dementsprechende Benachrichtigung zukommen zu lassen.

NICOLAI (Hannover): glaubt, mit einem sogenannten Redaktionsausschuß Genüge getan zu haben, um etwaige Sachen zu publizieren.

Dr. KUHBIER (Nordrhein-Westfalen): verlangt, daß publizierte Entwürfe erst dem Zonenvorstand eingereicht werden müssen, damit sie von dort aus noch einmal durchgesprochen werden und etwaige Unebenheiten ausgeglichen werden.

NICOLAI (Hannover): erwähnt, daß auf der Sitzung in Bielefeld ein Ausschuß für Redaktion gegründet worden sei, dem er, Dr. *Schäfer*, Frau *Friese-Korn* und *Kandzia*[6] angehören und somit der Ausschuß verpflichtet sei, den Extrakt der Unterhandlung der Zonenleitung bekanntzugeben, um sie dann von höherem Orte aus zu publizieren. Er weiß noch zu erinnern, daß eine ähnliche Sache auf einer Sitzung getätigt wurde, die dem Zonenvorstand zugeleitet, von dort aus nach Hude ging, und nach langem Hin und Her sich zu der eingereichten Fassung bereit erklärte und zur Aufgabe gegeben wurde.

KANSCHARDT (Hamburg): schlägt vor, man möge an Schleswig-Holstein und Nordrhein-Westfalen herantreten wegen Benennung einiger Delegierter, damit auf der nächsten Versammlung der Redaktionsstab gegründet werden kann.

---

6 *Kandzia* war Mitglied des Arbeitnehmerausschusses des FDP-Landesverbandes Nordrhein-Westfalen (Stand: 15. 12. 1946).

Sitzung des Arbeiter- und Gewerkschaftsausschusses der Zone   28. 9. 1948 **50b.**

Dr. KUHBIER: verliest nun seine Aufgabe im Entwurf zum Sozialprogramm, in dem Zweck und Ziel der Sozialpolitik dargetan ist. (Zerfällt in Präambel, Ausführung und grundsätzliche Einstellung.)

Erreichungsart des Zieles und Hilfe bei der Zulassung an öffentlichen Schulen. Unterstützung und Förderung der Begabten. Anerkennung überdurchschnittlicher Leistungen, Schutz der Frau und Jugendlichen vor Ausbeutung. Schaffung von Sozialeinrichtungen, Schaffung paritätisch besetzter Institutionen, freie Berufswahl, Ablehnung jeglichen Zwanges. Ablehnung der Sozialisierung, Aufrechterhaltung und Förderung des gesunden und sozialgerechten Einkommens aller Arbeitnehmer, Steuerbegünstigung an Familien und Kinderreiche. Gesetzliche Sicherungen bei Alter, Krankheit, Arbeitsunfähigkeit, überhaupt Lebensunterhaltung auskömmlichster Art. Heranziehung staatlicher Organisationen zur Hilfe und zum Ausbau einer gesunden und gerechten Sozialpolitik. Sicherung des sozialen Friedens und der sozialen Gerechtigkeit.

Die nächste Tagung soll auf Vorschlag im Landesverband Nordrhein-Westfalen einberufen werden. Es wird vorgeschlagen die zweite Hälfte des Monats Januar 1949. Eventuelle Tagesordnung wird noch bekanntgegeben. Bei Aufstellung der Tagesordnung ist zu beachten: die voraussichtlich im Dezember/Januar stattfindenden Wahlen in Niedersachsen, der zu erwartende Zonenparteitag, Termin und Ort noch unbekannt. Vertraulich wurde mitgeteilt: Es wird vermutet, daß durch die Trizone eine Reichspartei zustande kommt, daß eventuell die Einteilung der Landesverbände verschwindet.

KANSCHARDT (Hamburg): bittet um Nennung einiger Punkte zur neuen Tagung. Es wurde vorgeschlagen, je ein Referat von *Nicolai*, Niedersachsen, und *Schell*, Niedersachsen, bezüglich der von ihnen geführten Referate zu schicken.

Verlesung der Anträge:
1. Antrag Berlin
Flugblatt der LDP *(Ediger)*[7]

(Eventuell Gebrauch, besondere Auswertung für unsere Arbeit. Enthält freie Entfaltung des Einzelnen, Ablehnung der aufgezwungenen Ordnung, bestehendes Gefüge unter marxistischer Führung, Mitbestimmung im Betrieb, Mitbestimmungsrecht innerhalb der Organisation und soziale Besserstellung als bisher.)

2. Antrag *Nicolai* (Niedersachsen)

Betr.: Diskussionsabend, Clausthal-Zellerfeld

Über die soziale Zusammensetzung kann folgendes gesagt werden: daß er vom Schüler über den Jungdemokraten, Arbeitnehmer aller Berufe bis zum Arbeitgeber besucht war. Aus der Diskussion hörte man heraus die Forderung auf Schaffung einer Organisation, in der Arbeitnehmer und Arbeitgeber gemeinsam die soziale Gestaltung verbessern sollten. Weiterhin betriebliche Zusammenarbeit von Arbeitgeber und Arbeitnehmer unter Hinzuziehung aller betrieblichen Kräfte.

---

7 Franz *Ediger,* nach 1945 LDP-Mitglied; Referent für Gewerkschafts- und Sozialpolitik beim Zentralverband der LDP.

3. *Kanschardt* (Hamburg):

Stellungnahme und Nachfrage zum Artikel im „Telegraf"[8] sowie Rundschreiben von Dr. *Schäfer* an alle Landesverbände ohne Mitteilung an den Arbeiter- und Gewerkschaftsausschuß.

Der Artikel im „Telegraf" dreht sich um die Tagung und das Protokoll vom 11./12. 6. 1948. Bei allen Delegierten tauchte die Frage auf, von wem dieses komme und wer hat dem „Telegraf" Einblick in das Protokoll gegeben.

SCHELL (Hannover): Seiner Meinung nach müßte es von der AU[9] Hannover getätigt sein, denn, hätte der „Telegraf" volle Einsicht ins Protokoll gehabt, dann wäre es nicht möglich gewesen, einen so verzerrten Zeitungsbericht zu schreiben. Es besteht der Verdacht, daß *Venghaus,* Nordrhein-Westfalen, der aus der Partei ausgetreten ist und vom damaligen Protokollführer aus diesem Grunde kein Protokoll bekommen hat. Außerdem ist *Venghaus* sehr an der Gründung der AU interessiert. *Venghaus* war auf der Sitzung vom 11./12. 6. 1948 in Hamburg als Gast. Den Delegierten ist es unverständlich, daß gerade Dr. *Schäfer* eine Stellungnahme getätigt hat, ohne Rücksprache mit dem Obmann *Kanschardt* zu tätigen. Außerdem ist den Delegierten des Landesverbandes Hamburg unklar, warum man ihnen keine Mitteilung von der Stellungnahme Dr. *Schäfers* gemacht hat.

NICOLAI (Hannover): vertritt die Ansicht, daß sein Antrag zum Zonenvorstand gelangen müsse, denn es kann nur eine Stellungnahme auf dem Boden der Zone getätigt werden.

SCHELL (Hannover): ist der Meinung, daß der Inhalt des zur Debatte stehenden Antrages wohl auf dem Boden der Realität stehe und daß dieser Antrag dem Zonenvorstand zugeleitet werden soll. Seine persönliche Meinung zu diesem Falle sei, daß nur eine fachmännisch geschulte Person dazu Stellung nimmt, aber nur aus dem unserer Arbeit als Ausschuß. Ihm ist die Hauptsache, daß die dazu angesehene Person vom Ausschuß gewählt wird. (Sachliche Beurteilung und Ausarbeitung.)

Außerdem soll diese Sache nicht unbesehen dem Zonenvorstand zugestellt werden, denn er befürwortet eine sachliche Stellungnahme, die nach seinem Dafürhalten am besten von *Kanschardt* ausgearbeitet wird.

NICOLAI (Hannover): besagt, daß dem Diskussionsleiter Anregungen gerade aus unserem Kreise zugehen sollten. Er befürwortet die Weitergabe des Schreibens an Herrn *Hoppenstock* zwecks Weitergabe an Herrn *Blücher* zur weiteren Verarbeitung.

KUHBIER (Nordrhein-Westfalen): steht auf dem Standpunkt, daß man diese Sache dem entsprechenden Referenten überlassen solle, da am besten von ihm Vorschlag und Arbeitsbasis ausgearbeitet werden kann und somit zur Debatte gestellt werden kann.

---

8 Gemeint ist der Artikel vom 19. 8. 1948. Der „Telegraf" war eine 1946 in Berlin gegründete sozialdemokratische Tageszeitung.
9 Vgl. Dok. Nr. 50 a, Nr. 16.

NICOLAI (Hannover): betont, daß er als Bezirksvorsitzender es den Jungen Demokraten seines Kreises angeraten habe, zu dieser Sache eine eigene Stellungnahme vorzulegen. Er schlägt vor, unseren jungen Parteifreunden in ihrer Sache sehr behilflich zu sein, und bittet ferner, weitere Diskussionsabende zu veranstalten. Verbindet dieses mit der Bitte, vom Ausschuß aus dementsprechende Referenten zur Verfügung zu stellen, so daß die Jungen Demokraten diese Sachen mit demselben durchsprechen könnten. Vor allen Dingen ist damit gedient, daß der Referent vermeidet, daß die Diskussionsabende versanden respektive daß Themen zur Diskussion kommen, die im Moment unerwünscht sind (Lohnverhandlungen, Tarifkämpfe).

SCHELL (Hannover): steht auf dem Standpunkt, daß der Arbeiter- und Gewerkschaftsausschuß den Jungen Demokraten stärkste Unterstützung und Anerkennung gibt.

KANSCHARDT (Hamburg): beauftragt *Schell* mit der weiteren Behandlung dieser Angelegenheit.

SCHELL (Hannover): fragt an: was machen wir mit den Leuten, die aus besonderen Gründen (Saison-Arbeiter usw.) infolge von Kurzarbeiten niemals eine volle Jahresbetätigung bei irgendeiner Firma nachweisen können, um sie in den Genuß des Urlaubs zu bringen? Er schlägt vor, eine Art Bundesarbeitsgericht zu gründen, und glaubt, daß schon Leute seit Jahren zu dieser Angelegenheit im kleinen Rahmen Stellung genommen haben. Er bittet, dieses in Form eines Antrages an die gesamten Fraktionen der FDP innerhalb der britischen Zone zu stellen, damit eine einheitliche geschlossene Forderung von allen Fraktionen vorgebracht werden kann.

Zum Antrag Berlin wird gesagt, daß er der heutigen Zeit entsprechend umgearbeitet werden soll und somit zur Annahme kommt. In der jetzigen Form darf er nur mit Vorbehalt angenommen werden, da er noch der Kürzung und Korrektur bedarf, um für fraktionelle Anträge und Anregungen zu dienen.

Der Antrag Dr. KUHBIER. Er bittet, daß in allen Presseorganen der FDP regelmäßig Gewerkschaftsecken einzuführen sind, die wöchentlich oder 14tägig Stellungnahmen, Anfragen und Anregungen bearbeiten.[10]

SCHELL (Hannover): macht zum vorher erwähnten Antrag von Herrn Dr. *Kuhbier* einen Zusatz. Er bittet, die Landesvertretung schriftlich aufzufordern, diesbezüglich Fachunterlagen zu beschaffen und sie den einzelnen Referenten zu überlassen. Sollten neueste Informationsquellen auftauchen, wie Neugründungen von Zeitungen oder andere Benachrichtigungsblätter, diese von den Landesvertretungen anzufordern sind und sie den betreffenden Referenten zur Verfügung zu stellen sind.

Antrag und Zusatz einstimmig angenommen.

KANSCHARDT (Hamburg): betont dabei, daß der von Dr. KUHBIER gestellte Antrag bereits von *Richardt* (Hannover) gestellt sei, und er weist ausdrücklich darauf hin, daß die getätigten Gedanken von Dr. *Kuhbier* geistiges Eigentum von *Richardt* (Hannover) seien.

---

10 Vgl. Dok. Nr. 50 a, Anm. 7.

Dr. KUHBIER (Nordrhein-Westfalen): *Antrag betreffend Einheitsgewerkschaften.*[11]

Der verfaßte Antrag bezüglich der Einheitsgewerkschaften und der AU sei zu gewunden. Außerdem lehnt der Ausschuß Einheitsgewerkschaften ab. NICOLAI (Hannover) betont, daß es keiner Frage bedarf. Der Ausschuß hätte keine Veranlassung, nochmals eine besondere Resolution zu verfassen, da er bezüglich der marxistisch geführten Gewerkschaften bereits am 11./12. 6. 1948 in Hamburg Stellung genommen hat.[12] Die Dinge der marxistisch geführten Gewerkschaften haben sich kaum gewandelt, und die AU stehe jetzt im Stadium der Vorlizenz. Zu gegebener Zeit würde eine Erwiderung durch den betreffenden Referenten erfolgen.

Dr. KUHBIER (Nordrhein-Westfalen): sagt aus, daß der Ausschuß überhaupt noch keine klare Stellungnahme zur Einheitsgewerkschaft getätigt hat. Aus dem Ruhrgebiet ergingen an ihn viele Anfragen in der Form: Wie steht die FDP zur Einheitsgewerkschaft? Da er aus sich selber keine klare Stellungnahme vornehmen wolle, um dem Abschluß nicht vorzugreifen, habe er sich erlaubt, auf dieser Tagung nochmals den Antrag zu stellen, um in gegebenen Fällen den Nachfolgern klare und eindeutige Antworten geben zu können.

SCHELL (Hannover): betont, daß alle Gewerkschaften unter der Dachorganisation des DGB stehen oder dem AGB.[13] Es seien alles reine Konflikte der einzelnen Berufsgruppen. Die Einheitsgewerkschaften bestünden schon lange seit der Zeit, in der sie sich dem DGB untergeordnet haben. Als Ausnahme könnte er nur die Beamten und als andere die Eisenbahnergewerkschaft nennen, die bereits mit ausländischen Verbänden Fühlung genommen haben. Er betont nochmals, daß der DGB die Dachorganisation der Gewerkschaften sei und dadurch schon die Einheitsgewerkschaften gebildet worden sind. Es darf keine Verwechslung mit den Industrieverbänden vorkommen. Sollten wir dagegen sein, sprechen wir dem DGB die Eignung als Dachorganisation ab, bejahen wir, dann erkennen wir den DGB an. Nur noch die zur Zeit frei bestehenden Gewerkschaften, wie im Moment die DAG, die aus dem DGB ausgetreten ist, können[14] zur Zeit nicht als Einheitsgewerkschaft angesprochen werden.

NICOLAI (Hannover): betont, daß die Eisenbahner-Gewerkschaft schon bereits jetzt ausländisch gebunden ist. Er bittet im übrigen um Absetzung dieser Frage, um *Schell* weitgehendst Zeit zu lassen, damit er genaueste Erkundigungen einholen kann.

Absetzung der Frage genehmigt.

Das Ergebnis war 5:1 für Ablehnung des Antrages. Die Erhebungen von Dr. *Kuhbier* werden voll gewürdigt. Aber da die Angelegenheit zu schwer ist, um sie einfach übers Knie zu brechen, habe *Kanschardt* diese Frage zur Abstimmung gestellt.

---

11 Vgl. Dok. Nr. 50 a, Anm. 12.
12 Vgl. Dok. Nr. 50 a, Anm. 13 u. 14.
13 „Allgemeiner Gewerkschaftsbund Rheinland/Pfalz".
14 Im Original: kann.

Sitzung des Arbeiter- und Gewerkschaftsausschusses der Zone 28.9.1948 **50 b.**

LENK[15] (Hannover): Jungarbeiter-Austausch aufgrund eines Artikels der Jugendzeitschrift des DGB. Er verliest den Artikel, in dem gefordert wird, daß Jungarbeiter zum Austausch kommen. Der Zweck sei die Erreichung einer besseren Verständigung, da nun Deutschland langsam in den Bund der europäischen Völkerfamilie Aufnahme findet. In dem Artikel wird gefordert, daß nicht nur Studenten, sondern auch Jungarbeiter aller Berufsgruppen heranzuziehen seien. Er stellt den Antrag, daß auch unsere Jungen Demokraten dazu herangezogen würden.

SCHELL (Hannover): vertritt die Meinung, daß diesem Antrage vom Ausschuß stattgegeben werde, um den anderen Gewerkschaften den Wind aus den Segeln zu nehmen.

Antrag angenommen.

NICOLAI (Hannover): bekundet, daß von seinen jungen Leuten aus Clausthal-Zellerfeld schon welche über 3 Monate in England waren und dort ihren Berufen nachgehen konnten.

Dr. KUHBIER (Nordrhein-Westfalen): schließt sich diesem an und bekundet seine Kenntnisse zur Wilton-Park-Aktion.[16] Er bittet die Delegierten, in ihrem Landesverband Nachfrage zu halten, ob und wieviel von den Jungen Demokraten in England gewesen seien, und man möge ihm die nötigen Adressen verschaffen, die er zwecks Ausarbeitung von Vorträgen gebrauche.

SCHELL (Hannover): bekundet, daß es uns Alten kaum nötig tue, eine Umschulung durchzumachen, jedoch für junge Leute halte er es für sehr nützlich.

KANSCHARDT (Hamburg): bittet die anwesenden Delegierten, sich in ihren Landesverbänden für ihn zu verwenden, um die nötigen Unterlagen über Stärke der Arbeitnehmer, ausgeführt in Berufskategorien, ihm zur Kenntnis zu bringen.

Dr. KUHBIER (Nordrhein-Westfalen): erweitert die Anfrage mit Zugehörigkeit und Funktion innerhalb einer Gewerkschaft.

KANSCHARDT (Hamburg): betont, daß dieses Sache der einzelnen Landesverbände sei. Er meinte nur die Stärke nach Berufen gestaffelt wie Arbeiter, Angestellte, Be-

---

15 Biographische Angaben waren nicht zu ermitteln.
16 Wilton Park war ein Kriegsgefangenenlager in der Nähe Londons. Dort fanden mehrwöchige Kurse statt, an denen deutsche Kriegsgefangene auf freiwilliger Basis und deutsche Zivilisten teilnahmen, u. a. Vertreter von Parteien, Gewerkschaften und Genossenschaften; Verwaltungsfachleute, Lehrer, Journalisten. Die Diskussionen mit Engländern über Themen, die unter anderem Verfassungs- und Wirtschaftsfragen, Erziehungswesen und Staatsbürgerkunde sowie Internationales Recht zum Gegenstand hatten, sollten im Ergebnis „ein Versuch sein, die *geistige Kluft* [...] zwischen [...] *Siegern und Besiegten* [...] *zu überbrücken*". (Hervorhebungen im Original.) Vgl. Günther MÜLLER, Wilton Park, in: Die Freie Stadt, 26.1. 1948, S. 8. Vgl. Lothar KETTENACKER, The Planning of ‚Reeducation' during the Second World War, in: Nicholas PRONAY/Keith WILSON (ed.), The Political re-education of Germany and her allies after World War II, London & Sydney 1985, S. 75: „For British public opinion Wilton Park and ‚re-education' were almost synonymous; [...]"; Henry FAULK, Die deutschen Kriegsgefangenen in Großbritannien. Reeducation, München 1970, S. 186–225.

amte. Auch sollte innerhalb der Landesverbände Nachfrage gehalten werden wegen des Ausbaus der Betriebsgruppen.

Dr. KUHBIER (Nordrhein-Westfalen): betont, daß es von Fall zu Fall gemacht werden kann, denn es gäbe Plätze, an denen es vollkommen unangebracht ist. Er befürchtet, daß es zu persönlichen Verfeindungen kommen könne. Außerdem betont er die verschiedenste Struktur der Gebiete des Landesverbandes Nordrhein-Westfalen, und es bedingt des öfteren die persönliche Note, von der er sich am meisten Erfolg verspricht, während es auf anderer Stelle kaum möglich ist, Fuß zu fassen.

MELZER (Hamburg): betont, daß man es dem Delegierten des betreffenden Landesverbandes überlassen sollte, welche Taktik und Methoden er gebrauche, um den Aufbau der Betriebsgruppen voranzutreiben.

KANSCHARDT (Hamburg): betont, daß es als erstes Vorbedingung sei, die betriebliche Zusammengehörigkeit der angestellten Arbeiter oder Beamten festzustellen. Diese sollten dann auf Schulungsabenden zusammengeführt werden, damit einer den anderen kennenlerne.

Dr. KUHBIER: betont die ungeheuerlichen Schwierigkeiten, die er habe, und daß er sehr viel Geduld und Ruhe benötige, um die Basis zu schaffen, von der er seine Arbeiten beginnen könne, damit sie auch zum Erfolg führen. Außerdem betonte er, daß in seinem Landesverband sogenannte Arbeitsgemeinschaften nicht-marxistischer Interessengruppen bestanden. Er wolle versuchen, unsere politische Richtung in diese Reihen hineinzutreiben.

KANSCHARDT (Hamburg): ist erstaunt, daß Dr. *Kuhbier* jetzt selber eingesteht, daß ihm in den obenerwähnten Organisationen Gelegenheit gegeben ist, unsere Gedankengänge zum Ausbau der Betriebsgruppen anzubringen.

Dr. KUHBIER: verspricht in dieser Sache Vorarbeiten zu leisten, um unserem Gedankengut dort die nötige Breiten- und Tiefenwirkung zu geben.

KANSCHARDT (Hamburg): bedankt sich bei dem Delegierten *Schell* für Unterbringung und Verpflegung und betont seine besondere Freude über das rege Interesse und hofft, daß es weiterhin bestehen bleibt. Er verbindet die Hoffnung mit dem Wunsch, die anwesenden Delegierten auf der nächsten Tagung in Nordrhein-Westfalen wieder anzutreffen, und außerdem verspräche er sich von den Referaten *Schell* und *Nicolai* eine breitere Basis, die zum weiteren Ausbau und zur Festigung des Arbeiter- und Gewerkschaftsausschusses beitragen werde.

Aufstellung der Arbeitsgebiete.

Referate des Arbeiter- und Gewerkschaftsausschusses.

1. Obmann Franz *Kanschardt* (Hamburg).

2. Referat für Gewerkschaften, Tarife, Arbeitsrecht, Arbeitsgerichtsbarkeit, Lohn- und Schlichtungswesen:

Schell (Mellendorf/Hannover).

3. Referat für Beamte und Beamtenrecht:

Bürgermeister a.D. *Gerhard.*

4. Referat für Sozialversicherungen, Schlichtungswesen, Entnazifizierung: *Nicolai* (Hannover).

5. Referat für Arbeitsvermittlung, Arbeitsrecht, Arbeitsschutz, Arbeitslenkung: *Melzer* (Hamburg).

51.

30. 10. 1948: Protokoll über die Sitzung des Landesausschusses [des FDP-Landesverbandes Nordrhein-Westfalen]

Archiv des FDP-Landesverbandes Nordrhein-Westfalen in Düsseldorf, Akte Landesausschuß, Ia/11. Gezeichnet: „Middelhauve". Beginn: 11 Uhr. Ende: 16.45 Uhr. Ort: Hagen, Hagener Saalbau.

A) Vor Eintritt in die Tagesordnung wurde die durch den Landesverbandsvorstand vorgelegte Tagesordnung gebilligt und um einen Punkt ergänzt, unter dem die Neuwahl eines kommissarischen Schatzmeisters durchgeführt werden sollte. (Tagesordnung siehe Anlage.)

B) Zu Punkt 1:

Dr. MIDDELHAUVE gab bekannt, daß der bisherige Landesschatzmeister *Dörnhaus* wegen Überlastung gebeten hat, ihn von seinem Posten zu entlasten.

Der Rücktritt des Parteifreundes *Dörnhaus* wurde mit Bedauern angenommen und der Dank des Landesausschusses für die geleistete Arbeit ausgedrückt.

Zum Landesschatzmeister wurde vorgeschlagen:

der Regierungspräsident a.D. *Kühn* (Detmold).

Die Wahl erfolgte einstimmig und muß durch den nächsten Landesparteitag bestätigt werden.

Regierungspräsident KÜHN nahm die Wahl als kommissarischer Landesschatzmeister an, dankte für das entgegengebrachte Vertrauen und versicherte, alles zu tun, der ihm gestellten Aufgabe gerecht zu werden.

Zu Punkt 2a:

Dr. MIDDELHAUVE führte aus:

Das Wahlergebnis[1] mußte, abgesehen von einigen beruflichen Erfolgen, für die Partei als schlecht angesehen werden. Die wertvolle Arbeit, die in einigen Kreis- und

---

1 Die FDP erhielt bei den Gemeindewahlen in Nordrhein-Westfalen am 17. 10. 1948 nur 5,0 % der Stimmen. Bei den Landkreis- und Stadtkreiswahlen erzielte sie aber 6,9 %. Vgl. Dok. Nr. 29, Anm. 1; SCHRÖDER, 1985, S. 280.

Ortsverbänden geleistet worden sei und die auch zu erfreulichen Erfolgen geführt habe, sei durchaus anerkennenswert. Es habe sich jedoch eindeutig herausgestellt, daß die Organisation der Partei noch lückenhaft und zu weitmaschig wäre. Zum Beispiel sei es nicht möglich gewesen, im Regierungsbezirk Aachen und zum großen Teil auch im Regierungsbezirk Münster überhaupt Kandidaten aufzustellen. Das Ansteigen von 6,1 % auf 7,9 % in einem Zeitraum von 1½ Jahren könne nicht als Wahlsieg angesprochen werden. Als Beweis für die außerordentlich günstigen Voraussetzungen für unsere Partei sei das Wahlergebnis in Hessen, wo die LDP[2] 27 % der Stimmen auf sich vereinigt hat, anzusehen. Diese Erkenntnis, so führte Dr. MIDDELHAUVE weiter aus, erfordere eiserne Konsequenzen.

Der erhebliche Stimmenabfall der KPD[3] von 14 auf 7,8 % habe zum Ausdruck gebracht, daß die deutsche Bevölkerung jeden Totalitarismus ablehne. Der erstaunlichste Faktor dieser Wahlen sei jedoch die außerordentlich gute Behauptung der CDU[4], die alle Vorhersagen und Prophezeiungen zunichte gemacht habe. Auch die SPD[5], die auf 35,9 % der Stimmen gestiegen sei, habe einen Erfolg zu verbuchen, der im wesentlichen wohl auf die Stimmen ehemaliger KPD-Wähler zurückzuführen sei.

Dr. MIDDELHAUVE erklärte weiter, daß nunmehr eine Situation eingetreten wäre, in der unsere Partei eine schwere Verantwortung übernehmen müsse dadurch, daß sie fast in allen Parlamenten ausschlaggebend für die Mehrheitsbildung[6] sei. Die Partei müsse sich jedoch davor hüten, davon zu sprechen, daß sie das Zünglein an der Waage sei. Besonders nachdrücklich wies Dr. MIDDELHAUVE darauf hin, daß es dringend erforderlich wäre, nunmehr unseren Kommunalvertretern, die zum großen Teil erstmalig in die parlamentarische Arbeit eintreten, klare Richtlinien zu geben, damit die einheitliche Linie unserer Partei auch in den Kommunalvertretungen gewahrt bleibt. Aus der Tatsache heraus, daß wir die aktivsten und entschiedensten Antimarxisten seien, hielt es Dr. MIDDELHAUVE für untragbar, in irgendeiner Form die Position der Sozialdemokraten zu stärken und sie bei der Besetzung der Ge-

---

2 Die Liberaldemokratische Partei in Hessen gewann bei den Gemeindewahlen am 25. 4. 1948 9,2 %, bei den Landkreis- und Stadtkreiswahlen 21,9 % der Stimmen. Vgl. SCHACHTNER, 1956, S. 42.
3 Verglichen wird hier das Ergebnis der Landtagswahl vom 20. 4. 1947 in Nordrhein-Westfalen mit dem der Landkreis- und Stadtkreiswahlen vom 17. 10. 1948. Vgl. SCHACHTNER, 1956, S. 52.
4 Die CDU verzeichnete in Nordrhein-Westfalen bei den Landtagswahlen 1947 37,5 %, den Landkreis- und Stadtkreiswahlen 1948 37,6 %, den Gemeindewahlen 1948 41,7 % der Stimmen. Vgl. a. a. O.
5 Die SPD erreichte in Nordrhein-Westfalen bei den Landtagswahlen 1947 32 %, den Landkreis- und Stadtkreiswahlen 1948 35,9 %, den Gemeindewahlen 34,5 %. Vgl. a. a. O.
6 Die FDP lehnte eine Zusammenarbeit mit der SPD – auch tolerierender Art – grundsätzlich ab. Die Möglichkeit einer „loyalen Zusammenarbeit" mit „nicht marxistischen" Parteien wurde in Betracht gezogen, mit Einschränkung allerdings gegenüber dem Zentrum, das für die FDP „allzusehr Schleppenträger der SPD" war. Vgl. das „Ausführliche Protokoll über die Sitzung des Landesausschusses des FDP-Landesverbandes Nordrhein-Westfalen" vom 30. 10. 1948 (gezeichnet: FDP-Kreisverband Oberhausen), AdL-28.

meindespitzen zu unterstützen.[7] Auch ein wahlloses Zusammengehen mit der CDU lehnte er mit aller Entschiedenheit ab. Er forderte erneut, daß unsere Vertreter Kommunalpolitik und keine Parteipolitik zu betreiben haben und in erster Linie die fachlich und charakterlich geeigneten Persönlichkeiten zu unterstützen seien.[8]

Als Gründe für den ungünstigen Wahlausgang führte Dr. MIDDELHAUVE an:
1. Die lückenhafte und in verschiedenen Gebieten überhaupt nicht vorhandene Organisation, die in einigen Teilen des Landes dazu geführt habe, daß aus der Bevölkerung heraus Briefe an den Landesverband gerichtet worden wären, in denen Wähler dringend nach der noch nicht vorhandenen FDP fragten. Dr. MIDDELHAUVE betonte, daß auch in den an sich gut arbeitenden Bezirksverbänden die Organisation noch engmaschiger gezogen werden müsse, damit Fehlschläge, wie sie z. B. in Soest und Minden vorgekommen seien, in Zukunft vermieden werden könnten.
2. Gerade bei dieser Wahl habe sich herausgestellt, welche Kreisvorsitzende und Vorstände für die Parteiarbeit geeignet wären und mit viel Aktivität und gutem Willen für unser Ziel eingetreten seien. Auf der anderen Seite sei aber auch klar zu erkennen gewesen, wo Vorsitzende und Vorstände ihren Aufgaben in keiner Weise gewachsen waren. Neben stichhaltigen Gründen sei in einigen Fällen leider auch die Tatsache festzustellen, daß Vorsitzende aus einer persönlichen Verärgerung heraus ihrer Pflicht nicht nachgekommen seien. Dr. MIDDELHAUVE forderte deshalb die Aufnahme eines Paragraphen in die Satzung des Landesverbandes, wonach der Landesvorstand die Möglichkeit haben soll, gegen solche Vorsitzende und Vorstände einzuschreiten.
3. Die außerordentlichen Schwierigkeiten, die bei der Aufstellung unserer Kandidaten aufgetreten seien, hätten in vielen Fällen dazu geführt, fachlich und menschlich nicht immer geeignete Kandidaten herauszustellen, nur um eine vollständige Liste zu erreichen.

Dr. MIDDELHAUVE wies mit besonderer Schärfe auf die erschütternde Tatsache hin, daß viele geeignete Parteifreunde oder sonstige in Frage kommende Personen aus persönlicher Freiheit sich nicht zur Verfügung gestellt hätten. Außerdem wären bei der Aufstellung der Kandidatenlisten die vom Landesparteitag festgelegten Grundsätze, nämlich die Aufnahme von Frauen, Ostvertriebenen und jüngeren Menschen, auf den ersten Stellen der Listen in zahlreichen Fällen nicht befolgt worden. Auch im Hinblick auf diese Tatsache müsse der Landesverband satzungsgemäß die Möglichkeit haben, gegen solche Parteiverbände vorzugehen, die Beschlüsse des Landesparteitages nicht akzeptieren, und dafür sorgen, daß in Zukunft Parteidisziplin gewahrt werde.

---

7 Das galt für die FDP auch für den Fall, daß die SPD die stärkste Fraktion war und den Anspruch auf die Besetzung von Spitzenpositionen erhob, wie Landrat, Oberbürgermeister oder Bürgermeister. Die FDP wollte dann mit ihren Stimmen den Kandidaten der CDU durchsetzen. Vgl. a. a. O.
8 Die FDP wollte in allen Kommunalvertretungen in „schärfste Opposition" treten, wenn die CDU versuchen sollte, „[...] ihre bisherige Partei- und einseitige Personalpolitik fortzusetzen [...]" oder sich zu diesem Zweck mit der SPD verbündete. Vgl. a. a. O.

4. Dr. MIDDELHAUVE führte aus, unsere Kandidaten seien in der Öffentlichkeit zu wenig bekannt gewesen und hätten sich im Wahlkampf nur sehr zögernd persönlich herausgestellt. Es müsse unbedingt erreicht werden, daß in Zukunft jeder Kandidat den persönlichen Kontakt zu seiner Wählerschaft intensiver herstellt.

5. Dr. MIDDELHAUVE kritisierte scharf die völlig unzureichende Unterstützung unseres Wahlkampfes durch die parteinahestehende Presse und fand dabei Zustimmung des gesamten Landesausschusses. Er wies auf die Tatsache hin, daß es der CDU durch ihre Presse gelungen sei, die von uns vertretene Wirtschaftspolitik und deren Durchführung auf ihr Konto geschrieben zu bekommen.

6. Auch die Arbeit und das Auftreten der FDP-Fraktion im Landtag müsse in Zukunft entschiedener und aktiver sein und in weitaus schärferer Form der Tatsache Rechnung getragen werden, daß die FDP sich in Opposition befindet.

7. Als Stellungnahme zur Arbeit der FDP-Fraktion im Parlamentarischen Rat verlas Dr. MIDDELHAUVE eine Entschließung[9], die die Zustimmung des Landesausschusses fand. (Siehe Anlage 2.)

8. Mit besonderer Schärfe ging Dr. MIDDELHAUVE gegen die teilweise immer noch vertretene Ansicht, die FDP sei eine Partei der Mitte[10] und ihrem Wesen nach eine kleine Partei, vor und erklärte, daß wir weder eine Mittel-, noch eine Rechts-, noch eine Links-Partei seien, sondern eine deutsche Partei, die dort zu stehen habe, wo die deutschen Belange lägen und zu vertreten wären.[11]

Als Konsequenz aus der kritischen Betrachtung des Wahlergebnisses führte Dr. MIDDELHAUVE aus:

1. Aufgabe des Landesverbandes wird es sein, durch Erweiterung des Außendienstes in systematischer Arbeit die Organisation engmaschig und zuverlässig aufzubauen. Es sei dabei für die Mitarbeiter des Außendienstes erforderlich, 3 bis 4 Wochen in besonders schwachen Kreisverbänden zu verbleiben, um wirklich fundierte Aufbauarbeit leisten zu können.

2. Der Landesvorstand bzw. der Landesausschuß muß die Befugnis haben, Kreisvorsitzende und Kreisvorstände, die der Arbeit nicht gewachsen sind, ihres Postens zu entheben.

3. Während des Wahlkampfes hatte sich nur ein sehr kleiner Kreis von Parteifreunden als Redner zur Verfügung gestellt, und deshalb sei es notwendig, eine Rednerschulung ins Leben zu rufen, die besonders jüngeren Parteifreunden zur Verfügung stehen solle.

---

9 Vgl. Dok. Nr. 52.
10 Vgl. dagegen Dok. Nr. 50 a, Anm. 18. Zur politischen Grundhaltung *Middelhauves* vgl. Dok. Nr. 7, Anm. 6; HEIN, 1985, S. 156f.; SCHRÖDER, 1985, S. 282.
11 Freiherr *v. Rechenberg* betonte, daß Mitglieder, die mehr oder weniger zur „linken Seite" tendierten, „schnellstens" die Partei verlassen sollten, damit die FDP nicht in die Lage käme, eines Tages zwei Richtungen in der Partei zu haben. Vgl. das „Ausführliche Protokoll" des FDP-Kreisverbandes Oberhausen, a.a.O. Vgl. Dok. Nr. 41. Vgl. auch HEIN, 1985, S. 157.

Sitzung des Landesausschusses NRW 30. 10. 1948 **51.**

4. Eingehende Schulung und Unterrichtung unserer neu gewählten Kommunalvertreter, die zu 90 % erstmalig in ein Parlament hineingewählt wurden, hält Dr. MIDDELHAUVE für besonders erforderlich. Bürgermeister i.R. *Gerhard* übernahm es, diese Schulung durchzuführen.

5. Mit besonderem Nachdruck wies Dr. MIDDELHAUVE auf die politischen Konsequenzen hin und forderte, eine wesentlich entschiedenere und lebendigere Note in die gesamte politische Arbeit hineinzubringen. Dabei seien besonders unsere sozialen Forderungen und unsere soziale Einstellung in den Vordergrund zu stellen; weiter müsse der Agitation der CDU – wir seien eine anti-christliche Partei – entschieden dadurch entgegengetreten werden, daß immer wieder hervorgehoben wird, daß unsere Partei klar auf dem Boden des Christentums steht.

Als Abschluß und Schwerpunkt seiner Ausführungen erklärte Dr. MIDDELHAUVE, daß es nunmehr an der Zeit sei, eine betont nationale Politik im besten Sinne zu betreiben.

Er schloß mit den eindeutig klar herauszustellenden 3 Forderungen:
sozial, liberal und national!

Zu Punkt 2b:

Dieser Punkt wurde aus zeitlichen Gründen nicht behandelt.

Zu Punkt 2c:

Dr. v. RECHENBERG (Köln) vertrat die Meinung, daß das Ergebnis der letzten Wahlen durchaus als Erfolg für unsere Partei angesehen werden könne, wenn man überlegt, daß wir den Wahlkampf praktisch ohne Unterstützung der Presse hätten führen müssen. Er erklärte, daß die besten und einleuchtendsten Ideen völlig nutzlos seien, da sie ja doch nicht gedruckt würden. Er schrieb den Wahlerfolg in Hessen der Tatsache zu, daß dort ein Kampfblatt herausgebracht wurde, und forderte die Gründung eines solchen Blattes ebenfalls für unseren Raum.

Dr. v. RECHENBERG unterstützte die politischen Äußerungen von Herrn Dr. *Middelhauve* und forderte ein klares Bekennen aller Mitglieder unserer Partei zu diesen Zielen.

Dr. BÖHMER[12] (Dieringhausen) wies ebenfalls auf das Versagen der parteinahen Presse hin und versicherte, daß sein Kreisverband anstatt 20 % ohne weiteres 30 % der Stimmen hätte bekommen können, wenn die Presse sich mehr in den Wahlkampf eingeschaltet haben würde.

RUBIN (Essen) erklärte, daß es für die „*Westdeutsche Rundschau*" an der Zeit sei, den hier vorgetragenen Forderungen gerecht zu werden, glaubte aber nicht, daß gegen die starre Haltung des Lizenzträgers *Wirths* anzukommen sei.

Im Hinblick auf den neuen politischen, klaren Kurs meinte RUBIN, daß ein Absondern derjenigen Mitglieder unserer Partei, die mit der politischen Linie der Partei

---

12 Biographische Angaben waren nicht zu ermitteln.

nicht einverstanden seien, dann von selbst eintreten würde, wenn die Partei kämpferischer und kompromißloser würde.

Dr. DOHR[13] (Lippstadt) wies ebenfalls darauf hin, daß der Stimmenanteil der FDP doppelt so hoch hätte sein können, wenn eine Unterstützung durch die Presse erreicht worden wäre.

ALTENHAIN (Haßlinghausen) glaubte, einen wesentlichen Grund für das schlechte Wahlergebnis darin zu sehen, daß in unserer Partei bestehende persönliche Differenzen und private Meinungsverschiedenheiten leider immer noch der gemeinsamen politischen Arbeit vorangestellt würden. Wer ideenmäßig nicht zu uns gehöre, so führte *Altenhain* weiter aus, soll dahin gehen, wo seine politische Heimat ist. Auch er wies darauf hin, daß die CDU die Lorbeeren der von der FDP geleisteten Arbeit eingeholt habe. Er fragte, wo die CDU vor dem 20. Juni[14] gestanden habe. Fest stehe, daß die FDP die einzige Partei sei, die von Anfang an hundertprozentig für die „freie Marktwirtschaft"[15] eingetreten sei.

BRINKMANN (Gevelsberg) erklärte zu dem Versagen des Kreisverbandes Soest, daß *Born*[16], einer der aktivsten Mitarbeiter seines Bezirksverbandes, es versäumt habe, in Soest die Kandidatenaufstellung durchzuführen, und daß er selbst erst zu spät von einer Auslandsreise zurückgekommen sei, um noch diese Aufstellung vornehmen zu können.

In Fortführung der Diskussion wurden von weiteren Anwesenden scharfe Angriffe gegen die „*Westdeutsche Rundschau*" und das „*Westdeutsche Tageblatt*" gerichtet.

SCHNEIDER[17] (Wuppertal) führte aus: Wir seien nicht deswegen eine neue Partei, weil wir erst 1945 gegründet worden wären, sondern deshalb, weil wir Neues zu sagen hätten. In Wuppertal sei erreicht worden, daß ein wesentlicher Teil der alten Sozialdemokraten zu uns gekommen wäre, weil wir den liberal denkenden Teil angezogen hätten und denjenigen Kräften, die bei der SPD keine politische Heimat hätten finden können, diese Heimat gegeben haben.

SCHNEIDER erklärte, sich schützend vor Herrn *Wirths* stellen zu müssen. Er wies darauf hin, daß *Wirths* auf das Herausstellen seiner Person grundsätzlich verzichte, sich jedoch in vorbildlicher Weise für die Partei eingesetzt habe und zu den aktivsten Mitarbeitern gehöre.

WEYER jun. (Hagen) wies auf die große Gefahr hin, die der Partei durch das Auftreten der RSF[18] entstanden sei und schlug eine intensive Schulung im Sinne der begonnenen Rednerinformationen, auch im Hinblick auf Wesen und Ziele der RSF,

---

13 Biographische Angaben waren nicht zu ermitteln.
14 Der Währungsstichtag. Vgl. Dok. Nr. 49 b, Anm. 17.
15 Vgl. Dok. Nr. 44 h, Anm. 1.
16 Biographische Angaben waren nicht zu ermitteln.
17 Biographische Angaben waren nicht zu ermitteln.
18 Die „Radikal-Soziale-Freiheitspartei" erhielt bei den Gemeindewahlen am 17. 10. 1948 in Nordrhein-Westfalen nur 0,4 % und bei den Landkreis- und Stadtkreiswahlen 1,1 % der abgegebenen gültigen Stimmen. Vgl. Dok. Nr. 30, Anm. 14; SCHACHTNER, 1956, S. 53.

vor. Diese Schulung müßte aber bereits jetzt beginnen, denn 14 Tage oder 3 Wochen vor der Wahl habe sie wenig Sinn.

MENDE (Opladen) kritisierte die Haltung verschiedener Landtagsabgeordneter der FDP, die zwar in der Lage seien, Auslandsreisen durchzuführen, nicht aber sich im Wahlkampf mit der notwendigen Intensität für die FDP eingesetzt hatten. Er gab die Empfehlung, daß den Herren der Fraktion eine größere Aktivität dringend nahegelegt werden solle.

MENDE erklärte weiter, daß wohl keiner der Anwesenden die durch Dr. *Middelhauve* festgelegte politische Linie der Partei nicht billigen würde, und stellte den Antrag, den im Referat von Dr. *Middelhauve* zum Ausdruck gebrachten Grundsätzen die Zustimmung des Landesausschusses zu geben, die Vertreter des Landesverbandes für den Gesamt-Vertretertag[19] zu ermächtigen, diese Grundsätze nachdrücklich und kompromißlos zu vertreten.

Beide Anträge wurden einstimmig angenommen.

KAISER[20] (Dortmund) hielt das Entsenden von Vertretern der Landesgeschäftsstelle in den Außendienst nicht für zweckmäßig. Er trat für eine Stärkung der Bezirksverbände ein. Notwendig sei es, daß den Bezirksverbänden die Möglichkeit gegeben würde, zu arbeiten. Außerdem forderte er mehr Beachtung für das Ruhrgebiet.

KANDZIA (Wuppertal) forderte ebenfalls eine Stärkung der Bezirksverbände, hauptsächlich in den schwachen Gebieten, und eine Bearbeitung schwacher Kreise durch besser organisierte Nachbarkreise.

Er kritisierte das bisher durch den Landesverband herausgegebene Mitteilungsblatt[21] und forderte die Umgestaltung dieser Publikation zu einem Kampfblatt, das durch Postabonnement vertrieben werden solle. Er trat für eine positive Tuchfühlung mit den Gewerkschaften ein.

KANDZIA schlug vor, in Zukunft den politischen Tagungen einen geselligen Rahmen zu geben, damit der persönliche Kontakt der Delegierten freundschaftlicher werden könne.

TACK[22] (Dülken) war für eine Verstärkung des Außendienstes und für eine klare Linie gegenüber der Militärregierung. Er brachte seine Freude zum Ausdruck, daß nach dem Referat von Dr. *Middelhauve* und den Ausfertigungen von Dr. *v. Rechenberg* offensichtlich endlich geplant sei, einen neuen Geist in die FDP zu bringen.

---

19 Vgl. Dok. Nr. 49 b, Anm. 27; SCHRÖDER, 1985, S. 281, Anm. 158. Zur Opposition gegen Theodor *Heuss* vgl. HEIN, 1985, bes. S. 336–338.
20 Vermutlich: Otto *Kaiser*, seit August 1947 Vorsitzender des FDP-Bezirksverbandes Ruhrgebiet.
21 Gemeint sind hier die „Mitteilungen der Freien Demokratischen Partei (Demokratische Partei Deutschlands)", erschienen seit 1948, Nr. 1/2, und unter verantwortlicher Leitung von Friedrich *Middelhauve* vom FDP-Landesverband Nordrhein-Westfalen herausgegeben. HStA Düsseldorf, RWV 4, Nr. 40.
22 Biographische Angaben waren nicht zu ermitteln.

Auch er wandte sich scharf gegen die „*Westdeutsche Rundschau*".

Dr. MIDDELHAUVE stellte im Rahmen der Debatte über die „*Westdeutsche Rundschau*" fest, daß *Wirths* keine unvertretbaren persönlichen *Vorteile* durch die „Westdeutsche Rundschau" gehabt habe, sondern im Gegenteil die „Westdeutsche Rundschau" die Partei in einer Form finanziell unterstützt habe, die bis zur Grenze des Vertretbaren ging. In dieser Richtung seien der „Westdeutschen Rundschau" keine Vorwürfe zu machen.

Dr. v. UKLANSKI[23] (Godesberg) bedauerte, feststellen zu müssen, daß die Partei die bei den Vertriebenen vorhandene Einstellung nicht voll ausgenutzt habe und besonders die Redner nicht mit dem nötigen Nachdruck auf die Haltung der Fraktion bei der Behandlung des Flüchtlingsgesetzes[24] und die grundsätzliche Einstellung der FDP zu den Vertriebenen hingewiesen hätten. Es habe sich erwiesen, daß die Redner oft über diese Vorgänge nicht orientiert gewesen seien. Er wies auf die Gefahr hin, die für unsere Partei in dem Auftreten der RSF liege, und erklärte, daß diese neue Partei einen starken Zuzug durch Vertriebene haben werde, wenn wir dem nicht durch stärkere propagandistische Maßnahmen und ganz klare Linien entgegentreten würden.

PETERSEN[25] erklärte zu der kritisierten Unterstützung durch „*Westdeutsche Rundschau*" und „*Westdeutsches Tageblatt*", daß er mit den Hauptschriftleitern die Frage besprochen habe, eine Wahlbeilage herauszugeben. Die „Westdeutsche Rundschau" hat davon Abstand genommen, weil sie mit einer so offenen FDP-Propaganda ihren Leserkreis nicht hatte verärgern wollen. *Petersen* wies weiter darauf hin, daß unter Zugrundelegung einer Leserzahl von 330 000 „Westdeutsche Rundschau" und 300 000 „Westdeutsches Tageblatt" das FDP-Wahlergebnis hätte verdoppelt werden können, wenn allein die Abonnenten und deren Familien FDP gewählt hätten.

PETERSEN wies auf die Notwendigkeit hin, die Zeitungsfrage im Rahmen dieser Ausschußsitzung zu klären und zu einem Entschluß zu kommen, da ein späterer Termin im Hinblick auf den bevorstehenden nächsten Wahlkampf bereits zu spät wäre.

---

23 Dr. W. v. *Uklanski* (geb. 1899); 1924–1926 Studium an der landwirtschaftlichen Hochschule und Universität in Berlin; 1928–1930 Promotion und Assistent an der Universität Kiel; 1930–1941 in Breslau Referent, später Leiter einer provinziellen Reichsbehörde für die Durchführung der Entschuldung der Landwirtschaft; 1941 Berufung in das Reichsernährungsministerium und Ernennung zum Oberregierungsrat (dort 10 Monate im Dienst); 1939–1945 Kriegsteilnahme als Reserveoffizier; nach einem langwierigen Entnazifizierungsverfahren Einstufung in Gruppe V („Entlastete"); seit 17./18. 9. 1949 Vorsitzender des Vertriebenenausschusses des FDP-Landesverbandes Nordrhein-Westfalen.
24 Das „Flüchtlingsgesetz" war am 2. 6. 1948 vom Nordrhein-Westfälischen Landtag „gegen einige Stimmen [... und] bei einigen Enthaltungen der FDP" angenommen worden. Vgl. LT NRW, Sten. Ber., 2. 6. 1948, S. 571; Gesetz- und Verordnungsblatt für das Land Nordrhein-Westfalen, 2. Jg. (25. 9. 1948), Nr. 29, S. 216–220.
25 Biographische Angaben waren nicht zu ermitteln.

Sitzung des Landesausschusses NRW 30. 10. 1948 **51.**

In seinen weiteren Ausführungen betonte er die Notwendigkeit einer klaren nationalen Linie und wies in diesem Zusammenhang auf die spontanen Erfolge der Nationaldemokraten[26] in Hessen hin, die z.B. allein in Wiesbaden[27] nur mit Flugblättern und Versammlungswerbung 25 000 Stimmen erhielten und damit zur stärksten Partei wurden. Auch die liberale Partei in Hessen habe in ihrem Wahlkampf stark die nationalen Belange betont. Damit ist es ihr als einzigem Landesverband gelungen, weite Kreise der Jugend und der ehemaligen Wehrmachtsangehörigen zu erfassen.

Dr. MIDDELHAUVE faßte die Diskussion zusammen:

1. Ab 1. 1. 49 soll vom Landesverband ein Kampfblatt herausgebracht werden, das 14tägig erscheint und an alle Mitglieder, besonders aber an die politisch bisher abseits Stehenden und die Jugend gerichtet sein soll.[28]

2. Zur Unterrichtung unserer Kommunalvertreter soll das „Rathaus"[29] regelmäßig in einer Auflage herausgebracht werden, daß jeder Kommunalvertreter dieses Blatt bekommen kann.

Notwendig dafür ist die umgehende Bekanntgabe von Namen und Anschriften aller Kommunalvertreter.

3. Der Landesausschuß hat den Standpunkt vertreten, daß die Partei mit den beiden der FDP nahestehenden Zeitungen in Nordrhein-Westfalen nicht auskommen kann. Es hat sich die Notwendigkeit zur Herausgabe von 2 weiteren liberalen Zeitungen erwiesen, die etwa im Raume Ostwestfalen-Lippe[30] und Aachen erscheinen sollen; damit wäre auch das bisher zu große Streuungsgebiet für „Westdeutsche Rundschau" und „Westdeutsches Tageblatt" verkleinert.[31]

4. Die Frage über Bestand und Aktivierung der Bezirksverbände soll den Landesvorstand auf seiner nächsten Sitzung beschäftigen. Eine Intensivierung des Außendienstes des Landesverbandes wird für notwendig erachtet.

---

26 Die „Nationaldemokratische Partei" gewann bei den Landkreis- und Stadtkreiswahlen am 25. 4. 1948 in Hessen 71 024 Stimmen. Obwohl sie nur in sieben Land- und zwei Stadtkreisen Kandidaten aufgestellt hatte, gewann sie damit einen Anteil von 3,4 %. Vgl. Horst W. SCHMOLLINGER, Die Nationaldemokratische Partei, in: STÖSS (Hrsg.), 1986, S. 1913.

27 Die FDP konnte nach eigenen Angaben in Wiesbaden nur 15 000 Stimmen erringen. Vgl. das „Ausführliche Protokoll" des FDP-Kreisverbandes Oberhausen, a.a.O.

28 Das angekündigte „Kampfblatt" erschien nicht. Telefonische Auskunft von Dr. Erich *Mende* am 11. 6. 1991.

29 Das kommunalpolitische Monatsblatt der FDP, „Das Rathaus" (Düsseldorf), erschien seit dem 1. 4. 1947. Es wurde auf Initiative *Middelhauves* von Hans *Gerhard* begründet. Vgl. FISCHER, 1971, S. 373.

30 Die „Lippische Landes-Zeitung" (Detmold) wurde am 20. 11. 1949 wieder gegründet. Vgl. FISCHER, 1971, S. 381.

31 Die „Westdeutsche Rundschau" erschien in Wuppertal, das „Westdeutsche Tageblatt" in Dortmund. Vgl. a.a.O, S. 376. Zur Frage der Streuung liberaler Zeitungen vgl. Dok. Nr. 40, Anm. 18.

5. Der Sozialpolitische Ausschuß unter Herrn *Erdmann* soll beauftragt werden, sich dringlich mit der Frage der Gewerkschaften zu befassen.

6. Zur Namensgebung der Partei auf dem Anfang Dezember stattfindenden Gesamtvertretertag führte Dr. MIDDELHAUVE aus:

Vor ungefähr 1¾ Jahren wurde beschlossen, der Gesamtpartei den Namen „Demokratische Partei Deutschlands"[32] zu geben, die Fraktionen im Wirtschaftsrat und im Parlamentarischen Rat laufen unter der Namensgebung „Fraktion der Freien Demokratischen Partei". Eine Einheitlichkeit in der Namensfrage sei bisher noch nicht zu erreichen gewesen. Der Landesverband Nordrhein-Westfalen habe immer betont, daß er die Frage der Namensgebung nicht für so wesentlich hält, daß daran der Zusammenschluß zur Gesamtpartei scheitert. Da wir eine liberale Partei seien und andererseits betont die deutschen Belange zu vertreten hätten, könnte sich der Landesverband auch mit dem vom Landesverband Hessen vorgeschlagenen Namen „Deutsche Liberale Partei" einverstanden erklären.[33] Über diese Frage soll eindeutig auf dem Gesamtvertretertag diskutiert werden, wenn festliegt, welche Möglichkeiten bis dahin aufgetreten sind.

ALTENHAIN setzte sich nachdrücklich für eine Einigung in der Namensfrage auf dem Gesamtvertretertag im Dezember ein und wies auf die Unmöglichkeit hin, unter verschiedenen Namen in den Wahlkampf der Nationalwahlen zu gehen.

Zur Finanzlage des Landesverbandes erklärte Dr. MIDDELHAUVE, daß der Landesverband noch Forderungen an die Kreis- und Bezirksverbände in Höhe von DM 17 800,–, hauptsächlich aus geliefertem Wahl-Propagandamaterial, habe. Er fordert die Verbände eindeutig auf, diese Beträge umgehend dem Landesverband zur Verfügung zu stellen, da sonst erhebliche Schwierigkeiten mit den Druckereien, die das Wahlmaterial geliefert hätten, zu erwarten seien.

Weiter wies Dr. MIDDELHAUVE darauf hin, daß der vom Landesverband ausgesprochene Verzicht auf seine Beitragsanteile für die Monate August/September/Oktober abgelaufen sei und daß ab 1. Oktober wieder in vollem Umfange die Mitgliederbeiträge an den Landesverband abgeführt werden müßten. Ebenfalls die Beitragsanteile für die Zone der Monate Juli/August/September müßten durch die Verbände dem Landesverband überwiesen werden, nur dann sei es möglich, daß der Landesverband seinen Verpflichtungen nachkommen könnte.

Dr. MIDDELHAUVE erklärte weiter, daß es dem Landesverband voraussichtlich gelingen würde, seine eigenen Ausgaben selbst zu tragen, daß aber auf jeden Fall eine korrekte und pünktliche Beitragszahlung und Schuldenbegleichung durch die Verbände erfolgen müsse, damit

1. ein Wahlfonds für die kommenden Wahlen angelegt werden könne,

---

32 Vgl. Dok. Nr. 36, Anm. 43.
33 Gemeinsam mit Hessen wurde damit eine antisozialistische und nationale Haltung betont. Vgl. HEIN, 1985, S. 335, Anm. 72. Zum Wort „liberal" vgl. auch Dok. Nr. 8 a, Punkt 2 der Tagesordnung.

Sitzung des Landesausschusses NRW   30.10.1948 **51.**

2. der Landesverband die Möglichkeit habe, besonders schwachen Kreisverbänden finanzielle Unterstützung zukommen zu lassen.

Zur Demontagefrage faßte der Landesausschuß einstimmig eine Entschließung (siehe Anlage 3).

Diese Entschließung soll mit einem entsprechenden Anschreiben an den Ministerpräsidenten und die Regierung von Nordrhein-Westfalen gesandt und der Presse zur Verfügung gestellt werden.

Eine von Bürgermeister *Gerhard* eingebrachte Entschließung wurde ebenfalls einstimmig gebilligt (siehe Anlage 4).

Zu Punkt 7:

Dr. MIDDELHAUVE trug die durch die FDP-Fraktion eingenommene Stellung zur Entnazifizierungsfrage[34] vor und erklärte die Forderung der Fraktion, den durch die FDP bereits gestellten Antrag erneut zu behandeln.[35]

Petersen bekam den Auftrag, sich mit der Presse in Verbindung zu setzen und dafür zu sorgen, daß eine Veröffentlichung der Einstellung der FDP-Fraktion, besonders auch im Hinblick auf das Wiedereinstellungsrecht der entlasteten Beamten, erfolgt.

Zu Punkt 3:

Der Antrag des Landesverbandes auf Änderung des Paragraphen 7 wurde in folgender Fassung einstimmig gebilligt:

Der Paragraph 7 der Satzung erhält folgenden Absatz 7:

In den Fällen des Paragraphen 7 Absatz 6 sowie in Fällen ehrenrührigen Verhaltens und groben Verstoßes gegen die Parteidisziplin kann bei besonderer Dringlichkeit der Landesvorstand die Ausübung der Mitgliedschaftsrechte einzelner Mitglieder einstweilen außer Kraft setzen. Zugleich hat der Geschäftsführende Landesvorstand das Ausschlußverfahren gemäß Paragraph 7 Absatz 6 einzuleiten. Bis zu dessen rechtskräftigem Beschluß bleibt die einstweilige Anordnung wirksam.

Zu Punkt 4:

Der Paragraph 7 der Satzung erhält folgenden Absatz 8:

Im Falle erfolgter oder drohender Schädigung der Partei kann der Landesvorstand bei besonderer Dringlichkeit die Vorstandsrechte einzelner Bezirks- und Kreis-, ebenso Stadt- und Ortsverbände einstweilen außer Kraft setzen und zugleich ein

---

34 Vgl. Dok. Nr. 48, Anm. 3.
35 Der Antrag der FDP-Fraktion im Nordrhein-Westfälischen Landtag, ein Gesetz zur Niederschlagung von Entnazifizierungsverfahren zu erlassen, wurde am 3.6.1948 an den Hauptausschuß überwiesen. Vgl. LT NRW, Sten. Ber., 3.6.1948, S. 594f. Der Antrag wurde am 10.8.1949 mit der Begründung für erledigt erklärt, „[...] daß durch die Annahme des Grundgesetzes der Bund für die materielle Erledigung der Entnazifizierungsverfahren zuständig ist". LT NRW, Drucks. Nr. II-1175. Vgl. Dok. Nr. 48, Anm. 3.

Parteimitglied mit der Wahrnehmung der satzungsmäßigen Rechte des Vorstandes beauftragen, bis ein durch den Landesvorstand einzuberufener Landes- bzw. Kreisparteitag endgültig entscheidet. Zugleich ist die Sache dem Ehrenrat des Landesverbandes vorzulegen, der die Entscheidung des Landes- bzw. Kreisparteitages vorzubereiten hat.

Zu Punkt 5 und Punkt 6:

Die Anträge des Landesverbandes unter Tagesordnungspunkt 5 und 6 wurden unter vorliegender Fassung ebenfalls einstimmig gebilligt.

Zu Punkt 8:

Dr. MIDDELHAUVE trug die Entscheidung des Ehrenrates in der Angelegenheit *Altenhain/Kauffmann* vor, in der *Altenhain* klar rehabilitiert wird und *Kauffmann* im Laufe von 4 Wochen aus der Partei auszuschließen ist.[36] Dr. MIDDELHAUVE gab einerseits seiner Freude Ausdruck, daß *Altenhain* dadurch von einem auf ihm lastenden Druck befreit werden konnte und damit ein unerfreuliches Kapitel der Parteigeschichte zum Abschluß gebracht werden konnte, zum anderen aber bedauerte er, daß die Partei durch persönliche Differenzen immer wieder vor unerfreuliche Konsequenzen gestellt würde.

---

36 Unterlagen über diesen Vorgang waren nicht aufzufinden.

52.

30. 10. 1948: Entschließung des Landesausschusses [des FDP-Landesverbandes Nordrhein-Westfalen]

Archiv des FDP-Landesverbandes Nordrhein-Westfalen in Düsseldorf, Akte Landesausschuß, I a/11. Gezeichnet: „Middelhauve".

Der Landesausschuß des Landesverbandes Nordrhein-Westfalen hat sich in seiner Sitzung am 30. 10. 1948[1] eingehend mit der Arbeit des Parlamentarischen Rates und der dortigen FDP-Fraktion beschäftigt. Er hat mit Genugtuung davon Kenntnis genommen, daß die Fraktion weit über den Rahmen ihrer zahlenmäßigen Bedeutung hinaus ein außerordentliches Ansehen und einen starken Einfluß auf die Gestaltung der zukünftigen Verfassung gewinnen konnte.

Der Vorstand ist jedoch der Auffassung, daß die FDP-Fraktion in entscheidenden Verfassungsfragen eine Stellung eingenommen und eine Entwicklung zugelassen hat, die von weiten Kreisen der Parteifreunde in Nordrhein-Westfalen weder verstanden noch gebilligt wird. Wenn die FDP in entscheidenden Fragen bei der Gegensätzlichkeit zwischen anderen großen Parteien eine ausgleichende und vermittelnde Stellung wahrnimmt und dabei sachlich fruchtbare Arbeit leistet, so darf da-

---

1 Vgl. Dok. Nr. 51.

Entschließung des Landesausschusses NRW 30.10.1948 **52.**

bei aber unter keinen Umständen die klare politische Linie² der Partei verlassen werden. Es handelt sich hierbei um folgende Fragen:

1. Der Verzicht unserer Fraktion in Bonn auf die Bezeichnung „Deutsches Reich"³, die in der Partei immer wieder angewandt und immer wieder gefordert wurde, ist vom Landesverband Nordrhein-Westfalen schmerzlich empfunden worden. Die äußerste Konzession hätte nach unserer Auffassung der Name „Republik Deutschland" sein dürfen, keinesfalls die Namensgebung „Bundesrepublik Deutschland"⁴, die schon rein äußerlich den föderalistischen Charakter des neuen Deutschland hervorhebt, sehr im Gegensatz zu dem von unserer Partei eindeutig betonten Standpunkt.⁵

2. Die Absicht des Parlamentarischen Rats, die zweite Kammer, den sogenannten Bundesrat⁶, gleichberechtigt neben die erste Kammer der Volksvertretung zu stellen, wird in Nordrhein-Westfalen (und sicherlich auch in den meisten übrigen Landesverbänden) schärfstens abgelehnt⁷, weil das zu einer Erschwerung und Belastung der Gesetzgebung führen würde, ja eine dem Reich dienliche und unser Vaterland aufbauende Gesetzgebung geradezu zu verhindern droht.

3. Die Wahl des Staatspräsidenten durch Plebiszit ist eine seit langem in der Öffentlichkeit vertretene Forderung der Partei, die von größeren Landesverbänden, u.a. von Nordrhein-Westfalen, erhoben wurde und nach wie vor stark erhoben

---

2   Zur Grundhaltung des FDP-Zonenverbandes ist auf die „Verfassungspolitischen Richtlinien" zu verweisen, die Johannes *Siemann* am 27.8.1947 für die FDP-Fraktion beim Zonenbeirat eingereicht hatte. Vgl. Dok. Nr. 23, Anm. 18; Dok. Nr. 37, Anm. 30. Nach *Blüchers* Schreiben vom 23.10.1947 an die Mitglieder des Zonenvorstandes sollten die „Richtlinien" in allen Verfassungsausschüssen der Landesverbände und auch im Zonenvorstand in einer eigenen Sitzung beraten werden. StA Hamburg, FDP-Landesverband, Akte A 129. Unterlagen darüber fehlen. Vgl. auch HEIN, 1985, S. 155, Anm. 10 u. S. 262. Gesichert ist aber, daß die „Richtlinien" zuvor mit *Blücher* abgestimmt worden waren. Vgl. LANGE, Politischer Liberalismus, 1980, S. 82, Anm. 29. Zur Kritik von Theodor *Heuss* an der „Entschließung" des Landesausschusses vgl. HEIN, 1985, S. 330, Anm. 51.
3   Vgl. Dok. Nr. 27, Anm. 4.
4   Theodor *Heuss* hatte diese Namensgebung im Plenum des Parlamentarischen Rates am 9.9.1948 vorgeschlagen. Vgl. LANGE, a.a.O., S. 67.
5   Vgl. Dok. Nr. 21 b, Anhang u. Dok. Nr. 27, Anm. 5. Vgl. auch Wolfgang KRINGE, 1988, S. 250.
6   Im Original: Bundesstaat.
7   Hatten die „Verfassungspolitischen Richtlinien" nur ein suspensives Vetorecht des „Reichsrates" gegen die Gesetzesbeschlüsse des „Reichstages" vorgesehen, so ließ *Blücher* in der Verfassungsdebatte des Zonenbeirates am 25.11.1947 eine weitergehende Möglichkeit offen: Bei der Bildung einer „Zweiten Kammer" neben dem „übergeordneten Reichsparlament" sollte eine „angemessene Vertretung der Länder" gesichert werden. Zum „Rechts- und Aufgabenbereich" dieser „Zweiten Kammer" wollte *Blücher* nicht Stellung nehmen. Vgl. AKTEN ZUR VORGESCHICHTE 3, 1982, S. 880f. Zur Meinungsbildung in der FDP-Fraktion des Parlamentarischen Rats vgl. LANGE, a.a.O., S. 68f. Zur Frage der Kompetenzen einer zweiten Kammer vgl. auch Rudolf MORSEY, Verfassungsschöpfung unter Besatzungsherrschaft. Die Entstehung des Grundgesetzes im Parlamentarischen Rat, in: Die öffentliche Verwaltung, 42 (1989), S. 477f.

wird.⁸ Jeder andere Wahlmodus, etwa die Wahl durch Länderregierungen oder die Länderparlamente, würde zu unwürdigem Kuhhandel führen; wir lehnen ihn deshalb ab.

4. Der Landesparteitag von Nordrhein-Westfalen hat sich wiederholt nachdrücklich für die Regierungsform der konstanten Exekutive (etwa nach dem Vorbild der USA oder der Schweiz) ausgesprochen.⁹ Die Regierungsform des absoluten Parlamentarismus, die die Mitschuld am Untergang der Weimarer Republik trug und in der Gegenwart Frankreich zerrüttet, verwerfen wir. Wir bitten die Fraktion in Bonn nachdrücklichst, sich für die Verankerung der konstanten Exekutive in der künftigen Verfassung entschieden und mit Erfolg einzusetzen.

Der Landesausschuß ist der Auffassung, daß die Arbeit der FDP-Fraktion im Parlamentarischen Rat nur dann die volle Zustimmung unserer Parteifreunde finden kann, wenn sie diesen Auffassungen des stärksten Landesverbandes Rechnung trägt.

Der Landesausschuß hält sich für verpflichtet, auf die Gefahr hinzuweisen, die dadurch entstehen kann, daß der Landesverband Nordrhein-Westfalen bei der bevorstehenden Entscheidung über die Annahme der Verfassung gegebenenfalls gegen ein Werk Stellung nehmen müßte, an dessen Werden die FDP-Fraktion im Parlamentarischen Rat maßgebend beteiligt war.

---

8   Die Forderung nach der Direktwahl des Staatsoberhauptes stand in Übereinstimmung mit den „Verfassungspolitischen Richtlinien". Vgl. AKTEN ZUR VORGESCHICHTE 3, 1982, S. 879. Im Rundschreiben Nr. 3 der „Demokratischen Partei Deutschlands" vom 20. 6. 1948, in dem die FDP (als überzonale Organisation) Vorschläge für eine gesamtstaatliche Verfassung machte, wurde vor dem Hintergrund der Erfahrungen der Weimarer Republik eine Direktwahl des „Bundespräsidenten" abgelehnt. Vgl. AdL-67, Akte Demokratische Partei Deutschlands. Die Verfassungsvorschläge sind von Theodor *Heuss* und Ernst *Mayer* gezeichnet und wurden unter der Überschrift „Die künftige Verfassung" im Rundschreiben, S. 3–8, dargelegt. Das Rundschreiben ist abgedruckt in: Peter BUCHER (Hrsg.), Nachkriegsdeutschland 1945–1949, Darmstadt 1990, S. 423. Der Herausgeber macht den Urheber des Rundschreibens nicht kenntlich. Die Bestandsangaben bei LANGE, a. a. O., S. 82, Anm. 30 („FDP/DVP US-Bes. Zone, Zonenverband 1946–1948") sind fehlerhaft. Vgl. Erhard H. M. LANGE, Die Diskussion um die Stellung des Staatsoberhauptes 1945–1949 mit besonderer Berücksichtigung der Erörterung im Parlamentarischen Rat, in: VfZG, 26 (1978), S. 613 u. S. 615, Anm. 51.
9   Im Gegensatz zu den „Verfassungspolitischen Richtlinien" trat *Blücher* in der Verfassungsdebatte des Zonenbeirates am 25. 11. 1947 für den Gedanken einer „konstanten Exekutive" ein, weil er „[...] die Lebensdauer der Regierung an die gesetzliche Dauer des gewählten Parlamentes" binden wollte. Er befürwortete allerdings auch die Möglichkeit eines „konstruktiven Mißtrauensvotums". Eine Regierung oder ein einzelner Minister sollten dann ausgewechselt werden können, „[...] wenn bei ihrem Sturz die Bildung eines neuen Kabinetts oder der Ersatz einzelner Regierungsmitglieder zuvor durch eine tragfähige Mehrheit gesichert ist". Vgl. AKTEN ZUR VORGESCHICHTE 3, 1982, S. 879 u. S. 884. Vgl. auch HEIN, 1985, S. 331.

Satzung 19.1.1948 **53a.**

Entschließung

Der Landesausschuß des Landesverbandes Nordrhein-Westfalen der FDP verfolgt mit ernster Besorgnis die bei dem Verwaltungsrat in Frankfurt vorhandenen Bestrebungen, die Rechte der Berufsbeamten und Ruheständler zu schmälern. Die Freie Demokratische Partei lehnt die in dem Entwurf des Frankfurter Verwaltungsrats über die Neuordnung der Verhältnisse der Beamten und Angestellten zum Ausdruck kommende Tendenz, wesentliche Grundrechte und Grundsätze des Berufsbeamtentums außer Kraft zu setzen, mit aller Entschiedenheit ab.[10] Sie erblickt in dem hochqualifizierten und sauberen Berufsbeamten eine feste Stütze für eine sparsame und einwandfreie Verwaltung.

Mit der gleichen Entschiedenheit protestiert die Freie Demokratische Partei gegen die Kürzung der Pensionen.[11] Sie ist der Ansicht, daß die Länder in besserer Weise durch einen radikalen Abbau des aufgeblähten Verwaltungsapparates und unfähiger Parteibuch-Beamter die notwendigen Einsparungen für den Staatshaushalt vornehmen sollten.

---

10 Es war beabsichtigt, Beamte und Angestellte in einer Gruppe zusammenzufassen und das Beamtenverhältnis durch Dienstvertrag zu begründen. Der Gesetzentwurf, der vom Verwaltungsrat des Vereinigten Wirtschaftsgebietes am 4.11.1948 verabschiedet wurde, beinhaltete wieder die Trennung von Beamten und Angestellten und die Begründung des Beamtenverhältnisses durch die Aushändigung einer Ernennungsurkunde. Vgl. Dok. Nr. 27, Anm. 11; WENGST, 1988, S. 25–27.
11 Der Wirtschaftsrat hatte den Verwaltungsrat des Vereinigten Wirtschaftsgebietes am 27.9.1948 beauftragt, eine Neuregelung der Pensionen in der bizonalen Verwaltung und in den Ländern vorzubereiten. Vgl. AKTEN ZUR VORGESCHICHTE 4, 1983, S. 984, Anm. 9.

53a.

19.1.1946: Satzungsentwurf des FDP-Zonenverbandes[1]

Public Record Office, FO 1014/557.

1. Die Freie Demokratische Partei ist gegründet als Zonenpartei in der britischen Zone zur Vereinigung aller nichtmarxistischen, nicht partikularistischen und in ihrer politischen Einstellung nicht konfessionell gebundenen Staatsbürger.
2. Die Freie Demokratische Partei gliedert sich in Landesverbände, Kreis- und Gemeindegruppen.
3. Die Organe der Freien Demokratischen Partei sind:
   a) der Vorstand,
   b) der Aktionsausschuß,
   c) der Beirat,
   d) der Parteitag.

---

1 Der vorliegende Satzungsentwurf war dem Zulassungsantrag der FDP an die britische Militärregierung beigefügt. Vgl. Dok. Nr. 8b, Anm. 13.

4. Der Vorstand besteht aus 7 Personen, die alljährlich auf dem Parteitag durch die Delegierten der Landesverbände gewählt werden.

Der Aktionsausschuß besteht aus 30–35 gewählten Delegierten der Landesverbände. Jeder Landesverband entsendet soviele Delegierte, wie sie sich für ihn aufgrund der Zahl der bei der jeweils letzten Wahl erreichten Stimmen ergeben. Der Beirat besteht aus je 3 Delegierten jedes Landesverbands.

5. Der Vorstand führt die Partei aufgrund der Richtlinien des Aktionsausschusses.

Der Aktionsausschuß beschließt mit einfacher Stimmenmehrheit. Die Delegierten der Landesverbände sind an die Richtlinien der Mitgliederversammlung gebunden. Der Beirat ist beratendes und kontrollierendes Organ des Aktionsausschusses und hat ein Veto-Recht gegen die Beschlüsse des Aktionsausschusses.

6. Zur Durchführung der organisatorischen Parteiarbeit wird ein Büro errichtet, dessen Besetzung durch den Vorsitzenden im Einvernehmen mit dem Vorstand erfolgt.

7. Zu den Parteitagen entsendet jeder Landesverband bevollmächtigte Delegierte, die für je 100 Mitglieder eine Stimme vertreten. Die Beschlüsse des Parteitages gelten als Beschlüsse der Mitglieder-Vollversammlung. Außer dem regelmäßigen alljährlichen Parteitag, auf dem die Wahlen vorgenommen werden, können außerordentliche Parteitage einberufen werden, wenn die Mehrheit der Landesverbände das wünscht.

8. Die Kosten der Zonenpartei werden durch die Landesverbände dadurch gedeckt, daß jeder Landesverband RM 0,10 pro Monat und Mitglied an die Zentralkasse überweist. Sollten die Kosten der Zonenpartei die so aufkommenden Beträge überschreiten, wird die Differenz durch eine Umlage pro rata der Mitgliederzahl der Landesverbände aufgebracht.

9. Innerhalb der Zonenpartei verwaltet sich jeder Landesverband selbst nach seinen eigenen Satzungen.

10. Aufgabe des Aktionsausschusses und des Vorstandes ist die Vertretung der Landesverbände nach außen und die Zusammenfassung ihrer politischen Arbeit.

11. Die Auflösung der Zonenpartei kann auf Beschluß des Aktionsausschusses erfolgen. Für diesen Beschluß ist eine Dreiviertel-Mehrheit erforderlich. Grundlage der Abstimmung ist der Auftrag der Landesverbände. Nach erfolgter Auflösung beschließt der Aktionsausschuß mit einfacher Mehrheit über die Verwendung des Vermögens der Zonenpartei.

53 b.

5. 2. 1946: Satzung des FDP-Zonenverbandes[1]

AdL-2.

1. Die Freie Demokratische Partei in der britisch besetzten Zone Deutschlands ist ein eingetragener Verein im Sinne des Bürgerlichen Gesetzbuches.
2. Mitglied kann jeder deutsche Mann und jede deutsche Frau werden, die das 18. Lebensjahr vollendet haben, ohne Unterschied der Herkunft, Rasse und Religion. Über die Aufnahme von Mitgliedern entscheidet die Ortsgruppe.
3. Die Freie Demokratische Partei gliedert sich in Landesverbände, Bezirksgruppen, Kreisgruppen und Ortsgruppen.
4. Die Organe der Partei sind:
   a) der Vorstand,
   b) der Zentralausschuß,
   c) der Parteitag.
5. Dem Vorstand gehören der Parteivorsitzende und 6 weitere Mitglieder an, die alljährlich auf dem Parteitag gewählt werden. Der Vorsitzende vertritt die Partei nach außen. Der Vorstand bestellt einen Generalsekretär als geschäftsführenden Leiter der Verwaltung der Partei.
6. Der Zentralausschuß führt die Aufsicht über die Tätigkeit des Vorstandes und ist mindestens vierteljährlich einzuberufen. Jeder Landesverband entsendet in den Zentralausschuß für je 3 000 angefangene ordnungsgemäß erfaßte Mitglieder einen Vertreter, mindestens jedoch 2 Vertreter.
7. Zur Durchführung der politischen Arbeitsziele wird ein Politisches Büro errichtet, dessen Leitung ein vom Vorstand hierzu gewähltes Mitglied des Vorstandes erhält. Die Wahl des Leiters des Politischen Büros muß vom Zentralausschuß bestätigt werden.
8. Der Parteitag findet jährlich einmal statt. Die Einberufungen zu den Parteitagen erfolgen durch den Vorsitzenden der Partei. Zu den Parteitagen entsendet jeder Landesverband bevollmächtigte Delegierte, die für je 100 Mitglieder eine Stimme vertreten. Die Beschlüsse des Parteitages gelten als Beschlüsse der Mitgliedervollversammlung. Außer dem regelmäßigen alljährlichen Parteitag, auf dem die Wahlen vorgenommen werden, können außerordentliche Parteitage einberufen werden, wenn die Mehrheit der Landesverbände es für erforderlich hält.
9. Die Landesverbände verwalten sich innerhalb der Zonenpartei nach ihren eigenen Satzungen.
10. Die Kosten der Zonenpartei werden durch die Landesverbände gedeckt. Außer den Sonderleistungen, die vom Zentralausschuß beschlossen werden, hat jeder Landesverband für jedes Mitglied pro Monat DM 0,10 an das Generalsekretariat abzuführen.

---
1 Vgl. Dok. Nr. 9, Anm. 4; HEIN, 1985, S. 259.

11. Die Auflösung der Partei kann nur durch Beschluß eines Parteitages mit dreiviertel Mehrheit erfolgen. Nach erfolgter Auflösung beschließt der Zentralausschuß mit einfacher Mehrheit über die Verwendung des Vermögens der Partei.

Der Vorstand:
Landrat Wilhelm *Heile* (Syke), 1. Vorsitzender
Theodor *Tantzen* (Brake i. O.), stellvertretender Vorsitzender
Franz *Blücher* (Essen), Schatzmeister[2]
Bürgermeister Gustav *Altenhain* (Haßlinghausen i. W.)
Dr. Walter *Hasemann* (Hannover)
Dr. Friedrich *Middelhauve* (Leverkusen-Küppersteg)
Eduard *Wilkening* (Hamburg)
Der Generalsekretär:
Wilhelm *Hermes* (M.-Gladbach)

---

2 Vgl. Dok. Nr. 9, Anm. 5.

53 c.

20.5.1946: Satzung des FDP-Zonenverbandes[1]

NL Rapp, N 28.

Die Freie Demokratische Partei (in der britischen Zone Deutschlands) ist die politische Organisation aller Deutschen ohne Unterschied der Herkunft, des Glaubens und des Standes, die den Aufbau eines neuen Lebens des deutschen Volkes und Staates in freiheitlicher, fortschrittlicher und wahrhaft demokratischer Ordnung erstreben.

Mitgliedschaft

§ 1 Mitglied kann jeder deutsche Mann und jede deutsche Frau werden, die das 18. Lebensjahr vollendet haben, die programmatischen Richtlinien der Partei anerkennen und im Besitze der bürgerlichen und politischen Ehrenrechte sind.

Über die Aufnahme von Mitgliedern entscheidet die Ortsgruppe durch ihren Vorstand. Die Mitgliedschaft beginnt mit dem Tage, an dem die Aufnahme beschlossen wird. Wird die Aufnahme abgelehnt, so steht dem Betroffenen das Recht der Beschwerde an den Vorstand der zuständigen Kreisgruppe zu. Die Beschwerde ist innerhalb eines Monats von dem Tage der Bekanntgabe des ablehnenden Bescheides ab zu erheben. Die Entscheidung des Vorstandes der Kreisgruppe ist endgültig.

§ 2 Die Mitgliedschaft endigt
a) durch Austritt,
b) durch Ausschluß,
c) durch Tod.

---

1 Diese Satzung wurde auf dem Zonenparteitag der FDP in Bad Pyrmont verabschiedet. Vgl. SCHRÖDER, 1985, S. 41; HEIN, 1985, S. 259.

Satzung

§ 3 Bei Austritt eines Mitglieds endigt die Mitgliedschaft an dem Tage, an dem die Austrittserklärung dem Vorstand der zuständigen Ortsgruppe zugeht.

§ 4 Ein Mitglied, das gegen die Grundsätze und Beschlüsse der Partei verstößt oder in anderer Weise das Ansehen der Partei schädigt, muß aus der Partei ausgeschlossen werden.

Über den Ausschluß entscheidet auf Antrag des Vorstandes der zuständigen Ortsgruppe der Vorstand der übergeordneten Kreisgruppe.

Gegen die Entscheidung des Vorstandes der Kreisgruppe steht dem Ausgeschlossenen und dem Vorstand der zuständigen Ortsgruppe die Beschwerde an den Vorstand des zuständigen Landesverbandes zu.

Die Beschwerde ist innerhalb eines Monats von dem Tage der Bekanntgabe der Entscheidung ab zu erheben. Über die Beschwerde entscheidet der Vorstand des Landesverbandes in einer Besetzung von mindestens 7 Mitgliedern endgültig.

§ 5 Statt auf Ausschluß aus der Partei kann bei Annahme mildernder Umstände auf zeitweise Ausschließung von Ämtern erkannt werden.

§ 6 Die Mitgliedschaft erlischt, wenn ein Mitglied trotz Mahnung länger als 6 Monate vom Tage der Fälligkeit an gerechnet mit seinen Beiträgen im Rückstand ist.

Gliederung der Partei

§ 7 Die Partei gliedert sich in
a) Ortsgruppen,
b) Kreisgruppen,
c) Landesverbände.

Die jeweils übergeordnete Organisation führt in politischer und geschäftlicher Hinsicht die Dienstaufsicht über die jeweils nachgeordnete Organisation der Partei. Über die Landesverbände führt sie der Zentralausschuß.

Zur Auflösung von Orts- und Kreisgruppen sind der Vorstand der Partei und der Vorstand des zuständigen Landesverbandes, zur Auflösung von Landesverbänden der Zentralausschuß berechtigt.

Organe der Partei

§ 8 Organe der Partei sind
a) der Parteitag,
b) der Vorstand,
c) der Finanzausschuß,
d) der Zentralausschuß.

§ 9 Der Parteitag ist das oberste Organ der Partei. Der ordentliche Parteitag findet jährlich einmal statt und ist mit einer Frist von mindestens zwei Monaten unter Angabe der Tagesordnung vom Vorstand einzuberufen. Außerordentliche Parteitage finden nach Bedarf statt und sind mit einer Frist von mindestens zwei Wochen unter Angabe der Tagesordnung vom Vorstand einzuberufen.

Teilnahmeberechtigt an einem Parteitag sind sämtliche Mitglieder der FDP, gleichviel welcher Ortsgruppe sie angehören.

Stimmberechtigt auf einem Parteitag sind nur die bevollmächtigten Vertreter der Landesverbände. Die Anzahl der auf jedem Landesverband entfallenden Stimmen regelt sich nach einem vom Vorstand besonders festzulegenden Verteilungsverfahren unter Zugrundelegung der Mitgliederzahl der einzelnen Landesverbände.

Leiter des Parteitages ist der Vorsitzende der Partei oder ein anderes Mitglied des Vorstandes, das der Vorstand hierzu bestimmt. Sämtliche Beschlüsse des Parteitages werden mit einfacher Mehrheit der vertretenen Stimmen gefaßt, soweit nicht in dieser Satzung ausdrücklich etwas anderes bestimmt ist. Bei Stimmengleichheit gibt die Stimme des Vorsitzenden der Partei oder in seiner Abwesenheit die Stimme des Leiters des Parteitages den Ausschlag, auch wenn dieser nicht bevollmächtigter Vertreter eines Landesverbandes ist.

Der ordentliche Parteitag wählt jeweils zwei Revisoren, deren Auftrag auf die Dauer eines Jahres, längstens jedoch bis zum nächsten ordentlichen Parteitag, läuft.

§ 10 Der Vorstand besteht aus zwölf Mitgliedern. Außerdem gehört dem Vorstand die an jedem ordentlichen Parteitag zu wählende Hauptvertrauensfrau der FDP an. Der Vorstand und aus seiner Mitte der Vorsitzende der Partei und sein Stellvertreter werden von jedem ordentlichen Parteitag auf die Dauer eines Jahres, längstens jedoch bis zum nächsten ordentlichen Parteitag, gewählt.

Aufgabe des Vorstandes ist die Führung der Partei nach den politischen und organisatorischen Richtlinien der FDP und den Beschlüssen des Parteitages. Der Vorsitzende der Partei vertritt die Partei gerichtlich und außergerichtlich.

§ 11 Der Finanzausschuß ist für die Finanzgebarung der Partei verantwortlich. Er besteht aus dem Schatzmeister der Partei und je einem Vertreter der Landesverbände.

§ 12 Der Zentralausschuß ist der ständige Ausschuß der Partei zur Überwachung der Politik der FDP. Er besteht aus:

a) den Mitgliedern des Vorstandes,

b) den Vertretern der Landesverbände, die für je 2000 Mitglieder einen Vertreter, mindestens jedoch zwei Vertreter, entsenden.

Der Zentralausschuß ist mindestens vierteljährlich einmal vom Vorsitzenden der Partei oder seinem Stellvertreter mit einer Frist von mindestens zwei Wochen einzuberufen.

Die Sitzungen des Zentralausschusses werden von dem Vorsitzenden der Partei oder einem anderen Mitglied des Vorstandes geleitet, das der Vorstand hierzu bestimmt.

Für das Verfahren bei Beschlüssen des Zentralausschusses gelten die in Paragraph 9 für das Verfahren bei Parteitagsbeschlüssen getroffenen Bestimmungen entsprechend.

Beiträge

§ 13 Die Kosten der Partei werden durch Eintrittsgelder und Beiträge gedeckt, deren Höhe die Landesverbände nach eigenem Ermessen festsetzen.

Die Landesverbände haben zur Deckung der Kosten, die durch die Geschäftsführung der Partei entstehen, für jedes Mitglied einen von jedem ordentlichen Parteitag festzusetzenden monatlichen Betrag an den Vorstand abzuführen.

Verschiedenes

§ 14 Das Geschäftsjahr läuft vom 1. Januar bis 31. Dezember.

§ 15 Satzungsänderungen können nur von einem ordentlichen Parteitag mit einer Mehrheit von mindesten 2/3 der vertretenen Stimmen beschlossen werden.

§ 16 Zur Auflösung der Partei sind die Einberufung eines außerordentlichen Parteitages und ein auf diesem mit einer Mehrheit von mindestens 3/4 der vertretenen Stimmen zu fassender Beschluß erforderlich.

Der die Auflösung der Partei beschließende Parteitag hat mit einfacher Mehrheit der vertretenen Stimmen über die Verwendung des Parteivermögens zu beschließen.

53 d.

Februar 1948: Satzungsentwurf des FDP-Zonenverbandes[1]

AdL-2.

§ 1

Zweck der FDP

Die Freie Demokratische Partei (in der britischen Zone Deutschlands) erstrebt als politische Partei den Zusammenschluß aller Deutschen ohne Unterschied der Herkunft, des Glaubens und des Standes, die als politische Menschen am Aufbau eines neuen Lebens des deutschen Volkes in einem Staate mit einer freiheitlichen, fortschrittlichen, sozialen und wahrhaft demokratischen Ordnung mitzuarbeiten gewillt sind.

Die Freie Demokratische Partei sieht den Zusammenschluß mit den gleichgerichteten Parteien der anderen Zonen zu einer Reichspartei vor, sobald die politische Voraussetzung dazu gegeben ist.

Die Freie Demokratische Partei erstrebt die Zusammenarbeit mit internationalen Verbänden und Verbindungen, die sich die Pflege des liberalen Gedankengutes und seine Durchsetzung im politischen Leben zum Ziele gesetzt haben!

---
1 Der hier abgedruckte Satzungsentwurf kommt der endgültigen Satzung vermutlich am nächsten. Die endgültige Satzung wurde vom Zentralausschuß des FDP-Zonenverbandes im wesentlichen am 27. 2. 1948 beschlossen. Einige Punkte sollten von einem hierzu eingesetzten Dreiergremium noch überarbeitet werden. Vgl. Dok. Nr. 46 a, Anm. 14. Vgl. SCHRÖDER, 1985, S. 41; HEIN, 1985, S. 263.

§ 2

Mitgliedschaft

Mitglied können jeder deutsche Mann und jede deutsche Frau werden, die das 18. Lebensjahr vollendet haben, die programmatischen Richtlinien der Partei anerkennen, im Besitz der bürgerlichen Ehrenrechte sind und gegen deren Aufnahme politische Bedenken nicht bestehen.

Über die Aufnahme von Mitgliedern entscheidet der zuständige Kreisverband durch seinen Vorstand. Er kann diese Aufgabe auf die Ortsverbände übertragen. Die Mitgliedschaft beginnt mit dem Tage des Aufnahmeantrages. Wird die Aufnahme abgelehnt, so steht dem Antragsteller die Berufung an den Vorstand des zuständigen Landesverbandes zu. Dieser entscheidet endgültig. Die Einzelheiten des Verfahrens regeln die Satzungen der Landesverbände.

§ 3

Ende der Mitgliedschaft

Die Mitgliedschaft endigt
1. durch Austritt,
2. durch Ausschluß,
3. durch Tod.

Bei Beendigung der Mitgliedschaft besteht kein Anspruch auf das Parteivermögen.

Im Falle des Austritts endigt die Mitgliedschaft an dem Tage, an dem die Austrittserklärung dem Vorstand des zuständigen Ortsverbandes zugeht; im Falle des Ausschlusses mit der Rechtskraft des Beschlusses des Kreisverbandes, der des Ehrenrates, wenn dieser in erster Instanz tätig wird.

In beiden Fällen endigt die Beitragspflicht mit dem Ablauf des laufenden Vierteljahres.

§ 4

Ausschlußverfahren

Ein Mitglied kann aus der Partei ausgeschlossen werden,

a) wenn es gröblich gegen die Grundsätze und Beschlüsse der Partei verstößt oder in anderer Weise das Ansehen der Partei schädigt,

b) wenn es trotz mehrfacher Mahnungen, ohne einen Antrag auf Befreiung von Zahlung des Beitrages zu stellen, mit mehr als drei Monatsraten im Verzug ist,

c) wenn bei der Aufnahme falsche Angaben über die politische Vergangenheit oder sonstige erhebliche Tatsachen gemacht wurden.

Über den Ausschluß entscheidet auf Antrag der Vorstand des zuständigen Kreisverbandes. Für die Mitglieder der Vorstände der Zone und der Länder sowie für die Mitglieder des Ehrenrates ist der Ehrenrat auch in erster Instanz zuständig (vgl. § 16). Gegen die Entscheidung des Kreisvorstandes ist die Beschwerde an den Ehrenrat des Landesverbandes zulässig. Dessen Entscheidung ist endgültig. In Fällen, in denen der Vorstand des Landesverbandes oder der Zonenvorstand oder ein Mitglied dieser Organe am Ausschlußverfahren beteiligt sind, entscheidet an Stelle des Ehrenrates des Landesverbandes der Ehrenrat der Zone endgültig. Antragsberechtigt sind neben dem Vorstand des Ortsverbandes der Vorstand des Landesverbandes und der Vorstand der Zone. Die Beschwerde ist innerhalb eines Monats vom Tage der Bekanntmachung der Entscheidung ab bei der für die Entscheidung über die Beschwerde zuständigen Stelle einzureichen. Jedes Mitglied, das vom Vorstand des Kreisverbandes ausgeschlossen ist, ist bis zur Rechtskraft der Entscheidung von allen Parteiämtern suspendiert.

§ 5

Gliederung der Partei

Die Partei gliedert sich in
a) Ortsverbände,
b) Kreisverbände,
c) Bezirksverbände
d) Landesverbände,
e) den Zonenverband.

Die organisatorische Grundeinheit der Partei ist der Kreisverband. Die Kreisverbände eines Landes schließen sich zum Landesverband und die Landesverbände zum Zonenverband zusammen.

Der Bezirksverband stellt lediglich einen organisatorischen Zusammenschluß zur Förderung und zur Besserung der politischen Arbeit der Kreisverbände und zur Unterstützung der Arbeit der Landesverbände dar. Anmerkung: Sondersatzungen der Stadtlandesverbände steht in dieser Beziehung nichts entgegen. Eine eigene Verwaltungshoheit, insbesondere eine Anweisungsbefugnis, steht den Bezirksverbänden nicht zu. Die Zone übt die Aufsicht über die Landesverbände, diese die Aufsicht über die Kreisverbände und diese wiederum die Aufsicht über die Ortsverbände aus. Die Beziehungen der einzelnen Kreisverbände der Partei zueinander werden durch die Satzung der Landesverbände geregelt, soweit nicht die vorliegende Satzung verbindliche Regeln aufstellt. Bestimmungen der Satzung der Partei gehen in jedem Falle den Bestimmungen der Satzungen der Landesverbände vor.

§ 6

Auflösung von Kreis- und Landesverbänden und Umbildung von Vorständen des Landesverbandes

Die Landesverbände regeln in ihren Satzungen, in welcher Weise sie der Aufsichtspflicht über ihre Kreisverbände nachkommen und wie sie bei wesentlichen Verstößen der Kreisverbände gegen die Interessen der Partei die zur Aufrechterhaltung der notwendigen politischen und organisatorischen Führung notwendigen Maßnahmen durchführen. Die Landesverbände sind verpflichtet, auf Aufforderung des Zentralausschusses gemäß ihren Satzungen gegen die Kreisverbände vorzugehen.

Der Zentralausschuß ist berechtigt, einen Landesverband aufzulösen, sofern der Vorstand des Landsverbandes trotz zweimaliger Aufforderung wesentlichen Verpflichtungen nicht nachgekommen ist, und aus den Kreisverbänden einen neuen Landesverband zu bilden.

Der Zentralausschuß ist ferner berechtigt, aus wichtigem Grunde von jedem Landesverband die Umbildung des Vorstandes des Landesverbandes zu verlangen. Gegen einen solchen Beschluß steht den Beteiligten die Anrufung des Ehrenrates der Zone binnen zwei Wochen nach Eingang des Verlangens offen.

§ 7

Organe der Partei

Organe der Partei sind
a) der Parteitag,
b) der Vorstand,
c) der Zentralausschuß.

§ 8

Der Parteitag

Der Parteitag ist das oberste Organ der Partei. Seine Beschlüsse binden die Landesverbände. Einmal im Jahr findet ein ordentlicher Parteitag statt, zu dem unter Angabe der Tagesordnung und des Tagungsortes mit einer Frist von 6 Wochen einzuladen ist. Außerordentliche Parteitage finden nach Bedarf statt und sind vom Vorstand mit einer Frist von mindestens 3 Wochen unter Angabe der Tagesordnung und des Tagungsortes einzuberufen. Ein außerordentlicher Parteitag muß einberufen werden, falls wenigstens zwei Landesverbände oder 20 % der Gesamtmitglieder dies verlangen.

Ein außerordentlicher Parteitag ist ferner einzuberufen, wenn es der Zentralausschuß beschließt.

Die Einberufung erfolgt durch eingeschriebenen Brief an die Landesverbände, die ihrerseits in gleicher Form die Kreisverbände zu laden haben. Die Fristen sind gewahrt, insofern die Landesverbände rechtzeitig geladen sind.

§ 9

Teilnehmerrecht und Stimmrecht auf dem Parteitag

Zur Teilnahme berechtigt ist jedes eingeschriebene Mitglied der Freien Demokratischen Partei. Stimmberechtigt sind nur die bevollmächtigten Vertreter der Kreisverbände. Jedem Kreisverband steht ein Vertreter zu. Darüber hinaus stellt jeder Kreisverband für je 500 Mitglieder einen weiteren Vertreter. Die nicht verwerteten Stimmen der Kreisverbände fallen dem Landesverband zu, der seinerseits für volle 500 Stimmen einen Vertreter erhält.

Als Delegierte des Landesverbandes sollen in erster Linie besonders aktive Mitglieder an verantwortlicher Stelle in der Partei bestimmt werden, soweit sie nicht als

Satzung   Febr. 1948   **53 d.**

Delegierte von ihrem Kreisverband benannt sind. Die Verteilung der den Landesverbänden zustehenden Delegiertensitze wird in den Satzungen der Landesverbände geregelt.

Der Parteitag ist beschlußfähig, wenn mindestens die Hälfte der nach der Satzung stimmberechtigten Delegierten anwesend ist.

§ 10
Leitung des Parteitages und Beschlußfassung

Vor Beginn des Parteitages wird durch einen Prüfungsausschuß die Ordnungsmäßigkeit der Einberufung, die Beschlußfähigkeit und die Stimmberechtigung der Delegierten festgestellt. Der Prüfungsausschuß besteht aus einem stellvertretenden Vorsitzenden der Partei als Obmann und zwei vom Vorstand benannten Mitgliedern der Partei. Der Parteitag wird vom ersten Vorsitzenden geleitet, im Abwesenheits- oder Behinderungsfall durch seinen Stellvertreter. Sämtliche Beschlüsse des Parteitages werden mit einfacher Stimmenmehrheit gefaßt, soweit nicht diese Satzung eine qualifizierte Mehrheit vorsieht.

Für den Parteitag wird eine Geschäftsordnung festgelegt, nach welcher sich der Ablauf der Verhandlungen zu richten hat. Diese Geschäftsordnung soll auch die näheren Bestimmungen über die Einbringung von Anträgen und Anfragen enthalten. Die Verhandlungen des Parteitages sind im Stenogramm festzuhalten.

§ 11
Regelmäßige Verhandlungsgegenstände

Auf dem ordentlichen Parteitag müssen regelmäßig folgende Gegenstände behandelt werden:

1. Bericht des Vorsitzenden über die allgemeine politische Lage und Entwicklung der Partei.

2. Bericht der einzelnen Vorstandsmitglieder über ihre Referate sowie Obmänner der Ausschüsse der Partei.

3. Entlastung des Vorstandes.

4. Neuwahl des Vorstandes und der Obmänner der Ausschüsse.

5. Wahl von 2 Revisoren, deren Auftrag auf die Dauer eines Jahres, längstens bis zum nächsten ordentlichen Parteitag läuft.

§ 12
Der Zentralausschuß

Der Zentralausschuß ist der ständige Ausschuß der Partei zur Überwachung der Politik der FDP. Er besteht aus:

a) den Mitgliedern des Vorstandes,

b) den jeweils zu einem Parteitag für das Folgejahr zu benennenden Vertretern der Landesverbände, die unbeschadet ihrer Vertreter zu a) für je 2000 Mitglieder einen Vertreter, mindestens jedoch einen Vertreter entsenden,

c) den vom Parteitag gewählten Obmännern der Ausschüsse, soweit diese nicht bereits nach a) oder b) ihm angehören,

d) den Fraktionsvorsitzenden der Länder-Parlamente, soweit diese nicht bereits nach Ziffer a–c ihm angehören,

e) den Mitgliedern der Länderregierungen, soweit sie ihm nicht bereits nach Ziffer a–d angehören,

f) den Mitgliedern des Zonenbeirates und des Wirtschaftsrates, soweit sie nicht ihm bereits nach Ziffer a–e angehören.

Der Zentralausschuß kann Mitglieder weiterer politischer und wirtschaftlicher Vertretungen von ähnlicher Bedeutung wie die vorstehenden mit 2/3 Mehrheit berufen.

Der Zentralausschuß ist mindestens vierteljährlich einmal vom Vorsitzenden der Partei oder einem Stellvertreter mit einer Frist von mindestens 2 Wochen einzuberufen. Die Einberufung erfolgt durch eingeschriebenen Brief an die einzelnen Mitglieder.

Der Zentralausschuß ist beschlußfähig, wenn mehr als die Hälfte seiner Mitglieder anwesend ist. Die Ordnungsmäßigkeit der Einladungen, die Beschlußfähigkeit und die Stimmberechtigung werden zu Beginn vom Vorsitzenden geprüft.

Die Sitzungen des Zentralausschusses werden von dem Vorsitzenden der Partei oder einem anderen Mitglied des Vorstandes geleitet, das der Vorsitzende hierzu bestimmt. Für das Verfahren während der Sitzung und bei Beschlüssen findet die Geschäftsordnung für den Parteitag entsprechende Anwendung.

§ 13

Zusammensetzung des Vorstandes

Der Vorstand besteht aus dem Vorsitzenden und zwei stellvertretenden Vorsitzenden, die den geschäftsführenden Vorstand bilden, ferner aus 10 vom Parteitag zu wählenden Mitgliedern, von denen 2 Frauen und 2 junge Demokraten sein müssen. Die nicht direkt in den Vorstand gewählten 1. Vorsitzenden der Landesverbände gehören ihm außerdem kraft ihres Amtes an.

Ferner soll bei der Zusammensetzung des Vorstandes auf eine Vertretung der Vertriebenen Rücksicht genommen werden.

Die Vorsitzenden müssen in gesonderten Wahlgängen gewählt werden. Die Wahl der weiteren Mitglieder des Vorstandes kann in einem Wahlgang durchgeführt werden. Alle Wahlgänge erfolgen in geheimer Wahl.

Satzung   Febr. 1948 **53 d.**

§ 14

Aufgaben des Vorstandes

Der Vorstand hat die Aufgabe, die Partei nach den politischen und organisatorischen Richtlinien zu führen, die der Parteitag und zwischen den Parteitagen der Zentralausschuß festgelegt haben. Mindestens ein Mitglied des geschäftsführenden Vorstandes und ein weiteres Mitglied des Vorstandes vertreten die Partei gerichtlich und außergerichtlich.

Der Vorstand gibt sich eine Geschäftsordnung, die der Bestätigung des Zonenausschusses bedarf.

Über jede Vorstandssitzung ist ein Protokoll aufzunehmen.

§ 15

Arbeitsausschüsse

Zur Unterstützung des Vorstandes werden Ausschüsse berufen, deren Obmänner vom Parteitag zu wählen sind. Es werden nachstehende Ausschüsse gebildet: 1. Recht und Verfassung, 2. Kommunalpolitik; 3. Kulturpolitik; 4. Wirtschaftspolitik; 5. Finanzpolitik und Steuern; 6. Landwirtschaft; 7. Sozialpolitik; 8. Arbeiter und Gewerkschaftsausschuß; 9. Vertriebene; 10. Finanzierung; 11. Organisation; 12. Presse; 13. Interfraktioneller Ausschuß.

Die Obmänner werden ermächtigt, ihre Ausschüsse nach eigenem Ermessen zusammenzusetzen. Soweit im Nachstehenden nichts anderes bestimmt ist, muß jeder Landesverband in jedem Ausschuß durch mindestens 1 Mitglied vertreten sein. Der Parteivorstand ist berechtigt, in jedem Ausschuß ein Vorstandsmitglied mit beschließender Stimme zu delegieren. Die Beschlüsse der Ausschüsse treten in Kraft, sobald sie vom Vorstand gebilligt sind. Der Vorstand kann den Obmann eines Ausschusses mit Vollmachten ausstatten.

Im einzelnen gelten folgende Regelungen für die Zusammensetzung der Ausschüsse:

1. Der Interfraktionelle Ausschuß besteht aus je 2 Mitgliedern der FDP im Wirtschaftsrat, im Zonenbeirat, in den Landtagen und Bürgerschaften. Soweit in einem Lande keine Fraktion besteht, können zwei Vertreter vom Vorstand des Landesverbandes delegiert werden.

2. Der Obmann des Vertriebenenausschusses muß ein Vertriebener sein.

3. Dem Presseausschuß muß wenigstens je ein Vertreter aller der FDP nahestehenden Zeitungen der britischen Zone angehören.

4. Der Finanzierungsausschuß besteht aus dem Schatzmeister der Zone als Obmann und den Schatzmeistern der Landesverbände.

5. Im übrigen werden die Ausschußmitglieder aller Landesverbände und auf deren Vorschlag vom Obmann berufen, der auch gleichzeitig die Stärke des Ausschusses nach den gegebenen Erfordernissen festsetzt.

§ 16

Ehrenrat

Zur Beilegung von Streitigkeiten innerhalb der Partei wählt der Parteitag einen Ehrenrat. Der Ehrenrat besteht aus dem Vorsitzenden und dessen Stellvertreter sowie 4 Beisitzern und Stellvertretern. Der Vorsitzende und sein Stellvertreter müssen die Befähigung zum Richteramt haben. Die Mitglieder des Ehrenrats dürfen kein anderes Amt in der Partei während der Dauer ihrer Zugehörigkeit zum Ehrenamt innehaben. Der Ehrenrat gibt sich seine Ehrenratsordnung, die vom Zentralausschuß mit einfacher Mehrheit zu bestätigen ist.

Der Ehrenrat der Zone ist Berufungsinstanz gegen Entscheidungen der Ehrenräte der Landesverbände in erster Instanz sowie gegen Entscheidungen der Kreisverbände gemäß § 4 Abs. 3 dieser Satzung.

In erster Instanz wird er tätig in Verfahren, durch die ein Mitglied des Vorstandes oder des Ehrenrats betroffen wird.

Der Ehrenrat entscheidet in der Spruchsitzung in einer Besetzung von 5 Mitgliedern, außerhalb der Sitzung in einer Besetzung von 3 Mitgliedern.

Die Entscheidungen des Ehrenrats sind endgültig.

Der Ehrenrat kann in jeder Lage des Verfahrens die Suspendierung des Beschuldigten von allen Ämtern anordnen.

§ 17

Beiträge

Die Kosten der Partei werden gedeckt durch Anteile an den Beiträgen, durch freiwillige Spenden sowie durch Erträgnisse aus den Veröffentlichungen und Veranstaltungen der Zone.

Die Landesverbände haben 25 % des von der Zone festgesetzten Mindestbeitrages an die Partei abzuführen. Die Richtlinien des Abrechnungsverfahrens werden vom Finanzausschuß durch Beschluß festgelegt.

Kommt ein Landesverband seiner Beitragspflicht nicht nach, so verliert er bei einem Beitragsrückstand von mehr als 3 Monaten auf Antrag des Schatzmeisters der Zone für seinen Vorstand und für seine Delegierten die Stimmberechtigung in den Parteiorganen. Bei einem Beitragsrückstand von mehr als 6 Monaten ist der Zentralausschuß auf Antrag des Vorstandes zu weiteren Maßnahmen berechtigt, bis zur Auflösung des Landesverbandes nach § 6 Abs. 2 dieser Satzung.

§ 18

Wahlangelegenheiten

Die Wahl der nach dieser Satzung auf dem Parteitag zu wählenden Personen gilt jeweils für die Dauer eines Jahres, in jedem Falle jedoch bis zum nächsten ordentlichen Parteitag.

Die Sitzungen von Parteivorstand, Zentralausschuß und Ehrenrat sind nicht offiziell. Eine Stellvertretung ist nicht möglich, lediglich ein Landesverbandsvorsitzender kann sich durch seinen gewählten Stellvertreter vertreten lassen.

§ 19

Geschäftsjahr

Das Geschäftsjahr läuft vom 1. 1.–31. 12.

§ 20

Satzungsänderungen

Satzungsänderungen können von einem ordentlichen Parteitag mit einfacher Mehrheit der vertretenen Stimmen beschlossen werden.

§ 21

Auflösung der Partei und Verschmelzung mit einer anderen Partei

Die Auflösung der Partei und die Verschmelzung mit einer anderen Partei kann nur durch einen Beschluß des Parteitages erfolgen, der eine 3/4 Mehrheit der Vertretenen erfordert.

Der gleiche Parteitag beschließt mit einfacher Stimmenmehrheit über die Verwendung des Parteivermögens.

Politischer Liberalismus
in der britischen Besatzungszone
1946–1948

Führungsorgane
und Politik der FDP

Register

Kursiv gesetzte *Seitenzahlen* verweisen auf Angaben zur Person.

Aachen 37
Abatz, Harald *200,* 207, 290, 291, 293
Abgrenzungen 72, 97, 104
– zur SPD XXIII f., XXVII f., 279, 296, 297, 298, 338 f.
– zur CDU XXVI, 296, 301, 339
– zur Niedersächsischen Landespartei XXVII f., 297
– (s. a. Fusionsbestrebungen)
Ablaß, Friedrich *205,* 286
Abstimmungsverhalten XXIX f., 139, 157, 175, 211, 212 f., 214 f., 278 f., 293, 297, 303, 305, 306 f., 344
Adams, Otto *169*
Adenauer, Konrad XXV f., 54, 81, 83, 125, 308
Adrian 76
Aggas 300
Agrarpolitik XXIII, XXIV, XXIX, 85–87, 135, 152 f., 183, 211, 248, 252, 262, 316
– (s. a. Landwirtschaft)
Albers, Johann XXIV, 191, *204*
Alliierter Kontrollrat XXIX, XXXIII, 27, 83, 138, 150, 151, 152, 153, 156, 170
Altena 46
Altenhain, Gustav XIII, XVI, XVII, *28,* 31, 45, 46, 48, 51, 54, 61, 64, 65, 67, 69, 76, 77, 79, 90 ,92, 93, 95, 97, 100, 101, 104, 105, 110, 111, 113, 115, 119, 143, 144, 145, 158, 172, 173, 180, 181, 184, 190, 191, 192, 196, 197, 198, 199, 200, 207, 215, 229, 249, 258, 280, 281, 282, 283, 288, 289, 290, 292, 293, 296, 342, 346, 348
Amelunxen, Rudolf XXIII
Amerikanische Zone XXIV, XXXII, 103, 136, 137
Anders, Lieselotte *226,* 300
Angestellte XXIV, XXX, 131 f., 138, 156, 157, 160, 222, 244, 271, 291, 292, 295, 315, 328, 351
– (s. a. Gewerkschaften)
Annan, Noel 27, 37, 56
Arbeit 242
– Recht auf Arbeit 20, 133, 159, 245
– Vollbeschäftigung 14
– (s. a. Partei der Arbeit)

Arbeiter XXIV f., XXX, 18, 87, 131 f., 138, 140, 141, 142 f., 156, 157, 160, 163, 164, 166, 189, 238, 244, 247, 271, 294, 295, 312 f., 319, 320, 323, 327, 328 f.
Arbeitersekretariat 231 f., 246, 263
Arbeitgeber 138, 160, 163, 166, 268, 320, 331
– (s. a. Unternehmer)
Arbeitnehmer XXIX, XXX, 139, 156, 159, 166, 169, 231, 232, 238, 246, 247, 267, 268, 294, 295, 315, 316, 317, 318, 319, 320, 327, 331
Arbeitsrecht 246
Arnold 207, 239
Arnold, Karl XXIII, 185
Asbury, William *123*
Asmussen, Peter Christel *123,* 129, 198, 200, 207, 209, 249, 291
Atlantik-Charta 162, 165
Ausschüsse 59, 201 f., 233, 302, 363
– Agrarpolitischer Ausschuß 83, 211
– Arbeiterreferat (Hamburg) XXIV, 231, 263
– Arbeiter- und Gewerkschaftsausschuß XXIV, 295 f., 317–337
– Beamtenausschuß 290, 304, 313, 326
– Finanzausschuß 64, 67, 356
– Organisationsausschuß XIX, XX, XXI, 66, 95, 107, 108, 110, 180, 230
– Presseausschuß 66 f., 210, 234
– Sozialpolitischer Ausschuß 78, 83, 202
– Verfassungsausschuß 126, 210, 211
– Vertriebenenausschuß 202
– Wirtschaftspolitischer Ausschuß 202
– (s. a. Zonenvorstand)
Außenhandel 6, 17, 243, 272
Außenpolitik 9, 14, 16, 251, 278, 279, 297, 308

Ballewski, Erika 100, 106
Barowsky, Ella *228*
Bartels 110
Bauern 85, 151, 152, 161, 188, 189, 295
Bauernorganisation 100 f., 107
Baxmann, Otto 129, 207, 210, 248, 249, 254, 255, 257, 286, 308
Bayern XXXII, XXXIII, 60

369

Beamte 5, 8, 12, 17, 39, 148f., 222, 290, 291, 292, 293f., 295, 302–304, 328, 329, 347, 351
- (s.a. Deutscher Beamtenbund)

Beber, Oskar 76, 79, 80, 82, 105, 114, 115, 120, 121, 124, 128, 130, 175, 180, 185, 207, 279, 282, 291

Becker, Maria 223, 226, 300

Becker, Max XXXV

Beckmann, Wilhelm 204

Behnke, Emil XVII, *54, 61,* 64, 76, 80, 82, 90, 93, 97, 103, 105, 119, 143, 175, 180, 190, 192, 197

Bender, Clemens XIII, XIV, 27, *29,* 33, 35, 40, 45, 47, 48

Benkwitz, Walther 76, 95, 180, 184, 207

Bergbau XXXI, 140f.
- Selbstverwaltung 133, 134, 141f., 155, 269
- Verstaatlichung 8, 155
- Überführung in Gemeineigentum 13, 193

Berghaus, Jann *64*

Berlin XIII, XV, XXXII, XXXIII, XXXIV, XXXVI, 26, 28, 34, 228, 308

Berlin, Jürgen 162, 171, 181, 331, 333

Berning, Wilhelm XXV

Berufsvertretungen 8

Besatzungsmächte 187, 250, 252, 267, 269, 281
- (s.a. Alliierter Kontrollrat; britische Militärregierung)

Besatzungszonen 136, 182, 237, 280, 281, 314
- (s.a. Bizone; britische Militärregierung; amerikanische, französische, sowjetische Zone)

Besitzlose 243

Betriebsräte XXX, 20, 138, 139, 164, 214, 245, 268

Betriebsrätegesetz XXXI, 131, 138, 156, 160, 214

Beutler, Hans Wilhelm *10,* 25, 67

Bevin, Ernst 289

Beveridge, Lord William *84*

Beyer 228

Bezold, Otto 104

Biegel, Helmut *200, 202,* 207, 229, 233, 236, 254, 262, 278, 304, 305, 307, 322

Bielefeld 37

Bildung 244, 273, 275

Bildungswesen 8, 13
- (s.a. Schule)

Bizone XXIV, 138, 213
- Frankfurter Wirtschaftsrat XXIII, XXIX, 157, 212, 213, 236f., 278
- FDP-Fraktion XXX, XXXV, 157, 212, 213, 252, 266, 278f., 283, 305, 306f., 346
- Exekutivrat 213, 252
- Länderrat 143, 252
- Verwaltungsrat 292, 351

Bläser, Cläre *100*

Blank, Martin 248

Blankenburg 169

Blome, Hermann 88, 178, *200,* 201, 207, 210, 236, 240, 249, 304, 307

Blücher, Franz XXIX, *10,* 33, 40, 46, 64, 67, 76, 80, 90, 96, 97, 100, 101, 105, 107, 117, 121, 136, 143, 153, 167, 171, 172, 175, 180, 190, 197, 200, 202, 208, 236, 237, 250, 257, 277, 279, 280, 294, 296, 304, 307, 310, 316, 329
- Agrarpolitik 152f., 253
- Beamte 148–150, 290, 291, 292, 326,
- Bodenreform 210, 253
- CDU XXVI, 125, 212f., 296, 304f.
- Ernährung 39, 151f., 278f.
- Finanzminister (NRW) XXIII, 81f.
- Frauen 95, 99, 107, 178, 302
- Führungsstil 240f.
- zu Fusionsbestrebungen XXVI, 71f., 78, 96f., 108f., 116
- Gemeinwohl 155
- Gesamtpartei, trizonale 280, 281, 282, 283
- Gesamtstaat, deutscher 137, 146, 147
- Gewerkschaften XXV, 183, 231, 294, 295, 312
- zu Heile 71f., 113, 116, 118, 127, 128, 129
- Industrieplan des Alliierten Kontrollrats 151
- Jugend 83f., 87, 88, 98, 107, 178
- Koalitionspolitik 81, 185f., 191, 193f., 296
- Kriegsversehrte 150
- Landesverbände (britische Zone) 80f., 94, 106, 108, 129f., 176, 177, 190, 199, 209, 257f., 258
- LDP (SBZ) 236, 251, 309
- Liberale Internationale 204
- zu Morgenthau 150
- Opposition 299

- Parteifinanzen 82f., 95f., 120, 179, 192, 199, 254, 286, 314f.
- Parteiname XIV, 36
- Parteiorganisation XX, XXI, 39, 64, 68, 71, 73, 74, 77, 81, 83, 90, 91, 94, 108, 110, 174, 181, 230
- Parteivorsitzender 82, 109, 264
- Parteitage XXXVI, 57, 58, 62, 68, 108, 111, 173, 176, 178f., 180, 183, 203
- Presse 102f., 108, 184f., 192, 199, 204, 232, 234, 235, 262, 266, 314
- zu v. Rechenberg 238, 263f.
- Satzungen 112, 113, 119, 177f., 182, 282
- Sowjetische Besatzungszone 236, 310
- Sozialisierung 154–156, 174, 175, 193, 236f.
- Sozialprogramm 209f.
- Sozialversicherung 83, 156f.
- SPD 236, 278f., 296
- Verfassung 93, 96f., 146f., 297, 349, 350
- Verwaltung 147f., 291
- Währungsreform 153f., 311
- Wahlbündnisse XXVI, 125, 205, 288
- Wahlen 80, 91,125, 168, 233, 265, 288
- Wahlrecht 91,107, 289, 290
- Wangerooger Tagung (1948) 248, 264
- Weststaat 308f.
- Wirtschaftsprogramm XXXf., 142, 156, 211
- Wirtschaftskammern 140
- Wirtschaftsrat XXXI
- Wirtschaftsrat, Frankfurter XXXV, 212f., 236f., 252, 263, 278f., 305, 306f.
- Zonenbeirat 65, 143, 144, 191, 280
- Zonenübergreifende Kooperation XXXII, XXXV, XXXVI, 63, 68, 79f., 84, 103f.,126f., 249, 264f., 280, 310, 313
- Zonenverband 280
- Zonenvorstand XVI, XVII, XVIII, 46, 52, 61, 62, 66, 80, 92f., 107, 109, 122, 177f., 180, 182, 198, 201, 209, 212, 229

Boddin 76
Bodenreform XXIII, XXIV, XXIX, 6, 86f., 210, 211, 213, 239, 243, 252, 255f., 261, 297, 316, 317
Böhm, Ehrtfried 297, *304*
Böhmer 341
Bohne, Regina 121, *172*, 175, 180, 207, 253, 262
Bonn 37
Born 342
Bote, Albert 260
Brauer, Max 125, *308*
Braunschweig XV, 19, 26, 40, 127
- Demokratische Union für Hannover und Braunschweig 37
- FDP-Landesverband Braunschweig XVII, 54, 114
- (s. a. Niedersachsen)

Bredenkampf, H. 158
Bremen 19, 136, 137, 238, 258, 259
- Bremer Demokratische Volkspartei XXVI, 37, 40, 111, 117, 137, 177, 190, 238, 257–260
- FDP XXIV, 106, 137, 176f., 182, 190, 232, 237, 238, 239, 257–260, 262

Bremervörde 117
Brinkmann, Paul *207*, 215, 342
Britische Militärregierung XII, XXVII, XXX, 27, 28, 29, 39, 43, 54, 117, 140, 148, 151, 292, 303
- Parteigründungen XII, XIV, XV, XXIX, 26f., 37, 49, 129
- Klage der FDP über Benachteiligung 56, 102f., 213
- Lizenzierung von Zeitungen 29, 102

Brunn 286
Büchsenschütz 250
Büll, Johannes 121, *125*, 128, 129
Bürgertum XI, 44, 188, 239, 319
- (s. a. Staatsbürger)

Bürow 300
Bundespartei s. Zonenübergreifende Kooperation
Bundesrepublik Deutschland 329
Bungartz, Everhard 213, *307*
Buschmann 300

CDU XII, XIV, XXIII, XXVf., XXVII, XXVIII, 27, 29, 54, 107, 111, 123, 125, 139, 155, 157, 162, 164, 185, 187, 188, 212, 240, 246, 250, 279, 288, 289, 294, 296, 297, 301, 304, 319, 338, 340, 341, 342
Chauffeur 65
Christentum 7, 183, 341
Christlich-abendländische Kultur 8, 302
Christlich-Demokratische Partei 45, 50
Churchill, Winston 9, 162
Clay, Lucius D. 139
Cless 172
Cornelius, Adolf *105*, 113, 180

Cramer 204
Cuxhaven 140

DAG s. Gewerkschaften
Dannemann, Robert 252
Dehler, Thomas XXXV, 249, 280
Demel, Hermann 57, 117
Demokratie 5, 7, 9, 15, 19, 43, 164, 242, 255, 273, 308, 315
– Menschenrechte zur Geltung bringen 11
– Schutz der Verfassung gegen Feinde der Demokratie 12
– freie und geheime Wahlen 12
– konstruktive Opposition 299
– Haltung der Jugend 165
– Erziehung zur Demokratie 225, 335
– (s. a. Freiheit; Verfassung; Staat)
Demokratie, innerparteiliche 158 f.
Demokratische Partei Deutschlands (DPD) s. Zonenübergreifende Kooperation
Demokratische Union s. Schleswig-Holstein; Braunschweig, Hannover, Oldenburg
Demokratische Volkspartei (Württemberg-Baden) XXXIII, 103 f., 146, 237, 301
Demontagen 120
Denecke 192
Detmold 223
Deutsch-Konservative Partei 289
Deutsche Demokratische Bewegung (Gummersbach) 3
Deutsche Demokratische Partei/Deutsche Staatspartei (DDP/DStP) XI, 36, XII, XVI, 241, 297
Deutsche Frage XXXIII f.
DP (Deutsche Partei) 139, 157
Deutsche Staatspartei (ab 1930) XI, XIII, 36
Deutsche Zentrums-Partei s. Zentrum
Deutscher Beamtenbund XXV, 290, 302, 303, 304, 312, 325
Deutsches Reich 19, 20, 104, 146, 189, 349
– Gesamtstaat 137, 146, 147
– (s. a. Reich; Ostgebiete)
Deutschland 6, 7, 9, 11, 12, 15, 16, 19, 29, 31, 44, 147, 267, 308, 309
DGB s. Gewerkschaften

Dieling, Oscar XVII, 54, 57, *61*, 62, 63, 64, 67, 68, 80, 82, 84, 90, 92, 94, 95, 100, 103, 105, 106, 110, 113, 115, 121, 124, 143, 144, 172, 173, 175, 180, 190, 191, 192, 194, 194, 195, 196, 197, 198, 199
Dietrich, Hermann *33*, 278
Diktatur XI, XVI, 4, 5, 7, 11, 15, 16
Dörnhaus, Wilhelm 139, 167, *207 f.*, 215, 337
Dohr 342
Dominicus, Max 23, 25, 164, 171, 172, 185, 207, 210, 214, 248, 257, 264
Dortmund XIII, 29, 19, 37
Dudek, Walter *314*
Düsseldorf 37
Duisburg-Hamborn 37, 50
Durlak, Stefan 23 , 35, 38, 40, 49
DVP XI, XII, XVI, 297

Ediger, Franz *331*
Eigentum 14, 152, 166, 188, 256, 269
– Privateigentum 4, 13, 17, 21, 133, 159, 168, 243, 268, 277
– Gemeineigentum 21, 193
– Enteignung 86, 152, 256
– Entschädigung 86, 175
– (s. a. Lastenausgleich; Bodenreform; Sozialisierung)
Einkommen 243, 271, 275 f., 331
– (s. a. Steuern)
Einkommensverteilung 242, 243
Einzelhandel 140
Engelhard, Edgar *173*
Entnazifizierung 16, 69 f., 80, 225, 303, 329, 347
Erdmann, Hans 166, *168*, 210
Erfurter Parteitag XXXII, 74 f.
Erhard, Ludwig 212
Ernährung 4, 6, 8, 14, 18, 39, 120, 150 f., 165, 255, 277
Ernährungsverwaltung 39, 151 f., 189, 252, 278 f.
Erziehung 4, 6, 12, 21, 183, 189
Essen XXI, XXX, 9 f., 23, 37, 236
Essich, Adolf 54, 64, 66, 76, 78, 79, 80, 82, 84, 90, 94, 94, 97, 105, 127, 143, 144, 175, 180, 190, 192, 197
Euler, August Martin XXXV, 80, 280
Europa 17, 41, 42, 44, 114
Evers 76

Falbe 170, 172, 189
Falk, Wilhelm XX, *121*, 126, 143, 173, 177, 179, 180, 190, 192, 196, 197, 199, 200, 205, 206, 229, 236, 237, 254
Familie 8, 10, 133, 243, 276, 331
Field Security-Service 185
Fieseler 207
Finanzwesen 5, 101, 147
– Finanzreform 5, 138, 153
– Bundesfinanzverwaltung 147
Fischer, Erika 225, 226, 227, *307*
Fletcher 137
Flüchtlinge XXXI, 87, 101, 116, 183, 329, 344
– (s. a. Vertriebene)
Flüchtlingsrat 218, 222
Föderalismus XXIII, XXXVI, 15, 96, 114f., 187, 278, 279, 303, 305, 349
– (s. a. Verfassung; Länder)
Föge, Hermann *118*, 129, 280, 282
Fölzke 235
Forster 27, 41
Frankfurter Dokumente XXXVI
Frankreich 239, 240, 278, 279, 320, 350
Französische Zone XXX, XXXIII, 60
Fratzscher, Alfred 22, 172
Frauen 120, 188, 189, 222–229, 294, 331
– und soziale Fürsorge 223f.
– und Partei XVII, XIX, 25, 95, 98, 99f., 107, 182, 202, 210, 302, 339
– in den Länderparlamenten 223
– in Kommunalausschüssen 225
– und überparteiliche Frauenorganisationen 227
Frauenbeirat 226, 300f.
Freie Berufe s. Mittelstand
Freiwirtschaftsbund F.F.F. 174
Freiheit 11, 20, 31, 43, 44, 51, 136, 187, 241, 252, 266, 273, 299, 354, 357
– Grundrechte 4, 5, 7, 12, 17, 187, 275
– (s. a. Demokratie; Wirtschaftsleben)
Friedrich, Helmut *33*, 34, 40, 45
Friedrichs, Otto XVII, *54*, 61, 64, 80
Friese-Korn, Lotte 173, 178, 188, 200, 201, 208, 210, 215, 224, 226, 248, 257, 266, 300, 301, 307, 330
Funcke, Liselotte 226, 228, 300, 301
Funcke, Oscar 202, *207*, 210, 211, 248, 279, 291, 301
Funk, Ludwig *50*

Fusionsbestrebungen XXVIII, 72, 97, 104, 108f., 117, 119, 304f.
– Bürgerliche Sammelpartei XII, XXV, XXVI, 110
– Verhandlungen mit der CDU XXVf., 54, 81, 116
– Verhandlungen mit der Niedersächsischen Landespartei XXIV, XXVIIf., 55, 67f., 71f., 78, 111, 116
– (s. a. Wahlbündnisse)

Gaertner, Alphons *310*
Garde, Otto 95
Gaulle, Charles de 239
Gemeinwohl s. Wirtschaftsleben
Generalsekretariat s. Parteiorganisation
Genossenschaften 8, 14, 21, 135, 140, 161
Gerbes, Editha 225, 300
Gerechtigkeit 136, 242, 275, 277, 331
Gerhard, Hans *293*, 304, 313, 326, 329, 337, 341, 345
Gesell, Silvio *174*
Gewerbefreiheit 221, 269f., 306f.
Gewerkschaften XII, 8, 20, 138, 319, 323, 329, 330
– DGB (britische Zone) XXIVf., 247, 294, 312, 315, 321, 322, 325, 334, 335
– AGB (Allgemeiner Gewerkschaftsbund Rheinland/Pfalz) 334
– DAG (britische Zone) XXIVf., 312, 315, 316, 323, 324, 334
– Angestellten-Union (britische Zone) 323, 324, 332, 334
– Haltung der FDP XXIVf., 160, 172, 183, 189, 228, 231, 232, 245, 246–248, 268, 294f., 312f., 315f., 321, 322, 323, 324, 325
– (s. a. Deutscher Beamtenbund)
Girardet, H. *10*
Grabau, Gustav 105, 106, 137, 145, *158*, 190, 207, 248, 257, 258, 259, *260*, 266
Gramberg, Margarethe *100*, 178, 200, 201, 208, 226, 227, 248, 257, 266, 294, 301, 304, 307
Grau, Paula *105*, 180, 207, 226, 300
Greenhard 184
Greßler, Julius 32, 33, 35, 40, 47
Greve 99
Greve, Otto Heinrich XVI, XVII, XIX, XX, XXVII, XXXII, *31*, 35, 51, 54, 55, 60, 61, 63, 64, 65, 66, 67, 69, 72, 73, 74,

76, 79, 80, 81, 83, 84, 90, 91, 92, 96, 97, 100, 101, 102, 103, 104, 105, 107, 110, 112, 113, 117, 119, 121, 123, 124, 125, 127, 128, 129, 143, 144, 145, 166, 175, 179, 180, 183, 184, 185, 190, 191, 192, 193, 194, 195, 196, 209, 236, 255, 262
Grimm, Hans *212*
Grüne 205
Grundrechte s. Freiheit
Gummersbach 3, 37
Guntermann, Friedrich *46*, 48, 166, 171, 172, 180, 180, 189, 215, 229, 231, 232, 246, 247, 275
Guttmann 226

Haan (Rhld.) 37
Hafer, Ernst *198*
Hagen, XIII 37, 207, 226
Hamburg 19, 126, 225, 236, 288 f., 297
– Partei Freier Demokraten XV, XVI, 5, 23 f., 37
– FDP-Landesverband XVIII, XXI, XXIII, XXIV, XXVI, 26, 40, 231, 237, 312, 318, 320, 328 f.
– FDP-Fraktion in der Bürgerschaft XXIX, 175, 289, 293
Hamburgische Electricitäts-Werke 174, 175
Hamburger Hochbahn Aktiengesellschaft 174, 175
Hamann, Paul *202*, 207, 212, 229, 230, 232
Handwerk 87, 160, 270, 295, 306, 312
– (s. a. Mittelstand)
Hannover 62, 66
– Demokratische Union XV, 19, 26, 40
– Demokratische Union für Hannover und Braunschweig 37
– FDP-Landesverband Hannover XVII, 54, 127
– (s. a. Niedersachsen)
Hannoversch-Münden 35
Harburg-Land XXVII
Harnischmacher, Werner *207*
Hartenfels, Ludwig XVII, *61*, 64, 76, 80, 82, 84, 105, 113, 119, 121, 126, 128, 130, 143, 144, 145, 173, 175, 180
Hartleib, Johann 157
Hasemann, Walther XVI, *28*, 34, 35, 37, 45, 46, 47, 48, 51, 54, 205, 207
Hasker 300
Hauptgeschäftsstelle s. Parteiorganisation

Heile, Paul *24*, 28, 30, 33, 34, 35, 37, 38, 39, 45, 47, 51, 61, 63, 65
Heile, Wilhelm XII, XV, XVI, XVII, XXV, XXVI, XXVII, XXVIII, XXXII, *24*, *26*, 30, 33, 36, 37, 38, 39, 40, 41, 42, 43, *44*, 46, 47, 49, 50, 51, 53, 54, 55, 56, 57, 60, 61, 64, *65*, 67, 68, 71, 72, 74, 75, 76, 78, 79, 80, 81, 82, 90, 96, 97, 100, 102, 106, 108, 109, 110, 111, 112, 113, 114, 115, 116, 117, 118, 119, 120, 121, 122, 127, 128, 129, 185
Heinemann, Gustav 323
Heinen 100
Heinsch, Franz-Josef XIV, 22, 40, 48, 49
Heinzerling 100
Heldt, Hans *204*
Hellwege, Heinrich XXVII, 67, 68, 72, 78
Henkel, Franz 55, *62*, 76, 121, 126, 180, 198, 199, 200, 203, 204, 205, 208, 230, 236, 249
Henßler, Fritz *193*, 194
Heppenheimer Gründungstagung s. Parteitage
Hermes, Wilhelm XIV, XVII, XVII, XXI, XXXII, *15*, 23, 24, 26, 29, 33, 37, 38, 40, 46, 47, 51, 52, 53, 58, 60, 61, 62, 63, 64, 65, 66, 68, 73, 74, 76, 79, 90, 92, 94, 95, 96, 102, 115, 120, 128, 129
Hertel *171*
Hertz, Rudolf *32*, 164, 170, 172, 289
Hesse 304
Hessen 338, 341, 345
Heuss, Theodor XXXIII, XXXIV, XXXV, XXXVI, 29, *118*, 146, 182, 190, 234, 249, 260, 265, 280, 281, 282, 343, 349
Hilpert, Werner *314*
Hitler, Adolf 145, 154
Höpker-Aschoff, Hermann XXXV, XXXVI *81*, 147, 293, *308*
Hoffmann *172*
Hoffmeier, Elisabeth *76*, 90, 95, 99, 105, 107, 120, 121, 143, 144, 173, 175, 180, 190, 192, 195, 197, 300
Hollmann, Heinrich 80, 88, 90,105,106, 111, 117, 136, 137, 145, 180, 190, *200*, 207, 259
Hoppenstock 317, 318, 327, 332
Hoya 96 f., 116
Hünninghaus, Max *63*
Hukscher 121

Industrie 134, 160
- Monopole XXX, 13, 133, 156, 160, 242, 269
- Kartelle XXX, 133, 160
- Konzerne XXX, 133, 156, 160
- Grundstoffindustrie XXIX, 133, 141, 193
- Schwerindustrie XXX, 133
- (s. a. Wirtschaftsleben; Bergbau)

Industrieberichterstattung XXX, 138, 164, 214

Industrieplan des Alliierten Kontrollrats 151, 271 f.

Iserlohn 50, 158

Jacob, Ernst 49, 94, 121, 317, 318
Jaeger, Paul 247, 248
Janssen, Hubert Heinrich 167
Jebens, Heinrich 197, *316*
Jünemann, Theodor 45
Jugend XVII, XIX, 12, 18, 98, 165, 169, 182, 188, 189, 210, 228, 263, 273, 302, 331, 339
- Erziehungsziele 4, 6, 8, 13, 228
- Haltung zur Demokratie 165
- nationale Einstellung 163, 165, 345
- extremistische Strömungen 164, 297 f.

Jugendorganisation, Junge Demokraten XVII, XVIII, 69 f., 83 f., 87 f., 90, 98, 104 f., 107, 226, 333, 335

Justiz 8, 12, 17, 294

Kahlen 99
Kahlen, Adolf XX, *68*, 77, 80, 90, 94, 96, 104, 105, 106, 199, 205
Kaiser 207
Kaiser (sen.) *38*
Kaiser, Otto 343
Kalinke 324
Kandzia *330*, 343
Kanschardt, Franz *296*, 312, 317, 318, 319, 322, 325, 326, 327, 328, 329, 330, 331, 332, 333, 334, 335, 336
Kapitalismuskritik XXX, 155, 242 f.
Kauffmann, Herbert XVII, 76, 90, 92, 95, 97, 103, 105, 112, *184*, 253, 348
Kauke 300
Kempen (Rhld.) 37
Keune, Wilhelm 62, 105, 180, 204
Kiel 19

Kiep-Altenloh, Emilie 57, 67, 114, 225, 300
Kirchen XII, 20, 43 (s. a. Religion)
Klemm 207
Knoop, Hugo XXIX, 57, 63, 100, 101, 145, 173, 211, 248, 252, 253
Koalitionspolitik 186, 194, 289
- Nordrhein-Westfalen XXIII, 81 f., 165, 166, 169, 185, 186 f., 188, 193 f., 200, 296, 338 f.
- Niedersachsen XXIII f., 191, 193, 301
- Hamburg XXIII, XXVI, 297
- Bremen XXVI
- Schleswig-Holstein XXVI
- (s. a. Opposition)

Koch, Christian 5, 24, 128, 129, 223
Koch, Walter 35
Köchlin, Gerd 22
Köring, Heinz 265
Köller, Friedrich von 77
Kommunismus 297, 298
Kommunalpolitik 302, 304, 338 f., 345
Koordinierungsausschuß s. Zonenübergreifende Kooperation
Kopf, Hinrich Wilhelm XXIII, 80, 116, 122, 191, *193*, 194, 297
KPD XII, XIV, 27, 28, 45, 89, 107, 154, 157, 165, 185, 189, 211, 222, 247, 250, 278, 280, 296, 297, 299, 319, 322, 338
Kraemer, Felix 162
Krause 99
Krefeld 23, 37
Krekeler, Heinz 66, 76, 266, 139, 155, 180, 182, 183, 207, 210, 215, 229, 233, 235, 248, 249, 254, 266, 298
Kriegsgefangene 165, 210, 224, 225, 335
Kriegsversehrte 150
Kühn 337
Külz, Wilhelm XXXII, XXXIII, 26, *29*, 63, 74, 75, 77, 79, 103, 104, 129, 182, 190, 192, 196, 249, 250, 251, 252, 309, 310
Kuhbier, Hans 166, 189, 210, 247, 248, 321, 322, 325, 326, 327, 328, 329, 330, 331, 332, 333, 334, 335, 336
Kulka 87
Kulturprogramm 301 f.
Kulturarbeit 4, 8, 13, 16, 20, 21, 183

Länder XXXIII, 15, 104, 115, 146, 147, 187, 250
Länderrat s. Bizone

Landesverband Nordrheinprovinz der Demokratischen Partei Deutschlands XIII, XIV, XV, XVI, XXI, XXX, XXXI, 21, 23, 26, 37, 40, 112, 118, 158, 171
- (s.a. Nordrhein-Westfalen; Koalitionspolitik)

Landesverbände (britische Zone) XXX, XXXII, XXXVI, XXXVII, 26, 37, 181, 230f., 274, 321, 326, 355, 359f.
- Parteifinanzierung XIX, XXII, 171, 314f., 346
- Organisationsstand XXI, 209
- Landesgeschäftsstellen XXI, 93f., 230
- Arbeiterreferat 232
- Fachausschüsse 169, 304
- Bezirksverbände 169, 174, 178, 181, 304, 339, 343, 359
- Kreisorganisationen XX, 93f., 163, 169, 232, 274, 304, 338, 339, 340, 343, 359
- Mitgliederstatistik XIX, 176, 295
- Programmatik XXIX, XXXVI
- Öffentlichkeitsarbeit 108, 166
- Landtagsabgeordnete 163, 169, 343
- (s.a. Satzungen)

Landgrebe, Ernst 61
Landrat 39
Landwirte s. Bauern
Landwirtschaft 14, 25, 85f., 189, 255, 256
Landwirtschaftsrat 139
Lange 226, 300
Langhof, Willi 83
Lastenausgleich XXIX, XXXI, 133, 153, 154, 188, 220, 311
LDP
- in der Sowjetischen Besatzungszone V, XXXII, XXXIV, 26, 29, 34, 75, 80, 190, 192, 224, 236, 251f., 280, 283, 300, 309, 331
- in Berlin XXXII, XXXIV, 26, 74, 196, 313
- in Hessen XXXII, 338, 341, 345, 346

Lehr 76
Lehr, Robert 27,
Leimkugel, E. 10
Lenk 335
Lensing 317
Liberaldemokratische Partei, Landesverband Westfalen XIII, XV, XVI, XXI, XXX, •XXXI, 26, 28, 29, 33, 40, 137, 158
- (s.a. Nordrhein-Westfalen)

Liberale Internationale 183, 204
Liberales Manifest 183, 204
Liberalismus
- Politische Grundhaltung XI, 183, 251, 299, 341, 354, 357
- liberal im Parteinamen XVI, 35f.
- Richtungskonflikte XXXVI, 241, 265, 340
- Standort im Parteiensystem XIV, XXXVI, 22, 279, 296, 298, 338f., 340
- Mittelpartei 213, 324, 340, 348f.
- liberale Milieus XI, XXIV
- Erfolgsaussichten XI, 298
- (s.a. Freiheit; Wirtschaftsleben; Abgrenzungen; Wähler, Wahlen)

Lieutenant, Arthur XV, XXXII, 26, 33, 34, 40, 41, 49, 63, 68, 74, 103, 104, 182, 196
Lillelund, Margret 226
Lindemann, Wilhelm H. *106*, 180, 207, 248, 293
Linnert, Fritz 79
Lippe XIII, 76, 345
Lische, Hugo 258, 260
Löns 100
Lörensen 300
Londoner Außenministerkonferenz XXXVI 236, 250
Luchtenberg, Paul *46*, 183, 207
Lueken, Emil H. W. *117*, 137

Maaß, Bruno *50*, 76, 106, 111, 169, 171, 172, 317, 319
Mackenstein 47, *50*
Maier, Reinhold 250, 282, 307
Maier-Bode, Friedrich 83, *100*, 101, 183, 187, 188, 189, 197, 198, 200, 201, 203, 205, 211
Marktwirtschaft XXXI, 266, 267, 269, 271
- freie Marktwirtschaft 267, 342
- soziale Marktwirtschaft XXXI, 215, 241

Marshallplan XXXIV
Martens, Ernst 144, 173, 248, 252
Mayer, Ernst XXXV, XXXVI, 63, 80, 103, 182, *190*, 249, 265, 281, 282, 309, 350
Meineke, Hans August Friedrich 258, 260
Meiners, Heinrich *106*, 180, 207
Melle, Nora 223, 224
Melzer 327, 328, 330, 336, 337

Mende, Erich *58,* 67, 87, 88, 162, 165, 169, 170, 178, 186, 187, 188, 200, 208, 230, 249, 297, 313, 314, 343, 345
Menne, Erika 227, 300
Mentze 300
Menzel, Walter 291
Middelhauve, Friedrich XIII, XXXV, 7, 40, 51, 54, 76, 80, 90, 98, 105, 106, 121, 143, 161, 175, 190, 197, 200, 208, 248, 337, 338, 341, 339, 348
– Atlantik-Charta 162
– Arbeiter 163
– Arbeitgeber 163
– Arbeitnehmer 231
– Bauern 100, 101
– Beamte 149, 304, 347
– zu Blücher 109, 232
– Bremen 176 f.
– CDU XXVI, 338, 339, 340
– Christentum 341
– Entnazifizierung 347
– für FDP als deutsche Partei 340, 346
– gegen FDP als Partei der Mitte 340
– Forderungen: sozial, liberal, national 341, 343
– Frauen 98, 182, 339
– zu Fusionsbestrebungen XXVI, 55, 72, 97
– Gesamtpartei, trizonale XXXV
– Gewerkschaften 246, 346
– zu Heile 71, 112 f., 118 f., 128
– Interfraktionelle Zusammenarbeit 181, 201
– Jugend 84, 98, 163, 169, 182, 339
– Koalitionspolitik 169, 185, 191
– Kommunalpolitik 304, 338 f., 345
– KPD 338
– Kulturpolitik 57, 68
– Landesverband Nordrheinprovinz der Demokratischen Partei Deutschlands XIII f.
– Landesverband Nordrhein-Westfalen 171
– Landtagsfraktion 163, 169, 215, 340, 347
– Mitgliederstatistik 295
– Betonung des Nationalen 163, 341
– Parteifinanzen 48, 82, 94, 171, 199, 235, 346 f.
– Parteiname 170, 206, 346
– Parteiorganisation XX, 38, 39, 81, 93, 110, 163, 169, 338, 339, 340 f.
– Parteiprogramm 25, 33, 34, 35, 49

– Presse 66, 103, 109, 203, 232, 234, 340, 344, 345
– Reich 97, 162
– Reichspartei 237
– Schleswig-Holstein 130, 209
– Siedlungsprogramm 316
– Sozialisierung 162
– Sozialprogramm 163, 166
– SPD 22, 338, 339
– Studenten 98
– Unternehmer 101
– Wahlbündnisse 97, 124, 125
– Wahlen 161–164, 168, 337–341, 345 f.
– Wählergewinnung nach rechts XIV, 22
– Wahlrecht 92, 122, 288
– Wirtschaft als Wahlkampfthema 162 f.
– Wirtschaftsprogramm XXXI, 158
– Zonenübergreifende Kooperation XXXVI, 104, 127, 182, 205, 249, 280
– Zonenverband 23, 26, 27, 45
– Zonenvorstand XVI, XVII, XXXI, XXXVI, 38, 47, 59, 64, 92, 98, 173, 180, 182, 198, 201, 209
Mitbestimmung 137 f., 157
– betriebliche Mitbestimmung XXIX, XXXI, 131, 138 f., 156, 164, 245
– überbetriebliche Mitbestimmung XXXI, 132, 139 f., 156
– (s. a. Wirtschaftsrat)
Mittelstand 140, 188, 189, 242, 319
– gewerblicher Mittelstand 13, 18, 135, 160, 270, 295
– freie Berufe 160, 222, 268, 295
– (s. a. Bauern; Handwerk)
Möller 230
Möller, Friedrich *207*
Moers 22, 37, 171 f.
Mogk, Heinrich 62, 63, 90, 181, 207, 229
Moog, Leonhard 104
Molotow 74
Montgomery, Bernhard L. 27
Morgenthau, Henry M. 150
Moskauer Außenministerkonferenz XXXIII
Mülheim/Ruhr 9
Müller 100
Müller-Hitzler 227, 300
Müller-Using, Detlev *35,* 48
M.-Gladbach XIV, 15, 23, 37
Münchener Ministerpräsidentenkonferenz XXXIII

377

Münster 19, 33, 37
Mulert 229

Nannen, Henri *197*, 200, 203, 263, 265
Nation
- Vaterland 299
- Vaterlandsgefühl 299
- Vaterlandsliebe 42
- Nationalsinn 42
- Betonung des Nationalen 163, 168
- Gedanke des Deutschseins 163, 165
- Wahrung des deutschen Standpunkts 167
- Wahrung der deutschen patriotischen Interessen 188
- Vertretung deutscher Belange 340, 346
- FDP als deutsche Partei 340
- Betonung nationaler Politik 341, 345
- Nationale Einstellung der jungen Generation 165,
- Gesundes nationales Gefühl des Wählers 168
- (s. a. Reich)

Nationaldemokratische Partei 345
Nationale Repräsentation 250 f.
Nationalismus XXXVI, 13, 163, 165, 168, 178, 239
Nationalsozialismus XI, XVI, 3, 5, 7, 11, 15, 21, 31, 42, 85, 164, 165, 297
Naumann, Friedrich 24, 77
Neumann, Walter 137, 258, 259, 260
Neuroth, Otto 49
Neuss 37
Nicolai, Wilhelm *158*, 210, 321, 322, 324, 325, 326, 328, 329, 330, 331, 332, 333, 334, 335, 336, 337
Niedersachsen 107, 297, 301
- Zusammenschluß der regionalen FDP-Landesverbände XXIII f., 127
- FDP-Landesverband XXIII f., 232, 321, 326
- FDP-Landtagsfraktion XXIV, 293, 297
- (s. a. Koalitionspolitik)

Niemeyer, Viktor 10
NLP XXVI, XXVII f., 55, 67 f., 72, 78, 79, 111, 113 f., 116
Nölting, Erik 296
Nordrhein/Nordrheinprovinz s. Landesverband Nordrheinprovinz der Demokratischen Partei Deutschlands
Nordrhein-Westfalen 107, 122 f., 187, 239, 240, 288, 291, 296, 297, 337, 343

- FDP-Landesverband XVIII, XXIII, XXVI, XXIX, XXXI, XXXVI, 170, 171, 186 f., 188, 200, 211, 214, 215, 231, 246–248, 295, 316, 327, 336, 337–351
- FDP-Landtagsfraktion XXX, XXXI, 141, 163, 169, 214 f., 297, 303, 340, 343, 344, 347
- (s. a. Nordrhein/Nordrheinprovinz; Westfalen; Koalitionspolitik)

Oberberg, Arthur *67*, 129
Oehding, Cäsar *207*
Oellers, Fritz XXXV, 181, *198*, 202, 207, 208, 210, 222, 248, 249, 252, 254, 255, 257, 258, 262, 283
Oldenburg
- Demokratische Union XV, 19, 26, 40
- Demokratische Union Oldenburg-Wesermarsch 37
- FDP-Landesverband Oldenburg XVII, 54, 127
- (s. a. Niedersachsen)

Onnen, Alfred *198*, 204, 248, 249, 255, 257
Opladen XIV, 6, 22, 25, 26, 37, 45
Opposition XI, 165, 186, 188, 240, 296, 297, 299
Osberg 65
Ostfriesland XXVI, 40, 81
Ostgebiete 216, 217

Parlamentarischer Rat 139, 324
- FDP-Fraktion XXXV f., 308, 324, 346, 348–350

Parlamentarismuskritik 239, 240, 350
Partei der Arbeit 241
Parteibeziehungen s. Abgrenzungen; Koalitionspolitik; Wahlbündnisse
Parteienkritik 239, 240, 273
Parteifinanzen XIX, XXII, 48, 52, 60 f., 64 f., 82 f., 95 f. 179, 192, 196, 199, 208 f., 234, 235, 254 f., 262, 286 f., 314, 353, 357, 364
Parteiführung s. Zonenvorstand; Zentralausschuß
Parteigründungen s. Britische Militärregierung; Zonenverband
Parteiname XIII, XIV, XV, XVI, XXVI,

XXXV, XXXVI, 22–24, 30, 38, 45 f., 206, 249, 310, 346
Parteiorganisation XX, 38, 90, 93–95, 174, 211, 230–232, 235, 264, 274
- Generalsekretariat XVII, XIX, 24, 52 f., 64 f., 353
- Politisches Büro XIX f., XXI, 53, 74, 183, 236, 353
- Hauptgeschäftsstelle XX f., 68, 73 f., 81, 104, 108, 166, 174, 181, 199, 231, 236
- Arbeiterreferat 231, 263
- Organisationsausschuß s. Ausschüsse
- (s. a. Zonenvorstand; Zentralausschuß)

Parteiprogramme 33, 68, 108
- Aufruf der Deutschen Demokratischen Bewegung (Juni 1945) 3 f.
- Programm der Partei Freier Demokraten (September 1945) 5 f.
- Aufruf der Deutschen Aufbaupartei (Oktober 1945) 6–9
- Aufruf und Programm der Liberaldemokratischen Partei Essen (November 1945) 9–14
- Programm der Sozialliberalen Partei Deutschlands (November 1945) 15–19
- Grundforderungen der Demokratischen Union Deutschlands (Nov./Dez. 1945) 19–21, 32, 35
- Syker Programmatische Richtlinien der FDP (Februar 1946) 25, 35, 40, 49, 51, 115
- Agrarprogramm (September 1946) XXIX, 85–87
- Wirtschaftsprogramm des Zonenvorstandes (Februar 1947) XXX f., 131–136, 137, 215
- Wirtschaftsprogramm, LV Nordrhein u. Westfalen (April 1947) XXXI, 158–161
- Wirtschaftsprogramm der FDP, Entwurf des Wirtschaftspolitischen Ausschusses des Zonenverbandes (November 1947) 211
- Wirtschaftsprogramm des Zonenverbandes (Januar 1948) XXXI, 266–273, 275, 302,
- Sozialprogramm des Zonenvorstandes (Oktober 1947) XXXI, 202, 209 f., 215, 241–246, 275
- Sozialprogramm, Landesverband NRW (Januar 1948) XXXI, 162, 163, 275–277, 331
- Vertriebenenprogramm (August 1947) XXXI, 216–222, 313

- Verfassungsentwurf 211, 349
- Kulturprogramm (Vorschläge) 301 f.

Parteitage XIX, 353, 355 f., 360 f.
- Bad Pyrmont (Mai 1946) XVII, XXXII, 56–59, 62–64, 103, 110, 111, 113, 203
- Bielefeld (Juni 1947) XVII, 173 f., 175–179, 180, 183
- Heppenheim (Dezember 1948) XXXVI
- Bremen (Juni 1949) XXXVII

Penz, Karl 202, 207, 210, 212, 229
Pernoll 83
Petersen 344, 347
Petersen, Rudolf H. *119*
Pickert, Albrecht XXXI, *142*
Planck, Gottlieb 142
Planwirtschaft 155, 160, 266, 279
Plat, Martin *121*, 230
Politisches Büro s. Parteiorganisation
Post, Albert *204*
Prein, Rudolf *46*
Presse XIV, 108, 203, 234, 235, 253, 262, 298
- FDP-Presse 74, 168, 232 f., 263, 314, 320, 324, 333, 343, 345
- FDP-nahe Presse 29, 102 f., 184 f.,198 f., 234, 253, 340, 341, 342, 344, 345

Preusker, Victor-Emanuel 310
Public Relations/Information Services Control 185
Pünder, Hermann *278*

Rademacher, Willy Max XXXVIII, 52, 77, 80, 81, 84, 95, 105, 108, 121, 129, 130, 145, 157, 172, 173, 174, 175, 176, 180, 181, 182, 185, 197, 198, 198, 200, 201, 202, 205, 208, 209, 213, 231, 235, 237, 248, 249, 250, 251, 252, 254, 257, 258, 259, 262, 266, 281, 283, 287, 293, 297, 304, 306, 307, 309, 311, 315, 318, 324
Radikal-Soziale Freiheitspartei 174, 342, 344
Rammert 300
Rautenstrauch, Wilhelm 79
Rechenberg, Hans Albrecht Freiherr von XXIII, XXXI, 164, 169, 170, 211, 214, *238*, 263, 264, 265, 279, 280, 282, 286, 289, 295, 298, 327, 340, 341
Reese 260
Regierungsbeteiligung s. Koalitionspolitik

Reich XXXIII, 15, 20, 29, 42, 85, 146, 162, 165, 170, 187, 188, 242
- (s. a. Deutsches Reich)

Reichseinheit XXXIII f., 22, 97, 104, 108, 111, 114, 189, 236

Reichspartei XV, XXXII, 26, 34, 63, 74, 79 f., 103 f., 237, 357
- (s. a. Zonenübergreifende Kooperation)

Reicke 300

Reif Hans XXXV, 149

Religion 3, 4, 8, 12, 15, 43, 301

Remscheid 9, 23, 37, 46, 124

Rheinhold, Walter *121*, 128, 129

Rheydt 37

Rhien 99

Richardt 324, 325, 326, 333

Richter, Arnold *200*, 201, 202, 205, 208, 234, 235, 248, 254, 257, 262, 266, 286, 304, 307, 314, 315

Ries, Heinz *10*

Rinne, Willi *61*, 65

Robertson, Brian 143, 191

Rohde, Harald *201*, 208, 209, 249

Roosevelt, Franklin Delano 162

Rosenberg, Egon *204*

Rubin, Hans Wolfgang *10*, 341

Ruhrgebiet 343

Ruhrkontrolle XXXVI

Satzungen 282
- Zonenverband XVIII, 98, 173, 174, 177, 210, 254, 280, 281, 282, 283–286, 351–365
- Landes- und Kreisverbände XIX, 61, 353

Schäfer 302, 303, 303

Schäfer, Hermann XXV, XXIX, XXXV, XXXVI, 124, 129, 144 , 145, 157, 172, 173, 183, 197, 198, 200, 201, 202, 203, 208, 209, 210, 211, 223, 233, 235, 237, 248, 249, 250, 251, 252, 254, 257, 258, 263, 264, 266, 275, 279, 280, 291, 294, 295, 296, 298 304, 306, 307, 308, 312, 313, 315, 321, 323, 324, 330, 332

Schell, Fritz *319*, 323, 324, 325, 326, 327, 328, 329, 330, 331, 332, 333, 334, 335, 336

Schiller, Friedrich 42

Schlange-Schöningen, Hans XXVI, *151*

Schleswig-Holstein, XVII, 54, 94, 106, 122 f., 209, 232

- Demokratische Union XV, 26
- FDP-Landesverband XXIV, XXVI, 93 f., 129 f., 209, 232

Schmachtel, Bruno *121*, 180, 207, 208, 229, 230, 248, 249, 253, 257, 263, 288, 289

Schneider 342

Schreiber 104

Schreiner, Gerhard *167*

Schröder, Bruno 37, *158*

Schröder, Rudolph Edgar *207*, 212

Schröter 228

Schule XXVI, XXVIII, 4, 6, 8, 12, 13, 16, 17, 187, 228, 297, 301, 302, 331

Schulte 103

Schultz, Carl *204*

Schulz 87

Schumacher-Hellmold, Otto *3*, 33, 35, 40

Schweiz 350

Schwennicke, Carl-Hubert *309*

Schwering, Leo XIII f.

SED 89, 154, 229, 236, 251, 252

Seebohm, Hans-Christoph XXVII

Sehlmeyer, Grete *67*, 226, 300, 301, 302

Selbstbestimmungsrecht der Völker 17
(s. a. Atlantik- Charta)

Selbstverwaltung 4, 8, 13, 20
- wirtschaftliche Selbstverwaltung 133, 134, 139 f., 141, 155, 245, 268, 269
- soziale Selbstverwaltung XXX, 20, 78, 83, 156 f., 244, 245, 276

Semler, Johannes 212

Siedlung 87, 152 f., 197, 220, 239, 252, 256 f., 316 f., 256 f., 261, 316, 317

Siegburg 37, 38, 215

Siemann, Johannes 55, *66*, 67, 68, 72, 77, 79, 106, 111, 116, 117, 119, 145, 146, 194, 249, 349

Siemann, Oskar 180, 200, 203, 208, 210, 235, 237, 248, 251, 253, 254, 255, 257, 266, 282, 307, 308

Simon, Günter 172

Solidarität 21

Solingen 37

Sothmann 318

Sowjetische Besatzungszone XV, XXXIII, 228, 236, 308, 310
- Kritik an der LDP 251 f.
- Volkskongreß für Einheit und gerechten Frieden XXXIV, 250, 251, 309
- Freie Deutsche Jugend 89

- Demokratischer Frauenbund Deutschlands 227, 229
Sowjetische Militäradministration XXXIII, 229
Soziale Gerechtigkeit s. Gerechtigkeit
Soziale Marktwirtschaft s. Marktwirtschaft
Sozialer Ausgleich 17, 21, 153, 154
- (s. a. Lastenausgleich)
Sozialer Friede 12, 14, 245, 277, 331
Sozialisierung XXIII, XXIV, 133, 137, 154–156, 160, 163, 169, 236 f., 242, 269
- Grundstoffindustrien XXIX
- Eisen- und Stahlindustrie 155, 193
- Energiewirtschaft 8, 174 f., 193
- private Versorgungsunternehmen 193
- Verkehrswirtschaft 8, 21, 174 f., 193
- (s. a. Bergbau)
Sozialismus 31, 124, 126, 134
Sozialpolitik 4, 6, 8, 14, 18, 77 f., 84, 183, 223 f., 241–246, 275–277, 313, 331
- soziale Sicherung XXIX, 14, 20, 244, 276, 329, 331
- Reform der Sozialversicherung 78, 83, 244, 245, 276
- Sozialversicherungsgesetz XXIX f., XXXI, 156 f.
- Koalitionsrecht 155, 160, 316
- Tarifvertragsgesetz 155
- (s. a. Selbstverwaltung; Mitbestimmung; Lastenausgleich)
SPD XII, XIV, XXIII, 27, 28, 45, 107, 123, 154, 157, 162, 185, 188, 189, 211, 212, 213, 220, 236, 238, 240, 247, 278, 279, 280, 289, 296, 297, 298, 319, 322, 338, 342
Spenden s. Parteifinanzierung
Staat XI, 3, 4, 6, 7, 8, 9, 11, 12, 17, 31, 36, 42, 43, 137, 147, 156, 183, 187, 241, 242, 243, 245, 251, 255, 271, 273, 274, 299, 308, 309
- Obrigkeitsstaat 30, 242, 244
- Volksstaat 12, 30, 242
- Rechtsstaat 8, 12
- Weststaat 308 f.
- (s. a. Verfassung)
Staatsbürger 4, 6, 10, 12, 85, 273, 274
Stalin, J.W. 162
Stegner, Arthur 199, *200*, 201, 204, 207, 249, 253, 257, 266, 292, 293, 295, 297, 304
Steiner, Rudolf 139, 140
Steltzer, Theodor XXV

Stepbach, Paul 137
Sternenberg, Heinrich *90*, 229
Sterzenbach, Hans Georg 162, 168
Steuern 4, 8, 18, 134, 161, 244, 271
Streng 317
Stresemann, Gustav XI
Studenten 98, 107
Südwestdeutsche Landesverbände XXXVI, 281
Sußmann, Eduard A. 110
Syke 116

Tantzen, Theodor (sen.) XII, XXV, 38, *122*, 128
Tantzen, Theodor J. (jun.) XVI, XIX, *19*, 26, 33, 34, 36, 37, 38, 39, 45, 46, 47, 48, 51, 52, 53, 54, *59*, 60, 65, 66, 111
Tappe 63
Thiessen, Hans 67
Thoma, Richard 308
Thomas 190
Tiggeler, Hermann *22*, 23, 24
Tinschmann, Peter *89*

Uklanski, W. v., 344
Unshelm, Erich *77*, 303
Unternehmer XXX, XXXI, 101, 139, 160, 166, 168, 246, 267, 268, 270
- Handlungsfreiheit XXIX
- (s. a. Arbeitgeber)
Unternehmerpartei 295
USA 240, 350

Venghaus 332
Vereinte Nationen 16
Verfassung 4, 7, 12, 138, 139, 147, 183, 187, 211, 297, 349
- Deutsches Reich 146, 349
- Reichseinheit XXVII, XXVIII, 97, 111, 114
- Deutscher Gesamtstaat 137, 146, 147
- Einheitsstaat XXVI, 7, 20, 114, 146, 178
- Dezentralisierter Einheitsstaat 96, 146 f., 303
- Bundesstaat XXVI, 146, 147, 178, 278
- Bundesrat 349
- Wahl des Staatspräsidenten durch Plebiszit 349 f.
- konstante Exekutive 350
- Bundesrepublik Deutschland 349

- (s. a. Demokratie; Freiheit; Staat; Föderalismus; Parlamentarischer Rat)
Verfassungspolitische Richtlinien 211, 349
Verstaatlichung s. Sozialisierung
Vertriebene XXXI, 133, 152, 216–222, 225, 256, 276f., 306, 317, 339, 344
- (s. a. Flüchtlingsrat)
Verwaltung XI, XIV, 4, 5, 8, 12, 20, 147f., 183, 188, 271, 291, 304, 309, 351
Vögele 321
Vohs 158
Volk 6, 8, 9, 10, 11, 19, 30, 41, 42, 43, 44, 183, 242, 245, 251
Voss, Paul 77, 80, 95, 106, 121, 123, 129, 130, 180

Wächter, Gerold *204*, 211, 248, 252
Wähler XI, XII, XIV, XVI, XXII, 188, 189, 304
Währung 101, 161, 271
- Währungsreform 138, 153f., 161, 263, 311
Wahlbündnisse XIX, XXVI, XXVIII, 72, 78f., 96f., 104, 109, 111, 124–126, 143, 167, 169, 205, 261, 288, 289, 290
Wahlen XIX, XXIX, 188, 233, 265, 303,
- Landkreis- und Stadtkreiswahlen (1946) XXIf., 77f., 80, 89, 91, 102, 106f., 122, 124
- Bürgerschaftswahlen (1946) 106, 259, 288f.
- Landtagswahlen (1947) XXIII, 122, 130, 161–169
- Landkreis- und Stadtkreiswahlen (1948) 288, 298, 337f.
- Bürgerschaftswahl (1949) 288f.
Wahlrecht XIX, 4, 8, 12, 16, 20, 53, 91, 107, 122–124, 209, 258, 288, 289, 290
Wangerooger Tagung XXXI, XXXIV, 248–274
Washington, George 43
Watermann 145
WAV (Wirtschaftliche Aufbau-Vereinigung) 157
Weimarer Republik XI, XII, XVI, 240, 350
Weirauch 322
Weiß, Kurt Martin 199
Weisser, Gerhard 148
Weitz, Heinrich *313*
Wendorff, Bruno *207*

Wenhold, Hermann *190*
Wesermarsch s. Demokratische Union Oldenburg-Wesermarsch
Westfalen XXIX
- (s. a. Liberaldemokratische Partei, Landesverband Westfalen)
Weststaat 308f.
Westzonen XXXII, XXXIII f., XXXV, XXXV
- (s. a. Besatzungszonen)
Weyer, Willi *58*, 184, 215, 342
Wienecke, Ernst 145
Wilkening, Eduard XVI, XVII, 37, 45, 46, 48, *51*, 52, 54, 57, 61, 64, 65, 67, 68, 73, 76, 79, 80, 82, 90, 92, 93, 96, 103, 104, 105, 109, 112, 115, 117, 120, 121, 128, 143, 144, 145, 172, 173, 175 177, 179, 180, 181, 182, 183, 190, 191, 192, 195, 196, 197, 198, 199, 203, 205, 232, 235
Wilton Park 335
Wirths, Carl 22, 33, 36, 37, 77, 78, 79, 165f., 169, 170, 171, 180, 215, 341, 342
Wirtschaftsbürokratie 134, 155, 160, 269, 270, 290
Wirtschaftskammern 139, 140, 268
Wirtschaftsleben (Grundsätze) 4, 6, 8, 14, 17, 168, 178, 183, 189, 242, 243, 266f., 271, 340
- gegen Zwangswirtschaft 31, 279, 296
- Aufgaben der Regierung 267
- Entbürokratisierung 134, 270, 290
- Wirtschaftsfreiheit 131, 137, 155, 159, 160, 242, 243, 267
- Verhinderung wirtschaftlicher Machtkonzentration 132, 133, 156, 160, 242, 269
- Verhinderung von Mißbrauch wirtschaftlicher Macht 13, 132, 133, 159, 160, 267, 269, 270
- Wettbewerb 13, 135, 140, 156, 159, 160, 161, 266, 269, 270, 271
- Selbstverantwortung 159, 160, 242, 267, 270
- Gemeinwohl 4, 13, 137, 155, 242
- (s.a. Parteiprogramme; Marktwirtschaft; Selbstverwaltung; Gewerbefreiheit; Mitbestimmung; Industrie; Mittelstand; Genossenschaften; Sozialisierung; Planwirtschaft)
Wirtschaftspolitik XXIX-XXXI, XXXVI
Wirtschaftsrat

- als gesamtwirtschaftliche Mitbestimmung XXX f., 132, 133, 139 f. 156, 159, 268, 277
- Reichswirtschaftsrat (Weimarer Republik) 139, 140, 156
- Reichswirtschaftsrat (Sozialprogramm) 245 f.
- Bundeswirtschaftsrat 139
- Reichswirtschaftskammer (Wirtschaftsprogramm) 268
- Landeswirtschaftskammer 268

Wirtschaftsrat, Frankfurter s. Bizone

Wohnungspolitik 243, 244
- Wohnraum 18, 219
- Wohnungsbau 18, 277

Wolf 104

Wolf, Hans 104

Wrede, Horst *175*, 180, 197, 229, 236, 253

Wuppertal 22, 37, 342

Württemberg-Baden XXXIII, 60, 103 f.

Zentralausschuß V, XVIII f., XXIX, XXX, 117, 211, 215, 353, 356, 361 f.

Zentrum 162, 164, 185, 296, 297, 304, 338

Zonenbeirat XIV, 75, 83, 139, 143, 217
- Vertreter der FDP, XXIX, 65, 139, 143–145, 211, 280

Zonenübergreifende Kooperation
- Koordinierungsausschuß XXXII, XXXIII, 26, 63, 68, 84, 103 f., 127, 182, 249, 261, 264, 313
- Demokratische Partei Deutschlands (DPD) XXXV, XXXVI, 26, 170, 182, 237, 264 f., 280, 282, 283, 313, 346
- Weg zur westzonalen Gesamtpartei XXXV-XXXVII, 265, 280, 281, 282, 283, 310, 313

- (s. a. Reichspartei)

Zonenverband V, 199
- lokale Parteigründungen XIII-XIV, XXII, XXV, XXIX, 37
- Vorbereitung des Zusammenschlusses 23 f.
- Gründungstagung (7./8.1.1946) XIV-XV, 26–50
- Zusammenschluß zum Gesamtverband der britischen Zone 45
- Zulassungsantrag (19.1.1946) 37, 49
- Organisationsplan XX, 38
- Auflösung des Zonenverbandes, XXXVI f., 282, 283, 313 f.
- (s. a. Zonenvorstand; Zentralausschuß; Satzungen)

Zonenvorstand 102, 240 f.
- Satzungen 353, 356, 362 f.
- Zusammensetzung XVI, XVII f., 46–48, 54, 98, 173, 177, 178, 180 f. 182, 198, 202, 212, 229, 231
- Kompetenzen und Aufgaben V, XVIII f., XX, XXI, 109, 112, 201
- Bindung an die Grundsätze der Partei XXIX, 211, 264, 301
- Vorsitzender 109, 240 f., 264
- Präsident XVII, 109, 111, 117, 120
- Geschäftsführender Vorstand 46 f., 209, 233
- Politischer Ausschuß XX, 92 f., 103, 107, 109
- Programmarbeit XXIX-XXXI
- Verhältnis zu den Landesverbänden XXI, 80 f., 108, 129, 158, 199, 209, 241, 257–260, 275
- (s. a. Parteiorganisation; Ausschüsse)

Zünglein an der Waage XXVI, 338

Die Deutsche Bibliothek – CIP-Einheitsaufnahme

Quellen zur Geschichte des Parlamentarismus und der politischen Parteien / im Auftr. der Kommission für Geschichte des Parlamentarismus und der Politischen Parteien. – Düsseldorf : Droste.

Reihe 4, Deutschland seit 1945 / hrsg. von Karl Dietrich Bracher ...
NE: Bracher, Karl Dietrich [Hrsg.]

Bd. 10. Politischer Liberalismus in der britischen
    Besatzungszone 1946–1948. – 1995

Politischer Liberalismus in der britischen Besatzungszone 1946–1948
: Führungsorgane und Politik der FDP / eingeleitet von Lothar Albertin.
Bearbeitet von Hans F.W. Gringmuth in Verbindung mit Lothar Albertin.
– Düsseldorf : Droste, 1995
    (Quellen zur Geschichte des Parlamentarismus und der politischen
    Parteien : Reihe 4, Deutschland seit 1945 ; Bd. 10)
    ISBN 3-7700-5184-X
NE: Gringmuth, Hans F.W.

∞   Das Papier erfüllt die Anforderungen nach DIN ISO 9706 : 1994,
    Information und Dokumentation; Papier für Schriftgut und
    Druckerzeugnisse: Voraussetzungen für die Alterungsbeständigkeit.

EX OFFICINA
1995

Satz
Linotype Garamond
Fotosatz Froitzheim Bonn

Papier
Geese Hamburg

Gewebe
Bamberger Kaliko

Druck
Verlagsdruckerei Schmidt
Neustadt/Aisch

Printed in Germany

Quelle: Archiv des Deutschen Liberalismus, Gummersbach